U0925937

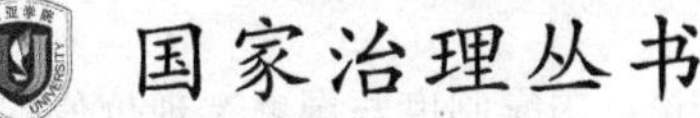

# 新正义论

## ——国家制度与国家治理价值标准体系

王海明　著

**图书在版编目（CIP）数据**

新正义论：国家制度与国家治理价值标准体系 / 王海明著．— 北京：商务印书馆，2022
（国家治理丛书）
ISBN 978-7-100-20638-9

Ⅰ．①新… Ⅱ．①王… Ⅲ．①正义—研究 Ⅳ．①D081

中国版本图书馆 CIP 数据核字（2022）第 009549 号



国家治理丛书
**新正义论**
——国家制度与国家治理价值标准体系
王海明　著

商　务　印　书　馆　出　版
（北京王府井大街36号　邮政编码　100710）
商　务　印　书　馆　发　行
北京虎彩文化传播有限公司印刷
ISBN 978-7-100-20638-9

2022 年 6 月第 1 版　　开本 710×1000　1/16
2022 年 6 月第 1 次印刷　印张 43　3/4

定价：220.00 元

像追求阳光一样去追求正义。

——俞可平

仰海峰　北京大学哲学系教授
刘　继　国浩律师（北京）事务所主任 合伙人
刘建军　中国人民大学马克思主义学院教授 教育部长江学者特聘教授
刘剑文　北京大学法学院教授
刘晓鹰　三亚学院副校长 教授
刘敬鲁　中国人民大学哲学院教授
江　畅　湖北大学高等人文研究院院长 教育部长江学者特聘教授
安启念　中国人民大学哲学院教授
孙　英　中央民族大学马克思主义学院院长 北京高校特级教授
孙正聿　吉林大学哲学系终身教授
李　伟　宁夏大学民族伦理文化研究院院长 教授 原副校长
李　强　北京大学政府管理学院教授 校务委员会副主任
李　强　商务印书馆编辑
李炜光　天津财经大学财政学科首席教授
李德顺　中国政法大学终身教授 人文学院名誉院长
张　帆　北京大学历史学系主任 教授
张　光　三亚学院财经学院院长 教授
吴　思　三亚学院国家治理研究院研究员 原《炎黄春秋》杂志总编辑
陈家琪　同济大学政治哲学与法哲学研究所所长 教授
杨　河　北京大学社会科学学部主任
罗德明　美国加州大学政治学系教授
周文彰　国家行政学院教授 原副院长
周建波　北京大学经济学院教授
郑也夫　北京大学社会学系教授
郎友兴　浙江大学公共管理学院政治学系主任 教授
赵汀阳　中国社会科学院学部委员 哲学所研究员
赵树凯　国务院发展研究中心研究员

赵家祥　北京大学哲学系教授

赵康太　三亚学院学术委员会副主任 教授 原海南省社会科学界联合会主席

赵敦华　北京大学讲席教授

郝立新　中国人民大学校长助理 马克思主义学院院长 教授

胡　军　北京大学哲学系教授

柳学智　人力资源和社会保障部中国人事科学研究院副院长 教授

钟国兴　中共中央党校教授《学习时报》总编辑

姚先国　浙江大学公共管理学院文科资深教授

姚新中　中国人民大学哲学院院长 教育部长江学者讲座教授

顾　昕　北京大学政府管理学院教授

顾　肃　南京大学哲学与法学教授

钱明星　北京大学法学院教授

高全喜　上海交通大学凯原法学院讲席教授

高奇琦　华东政法大学政治学研究院院长 教授

郭　湛　中国人民大学荣誉一级教授

唐代兴　四川师范大学伦理学研究所特聘教授

谈火生　清华大学政治学系副主任 清华大学治理技术研究中心主任

萧功秦　上海师范大学人文学院历史学系教授

韩庆祥　中共中央党校副教育长兼科研部主任

焦国成　中国人民大学哲学院教授

蔡　拓　中国政法大学全球化与全球问题研究所所长 教授

熊　伟　武汉大学财税法研究中心主任 教授

樊和平　东南大学资深教授 教育部长江学者特聘教授

戴木才　清华大学马克思主义学院长聘教授

# 作者简介

王海明，现为三亚学院国家治理研究院特聘教授；1950年生，吉林省白城市镇赉县人；1984年考入中国人民大学哲学系，1987年获哲学硕士学位；1993年调入北京大学，历任哲学系教授和伦理学教研室主任以及北京大学应用伦理学中心秘书长；2013年于北京大学哲学系退休后，被聘为三亚学院国家治理研究院副院长。曾在《中国社会科学》等刊物发表论文300余篇；在商务印书馆和生活·读书·新知三联书店出版有《新伦理学》和《国家学原理》等学术专著10余部；在北京大学和复旦大学出版社出版《伦理学原理》（北京高等教育精品教材）等独著教材6本；在英国卢德里奇（Routledge）出版社出版《新伦理学原理》英译本（全四册）。

# 内容提要

正义——特别是平等——是国家制度与国家治理根本价值标准；人道（主要是使人自由和消除异化）是国家制度与国家治理最高价值标准；“增减每个人利益总量”是国家制度与国家治理终极价值标准。这三大系列26条价值标准结合起来，便构成了国家制度与国家治理好坏的价值标准体系。当这些价值标准发生冲突时，无疑应该诉诸国家制度终极价值标准。按照这一标准，应该遵循价值较大的价值标准，而违背价值较小的价值标准。根本的东西的价值无疑最大。因此，“正义与平等”大于“人道与自由”的价值，当二者发生冲突时，应该牺牲“人道和自由”而保全“正义和平等”：正义和平等对于人道和自由具有优先性。

# 目　　录



## 第一篇　国家制度与国家治理终极价值标准

## 第二篇　正义：国家制度与国家治理根本价值标准

## 第三篇　人道：国家制度与国家治理最高价值标准

## 第四篇 国家制度与国家治理价值标准体系

# Contents



## PART 1 The Ultimate Value Standard of State Institutions and National Governance

## PART 2 Justice: The Essential Criterion for the Value of State Institutions

## PART 3 Humanity: The Supreme Value Standarda of State Institutions

# PART 4 The System of The Value Standarda of State Institutions

# 绪　论

综观先贤评估某种国家制度好坏，大都不免将国家制度和国家治理混淆起来。所谓国家制度，如民主制、君主制和寡头制等，波普称之为“建构的因素”；所谓国家治理，则是在某种国家制度中统治者的治理活动，波普称之为“人的因素”。波普发现，民主的批评者犯了一个错误，就是将民主制国家中统治者的治理活动的缺点（人的因素）归咎于民主（建构因素）：“在一个社会中，人的因素和建构的因素之间的区别，是民主的批评者们往往忽略的问题……把某民主国家的政治缺点归咎于民主是不对的。我们倒应该归咎于自己，即归咎于这个民主国家的公民。”① 那么，究竟何谓国家制度？何谓国家治理？二者关系究竟如何？

## 一、国家制度与国家治理界说

国人——每个国家所有的人——基本活动，不言而喻，表现为两大方面：关于物质财富的活动和关于精神财富的活动。关于物质财富的活动，也就是对物质财富的生产、交换、分配、消费。这种活动，如所周知，叫作“经济”、“经济活动”。关于精神财富的活动，也就是对精神财富的创作、出版、发行、教育、表演、学习、欣赏等等，如著书立说、戏剧舞蹈、绘画雕刻、讲课听课等活动。这些活动，虽然都是关于精神的，却不是精神活动，不是那种无法进行管理的无形

① 波普：《开放社会及其敌人》，山西高校联合出版社 1992 年版，第 134 页。

体的大脑反映活动；而是可以进行管理的有形体的物质活动。这种活动就是所谓“文化”、“文化活动”。

因为所谓文化，就是人类思想——亦即通过语言符号进行的思想——所创造的有价值的东西[①]：一方面，文化是人类语言思维自身直接的创造物，亦即思想、心理或观念，如知、情、意、知识、经验和科学等等，属于所谓狭义的文化概念；另一方面，文化是人类语言思维通过支配手脚等躯体和工具，所创造的一切能够满足需要的东西，是人类思想所创造的一切有用的东西，是人类思想心智所创造的一切有价值的东西，包括房屋、衣服、器皿和社会组织等等，属于所谓广义的文化范畴。

经济和文化都是创造财富的活动，都是与财富有必然的、不可分离关系的活动。反之，那些与财富没有必然的、不可分离关系的活动，亦即完全不创造财富的活动，如朋友来往、同学交往、血缘关系、同事交际、爱情婚姻、拐骗盗窃、打架杀人等等，不妨名之为“人际”活动。

经济和文化以及人际活动，皆系社会性活动，因而要存在和发展，就必须互相配合、有一定秩序而不可互相冲突、乱成一团。这就需要对这些活动进行治理。于是便产生了治理活动。不过，治理活动有的创造财富，有的不创造财富。创造财富的治理活动，如生产调度的工作和乐队指挥的工作，无疑仍然分别属于经济与文化活动：生产调度的工作属于经济范畴；乐队指挥的工作属于文化范畴。

不创造财富的治理活动也分为两类：政治和德治。孙中山早就说过，政治是一种治理、管理活动：“政就是众人之事，治就是管理，管理众人之事就是政治。”[②]不过，正如马起华所说，治理众人之事，并

---

① 这一定义，梁启超早有洞见：“文化者，人类心能所开积出来之有价值的共业也。易言之，凡人类心能所开创，历代积累起来，有助于正德、利用、厚生之物质和精神的一切共同的业绩，都叫做文化。”（转引自李荣善：《文化学引论》，西北大学出版社1996年版，第10页）

② 马起华：《政治学论》，台湾商务印书馆1977年版，第12页。

非都是政治；政治仅仅是一种权力治理："权力可以说是政治的标志。"[①] 政治是国家对于人们行为的权力治理，因而也就是对于人们的行为应该且必须如何的治理。因为所谓权力，如所周知，是具有合法性的强制力量，亦即治理者所拥有而为社会成员普遍承认、认可、同意的强制力量，是人们必须且应该服从的力量。它一方面表现为暴力强制，如判刑、收监、枪杀、体罚等等；另一方面则表现为行政强制，如处分、降职、降薪等等。

反之，德治则是非权力管理，是社会依靠非权力力量对于人们的行为应该而非必须如何的管理。因为所谓非权力力量，也就是使人应该而非必须服从的力量。它一方面是使人自愿服从的力量，亦即所谓教育，如思想的灌输、熏陶、培养等等；另一方面则是非权力强制，即舆论强制，如人们的议论、谴责、赞扬、批评等等。

政治和德治之分，原本基于它们所治理的对象性质之不同。政治的对象仅仅是那些具有重大社会效用的行为，如民族争端、阶级斗争、杀人放火、贪污盗窃等等。政治所治理的是具有重大社会效用的行为，决定了政治不能不具有"应该且必须服从"的力量，决定了权力是政治的本性：政治是权力治理，是国家对于具有重大社会效用的行为应该且必须如何的权力治理，它要求被治理的行为应该且必须如何。反之，德治的对象是人们的一切具有社会效用的行为，因而既包括具有重大社会效用的行为，又包括不具有重大社会效用的行为，如扶老携幼还是欺幼凌老、有礼貌还是没礼貌等等。这就决定了德治仅仅具有"应该而非必须服从"的力量，决定了教育是德治的本性：德治是非权力治理，是国家对于具有社会效用的行为应该而非必须如何的非权力治理，它要求被治理的行为应该而非必须如何。这样，具有重大社会效用的行为，便既是政治对象，需要政治对其进行权力管理；同时还

① 马起华：《政治学论》，台湾商务印书馆 1977 年版，第 12 页。

是德治对象，还需要德治对其进行非权力治理。反之，不具有重大社会效用的行为，则仅仅是德治对象，仅仅需要德治对其进行非权力治理。

这样，政治与德治虽然都起源于对经济和文化以及人际活动进行治理的需要，却不仅仅是对经济和文化以及人际活动的治理。因为为了实现对这些活动的治理，又要有一定的治理组织、机关，因而便又有了对治理组织及治理活动本身的治理。所以，政治与德治是对被治理活动与治理活动的双重治理，也就是对人们的一切具有社会效用的行为的治理：政治是社会对于具有重大社会效用的行为应该且必须如何的不创造财富的权力治理；德治是社会对于具有社会效用的行为应该而非必须如何的不创造财富的非权力治理。

然而，孟子曰："不以规矩，不能成方圆。"[①] 唯有借助行为规范，才能实现对行为的治理，才能实现政治和德治，从而保障经济、文化、人际以及一切具有社会效用的活动之存在和发展。不言而喻，这种行为规范也无非两种。一种是政治规范，是政治活动遵循的规范，亦即具有重大社会效用的行为应该且必须如何的权力规范。这就是法（包括法律、政策和纪律）：法就是权力规范，就是国家制定或认可的具有重大社会效用的行为应该且必须如何的权力规范。另一种则是德治规范，是德治活动遵循的规范，亦即具有社会效用的行为应该而非必须如何的非权力规范。这就是道德：道德就是非权力规范，就是国家制定或认可的具有社会效用的行为应该而非必须如何的非权力规范。

"政治是权力治理"和"德治是非权力治理"，显然意味着，政治和德治是"国家治理"的分类而包括国家治理全部外延：国家治理全等于政治和德治。相应地，"法是权力规范"和"德治是非权力规范"则为"国家制度"分类而包括国家制度全部外延。诚然，通行的国家制度分类是"政治制度"和"经济制度"以及"集会结社等社会制度"和"言论出版等文化制度"。但是，这四种国家制度，说到底，可以

① 《孟子·离娄章句上》。

归结为法和道德。因为所谓制度，正如罗尔斯、诺斯和康芒斯所言，不过是社会制定或认可的行为规范体系，亦即法和道德体系：

“我将制度理解为一种公开的规范体系。”① “制度是为约束在谋求财富或本人效用最大化中个人行为而制定的一组规章、依循程序和伦理道德行为准则。”② “制度似乎可以比作一座建筑物，一种法律和规章的结构，正象房屋里的居住人那样，个人在这结构里面活动。”③

可见，国人的社会活动，无非是财富活动与非财富活动之和。财富活动又分为两类：一是创造物质财富的活动，即经济；一是创造精神财富的活动，即文化。非财富活动也分为两类。一类是与财富没有必然的、不可分离关系的活动，是完全不创造财富的活动，即人际活动；另一类非财富活动则是与财富有必然的、不可分离关系的活动，是直接不创造财富而间接创造财富的治理活动，说到底，也就是直接不创造财富的治理活动。这种治理活动又分为权力治理及其规范和非权力治理及其规范，亦即政治与法以及德治与道德，说到底，亦即国家治理和国家制度。于是，国人所有社会活动可以区分如下图：

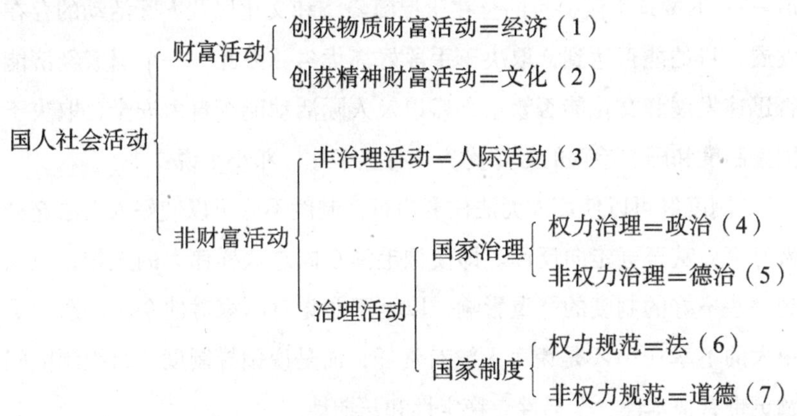


① John Rawls, *A Theory of Justice* (Revised Edition) , Cambridge, Massachusetts: The Belknap Press of Harvard University Press, 2000, p. 47.

② 道格拉斯・C. 诺斯：《经济史中的结构和变迁》，商务印书馆 1992 年版，第 195 页。

③ 康芒斯：《制度经济学》上册，商务印书馆 1997 年版，第 86 页。

## 二、国家制度和国家治理目的

不难看出，经济、文化和人际三种活动与政治、德治、法、道德四种活动根本不同。政治、德治、法和道德，就其自身来说，不但不创造财富，而且是对人的行为的治理及规范，是对人的某些欲望和自由的限制、约束、侵犯，因而其本身对人非但无益而且有害；对人有益的，并非这些治理和规范本身，而是这些治理和规范通过对人的限制、损害所达成的结果、目的：经济、文化和人际活动的存在发展。

相反地，经济创造物质财富，文化创造精神财富，直接满足人的物质需要和精神需要；人际活动虽然不创造财富，却直接满足人际交往需要。因此，三者就其自身——而非其结果——来说就是可欲的、就能够满足人的需要、就是人们追求的目的，说到底，亦即政治、德治、法和道德的目的：政治、德治、法和道德的根本目的岂不就是保障经济发展和文化繁荣以及人际活动自由安全？

可见，国家制度和国家治理——亦即法和道德以及政治和德治——不过是手段，目的全在于保障经济和文化以及人际活动的存在发展。目的能否达到，取决于手段好坏优劣。因此，一个国家经济能否迅速发展和文化能否繁荣兴盛以及人际活动能否自由安全，取决于国家制度和国家治理的好坏优劣。有鉴于此，邓小平说：

“制度好可以使坏人无法任意横行，制度不好可以使好人无法充分做好事，甚至会走向反面。即使像毛泽东同志这样伟大的人物，也受到一些不好的制度的严重影响，以至于对党对国家对他个人都造成了很大的不幸……不是说个人没有责任，而是说领导制度、组织制度问题更带有根本性、全局性、稳定性和长期性。”①

邓小平此言，堪称“放之四海而皆准、行之万世而不悖”之伟大

① 《邓小平文选》第2卷，人民出版社1994年版，第333页。

真理也！试看古代印度和古代中国，始终实行马克思称之为“亚细亚生产方式”的土地等生产资料主要归国王及其官吏阶级所有的经济制度，始终实行官吏阶级全权——政治权力和经济权力以及集会结社等社会权力和言论出版等文化权力——垄断的极权主义专制。结果，竟然自五帝时代至晚清，五千年一直停滞不前，以致黑格尔一再说：“中国的‘历史’之中没有进步和发展。”[①]“印度和中国，很古老，但同时也很现代。那里的一切都是静止并固定了的。”[②]“中国和印度始终是一个静止的王国，保持了一种自然的存在，直到今天。”[③]马克思恩格斯与黑格尔一样，也曾一再说，印度和中国等亚洲社会“根本没有历史”[④]。

反之，“美利坚合众国”1781年诞生。当其时也，这个新兴的国家还完全是一个处于农耕社会的小国，只据有北美大西洋沿岸的一个狭长地带，面积不过40万平方英里，人口也不过240万。18世纪末，美国的工业开始启动，但直到19世纪初，美国仍是一个农业国，95%的人口生活在农村。可是，到19世纪末，美国居然就成为世界第一经济强国；到20世纪90年代又成为全球唯一超级大国。美国从建国之初的区区农耕小国，发展为全球唯一超级大国，总共也不过220年。使美国进步如此神速之根本原因，如所周知，可以归结为国家制度：“一个中心：民主制度”和“两个基本点：自由主义经济制度和言论出版自由制度”。

## 三、国家制度与国家治理关系

国家制度或所谓建构因素是大体，是决定性的、根本性的和全局

① 黑格尔：《历史哲学》，九州出版社2011年版，第222页。
② 黑格尔：《历史哲学》，九州出版社2011年版，第254页。
③ 黑格尔：《历史哲学》，九州出版社2011年版，第261页。
④ 《马克思恩格斯选集》第1卷，人民出版社2012年版，第856页。

性的；国家治理或所谓人的因素是小体，是被决定的、非根本的和非全局性的。国家制度的优劣好坏决定国家治理优劣好坏；国家治理的优劣好坏表现国家制度的优劣好坏。

因此，如果一个国家的国家治理活动出了问题、错误、恶劣和罪恶，就表明国家制度存在缺陷，就可以归咎于国家制度存在缺陷、恶劣和罪恶。真正堪称好的、优良的国家制度，一定是这样的制度，在这种制度下，就是坏的和恶的国家统治者也只能做好事，而无法为非作歹。休谟的"无赖假设"讲的也是这个道理：

"许多政论家已经将下述主张定为一条格言：在设计任何政府体制和确定该体制中的若干制约、监控机构时，必须把每个成员都设想为无赖之徒，并设想他的一切作为都是为了谋取私利，别无其他目标。我们必须利用这种个人利害来控制他，并使他与公益合作，尽管他本来贪得无厌，野心很大。不这样的话，他们就会说，夸耀任何政府体制的优越性都会成为无益的空谈，而且最终会发现我们的自由或财产除了依靠统治者的善心，别无保障，也就是说根本没有什么保障。因此，必须把每个人都设想为无赖之徒确实是条正确的政治格言。"①

诚哉斯言！好的、优良的国家制度一定是使坏的、恶劣的统治者也无法作恶的国家制度；相反地，坏的、恶劣的国家制度一定是好的、贤达的统治者也无法不作恶的国家制度。试想，在一个专制的国家里，即使专制者能够像柏拉图所说的"哲学王"那样的贤达，他有可能不剥夺全体公民的政治自由和政治平等的权利吗？他有可能不剥夺全体公民原本神圣不可侵犯的人权吗？他有可能不使国民丧失人权和免于政治被奴役吗？显然不可能。否则，他就不是独掌国家最高权力，他就不是专制者了。因此，国家制度与国家治理乃是一枚硬币的两面：制度是内容和实质；治理是形式和现象。

---

① 刘军宁编：《民主二十讲》，中国青年出版社 2008 年版，第 40 页。

## 四、国家制度与国家治理好坏：取决于是否符合国家制度与国家治理价值标准

国家制度优劣好坏决定国家治理优劣好坏。那么，究竟什么样的国家制度是好的优良的国家制度？什么样的国家制度是坏的、恶劣的国家制度？布莱斯说："所有制度都不是十全十美的。"①诚哉斯言！不可能有十全十美的国家制度。有一利必有一弊，任何一种国家的治理和制度，不论是民主还是专制，都必定既有一些优良的、好的、善的和正确的方面，又有一些恶劣的、坏的、恶的和错误的方面，而不可能全部优良正确或全部恶劣错误。

这就是为什么自柏拉图和亚里士多德以降，一直有思想家否定民主而赞成贤人政治或贵族政治的缘故。他们否定民主，因为民主有很多弊端和缺憾；他们赞成贵族政治，因为贵族政治有很多的优越和美好。这样来评估各种国家制度好坏价值的方法，显然是不科学的：按照这种方法，我们既可以说任何制度都是好的、优良的，因为任何制度都有很多优越和美好；也可以说任何国家制度都是坏的、恶劣的，因为任何制度都有很多弊端和缺憾。那么，国家制度好坏的科学的评价方法是怎样的？

一种国家制度与国家治理之好坏，整体说来，无疑取决于是否符合国家制度与国家治理好坏的价值标准：符合者，无论有多少缺点、错误和恶，都是具有正价值的、应该的、好的、善的国家制度与国家治理；违背者，无论有多少优点、正确和善，都是具有负价值的、不应该的、坏的和恶的国家制度与国家治理。这就是国家制度与国家治理价值好坏评估的科学方法。罗尔斯《正义论》一开篇就将这一见地概括为一段气势磅礴的宣言：

① 詹姆斯·布莱斯：《现代民治政体》下册，吉林人民出版社 2001 年版，第 1027 页。

“正义是社会制度的首要善，正如真理是思想体系的首要善一样。一种理论，无论多么高尚和简洁，只要它不真实，就必须拒绝或修正；同样，某些法律和制度，无论怎样高效和得当，只要它们不正义，就必须改造或废除。”①

然而，正义之为国家制度与国家治理好坏价值标准，并不是罗尔斯的发现。最早发现这一伟大真理的，是柏拉图：“当我们建立这个城邦时，从一开始我们就已经确定了一条普遍原则。我想，这条原则，或这条原则的某种形式，就是正义。”②亚里士多德极大地弘扬了柏拉图的发现，一再申说：“城邦以正义为原则。由正义衍生的礼法，可凭以判断人间的是非曲直，正义恰正是树立社会秩序的基础。”③

不但此也，亚里士多德还进一步将正义归结为平等，认为平等是最重要的正义：“正义就是平等。”④“所谓正义，它的真实意义，主要在于平等。”⑤密尔也这样写道：“平等构成正义的本质。”⑥这意味着，国家制度好坏的价值标准是正义，说到底，是平等：平等是国家制度好坏最根本的价值标准。

文艺复兴人道主义思想家们则发现，人的创造性潜能的实现是最高价值，从而将“使人成为人”（使每个人实现自己的创造性潜能从而成为可能成为的最有价值的人）奉为国家制度与国家治理好坏最高价值标准：人道——亦即“使人成为人”——是国家制度与国家治理好坏最高价值标准。赫尔德在其著名的《关于人道主义的通信集》中便这样写道：

---

① John Rawls, *A Theory of Justice* (Revised Edition), Cambridge, Massachusetts: The Belknap Press of Harvard University Press, 2000, p. 3.

② 柏拉图：《理想国》，商务印书馆 1986 年版，第 156 页。

③ 亚里士多德：《政治学》，商务印书馆 1996 年版，第 9 页。

④ 《亚里士多德全集》第八卷，中国人民大学出版社 1992 年版，第 278 页。

⑤ 亚里士多德：《政治学》，商务印书馆 1996 年版，第 153 页。

⑥ Robert Maynard Hutchins, *Great Books of the Western World*, Volume 43, *Utilitarianism*, by John Stuart Mill, Encyclopaedia Britannica, Inc., 1980, p. 467.

“如果一个人不去改造自己达到他能够而且应该成为的那样的话，他就不会做出有利于人类的贡献。因此，每个人都必须首先在这所‘人道’的花园里培植和看守花坛，在这里，他将作为树木而生长，作为鲜花而开放。”“人类的一切机构——如果它具有合理性——的唯一目的，就是使我们人类人道化，这就是将野蛮的和半野蛮的人改造成人，使我们人类首先从小部分起，达到理智所承认的、义务所要求的、我们的愿望所羡慕的形式。”①

每个人创造性潜能实现的最根本的必要条件是个性的发挥；个性发挥最根本的必要条件是自由。因此，自由便是每个人创造性潜能实现最根本的必要条件，是最根本的人道，说到底，是国家制度与国家治理好坏深层次的最高价值标准。因此但丁一再说：

“好的国家是以自由为宗旨的。”②“这一个关于我们所有人的自由的原则，乃是上帝赐给人类的最伟大的恩惠：只要依靠它，我们就能享受到人间的快乐；只要依靠它，我们就享受到象天堂那样的快乐。如果事情确实如此，那么，当人们能够充分利用这个原则的时候，谁还会说人类并没有处在它最好的境况之中呢？”③“当人类最自由的时候，就是它被安排得最好的时候。”④

然而，平等与自由——以及正义与人道——有时可能发生冲突而不能两全，当此际，取舍原则无疑是国家制度好坏终极价值标准。19世纪和20世纪的思想家们发现，增减每个人利益总量——亦即所谓功利原则或功利主义——是国家制度与国家治理好坏终极价值

① 罗国杰主编：《人道主义思想论库》，华夏出版社1993年版，第448页。

② 周辅成编：《从文艺复兴到十九世纪资产阶级哲学家政治思想家有关人道主义人性论言论选辑》，商务印书馆1973年版，第21页。

③ 周辅成编：《从文艺复兴到十九世纪资产阶级哲学家政治思想家有关人道主义人性论言论选辑》，商务印书馆1973年版，第20页。

④ 周辅成编：《从文艺复兴到十九世纪资产阶级哲学家政治思想家有关人道主义人性论言论选辑》，商务印书馆1973年版，第19页。

标准。功利主义大师边沁说："功利原则乃是这样一种原则：赞成或不赞成任何一种行为的根据，是该行为增进还是减少利益相关者之幸福。"[①] 摩尔进一步解释说："功利主义当然的意义是：判断行为是非的标准就是行为增进每个人的利益的趋势。"[②]

诚然，最早发现增进每个人利益总量是国家制度与国家治理好坏终极价值标准者，恐怕是亚里士多德。因为他一再说，国家的最终目的——亦即国家制度好坏终极价值标准——是为每个国民谋利益、最充分地满足每个人生存和发展需要，使每个人实现"最优良的生活"或"自足而且至善的生活"：

"城邦是若干生活良好的家庭或部族为了追求自足而且至善的生活，才行结合而成的。"[③] "城邦的目的是人类所可能达到的最优良生活。"[④] "城邦的长成出于人类生活的发展，而其实际的存在却是为了'优良的生活'。"[⑤] "城邦不仅为生活而存在，实在应该为优良的生活而存在。"[⑥]

这些是国家制度和国家治理好坏的全部价值标准吗？答案是肯定的。西方思想家们不但发现了国家制度和国家治理好坏全部价值标准，而且发现了这些价值标准的相互关系，首先，正义与平等——平等是最重要的正义——是国家制度与国家治理好坏最根本最重要的价值标准，亚里士多德说："在各种德性中，人们认为正义是最重要的。"[⑦] 斯密说："正义是支撑整个大厦的主要支柱。如果去掉了这根柱子，人类

① Jeremy Bentham, *An Introduction to the Principles of Morals and Legislation*, Oxford: The Clarendon Press, 1823, p. 2.

② 摩尔：《伦理学原理》，商务印书馆 1983 年版，第 114 页。

③ 亚里士多德：《政治学》，商务印书馆 1965 年版，第 140 页。

④ 亚里士多德：《政治学》，商务印书馆 1965 年版，第 364 页。

⑤ 亚里士多德：《政治学》，商务印书馆 1965 年版，第 7 页。

⑥ 亚里士多德：《政治学》，商务印书馆 1965 年版，第 137 页。

⑦ 《亚里士多德全集》第八卷，中国人民大学出版社 1997 年版，第 96 页。

社会这个巨大而广阔的建筑物必定会在一瞬间分崩离析。”[①] 罗尔斯则一言以蔽之曰：“公众的正义观乃是构成一个组织良好的人类联合体的基本宪章。”[②]

其次，人道——自由是最根本的人道——是国家制度与国家治理好坏最高价值标准。阿克顿和哈耶克一再说：“自由的理念是最高贵的价值思想——它是人类社会生活中至高无上的法律。”[③] “自由并不是达到更高的政治目的的手段，它本身即是最高的政治目的。”[④] “自由是一个国家的最高善。”[⑤]

最后，“增进每个人利益总量”、“最大多数人最大利益”是国家制度——道德和法律——好坏终极标准。密尔说：“有一个基本的原则或法则，作为全部道德的基础……这一个原则是在各种原则之间发生冲突时进行判决的尺度。”[⑥] 密尔沿袭以往的传统而称之为道德“终极标准”（Ultimate）或道德“第一原则”（First Principle）[⑦]。这个标准就是每个人的幸福：“幸福是道德的终点和目的。”[⑧] 西季威克进而解释说：

“许多功利主义论者都坚信，人们相互作为道德规范所规定的全部行为规范，实际上是——尽管部分是无意识地——作为达到人类或全部有感觉的存在物的普遍幸福的手段而被规定的；而且，按照功利

---

① Adam Smith, *The Theory of Moral Sentiments*, Beijing: China Social Sciences Publishing House, 1999, p. 86.

② John Rawls, *A Theory of Justice* (Revised Edition), Cambridge, Massachusetts: The Belknap Press of Harvard University Press, 2000, p. 5.

③ 阿克顿：《自由与权力》，商务印书馆 2001 年版，第 307 页。

④ 阿克顿：《自由与权力》，商务印书馆 2001 年版，第 49 页。

⑤ F. A. Hayek, *Law, Legislation and Liberty*, Volume1, Beijing: China Social Sciences Publishing House, 1999, p. 94.

⑥ Louis P. Pojman, *Ethical Theory: Classical and Contemporary Readings*, second edition, USA: Wadsworth Publishing Company, 1995, p. 172.

⑦ Louis P. Pojman, *Ethical Theory: Classical and Contemporary Readings*, second edition, USA: Wadsworth Publishing Company, 1995, p. 173.

⑧ J. S. Mill, *Utilitarianism, On Liberty and Representative Government*, London: J. M. Dent & Sons, Ltd., p. 22.

主义论者更为流行的观点，无论这些规范的起源是什么，只有当奉行这些规则有助于普遍幸福时，它们才是正确的。……这样一来，如果全部义务的目的都在于普遍幸福，那么看起来，我们便又被引导到作为最终目的而被绝对地规定的幸福概念。"①

## 五、国家制度与国家治理好坏的价值标准：两千五百年的研究

虽然如此，自柏拉图和亚里士多德以降，两千五百年来，西方思想家们对于"正义"、"平等"、"人道"、"自由"和"增进每个人利益总量"等国家制度与国家治理好坏的价值标准及其相互关系的几乎所有难题，至今仍然没有解决，以致博登海默说："当我们钻研正义问题而努力揭示其令人困惑的秘密时，往往会陷入沮丧和绝望。"②萨托利则称之为"戈尔地雅斯难结"："平等的复杂性——我称之为迷宫——其程度比自由的复杂程度更大。"③"我可以断言，没有什么像平等这样复杂难解。"④

何止正义、平等和自由！就连最简单而最不可能有分歧的功利主义标准，甚至所有功利主义思想家没有一个能说清楚。殊不知，功利主义标准是由一个总标准和两个分标准构成的一种终极标准体系："增减每个人的利益总量"是任何情况下都应该遵循的终极总标准；"无害一人地增进利益总量"是利益不相冲突或可以两全情况下的终极分标

① Henry Sidgwick, *The Methods of Ethics*, London: Macmillan and Co., Limited, 1922, p. 8.

② Edgar Bodenheimer, *Jurisprudence: The Philosophy and Method of The Law*, Cambridge, Massachusetts: Harvard University Press, 1967, p. 178.

③ Giovanni Sartori, *The Theory Democracy Revisited*, Chartham, New Jersey: Chatham House Publisher, Inc., 1987, p. 352.

④ Govanni Sartori, *The Theory Democracy Revisited*, Chartham, New Jersey: Chatham House Publisher, Inc., 1987, p. 338.

准；"最大利益净余额"和"最大多数人的最大利益"则是利益冲突不可两全情况下的终极分标准。

然而，几乎所有功利主义论者都将功利主义标准与"最大利益净余额"或"最大多数人的最大幸福"等同起来，犯了以偏概全的错误，遂引发对于功利主义的著名诘难：功利主义必导致非正义。这一诘难最重要者无疑是那个顶顶有名的理想实验："惩罚无辜。"① 该理想实验假设："法官明知一个人无辜，但如果惩罚他，判他死刑，便可阻止一场有数百人丧命的大骚乱。那么，按照功利原则——亦即"最大利益净余额"或"最大多数人的最大利益"标准——惩罚这个无辜者便是应该的。可见，功利原则必导致非正义：惩罚无辜是非正义的。

这就是为什么，从柏拉图到罗尔斯，两千五百年来，西方思想家们对于国家制度与国家治理好坏价值标准的论述，始终处于零散论断——而非系统证明——阶段，更谈不到构建科学体系了。诚然，饮誉世界、影响无比的罗尔斯《正义论》，洋洋50余万言，堪称一个博大精深的思想体系。但是，它远非科学体系：既不是关于正义的科学体系，更不是关于国家制度与国家治理好坏价值标准科学体系。它明明白白叫作《正义论》，怎么不是关于正义的科学体系？原来，正义作为衡量国家制度与国家治理好坏价值标准，可以归结为八条：

第一，正义总原则：等利害交换。第二，正义根本原则：权利与义务相等。第三，社会根本正义的"贡献原则"：贡献是权利的源泉和依据；换言之，社会应该按照贡献分配权利，按照权利分配义务；说到底，社会分配给每个人的权利应该与他的贡献成正比而与他的义务相等。第四，社会根本正义的"德才原则"："德"与"才"是职务等权利的潜在的源泉和依据；换言之，社会应该任人唯贤，按照每

① Tom L. Beauchamp, *Philosophical Ethics*, New York: McGraw-Hill Book Company, 1982, p.99.

个人的“德”与“才”分配职务等权利；说到底，社会应该“用人如器”，根据每个人所具有的品德与才能的性质而分配与其相应的职务等权利。

如果运用这些社会正义原则——特别是贡献原则——解决每个人的各种基本权利和非基本权利的分配问题，那么，便不难从中推导出如下四个社会根本正义分原则，亦即四大平等原则：

首先，平等总原则：一方面，每个人因其最基本的贡献完全平等——每个人都同样是缔结、创建社会的一个股东——而应该完全平等地享有基本权利、完全平等地享有人权（基本权利完全平等原则）；另一方面，每个人因其贡献的不平等而应享有相应不平等的非基本权利，也就是说，每个人所享有的非基本权利的不平等，与他们所做出贡献的不平等的比例，应该完全平等（非基本权利比例平等原则）。

其次，政治平等原则：一方面，每个人不论具体政治贡献如何，都应该完全平等地享有政治自由，亦即完全平等地共同执掌国家最高权力，从而完全平等地共同决定国家政治命运；另一方面，每个人又因其具体政治贡献（政治才能+官德）的不平等而应该担任相应不平等的政治职务，从而使每个人所担任的政治职务的不平等与自己的政治贡献（政治才能+官德）的不平等的比例完全平等。

再次，经济平等原则：一方面，在任何社会，每个人不论劳动多少、贡献如何，都应该按人类基本物质需要完全平等地分配基本经济权利（按需分配）。另一方面，应该按照每个人所提供的生产要素的边际产品价值，而分配给他含有等量交换价值的非基本经济权利，以便使每个人所享有的非基本经济权利的不平等，与自己所贡献的生产要素的边际产品价值的不平等的比例，完全平等（按生产要素分配：按劳分配和按资分配）。

最后，机会平等原则：社会——主要是政府等各种管理组织——所提供的发展潜能、做出贡献、竞争职务和地位以及权力和财富等非基本权利的机会，是全社会每个人的基本权利，是全社会每个人的人权，应该人人完全平等。反之，家庭、天赋、运气等非社会所提供的机会，则是幸运者的个人权利，无论如何不平等，他人都无权干涉；但幸运者利用较多机会所创获的较多权利，却因较多地利用了共同资源“社会合作”而应补偿给机会较少者以相应权利。

罗尔斯《正义论》的研究对象，如所周知，就是他所谓的“两个正义原则”，也就是我们上面所列举的八个正义原则之一，亦即“平等总原则”，说到底，亦即“两个平等原则”。最早揭示这一原则的，是亚里士多德。他这样写道：“平等有两种：数目上的平等与以价值或才德而定的平等。我所说的数目上的平等是指在数量或大小方面与人相同或相等；依据价值或才德的平等则指在比例上的平等。”[①]

试问，罗尔斯《正义论》的研究对象仅仅是八个正义原则之一，怎么能成为“关于正义的科学体系”？更何况，第二个原则自亚里士多德以来便是“比例平等”。可是，罗尔斯《正义论》却将其表述为“不平等”原则。这是平等理论的一大退步。因为罗尔斯之前平等理论的最大功绩，与其说是提出极为简单的完全平等原则，显然不如说是在不平等的权利分配之中，提出比例平等原则：它的现象是不平等；而其实质则是一种特殊的平等，即比例平等。然而，罗尔斯却从比例平等的真知灼见退至不平等的皮相之见，致使亚里士多德以来的“两个平等原则”，退化而一为“平等原则”、一为“不平等原则”。这恐怕就是罗尔斯为什么背离两个原则历来被名为“两个平等原则”的传统而称其为“两个正义原则”的缘故。殊不知，“平等”既为原则，“不平等”就是不道德——正如“正义”既为原则而“不正义”就是不道德——哪里还能成为什么“正义的第二个原则”？

西方思想家们对于“正义”、“平等”、“人道”、“自由”和“增减

① 《亚里士多德全集》第九卷，中国人民大学出版社1994年版，第163页。

每个人利益总量”等国家制度与国家治理好坏的价值标准及其相互关系的研究，至今虽然既没有真正科学地解决任何一个难题，更没有构建系统证明的科学体系；但是，从柏拉图到罗尔斯，两千五百年来，思想家们历代相沿，发现和论述过有关所有问题，解析过所有难题，提出过所有观点。我们便试图站在这些思想巨匠的肩膀上，科学解析这些问题和难题，系统证明或反驳这些观点，进而构建国家制度与国家治理好坏价值标准科学体系。我们之所以将这一体系叫作《新正义论：国家制度与国家治理价值标准体系》，是因为正义虽然不是最根本的价值标准（最根本的价值标准是“增减每个人利益总量”），也不是最高的价值标准（最高的价值标准是“人道与自由”）；却是首要的、最主要最重要和最具代表性的国家制度与国家治理好坏价值标准：“正义是社会制度的首要善。”①“在各种德性中，人们认为正义是最重要的。”②

我想，真正研究这些难题的人都会看到，本书——当然是在前人研究的基础上——首次说清楚了这些难题；就像我的《新理论学》首次说清楚了自苏格拉底和孔夫子以来几乎所有伦理学难题一样。这就是为什么，本书对于每个问题的解析几乎都既是独创的同时又无不依据中外以往正义理论的缘故。《炎黄春秋》原主编吴思说：“我觉得比较好的是王海明的《新伦理学》。这本书对一些最抽象的问题，如什么叫正义，什么叫善，作者的解释非常深入，和我以前看到的一些西方大哲学家谈到的都不一样。”③我想他应该说：王海明的《新伦理学》和《新正义论》虽然与西方大哲学家说的都不一样，却又无不引证西方大哲学家。

① John Rawls, *A Theory of Justice* (Revised Edition), Cambridge, Massachusetts: The Belknap Press of Harvard University Press, 2000, p. 3.

② 《亚里士多德全集》第八卷，中国人民大学出版社 1997 年版，第 96 页。

③ 吴思：《阅读是我生活的主要内容》，《新京报》2010 年 9 月 5 日。

这种独创性和众多概念的更新，无疑必须通过一种新的话语体系才能够准确和科学地表达出来，因而不得不创造数以百计的新名词，最重要者如“国家制度与国家治理好坏的价值标准体系”、“国家制度价值标准”、“人道与自由：国家制度价值最高标准”、“正义与平等：国家制度根本价值标准”、“增进每个人利益总量：国家制度终极价值标准”、“正义总原则：等利害交换”、“基本权利完全平等”、“非基本权利比例平等”。此外还有：

“增减每个人利益总量：在任何情况下都应该遵循的国家制度终极价值总标准”、“无害一人地增加利益总量：利益不发生冲突或可以两全情况下的国家制度终极价值分标准”、“最大利益净余额：利益发生冲突而不能两全情况下的国家制度终极价值分标准”、“最大多数人的最大利益：多数人与少数人之间发生利益冲突而不能两全情况下的国家制度终极价值分标准”、“国家直接根源”、“国家终极根源”、“最高权力契约：国家直接且必然起源”、“何种最高权力契约：国家直接且偶然起源”、“人道正面根本原则：使人自由”、“人道负面根本原则：消除异化”、“博爱的人道主义”、“自我实现的人道主义”、“自由的内在价值”、“自由的外在价值”、“自由的法治原则”、“自由的平等原则”、“自由的限度原则”、“被迫异化”、“自愿异化”、“不觉异化”、“异化的正道德价值”、“异化的负道德价值”等等。

诸如此类新的话语体系的创造，源于纯净的科学之爱而无半点标新立异、主观任性和实用逢迎之意：正义论在我心中只围绕真理的太阳旋转。但是，我今天如此强调本书所创造的新话语体系，说到底，是为习近平主席讲话所鼓舞而欲弘扬其精神：“发挥我国哲学社会科学作用，要注意加强话语体系建设。”“要善于提炼标识性概念，打造易于为国际社会所理解和接受的新概念、新范畴、新表述，引导国际学术界展开研究和讨论。这项工作要从学科建设做起，每个学科都要构建成体系的学科理论和概念。”“只有以我国实际为研究起点，提出具有主体性、原创性的理论观点，构建具有自身特质的学科体系、学术体系、话语体系，我国哲学社会科学才能形成自己的特色和优势。”①

不难看出，《新正义论：国家制度与国家治理价值标准体系》作为探讨正义问题的政治哲学理论堪称价值最大的科学之一。因为国家制度与国家治理的好坏，乃是每个国民最大利益之所在，对于每个人具有最大价值。而问题的关键在于，国家制度与国家治理无疑是人们在有关国家制度与国家治理好坏理论的指导下创造和进行的，说到底，是在国家制度与国家治理好坏价值标准理论的指导下创造和进行的。这意味着，人们所创造、进行的国家制度与国家治理的好坏，取决于人们所信奉的国家制度与国家治理好坏的理论之真谬，说到底，取决于人们所信奉的国家制度与国家治理好坏的价值标准理论之真谬：

如果所信奉的国家制度与国家治理好坏的理论是真理，说到底，如果所信奉的国家制度与国家治理好坏价值标准理论是真理，那么，在其指导下所创造、进行的国家制度与国家治理就是好的、优良的，因而对每个国民具有最大正价值；如果所信奉的国家制度与国家治理好坏的理论是谬误，说到底，如果所信奉的国家制度与国家治理好坏价值标准的理论是谬误，那么，在其指导下所创造、进行的国家制度与国家治理就是坏的、恶劣的，因而对每个国民具有最大负价值。这就是为什么，关于国家制度与国家治理好坏的价值标准的科学是一种价值最大的科学。

① 习近平：《在哲学社会科学工作座谈会上的讲话》，新华网，2016年5月19日。

第一篇

# 国家制度与国家治理终极价值标准

# 第一章
# 国家概念

**本章提要** 国家是拥有最高权力及其管理组织或政府的社会，因而也就是拥有主权的社会，也就是最大且最高的社会，也就是独立自主的社会。因此，最高权力及其管理组织或政府乃是国家区别于其他社会的最根本特征。这种特征是如此根本，以致现代主流思想竟然将国家与最高权力及其管理组织或政治组织、政治实体等同起来，从而认为国家就是最高权力及其管理组织，就是政权、政治组织或政治实体。这样一来——阶级社会的政权和政治组织在某种意义上无疑是阶级压迫工具——就可以得出结论说：在阶级社会，国家就是阶级压迫的工具，就是阶级统治机器。所以，“国家亦即阶级压迫工具”的定义不过是“国家亦即政权或政治组织”的现代主流定义在阶级社会的推演而已。

何谓国家？在人类所创造的概念中，国家恐怕是最难定义的了，以致列宁在界说国家时曾这样写道：“国家问题是一个最复杂最混乱的问题。”[①] 而到了1931年，C. H. 泰特斯所列举的国家定义竟然有145种！所以，克烈逊和斯卡尔尼克说：“几乎每位学者都会提出自己的国家定义，这些定义不可避免地会同已有定义有细微差别，虽然其中有些由于有相似的方法而可以被认为是组成了一些‘学派’。因此，要达到一种综合事实上是不可能的。”“根本不存在为整个学术界所公认

① 《列宁选集》第4卷，人民出版社1972年版，第41页。

的国家定义。”[①] 然而，有一点几乎无人质疑，那就是，国家最邻近的上位概念乃是社会：国家是一种特殊的社会，属于社会范畴。因此，界说国家须先定义它的最邻近的上位概念：社会。这恐怕就是为什么“国家与社会”会成为研究国家问题的新兴分析范式的缘故。

## 一、社会与权力：界说国家的两个概念

### 1. 社会：国家最邻近的上位概念

何谓社会？就中文来说，“社”本为祭地神之所。《孝经纬》说：“社，土地之主也。土地阔不可尽敬，故封土为社，以报功也。”“社会”则是指人们在“社”这种地方的会合，进而指人们在节日里的会合、集会。宋孟元老在《东京梦华录·秋社》中写道：“八月秋社……市学先生预敛诸生钱作社会……春社、重午、重九亦如此。”逐渐地，“社会”便泛指人们的任何群居、会合了。西文“社会”，society（英）和societe（法）都源于拉丁语socius，意为“伙伴”，后经西塞罗而引申为“人类的共同体”。德语中的“社会”Gesellschaft，原意也是“伙伴”，后来也引申为“人与人的结合”。

可见，“社会”的词源，中西相通：均为人与人的集合体、结合体、共同体。细察先哲论著，对于“社会”的概念，亦多如此界说：“社会是个人的集合。”（横山宁夫）[②] “社会就是某一部分人为实现某些特定目的而合作的集合体。”（罗素）[③] “社会仅仅是一群有交往的人的名字。”（席穆尔）[④] “社会就是任何一群人，他们之间或多或少在意识

---

① 谢维扬：《中国早期国家》，浙江人民出版社1995年版，第37页。

② 横山宁夫：《社会学概论》，上海译文出版社1983年版，第33页。

③ 谢康：《社会学研究》，商务印书馆1974年版，第1页。

④ 张德胜：《社会原理》，巨流图书公司1986年版，第12页。

上存在着关系。”（艾尔活）[①]“社会就是一群享有共同地域和共同文化的相互作用着的人。”（罗伯逊）[②]

确实，社会乃是因一定的人际关系而结合起来的人群，是两个以上的人因一定的人际关系而结合起来的共同体，是两人以上的集合体。因此，社会之为社会，在于两个特点。一个是，社会与个人对立，社会不是个人，而是个人的集合，是两人以上的共同体，是两个以上的人联合起来的人群。另一个是，仅仅有两个以上的人在一起、仅仅有人群，还不是社会；只有当这些人发生一定的人际关系从而结合起来，才是社会。设有一群毫无联系的人行走在深山老林，那么这一人群便仅仅是人群而非社会。然而，同是这一群人，如果行走于闹市，那就是社会了。因为前者是一种毫无人际关系的人群；而后者则因行走在闹市而具有了一定的人际关系，如是否遵守交通规则，是否互相妨碍或妨碍他人等等。所以，孙本文先生说：“凡是具有交互与共同关系、与表现交互与共同行为的一群人，都可称为社会。”[③]

进言之，因一定人际关系而结合起来的人群可以分为两类。一类是无组织的，如电影院里看电影的人群、候车室里候车的人群、街道上来来往往的人群；另一类则是有组织的，即所谓团体、集体、集团，如省、市、县、党、团、工会、阶级等等。社会显然主要是指后者：社会，要言之，就是有组织的人群，就是团体、集体。所以费希特说：“一个社会是有组织的人们的一个集体。”[④]

综上可知，所谓社会，主要地讲，亦即团体、集体，是有组织的人群；全面地说，则是因一定人际关系而结合起来的人群，是两个以上的人因一定人际关系而结合起来的共同体。

---

① 张德胜：《社会原理》，巨流图书公司 1986 年版，第 12 页。

② 伊恩·罗伯逊：《社会学》上册，商务印书馆 1990 年版，第 103 页。

③ 孙本文：《社会学原理》上册，商务印书馆 1934 年版，第 10 页。

④ 龙冠海：《社会学》，台北三民书局 1986 年版，第 78 页。

界定了社会，似乎就可以定义国家了。因为国家不过是社会的下位概念：国家是一种特殊的社会。那么，国家究竟是一种怎样的社会？国家区别于其他社会的种差或根本特征，乃在于最高权力：国家是拥有最高权力的社会。但是，权力概念，如所周知，乃是社会科学最复杂且最关键的概念，自古以来，一直众说纷纭。然而，不懂得何为权力，也就不可能懂得何为最高权力，也就不可能确定国家区别于其他社会的种差或根本特征，因而也就不可能界定国家。所以，界定国家的另一个前提，是界定权力概念：国家的种差就存在于权力概念的外延之中。

## 2. 权力：管理者拥有的具有合法性的强制力量

在西方语系中，“权力”的英文是power，来自法语pouvoir；而pouvoir则源自拉丁文potestas或potentia，两者又都源自动词potere，意为“能够”、“能力”，引申为一个人或物影响他人或他物的能力和力量。[①]汉语“权力”的词源含义比较复杂。在汉语中，“权力”往往被简称为“权”：“权力”与“权”是同一概念。就“权”的词源含义来说，原本指一种测定物体重量的器具，亦即秤锤和秤，引申为动词，表示衡量。所以，《广雅·释器》说：“锤谓之权。”《汉书·律历志上》说：“权者，铢、两、斤、钧、石也，所以称物平施，知轻重也。”这样，进一步引申于社会人际关系，“权”便因其能够称物平施、决断轻重而具有某种“控制力、影响力、能力和力量”之意蕴。“权”与“力”合起来构成“权力”一词，无疑使这种意蕴显示出来，表示一个人影响、控制他人的能力和力量。

可见，无论中西，权力的词源含义说到底都是指影响，表示一个人影响他人的能力和力量。权力的定义就是从其词源含义而来。因为

① 米勒等编：《布莱克维尔政治学百科全书》，中国政法大学出版社1992年版，第595页。

从概念上看，正如特伦斯·鲍尔所言：“权力基本上是指一个行为者或机构影响其他行为者或机构的态度和行为的能力。”[①]马丁也这样界说道：“从最一般的意义上讲，权力指由对象、个人或集团相互施加的任何形式的影响力。”[②]这就是为什么，达尔会将权力归属于“影响”范畴。[③]

因此，迪尔韦热认为界说权力概念，应该从分析“影响”概念入手：影响是权力的最邻近的属概念。然而，影响又是什么？迪尔韦热答曰：“最好莫过于罗伯特·达尔的定义，他把影响称为‘行动者之间的一种关系，通过这种关系，其中某个人带动别人采取行动，没有这种关系，他们就不会这样做’。”[④]迪尔韦热完全同意达尔的这一定义，因而认为影响与影响力是同一概念：“影响力指的是一个人可以推动一个或几个人行动，而没有他的干预，他们就不会采取这样的行动。”[⑤]

确实，说什么东西影响了我们，就意味着什么东西具有某种力量，这种力量使我们采取了服从的行为。所以，影响与影响力是同一概念，都是一种使人们服从的力量。试想，为什么说教育、劝诫、诱导、控制、奖惩、许诺、榜样、交易和剥夺等等都可以影响我们，都属于影响范畴？岂不就是因为这些东西都具有一种使我们服从的力量？为什么说暴力、武力、契约、威望、知识、巫术、算命、财产、金钱、地位、义务、权力、权威、人格魅力、传统习惯、理智筹划等等都可以影响我们，都属于影响范畴？岂不就是因为这些东西都具有一种使我们服从的力量？

因此，正如迪尔韦热所指出，影响或影响力概念外延极其宽泛：

---

① 米勒等编：《布莱克维尔政治学百科全书》，中国政法大学出版社1992年版，第595页。

② 罗德里克·马丁：《权力社会学》，河北人民出版社1992年版，第56页。

③ Robert A. Dahl, Bruce Stinebrickner, *Modern Political Analysis* (6th edition), New Jersey: Upper Saddle River, 2003, p. 12.

④ 莫里斯·迪韦尔热：《政治社会学》，华夏出版社1987年版，第108页。

⑤ 莫里斯·迪韦尔热：《政治社会学》，华夏出版社1987年版，第108页。

“影响——或影响力——的形式多种多样，罗伯特·达尔竟举出了1400种！影响是建立在各种不同因素之上，如物质力量、进行奖惩的可能条件、财产、威望、拥戴、标准、价值等等。”[①] 这样一来，权力固然是一种使人服从的力量，因而属于影响范畴；但是，影响显然并不都是权力。我劝说我的朋友努力工作，认真讲课。他听从了我的劝说。使他努力工作认真讲课，显然只是我的影响，而并不是我的权力。所以，达尔说：“权力是影响力的一种形式。”[②] 那么，权力究竟是一种怎样的影响？或者说，权力这种影响区别于其他影响的根本特征是什么？

权力区别于其他影响的根本特征在于强制：权力是具有强制性的影响，是使人服从的强制力量。因为所谓强制，就是必须服从的力量，就是不得不服从的力量，就是使人不得不放弃自己意志而服从他人意志的力量：“当一个人被迫采取行动以服务于另一个人的意志，亦即实现他人的目的而不是自己目的时，便构成强制。”[③] 进言之，所谓必须或不得不服从的力量，就是这样一种力量，对于这种力量，不服从便会受到惩罚、制裁，如肉体惩罚、行政惩罚和舆论惩罚等等。于是，强制必定蕴涵惩罚或制裁：强制是一种不服从就会受到惩罚或制裁的力量。因此，迪韦尔热说：“强制权指的是能够进行惩罚，以迫使受到威胁的人表示屈服。”[④]

不难看出，一种影响，不论如何能够使人服从，不论如何具有使人们服从的莫大力量，但是，如果不具有强制性，不具有惩罚制裁机制，便绝不是权力；权力必定具有强制性，必定具有惩罚制裁机制。试想，一个极具影响力的大演说家，他的天才演说完全征服了听众，

---

① 莫里斯·迪韦尔热：《政治社会学》，华夏出版社1987年版，第108页。

② Robert A. Dahl, Bruce Stinebrickner, *Modern Political Analysis* (6th edition), New Jersey: Upper Saddle River, 2003, p. 13.

③ 哈耶克：《自由秩序原理》，生活·读书·新知三联书店1997年版，第164页。

④ 莫里斯·迪韦尔热：《政治社会学》，华夏出版社1987年版，第108页。

因而具有使听众服从的莫大力量。但是，我们显然不能说这种影响力是一种权力，不能说这位大演说家的演说具有使人服从的权力。因为他的演说固然具有影响力，却不具有使人服从的强制性，不具有惩罚不服从者的制裁机制。所以，达尔一再说，权力这种影响区别于其他影响的根本特征在于有无制裁或强制："用严厉制裁的前景来应对不服从，从而造成屈服，这种影响力常被称作权力。"[①] 他还引证拉斯韦尔和卡德兰的话说："正是制裁的威胁把权力同一般意义上的影响力区别开来。权力是施加影响力的特例：这是借助制裁背离拟行政策的行为来影响他人的决策的过程。"[②]

确实，权力区别于其他影响的根本特征就是强制性：权力是具有强制性的影响，是一种使人服从的强制力量，是一种必须服从的力量，是一种不得不服从的力量，是一种不服从就会受到惩罚或制裁的力量，是一种使人不得不放弃自己意志而服从他人意志的力量。为什么使我的朋友努力工作认真讲课并非我的权力；但是，使我的助教努力工作认真讲课则是我的权力？岂不就是因为，我对我的助教拥有——而对朋友并不拥有——使他认真讲课的强制力量？我的助教不听从我的劝说，我可以动用我迫使他听从的惩罚力量：解聘并停发他的助教工资。但对于我的朋友，充其量，也只能是说说而已。

因此，韦伯说："我们想很一般地把'权力'理解为一个人或很多人在某一种共同体行动中，哪怕遇到其他参加者的反抗也能贯彻实现自己意志的可能性。"[③] 克特·W. 巴克也这样写道："权力是在个人或集团的双方或各方之间发生利益冲突或价值冲突的形势下执行强制

① Robert A. Dahl, Bruce Stinebrickner, *Modern Political Analysis* (6th edition), New Jersey: Upper Saddle River, 2003, p.14.

② Robert A. Dahl, Bruce Stinebrickner, *Modern Political Analysis* (6th edition), New Jersey: Upper Saddle River, 2003, p.20.

③ 韦伯：《经济与社会》下卷，商务印书馆 1997 年版，第 246 页。

性的控制。”[①]马丁则援引达尔和布劳的定义说：“达尔在他那篇颇有影响的论文《论权力概念》中说道：‘那么，对于权力，我的直觉看法是这样的：在A能使B做B本来不愿意做的事情这个范围内，A对B拥有权力。’……布劳给权力下的定义是：‘个人或集团通过威慑力量不顾反对而把其意志强加他人的能力，这种威慑或采取扣押应定期付给的报酬的形式，或采取惩罚的形式，因这两种形式实际上就是消极制裁。’”[②]

权力是一种不服从就会受到惩罚的使人服从的强制力量。但是，权力的目的——亦即使人服从——之实现，并不仅仅依靠实施强制；更重要的，是依靠强制的威胁和教育诱导等非强制手段，从而使人自觉自愿服从。诚然，权力的强制性并不因其实现的手段和服从的性质而改变：对于必须服从的强制力量，因为受到惩罚而被迫服从，它是必须服从的强制力量；因为受到教育诱导而自觉自愿服从，它也同样是必须服从的强制力量。但是，权力的有效性——亦即使人服从的效用性——却因其实现的手段和服从的性质而不同：强制实施越多，自愿服从越少，权力便越无效；强制实施越少，自愿服从越多，权力便越有效。对于这个道理，达尔曾有极为精辟的阐述：

“权力或强制并不一定要求使用或以强力为威胁……暴君或许靠恐怖来进行统治，但决非只靠强力。即使一个暴君，也需要忠心和服从的卫士、狱吏和军人。暴君独自并不能直接用强力得到每一个士兵、狱吏或卫士对他的服从。使强制生效的并不是实际使用强力，生效的是以强力来伤害他人的威胁，如果他不服从的话……如果威胁总是必须付诸实施时，强力强制就会自拆台脚。盗贼可以把一个活生生的受害者置于死地，但尸体是不会打开保险柜的。”[③]

① 克特·W.巴克：《社会心理学》，南开大学出版社1984年版，第420页。

② 罗德里克·马丁：《权力社会学》，河北人民出版社1992年版，第82—83页。

③ 达尔：《现代政治分析》，上海译文出版社1986年版，第63页。

权力是使人服从的强制力量或强制性的影响；但是，反过来，使人服从的强制力量并不都是权力，迫使人们不得不服从的强制力量或强制性的影响力并不都是权力。只有得到社会承认、认可或同意的强制力量才是权力。试想，为什么老师有强迫学生遵守课堂纪律的权力，却没有打骂学生的权力？岂不就是因为前者得到而后者却未得到社会的承认、认可或同意？为什么省长有强迫其秘书认真工作的权力，却没有强迫其满足自己性需要的权力？岂不就是因为前者得到而后者却未得到社会的承认、认可或同意？为什么强盗拥有强迫我交出钱财的强制力量，却没有强迫我交出钱财的权力？岂不就是因为强盗所拥有的这种强制力量不会得到社会的承认、认可或同意？

因此，迫使人们不得不服从的强制力量并不都是权力，权力区别于其他强制力量的根本特征和性质，乃在于社会的承认、认可或同意：权力是社会承认、认可或同意的强制力量，是社会承认、认可或同意的迫使人们不得不服从的强制力量。权力的这一根本特征和性质，自卢梭以来，便被称之为“合法性”。何谓合法性？请看卢梭的解释：

“人是生而自由的，但却无往不在枷锁之中。自以为是其他一切的主人的人，反而比其他一切更是奴隶。这种变化是怎样形成的？我不清楚。是什么才使这种变化成为合法的？我自信我能解答这个问题。如果我仅仅考虑强力以及由强力所得出的结果，我就要说……社会秩序乃是为其他一切权利提供了基础的一项神圣权利。然而，这项权利决不是出于自然，而是建立在约定之上的。”①

可见，在卢梭看来，社会秩序、社会强力的合法性建立在社会成员所缔结的社会契约上，因而也就建立在公共意志之上：只有符合公共意志的强制力量才具有合法性。那么，学术界今天的合法性概念是否与卢梭一致？答案是肯定的。因为当今学术界仍然将合法性理解为

① 卢梭：《社会契约论》，商务印书馆 1991 年版，第 8 页。

社会成员的普遍承认、认可、同意的性质；只不过这种承认、认可或同意并不仅仅局限于社会契约。例如，韦伯认为社会成员的普遍承认、认可、同意具有三种类型：合理型、传统型和魅力型。因此，康诺利说："今天，没有人能够接受卢梭本人对合法性问题提出的解决办法（即公意的理论），但是我们今天在界定合法性问题时全都没有超出由卢梭使用的概念构成的基本框架。"①

这就是说，合法性之所以为合法性，固然有强制必须符合法律之意，但并不局限于符合法律；而是泛指一个社会的强制力量所具有的被该社会的成员承认、认可或同意的性质，亦即被该社会成员普遍承认、认可、同意的性质。于是，权力区别于其他强制力量的根本性质便在于合法性：权力是具有合法性的强制力量，是具有合法性的迫使人们不得不服从的强制力量，说到底，是社会成员普遍同意的迫使人们不得不服从的强制力量。因此，迪韦尔热把社会的普遍同意当作权力之为权力的根本特征而称之为"权力的合法性"：

"权力的合法性只不过是由于本集体的成员或至少是多数成员承认它为权力。如果在权力的合法性问题上出现共同同意的情况，那么这种权力就是合法的。不合法的权力则不再是一种权力，而只是一种力量。"②

这样一来，权力便是具有合法性和强制性的使人服从的力量，因而具有一种内在的对立：合法性与强制性以及必须与应该。从权力是使人们服从的具有强制性的力量方面来看，权力具有必须性，是人们必须服从的力量，不服从就会受到惩罚制裁；从权力是社会承认或大家同意的具有合法性的力量方面来看，权力具有应该性，是人们应该服从的力量。合而言之，权力是具有强制性和合法性的使人服从的力

---

① 米勒等编：《布莱克维尔政治学百科全书》，中国政法大学出版社 1992 年版，第 409 页。

② 莫里斯·迪韦尔热：《政治社会学》，华夏出版社 1987 年版，第 117 页。

量，因而是必须且应该服从的力量。

那么，具有合法性或社会同意的强制力量都是权力吗？否！因为具有合法性或社会同意的强制力量，可能仅仅是权力资源，而并不是权力。设有两个人，一个是富人，一个是穷人。这个富人拥有迫使这个穷人为自己劳作的强制力量：金钱；并且这个穷人也同意为他劳作以换取富人的金钱。这样一来，这个富人就拥有了迫使这个穷人为自己劳作的具有合法性的强制力量：金钱。可是，我们能说这个富人有权迫使这个穷人为自己劳作吗？不能。这个富人只拥有迫使这个穷人为自己劳作的强制力量，只拥有迫使这个穷人为自己劳作的权力资源——金钱——却不拥有迫使这个穷人为自己劳作的权力。

但是，如果这个富人与这个穷人就劳资合作缔结了一种社会关系，比如说，签订了一个劳资合同，从而使富人成为雇主，而穷人成为雇员，那么，这个富人就不但拥有了迫使这个穷人为自己劳作的合法的强制力量，不但拥有了迫使这个穷人为自己劳作的权力资源——金钱——而且拥有了迫使这个穷人为自己劳作的权力。为什么？因为权力只能为社会的管理者所拥有，只有社会的管理者所拥有的合法的强制力量才是权力：权力是管理者所拥有的具有合法性和强制性的影响。富人作为富人只拥有迫使穷人为自己劳作的权力资源，只拥有迫使穷人为自己劳作的合法的强制力量；富人作为雇主才拥有迫使穷人为自己劳作的权力。只有社会的管理者、领导者所拥有的合法的强制力量才是权力；而非管理者或被管理者所拥有的合法的强制力量并不是权力。

试想，为什么只有上级对下级才拥有权力，而下级对上级却没有权力？岂不就是因为上级是管理者，而下级却是被管理者？为什么在民主社会，每个公民都拥有权力？岂不就是因为民主社会每个公民都是管理者？为什么同一个人，在一定时间对一定对象有权力，而在另一定时间对另一定对象则无权力？岂不就是因为他在一定时间对一定对象是管理者，而在另一定时间对另一定对象则是被管理者？为什么富人作为富人只拥有迫使穷人为自己劳作的合法的强制力量或权力资源，而富人作为雇主就拥有迫使穷人为自己劳作的权力？岂不就是因为雇主属于管理者而富人却不属于管理者？

不过，管理者与领导者并非同一概念：领导者或官吏都是管理者；管理者却未必都是领导者。因为管理者与被管理者的外延极其广泛，几乎每个人都是管理者，同时也是被管理者。甚至芸芸众生，如仓库保管员、铁路货运员、高速公路收费员、医生、驾驶员、教师、父母家长等等都属于社会管理者范畴。当然，另一方面，在另一种社会关系中，这些人同时也是被管理者。就这些人充当某种管理者的社会角色来说，他们都拥有各种各样的可以称之为“权力”的迫使人们必须服从的强制力量：仓库保管员有权发放各种物品，而领取物品的被管理者则没有这种权力；铁路货运员有权调配车皮，而贩运货物的被管理者则没有这种权力；高速公路收费员有权收费，而往来的司机或被管理者则没有这种权力；医生有权开处方，而患者或被管理者则没有这种权力；驾驶员有权载人载货，而乘客或被管理者则没有这种权力；教师有权评定学生成绩，而学生或被管理者则没有这种权力。因此，权力是管理者所拥有的具有合法性和强制性的影响，说到底，也就是社会成员因其社会角色所拥有的具有合法性和强制性的影响。那么，为什么只有管理者拥有权力呢？为什么权力只能与一个人的某种社会角色相关联？

原来，任何社会，即使仅由两人组成，即使是最小的社会——家庭——要存在和发展，都必须进行管理，因而必须有管理者和被管理者的角色之分。同时，管理者还必须拥有一种被社会成员普遍同意的迫使被管理者服从的强制力量，亦即权力。因为只有这样，只有管理者拥有权力，只有管理者拥有得到社会成员普遍同意的迫使被管理者服从的强制力量，方可确保被管理者的社会行为服从管理者的管理，从而使人们的社会行为互相配合、遵守秩序；否则，人们各行其是、互相冲突、乱成一团，社会便不可能存在、发展了。所以，管理者所拥有的、社会成员普遍同意的、迫使被管理者服从的强制力量，是任何社会存在和发展的根本条件。这就是为什么只有管理者才拥有权力的缘故，这就是为什么权力只能与一个人的某种社会角色相关联的缘故，这就是为什么社会成员会普遍同意只有管理者才拥有权力的缘故，这也就是权力合法性的唯一源头。

因此，权力关系的本质是一种社会关系，是一种管理与被管理的社会关系。只有在社会关系中，只有在管理与被管理的社会关系中，才存在权力。一个人不论如何权势熏天，一旦离开这种社会关系，一旦不再是管理者，他就不再拥有任何权力了。所以，富有洞察力的学者在界说权力时，都特别强调权力的社会关系本性。韦伯说："权力意味着在一种社会关系里哪怕是遇到反对也能贯彻自己意志的任何机会，不管这种机会是建立在什么基础之上。"[①] 达尔说："权力这个词是指各社会单位之中的关系子集，在这些单位中，一个以上的单位的行为在某些条件下依赖于另一些单位的行为。"[②] 迪韦尔热说："权力是一种规范概念，指的是一个人处于这样的地位，他有权要求其他人在一种社会关系中服从他的指示。"[③]

权力所由以产生和存在的社会关系，是一种管理与被管理的社会关系，因而也就是一种不平等的社会关系。这种不平等的关系的一端是管理者、命令者、有权者；另一端则是被管理者、服从者、无权者。对于这一点，迪韦尔热曾有十分透辟的分析。通过这些分析，他得出结论说："一种权力的存在意味着一个集体的文化体制建立起了正式的不平等关系，把统治他人的权力赋予某些人，并强迫被领导者必须服

---

① 韦伯：《经济与社会》上卷，商务印书馆 1997 年版，第 81 页。

② 罗德里克 · 马丁：《权力社会学》，河北人民出版社 1992 年版，第 81 页。

③ 莫里斯 · 迪韦尔热：《政治社会学》，华夏出版社 1987 年版，第 113 页。

从后者。”[①]

### 3. 权威：权力是管理者所拥有的权威性强制力量

权力是管理者所拥有的具有合法性和强制性的影响，意味着，权力是管理者所拥有的权威性强制力量。因为权威与权力一样，一方面，显然都属于影响范畴，都是一种使人服从的力量；另一方面，显然都是一种使人自愿服从的力量，都是一种大家同意、自愿服从的力量，说到底，都是一种具有合法性的影响。所以，马丁说：“权威概念的实质性要素是合法性。”[②]达尔说：“当领袖的影响力被披上了合法性的外衣时，通常就被称为权威。那么，权威就是一种特殊的影响力，即合法的影响力。”[③]因此，权力——管理者所拥有的具有合法性和强制性的影响——岂不就是管理者所拥有的权威性强制力量？

诚然，权力与权威根本不同。一方面，权力具有强制性，是一种具有强制性的使人服从的力量；权威则不具有强制性，是一种不具有强制性的使人服从的力量。另一方面，权力仅为管理者所拥有；权威则可以为任何人——不论管理者还是被管理者——拥有。一个特立独行、穷困潦倒的学者，环堵萧然，一无所有，仍然可以是一个学术权威。一个巫婆或江湖术士，也可以拥有使人自愿服从的力量，因而也是一个权威。

权威虽然与权力根本不同，却因其是一种合法性影响而成为权力结构的一个要素，即其合法性要素，亦即其社会承认、认可和同意要素。因为权力是管理者所拥有的具有合法性和强制性的影响，意味着权力原本由“管理者”、“强制性”与“合法性”三大要素构成。换言之，权力由管理者、强制与权威三大要素构成：权力＝管理者＋权

---

① 莫里斯·迪韦尔热：《政治社会学》，华夏出版社1987年版，第116页。
② 罗德里克·马丁：《权力社会学》，河北人民出版社1992年版，第93页。
③ 达尔：《现代政治分析》，上海译文出版社1986年版，第77页。

威＋强制。

这意味着，权力的目的——使被管理者服从——通过权威和强制两种途径或手段实现。不难看出，一方面，权威与强制两种手段恰成反比：管理者越有权威，他所使用的强制手段便越少；越无权威，他所使用的强制手段便越多。另一方面，权力的有效性——亦即使被管理者服从的效用性——与权威成正比，与强制成反比：管理者越有权威，使用的强制便越少，权力便越有效；管理者越没有权威，使用的强制便越多，权力便越无效；管理者如果彻底丧失权威而完全依靠强制，权力便失去合法性而成为纯粹强力，因而也就不成其为权力，沦为所谓"捆猪的力量"了。因此，迪韦尔热说：

"实际上，权力很少使用强制方法，害怕惩罚在强迫服从权力的过程中只起一种很小的作用。这里有必要提一下泰尔柯特·帕森斯的比喻。他认为，正如黄金来自货币一样，强制来自权力。只有在危机时期才采用金本位制，货币的价值主要是建立在以信用为主的其他基础之上的。同样，权力只有在特殊情况下才使用强制权。"①

综上可知，权力是管理者所拥有的具有合法性和强制性的影响，是管理者所拥有的具有合法性和强制性的使人服从的力量，是仅为管理者拥有且被社会承认的使被管理者服从的具有强制性的力量，是管理者拥有的迫使被管理者必须且应该服从的力量。这就是权力的定义。这样一来，我们既界定了权力概念，又界定了社会概念，从此出发，也就可以界定国家概念了。因为国家属于社会范畴，国家不同于其他社会的种差或根本特征，就在权力概念外延之中。那么，国家不同于其他社会的种差究竟是什么？国家究竟是什么？

① 莫里斯·迪韦尔热：《政治社会学》，华夏出版社 1987 年版，第 109 页。

## 二、国家界说

### 1. 国家：拥有最高权力的社会

国家不同于其他社会的种差或根本特征，虽难把捉，却可以从构成社会的要素看出来。那么，社会的要素是什么？从社会的定义——两个以上的人因一定人际关系而结合起来的共同体——不难看出，构成社会的基本要素包括人口与人口聚集之处：土地。没有二者，显然不可能存在社会。所以，周鲸文说："社会是在一个地方，人们过共同的生活……马克微尔说：'据我的意思，社会是共同生活的场所，例如村庄、城市、区域、国家，或是再比较广大的区域。'此处我们看出社会的特性，它有土地性，及人群性。"①

然而，只有土地与人口，还不能构成社会：二者只是社会构成的必要条件，而不是社会构成的充分条件。社会的构成无疑还需要一个要素，那就是权力（及其管理组织或机关）：权力（及其管理组织或机关）是任何社会存在发展的必要条件。只不过，权力管理机关的复杂程度与社会的复杂程度成正比：社会越复杂，它的权力管理组织便越复杂；社会越简单，它的权力管理组织便越简单。比较复杂的社会，如阶级社会以来的国家，其权力管理组织也比较复杂，因而从社会其他组织脱离出来而成为一种独立的实体；比较简单的社会，如氏族部落，其权力管理组织也比较简单，因而还没有与该社会其他组织脱离而成为一种独立的实体；最简单的社会，如家庭，其权力组织与该社会则完全是同一组织。

权力（及其管理组织或机关）是任何社会存在发展的必要条件，因而便与人口、土地一起构成社会三要素。任何社会，不论是家庭学校还是乡县区市，不论是氏族部落还是国家城邦，皆由人口、土地和

---

① 周鲸文：《国家论》，天津大公报馆 1935 年版，第 4 页。

权力（及其管理组织或机关）三要素构成。那么，是否只要具备人口、土地和权力及其组织或机关，就必定存在社会呢？是的，人口、土地和权力（及其管理组织或机关）显然是构成社会的充分且必要条件。

但是，人们所构成并生活于其中的社会，并非简简单单只有一种，而是林林总总、多种多样的，如家庭、乡、县、市、省、国家等等。这些社会的构成，固然也不外人口、土地和权力（及其管理组织或机关）三要素；但构成这些社会的权力（及其管理组织或机关），相互间必须形成一种具有领导被领导关系的上级和下级的等级结构，从而存在一种不可抗拒的统帅所有权力的最高权力及其管理组织或机关。只有这样，这些社会相互间才可能互相配合、统一和谐，从而得以存在发展；否则，如果没有最高权力及其管理组织或机关，那么，林林总总的社会便势必各行其是、互相冲突、混乱无序、分崩离析，从而也就不可能存在发展了。

所谓最高权力管理组织或机关，也就是执掌和行使最高权力的一切管理组织或机关，亦即政权机关、政治组织或政治社会。这种政权机关、政治组织或政治社会就是国家吗？不！它还不是国家，而只是国家的政府：政府就是执掌和行使最高权力的一切管理组织或机关，就是掌握与行使最高权力或国家政权的团体及其成员，就是国家的政权机关、政治组织或政治社会。从政府的词源含义来看也是如此。中文“政府”，据《词源》考证，原本指国家官吏办公的地方和机关，引申为国家的政治机关、政治组织：“政府，谓政事堂。”西文政府（Government）一词，源于希腊文 Kubernan 和拉丁文 gubinere，义为指导、驾驭、管理和统治，引申为政治组织、政治活动的组织形式。因此，邓初民说：“政府不过是执行政治任务、运用国家权力的一种机关罢了。”[①]《简明不列颠百科全书》也这样写道：“政府是治理国家或

① 邓初民：《新政治学大纲》，中国社会科学出版社 1984 年版，第 110 页。

社区的政治机构。”

可见，政府只是国家的管理机关，只是管理国家的一种组织，是国家的领导集团；因而只是构成国家的一种要素，只是构成国家的一部分，也就是能够代表国家的那个部分，是国家的代表；正如一切社会的领导者和管理者都是该社会的代表一样。这个道理，在拉斯基那里曾有十分精辟的阐述：“国家需要一个人的团体替它行使它所掌握的最高的强制性的权威；而这个团体就被我们唤作国家的政府。政治学的基本原则之一，就是我们必须把国家和政府区分得清清楚楚。政府只是国家的代理人；它的存在，就是要贯彻执行国家的意旨。它本身并不是那个最高的强制权力，它不过是使那个权力的意旨发生效力的行政机构。”①

政府或最高权力及其管理组织，固然还不是国家，而只是构成国家的一种要素；但是，这种要素乃是国家区别于其他社会的根本特征或种差：国家就是拥有最高权力的社会，就是拥有最高权力管理组织的社会，就是拥有政府的社会。因为国家属于社会范畴，是一种特殊的社会，它与其他社会——如家庭学校乡县区市等等——的区别，显然不在于土地和人口两要素，而只在于权力及其组织：最高权力及其组织或政府是国家区别于其他社会而为国家所特有的要素。季尔克立斯（R. N. Gilchrist）在讨论国家的这一要素时讲得很清楚：“此为国家之最高原素，而国家与其他社会团体之分别，亦在于此。其他团体，虽亦能有一定之地域，统帅一部分之人民，及备有管理之机关，但有以上三者而又兼有主权者，仅有一个团体，此一团体，即是国家。”② 拉斯基也这样写道：“国家因拥有主权，所以和其他一切人类的组织有所不同：一个都市是区分为政府和属民的有土地的社会；一

① 拉斯基：《国家的理论与实际》，商务印书馆 1959 年版，第 7 页。

② R. N. Gilchrist：《政治学原理》，黎明书局 1932 年版，第 30 页。

个工会或者一个教会也可以是这样的。但是它们都不具有最高的强制权力。”①

这就是说，土地、人口和权力及其组织乃是构成一切社会的三要素，因而也是构成国家的三要素；只不过，构成国家的权力及其组织要素，乃是最高权力及其组织或政府罢了：土地、人口和最高权力及其组织或政府是构成国家的三要素。这就是西方传统的“国家三要素说”。然而，也有研究者将最高权力与执掌最高权力的管理组织或政府分离开来，而认为构成国家的是四要素：“国家的基本原素有四：（一）人群（人民），（二）一个固定居所（领土），（三）一个统一人民的组织（政府），（四）对内的最高性及对外的独立性（主权）。”②这是不妥的。因为构成某物的两个要素，必须相互独立因而能够分离存在，而不可相互依赖不能分离存在；否则便是一个要素，而不是两个要素。土地与人口是相互独立可以分离存在的，因而堪称构成国家的两个要素；反之，最高权力与其管理组织或政府却是相互依赖不可分离存在的，因而并非构成国家的两个要素，而只是构成国家的一个要素。于是，构成国家的要素并非四个，而是三个：土地、人口和最高权力及其管理组织或政府。这恐怕就是为什么凯尔森赞成国家构成三要素“领土、人民和权力”的传统学说的缘故。③他这里所说的“权力”，是指国家权力、最高权力或主权。因为他在解释构成国家的权力要素时这样写道：“国家的权力通常被列为国家的第三个所谓要素。国家被认为是居住在地球表面上某一限定部分并从属于某种权力机构的人的集合，整体意义上的人民。一个国家、一片领土、一个整体意义上的人民及一个权力。主权被认为是界说这一权力的特征。”④

① 拉斯基：《国家的理论与实际》，商务印书馆 1959 年版，第 6 页。

② R. N. Gilchrist：《政治学原理》，黎明书局 1932 年版，第 24 页。

③ 凯尔森：《法律与国家》，台北正中书局 1976 年版，第 233 页。

④ 凯尔森：《法律与国家》，台北正中书局 1976 年版，第 283 页。

总而言之，土地、人口和权力及其组织是构成社会的三要素；而土地、人口和最高权力及其组织或政府则是构成国家的三要素。在国家构成的这三种要素中，只有最高权力及其组织或政府是区别于其他社会而为国家所特有的要素：国家就是拥有最高权力及其管理组织或政府的社会。确实，家庭、学校、县、市、州、省、自治区等等为什么只是社会而不是国家？岂不就是因为它们虽然拥有土地、人口和权力，却不拥有最高权力？为什么诸如西藏、新疆那样大的自治区都不是国家，而只有百余英亩土地和千余人口的梵蒂冈城邦却是国家？岂不就是因为梵蒂冈拥有最高权力，而西藏、新疆却不拥有最高权力？岂不就是因为构成梵蒂冈的三要素是土地、人口和最高权力，而构成西藏和新疆的要素却是土地、人口和权力？所以，狄骥虽然认为一个社会只要拥有强制权力就是国家，但最后还是补充道：

"要有国家，这种强制权力就必须是不可抗拒的。我由此所说明的，只是：强制权力如果在团体内部遇不到敌对的权力与它相对抗并阻挠它用强力来确保它意志的实行，它便是一种国家权力。如果有这种敌对权力存在，而且它在一个时期内能抗拒先前所建的权力，那么，先前所建的权力就不再是国家权力了。如果两种权力有同等的效力并且平均发展，那么处在这种情况下就没有国家存在，而在语源学意义上讲便是无政府状态，这种状态一直将继续到组成一种不可抗拒的权力时为止。"①

所谓"不可抗拒的权力"，与"最高权力"无疑是同一概念。因此，叶赫林说，最高权力是国家之为国家的根本特征："国家的特征就是它成为超越一定领土上所有的其他意志的一种最高权力。要有一个国家存在，这种权力就是而且必须是一种实质的权力，即在事实上超越于一定领土上所存在的其他一切权力的权力。国家的一切其他条件

---

① 狄骥：《宪法论》，商务印书馆 1959 年版，第 383 页。

则归结为这样一个条件，即它必须是一种实质的最高权力。”[①]一言以蔽之，国家是拥有最高权力的社会。

因此，鲍桑葵说：“国家即作为最高权威的社会。”[②]梅尔堡说：“国家是一种人类社会，居住在自己的土地上，并有维持它和社员关系，握有行动、命令及强制的最高权力的组织。”北冈勋说：“国家是占有国家的最高权力的人民所组成的地域社会。”“国家是一种受最高权力和理性所支配的家族及其共同事务。”[③]齐吉林说：“国家是被法律联结成一个法律上的整体的，并由最高权力根据共同的福利来进行管理的人民的联盟。”[④]

从词源来看，也是如此。中文“国家”与“国”是同一名词。“国”字的古文为“𢧢”，从一（土地），从口（人口），从戈（武力、权力），从王（拥有最高权力者），可以训为：生活在一定地域的人们所结成的拥有最高权力的社会。西文“国家”的词源含义比较复杂。古希腊是以城市为领域的国家，因而与“国家”相当的词是城邦：polis，指城邦人口、土地和政权、政治机构等一切社会团体的总和。古罗马人称国家为 res publica，可英译为 commonwealth，实际上也是指人口、土地和政权、政治机构等一切社会团体的总和。只是到了文艺复兴后期，意大利人马基雅维利才首次使用 stato 来称谓国家，赋予国家以与古代有别的现代含义，意指政权、政治机构、政治组织或政府。因为现今西文“国家”state（英）、etat（法）、Staat（德）诸词，皆源于意大利文 stato，专指政权、政治机构、政治组织或政府。因此，不论中西，国家的词源含义与其定义基本一致，都是指生活在一定地域的人们所结成的拥有最高权力及其组织或政府的社会。

---

① 狄骥：《宪法论》，商务印书馆 1959 年版，第 385 页。

② 鲍桑葵：《关于国家的哲学理论》，商务印书馆 1995 年版，第 204 页。

③ 马起华：《政治理论》，台湾商务印书馆 1977 年版，第 198—200 页。

④ 王勇飞编：《法学基础理论参考资料》上，北京大学出版社 1984 年版，第 439 页。

## 2. 国家：最大最高的社会

国家是拥有最高权力的社会，意味着，国家内部具有一种权力的等级结构：较低的权力被较高的权力所领导，而最高权力则领导一切权力。拥有较高权力的社会，如省、市、自治区等等，是由拥有较低权力的社会——如县、乡、家庭等等——构成的；而拥有最高权力的社会，亦即国家，则是由一切社会构成的。这样一来，国家便呈现一种由较小社会构成较大社会的包括与被包括关系的等级结构。在这种结构中，较小的社会，如家庭、乡和街道，所拥有的权力就较小，并被包括在较大的社会中而成为较大社会的一部分；较大的社会，如县市省，则包括较小的社会而成为这些较小社会的总和，因而拥有的权力就比较大，领导着它所由以构成的这些较小社会；最大的社会，亦即国家，则包括家庭、乡、县、市、省等一切社会而成为一切社会的总和，因而拥有最高权力，领导一切社会。

可见，国家是一切社会按照从小到大和从低级到高级的“包括与被包括以及领导与被领导”的关系所构成的最大最高的社会。国家是最大社会，因为它是一切社会的总和，是一切社会所构成的一个有机整体。国家是最高社会，因为它拥有领导一切社会的最高权力。国家是一切社会的总和，是最大且最高的社会，显然意味着：国家是社会发展的最高级最完备的形态。因此，亚里士多德说：国家是“社会团体中最高而包含最广的一种”。“这种至高而广涵的社会团体就是所谓‘城邦’。”[①]“等到由若干村坊组合而为城邦，社会就进化到高级而完备的境界。在这种社会团体以内，人类的生活可以获得完全的自给自足。”[②]

究竟言之，任何一种较大较高的社会，如省、自治区，显然都不

---

① 亚里士多德：《政治学》，商务印书馆 1965 年版，第 3 页。

② 亚里士多德：《政治学》，商务印书馆 1965 年版，第 7 页。

是一种与较小的社会分离独立的社会，而是一切较小社会——如县乡和家庭——的结合、总和：一切较小的社会都是构成较大社会的一部分；而较大社会则是较小社会结合而成的整体。同理，国家这种最大且最高的社会，也不是一种与其他社会分开独立的社会，而是一切社会的结合、总和：一切社会都是构成国家的一部分；而国家则是一切社会结合而成的整体。这就是国家为什么是最大最高的社会的缘故：整体大且高于部分。所以，莫里斯·迪韦尔热说："国家似乎就是一种完整的社团，不依赖其他社团并统治其他一切社团。"[①] 拉斯基也这样写道："我们发现我们是和其他的人们一同生活在一个社会里：这个社会，就它对于人类其他一切组织关系来说，是完整地结合成为一个单位，我们把它叫做国家……我之所谓国家，意思是指这样一种社会，它由于具有一种强制性的权威，在法律上高出于作为这个社会一部分的任何个人或集体，而构成一个整体。"[②]

另一方面，国家是最大且最高的社会，完全是相对的，而不是绝对的。因为任何一个国家，都只是其领土范围内的一切社会的总和，因而都只是其领土范围内的最大且最高的社会，都只是相对于其领土范围内的社会来说，才是最大且最高的社会。否则，对于领土范围之外的社会来说，一个国家完全可能是一个不大的、很小的甚至极小的社会。就拿梵蒂冈国家来说，它只是其百余英亩领土内的一切社会的总和，因而只是对于这些社会来说，才是最大且最高的社会。反之，如果相对于梵蒂冈领土之外的比如中国的西藏、内蒙古来说，那么，这个百余英亩土地上的千余人口的国家岂非区区弹丸之地？谈何最大且最高社会？

① 莫里斯·迪韦尔热：《政治社会学》，华夏出版社 1987 年版，第 12 页。

② 拉斯基：《国家的理论与实际》，商务印书馆 1959 年版，第 5 页。

### 3. 国家：拥有主权或独立自主的社会

不难看出，一个社会，如果不拥有最高权力，如省市县，那么，该社会便必受拥有最高权力的社会——国家——的领导，便必定依附于拥有最高权力的社会而不能够自己说了算，不是独立自主的社会。反之，如果一个社会拥有最高权力，则显然意味着，这个社会不受其他社会领导，不依附于其他社会，而完全自己说了算，完全是独立自主的：最高权力就是独立自主的权力；拥有最高权力的社会就是独立自主的社会。因此，国家最高权力又叫作主权：主权就是国家独立自主的权力，就是国家最高权力。这个道理，马里旦讲得很清楚："什么是主权概念的严格的和真正的意义呢？主权指两件事情：第一，一种享有最高独立性和最高权力的权利……第二，一种享有某种独立性和某种权力的权利，这种独立性和权力在它们的固有的范围内是绝对的或超越地最高的。"一句话，"主权意味着独立性和权力，这种独立性和权力是分开地和超越地最高的"[①]。

这样一来，国家是拥有最高权力的社会，便意味着：国家就是拥有主权的社会，说到底，就是独立自主的社会："拥有最高权力的社会"、"拥有主权的社会"与"独立自主的社会"三者是同一概念。因为一切拥有最高权力或主权的社会，显然都是独立自主的社会；反过来，一切独立自主的社会，也都是拥有最高权力或主权的社会。诚然，独立自主的社会可能存在两种情形。一种是独立自主社会之常规，亦即由一切社会的总和所构成的独立自主的复合社会，如由家庭、乡、县、省等社会所构成的现代国家。这种社会之所以独立自主，显然是因为它拥有最高权力或主权：独立自主的社会是拥有最高权力或主权的社会。

反之，另一种则是独立自主的社会之例外，亦即极为原始的不

① 马里旦：《人和国家》，商务印书馆 1964 年版，第 38、48 页。

包括其他任何社会的最简单的社会单位。举例说，大约一百万年以前，尚处于“狩猎—采集”阶段的原始社会的“队群”或“游团”（bands），少则只有20人，多则几百人。这种“队群”或“游团”虽然极为简单，不包括任何其他社会，通常却是一种独立自主的社会。粗略看来，这种社会并不拥有最高权力或主权。其实不然。因为主权或最高权力就是独立自主的权力，它无疑具有双重含义：高于一切权力的权力和没有更高权力的权力。现代国家高于一切权力的权力，是不受其他权力领导和支配的权力，因而是独立自主的权力，是主权或最高权力，是领导和支配一切权力的最高权力或主权。同样，“队群”或“游团”没有更高权力的权力，也是不受其他权力领导和支配的权力，因而也是独立自主的权力，也是主权或最高权力。

可见，不但一切拥有最高权力或主权的社会都是独立自主的社会，都是国家，而且一切独立自主的社会，也都是拥有最高权力或主权的社会，也都是国家：国家、拥有最高权力的社会与独立自主的社会三者实为同一概念。因此，蒂利在给国家下定义时这样写道：“国家是一种控制特定人口、占有一定领土的组织，因而：（1）它不同于在同一领土上活动的其他组织；（2）它是自主的；（3）它是集权的；（4）它的各个部分相互间存在着正式的协作关系。”[①] 对于这个定义所指出的国家之所以为国家的自主特征与国家的主权特征之关系，贾恩弗朗哥·波齐曾这样评论道：“蒂利关于国家定义的更深入的特征——自主——以多少更为隐蔽的方式表达出来，这也就是通常更富有争议和内涵更丰富的主权概念。一种控制组织只要拥有主权，它就是国家。”[②]

---

① Gianfranco Poggi, *The State: Its Nature, Development and Prospects*, Cambridge: Polity Press, Ltd., 2007, p. 19.

② Gianfranco Poggi, *The State: Its Nature, Development and Prospects*, Cambridge: Polity Press, Ltd., 2007, p. 21.

## 三、国家界说理论

### 1. 现代西方主流定义

国家的四个定义（“国家是拥有最高权力及其管理组织或政府的社会”和“国家是拥有主权的社会”以及“国家是最大且最高的社会”和“国家是独立自主的社会”）的推演顺序表明，最高权力及其管理组织或政府是国家之所以为国家的最根本的特征。这种特征是如此根本，以致思想家们竞相将国家与最高权力及其管理组织或政府等同起来，将国家与政权、政治组织和政治实体等同起来，从而认为国家就是最高权力及其管理组织或政府，就是政权、政治组织或政治实体：

亚里士多德说：“至高而广涵的社会团体就是所谓‘城邦’，即政治社团。”① 斯宾诺莎说：“各种统治状态均称为国家状态。统治的总体称为国家。”② 马里旦说：“国家不过是一个有资格使用权力和强制力并由公共秩序和福利方面的专家或人才所组成的机构，它不过是一个为人服务的工具。”③ 凯尔森说：“既然社会是由组织构成的，那么将国家界说为‘政治组织’就更加正确……有时人们以国家具有或就是‘权力’为理由，将它说成是一个政治组织。”④ “实质的国家概念，指国家官吏组成的吏治器官而言。”⑤ 莱斯利·里普森说：“国家是把政治的动力组织起来并使之形式化的机构。”⑥ 霍尔写道：“国家是一套机构，这些机构是由国家的相关人员操纵的。国家最重要的是作为暴力与强制手段的机构。”⑦ 贾恩弗朗哥·波齐说：“政治权力的最基本和最重要的

---

① 亚里士多德：《政治学》，商务印书馆 1965 年版，第 3 页。

② 斯宾诺莎：《政治论》，商务印书馆 1999 年版，第 24 页。

③ 马里旦：《人和国家》，商务印书馆 1964 年版，第 15 页。

④ 凯尔森：《法律与国家》，台北正中书局 1976 年版，第 213 页。

⑤ 凯尔森：《法律与国家》，台北正中书局 1976 年版，第 242 页。

⑥ 莱斯利·里普森：《政治学的重大问题》，华夏出版社 2001 年版，第 42 页。

⑦ 约翰·A. 霍尔等：《国家》，吉林人民出版社 2007 年版，第 2 页。

现代形式，即国家。”[①] 韦伯说：“当行政班子成功地维持了合法使用暴力的垄断权来贯彻自己的命令时，这种能够持续运作的强制性政治组织就将被称为‘国家’。”[②] 狄骥写道：“把国家本身理解为唯一执掌着发号施令的权力的观念，几乎为四十年来从事公法著述的德国法学者一致公认。”[③] 甚至明确指出“最高权力是国家根本特征”的拉斯基也居然将国家与权力或最高权力等同起来：“国家可以合理地被视为是组织公共的强制权力，以便在一切正常情形下，使政府的意志能贯彻执行的一种方法。它是在全部人民以外而且超过全部人民的一种权力。”[④] 德莱什克则将这种思想归结为一句名言：“国家就是权力。”[⑤]

这种将“国家等同于最高权力和政权机构、政治实体或政府”的界说，有其词源学根据。因为现今西文“国家”state（英）、etat（法）、Staat（德）诸词，皆源于意大利文 stato，专指政权、政治机构或政治组织。所以，《布莱克维尔政治学百科全书》的“国家”词条指出，这种将“国家等同于最高权力和政权机构”的定义，逐渐形成于 14—17 世纪，而成为现代西方主流定义：“最一般的用法也许是把‘国家’等同于政治实体或政治共同体……这种用法有其词源学根据。国家一词是在 14 世纪到 17 世纪逐渐演变为表示政治实体的一般概念。”[⑥]

### 2. 马克思主义定义：现代西方主流定义的推演

马克思主义经典作家继承了这种将“国家等同于最高权力和政权机构、政治实体”的主流定义。恩格斯一再说：“国家无非是有产阶级即土地所有者和资本家对被剥削阶级——农民和工人——施行的有

---

① Gianfranco Poggi, *The State: Its Nature, Development and Prospects*, Cambridge: Polity Press, Ltd., 2007, p. 18.

② 迈克尔·曼：《社会权力的来源》第二卷上，上海世纪出版集团 2005 年版，第 63 页。

③ 狄骥：《宪法论》，商务印书馆 1959 年版，第 438 页。

④ 拉斯基：《国家的理论与实际》，商务印书馆 1959 年版，第 10 页。

⑤ 狄骥：《宪法论》，商务印书馆 1959 年版，第 385 页。

⑥ 米勒等编：《布莱克维尔政治学百科全书》，中国政法大学出版社 1992 年版，第 741 页。

组织的总和权力。”“随着法律的产生，就必然产生出以维护法律为职责的机关——公共权力，即国家。”[①] 列宁也这样写道：“系统地采用暴力和强迫人们服从暴力的特殊机构，这样的机构就叫做国家。”[②]“国家一直是从社会中分化出来的一种机构，一直是由一批专门从事管理、几乎专门从事管理或主要从事管理的人组成的。”[③]

如果国家就是管理机构、政治组织、政权和最高权力，就是国家的政治权力机构、政府或政治实体，那么，在阶级社会，在某种意义上，国家就可能是阶级压迫的工具，就可能是阶级统治机器。因为在阶级社会，非民主制国家政权必定是垄断政治权力的官吏阶级对没有政治权力的庶民阶级的专政工具，必定是维护统治阶级对被统治阶级进行剥削和压迫的工具，是镇压被剥削被压迫阶级反抗的机器，是一个阶级压迫和剥削另一个阶级的机器：维护君主或寡头利益而剥夺绝大多数人权益乃是非民主国家政权之最根本的任务和职能。

这样一来，如果国家的现代主流定义（国家就是国家政权，就是政权、最高权力和政治组织或政府）是真理，那么，在专制等非民主制的阶级社会，根本说来，国家岂不就是阶级镇压的机器？岂不就是镇压被剥削被压迫阶级反抗的机器？岂不就是维护统治阶级对被统治阶级进行剥削的工具？岂不就是一个阶级压迫和剥削另一个阶级的机器？因此，恩格斯和列宁一再说：

“迄今在阶级对立中运动着的社会需要有国家，即需要一个剥削阶级的组织，以便维护它的外部的生产条件，特别是用暴力把被剥削阶级控制在当时的生产方式所决定的那些压迫条件下（奴隶制、农奴制、雇佣劳动制）。”[④]“国家无非是一个阶级镇压另一个阶级的机器。”[⑤] 列宁

① 《马克思恩格斯选集》第 2 卷，人民出版社 1972 年版，第 539 页。

② 《列宁选集》第 4 卷，人民出版社 1972 年版，第 44 页。

③ 《列宁选集》第 4 卷，人民出版社 1972 年版，第 47 页。

④ 《马克思恩格斯全集》第 20 卷，人民出版社 1971 年版，第 305 页。

⑤ 《列宁选集》第 3 卷，人民出版社 1972 年版，第 239 页。

说："国家是阶级统治的机关。"①"国家是维护一个阶级对另一个阶级的统治的机器。"②"国家是一个阶级压迫另一个阶级的机器，是使一切被支配的阶级受一个阶级控制的机器。"③

可见，马克思主义关于国家即阶级镇压的机器的定义，依据于国家的现代主流定义——国家亦即政治权力机构或政治实体——因而其能否成立，关键在于国家的现代主流定义能否成立。那么，后者是真理吗？非也！因为，一方面，政权或最高权力并非国家，而是国家区别于其他社会的种差，是国家之所以为国家的根本特征：国家是拥有最高权力的社会。因此，绝不能将国家与最高权力或政权等同起来，而将国家界说为最高权力或政权。国家包括家庭、学校、企业、工厂、省市县等一切社会，包括土地、人口和最高权力。国家是所有这一切的总和，是这一切所构成的整体：它怎么能仅仅是一种政权、权力、最高权力呢？难道报效国家仅仅是报效最高权力，仅仅是报效政权？难道说热爱中国仅仅是热爱中国的政权或权力？难道包括 14 亿人口和 960 万平方公里土地的中国仅仅是一种权力或政权？

另一方面，正如拉斯基所指出，政治组织或政治实体和政府也并非国家，而是掌握与行使最高权力或政权的团体及其成员，是构成国家的一部分，也就是能够代表国家的那个部分，是国家的代表："国家需要一个人的团体替它行使它所掌握的最高的强制性的权威；而这个团体就被我们唤作国家的政府。政治学的基本原则之一，就是我们必须把国家和政府区分得清清楚楚。政府只是国家的代理人；它的存在，就是要贯彻执行国家的意旨。它本身并不是那个最高的强制权力，它不过是使那个权力的意旨发生效力的行政机构。"④

---

① 《列宁选集》第 3 卷，人民出版社 1972 年版，第 194 页。

② 《列宁选集》第 4 卷，人民出版社 1972 年版，第 48 页。

③ 《列宁选集》第 4 卷，人民出版社 1972 年版，第 49 页。

④ 拉斯基：《国家的理论与实际》，商务印书馆 1959 年版，第 7 页。

这样一来，如果将国家与国家的政治组织或政府、政治实体等同起来，而将国家界说为政治组织、政治实体、政治社会或政府，便正像杨幼炯所言，是将一个法团的董事会与该法团自身等同起来，犯了以偏概全的错误："政府是国家所必不可少的机关或代理者，但它并不是国家本身，就如同一个公司的董事会不是公司本身一样。"① 确实，国家怎么能是一种政治组织、政治机构或政府呢？难道中国仅仅是中国政府，仅仅是中国的政治组织、政治机构，而不包括14亿人民和960万平方公里的土地？难道热爱中国仅仅是热爱中国政府和国家领导机构，而不包括热爱中国人民和中国山河？显然，国家绝不仅仅是政治实体、政治社会或政府，而是一切社会的总和。所以，鲍桑葵说："国家就不仅仅是政治组织，'国家'（State）一词确实主要是指统一体的政治方面，并与那种无政府状态社会的概念相对立。但是，它包括从家庭到行业、从行业到教会和大学各方面决定生活的整套组织机构。"②

综上可知，关于国家的现代主流定义（亦即将国家等同于最高权力、政权和政治组织或政府、政治社会或政治实体）是不能成立的。这样一来，马克思主义关于国家亦即阶级压迫工具的定义也就不能成立了。只有国家政权、最高权力和政治组织或政府才可能是阶级压迫工具；而国家乃是一切家庭、学校、工作单位等一切社会的总和，它怎么能是阶级压迫工具呢？只有中国的国家政权、最高权力和政治组织或政府才可能是阶级压迫工具，而包括14亿人口和960万平方公里土地的中国怎么能是阶级压迫工具呢？国家亦即阶级压迫工具的国家定义的根本错误，显然在于等同国家与国家政权、政治组织或政府，因而也属于国家的现代主流定义范畴："国家亦即阶级压迫工具"的定义不过是"国家亦即政权或政治组织"的现代主流定义在阶级社会的推演而已。

---

① 杨幼炯：《政治科学总论·现代政府论》，中华书局（台北）1967年版，第322页。

② 鲍桑葵：《关于国家的哲学理论》，商务印书馆1995年版，第163页。

# 第二章
# 国家起源

**本章提要** 国家是拥有最高权力及其管理组织或政府的社会，是最大且最高的社会。因此，一方面，从人的社会本性来看，国家必然起源于每个人对于社会最大化的需要（每个人需要的满足程度与社会的大小规模成正比）和使各种社会成为一个统一整体的需要（最高权力或国家是各种社会成为一个统一体的最根本的必要条件）。这是国家的内在的、间接的和终级的起源，它只是说明国家乃人类固有需要，只是说明国家产生的必然性；而未能说明国家产生的实然性和应然性。另一方面，从国家实际的产生状况来看，任何权力无疑必然都产生、形成和起源于社会成员的普遍同意；最高权力属于权力范畴，因而必定产生、形成和起源于社会成员的普遍同意。任何两个以上的人就某种利益交换关系所达成的同意无疑都是契约。于是，最高权力或国家便必然直接产生、形成和起源于契约，起源于社会成员就最高权力所关涉的权利与义务等利益之交换所缔结的契约；但究竟起源于何种最高权力契约则是偶然的：唯有起源于民主地缔结的民主的最高权力契约，才是善的、应该的和道德的；否则便是恶的、不应该和不道德的。这是国家的直接的外在的起源，它说明国家实际上是怎样产生的，说明国家产生的实然性和应然性。

## 一、国家终极起源

### 1. 国家从来就有：从国家的科学的定义来看

从国家的科学的定义（亦即“国家是拥有最高权力的社会”和“国家是拥有主权的社会”以及“国家是最大且最高的社会”和“国家是独立自主的社会”）可以看出，国家与社会一样，是从来就有的。因为现代人类学研究表明，人类最早的社会或最古老的原始社会，就是“队群”或“游群”（bands）。它是大约一万年以前，人类尚处于农业产生之前的“狩猎—采集”阶段的社会组织的普遍形态。对于这种社会形态，现代人类学家恩伯曾这样描述道：

“有些社会是由若干相当小的、通常是游动的群体组成。我们习惯于称每个这样的群体为队群，它在政治上有自主权。这就是说，在这种社会中，队群是最大的政治单位。鉴于大多数近代的食物采集者都曾经有过队群组织，一些人类学家认为，在农业产生以前，或者一直到大约一万年以前，队群这种类型的政治组织几乎是所有社会的特征。……队群的规模很小，通常不足百人，甚至更少。每个队群都拥有广大领土，因而人口密度很低。”[①]“亚马逊盆地的瓜压基人的队群只有20名成员；马来半岛的塞芒人队群有50人；南美巴塔哥尼亚·特维尔切人的队群有400到500人，这也许是规模最大的队群了。”[②]

可见，“队群”虽然通常只有几十个人，极为简单，不包括任何其他社会；却是一种独立自主的社会，因而也就是一种国家，亦即人类最原始最古老最简单的国家。这样一来，国家也就是一种人类最早的社会，是一种最古老的社会，因而是人类从来就有的社会。所以，鲍桑葵说：“从某种意义上讲，可以说凡是有人类居住的地方就有国家。

---

① Carol R. Ember, Melvin Ember, *Cultural Anthropology*, Ninth Edition, New York: Prentice-Hall, Inc., 1999, p.222.

② 恩伯：《文化的变异》，辽宁人民出版社1988年版，第397页。

也就是说，从来就有某种规模比家庭大而且不承认任何权力高于它的联合组织或自治组织。”①

诚然，问题在于，说原始社会20人构成的独立自主的小小“队群”或“游团”是一个国家，岂不荒唐？乍一看来，确实荒唐。其实不然。因为哪一种极其高级伟大的事物，不是由极其简单渺小的事物发展而来？现代国家固然极其庞大复杂，但它显然并不是一下子无中生有，而无疑是从人类最原始最古老最简单的国家发展进化而来。那么，这种人类最原始最古老最简单的国家由20人构成，何荒唐之有？柏拉图早就指出，最小的国家可能只有4到5人：“最小的城邦起码要有4到5人。”② 更何况，如果千余人口的梵蒂冈是一个国家并不荒唐，那么，千余人口的“队群”是一个国家也就不荒唐了。如果千余人口的“队群”是一个国家不荒唐，那么，百余人口的“队群”是一个国家也就不荒唐了。如果百余人口的“队群”是一个国家并不荒唐，那么，20个人构成的“队群”是一个国家，何荒唐之有？

显然，问题的关键全在于国家的定义。如果像我们在前面所证明的那样，国家的定义是“拥有最高权力、主权或独立自主的社会”，那么，一个社会，不论如何庞大复杂，不论有多少人，哪怕是2亿人，只要它不拥有主权、不能独立自主，它就不是国家；相反地，一个社会，不论如何简单原始，不论有多少人，哪怕它只有两个人，但只要它拥有主权、独立自主，它就是国家。因此，我们绝不能因为“队群”或“游群”是人类最简单最古老最原始社会而否定其为国家。“队群”或“游群”究竟是不是国家，只能看它是否拥有主权，是否独立自主。既然“队群”或“游群”确实是一种拥有主权独立自主的社会，那么，它无疑是国家。所以，国家从来就有，它是一种人类从来就有的社会。

① 鲍桑葵：《关于国家的哲学理论》，商务印书馆1995年版，第46页。
② 柏拉图：《理想国》，商务印书馆1986年版，第59页。

### 2. 国家并非从来就有：从国家的现代主流定义来看

如果不是从国家的科学的定义出发，而是从国家的现代主流定义——国家就是最高权力、政治权力和政治组织或政府、政治实体——来考察国家起源，那么顺理成章，自然会得出结论说：只有当政治组织从其他社会组织独立出来从而成为政治实体的时候，才产生了国家；只有当出现了同其他社会相脱离的正规的、正式的、专门的行政管理和政治机构或政府（包括官署、军队、警察和监狱等等）的时候，才产生了国家。

因此，哈维兰说："国家是最正式的政治组织。"[①] 恩格斯说："国家是以一种与全体固定成员相脱离的特殊的公共权力为前提的。"[②] "构成这种权力的，不仅有武装的人，而且还有物质的附属物，如监狱和各种强制机关。"[③] "这种从社会中产生但又自居于社会之上并且日益同社会脱离的力量，就是国家。"[④] 列宁说："国家就是从人类社会中分化出来的管理机构。当专门从事管理并因此而需要一个强迫他人意志服从暴力的特殊强制机构（即监狱、特殊队伍及军队等等）的特殊集团出现时，国家也就出现了。"[⑤]

那么，人类社会究竟从何时开始出现这种独立的政治组织或政治实体？一个社会是否存在独立的政治组织或政治实体的判断标准，显然在于是否存在税收。因为正如恩格斯所言，政治实体必须依靠税收才可能存在发展："为了维持这种公共权力，就需要公民缴纳费用——税收。"[⑥] 这样一来，是否存在税收，便是衡量一个社会是否存

---

① William A. Haviland, *Anthropology*, Ninth Edition, New York: Harcourt College Publishers, 2000, p.663.

② 《马克思恩格斯选集》第 4 卷，人民出版社 1972 年版，第 91 页。

③ 《马克思恩格斯选集》第 4 卷，人民出版社 1972 年版，第 167 页。

④ 《马克思恩格斯选集》第 4 卷，人民出版社 1972 年版，第 166 页。

⑤ 《列宁选集》第 4 卷，人民出版社 1972 年版，第 45 页。

⑥ 《马克思恩格斯选集》第 4 卷，人民出版社 1972 年版，第 167 页。

在独立的政治组织或政治实体的一个显著标志，便是国家是否存在的显著标志。典型的原始社会固然有政治组织，但整体讲来，并不存在独立的政治组织或政治实体，不存在专业化的武装队伍——警察军队监狱，不存在税收，因而还不存在国家；只有到了阶级社会，政治组织才独立出来而成为一种政治实体，才存在专业化的武装队伍，才存在税收，因而才产生了国家：国家是阶级社会的产物，是社会分层和阶级分化以及人口增长、生产进步和战争的结果，是剥削阶级镇压被剥削阶级的工具。

因此，恩格斯说："国家是从控制阶级对立的需要中产生的，同时又是在这些阶级冲突中产生的，所以，它照例是最强大的、在经济上占统治地位的阶级的国家，这个阶级借助于国家而在政治上也成为占统治地位的阶级，因而获得了镇压和剥削被压迫阶级的新手段。"[①]哈维兰说："国家只发现于有许多不同性质的群体、社会阶级和社团的社会当中。"[②]列宁说：

"国家不是从来就有的。有一个时候是没有国家的。国家是在社会分成阶级的地方和时候、在剥削者和被剥削者出现的时候才出现的……在原始社会里……在任何地方看不到什么分化出来管理他人并为了管理而系统地一贯地掌握着某种强制机构即暴力机构的特殊等级的人，大家知道，现在，这种暴力机构就是武装部队、监狱及其他强迫他人意志服从暴力的手段，即构成国家实质的东西。"[③]

这就是基于国家的现代主流定义的国家起源论：它不仅是马克思主义的国家起源论，而且——在某种程度上——是广为接受的现代主流理论。就拿现代人类学来说，摩尔根认为原始社会没有国家，国家是阶级社会的产物，国家与氏族社会的根本区别在于前者以地域和

① 《马克思恩格斯选集》第4卷，人民出版社1972年版，第168页。

② 哈维兰：《当代人类学》，上海人民出版社1987年版，第478页。

③ 《列宁选集》第4卷，人民出版社1972年版，第45页。

财产为基础，后者以血缘关系为基础：

“一切政府形态都可以归结为两种普遍方式……这两种方式的基础根本不同。按时间顺序说，第一种方式以人身和纯人身关系为基础，可以称之为社会。这种组织的单位是氏族……第二种方式以地域和财产为基础，可以称之为国家。这种组织的基础或单位是用界碑划定范围的乡或区及其所辖之财产，政治社会即其结果。政治社会是按地域组织起来的，它通过地域关系来管理财产和人们。”①

对于摩尔根的这一论断，恩格斯进一步补充说：“国家和旧的氏族组织不同的地方，第一点就是它按地区来划分它的国民……第二个不同点，是公共权力的设立，这种公共权力已不再同自己组织为武装力量的居民直接符合了。”②

塞维斯等人类学家堪称人类学最新水平国家起源论的代表人物，他们同样认为国家并非从来就有，而是经过原始社会的“游群”、“部落”和“酋邦”三个发展阶段，到了阶级社会才产生的。所以，他们将人类社会分为四种类型：游群、部落、酋邦和国家：

“国家作为建立在世俗力量基础上的镇压机构，与文明的最初发展并没有衔接关系。”③

这一学说影响深远，广为引用。美国今日的两本人类学教材——哈维兰的《当代人类学》和恩伯的《文化的变异》——也都认为国家是存在税收的正规的独立的政治实体，这种政治实体是经过原始社会的“游群”、“部落”和“酋邦”三个发展阶段，到了阶级社会才产生的：

“所谓国家，根据比较标准的定义，就是‘享有自主权的政治单位，其领土内包括许多社会、设有中央政府，该政府拥有征税、征召

---

① Lewis H. Morgan, *Ancient Society*, Cambridge: The Belknap Press of Harvard University Press, 1964, p. 14.

② 《马克思恩格斯选集》第 4 卷，人民出版社 1972 年版，第 167 页。

③ 哈斯：《史前国家的演进》，求实出版社 1988 年版，第 67 页。

人员服劳役或兵役和颁布并执行法律等权力。因此，各种国家都有一个复杂的中央政治机构，包含具有立法、行政和司法功能的一系列永久性机构和大批官吏。这个定义的核心是在国内外实施政策的合法性力量这一概念。在国家中，政府力图保持使用武力的垄断权。这种垄断权表现为发展正规化和专业化的社会控制机构，如警察、民兵、常备军。”①

可见，认为国家并非从来就有的国家起源论，依据于“国家是以地域为基础的社会”和“国家是正规、专门或独立的政治组织”的国家之现代主流定义：它是根据这一定义从原始社会与阶级社会政治组织之实际状况推导出来的。这一推导过程可以归结为一个公式：

前提 1：国家是正规的独立的政治组织或政治实体，其治理以地域为基础。

前提 2：原始社会不存在正规或独立的政治组织，其治理以血缘为基础；正规或独立的政治组织出现于阶级社会，其治理以地域为基础。

---

结论 ：原始社会不存在国家；国家是阶级社会的产物。

细究起来，这一推论的两个前提和结论都不能成立。诚然，大体说来，原始社会确实不存在正规的独立的政治组织或政治实体。但是，原始社会并非皆以血缘关系为基础。因为现代人类学发现，人类最古老的社会，并非如摩尔根所说，是氏族；而是群队，在群队社会中还没有氏族组织。群队社会的一个极其重要的特点恰恰在于，它们未必是血缘性的团体。霍贝尔甚至断然认为：群队是“基于地域的社会群

① Carol R. Ember, Melvin Ember, *Cultural Anthropology*, Ninth Edition, New York: Prentice-Hall, Inc., 1999, p. 226.

体"[①]。所以，阶级社会固然皆以地域为基础，但原始社会却未必皆以血缘为基础，因而断言原始社会是以血缘关系——而不是以地域关系——为基础的社会，是不能成立的。

那么，将"社会治理究竟以地域还是血缘为基础"作为国家区别于非国家社会的根本特征，是否能够成立？答案也是否定的：以地域还是血缘为治理基础，并非国家区别于其他社会的特征。试想，某个省，比如说，吉林省，该省的治理显然是以地域——而不是血缘——为基础。但是，该省并不是国家。那么，吉林省为什么不是国家？显然只是因为它不拥有最高权力，不拥有主权，不是独立自主的社会。否则，如果吉林省拥有最高权力或拥有主权从而独立自主，那么，不论其治理如何，即使它的治理不是以地域——而是以血缘——为基础，它也是国家。因此，国家区别于其他社会的根本特征只在于是否拥有最高权力，而与其治理原则无关，与其是否以地域为基础无关。所以，哈斯在评价弗里德将"社会治理究竟以地域还是血缘为基础"作为国家区别于非国家社会的根本特征时，指出这种理论的始作俑者是梅因、维诺戈勒多夫和西格尔，进而评述道：

"他们的结论主要依赖于由归纳法得出的判断，他们也没有排除某个国家按照某种方式由血缘关系构成的可能性。事实上，梅因得出结论说，最早出现的国家可能是以血缘关系为基础的组织，以地域为基础是在最早的国家形成以后不久出现的：'可以断言，早期的公民把他们在其中取得成员资格的组织当作建立在共同的血统基础上的。对于家庭适用的也被认为适用于家族，其次适用于部落，再次适用于国家'……无论是血缘关系组织原则还是非血缘关系组织原则的变化，都不对国家发展的基本过程产生决定性影响。"[②]

① 芮逸夫主编：《云五社会科学大辞典·人类学》，台湾商务印书馆1976年版，第241页。
② 哈斯：《史前国家的演进》，求实出版社1988年版，第39页。

可见，将“社会治理究竟以地域还是血缘为基础”作为国家区别于非国家社会的根本特征，是不能成立的。这样一来，不但断言原始社会皆以血缘为基础是错误的，而且认为国家必以地域为基础也是错误的：既有以地域为基础的原始社会，也有以血缘为基础的国家。这就意味着，从“原始社会皆以血缘为基础”的前提，得出“原始社会无国家”的结论，乃是一种双重错误：前提与结论皆错。

当然，由此还不能断言认为原始社会无国家的“国家起源的现代主流理论”是不能成立的。因为这种理论的依据还在于：“原始社会不存在正规的、专门的、独立的政治组织或政治实体——国家亦即正规的、专门的、独立的政治组织或政治实体——因而原始社会不存在国家”。这种推论能成立吗？答案也是否定的。诚然，原始社会不存在——而只有阶级社会才存在——正规的、专门的、独立的政治组织或政治实体。但是，将“国家”等同于“正规的、专门的、独立的政治组织或政治实体”却是大错特错的。因为，如上所述，这种关于国家的现代主流定义（国家亦即政治实体，亦即正规、专门或独立的政治组织）犯了以偏概全的错误：将国家与国家的一部分——国家的政治组织或政府——等同起来。

确实，国家怎么可以等同于正规、专门或独立的政治组织呢？国家怎么能仅仅是正规、专门或独立的政治组织，而不包括其他组织和人员呢？难道报效国家仅仅是报效国家的正规、专门或独立的政治组织，而不包括国家的其他组织和人民？难道中国仅仅是中国的正规、专门或独立的政治组织，而不包括中国其他组织、14 亿人民和 960 万平方公里的土地？难道热爱中国仅仅是热爱中国正规、专门或独立的政治组织，而不包括热爱中国其他组织、中国人民和中国山河？显然，国家绝不仅仅是正规的、专门的、独立的政治组织或政治实体，而是一切组织的总和，是一切社会的总和。这样一来，将“国家”等同于“独立的政治组织或政治实体”，因而由原始社会不存在独立的政治组织或政治实体，进而断言原始社会不存在国家，便难以成立了。

诚然，问题的关键还在于：正规、专门或独立的政治组织是不是国家之所以为国家、国家区别于其他社会的根本特征？如果答案是肯定的，那就仍然可以由原始社会不存在正规、专门或独立的政治组织而得出结论说：原始社会不存在国家。答案不可能是肯定的，正规、专门或独立的政治组织不是国家之所以为国家、国家区别于其他社会的根本特征。试想，某个省，比如说，吉林省，该省无疑拥有正规、专门或独立的政治组织，拥有正规、专门或独立的行政管理和政治机构，包括官署或官僚系统、监狱、警察、军队等等。但是，该省并不是国家。那么，吉林省为什么不是国家？显然只是因为它不拥有最高权力，不拥有主权，不是独立自主的社会。所以，国家区别于其他社会的根本特征只在于是否拥有最高权力或主权，而与是否拥有正规、专门或独立的政治组织无关。

总而言之，认为国家并非从来就有的"国家现代起源论"的两个论据——国家是以地域为基础的社会和国家是正规、专门或独立的政治组织——都是不能成立的。国家之所以为国家、国家区别于其他社会的根本特征既不在于是否以地域为基础，也不在于是否拥有正规、专门或独立的政治组织，而仅仅在于是否拥有最高权力、主权或独立自主。这样一来，原始社会便存在国家，国家便是从来就有的了。因为原始社会无疑存在着拥有最高权力或主权的社会，无疑存在着独立自主的社会：拥有最高权力或主权从而独立自主的社会无疑是从来就有的。只不过，原始社会的国家是一种原始国家，因而不存在独立的政治组织或政治实体，不存在专业化的武装队伍，不存在警察监狱军队，不存在税收；反之，阶级社会的国家则恰恰以独立的政治组织或政治实体为特征，因而存在专业化的武装队伍，存在警察、监狱和军队，存在税收罢了。国家既然从来就有，那么，它是否永远存在？

### 3. 永恒性与绝对性：国家的存在本性

按照国家定义及起源的现代主流理论和马克思主义理论，国家既然是一种独立的、专门的政治组织或政治实体——如官署、警察、监狱、军队等等，既然并非从来就有而只是产生于阶级社会，是阶级镇压工具，那么，毫无疑义，国家必将随着阶级的消灭而消亡。确实，皮之不存，毛将焉附！阶级消灭了，阶级镇压工具岂能不随之消亡？所以，恩格斯说：

“国家并不是从来就有的。曾经有过不需要国家、而且根本不知国家和国家权力为何物的社会。在经济发展到一定阶段而必然使社会分裂为阶级时，国家就由于这种分裂而成为必要了。现在我们正在以迅速的步伐走向这样的生产发展阶段，在这个阶段上，这些阶级的存在不仅不再必要，而且成了生产的直接障碍。阶级不可避免地要消失，正如它们从前不可避免地产生一样。随着阶级的消失，国家也不可避免地要消失。以生产者自由平等的联合体为基础的、按新方式来组织生产的社会，将把全部国家机器放到它应该去的地方，即放到古物陈列馆去，同纺车和青铜斧陈列在一起。”①

列宁进一步补充道：“只有共产主义才能够完全不需要国家，因为那时已经没有人须要加以镇压，——这里所谓‘没有人’是指阶级而言，是指对某一部分居民进行有系统的斗争而言。我们不是空想主义者，我们丝毫也不否认个别人捣乱的可能性和必然性，同样也不否认有镇压这种捣乱的必要性。但是，第一，做这件事情用不着什么实行镇压的特殊机器，特殊机构，武装的人民自己会来做这项工作，而且做起来非常容易，就象现代社会中任何一群文明人劝解打架的人或制止虐待妇女一样。第二，我们知道，产生违反公共生活规则的捣乱行为的社会根源是群众受剥削和群众贫困。这个主要原因一消除，捣

① 《马克思恩格斯选集》第4卷，人民出版社1972年版，第170页。

乱行为就必然开始‘消亡’。虽然我们不知道消亡的速度和进度怎样，但是，我们知道这种行为一定会消亡。而这种行为一消亡，国家也就随之消亡。”①

可见，国家消亡是依据国家定义和起源的现代主流理论而从阶级必将消灭的事实推导出来的结论。这一推导过程可以归结为一个公式：

前提1：国家产生于阶级社会，是阶级镇压工具。

前提2：阶级必将消灭。

---

结论：国家必将消亡。

这一推论的前提2“阶级必将消灭”固然是真理；但前提1“国家产生于阶级社会，是阶级镇压工具”和结论“国家必将消亡”却皆为谬误。因为独立的专门的特殊的政治组织或政治实体和专业化的武装队伍——军队警察监狱——固然产生于阶级社会而成为阶级镇压工具；但它们绝不仅仅起因于阶级镇压需要，而同时也起因于人口增长、经济发展管理组织日益庞大复杂等需要。因此，随着阶级消灭而消亡的，仅仅是阶级镇压所必需和特有的那种政治组织或政治实体，如臃肿的官僚机构和庞大的军队等等。反之，与阶级镇压无关而起因于人口、经济、科学、教育、文化、艺术、卫生、体育等事业的发展和管理对象日益复杂之独立的专门的政治组织或政治实体，显然不会因阶级消灭而消亡。

退一步说，即使一切独立的专门的政治组织或政治实体皆随着阶级消灭而消亡，国家也不会消亡。因为即使不存在独立的专门的政治组织或政治实体，也绝不可能不存在权力和最高权力。因为，如上所

① 《列宁选集》第3卷，人民出版社1972年版，第249页。

述，只要存在社会，就必定存在权力和最高权力；如果没有了权力和最高权力，也就不可能存在任何社会。而只要存在权力和最高权力，也就存在国家了：国家是拥有最高权力的社会。所以，究竟言之，只有在一种情况下国家才可能消亡，那就是，每个人不再是社会动物，不再结成社会过社会生活，而完全形单影只孤零零地生活。只有在这种每个人都独自生存而彼此老死不相往来的情况下，国家才会消亡。否则，哪怕只有两个人在一起生活，也会因其是一种社会而必定拥有权力和最高权力，因而必然存在国家。

问题的关键在于，人是社会动物，人们绝不可能各自形单影只独自生活，而必然结成社会，过社会生活。这样一来，人类在任何情况下便都因其必然结成社会而必然存在权力和最高权力，必然存在拥有最高权力的社会，因而必然存在国家。所以，一方面，国家固然与社会根本不同：国家是拥有最高权力的社会；但是，另一方面，国家却与社会一样，从来就有并将永远存在：永恒性与绝对性乃是国家的存在本性。因此，国家不可能消亡，而只能随着社会发展和阶级生灭而不断转型：已由原始社会无阶级的部落国家，转型为阶级社会的阶级国家；已由公元前一千年多达一百万个国家，转型为今日一百多个国家；势必将由这一百多个阶级国家，转型为一个只拥有一个主权和一个政府的世界大同的无阶级的共产主义的全球国家。因此，考茨基说：

“当人们考虑阶级消灭对于国家所产生的后果时，人们似乎应该不那么大谈国家的消亡，而毋宁应该谈国家的机能变换。”[①]“关于术语的问题，我们是可以争论的。马克思恩格斯认为，国家将在阶级消灭以后自行消亡，但是在他们当时看来，术语问题没有重要到那样程度，使他们一定要为必将代替国家的那种组织提出一个特殊的名称。然而，我们既然必须谈论这种新组织，也就不得不用一个特殊的名词来指称

① 考茨基：《唯物主义历史观》第五分册，上海人民出版社 1964 年版，第 312 页。

它。也许，最恰当的还是仍旧保留国家这个名称，例如工人国家或社会国家这样的名称，来将未来的国家同至今的国家亦即同阶级国家区别开来。”①

#### 4. 国家终级根源：国家最终源于社会的统一和最大化需要

国家与社会一样，从来就有并将永远存在，意味着：一方面，对于国家起源的研究，如同对于社会、生产关系、运动和时间等等从来就有并将永远存在的事物之起源或原因的研究一样，应该从空间方面——亦即该事物与其他事物的相互关系——进行。比如说，对于生产关系起源或原因的研究，可以从它与生产力的关系来进行，从而发现生产关系源于生产力：生产关系不过是生产力的表现形式，因而随着生产力变化而变化。另一方面，对于国家起源的研究，不应该考究国家最初是怎样产生的，不应该考究所谓前国家时代的社会是怎样产生国家的；而应该考究新国家是怎样产生的，应该考究各个国家的生灭更替，从而发现国家起源的普遍规律。

不论从哪方面看，对于国家起源的研究，都可以归结为对于最高权力起源的研究。因为正如狄骥所言，国家与最高或不可抗拒的权力的出现如影随形：“国家是由强制权力所构成的。无论在任何地方，如果我们证明某个共同体内存在一种强制的权力，我们就可以说也应该说已经有一个国家了。……要有国家，这种强制权力就必须是不可抗拒的。”② 狄骥此见甚真。因为国家是拥有最高权力的社会，它区别于其他社会的根本性质是最高权力。这就意味着：哪里有最高权力，哪里就有国家；最高权力的起源和原因就是国家的起源和原因。那么，最高权力的起源和原因究竟是什么？

---

① 考茨基：《唯物主义历史观》第五分册，上海人民出版社 1964 年版，第 327 页。

② 狄骥：《宪法论》，商务印书馆 1959 年版，第 383 页。

狄骥的回答颇为悲观："几个世纪以来人们就讨论过这个问题，但对问题的解决却始终没有前进一步。其中的理由就是因为问题无法解决。"[①] 狄骥此言未免偏激。国家或最高权力的起源固然极其复杂，却不是个无法解决的难题。综观两千年来思想家们对于这个难题的研究及其学说，如神权说、武力说、契约说、自然说、进化说等等，可知国家或最高权力具有多重起源：一方面，国家或最高权力具有内在与外在、直接与间接（或终级）之双重起源；另一方面，国家或最高权力具有实然或事实与应然或应该之双重起源。

柏拉图和亚里士多德关于国家的"自然起源说"揭示了国家终级的必然的普遍的根源。柏拉图说："在我看来，之所以要建立一个城邦，是因为我们每一个人不能单靠自己达到自足，我们需要许多东西。你们还能想到什么别的建立城邦的理由吗？"[②] 确实，每个人单独说来原本都是弱小无能而难以独自生存的动物；只有建立人际联系，分工协作，结成各种社会——如家庭、村庄、城镇和国家等等——才能生存发展，满足自己的各种需要。因此，人注定是一种社会动物，国家起源于每个人的社会需要，起源于每个人生存和发展之普遍的必然的自然的社会需要。诚然，这只是国家与其他一切社会的共同的起源——因而也就是国家的最普遍最根本的根源——而不是国家特有的起源；因而与其说是国家起源，不如说是社会起源。但是，从此出发，便不难发现国家特有的起源了。

原来，人是社会动物，每个人的生存发展需要不但只有通过社会才能够获得满足，而且这些需要的满足程度，显然与社会规模的大小成正比：社会的规模越小，人才的种类便越少，分工协作便越简单，从而每个人需要获得满足的程度便越低越少越差；社会的规模越大，人才

① 狄骥：《宪法论》，商务印书馆1959年版，第393页。

② 柏拉图：《理想国》，商务印书馆1994年版，第58页。

的种类便越多，分工协作便越复杂，每个人需要获得满足的程度便越多越高越好。因此，每个人不仅需要和追求社会，而且需要和追求最大的社会，需要社会最大化：最大的社会就是每个人的需要可以获得最完备最充分最优良满足的社会。国家与最大的社会原本是同一概念。因此，这就是国家不同于其他社会的起源，这就是国家的特有起源：国家起源于每个人所固有的对于最大社会的需要，起源于每个人的需要的满足程度与社会的大小成正比之本性。所以，亚里士多德认为国家起源于人对完备的、自给自足的、至善的、优良的生活之追求：

"等到由若干村坊组合而为'城市（城邦）'，社会就进化到高级而完备的境界，在这种社会团体以内，人类的生活可以获得完全的自给自足；我们也可以这样说：城邦的长成出于人类生活的发展，而其实际的存在却是为了'优良的生活'。早期各级社会团体都是自然地生长起来的，一切城邦既然都是这一生长过程的完成，也该是自然的产物。这又是社会团体发展的终点。……事物的终点，或其极因，必然达到至善。那么，现在这个完全自足的城邦正该是自然所趋向的至善的社会团体了。"①

然而，问题在于，如果说国家起源于人所固有的对于最大社会的需要，那么，国家就应该通通是大国，最终形成只有一个政府的全球国家。可是，实际上，为什么会存在那么多小国家呢？原来，国家或最高权力还有一个更为根本和重要的起源，那就是使社会成为一个统一的整体的需要。因为任何社会，不论大小，不论人数多少，它存在与发展的最根本的条件，无疑是统一，是"完整地结合为一个单位"。只有当社会如同一个人那样"构成一个整体"，亦即成为一个统一体、一个"公共的大我"、一个"公共人格"，它才能够存在发展；否则，四分五裂、各行其是，势必崩溃灭亡。这个道理，阿奎那曾有十分精

① 亚里士多德：《政治学》，商务印书馆1965年版，第7页。

辟的阐述：

"'无论何物，只要统一即可存在。'这就是为什么我们会看到，各种事物都极力避免分裂，而一物的分裂则源于其某种内在缺陷。因此，不论管理众人者是谁，他的首要目标就是统一或和平。"①

那么，社会如何才能够成为一个统一的整体呢？显然不但需要权力，而且需要一种统帅所有权力的最高的不可抗拒的权力。因为如果只有权力而没有最高的不可抗拒的权力，人们势必各行其是，社会便会处于四分五裂无政府状态而崩溃瓦解："如果两种权力同等的效力并且平均发展，那么处在这种情况下就没有国家存在，而在语源学意义上讲便是无政府状态，这种状态一直将继续到组成一种不可抗拒的权力时为止。"②因此，最高权力乃是社会成为一个统一整体的最根本的必要条件。只有形成最高的不可抗拒的权力，社会才能够成为一个统一的整体，才能如拉斯基所说而"完整地结合为一个单位"，才能如卢梭所说而成为一个"公共的大我"：

"我们每个人都以其自身及其全部的力量共同置于公意的最高指导之下，并且我们在共同体中接纳每一个成员作为全体之不可分割的一部分。……共同体就以这同一个行为获得了它的统一性、它的公共的大我、它的生命和它的意志。这一由全体个人的结合所形成的公共人格，以前称为城邦，现在则称为共和国或政治体；当它是被动时，它的成员就称它为国家。"③

因此，只要有社会，就必定有最高权力或国家：最高权力或国家是社会成为一个统一的整体的最根本的必要条件，是社会存在发展的最根本的必要条件。这就是为什么国家从来就有并且永远存在的缘故，

---

① A. P. D'entreve, *Aquinas: Selected Political Writings*, New Jersey: Barnes & Noble Books, 1981, p.54.

② 狄骥：《宪法论》，商务印书馆 1959 年版，第 383 页。

③ 卢梭：《社会契约论》，商务印书馆 1991 年版，第 23—25 页。

这就是最高权力或国家的最根本最重要的起源和目的：最高权力或国家源于社会成为一个统一体的需要，目的在于使社会成为一个统一体，从而避免四分五裂各行其是，最终保障社会存在发展。

可见，国家所特有的起源具有双重性：国家起源于每个人对于社会最大化的需要和使社会成为一个统一体的需要。不难看出，二者具有反比例关系：社会越大，便越难以统一；社会越小，便越易于统一。这恐怕就是为什么国家虽然起源于社会最大化的需要，可是实际上却存在众多小国家的缘故。但是，随着社会和人类的进步，大国统一之困难必定会逐步被克服，从而不断实现社会最大化和国家最大化。事实正是如此：我们已经由公元前一千年多达一百万个国家，最大化为今日一百多个国家；最终岂不必定会最大化为一个拥有一个主权和一个政府的全球国家？

综上可知，一方面，国家与其他社会一样，起源于每个人生存和发展的社会需要，为了满足每个人生存和发展需要；另一方面，国家与其他社会不同，起源于每个人的这些需要的满足程度与社会的大小规模成正比之本性，起源于每个人对于社会最大化的需要和使社会成为一个统一体的需要，为了最充分地满足每个人生存和发展的需要。但是，这些显然都只是国家的内在的间接的终级的起源，只是说明国家是人类需要、人类需要国家，只是说明了国家产生的必然性；而未能说明国家产生的实然性和应然性，未能说明国家实际上是怎样产生的及其应该是怎样产生的：国家或最高权力究竟是武力征服的结果还是上帝创造的抑或是人类契约而成？国家或最高权力究竟应该怎样产生？这就是国家的直接的外在的应然的起源问题。

## 二、国家直接根源：国家直接源于最高权力之契约

毋庸置疑，人类一切社会——从家庭到国家——无不直接源于

某种契约：社会直接源于人们就“权力”问题所缔结的契约；国家则直接源于人们就“最高权力”问题所缔结的契约。因此，探究国家直接源头的起点乃是：究竟何谓契约？

### 1. 契约概念：道德和法是最普遍的社会契约

中文契约原本由“契”与“约”两个字组成。“契”义为相合、投合、符合，如默契、契合。司空图《诗品·超诣》云：“少有道契，终与俗违。”唐太宗《执契定三边》的“契”就是一种“兵符”。“约”意为缠束、约束、规约。《说文解字》云：“约，缠束也。”《礼记·学记》云：“大信不约。”契与约合成一词“契约”，意为“合意或同意之规约”。西文契约一词主要是Contract（英）、Contrat 或 Pacte（法）、Vertrag 或 Kontrakt（德），皆源于拉丁文 Contractus。该词的前缀“Con”由“Com”转化而来，义为“共同”、“一起”；该词的后半部分“tractus”义为“交易”；合起来就是共同的、同意的交易。梅因进而指出，在拉丁语中，最早表示契约的名词是“耐克逊”（Nex），意为“每一种用铜片和衡具的交易”。因此，梅因将契约的词源意义归结为：“合意下的人们由一个强有力的约束或连锁联结在一起。”[①]

可见，不论中西，契约的词源含义都可以归结为：合意或同意之交换和约束。那么，从概念上看，契约是否可以如此定义？答案是肯定的。《法国民法典》便这样写道：“契约为一种合意。”但是，同意并不是契约的同一概念，而是契约的最邻近的类概念。因为正如科宾所指出：人们可以就很多东西达成同意，如同意拿破仑是伟大的将军、同意天气令人惬意等等。[②] 这些同意显然不是契约。那么，契约究竟是哪一种同意？

---

① 梅因：《古代法》，商务印书馆 1959 年版，第 177 页。

② Arthur Linton Corbin, *Corbin on Contracts*, West Publishing Co., 1952, p. 14.

契约乃是人们就某种利益交换关系所达成的同意。因为正如麦克尼尔所言："所谓契约，不过是有关规划将来交换过程的当事人之间的各种关系。"[①]"契约的基本根源，它的基础是社会。没有社会，契约过去不会出现，将来也不会出现。"[②]而所谓社会，说到底，不过是人们交互作用的产物："社会——不管其形式如何——究竟是什么呢？是人们交互作用的产物。"[③]

这样一来，一切社会关系，说到底，便都是交换关系。只不过，这种交换可以分为根本不同的两大类型。一类是目的与手段关系的交换：交换者给予对方某物，是为了换取对方的他物，因而相互间的交换关系是目的与手段的关系。所有经济交换都属于此类。例如，卖菜妇给我三斤白菜，我付她一元钱，是经济交换。卖菜妇给我菜，是手段，其目的是要我的钱；我付给她钱，也是手段，目的是为了要她的菜。所以，我们之间的交换关系是目的与手段关系。

另一类是因果关系的交换：交换者给予对方某物，不是为了换取对方他物，而只是因为对方曾给予自己他物；因而相互间的交换关系不是目的与手段的关系，而只是因果关系。例如，我路见一乞丐，顿生怜悯心，给他一百元钱，当然不是为了换取他任何东西。他日后发迹，竟认出已穷困潦倒的我，给了我一万元钱，显然也不是为了换取我的任何东西。然而，我们的前后行为无疑是一种交换，只不过不是目的与手段关系，而是因果关系罢了。

合而言之，交换乃是人们给予对方某物复从对方得到他物的行为，是相互给予的行为——如果给予对方某物必是为了从对方得到他物，便是目的与手段关系的交换，因而主要是经济交换；如果给予对方某物不是为了从对方得到他物，则是因果关系的交换，因而都属于非经

① 麦克尼尔：《新社会契约论》，中国政法大学出版社 1994 年版，第 4 页。
② 麦克尼尔：《新社会契约论》，中国政法大学出版社 1994 年版，第 2 页。
③ 《马克思恩格斯选集》第 4 卷，人民出版社 1972 年版，第 320 页。

济交换范畴。因此，交换乃是个外延极为广泛的范畴，它不仅存在于经济领域，而且存在于人类社会生活的一切领域，存在于一切人际关系之中：一切社会行为说到底都是交换行为；一切人际关系说到底都是交换关系。

这种交换关系和交换行为，一方面是我为人人：我为社会和他人谋取利益，也就是所谓的“贡献”、“付出”和“义务”；另一方面则是人人为我：我从社会和他人那里得到利益，也就是所谓的“索取”、“要求”和“权利”。这一切利益的付出与索取以及义务与权利成交的根本条件，无疑在于当事人的同意：只有当事人同意才能够进行交换；否则便不可能发生交换。人们对于这些利益的付出与索取以及义务与权利所达成的同意，就是所谓的“契约”：契约就是人们对于利益的付出与索取以及义务与权利之作为与不作为所达成的同意，就是人们就某种利益交换关系所达成的同意。

所以，《法国民法典》第1101条给契约所下的经典定义是：“契约为一种合意，依此合意，一人或数人对另一人或数人负担给付、作为或不作为的债务。”《牛津法律必备》也这样写道：“契约是两个或两个以上的人为了在他们之间创立合意债务并使这种债务在法律上可以执行而达成的合意。”

然而，这里所谓“债务”又是指什么？科宾答曰，它就是“法律义务”：“它已经成为几乎与‘法律义务’完全同义的术语。”① 因此，这些含有“债务”概念的契约之定义，正如麦克尼尔所言，仅仅是法律上的契约之定义，仅仅是法律上能够强制执行的契约之定义，亦即具有法律约束力的契约之定义，因而一般说来，也就是人们对于权利与义务相交换所达成的同意。②

---

① Arthur Linton Corbin, *Corbin on Contracts*, West Publishing Co., 1952, p. 3.

② 麦克尼尔：《新社会契约论》，中国政法大学出版社1994年版，第5页。

除此之外，还存在不具有法律效力的契约或生活契约，亦即人们就某种非权利义务的利益交换关系所达成的同意。这种契约纷纭复杂，外延极为广泛，如商品买卖、生日宴会、互助协议、结义而为兄弟的约定、爱情的海誓山盟、结婚的约法三章、课堂纪律、党团章程等等。这些同意，固然不具有法律约束力，却都攸关某种利益和行为之交换，因而都是契约；只不过不是法律意义上的契约罢了。因此，麦克尼尔说：

“法律可以说是全部契约关系的内在组成部分，不可忽视的一部分，但法律不是契约全部。契约是使现实世界中的各种事情得以完成——造房子，卖东西，合作办企业，获取权力和威望，家庭结构内的分享和竞争。”①

可见，契约的外延极其广泛而涵盖人类的全部社会生活，以致考夫曼这样写道：“人类生活的几乎整个过程都意味着、或者更确切些说，等于是，接二连三地履行契约。”②确实，人类全部社会行为都可以说是对于契约的履行或违背。因为任何社会行为说到底都是某种利益交换行为，因而只有达成同意、缔结契约才能够进行。

这种契约的最为普遍的、每个人的一切社会行为都无法逃避的形式，就是道德和法（包括法律、纪律和政策）。因为道德和法不过是社会制定、认可的行为规范，不过是得到社会同意的行为规范，说到底，不过是人们就某种具有利害关系的行为所达成的同意：法是权力规范，是人们就一切“具有重大社会效用”的行为“应该且必须如何”所达成的同意；道德则是非权力规范，是人们就一切“具有社会效用”的行为“应该而非必须如何”所达成的同意。

法和道德的这种“同意”，说到底，无疑攸关每个人与社会和他

---

① 麦克尼尔：《新社会契约论》，中国政法大学出版社 1994 年版，第 5 页。

② 考夫曼：《卡多佐》，法律出版社 2001 年版，第 46 页。

人的利益交换，是每个人就自己与社会和他人的利益交换所达成的同意：如果一个人遵守道德和法，他就会得到社会和他人的称赞和奖赏，他就可以获得他能够从社会和他人那里所获得的一切利益；如果一个人不遵守道德和法，他就会遭受社会和他人的谴责和惩罚，他就会失去他能够从社会和他人那里所获得的一切利益。所以，法和道德乃是每个人就自己与社会和他人的利益交换所达成的同意，因而属于契约范畴：道德和法是每个人与社会和他人所缔结的社会契约。

因此，伊壁鸠鲁一再说："正义，是一种权宜之计的契约，制定这种契约的目的就是为了防止人们伤害他人或被伤害。"①"不能互相订立契约以保证彼此不伤害的动物，无所谓公正与不公正。既不能够也不愿意订立互利契约的部落也是这样。"②休谟说："正义起源于人类契约。"③弗兰克纳说："就道德的起源、认可和作用来看，它也地地道道是社会的。它是用来指导个人和较小团体的全社会的契约。"④

吉尔波特·哈曼（Gilbert Harman）则进一步提出"道德契约（Moral Bargaining）论"。他说："我的论点是，道德发生于一个人群关于他们彼此的关系达成一种暗含的契约或无言的协议的时候。"⑤一言以蔽之曰：道德和法乃是规范一切社会行为的最普遍的社会契约。这恐怕就是为什么人类全部社会行为都不过是对契约的履行或违背之根本缘故。

总而言之，契约外延极为广泛而绝不仅仅具有法律上的意义：契约乃是人们对于一切利益的付出与索取以及义务与权利之作为与不作

---

① 莫特玛·阿德勒、查尔斯·范多伦编：《西方思想宝库》，中国广播电视出版社 1991 年版，第 795 页。

② 苗力田主编：《古希腊哲学》，中国人民大学出版社 1989 年版，第 653 页。

③ David Hume, *A Treatise of Human Nature*, Oxford: The Clarendon Press, 1949, p. 494.

④ William K. Frankena, *Ethics*, New Jersey: Prentice-Hall, Inc., 1973, p. 6.

⑤ Louis P. Pojman, *Ethical Theory: Classical and Contemporary Readings*, second edition, USA Wadsworth Publishing Company, 1995, p. 38.

为所达成的同意，乃是人们就一切利益交换关系所达成的同意，换言之，也就是人们就一切利益交换关系所达成的协议。因为正如杨桢所言，协议就意味着一致、合意、同意："协议者，双方当事人意思表示一致之谓也。"[①] 科宾也这样写道："当我们说有一个协议时，这一般意味着两个以上的人表明他们已经取得了一致。"[②]

因此，安森给法律上的契约下定义时写道："一种法律上能够强制执行的协议，由两个以上的人订立，依据它，一方之人有权要求他方之人行为或不行为。"[③] 杨桢亦如是说："契约一词，一般乃指两人以上，以发生、变更或消灭某项法律关系为目的而达成之协议。"[④]《中国大百科全书》也这样写道："合同又称契约。广义泛指发生一定权利、义务的协议。……狭义专指双方或多方当事人关于建立、变更、消灭民事法律关系的协议。"

契约是人们就利益交换关系所达成的同意或协议，显然意味着，契约的构成要素有三。其一，交换的主体：契约不是单方的行为，而必定是双方或多方行为；否则显然无所谓交换，无所谓契约。

其二，交换物：契约必有相互交换的东西、交换物，否则便无所谓交换，无所谓契约。交换物或交换的东西，就是所谓的"约因"或"对价"，亦即"consideration"："一个有价值的约因是指一方为换取另一方允诺，而给予或许诺对方的有价值的东西……任何一个有效的契约都可以简化为这样一种交易：如果我为你做一些事，你就得为我做一些事。"[⑤]

其三，交换的根本条件：双方或多方的同意。只有双方或多方同意，才可能进行交换，才会有契约；没有双方或多方同意，不可能进

① 杨桢：《英美契约法论》第三版，北京大学出版社 2003 年版，第 3 页。

② Arthur Linton Corbin, *Corbin on Contracts*, West Publishing Co., 1952, p. 14.

③ Arthur Linton Corbin, *Corbin on Contracts*, West Publishing Co., 1952, p. 4.

④ 杨桢：《英美契约法论》第三版，北京大学出版社 2003 年版，第 4 页。

⑤ 迈克尔·莱斯诺夫等：《社会契约论》，江苏人民出版社 2005 年版，第 11 页。

行交换，不可能存在契约。因此，双方、约因和同意三者分别是构成契约的必要条件，合起来则是构成契约的充分且必要条件：契约就是两个以上的人就某种利益交换关系所达成的同意或协议。

然而，许多人，如科宾，却以为某些单务契约依一方当事人的单方行为便可以成立，既不需要他方同意，也不需要他方提供对价，从而否认三者为契约构成的要素或必要条件，否认契约就是两个以上的人就某种利益交换关系所达成的同意或协议："将契约定义为协议看来排除了后面将要分析和说明的单务契约。确实存在着多种类型的契约，它们依一方当事人的单方行为成立，既不需要他方当事人的同意，也不需要其提供对价。'协议'一词不能清楚地描述这样的契约。"①

这种观点是不能成立的。因为单务契约绝不是依一方当事人的单方行为便可以成立的契约，绝不是只有立约人而没有受约人的契约。单务契约也必须有受约人，只不过，单务契约的立约人与受约人分属一方：一方只能是立约人；另一方只能是受约人。反之，双务契约的立约人与受约人是相互的：每一方都既是立约人同时又是受约人。一句话，单务契约与双务契约的根本区别只在于立约人：单务契约是立约人为单方的契约；双务契约是立约人为双方的契约。这一点，科宾也完全承认："在单务契约的情况下，只有一个立约人……在双务契约中，双方当事人都是立约人同时又都是受约人。"②单务契约既然必有立约人与受约人双方，怎么可能只依立约人单方行为便可以成立呢？它的成立怎么可能不需要受约人的同意呢？怎么可能不存在立约人向受约人立约的对价或约因呢？因此，科宾也不得不承认：

"单务契约一词绝不意味着这种契约只有一个当事人。不论如何，它绝不意味着这一允诺或者这些允诺是由一方当事人单独作出的。不

① Arthur Linton Corbin, *Corbin on Contracts*, West Publishing Co., 1952, p. 6.

② Arthur Linton Corbin, *Corbin on Contracts*, West Publishing Co., 1952, p. 31.

论如何，在绝大多数情况下，该当事人的允诺还不足构成一个能够强制执行的契约，除非充分的对价已作为它的交换物而被付出，或者存在同意接收含有这种允诺的文件的表示。所以，在大多数场合，即使一个契约可以被恰当地称作单务的，它也是由两人作成的。第二当事人（通常是受约人）的行为在多数情况下对允诺发生约束力是必要的；而且，除非已作出的允诺在法律上能够被强制执行，我们绝不能称它作契约。在所有的'合约'的场合，一方当事人是以他的允诺为要约来换取某一特定的对价，为了成交和缔结契约，该对价必须付出。如果这一对价是作为或不作为的行为而不是允诺，那么所产生的契约便是'单务'的，尽管如此，它还是由两人作成的。"[①]

那么，科宾等人所断定的"若干"无对价的单务契约究竟是怎样的？最主要的就是无偿赠与之单务契约："一般赠与性之允诺，由于欠缺约定人以其允诺换取受约人承诺或履行行为之情形，受约人仅单纯受其表示，亦无法律上损害之可言，为缺乏约因之约定。"[②]科宾所列举的首位无对价或约因的单务契约亦属此类："A 作出支付给 B 100 美元的书面允诺并将这份文件签名盖章后交付。一旦 B 或其代理人收到这份文件，一份使 A 承担义务并使 B 获得相应权利的单务合同便告成立。这里的立约人是该要约人。这项交易并不是'合约'；没有什么东西同这一允诺相交换。"[③]

殊不知，无偿赠与等所谓无约因单务契约既然存在立约人与受约人双方，既然双方关系是一种契约关系，那么，双方的关系必然是一种交换关系，因而必然存在交换物或约因。只不过这种交换关系和交换物或约因，一方面，乃是因果关系的交换：交换者给予对方某物，不是为了换取对方他物，而只是因为对方曾给予自己他物；因而相互

---

① Arthur Linton Corbin, *Corbin on Contracts*, West Publishing Co., 1952, p. 32.

② 杨桢：《英美契约法论》第三版，北京大学出版社 2003 年版，第 66 页。

③ Arthur Linton Corbin, *Corbin on Contracts*, West Publishing Co., 1952, p. 33.

间的交换关系不是目的与手段的关系，而只是因果关系。另一方面，这种交换物或约因，不是目的，而只是一种原因；不是作为交换目的交换物，而只是一种作为交换原因的交换物；不是一种目的物，而只是一种原因物。

就拿科宾所列举的无约因单务契约来说。甲向乙支付100美元，既然是一种契约，便必有交换物，如乙过去曾经帮助过甲，或乙与曾帮助过甲的丙密切相关等等：这些就是甲支付乙100美元的交换物或约因。只不过，一方面，这种交换关系不是目的手段关系，而只是因果关系；甲支付100美元所交换的交换物或约因，不是甲支付100美元的目的物，不是甲进行交换的目的，而只是甲支付100美元的原因物，只是甲进行交换的原因。另一方面，这种约因或对价不具有法律约束力，是一种不具有法律约束力或不充分的约因、对价。

所谓无约因契约大都如此：这种契约的约因或者是一种不具有法律约束力的、不充分的约因；或者是不构成交换目的的因果关系之约因。甚至一个人无偿赠与素昧平生的慈善机构以巨款的单务契约也是如此：他之所以将巨款无偿赠与素昧平生的慈善机构，是因为他深感他的一切都是社会和他人给予的。那么，社会和他人曾经给予他的一切，就是他无偿赠与的交换物，就是此无偿赠与单务契约之约因或对价。只不过，一方面，这种交换物或约因不是作为交换目的的目的物，而是作为交换原因的因果物；另一方面，这种交换物或约因不是所谓充分的、具有法律约束力的约因或对价罢了。

科宾等“无约因契约论”的错误，就在于将约因与具有法律约束力的约因或所谓充分约因等同起来，将约因与目的手段关系的约因等同起来，因而由一些单务契约不具有有法律约束力的约因或目的手段关系的约因，便错误地得出结论说：存在着没有约因的单务契约。

那么，科宾等人断言“若干”单务契约不需要受约人同意的观点能否成立？否！任何单务契约的成立，都需要受约人的同意，需要受约人按照立约人的意思，而履行一定行为或不为一定行为。这个道理，杨桢说得很清楚：

“单方契约系一方为意思表示，而他方以行为之作为或不作为而为完成之契约。受意思表示之一方，并无必须履行所被请求行为或不行为之义务。但如受领意思表示人依其请求，而履行一定行为或不为一定行为，契约即可成立。……最具代表性之单方契约为悬赏广告之寻找失物。”[①]“悬赏广告契约之成立，必须以双方当事人之间具有合意为要件，无合意则双方无悬赏契约之可言。”[②]

可见，科宾等人认为“某些单务契约不需要受约人的同意和对价而依立约人单方行为便能够成立”的观点是错误的。无双不成约，立约的“双方”、“同意”和“约因”，乃是一切契约——不论双务契约还是单务契约——构成三要素：任何契约都是两个以上的人就某种利益（约因或对价）交换关系所达成的同意或协议。

准此观之，通常的契约定义——契约即允诺——是值得商榷的。这一定义的权威表述，是美国1932年的《契约法重述》：“契约是一个或一系列允诺，违背这种允诺，法律将给予救济，履行这种允诺，法律将以某种方式确认这种履行是一种义务。”《不列颠百科全书》也这样写道：“按照最简单定义，契约是可依法执行的诺言。这个诺言可以是作为，也可以是不作为。”科宾十分赞成这个定义：“一个很通行的定义是：契约是能够由法律直接或间接强制执行的允诺。这个定义具有简明的优点，而它的实际价值也许不逊于迄今为止所提出的任何一个契约定义。”[③]

这个定义看来十分全面，因为“契约即允诺”显然不仅包括双务契约，而且包括单务契约，尤其包括那些所谓“不需要受约人的同意

---

① 杨桢：《英美契约法论》第三版，北京大学出版社2003年版，第8页。

② 杨桢：《英美契约法论》第三版，北京大学出版社2003年版，第38页。

③ Arthur Linton Corbin, *Corbin on Contracts*, West Publishing Co., 1952, p. 5.

和对价而依立约人单方行为便能够成立”的单务契约：这种观点无疑是这个定义的发源地。但是，该定义是不能成立的。因为立约人的允诺既可能得到受约人的同意，也可能得不到受约人的同意。只有得到受约人的同意，亦即按照立约人的意思而履行一定行为或不为一定行为，立约人的允诺之为契约才能成立；否则，如果得不到受约人的同意，受约人并不按照立约人的意思而履行一定行为或不为一定行为，那么，立约人的允诺便仅仅是一种允诺而并不构成契约。所以，“契约即允诺”的定义是不能成立的。

这恐怕就是为什么这个定义接着补充说：契约是可依法执行的允诺。确实，可依法执行的允诺都是契约。因为可依法执行的允诺无疑意味着：这种允诺拥有受约人的同意和约因或对价。但是，将契约定义为“可依法执行的允诺”是错误的。因为“契约是可依法执行的允诺”显然并不是契约的定义，而只是法律上的契约的定义。所以，该定义实际上是说：法律上的契约是可依法执行的允诺。这样一来，定义概念中就存在着被定义概念，岂非同义语反复？所以，麦克尼尔在评价该定义时说：“这个定义不过是像‘一个承诺就是一个承诺’一样的同义语反复。”[①] 避免这一逻辑错误的途径显然只有一个，那就是将“可依法执行的允诺”所蕴含的意思——受约人的同意和对价——直接表述出来：契约是拥有受约人同意和对价（交换物）的允诺，说到底，也就是两个以上的人就某种利益（约因或对价）交换关系所达成的同意。

### 2. 最高权力契约：国家直接且必然起源

契约的概念分析表明，契约是两个以上的人就某种利益交换关系所达成的同意：这就是契约的精确定义。但是，契约概念极为重要且

① 麦克尼尔：《新社会契约论》，中国政法大学出版社 1994 年版，第 5 页。

幽深晦涩，因而对于契约概念的定义，正如科宾所指出，学术界众说纷纭："这一术语已有许许多多不同方式的定义。这些定义可以见诸几乎所有的法律著作和数以千计的司法意见。"[①]

然而，不论人们的见地如何不同，有一点却是毫无争议的共识，那就是：两个以上的人就某种利益交换关系所达成的同意是契约。换言之，对于"任何契约都是两个以上的人就某种利益交换关系所达成的同意"的定义，绝非共识而必有持异议者；反过来，对于"任何两个以上的人就某种利益交换关系所达成的同意都是契约"的判断，却是共识而绝无持异议者。

不论从"任何契约都是两个以上的人就某种利益交换关系所达成的同意"的定义出发，还是从"任何两个以上的人就某种利益交换关系所达成的同意都是契约"的共识出发，都可以得出结论说：国家直接且必然起源于契约，说到底，必然直接起源于最高权力契约。因为国家是拥有最高权力的社会，它区别于其他社会的根本性质是最高权力。这就意味着：哪里有最高权力，哪里就有国家；最高权力的起源和原因就是国家的起源和原因。

最高权力无疑必然产生、形成和起源于社会成员的普遍同意。因为权力的概念分析告诉我们，一切权力——最高权力并不例外——都具有合法性；而合法性之所以为合法性，固然有强制必须符合法律之意，但并不局限于符合法律；而是泛指一个社会的强制力量所具有的被该社会成员普遍同意的性质：权力是仅为管理者拥有且被社会成员普遍同意的迫使被管理者服从的强制力量。这意味着，一切权力必然都产生、形成和起源于社会成员的普遍同意：失去社会成员普遍同意的权力便不再是权力，而仅仅是强制力量；强制力量一旦获得社会成员的普遍同意，就变成了权力，而不仅仅是强制力量。

---

① Arthur Linton Corbin, *Corbin on Contracts*, West Publishing Co., 1952, p. 4.

然而，问题的关键在于：被管理者为什么会同意服从管理者所拥有的强制力量或权力？显然只能是因为，被管理者服从管理者的权力，就会获得利益，特别是获得受到管理者的权力所保障的利益，获得权利（权利就是受权力所保障的利益）：被管理者服从管理者权力的义务和不利益，只能是对管理者给予的权利和利益的交换；管理者拥有权力的权利和利益，只能是对保障被管理者享有权利和利益的义务之交换。因此，一切权力，说到底，必然都产生、形成和起源于管理者和被管理者就权力所关涉的权利与义务等利益之交换所达成的普遍同意。

最高权力是一种权力，属于权力范畴，因而必定产生、形成和起源于社会成员的普遍同意：最高权力之所以是最高权力，只是因为它获得了社会成员的普遍同意；而一旦失去社会成员普遍同意，最高权力便不再是最高权力，而仅仅是强制力量。那么，被管理者为什么会同意服从最高管理者所拥有的强制力量或最高权力？显然也只能是因为，被管理者服从最高管理者的最高权力，就会获得受最高权力所保障的利益和权利：被管理者服从最高管理者的最高权力的义务和不利益，只能是对最高管理者给予的权利和利益的交换；最高管理者拥有最高权力的权利和利益，只能是对保障被管理者享有权利和利益的义务之交换。因此，最高权力必然产生、形成和起源于最高管理者和被管理者就最高权力所关涉的权利与义务等利益之交换所达成的普遍同意。

最高管理者和被管理者就最高权力所关涉的权利与义务等利益之交换所达成的普遍同意，无疑属于契约范畴：任何两个以上的人就某种利益交换关系所达成的同意都是契约。因此，最高权力或国家便必然产生、形成和起源于契约：一种最高管理者和被管理者就最高权力所关涉的权利与义务等利益之交换所缔结的契约，可以称之为“最高权力契约”。这就是源远流长的“社会契约论”之真谛。对于这一真谛，霍布斯曾有极为深刻的论述。通过这些论述，他得出结论说：

“当一群人确实达成协议，并且每一个人都与每一个其他人订立信约，不论大多数人把代表全体的人格的权利授与任何个人或一群人组成的集体（即使之成为其代表者）时，赞成和反对的人每一个人都将以同一方式对这人或这一集体为了在自己之间过和平生活并防御外人的目的所作为的一切行为和裁断授权，就像是自己的行为和裁断一样。这时国家就称为按约建立了。由群聚的人同意授与主权的某一个或某些人的一切权利和职能都是由于像这样按约建立国家而得来的。”①

恩格斯也认为国家是契约的产物：“德意志帝国，同一切小国家，也同一切现代国家一样，是一种契约的产物：首先是君主之间的契约的产物，其次是君主与人民之间的契约的产物。如果有一方破坏契约，整个契约就要作废，另一方也不再受约束。这点已经由俾斯麦在 1866 年给我们绝妙地示范过。所以，如果你们破坏帝国宪法，那么社会民主党也就会放开手脚，能随意对待你们了。”②

究竟言之，人类一切社会——从家庭到国家——无不必然源于某种契约：社会必然源于人们就“权力”问题所缔结的契约；国家则必然源于人们就“最高权力”问题所缔结的契约。因为社会是两个以上的人因一定人际关系而结合起来的共同体：这里所谓的“一定人际关系”，其最重要者，正如狄骥所指出，乃是统治与被统治或管理与被管理的关系，说到底，也就是权力关系。③

因此，权力是社会形成的充分且必要条件：哪里有权力，哪里就有管理者和被管理者，哪里就有两个以上的人因管理与被管理关系而结成的共同体，哪里也就有了社会。所以，权力的起源就是社会的起源。因此，权力必然产生、形成和起源于管理者和被管理者就权力所

---

① 霍布斯：《利维坦》，商务印书馆 1986 年版，第 133 页；参见 Thomas Hobbes, *Leviathan*, New York: Simon & Schuster, Inc., 1997, p. 134。

② 《马克思恩格斯选集》第 4 卷，人民出版社 1995 年版，第 525 页。

③ 狄骥：《宪法论》，商务印书馆 1959 年版，第 382 页。

关涉的权利与义务等利益之交换所达成的普遍同意，便无异于说，社会产生、形成和起源于契约：一种管理者和被管理者就权力所关涉的权利与义务等利益之交换所缔结的契约，可以称之为“权力契约”。

总之，人类一切社会——从家庭到国家——无不必然源于某种契约。这可以从两方面看。一方面，任何社会皆必然起源于权力契约，起源于管理者和被管理者就权力所关涉的权利与义务等利益之交换所缔结的契约，可以名之为“社会原初契约”：社会原初契约亦即权力契约，就是缔结任何社会的契约。因此，社会原初契约不必是人类缔结最早出现的那个原始社会之契约，而是缔结和建立任何一个社会——如某个新家庭——之契约。这种契约之所以叫作原始契约，因为它是该社会诞生之契约，完全相对该社会诞生之后所缔结的一切契约而言。另一方面，国家则起源于最高权力契约，亦即起源于最高管理者和被管理者就最高权力所关涉的权利与义务等利益之交换所缔结的契约，可以名之为“国家原初契约”：国家原初契约亦即最高权力契约，就是缔结和建立国家的契约。

所以，康德说：“人民根据一项法规，把自己组成一个国家，这项法规叫做原始契约。”[①] 因此，国家原初契约不必是人类所缔结的那个最早出现的原始国家之契约，而是缔结和建立任何一个国家——如中国的唐朝或宋朝——之契约。这种契约之所以叫作原始契约，完全相对该国诞生之后所缔结的一切契约（如该国的道德和法、法律、纪律、政策等等）而言。

社会原初契约无疑属于社会契约范畴。那么，国家原初契约呢？也属于社会契约范畴。因为国家属于社会范畴：国家是最高且最大社会。所以，国家原初契约便是最高且最大的社会原初契约，因而也就是最高且最大社会契约。这样一来，岂不正如社会契约论者所言：国

① 康德：《法的形而上学原理》，商务印书馆 1991 年版，第 143 页。

家起源于社会契约？是的。但是，这样说不够准确。因为社会契约的外延极为广泛，就连法和道德也都属于社会契约范畴：法和道德乃是规范一切社会行为的最普遍的社会契约。

岂止法和道德，真正讲来，一切契约都属于社会契约范畴：契约与社会契约乃是同一概念。因为任何契约都是两个以上的人就某种利益交换关系所达成的同意；而社会就是两个以上的人因一定人际关系而结合起来的共同体。所以，任何契约，哪怕是爱情的信誓旦旦，也都是一种社会活动，都是一种社会契约；只不过爱情婚姻契约是最小的社会——家庭——契约罢了。

因此，断言国家必然起源于社会契约固然不错，但确切说来，国家必然起源于最高权力契约，必然起源于国家原初契约，必然起源于缔结国家的契约。相应地，断言社会必然起源于社会契约也不错误，但确切说来，社会必然起源于权力契约，必然起源于社会原初契约，必然起源于缔结社会契约。最高权力契约或缔结国家的契约无疑是最根本的社会契约：它统摄权力契约或缔结社会契约而成为推演道德与法（宪法、法律、纪律和政策）等一切社会契约的基础和源泉。这恐怕就是欧内斯特·巴克为什么说缔结国家的契约是宪法的缘故："一国之宪法即为构建该国契约的条款。"

否认国家必然起源于契约的最主要的根据，正如戴维·里奇所言，可见之于休谟的批评："对社会契约论最重要且最有教益的批评来自休谟的批评。"[①] 边沁甚至断言社会契约论已经被休谟彻底摧毁了。[②] 那么，休谟否定国家必然起源于契约的理由究竟是什么？他的理由说起来颇为简单，那就是，几乎所有国家和政府事实上都是武力征服或篡夺的产物，而并非起源于社会成员的同意或契约：

① 迈克尔·莱斯诺夫等：《社会契约论》，江苏人民出版社 2005 年版，第 252 页。

② 边沁：《政府片论》，商务印书馆 1995 年版，第 149 页。

“几乎所有现存的政府，或所有在历史上留有一些记录的政府开始总是通过篡夺或征伐建立起来的，或者二者同时并用，它们并不自称是经过公平的同意或人民的自愿服从。……地表上的情况在不断变化，小的王国发展成大的帝国，大的帝国分解成许多小王国，许多殖民地陆续建立，一些种族迁居他乡。在这一切事件中除了武力和强暴你还能看到什么呢？何处有那些文人奢谈的什么相互同意和自愿联合呢？”①

确实，几乎所有国家皆是武力征服或篡夺的结果，因而皆起源于武力征服和暴力强制。然而，这并不否定所有国家皆起源于社会成员的同意或契约：暴力强制与同意或契约并不矛盾。因为同意或契约可以分为两类：一类是自由的、无强制的、心甘情愿的同意或契约；一类是被迫的、强制的、不自由和不情愿的同意或契约，亦即所谓“强制缔约”。我到市场买东西，与卖者就钱货交换所达成的同意或契约，就是自由的、无强制的、心甘情愿的同意或契约。反之，强买强卖所达成的同意或契约，则是被迫的、强制的、不自由和不情愿的同意或契约，属于“强制缔约”范畴。试想，强盗持刀逼我交出钱财，我惧怕死亡而不做反抗，交出了钱财，是不是一种同意？是的。我只有拒绝交出钱财而进行反抗，才是不同意。我不做反抗而交出了钱财，就是与强盗达成了同意：只不过不是自由的、无强制的、心甘情愿的同意；而是被迫的、强制的、不自由和不情愿的同意罢了。

可见，强制与同意或契约并不矛盾：武力征服或暴力强制既可能造成反抗不同意从而未能缔结契约；也可能造成屈服同意从而缔结契约。因此，几乎所有国家总是通过篡夺或征伐建立起来的，并不否定这些国家皆起源于社会成员的同意或契约：只不过不是起源于自由的、无强制的、心甘情愿的同意或契约，而是起源于被迫的、强制的、不

① 休谟：《休谟政治论文选》，商务印书馆 1993 年版，第 122—123 页。

自由和不情愿的同意或契约——亦即强制缔约——罢了。那么，几乎所有国家总是通过篡夺或征伐建立起来的，是否意味着：几乎所有国家总是起源于强制缔约，亦即起源于被迫的、强制的、不自由和不情愿的同意或契约？

是的。因为征服者或篡夺者既然通过篡夺或征伐建立了国家，那就意味着：征服者或篡夺者已经取得了最高权力。而任何权力都具有合法性，都具有社会成员普遍同意的性质：权力就意味着同意，不具有社会成员普遍同意的权力绝非权力，而只是强制力量。所以，征服者或篡夺者已经建立国家从而取得了最高权力，便意味着：征服者或篡夺者已经与国家其他成员就最高权力所关涉的权利与义务等利益交换达成了普遍同意，缔结了最高权力契约；只不过这种同意和契约总是被迫的、强制的、不自由和不情愿的同意或契约，总是属于强制缔约罢了。否则，如果没有达成普遍同意，如果没有缔结最高权力契约，那么，征服者或篡夺者充其量也就仅仅拥有可能转化为最高权力的强制力量，而绝没有取得最高权力，绝没有建立起国家。

因此，当休谟发现几乎所有国家总是通过篡夺或征伐建立起来的，实已意味着：几乎所有国家总是起源于强制缔约，亦即起源于被迫的、强制的、不自由和不情愿的同意或契约。休谟的错误，一方面在于不懂得权力就意味着同意，不懂得不论经过怎样的征伐或篡夺，只要建立了国家从而取得了最高权力，那就意味着达成了同意和缔结了契约；另一方面，则在于误以为同意皆是自由的、无强制的、心甘情愿的，而不懂得被迫的、强制的、不自由和不情愿的同意也是同意；于是便由“几乎所有国家总是通过篡夺或征伐建立起来的”正确前提，错误地得出结论说：几乎所有国家皆非起源于社会成员的同意或契约。

### 3. 何种最高权力契约：国家直接且偶然起源

国家起源于最高权力契约，亦即起源于社会成员就最高权力所关涉的权利与义务等利益之交换所缔结的契约，是必然的、普遍的、不可选择的，因而是不能进行道德评价的。但是，它究竟起源于何种最高权力契约，是起源于自由的、无强制的、心甘情愿的最高权力契约，还是起源于被迫的、强制的、不自由和不情愿的最高权力契约，则是偶然的、特殊的、可以选择的，因而是可以进行道德评价的。因为任何契约都是人制定的，因而皆具有可以自由选择的偶然性和主观任意性：既可能缔结自由的、正义的、道德的、应该的、优良的契约，也可能缔结不自由的、不正义的、不道德的、不应该的、恶劣的契约。因此，最高权力的本性——合法性或同意——虽然决定了国家起源于同意或契约是必然的普遍的不可选择的；但是，一个国家究竟起源于何种契约，是起源于自由的正义的道德的应该的契约，还是起源于不自由的不正义的不道德的不应该的契约，则是偶然的、特殊的、可以选择的。那么，究竟何种最高权力契约是道德的、应该的、好的和具有正价值？换言之，国家究竟应该起源于何种最高权力契约？说到底，衡量最高权力契约是否应该的价值标准究竟是什么？

最高权力契约的应然性主要包括两个方面：缔约过程的应然性或契约缔结的应然性与缔约内容或契约内容的应然性。毋庸赘言，任何契约缔约过程的主要价值标准都是“自由缔约”或“缔约自由”，人们往往称之为“契约自由”。按照这一原则，缔结最高权力契约应该是缔约者自由缔结的，而不应该是被迫缔结的；从而所缔结的是自由的、无强制的、心甘情愿的最高权力契约，而不是被迫的、强制的、不自由和不情愿的最高权力契约。

这样一来，在最高权力契约的缔结过程中，实现契约自由的前提无疑是缔约者相互间的政治地位完全平等。否则，如果最高权力缔约者的政治地位是不平等的，譬如一边是征服者，另一边是被征服者，那么，他们所缔结的最高权力契约，显然不可能是自由的、无强制的、心甘情愿的；而必定是被迫的、强制的、不自由和不情愿的。因此，当休谟发现几乎所有国家都是通过篡夺或征伐建立起来的，实已意味着：几乎所有国家都是起源于被迫的、强制的、不自由和不情愿的同意或契约，因而都违背契约自由原则，都是恶的、不应该和具有负价值的。

不难看出，符合契约自由的关于最高权力契约的缔约过程，只能是一种民主的缔约过程。因为，一方面，民主——并且只有民主——才意味着每个缔约者的政治地位完全平等："每个人只顶一个，不准一个人顶几个。"这种政治地位的完全平等，便保障了每个缔约者在最高权力契约的缔结过程中，谁也强制不了谁，谁也不会被谁强制，从而达成一种无强制的、自由的、心甘情愿的最高权力契约。

另一方面，缔结最高权力契约的全体社会成员往往数以千万计，怎样才能缔结毫无强制而为人人一致自由同意的最高权力契约呢？无疑只有实行民主，从而通过代议制和多数裁定原则而间接地取得一致的自由的同意。按照代议制原则，代表们所缔结的最高权力契约可能有一些条款是很多社会成员不同意的；但代表既然是他们自己选举的，那么，这些他们直接不同意的最高权力契约条款，却间接地得到了他们的同意。按照多数裁定原则，多数代表所确定的最高权力契约，可能有一些条款是少数代表不同意的；但他们既然同意少数服从多数的原则，那么，这些他们直接不同意的最高权力契约条款，也就间接地得到了他们的同意。

因此，正如洛克所言，只有实行民主，通过代议制和多数裁定原则，数以千万计的社会成员才可能缔结人人一致自由同意的最高权力契约："不论多少人都可以这样做，因为这样做并不损害其余人的自由；他们现在是自由的，就像以前在自然状态那样自由。当任一数量的人这样地同意建立一个共同体或政府时，他们因此就立刻结合起来组成一个政治共同体，那里的大多数人享有替其余的人做出行动和决定的权利。”[①]

不但最高权力契约的缔结只有通过民主的缔约过程才能够实现契约自由原则，而且最高权力契约的内容也只有达成民主才是应该的。诚然，契约内容的价值标准比契约缔结的价值标准复杂得多。契约缔结的价值标准主要是契约自由；而契约内容的价值标准却似乎可以涵盖全部价值标准，如善、正义、平等、人道、自由、诚实、为己利他、己他两利等等。但是，最高权力契约的契约内容之价值标准要狭窄得多，因为最高权力契约的首要且根本的内容，显然在于约定谁是主权者，谁执掌最高权力。对于这一问题，无疑只能有四种契约：约定由一个人不受任何限制地掌握最高权力，亦即专制契约或君主专制契约；约定由一个人受宪法或议会等机构限制地掌握最高权力，亦即君主立宪契约；约定由少数公民掌握最高权力，亦即寡头共和契约或寡头契约；约定由全体公民共同掌握最高权力，亦即民主契约或民主共和契约。衡量这些最高权力契约是否应该的价值标准——亦即最高权力契约内容的价值标准——显然是政治自由和政治平等两大国家制度价值标准。

毫无疑义，只有民主的最高权力契约才符合政治平等与政治自由两大国家制度价值标准，从而才是应该的、具有正价值的。因为只有民主——专制、君主立宪与寡头共和则不然——意味着全体公民完全平等地共同掌握最高权力，意味着被统治者能够与统治者完全平等地共同使国家政治按照自己的意志进行，因而也就意味着被统治者与统治者完全平等地拥有政治自由。这样一来，岂不只有民主的最高权力契约，才符合“每个人都应该完全平等地共同执掌国家最高权力”的政治平等标准？岂不只有民主的最高权力契约，才符合“每个人都应该同样享有使国家政治按照自己意志进行的政治自由”的政治自由

① John Locke, *Two Treatises on Civil Government*, London: George Routledge and Sons, Ltd., 1884, pp.240-241.

标准？

相反地，专制的最高权力契约极端违背——君主立宪和寡头共和则程度轻重有所不同地违背——政治平等与政治自由两大国家制度价值标准，从而是极端不应该的。因为一方面，一个人不受限制地独掌最高权力，岂不意味着，一个人拥有全部最高权力而所有人拥有的都是零？岂不极端违背“每个人都应该完全平等地共同执掌国家最高权力”的政治平等标准？另一方面，一个人不受限制地独掌最高权力，岂不意味着：国家的政治只能按照专制君主自己一个人的意志进行，而不可能按照所有人的意志进行？岂不意味着：只有专制君主自己一个人拥有政治自由，而所有人都没有政治自由？岂不极端违背“每个人都应该同样拥有政治自由”的政治自由标准？

于是，衡量最高权力契约——契约缔结与契约内容——是否应该的价值标准便可以归结为十个字：“民主地缔结民主的契约。”这就是说，一个国家唯有起源于民主地缔结的民主的最高权力契约，才是善的、应该的和具有正价值的；否则便是恶的、不应该和具有负价值的。因此，洛克说，这样而且只有这样，才能创立世界上任何合法的国家：

“不论是谁，一旦脱离自然状态而联合成为一个社会共同体，必须把结成社会所必需的一切权力都交给这个共同体的大多数，除非他们明确同意交给多于这个大多数的任何人数。只要一致同意联合成为一个政治社会，就要做到这一点；而这种同意，乃是加入或建立一个国家的个人之间现存或需要存在的真正的契约。因此，起初和实际组成任何政治社会，不过是遵循多数裁定而进行结合并组成这种社会的自由人的同意。这样，而且只有这样，才曾或才能创立世界上任何具有合法性的政府。”①

① John Locke, *Two Treatises on Civil Government*, London: George Routledge and Sons, Ltd., 1884, p. 242.

卢梭所寻找的“社会契约”，也正是这种“民主地缔结民主的契约”；他所要缔结的国家，也正是这种诞生于“民主地缔结民主的契约”的国家：

“‘要寻找出一种结合的形式，使它能以全部共同的力量来卫护和保障每个结合者的人身和财富，并且由于这一结合而使每一个与全体相联合的个人又只不过是在服从自己本人，并且仍然像以前一样地自由。’这就是社会契约所要解决的根本问题。……如果我们撇开社会公约中一切非本质的东西，我们就会发现社会公约可以简化为如下的词句：我们每个人都以其自身及其全部的力量共同置于公意的最高指导之下，并且我们在共同体中接纳每一个成员作为全体之不可分割的一部分。只是一瞬间，这一结合行为就产生了一个道德的与集体的共同体，以代替每个订约者的个人；组成共同体的成员数目就等于大会中所有的票数，而共同体就以这同一个行为获得了它的统一性、它的公共的大我、它的生命和它的意志。这一由全体个人的结合所形成的公共人格，以前称为城邦，现在则称为共和国或政治体；当它是被动时，它的成员就称它为国家。”①

毫无疑义，一个国家只有产生、形成和起源于民主地缔结的民主的最高权力契约，才是善的、应该的和具有正价值的；否则便是恶的、不应该和具有负价值的。这固然是真理，却是相对的有条件的真理：它只有在一般的正常的常规的情况下才是真理。因为在一般的正常的常规的情况下，只有民主地缔结最高权力契约，才可能导致民主的最高权力契约。美国的建立，它的《独立宣言》和“独立宪法”（亦即1787年颁布的“美利坚合众国宪法”），堪称这种“民主地缔结的民主的最高权力契约”之典范。

然而，凡是常规皆有例外。在例外的非常的特殊的情况下，正如

① 卢梭：《社会契约论》，商务印书馆1991年版，第23—25页。

柏拉图和波普的“自由的悖论”所说，全体公民可能一致同意由一个无与伦比的伟大领袖独掌最高权力，从而民主地缔结一种专制的最高权力契约。[①]反之，也不能排除同样例外的非常的特殊的情况，在这种情况下，由于种种原因，一个专制者——姑且假设戈尔巴乔夫和蒋经国就是这样的专制者——可能主动将最高权力转由全体公民掌握，从而专制地缔结了一种民主的最高权力契约。

这就是最高权力契约的两种例外：民主地缔结非民主的契约与非民主地缔结民主的契约。这两种例外显然意味着契约缔结的价值标准（契约自由）与契约内容的价值标准（契约正义等等）发生了冲突而不能两全：如果坚持契约自由标准而民主地缔约，就会导致所谓“自由悖论”，亦即违背契约正义等价值标准而缔结非民主或专制的契约；如果坚持契约正义等价值标准缔结民主的契约，就会违背契约自由标准而非民主地强制缔约。那么，在这种情况下应该怎么办？

在这种情况下，民主地缔结非民主的契约显然是恶的、不应该的和具有负价值的；而非民主地强制缔结民主的契约则是善的、应该的和具有正价值的。因为契约正义的价值无疑大于契约自由的价值；契约内容的价值无疑大于契约缔结的价值。这恐怕就是为什么现代契约法更加重视契约内容和契约正义——而不是契约缔结和契约自由——的缘故：

“现代契约法的中心问题，已不是契约自由而是契约正义的问题。约款内容的规制、消费者的保护、对新的契约类型的调整、附随义务理论等与其说是自由问题，不如说是正义问题。契约法已从重视其成立转移到契约内容上来了。”[②]

这样一来，当二者发生冲突而不能两全之际，民主地缔结非民

① 波普：《开放社会及其敌人》，山西高校联合出版社 1992 年版，第 130 页。
② 王晨：《日本契约法的现状与课题》，《外国法译评》1995 年第 2 期。

主的最高权力契约之价值净余额是负价值，因而是不应该的；而非民主地强制缔结民主的最高权力契约之价值净余额是正价值，因而是应该的。

总而言之，一方面，在正常的常规的一般的情况下，亦即在契约缔结与契约内容的道德性不发生冲突的情况下，一个国家只有产生、形成和起源于民主地缔结的民主的最高权力契约，才是善的、应该的和具有正价值的。另一方面，在非常的例外的特殊的情况下，亦即在契约缔结与契约内容的应然性发生冲突而不能两全的情况下，一个国家只有产生、形成和起源于非民主地强制缔结民主的最高权力契约，才是善的、应该的和具有正价值的；而产生、形成和起源于民主地缔结的非民主的最高权力契约，则是恶的、不应该和具有负价值的。

综观国家起源，可知国家起源具有两面性。一方面，从人的社会本性来看，国家必然起源于每个人生存和发展的社会需要，必然起源于这些需要的满足程度与社会的大小规模成正比之本性，说到底，必然起源于每个人对于社会最大化的需要和使社会成为一个统一体的需要。这是国家的内在的、间接的和终级的起源，它只是说明国家乃人类固有需要，只是说明国家产生的必然性；而未能说明国家产生的实然性和应然性。

另一方面，从国家实际的产生状况来看，国家必然直接起源于最高权力契约，起源于全体社会成员就最高权力所关涉的权利与义务等利益之交换所缔结的契约；但究竟起源于何种最高权力契约则是偶然的：唯有起源于民主地缔结的民主的最高权力契约，才是善的、应该的和具有正价值的；否则便是恶的、不应该和具有负价值的。这是国家的直接的外在的起源，它说明国家实际上是怎样产生的，说明国家产生的实然性和应然性。

## 三、国家起源理论：社会契约论

国家起源问题极端复杂且极其重要，自古以来，思想家们围绕这个问题便一直争论不休。这些争论可以归结为五大学说：神源说、武力起源说、阶级斗争起源说、自然起源说或进化说和社会契约论。

### 1. 神源说、武力起源说、阶级斗争起源说与自然起源说或进化说

神源说以为国家起源于神意，最高权力执掌者是神的代理人，如帝王乃真龙天子云云。这种说辞显然是非科学的。武力起源说以为国家乃是征服的产物，无不起源于武力或强制力量。这种学说的错误在于以偏概全。因为，即使如休谟所言，几乎所有国家都是通过征服或篡夺建立的，毕竟不是所有国家都是通过征服或篡夺建立的。总是有些国家——如美国——并非通过征服、篡夺和武力或强制建立的；而是通过民主地缔结民主的宪法等契约建立起来的。这样一来，断言国家起源于武力征服等强制力量，岂非以偏概全？

阶级斗争起源说认为国家起源于阶级社会，是从控制阶级对立、冲突和斗争的需要中产生的，是阶级矛盾不可调和的产物，说到底，是剥削阶级镇压被剥削阶级反抗的工具。对于这种学说，前面已有专门分析；其谬误主要在于将国家与国家的一部分——正规的专门的和独立的政治组织——等同起来，从而由正规的专门的和独立的政治组织产生于阶级社会的事实，错误地得出结论说：国家起源于阶级社会，是剥削阶级镇压被剥削阶级反抗的工具。

神源说和武力起源说以及阶级斗争起源说都是错误的；而自然起源说或进化说与社会契约论则堪称真理。自然说或进化说的代表人物主要是柏拉图、亚里士多德和斯宾塞。该说以为国家起源于人类需要，是为了满足人类需要而必然且自然产生和进化的结果。柏拉图说：“在

我看来，之所以要建立一个城邦，是因为我们每一个人不能单靠自己达到自足，我们需要许多东西。你们还能想到什么别的建立城邦的理由吗？”[①] 诚然，这只是国家与其他一切社会的共同的起源——因而也就是国家的最普遍最根本的根源——而不是国家特有的起源。

亚里士多德则进一步揭示了国家特有的起源，认为国家是“社会团体中最高而包含最广的一种”，起源于人类对于社会最大化的需要，为了最充分地满足每个人生存和发展的需要：“等到由若干村坊组合而为‘城市（城邦）’，社会就进化到高级而完备的境界，在这种社会团体以内，人类的生活可以获得完全的自给自足；我们也可以这样说：城邦的长成出于人类生活的发展，而其实际的存在却是为了‘优良的生活’。”[②]

如果说国家起源于人类对于社会最大化的需要，那么，实际上为什么会存在众多小国家呢？斯宾塞的“社会有机体说”回答了这个问题。他将国家看成或比作有机体，揭示了国家起源于使社会成为一个统一体或有机体的需要。这样，一方面，国家起源于每个人对于社会最大化的需要；另一方面，国家又起源于使社会成为一个统一体的需要。不难看出，二者具有反比例关系：社会越大，便越难以统一。这恐怕就是为什么国家虽然起源于社会最大化的需要，可是实际上却存在众多小国家的缘故。

可见，“自然起源说”确为真理：它揭示了国家必然起源于每个人生存和发展的社会需要，必然起源于这些需要的满足程度与社会的大小规模成正比之本性，说到底，必然起源于每个人对于社会最大化的需要和使社会成为一个统一体的需要。然而，这只是国家的内在的、间接的和终级的起源，它只是说明国家乃人类固有需要，只是说明国

---

① 柏拉图：《理想国》，商务印书馆 1994 年版，第 58 页。

② 亚里士多德：《政治学》，商务印书馆 1965 年版，第 7 页。

家产生的必然性；而未能说明国家产生的实然性和应然性，未能说明国家实际上是怎样产生的及应该是怎样产生的：这是国家的直接的外在的实然的和应然的起源问题。社会契约论所致力解析的，要言之，恰恰就是这些难题。

### 2. 社会契约论：自然状态

社会契约论，如所周知，认为国家起源于社会契约，原本由社会成员的同意或契约缔结而成：社会契约论就是认为国家起源于社会契约的学说。该学说不仅是最为重要影响最大的国家起源理论，而且堪称西方主流政治思想，一些学者甚至说："契约理论作为一种纯粹理论，其繁荣兴盛无任何其他理论所能比拟。"[①] 确实，从古希腊的智者学派和伊壁鸠鲁一直到当代的道德哲学家罗尔斯和诺齐克，历代都不乏伟大的思想家倡导社会契约论。然而，真正讲来，恐怕唯有霍布斯、洛克和卢梭堪称经典社会契约论的主要代表人物。

社会契约论的基本概念是自然状态。社会契约论认为，人类生活的最初状态或原初状态是自然状态。但是，究竟何为自然状态，在社会契约论者之间，可谓仁者见仁、智者见智、意见纷呈、莫衷一是。不过，有一点却是他们的共识，那就是：自然状态乃是一种不存在共同权力——亦即最高权力——的人类生活状态；这种状态的尽人皆知的事例就是不存在共同权力的各个国家的相互关系。对此，艾伦·瑞安在界说"自然状态"词条时曾有颇为精当的阐述：

"自然状态是社会契约论者表述不存在确定政治权威之状态的人文科学术语。……霍布斯、洛克、普芬道夫、格老秀斯、卢梭、康德以及 17、18 世纪许多其他思想家在他们的著作中都对此进行了阐述。这个概念在他们的思想中发挥的作用就是产生了对自然状态的多

① 夏勇：《为权利而斗争》，中国法制出版社 2000 年版，第 273 页。

种不同的阐述：它是一种社会性但却非政治性的状态还是一种非社会性状态呢？它是一种和平状态还是相当于战争状态呢？它是纯粹假设的状态还是现在或过去人类某些阶段的真实状态呢？著作家们对这个问题的回答迥然相异。但是所有著作家都同意，忠实于无确定政治权威的人们处于这种——或至少一种——相应的自然状态中：他们大多数认为，这意味着各主权国家的统治者处于这种互相尊重的自然状态之中。”①

因此，在自然状态中，一方面，由于不存在迫使人必须服从的政治权力或共同权力，每个人便都是完全自由的，而相互间则是完全平等的：自然状态是一种完全自由和平等的状态。另一方面，在自然状态中，由于不存在迫使人必须服从的政治权力或共同权力，人们势必各行其是、相互冲突、对抗争夺、混乱无序，不但没有国家而且也不可能存在任何社会：自然状态是一种人人相互为敌的孤独而残忍的战争状态。

霍布斯有见于后者，强调自然状态的混乱无序方面，因而认为自然状态就是一种战争状态，在这种状态下，不可能存在任何社会，人的生活孤独而残忍：“根据这一切，我们就可以显然看出：在没有一个共同权力使大家慑服的时候，人们便处在所谓的战争状态之下。……在这种状态下，产业是无法存在的，因为其成果不稳定。这样一来，举凡土地的栽培、航海、外洋进口商品的运用、舒适的建筑、移动及卸除须费巨大力量的物体的工具、地貌的知识、时间的记载、文艺、文学、社会等等都将不存在。最糟糕的是人们不断处于暴力死亡的恐惧和危险中，人的生活孤独、贫困、卑污、残忍而短寿。”②

洛克有见于前者，强调自然状态的自由平等方面，因而认为自然

① 米勒等编：《布莱克维尔政治学百科全书》，中国政法大学出版社 1992 年版，第 742 页。

② 霍布斯：《利维坦》，商务印书馆 1985 年版，第 95—96 页。

状态就是一种完全自由和平等的状态："那是一种完全自由状态，他们在自然法的规范内，以他们认为合适的方法，进行他们的行动，处理他们的财产和人身，而不需得到任何人的许可或遵循任何人的意志。这也是一种平等的状态，在这种状态中，一切权力和管辖都是相互的，没有一个人拥有多于别人的权力。"①诚然，洛克也看到自然状态因不存在共同权力而必然产生的种种严重的缺陷与不便：每个人都"不断受到别人侵犯的威胁……很不安全，很不稳妥"；每个人都处在"一种虽然自由却是充满着恐惧和持续的危险的状况"②。

然而，这样一来，洛克岂不承认了霍布斯的"自然状态乃战争状态"？是的。只不过，洛克比较全面；他不仅强调自然状态的自由平等方面，而且也看到自然状态的侵犯战争方面。于是，洛克便与霍布斯一样，认为处于自然状态的人们必然因其种种缺陷、争夺、侵犯和战争而努力摆脱自然状态，从而建立最高权力或国家："避免这种战争状态是人类组成社会和脱离自然状态的重要原因。因为人间有一种权威和权力，可以向其诉求救济，那么战争状态就不会继续存在，纷争就可以由那个权力来裁决。"③"公民社会的目的就是为了避免和补救自然状态的种种弊端，而这些弊端必然源于人人是自己的案件的裁判者。因此，避免这些弊端的方法就是设置一个明确的权威，以便这社会的每一成员受到任何损害或发生任何争执的时候，可以向它申诉，同时也必须服从它。"④那么，究竟如何建立最高权力或国家呢？

---

① John Locke, *Two Treatises on Civil Government*, London: George Routledge and Sons, Ltd., 1884, p. 192.

② John Locke, *Two Treatises on Civil Government*, London: George Routledge and Sons, Ltd., 1884, p. 256.

③ John Locke, *Two Treatises on Civil Government*, London: George Routledge and Sons, Ltd., 1884, p. 202.

④ John Locke, *Two Treatises on Civil Government*, London: George Routledge and Sons, Ltd., 1884, pp. 240-236.

### 3. 社会契约论："明示"或"默示"的最高权力契约

究竟如何建立最高权力或国家，这是社会契约论的核心问题。科学地解决这个问题的出发点，正如卢梭《社会契约论》第一卷的题旨所言，乃是权力的合法性，亦即权力区别于其他强制力量的根本性质，亦即社会的承认、认可或同意：权力是社会承认、认可或同意的强制力量。权力的这一根本性质，自卢梭以来，便一直被称之为"合法性"。权力的合法性意味着：一切权力——最高权力并不例外——都具有合法性，因而必然都产生、形成和起源于社会成员的普遍同意或所谓社会契约。从此出发，社会契约论发现建立最高权力或国家从而脱离自然状态只有一个途径，那就是人们一起订立所谓"明示"或"默示"的社会契约，亦即订立"明示"或"默示"的最高权力契约，说到底，亦即就最高权力所关涉的权利与义务等利益之交换达成的"明示"或"默示"的普遍同意：最高权力或国家起源于"明示"或"默示"的社会契约。这就是社会契约论的核心思想。对于这一思想，霍布斯曾有极为深刻的阐述：

"如果要建立这样一种能抵御外来侵略和制止相互侵害的共同权力，以便保障大家能通过自己的辛劳和土地的丰产为生并生活得很满意，那就只有一条路：把大家所有的权力和力量付托给某一个人或一个能通过多数的意见把大家的意志化为一个意志的多数人组成的集体。这就等于是说，指定一个人或一个由多数人组成的集体来代表他们的人格，每一个人都承认授权于如此承当本身人格的人在有关公共和平或安全方面所采取的任何行为，或命令他人作出的行为，在这种行为中，大家都把自己的意志服从于他的意志，把自己的判断服从于他的判断。这就不仅是同意或协调，而是全体真正统一于唯一人格之中：这一人格是大家人人相互订立信约而形成的，其方式就好像是人人都向每一个其他的人说：我承认这个人或这个集体，并放弃我管理自己的权利，把它授与这人或这个集体，但条件是你也把自己的权利拿出来授与他，并以同样的方式承认他的一切行为。这一点办到之后，像这样统一在一个人格之中的一群人就称为国家。”①

洛克也这样写道：“人类天生都是自由、平等和独立的，没有本人的同意，不应该将任何人置于这种状态之外，使其受制于他人的政治权力。任何人放弃这种自由而同意与其他人联合组成为一个共同体，是为了谋求舒适、安全和和平的生活，安稳地享受他们的财产，拥有更大的保障来防止共同体以外任何人的侵犯。不论多少人都可以这样做，因为这样做并不损害其余人的自由；他们现在是自由的，就像以前在自然状态那样自由。当任一数量的人这样地同意建立一个共同体或政府时，他们因此就立刻结合起来组成一个政治共同体，那里的大多数人享有替其余的人作出行动和决定的权利。”②

可见，洛克与霍布斯都十分明确地强调：缔结社会契约乃是建立共同权力或国家的唯一的道路和方法。这意味着：国家或最高权力只能——亦即必然——产生、形成和起源于社会契约。但是，进言之，最高权力或国家究竟产生、形成和起源于何种社会契约——是使最高权力由一人执掌从而缔结君主制的契约，还是由所有人执掌最高权力从而缔结民主制的契约——在霍布斯、洛克和卢梭等社会契约论者看来，则完全是偶然的、可以自由选择的。因此，如所周知，霍布斯主张君主制，因而以为缔结君主制的契约是最佳的：“君主制是这些国家类型——民主制、贵族制和君主制——中最佳的。”③ 相反地，洛克和卢梭则主张民主制，因而以为唯有缔结民主制的契约才是合法的和应该的：“不论是谁，一旦脱离自然状态而联合成为一个社会共同体，必须把结成社会所必需的一切权力都交给这个共同体的大多数，除非他

① 霍布斯：《利维坦》，商务印书馆 1986 年版，第 131 页。参见 Thomas Hobbes, *Leviathan*, New York: Simon & Schuster, Inc., 1997, p.132。

② John Locke, *Two Treatises on Civil Government*, London: George Routledge and Sons, Ltd., 1884, pp.240-241.

③ 霍布斯：《论公民》，贵州人民出版社 2003 年版，第 104 页。

们明确同意交给多于这个大多数的任何人数。只要一致同意联合成为一个政治社会，就要做到这一点；而这种同意，乃是加入或建立一个国家的个人之间现存或需要存在的真正的契约。因此，起初和实际组成任何政治社会，不过是遵循多数裁定而进行结合并组成这种社会的自由人的同意。这样，而且只有这样，才曾或才能创立世界上任何具有合法性的政府。”①

## 4. 社会契约论：真理与迷误

综观社会契约论可知，社会契约论的研究对象可以归结为两个问题：为什么和怎么样建立最高权力或国家？自然状态理论回答的是“为什么建立最高权力或国家”的问题：人们之所以建立最高权力或国家，就是为了避免自然状态的种种缺陷与不便，从而能够过上令人满意的生活。这意味着：国家或最高权力起源于每个人生存发展的社会需要。所以，自然状态理论实乃柏拉图和亚里士多德的国家起源自然说或进化说之复兴：国家起源于人类需要，是为了满足人类需要而必然且自然产生和进化的结果。因此，自然状态理论揭示了国家的内在的、间接的和终级的起源，说明了国家乃人类固有需要，说明了国家产生的必然性。

社会契约论的社会契约或普遍同意理论，回答的则是“怎样建立最高权力或国家”的问题。它从权力的合法性出发，发现最高权力或国家只能产生、形成和起源于社会成员的普遍同意或社会契约；但究竟起源于何种社会契约则是偶然的、可以自由选择的：洛克和卢梭认为唯有起源于民主制的社会契约才是合法的和应该的；霍布斯则以为唯有起源于君主制的社会契约才是最佳的。这样一来，社会契约或普

---

① John Locke, *Two Treatises on Civil Government*, London: George Routledge and Sons, Ltd., 1884, p. 242.

遍同意理论便揭示了国家的直接的外在的实然的和应然的起源，说明了国家产生的实然性和应然性，说明了国家实际上是怎样产生的及应该是怎样产生的。

显然，社会契约论乃是一种十分全面且深刻的国家起源论：它既揭示了国家的内在的、间接的和终极的起源，又揭示了国家的直接的外在的实然的和应然的起源。特别是，它从权力的合法性出发，因而发现最高权力或国家只能产生、形成和起源于社会成员的普遍同意或社会契约。试问，人类政治思想领域还有比这一发现更伟大的真理吗？但是，国家起源乃公认极其复杂艰深的难题，因而解析这一难题的社会契约论难免存在种种缺憾、局限和错误。这些缺憾、局限和错误，如所周知，主要存在于它的自然状态理论：自然状态究竟是真实的历史还是纯粹的理论假设？

经典社会契约论以为自然状态是一种真实的历史。不但洛克和卢梭如此，霍布斯也是如此——虽然有研究者认为他将自然状态只是当作一种理论假设。因为霍布斯曾反驳否认自然状态历史真实性的观点，并且认为自然状态在他那个时代还实际存在着。[①] 经典社会契约论的这种观点可以称之为“自然状态真实论”。这种理论，现在看来，显然是不能成立的。因为人是社会动物，社会性是每个人生而固有的普遍本性；不可能存在没有社会而生活于纯粹自然状态的人类。自然状态真实论无疑是一种谬误；然而由此绝不能断言经典社会契约论的自然状态理论完全错误。

因为霍布斯、洛克和卢梭等经典社会契约论者虽然都肯定自然状态是一种人类的真实状态；但是，自然状态在他们那里却首先是一种理论假设，亦即用以说明最高权力或国家起源的理论假设，说到底，亦即用以说明最高权力或国家产生和存在的必然性及其应然性的理论

---

① Thomas Hobbes, *Leviathan*, New York: Simon & Schuster, Inc., 1997, pp. 101-102.

假设。对此，卢梭在论及自然状态时说得很清楚："不应该把我们在这个主题所能着手进行的一些研究认为是历史真相，而只应认为是一些假定的和有条件的推理。这些推理与其说是适于说明事物的真实来源，不如说是适于阐明事物的性质，正好像我们的物理学家，每天对宇宙形成所作的那些推理一样。"①

自然状态在诺齐克和罗尔斯等当代社会契约论者那里，已非人类的真实历史，而仅仅是一种理论假设。诺齐克在《无政府、国家与乌托邦》的第一篇"自然状态，或如何自然而然地追溯出一个国家"一开篇就这样写道："假如国家不存在，有必要发明它吗？假如国家有必要，人们必须去发明它吗？政治哲学和一种解释政治现象的理论要面对这些问题，要通过探讨'自然状态'——在此用传统政治理论的术语——来回答这些问题。"那么，社会契约论者的自然状态的理论假设究竟是怎样说明最高权力或国家起源的必然性与应然性的呢？

原来，在社会契约论那里，如前所述，自然状态亦即不存在共同权力、最高权力或国家的人类生活状态。于是，便存在两种恰恰相反的人类生活状态：自然状态与存在最高权力或国家状态。这样一来，岂不正如诺齐克所言，只要能够证明国家状态甚至优越于人们所能够期望最好的自然状态，就证明了国家起源的必然性和应然性？所以，不论社会契约论者们所设想的自然状态如何不同，却至少都承认国家状态必然远远优越于自然状态；自然状态因不存在最高权力而必然存在种种不便和缺憾，这种不便和缺憾甚至如此严重，以致人类无法在其中生存。且不说霍布斯和洛克，就是极端美化自然状态的卢梭也这样写道："我设想，人类曾达到过这样一种境地，当时自然状态中不利于人类生存的种种障碍，在阻力上已超过了每个个人在那种状态中为了自存所能运用的力量。于是，那种原始状态便不能继续维持；并且

① 卢梭：《论人类不平等的起源和基础》，商务印书馆1962年版，第71页。

人类如果不改变其生产方式，就会消灭。”①

不难看出，自然状态作为揭示国家起源的理论假设是完全能够能成立的。因为揭示国家或最高权力起源的最有效的方法，岂不就是假设：如果没有最高权力或国家，人类将会怎样？如果真像卢梭所说的那样，不存在最高权力或国家人类就会消灭，岂不就最有效地证明了最高权力或国家产生的必然性和应然性？确实，卢梭与霍布斯所言甚真：如果没有最高权力或国家，人类势必处于一种纯粹的自然状态而终至灭亡。因为，如果没有最高权力或国家，即使存在各种社会，这些社会也必然因不存在统帅它们的最高权力而各行其是、互相冲突、混乱无序、分崩离析，最终势必统统解体灭亡；而一旦没有了社会，沦为纯粹自然状态的人类岂不也注定随之灭亡？因此，自然状态作为一种真实的历史固然错误，但作为一种理论假设，确实可以科学地说明最高权力或国家乃人类生存发展的固有需要，可以科学地说明国家产生与存在的必然性及应然性，因而堪称国家起源之真理。这恐怕就是当代社会契约论者高明于经典社会契约论者之处：否认自然状态的历史真实性而仅仅将其当作一种理论假设。

---

① 卢梭：《论人类不平等的起源和基础》，商务印书馆 1962 年版，第 69 页。

# 第三章
# 国家目的：国家制度与国家治理终极价值标准

**内容提要** 国家制度与国家治理好坏的价值终极标准是由若干标准——亦即一个总标准和两个分标准——构成的价值标准体系。总标准是在任何情况下都应该遵循的价值终极标准："增减每个人利益总量。"分标准1，是在人们利益不发生冲突而可以两全情况下的价值终极标准，亦即所谓帕累托标准："无害一人地增加利益总量。"分标准2，是在人们利益发生冲突而不能两全情况下的价值终极标准："最大利益净余额"和"最大多数人的最大利益"标准。

## 一、国家目的

### 1. 国家目的：直接目的与终极目的

国家起源无疑蕴涵国家目的。国家起源的研究表明，一方面，国家起源于每个人对于社会最大化的需要（每个人需要的满足程度与社会的大小规模成正比）和使各种社会成为一个统一整体的需要（最高权力或国家是各种社会成为一个统一体的最根本的必要条件）；为了保障各种社会成为一个统一整体从而能够存在发展，最终充分地满足每个人生存和发展需要。于是，每个人不仅需要和追求社会，而且需要和追求社会的统一和最大化，需要和追求统一的和最大的社会，亦即需要和追求国家：国家既是拥有最高权力因而能够保障各种社会成为一个统一整体的至高无上之社会，又是每个人的需要可以获得最完备最充分最优良满足的最大的社会。这显然意味着：国家直接目的是保障各种社会成为统一体从而能够存在发展；国家最终目的则是为了最充分地满足每个人生存和发展需要。因此，高纳在总结国家目的时这样写道："归言之，国家是有三个目的：一，其任务是增进个人的幸福；二，应求个人在团体生活中的集合利益；三，应致力发展世界的文化和进步。"①

另一方面，国家起源的研究表明，国家是拥有最高权力的社会，因而哪里有最高权力，哪里就有国家；最高权力的起源和原因就是国家的起源和原因。任何权力无疑必然都产生、形成和起源于社会成员的普遍同意：失去社会成员普遍同意的权力便不再是权力，而仅仅是强制力量；强制力量一旦获得社会成员的普遍同意，就变成了权力，而不仅仅是强制力量。最高权力属于权力范畴，因而必定产生、形成和起源于社会成员的普遍同意。任何两个以上的人就某种利益交换关系所达成的同意无疑都是契约。于是，最高权力或国家便必然直接产生、形成和起源于契约：一种全体社会成员就最高权力所关涉的权利与义务等利益之交换所缔结的契约。国家直接且必然起源于契约，系由全体社会成员的同意缔结而成，显然意味着：国家的最终目的就是为每个契约的缔结者——亦即每个国民——谋利益。因为任何契约皆为两个以上的人就某种利益交换关系所达成的同意，因而其最终目的都是为了达成每个契约缔结者的利益。

可见，不论从国家的直接起源来看，还是从国家的终级起源来看，国家的最终目的皆如亚里士多德所言，是为每个国民谋利益、最充分地满足每个人生存和发展需要，使每个人实现"最优良的生活"或"自足而且至善的生活"：

"城邦是若干生活良好的家庭或部族为了追求自足而且至善的生活，才行结合而成的。"②"城邦的目的是人类所可能达到的最优良生

① 高纳：《政治学大纲》，世界书局1935年版，第62页。

② 亚里士多德：《政治学》，商务印书馆1965年版，第140页。

活。”[1]“城邦的长成出于人类生活的发展，而其实际的存在却是为了‘优良的生活’。”[2]“城邦不仅为生活而存在，实在应该为优良的生活而存在。”[3]

由此可以理解，为什么季尔克立斯在考察各种国家目的学说之后得出结论说：“至今尚无一说，其完善程度超出亚里士多德之箴言者。”[4]然而，这显然只是一切国家的应然的、应有的、应该的、理想的目的；而未必是一切国家的实然的、实有的、实际的、真实的目的：任何国家的目的都应该是——实际上却未必是——为每个国民谋利益。

因为国家目的也就是国家的行为的目的，亦即国家的内政、外交、军事等等行为的目的。试想，我们能说那些专制暴君和昏君统治的国家的内政、外交、军事等等行为的目的是为每个国民谋利益吗？显然不能。我们能说那个宣告“朕即国家”的路易十四统治下的法国的种种国家行为的目的是为每个国民谋利益吗？显然不能。恰恰相反，这些国家的种种国家行为的目的，岂不往往只是为了满足专制者一个人的需要吗？

那么，国家目的是否仅仅应该为每个国民谋利益，而实际上却不可能做到为每个国民谋利益？否。为每个国民谋利益，不仅是国家的应然的、应有的、应该的、理想的目的，而且也可能成为国家的实然的、实有的、实际的、真实的目的：它究竟能否成为某个国家的实然的、实有的、实际的目的，主要取决于该国的政体。

只有实行普选制民主的国家的实际目的才可能是为每个国民谋利益。因为，一方面，一个国家的种种国家行为及其目的，显然是由

① 亚里士多德：《政治学》，商务印书馆1965年版，第364页。
② 亚里士多德：《政治学》，商务印书馆1965年版，第7页。
③ 亚里士多德：《政治学》，商务印书馆1965年版，第137页。
④ R. N. Gilchrist：《政治学原理》，黎明书局1932年版，第547页。

执掌该国最高权力的人决定的。试想，第二次世界大战期间，德国攻打苏联，是德国的国家行为。这种国家行为——行为目的与行为手段——究竟是谁决定的？是希特勒，因为他是当时德国最高权力的执掌者。美国和英国对德宣战是英美两国的国家行为。这种国家行为——行为目的与行为手段——究竟是谁决定的？是英美两国的议会、内阁、国会和总统，因为议会、内阁、国会和总统是当时英美最高权力的执掌者。

另一方面，只有普选制民主，才是全体国民共同执掌国家最高权力的政体，才是每个人完全平等地共同执掌国家最高权力的政体。于是，合而言之，只有普选制民主的国家之目的，才是由每个国民完全平等地共同决定的。不言而喻，只有在国家目的由每个国民完全平等地共同决定的条件下，国家目的才可能真正完全平等地为每个国民谋利益。这样一来，岂不只有普选制民主的国家之目的，才可能是为每个国民谋利益？岂不只有民主国家的国家目的，才可能完全平等地为每个国民谋利益？

相反地，其他政体——君主专制和君主立宪以及寡头共和——都不是全体国民共同执掌国家最高权力的政体；而是一个人（君主）或极少数人（寡头）执掌国家最高权力的政体。一个人或极少数人执掌国家最高权力，怎么可能保障国家的目的是为每个人谋利益？岂不更可能使国家目的只是为自己或极少数人谋利益吗？质言之，这些非民主国家的国家目的不但不可能是为每个人谋利益，不但只是为君主或寡头谋利益，而且还必定是通过剥夺绝大多数人的权益来达到为君主或寡头谋利益的国家目的。

就拿君主国来说。不论君主的品德多么好，不论他的心肠多么仁慈，不论他的功劳多么大，他毕竟为了自己一个人执掌国家最高权力而极端违背政治平等原则，从而剥夺了所有人应该享有的各种平等权利，使所有人都生活于一个极端不平等、不公正的等级社会！他毕竟为了自己一个人执掌国家最高权力而独享政治自由，极端违背政治自由原则，从而剥夺所有人应该享有的各种自由权利，使所有人生活于一个遭受全面的奴役、异化和不自由的国家，丧失个性而不可能实现自己的创造性潜能！他毕竟为了自己一个人执掌国家最高权力，极端违背人权原则、人道原则和公正原则，从而剥夺所有人应该享有的人权、人道和公正的权益，使所有人都生活于一个无人权、不公正和不人道的国家！寡头共和国虽然与君主国根本不同，但也好不了多少：它不过是为了极少数人（而不是一个人）执掌国家最高权力而剥夺绝大多数人（而不是所有人）的权益罢了。

因此，非民主国家的国家目的之本质，就是为君主或寡头谋利益而剥夺绝大多数人的权益！于是，这种非民主国家的最高权力及其机构，根本说来，不过是维护君主或寡头剥夺绝大多数人权益的工具，不过是镇压绝大多数人反抗的手段，不过是迫使绝大多数人同意和服从的机器：维护君主或寡头利益而剥夺绝大多数人权益乃是非民主国家的政治权力机构之最根本的任务和职能。既然如此，我们还怎么能说这种国家的目的是为每个人谋利益呢？说这种非民主国家的目的是为每个人谋利益，岂非如同说圆的方、木的铁？

## 2. 马克思主义国家目的理论：逻辑建构

只有普选制民主的国家之目的，才可能是为每个国民谋利益。那么，是否一个国家只要实现了普选制民主，该国家的国家目的便是为每个国民谋利益？马克思主义的回答是否定的。按照马克思主义的观点，民主只是保障国家目的为每个国民谋利益的政体条件；保障国家目的为每个国民谋利益还需要经济形态条件：消除私有制、阶级和剥削。因为在私有制或阶级社会里，剥削阶级与被剥削阶级的利益在某些重大和根本的方面是对立的：国家如果维护剥削阶级的剥削利益，就不能保护被剥削阶级免于被剥削的利益——只能二者择一，非此即彼。那么国家究竟维护哪一个？在私有制社会，国家显然只能维护私有制从而只能维护剥削阶级对被剥削阶级的剥削。对于这种马克思主义的国家理论，拉斯基曾有很好的说明：

“国家由于它本身存在的法则，不能在阶级关系中间保持中立。它不得不有所偏袒，就因为它是一个国家。它的政府必须为那个在经济上掌握着社会生存攸关的生产组织的阶级服务，成为它的一个执行委员会。”①

这就是说，在私有制或阶级社会，国家实际上不可能以为全体国民谋利益为目的，国家目的实际上不可能为了每个国民谋利益。因为在私有制或阶级社会，国家最根本的和最重大的目的，就在于维护剥削阶级对被剥削阶级的剥削：维护私有制从而维护剥削阶级对被剥削阶级的剥削乃是阶级社会国家的政治权力机构之最根本的任务和职能。因此，马克思恩格斯一再说，在私有制或阶级社会，国家的政治权力机构乃是维护剥削阶级对被剥削阶级进行剥削的手段或工具，是镇压被剥削阶级反抗的机器，是一个阶级压迫和剥削另一个阶级的机器：

“现代的国家政权不过是管理整个资产阶级的共同事务的委员会罢了。”②“现代工业的进步促使资本和劳动之间的对立更为发展、扩大和深化。与此同步，国家政权在性质上也越来越变成了资本借以压迫劳动的全国政权，变成了为进行社会奴役而组织起来的社会力量，变成了阶级压制的机器。”③

既然国家的政治权力机构不过是剥削阶级压迫和剥削被剥削阶级的手段、工具或机器，那么，国家还怎么可能以为全体国民谋利益为目的？国家目的还怎么可能是为每个国民谋利益？国家的根本的和重

---

① 拉斯基：《国家的理论与实际》，商务印书馆1959年版，第86页。

② 《马克思恩格斯选集》第3卷，人民出版社1972年版，第253页。

③ 马克思：《法兰西内战》，《马克思恩格斯选集》第3卷，人民出版社1995年版，第53页。

大的目的是为了维护剥削阶级对被剥削阶级的剥削，是为每个剥削者谋利益：这必定是私有制或阶级国家的实然的、实有的、实际的目的；而国家目的是为每个国民谋利益，则是国家的应然的、应有的、应该的目的——它只可能在无阶级社会而不可能在阶级社会变为实然的、实有的、实际的目的。

### 3. 马克思主义国家目的理论：事实验证

马克思主义的国家目的理论，无疑很合乎逻辑，甚至可以说逻辑力量巨大；然而，却不符合事实。遗憾的是，马克思恩格斯都没有能够活到看见这些事实；否则，他们一定会修正其国家理论。这些事实，就是从 20 世纪初一直到现在，一百多年的欧洲社会主义政党——社会民主党——执政的资本主义国家制度，特别是福利国家制度。

1918 年，英国工党把生产资料公有制写入党章第四条，作为党的奋斗目标。战后，英国工党成为执政党，便一方面开始将第四条付诸实施，掀起了生产资料公有化的高潮；另一方面进行福利国家建设。但是，公有化没有取得预期效果。国有企业效率低下，大都严重亏损，最终不得不放弃废除私有制而代之以公有制的主张。福利国家则获成功。1948 年工党首相艾德礼宣布：英国已经建成福利国家。与英国一样，法国等西欧其他社会民主党执政政府，也都一方面经历了公有化企业效率低下，不得不放弃废除私有制而代之以公有制的主张；另一方面则纷纷成功建成福利国家。

社会民主党政府推行生产资料公有化的目的，显然不是为了资产阶级利益；恰恰相反，完全是为了无产阶级和劳动人民的利益。同样，他们创造福利国家的主要目的，也不是为资产阶级谋利益，而是为无产阶级和劳动人民谋利益，是使无产阶级和劳动人民利益最大化，使资本主义剥削和压迫最小化。因为福利国家制度的实质，就是通过累进税，对高收入者和富人课以重税，再由政府通过社会保障方式部分地将税收收入补贴给社会中下层收入者，说到底，也就是剥夺资产阶级和富人相当大的一部分收入，再分配给无产阶级和劳动人民。

据英国官方机构对1982年7428个家庭收入的调查，收入最低的20%家庭与收入最高的20%家庭的税前收入之比是1 ： 120；而税后收入缩小为1∶4。瑞典收入最高的10%的国民，与收入最低的60%的国民的贫富差距，税前收入高达144倍；税后收入的贫富绝对平均差距仅3倍。面对这些事实，还能否认资本主义国家目的可以是为无产阶级和劳动人民谋利益吗?

然而，资本主义国家和政府为无产阶级和劳动人民谋利益的明证，恐怕还是瑞典政府所实行的《雇员投资基金法案》。该法案规定，雇员投资基金通过两条途径筹集资金，一是利润分享税，每年对税后利润超过50万克朗的企业征收20%的利润分享税；二是养老税，所有雇主必须支付提高了的养老税金，1984年为各企业工资总额的0.2%，逐步增加到0.5%。雇员投资基金将用于购买瑞典企业的股份。这样一来，据计算，只要企业的利润率为10%—15%，转移到职工名下的雇员投资基金可在25到30年内，占有企业股份的50%。①

该法案被认为是对资本主义的正面进攻②，资本家则称之为“西方世界从来未目睹过的最大规模的没收举动”③。结果激起资产阶级的强烈反抗，1983年10月4日组织了一次7万5千人游行，抗议《雇员投资基金法案》。但是，瑞典议会还是于1983年12月12日通过了《雇员投资基金法案》，于1984年1月1日开始实行。

该法案的目的显然不是为资产阶级谋利益，而是为无产阶级和劳动人民谋利益。但是，瑞典并不是社会主义国家，而是典型的资本主

① 袁群：《瑞典社会民主党的历史、理论与实践》，云南人民出版社2009年版，第134页。

② 鲁塞弗尔达特等主编：《欧洲劳资关系 ——传统与转变》，世界知识出版社2000年版，第240页。

③ 戴维·加尔森：《神话与现实》，工人出版社1986年版，第76页。

义国家，94% 的生产资料还集中在 100 家大资本家手中。因此，资本主义国家和政府的目的可以是为无产阶级和劳动人民谋利益。不但社会主义政党——社会民主党——执政的资本主义国家如此，资产阶级政党执政的资本主义国家也是如此。因为资产阶级等非社会主义政党执政的欧洲各国，并没有废除社会民主党所创立的福利国家制度。只不过，与社会民主党不同，他们实行福利国家制度是不敢不实行，是惧怕无产阶级和劳动人民的选票，不得已而为之；如果他们胆敢废除经济民主和福利国家制度，就一定会被无产阶级和劳动人民的选票赶下台。

所以，不是别的，正是普选制的民主，使国家及其政府的目的，不可能不为——也不敢不为——每个人谋利益。因为普选制民主意味着每个人完全平等地执掌国家最高权力：一个顶一个，不能一个顶两个。这就是为什么，只有实行普选制民主的国家的实际目的，才可能是为每个国民谋利益的缘故。

确实，即使是社会主义政党执政的普选制的资本主义国家及其政府的目的，虽然必定是为无产阶级和劳动人民谋利益，但也并不仅仅为无产阶级和劳动人民谋利益；它也必定为资产阶级谋利益，是为所有阶级和所有公民谋利益：它保护资本主义私有制和发展资本主义，因而是为资产阶级谋利益；它使资本主义的剥削和压迫最小化，使无产阶级和劳动人民的利益最大化，因而是为无产阶级和劳动人民谋利益。

拉斯基和马克思国家目的理论的片面性就在于，只看到资本主义国家维护资本主义私有制及其剥削的方面，而没有看到资本主义国家——特别是社会主义政党执政国家——使资本主义的剥削和压迫最小化方面；只看到以往的非民主制国家统治阶级剥削和压迫被统治阶级的方面，而没有看到现代普选制民主国家为被剥削阶级和劳动人民谋利益的方面；因而误以为资本主义国家目的只是为了资产阶级利益，进而断言资本主义国家是资产阶级剥削和压迫无产阶级的机器：实在是以偏概全，抓住一点，不及其余。考茨基1927年问世的《唯物主义历史观》，则根据现代普选制民主国家不同于以往国家的特点，发现实行普选制的资本主义国家的目的发生了根本转变，从而可以为被剥削阶级和劳动人民服务：

“现代民主国家不同于以前各种形式的国家的地方是在于，国家机器这样被利用来为剥削阶级服务并不是现代国家的本质所决定的，并不是和现代国家的本质不可分割地联系在一起的。正相反，现代民主国家就其素质而论，并不像以前的国家那样，注定要成为少数人的器官，而毋宁注定要成为多数居民中的、即劳动阶级的器官……愈能这样，民主国家就愈不再仅仅是剥削阶级的工具，国家机器于是在某些情况下就开始转过来反对剥削阶级，也就是开始执行和它至今的活动恰恰相反的职能。它就开始从镇压被剥削者的工具转变为解放被剥削者的工具。”①

## 二、国家制度与国家治理好坏的终极价值标准

### 1. 国家制度：国家好坏的决定性因素

不言而喻，国家与个人一样，有一个好坏问题。那么，究竟什么样的国家是好国家？什么样的国家是坏国家？布莱斯说：“所有制度都不是十全十美的。”②诚哉斯言！不可能有十全十美的国家。有一利必有一弊，任何一种国家都必定既有一些优良的、好的、善的和正确的方面，又有一些恶劣的、坏的、恶的和错误的方面，而不可能全部优良或全部恶劣。

---

① 考茨基：《唯物主义历史观》第五分册，上海人民出版社1964年版，第301—302页。

② 詹姆斯·布莱斯：《现代民治政体》下册，吉林人民出版社2001年版，第1027页。

这样一来，一个国家的好坏，无疑取决于“最根本最主要最能够代表国家整体的那样一种国家的方面、部分或属性”之好坏。在亚里士多德看来，这样的国家属性就是决定各种国家同异、使一种国家之所以成为一种国家而区别于其他国家的属性，就是使一种国家保持其同一性的属性，说到底，就是国家制度：

“我们将依据什么来确定这一城邦为‘同一’城邦，或反之而为‘别一’城邦？专从自然条件，例如土地（国境）和人民，考察城邦的异同，这是很肤浅的方式……城邦本来是一种社会组织，若干公民集合在一个政治团体以内，就成为一个城邦，那么，倘使这里的政治制度发生了变化，已经转变为另一品种的制度，这个城邦也就不再是同一城邦……由此说来，决定城邦的同异的，主要地应当是政制的同异。种族的同异不足为准；无论这个城市还用原名或已另题新名，无论其人民仍然是旧族或已完全换了种姓，这些都没有关系。凡政制相承而没有变动的，我们就可以说这是同一城邦，凡政制业已更易，我们就说这是另一城邦……城邦的同一性应该求之于政制。”①

确实，国家制度就是使一种国家之所以成为一种国家而区别于其他国家的属性，就是国家最根本最能够代表国家整体的属性。诚然，全面言之，国家制度与国家治理——政治与德治——是最根本最主要最具代表性的国家属性。但是，国家制度与国家治理是根本一致的。因为国家制度或所谓建构因素是大体，是决定性的、根本性的和全局性的；国家治理或所谓人的因素是小体，是被决定的、非根本的和非全局性的。国家制度的优劣好坏决定国家治理优劣好坏；国家治理的优劣好坏表现国家制度的优劣好坏。

因此，如果一个国家的国家治理活动出了问题、错误、恶劣和罪恶，就表明国家制度存在缺陷，就可以归咎于国家制度存在缺陷、恶

① 亚里士多德：《政治学》，商务印书馆1996年版，第117—120页。

劣和罪恶。真正堪称好的、优良的国家制度，一定是这样的制度，在这种制度下，就是坏的和恶的国家统治者也只能做好事，而无法为非作歹。休谟的“无赖假设”讲的也是这个道理：

“许多政论家已经将下述主张定为一条格言：在设计任何政府体制和确定该体制中的若干制约、监控机构时，必须把每个成员都设想为无赖之徒，并设想他的一切作为都是为了谋取私利，别无其他目标。我们必须利用这种个人利害来控制他，并使他与公益合作，尽管他本来贪得无厌，野心很大。不这样的话，他们就会说，夸耀任何政府体制的优越性都会成为无益的空谈，而且最终会发现我们的自由或财产除了依靠统治者的善心，别无保障，也就是说根本没有什么保障。因此，必须把每个人都设想为无赖之徒确实是条正确的政治格言。”①

诚哉斯言！好的、优良的国家制度一定是使坏的、恶劣的统治者也无法作恶的国家制度；相反地，坏的、恶劣的国家制度一定是好的、贤达的统治者也无法不作恶的国家制度。试想，在一个专制的国家里，即使专制者能够像柏拉图所说的“哲学王”那样的贤达，他有可能不剥夺全体公民的政治自由和政治平等的权利吗？他有可能不剥夺全体公民原本神圣不可侵犯的人权吗？他有可能不使国民丧失人权和免于政治被奴役吗？显然不可能。否则，他就不是独掌国家最高权力，他就不是专制者了。因此，国家制度与国家治理乃是一枚硬币的两面：制度是内容和实质；治理是形式和现象。

### 2. 国家目的：国家制度与国家治理好坏价值标准

不可能有十全十美的国家制度。有一利必有一弊，任何一种国家制度与国家治理，不论是民主还是专制，都必定既有一些优良的、好的、善的和正确的方面，又有一些恶劣的、坏的、恶的和错误的方面，

① 刘军宁编：《民主二十讲》，中国青年出版社 2008 年版，第 40 页。

而不可能全部优良正确或全部恶劣错误。这就是为什么自柏拉图和亚里士多德以降，一直有思想家否定民主而赞成贤人政治或贵族政治的缘故。他们否定民主，因为民主有很多弊端和缺憾；他们赞成贵族政治，因为贵族政治有很多的优越和美好。这样来评估各种国家制度与国家治理好坏价值的方法，显然是不科学的：按照这种方法，我们既可以说任何制度与治理都是好的、优良的，因为任何制度与治理都有很多优越和美好；也可以说任何国家制度与国家治理都是坏的、恶劣的，因为任何制度与治理都有很多弊端和缺憾。那么，国家制度与国家治理好坏的科学的评价方法是怎样的？

一种国家制度与国家治理之好坏，整体说来，无疑取决于该种"国家制度与国家治理事实如何"是否符合"国家制度与国家治理应该如何"的价值标准：符合者，无论有多少缺点、错误和恶，都是具有正价值的、应该的、好的、善的国家制度与国家治理；违背者，无论有多少优点、正确和善，都是具有负价值的、不应该的、坏的和恶的国家制度与国家治理。这就是国家制度与国家治理好坏评估的科学方法。罗尔斯《正义论》一开篇就将这一见地概括为一段气势磅礴的宣言：

"正义是社会制度的首要善，正如真理是思想体系的首要善一样。一种理论，无论多么高尚和简洁，只要它不真实，就必须拒绝或修正；同样，某些法律和制度，无论怎样高效和得当，只要它们不正义，就必须改造或废除。"①

罗尔斯继承了柏拉图和亚里士多德将正义作为国家制度与国家治理好坏价值标准——"城邦以正义为原则"②——的传统。然而，问题是，为什么正义是国家制度与国家治理好坏价值标准？自由与平等是

---

① John Rawls, *A Theory of Justice* (Revised Edition), Cambridge, Massachusetts: The Belknap Press of Harvard University Press, 2000, p. 3.

② 亚里士多德：《政治学》，商务印书馆 1996 年版，第 9 页。

不是国家制度与国家治理好坏价值标准？国家制度与国家治理好坏价值标准究竟是什么？这就是关于国家制度与国家治理好坏价值的来源、依据难题，是根据什么断言一种事实上存在的国家制度与国家治理好坏的难题，说到底，“国家制度与国家治理之好坏、价值、应该如何”与“国家制度与国家治理之事实、事实如何”究竟是什么关系？“国家制度与国家治理之好坏、价值、应该如何”，究竟是怎样从“国家制度与国家治理之事实、事实如何”推导出来？

原来，国家制度与国家治理之“事实、事实如何”，跟国家制度与国家治理之“好坏、价值、应该如何”，都是一种客体的属性。只不过，“事实、事实如何”是客体不依赖“主体需要、欲望和目的”而具有的属性，是客体无论与“主体需要、欲望和目的”发不发生关系都具有的属性，是客体的事实属性。反之，“价值、好坏、应该如何”则是客体依赖主体需要而具有的属性，是客体的“事实、事实如何”与主体的需要、欲望、目的发生关系时所产生的属性，是客体的“事实、事实如何”对主体的需要、欲望、目的的效用，是客体的关系属性：客体事实属性是“价值”、“好坏”、“应该”产生的源泉和存在的实体；主体需要、欲望、目的则是“价值”、“好坏”、“应该”从客体事实属性中产生和存在的条件，是衡量客体事实属性的价值或好坏之标准。

因此，“价值、好坏、应该如何”产生于“事实、事实如何”，是从“事实、事实如何”推导出来的。不过，仅仅“事实、事实如何”自身绝不能产生“价值、好坏、应该如何”；因而仅仅从“事实、事实如何”绝不能推导出“价值、好坏、应该如何”。只有当“事实、事实如何”与“主体需要、欲望和目的”发生关系时，从“事实、事实如何”才能产生和推导出“价值、好坏、应该如何”，说到底，“价值、好坏、应该如何”，是通过主体的需要、欲望和目的，而从“事实、事实如何”产生和推导出来的：“正价值、好、应该”就是“事实”符合“主体需要、欲望和目的”之效用，全等于“事实”对“主体需要、欲望和目的”之符合；“负价值、坏、不应该”就是“事实”不符合“主体需要、欲望和目的”之效用，全等于“事实”对“主体需要、欲望和目的”之不符合。举例说：

人类是主体，燕子是客体。于是，“燕子吃虫子”与“燕子是好鸟”都是客体燕子的属性。只不过，“燕子吃虫子”是燕子独自具有的属性，是无论是否与人的需要、欲望、目的发生关系都具有的属性，是燕子的事实属性。反之，“燕子是好鸟”则不是燕子独自具有的属性，而是“燕子吃虫子”的事实属性与人的需要、欲望、目的发生关系时所产生的属性，是“燕子吃虫子”的事实属性对人的需要、欲望、目的之效用，是燕子的关系属性：“燕子吃虫子”的事实属性是“燕子是好鸟”产生的源泉和存在的实体；“人类有消除虫子的需要、欲望、目的”则是“燕子是好鸟”从“燕子吃虫子”的事实属性中产生和存在的条件，是衡量“燕子吃虫子”的事实属性好坏的价值标准。因此，“燕子是好鸟”，便是通过“人类消除虫子的需要、欲望、目的”，从“燕子吃虫子”事实中产生和推导出来的：“燕子是好鸟”就是“燕子吃虫子”事实符合“人类消除虫子的需要、欲望、目的”之效用。这个案例可以归结为一个公式：

前提1：燕子吃虫子（事实如何：价值实体）

前提2：人类有消除虫子的需要（主体需要、欲望和目的如何：价值标准）

---

结论：燕子是好鸟（价值）

可见，所谓“价值、好坏、应该如何”，说到底，不过是客体的“事实、事实如何”对主体的需要、欲望、目的相符与否的效用。因此，“价值、好坏、应该如何”，是通过主体的需要、欲望和目的，而从“事实、事实如何”产生和推导出来的：“正价值、好、应该”就是“事实”符合“主体需要、欲望和目的”之效用，全等于“事实”对“主体需要、欲望和目的”之符合；“负价值、坏、不应该”就是“事实”不符合“主体需要、欲望和目的”之效用，全等于“事实”对“主体需要、欲望和目的”之不符合。

这就是“价值、好坏、应该如何”的产生和推导的过程，这就是“价值、好坏、应该如何”的推导方法，这就是“价值、好坏、应该如何”的发现和证明方法，可以归结为一个公式：

前提1：事实如何（价值实体）

前提2：主体需要、欲望和目的如何（价值标准）

---

结论：应该如何（价值）

然而，细究起来，价值标准有潜在与实在之分。因为主体的一切目的，如所周知，都产生于主体的需要和欲望：凡是主体的行为目的都是为了满足主体的需要和欲望；反之，凡是为了满足的主体的需要与欲望也都是主体的行为目的。因此，“目的”与“为了满足的需要与欲望”是同一概念。这意味着，主体的一切需要和欲望并不都引发行为、产生目的。已引发行为、产生目的的需要和欲望，便是为了满足的需要和欲望，便是目的，可以名之为实在需要和欲望，也不妨称之为“有效需求”；未引发行为、产生目的的需要和欲望，便不是为了满足的需要和欲望，不是目的，可以称之为潜在的需要和欲望，亦不妨称之为“无效需求”。举例说：

一个专心攻读考取博士而不交女友的青年，其交结女友的需要和欲望便未引发行为、产生目的，因而不是为了满足的需要和欲望，不是目的，所以是潜在的需要和欲望，不妨称之为“无效需求”；而当他终于考上博士而交结女友时，则其交结女友的需要和欲望便已引发行为、产生目的，是为了满足的需要和欲望，是目的，所以是实在需要和欲望，不妨称之为“有效需求”。

目的是实在需要和欲望，因而也就是衡量客体事实属性的价值、好坏、应该与否的实在标准；非目的需要和欲望是潜在需要和欲望，因而也就是衡量客体事实属性的价值、好坏、应该与否的潜在标准。因此，恰如荀子所言：“青，取之于蓝，而青于蓝；冰，水为之，而寒于水。”[①] 目的源于需要和欲望，却远远重要于需要和欲望，乃是衡量一切事物价值、好坏、应该如何的唯一的实在标准。所以，密尔说：“所有行为都源于某种目的的追求，因而行为的规范应该从它们所从属的目的得到它们一切的性质和色彩。”[②] 沃尔诺克（G. J. Warnock）说得就更清楚了：“理解某种评价，实质上就是领会它的目的是什么，做它是为了什么。确实，当且仅当一个人理解了评价的目的，他才能够在任何情况下估定所使用的标准和准则的恰当乃至中肯的程度。”[③]

综上可知，国家制度与国家治理之应该如何的好坏价值，是国家制度与国家治理事实如何与国家目的发生关系时所产生的属性，是国家制度与国家治理事实如何对国家目的之效用：“国家制度与国家治理事实如何”是“国家制度与国家治理应该如何”产生的源泉和存在的实体；“国家目的”则是“国家制度与国家治理应该如何”从“国家制度与国家治理事实如何”中产生的条件和标准。因此，国家制度与国家治理之应该如何的好坏价值，是通过国家目的（价值标准）从国家制度与国家治理事实如何（价值实体）中产生和推导出来的：“好国家

① 《荀子·劝学》。

② J. S. Mill, *Utilitarianism, On Liberty and Representative Government*, London: J. M. Dent & Sons, Ltd., 1929, p. 2.

③ G. J. Warnock, *The Object of Morality*, London: Methuen & Co., Ltd., 1971, p. 15.

制度”等于“国家制度与国家目的之相符”；“坏国家制度”等于“国家制度与国家目的之不符”。

这就是国家制度与国家治理好坏的产生和推导过程，这就是国家制度与国家治理好坏的发现和证明方法，可以归结为一个公式而名之为“国家制度与国家治理好坏价值推导公式”：

前提 1：国家制度与国家治理事实如何（价值实体）

前提 2：国家目的如何（价值标准）

---

结论：国家制度与国家治理应该如何（价值）

试举一例以释之：

前提 1：普选制民主是每个人完全平等执掌国家最高权力（国家制度事实如何）

前提 2：国家目的是增进每个人利益（价值标准）

---

结论：普选制民主符合国家目的，因而是好制度（国家制度应该如何）

可见，国家制度和国家治理之好坏优劣，完全取决于是否符合国家目的：符合者就是好的优良的国家制度，就是好的优良的国家治理；违背者就是坏的恶劣的国家制度，就是坏的恶劣的国家治理。因此，国家目的是国家制度和国家治理好坏优劣的价值标准。这个道理，先哲多有论述。布莱斯说：

“任何一种制度的好坏功过，也只有与为了类似目的而设的他组制度比较以后，才能鉴别和判定。所有制度都不是十全十美的，事实上的问题，在于问：在许多用以达到同一目标的制度中，哪一种制度表示最少的缺点，最能够获得每一种政治制度的一般目的——即生活在这种制度下的人的幸福。”①

高纳也这样写道：“一个特殊的政府的优点和弱点的试验，一部分在于它的能力，这就是说，所以要有政府的最重要的目的它到底达到了多少。一部分在于它所行使职权的民众身上，它到底造成了多少教育上的、社会上的和民众上的功效。根据政府所以组织的目的和依照人民的意志而达到这目的的性质判断起来，那么民主政府被认为比其余的政府优良。”②

### 3. 国家最终目的：国家制度与国家治理好坏终极价值总标准

国家目的是国家制度和国家治理好坏的价值标准，显然意味着：国家最终目的是国家制度和国家治理好坏的终极价值标准。国家最终目的，如上所述，是增减每个人利益。因此，“增减每个人利益”便是国家制度和国家治理好坏的终极价值标准：增进每个人利益的就是好的优良的国家制度和国家治理；减少每个人利益的就是坏的恶劣的国家制度和国家治理。

“增减每个人利益”是国家制度和国家治理好坏的终极价值标准，说到底，是道德和法以及政治和德治好坏优劣的终极价值标准。因为国家治理无非两类，亦即政治和德治：政治是国家对于具有重大社会效用的行为应该且必须如何的权力治理；德治是国家对于具有社会效用的行为应该而非必须如何的非权力治理。

政治和德治之分，原本基于所治理的对象性质之不同。政治的对

① 詹姆斯·布莱斯：《现代民治政体》下册，吉林人民出版社 2001 年版，第 1027 页。
② 高纳：《政治学大纲》，世界书局 1935 年版，第 332 页。

象仅仅是那些具有重大社会效用的行为，如民族争端、阶级斗争、杀人放火、贪污盗窃等等。政治所治理的是具有重大社会效用的行为，决定了政治不能不具有“应该且必须服从”的力量，决定了权力是政治的本性：政治是权力治理，它要求被治理的行为应该且必须如何。

反之，德治的对象是人们的一切具有社会效用的行为，因而既包括具有重大社会效用的行为，又包括不具有重大社会效用的行为，如扶老携幼还是欺幼凌老、有礼貌还是没礼貌等等。这就决定了德治仅仅具有“应该而非必须服从”的力量，决定了教育是德治的本性：德治是非权力治理，它要求被治理的行为应该而非必须如何。

然而，孟子曰：“不以规矩，不能成方圆。”[①]唯有借助规范，才能实现治理，才能实现政治和德治。法（包括法律、政策和纪律）就是政治规范，就是权力规范，说到底，就是国家制定或认可的具有重大社会效用的行为应该且必须如何的权力规范。道德就是德治规范，就是非权力规范，就是国家制定或认可的具有社会效用的行为应该而非必须如何的非权力规范。

国家制度虽然分为政治制度和经济制度以及集会结社等社会制度和言论出版等文化制度；但是，这四种国家制度，说到底，可以归结为法和道德。因为所谓制度，正如罗尔斯、诺斯和康芒斯所言，不过是社会制定或认可的行为规范体系，亦即法和道德体系：

“我将制度理解为一种公开的规范体系。”[②]“制度是为约束在谋求财富或本人效用最大化中个人行为而制定的一组规章、依循程序和伦理道德行为准则。”[③]“制度似乎可以比作一座建筑物，一种法律和规章

---

① 《孟子·离娄章句上》。

② John Rawls, *A Theory of Justice* (Revised Edition), Cambridge, Massachusetts: The Belknap Press of Harvard University Press, 2000, p. 47.

③ 道格拉斯·C. 诺斯：《经济史中的结构和变迁》，商务印书馆 1992 年版，第 195 页。

的结构，正象房屋里的居住人那样，个人在这结构里面活动。”①

可见，国家制度分为法和道德；国家治理分为政治和德治。因此，国家目的——增减每个人利益——是国家制度和国家治理好坏的终极价值标准，岂不意味着：“增减每个人利益”是道德和法以及政治和德治好坏优劣的终极价值标准？究竟言之，国家目的与政治目的、法律目的、道德目的和德治目的，只是就其直接的具体的特殊的目的来说，才有所不同；而就其普遍的最终的终极的目的来说，却完全一样，都是为了增进每个人的利益。因为，如前所述：

一方面，权力是具有合法性的强制力量，亦即管理者所拥有而为社会成员普遍承认、认可、同意的强制力量。因此，任何权力必然都产生、形成和起源于契约：国家因其是拥有最高权力的社会而起源于契约。准此观之，政治和法便因其是权力治理和权力规范而起源于契约，是国人——自由地或被强制地——就一切“具有重大社会效用”的行为“应该且必须如何”所达成的同意、契约。

另一方面，一切权力都起源于契约，并不意味着唯有权力起源于契约：契约乃是人们就一切利益交换关系所达成的同意。因此，契约外延极为广泛，如商品买卖、生日宴会、互助协议、结义而为兄弟的约定、爱情的海誓山盟、结婚的约法三章等等。道德和德治虽然是非权力治理和非权力规范，却无疑攸关每个人与社会和他人的利益交换，是国人——自由地或被强制地——就一切“具有社会效用”的行为“应该而非必须如何”所达成的同意、契约。因此，休谟说：“正义起源于人类契约。”②

合而言之，国家与法律、道德、政治和德治一样，必然产生、形成和起源于契约。这样一来，国家、政治、法律、道德和德治的最终

① 康芒斯：《制度经济学》上册，商务印书馆 1997 年版，第 86 页。

② David Hume, *A Treatise of Human Nature*, Oxford: The Clarendon Press, 1949, p. 494.

目的，显然便同样都是为每个契约的缔结者——亦即每个国人——谋利益。因为任何契约皆为两个以上的人就某种利益交换关系所达成的同意，因而其最终目的都是为了达成每个契约缔结者的利益。这就是为什么国家最终目的——增进每个人利益——既是国家最终目的，也是道德最终目的，也是法最终目的，也是政治最终目的，也是德治最终目的：五者实为同一概念。

因此，国家最终目的——增进每个人利益——既是衡量国家好坏的终极价值标准，是衡量国家制度和国家治理好坏的终极价值标准，也是衡量法律好坏的终极价值标准，也是衡量政治好坏的终极价值标准，也是衡量道德好坏的终极价值标准，也是衡量德治好坏的终极价值标准：国家制度价值终极标准、国家治理价值终极标准、法律价值终极标准、道德价值终极标准、政治价值终极标准与德治价值终极标准五者是同一概念。

更正确些说，这一终极价值标准应该量化为：增减每个人利益总量。因为任何标准之为标准，如所周知，都必须是一种可以量化的东西。所以，精确言之，“增减每个人利益总量”是国家制度好坏的价值终极标准，是国家治理好坏价值的终极标准，说到底，是道德好坏的价值终极标准，是法律好坏的价值终极标准，是政治好坏的价值终极标准，是德治好坏的价值终极标准。

细究起来，“增减每个人利益总量”也就是“增减全社会和每个人利益总量”。因为每个人利益与个人利益不同。个人利益属于自我范畴，因而与社会利益既可能一致也可能不一致：有利社会却可能有害自我；有利自我却可能有害社会。反之，每个人利益则属于社会范畴，因而与社会利益必定完全一致：凡是有利（或有害）社会的，显然必定有利（或有害）每个自我；凡是有利（或有害）每个自我的，必定有利（或有害）社会。这样，“增减全社会利益总量”与“增减每个人利益总量”是完全吻合一致的：“增减全社会利益总量”就是“增减每个人利益总量”；反之亦然。因此，国家制度和国家治理——以及法、道德、政治和德治——好坏优劣的价值终极标准也可以归结为：“增减全社会和每个人利益总量。”

增减每个人利益总量是衡量一切国家制度和国家治理——以及法、道德、政治和德治——好坏优劣的价值终极标准，意味着：增进每个人利益和减少每个人损害总量者，就是好的国家制度和国家治理，就是优良的法、道德、政治和德治；减少每个人利益和增进每个人损害总量者，就是坏的国家制度和国家治理，就是恶劣的法、道德、政治和德治。因为所谓利益，正如边沁和密尔所言，具有双重含义，一方面是积极的，指增进利益或快乐；他方面是消极的，指避免损害或痛苦：

“功利是指任何客体的这么一种属性：它倾向于给利益相关者带来利益、便利、快乐、好处或幸福（所有这些在此是同一概念），或者阻止利益相关者遭受损害、痛苦、灾祸或不幸（这些也同一概念）。”①

这就是说，评价国家制度和国家治理——以及法、道德、政治和德治——好坏优劣，绝不能看它们本身如何，不论它们叫什么名字而如何被魔鬼化，也不论它们叫什么名字而如何被神圣化；而只能看它们对每个人利益的效用如何：哪种国家制度和国家治理以及法、道德、政治和德治，对国民的欲望和自由侵犯最少、促进经济和文化发展速度最快、保障人际交往的自由和安全的系数最大、最终增进每个人利益最多、给予每个人的利与害的比值最大，哪种国家制度和国家治理——以及法、道德、政治和德治——便最好最优良；反之，则最坏最恶劣。试以道德为例：

儒家、墨家、康德和基督教倡导利他主义道德，把“无私利他”

---

① Jeremy Bentham, *An Introduction to the Principles of Morals and Legislation*, Oxford: The Clarendon Press, 1823, p. 2.

奉为评价人的行为是否道德的唯一标准。无疑，再没有比这种道德更理想更漂亮的了。但它却是最为恶劣的道德。因为，一方面，利他主义是对每个人的行为的道德要求最高的道德：它认为只要目的利己便是不道德的，而把道德的最高境界“无私利他”当作唯一道德的行为。所以，利他主义便是对每个人的欲望和自由侵犯最为严重的道德：它侵犯、否定每个人的一切目的利己的欲望和自由。另一方面，利他主义否定目的利己、反对一切个人利益的追求，也就堵塞了每个人增进社会和他人利益的最有力的源泉。所以，利他主义是增进全社会和每个人利益最为缓慢的道德。合而言之，利他主义是给予每个人的害与利的比值最大的道德，因而也就是最为恶劣的道德。

反之，饱受批判和辱骂的利己主义——其代表人物主要是老子、庄子、韩非、爱尔维修、霍尔巴赫、尼采和萨特——却比利他主义优良，因为利己主义把利己不损人奉为评价行为是否道德的唯一准则。这样，一方面，利己主义对每个人的欲望和自由侵犯很少：仅仅侵犯、否定每个人的损人利己的欲望和自由。另一方面，利己主义肯定为己利他和自我实现，鼓励一切有利社会和他人的个人利益的追求，也就开放了增进全社会和每个人利益的最有力的源泉。所以，利己主义是增进全社会和每个人利益较为迅速的道德。合而言之，利己主义是给予每个人的利与害的比值较大的道德，因而也就是比较优良——亦即比利他主义优良——的道德。

综上所述，“增减每个人利益总量”是国家制度和国家治理——以及法、道德、政治和德治——好坏优劣的价值终极标准。我们不妨沿袭传统而称之为“功利原则”或“功利主义原则”。因为正如功利主义大师边沁所指出：“功利原则乃是这样一种原则：赞成或不赞成任何一种行为的根据，是该行为增进还是减少利益相关者之幸福。”①

---

① Jeremy Bentham, *An Introduction to the Principles of Morals and Legislation*, Oxford: The Clarendon Press, 1823, p. 2.

这样一来，按照功利原则，“增减每个人利益总量”便是衡量国家制度和国家治理——以及法、道德、政治和德治——好坏的价值终极标准，更确切些说，是衡量国家制度和国家治理——以及法、道德、政治和德治——好坏的价值终极总标准。因为这一标准在不同情况下有不同表现，从而衍生出三个价值终极分标准：“最大利益净余额标准”、“最大多数人最大利益标准”和“无害一人地增进利益总量标准”。

## 三、国家制度与国家治理好坏终极价值分标准

### 1. 最大利益净余额：利益冲突条件下的国家制度与国家治理终极价值标准

“增减每个人利益总量”是国家制度和国家治理——以及法、道德、政治和德治——好坏的价值终极标准。然而，问题是，在人们利益发生冲突而不能两全的情况下，增进每个人利益是不可能的。在这种情况下，一方面，要增进一些人利益，必然减少另一些人利益，不可能增进每个人利益；另一方面，要使一些人避免受害，必然使另一些人受害，不可能使每个人都避免受害。

在这种情况下，只可能增减“利益净余额”。所谓利益净余额，一方面是增进的利益与减少的利益之余额；另一方面则是避免的损害与遭受的损害之余额。如果“增进的利益小于减少的利益”或“避免的损害小于遭受的损害”，净余额便是害而不是利，便是减少了利益净余额；如果“增进的利益大于减少的利益”或“避免的损害大于遭受的损害”，净余额便是利而不是害，便是增进了利益净余额。

在这种情况下，显然应该“选择最大利益而牺牲最小利益”和“选择最小损害而避免更大损害”，从而使净余额的利益达到最大限度。这就是所谓“最大利益净余额标准”：“最大利益净余额”是在人

们利益发生冲突而不能两全时的国家制度和国家治理——以及法、道德、政治和德治——价值终极标准。西季威克在概括该标准时便这样写道："最大幸福意味着：快乐超过痛苦之最大净余额。"① 彼彻姆亦如是说："（1）如果一个行为或实践在全社会能够导致最大利益和最小损害时，那么，这一行为或实践就是正当的；（2）义务和正当的概念从属于、决定于最大利益净余额。"②

这样一来，最大利益净余额标准便具有正与反——或积极与消极——两方面内容。正面或积极方面，是在"增进一些人利益必定减少另一些人利益情况下"的最大利益净余额标准，可以概括为"两利相权，取其重"：应该选择最大利益而牺牲最小利益。因为在这种情况下，选择最大利益而牺牲最小利益，结果是最大利益净余额。举例说：

原始社会物质财富匮乏，如果按劳分配从而多劳者多得而享有非基本经济权利（非人权经济权利），那么就会有人饿死而享受不到基本经济权利（经济人权）；如果平均分配从而人人平等享有基本经济权利（经济人权），那么，多劳者便不可能多得而享有非基本经济权利（非人权经济权利）。怎么办？原始社会选择的是平均分配：这种选择完全正确。因为所有人的经济人权，无疑远远大于某些多劳者的非人权经济权利：选择所有人的经济人权而牺牲某些多劳者的非人权经济权利，结果是最大利益净余额。

"最大利益净余额"的反面或消极的方面，是在"使一些人避免损害必定导致另一些人遭受损害情况下"的最大利益净余额标准，可以概括为"两害相权，取其轻"：选择最小损害而避免更大损害。因为在这种情况下，选择最小损害而避免更大损害，结果是最大利益净余额。就拿今日西方伦理学界十分流行的关于"电车"的理想实验来说。一辆失控飞驰而来的电车，如果不驶向左面的铁道压死 1 个人，就必

① Henry Sidgwick, *The Methods of Ethics*, London: Macmillan and Co., Limited, 1922, p. 413.
② Tom L. Beauchamp, *Philosophical Ethics*, New York: McGraw-Hill Book Company, 1982, p. 73.

定或者驶向右面的铁道压死 5 个人，或者驶向中间铁道压死 3 个人。电车的司机应该驶向哪一条铁道？应该驶向左面的铁道压死 1 个人。因为这样做，是选择最小损害（压死 1 个人）而避免更大损害（压死 5 个人或 3 个人），结果是最大利益净余额。

合而言之，“最大利益净余额”便是选择最小损害而避免更大损害、选择最大利益而牺牲最小利益，便是最小地减少不得不减少的利益而最大地增进可能增进的利益，从而使净余额的利益达到最大限度。最大利益净余额不但是解决人们利益发生冲突而不能两全的国家制度和国家治理——以及法、道德、政治和德治——好坏的价值终极标准，而且是解决自我各种利益冲突而不能两全时如何善待自我的价值终极标准。试举一例：

我既想放纵情欲，尽情玩乐；又想健康长寿，长视久生：二者发生冲突，不可得兼。怎么办？我们都知道，应该选择健康长寿而牺牲放纵情欲。可是，理由何在？无非是因为，健康长寿的利益大于放纵情欲的利益：选择健康长寿而牺牲放纵情欲，净余额是利；选择放纵情欲而牺牲健康长寿，净余额是害；选择健康长寿而牺牲放纵情欲，符合最大利益净余额标准。

最大利益净余额乃是解决一切利益冲突的价值终极标准，因而也就不能不因利益冲突的类型不同而有不同表现。这些表现，主要讲来，可以归结为多数人与少数人的利益冲突。如果是一般的、正常的、常规的情况，多数人的利益的价值显然大于少数人利益的价值，因而当二者发生冲突时，最大利益净余额标准便表现为最大多数人最大利益标准：应该牺牲少数人利益而保全多数人利益。

但是，既有常规必有例外。在例外的、非常的情况下，少数人的利益可能大于多数人的利益，因而当二者发生冲突时，按照最大利益净余额标准，就应该牺牲多数人利益而保全少数人利益。这样一来，最大利益净余额标准就与最大多数人最大利益标准发生了冲突：究竟应该服从哪一个标准？粗略看来，无疑应该服从最大利益净余额标准而牺牲最大多数人最大利益标准，因为最大多数人最大利益标准是从最大利益净余额标准推导出来的分标准或子标准。但是，细究起来，却恰恰相反，应该服从最大多数人最大利益标准而牺牲最大利益净余额标准：最大多数人最大利益标准对于最大利益净余额具有绝对的优先性。原因何在？

### 2. 最大多数人最大利益标准：优先于最大利益净余额标准

当多数人与少数人的利益发生冲突之时，按照国家制度价值终极标准，一般说来，应该保全最大多数人最大利益而牺牲最少数人最小利益。因为在这种情况下，一般说来，保全最大多数人最大利益而牺牲最少数人最小利益，其净余额是最大的利益，符合最大利益净余额标准，因而是应该的、善的、好的和具有正价值的；反之，如果保全最少数人最小利益而牺牲最大多数人最大利益，其净余额是最大的损害，违背最大利益净余额标准，因而是不应该的、恶的、坏的和具有负价值的。这个道理，车尔尼雪夫斯基讲得十分清楚：

“经常有这样的情况，即各个民族同各个等级之间的利益相抵触，或者同全人类的利益相抵触；同样，也经常会有这样的情况，即个别等级的利益同全民族的利益相抵触。在上述一切情况下，便产生关于有利于一些人和有害于另一些人的利益的行为、制度或关系的性质的争论……在这种情况下，理论上的正义性究在哪一方，这并不难于解决。全人类的利益高于个别民族的利益，全民族的利益高于个别等级的利益，多数等级的利益高于少数等级的利益。在理论上，这一次序是毋庸置疑的。它只是把几何公理——‘整体大于部分’、‘大数大于小数’——运用到社会问题上来罢了。”①

① 《十八至十九世纪俄国哲学》，商务印书馆 1988 年版，第 348 页。

可见，在人们发生利益冲突的情况下，应该保全最大多数人最大利益而牺牲最少数人最小利益，从而使利益净余额达到最大限度：这就是所谓“最大多数人的最大利益”或“最大多数人最大幸福”标准。所以，“最大多数人的最大利益”或“最大多数人最大幸福”乃是从最大利益净余额标准推导出来的标准，是其在人们发生利益冲突情况下的体现，是解决利益冲突的最大利益净余额标准，是国家制度和国家治理——法与道德以及政治与德治——解决国人利益冲突的价值终极标准。

这个标准，如所周知，原本为边沁所确立。他曾将这一标准概括为一句话：“最大多数人最大幸福是正确与错误的衡量标准。”① 但是，他坦然承认：“我记得非常清楚，最初我是从贝卡利亚论犯罪与惩罚那篇小论文中得到这一原理的第一个提示的。”② 边沁指的是贝卡利亚这一段话：

“法律本来应由有德性的冷静的监督者来执行，他们懂得如何将大多数人的行为集中到一点上，使它们只有一个相关的行为目的，即‘最大多数人的最大量幸福’。”③

然而，真正讲来，这一标准的最早表述者，恐怕是赫起逊。他早就这样写道：“德行是善的量与享受的人数的乘积。同样，道德的恶或罪，则视不幸的程度以及受损者之数目而定。所以，凡产生最大多数之最大幸福的行为，便是最好的行为；反之，便是最坏的行为。”④

“最大多数人最大利益”或“最大多数人最大幸福”标准，也可以叫作“最少数人最小损害”或“最少数人最小不幸”标准。因为不言而喻，按照这一标准，不但应该最大地增进最大多数人的最大利益，

---

① 边沁：《政府片论》，商务印书馆 1995 年版，第 92 页。

② 边沁：《政府片论》，商务印书馆 1995 年版，第 38 页。

③ 周敏凯：《十九世纪英国功利主义思想比较研究》，华东师范大学出版社 1991 年版，第 55 页。

④ 周辅成编：《西方伦理学名著选辑》上卷，商务印书馆 1954 年版，第 807 页。

而且应该最小地减少最少数人的最小利益，从而使利益净余额达到最大限度。这个道理，也可以用那辆失控电车的理想实验来说明：

如果把它驶向左面铁道，将压死5个人；如果驶向右面铁道，将压死1个人；如果驶向中间铁道，将压死3个人。那么，应该将它驶向哪条铁道？显然应该驶向右面铁道，压死1个人而避免压死5个人或3个人。因为这样的选择导致的是最少数人最小不幸和最大多数人的最大利益，从而使利益净余额达到最大限度，符合最大利益净余额标准。

不难看出，这一标准不但直接推导于“最大利益净余额”标准，是解决人们利益冲突的“最大利益净余额”之终极分标准的体现；而且也直接推导于“增减每个人利益总量”终极总标准，是“增减每个人利益总量”之国家制度和国家治理好坏价值终极总标准的体现：“最大多数人最大利益”是解决利益冲突的近似的国家制度和国家治理价值终极总标准。

因为在人们利益发生冲突不能两全时，无疑只有保全最大多数人利益而牺牲最少数人利益，才最接近符合“保全每个人利益”：保全最大多数人利益，比保全最少数人利益，更接近保全每个人利益；牺牲最大多数人利益，比牺牲少数人利益，更接近牺牲每个人利益。因此，可以说，“最大多数人最大利益”或“最大多数人最大幸福”标准，直接推导于“增减每个人利益总量”国家制度和国家治理好坏的价值总标准，是解决人们之间利益冲突的近似的“增减每个人利益总量”标准。

最大多数人最大利益标准既然直接推导于“最大利益净余额”和“增减每个人利益总量”标准，是这两个标准在利益冲突情况下的具体体现，那么，它就蕴涵着两个标准发生冲突的内在可能性。这种可能表现在：最大多数人的利益可能不是最大利益；最大利益可能是少数人利益。这样一来，只有保全少数人利益而牺牲最大多数人利益，才能得到最大利益净余额；反之，如果保全最大多数人利益而牺牲少数人利益，净余额便是负价值。那么，在这种情况下，应该牺牲最大多数人利益而保全少数人利益吗？如果答案是肯定的，那么，“最大多数人最大利益”或“最大多数人最大幸福”标准的名称就是不确切的了，而应该更名为“最大利益”或“最大幸福”标准了。这就是诱使边沁把贝卡利亚和赫起逊的“最大多数人最大幸福”标准更名为“最大幸福”标准的陷阱。就此，蒙塔古曾这样写道：

“边沁有时把他的原理说成是最大多数人的最大幸福，有时又简单地说成是最大幸福的原理，最后他还是倾向于选用后一个公式。……这种最大量幸福可能是少数人所享受的集中幸福，而不是多数人所享受的分散的幸福。在抽象的意义上，他会认为这是有可能的。他之所以不谈最大多数人，似乎就是受到这一抽象可能性的影响。”[①]

那么，果真可以像边沁那样，把“最大多数人最大幸福”标准更改为“最大幸福”标准吗？如果像边沁所说的那样，最大幸福是保全少数人的集中的利益而牺牲多数人的分散的利益，那么，应该保全少数人的集中的利益而牺牲多数人的分散的利益吗？答案是否定的。因为任何价值标准——“最大利益净余额”也不例外——与价值终极总标准“增进每个人利益总量”发生冲突，都应该服从价值终极总标准。价值终极总标准“增减每个人利益总量”的关键词，乃是“每个人”，而不是“利益总量”；因为它与“最大利益净余额”诸终极分标准的区别，显然是“每个人”，而不是“利益总量”。因此，即使增进每个人利益，比增进一些人的利益而减少另一些人的利益，就利益总量来说，少得多；按照价值终极总标准，也应该增进每个人利益，而不应该增进一些人的利益、减少另一些人的利益，以求得最大利益净余额。

因为国家最终目的、国家制度和国家治理好坏的价值终极总标准

---

① 边沁：《政府片论》，商务印书馆1995年版，第36页。

乃是增进每个人利益总量，而并不是最大利益净余额，也不是增进一些人或大多数人利益总量；最大利益净余额和最大多数人最大利益不过是在利益冲突因而不可能增进每个人利益情况下的权宜之计罢了。这样，增进一些人利益而减少另一些人利益，不论如何能够增进利益总量，不论如何符合最大利益净余额标准，也都只有在不可能增进每个人利益总量的情况下——亦即在利益发生冲突而不能两全的情况下——才是应该的；而在可能增进每个人利益总量的情况下——亦即在利益不相冲突的情况下——则不论增进每个人利益所造成的利益净余额是如何小，不论增进一部分人的利益而减少另一部分人利益会达到何等巨大的利益净余额，也都只有增进每个人利益才是应该的。

于是，推此可知：在人们利益发生冲突时，即使增进少数人利益比增进最大多数人利益，更能够增进利益总量，更能够使利益净余额达到最大限度，也不应该增进少数人利益而牺牲最大多数人利益。因为在这种情况下，只有保全最大多数人利益而牺牲最少数人利益，才最接近符合“增进每个人利益总量”价值终极总标准：增加多数人利益，比增加少数人利益，更接近增加每个人利益；减少多数人利益，比减少少数人利益，更接近减少每个人利益。因此，在多数人利益与少数人利益发生冲突时，即使少数人利益价值大于多数人利益价值，也应该保全多数人利益而牺牲少数人利益。这样做，虽然违背“最大利益净余额”，却最接近符合“增进每个人利益总量”：“最大利益净余额”等任何价值标准与价值终极总标准“增进每个人利益总量”发生冲突都应该服从价值终极总标准。

这样一来，“最大多数人最大利益标准”虽然推导于“最大利益净余额标准”，却因其最接近于“增进每个人利益总量标准”，从而对于“最大利益净余额标准”具有绝对的优先性。还是拿那个电车的理想实验来说。假设道岔右边站着的那一个人是伟大的价值极大的物理学泰斗爱因斯坦，而左边的那 5 个人则是加起来价值也远远小于爱因斯坦的芸芸众生，于是压死爱因斯坦的净余额是负价值，而压死 5 个芸芸众生的净余额是正价值。那么，究竟应该压死谁？正确的答案是：应该压死伟大的爱因斯坦而保全 5 个芸芸众生！因为压死爱因斯坦而保全 5 个芸芸众生，虽然违背“最大利益净余额标准”，却因其符合“最大多数人最大利益标准”，而最接近符合“增进每个人利益总量”价值终极总标准：“保全多数人利益”比“保全少数人利益”更接近符合“保全每个人利益”。

因此，在人们利益发生冲突不能两全的情况下，“最大多数人最大利益标准”优先于“最大利益净余额标准”，因而首先应该根据“最大多数人最大利益标准”，保全最大多数人的利益而牺牲最少数人利益；尔后才应该根据“最大利益净余额标准”，保全最大利益而牺牲最小利益，从而使利益净余额达到最大限度。举例说，如果在利益冲突而不能两全的情况下，最大多数一方的人数是总人口 90%，就应该保全这 90% 人的利益而牺牲与其冲突的 10% 的人的利益；即使相反的选择会达到更大的、最大的利益净余额。如果最大多数一方的人数是 51%，就应该保全这 51% 人的利益而牺牲 49% 的人的利益；即使相反的选择会达到更大的、最大的利益净余额。只有在冲突双方的人数都是 50% 的情况下，保全哪一方的利益净余额最大，才应该保全那一方，而牺牲另一方。

但是，这些情况无疑统统都是例外而不是常规。按照常规，“最大利益净余额标准”与“最大多数人最大利益标准”是完全一致的。因为按照常规，最大多数人的利益无疑都是最大利益；最少数人的利益，无疑都是最小的利益；因而只要保全最大多数人的利益而牺牲最少数人的利益，就能够得到最大利益净余额：“最大利益净余额”与“最大多数人最大利益”一般是一致的。所以，蒙塔古接着写道：“边沁始终认为，实际上，最大量的幸福只有采取措施，谋求最大多数人的幸福时才能达到。”①

总之，最大多数人最大利益——亦即应该保全最大多数人最大利益而牺牲最少数人最小利益，从而使利益净余额达到最大限度——是解决他人之间利益冲突的国家制度和国家治理价值终极标准。按照这一标准，在国人之间利益冲突的任何情况下，都应该保全最大多数人利益而牺牲最少数人利益；即使最大的利益例外地是最少数人的利益，而不是最大多数人的利益。因此，“最大多数人最大幸福”标准的关键词，乃是“最大多数人”，而不是“最大幸福”：最大多数人最大幸福，是最大多数人的最大幸福。所以，这一标准绝不可以省略“最大多数人”而更改为“最大幸福”。因为最大幸福毕竟有可能——不论这种可能性是如何小如何例外——是少数人的幸福，而不是最大多数人的幸福。

### 3. 无害一人地增进利益总量：利益不相冲突条件下的国家制度与国家治理终极价值标准

“最大利益净余额”和“最大多数人最大利益”标准，如上所述，都仅仅是利益冲突情况下的国家制度和国家治理终极价值标准，都仅仅是终极总标准“增减每个人利益总量”在利益冲突情况下的体现。那么，在人们利益一致、不发生冲突或可以两全的情况下，终极价值标准是什么？或者说，在这种情况下，终极价值总标准“增减每个人利益总量”的具体表现是怎样的？

在利益一致不相冲突或可以两全的情况下，终极总标准便具体化为“不损害任何人地增加利益总量”或“无害一人地增进利益总量”标准。按照这一标准，便应该不损害任何一个人地增加人们的利益，便应该无害一人地增进每个人利益或一些人利益，便应该使每个人的

① 边沁：《政府片论》，商务印书馆1995年版，第36页。

境况变好或使一些人的境况变好而不使其他人的境况变坏。这是因为，国家最终目的或国家制度价值终极总标准，如前所述，是增进每个人利益总量，而并不是增进最大利益净余额或最大多数人最大利益：最大利益净余额或最大多数人最大利益不过是在利益发生冲突因而不可能增进每个人利益情况下的无奈选择。因此，在人们利益不相冲突或可以两全的情况下，也就只有无害一人地增进利益总量——亦即使每个人的境况变好或使一些人的境况变好而不使其他人的境况变坏——的国家制度和国家治理，才符合“增进每个人利益总量”之终极总标准，因而才是好的、应该的、具有正价值的；反之，如果为了最大多数人最大利益而牺牲最小少数人最小利益，那么，不论这样做可以使利益净余额达到多么巨大的、最大的程度，不论这样做可以给最大多数人造成多么巨大的、最大的幸福，便都违背了“增进每个人利益总量”之终极总标准，因而便都是不好的、不应该和具有负价值的。

举例说，假设损害一小撮人，某国家就会突飞猛进，从而给最大多数人带来极为巨大的幸福，使利益净余额达到最大限度。反之，如果不损害一小撮人，该国家最大多数人也并不会受到任何损害；但该国家却会发展较慢，从而最大多数人得不到最大幸福、利益净余额达不到最大限度。在这种情况下，怎样做才是应该的？如果选择前者，损害一小撮人而使最大多数人得到最大幸福，那么，既不符合“增进每个人利益总量”之终极总标准，更不符合利益不相冲突情况下的“无害一人地增进利益总量”之终极分标准，因而是不应该的；只有选择后者，不损害任何人，即使该国家因此而停滞不前，也符合“增进每个人利益总量”之终极总标准，符合利益不相冲突情况下的“无害一人地增进利益总量”终极分标准，因而是应该的。

哈曼曾由此设计了两个著名的理想实验，不但难倒了自己，也一直令中西学者困惑不已。一个理想实验是这样设计的：一个医生，如果把极其有限的医药资源用来治疗 1 个重病人，另外 5 个病人就必死无疑；如果用来救活这5个病人，那个重病人就必死无疑。医生显然应该救活5个人而让那1个重病人死亡。反之，另一个理想实验是这样的。有5个分别患有心脏病、肾病、肺病、肝病、胃病的人和1个健康人。这5个病人如果不进行器官移殖，就必死无疑；如果杀死那个健康人，把他的这些器官分别移植于这5个病人身上，这5个病人就一定能活命，而且会非常健康。医生应该怎么办？显然不应该杀死那1个健康人而救活这5个人。[①]问题恰恰就在于：为什么第一个案例应该为救活5人而牺牲1人，第二个案例却不应该为救活5人而牺牲1人？

原来，其中的奥妙就在于，在第一个案例中，5个人与1个人的利益发生了冲突：保全5个人的利益必定损害那1个人的利益：5个人要活命必定导致那1个人死；反之亦然。因此，在这种情况下，医生救活5人而让那1个重病人死亡，符合利益冲突时的终极标准——亦即最大多数人最大利益标准和最大利益净余额标准——因而是应该的。反之，在第二个案例中，5个病人与1个健康人的利益并没有发生冲突：保全这个健康人的利益和性命，并没有损害那5个病人的利益和性命；这个健康人的利益和性命并不是用这5个病人的利益和性命换来的。因为并不是那个健康人要活命，就必定导致那5个病人的死；也不是那5个病人的死亡，才换来了那个健康人的活命。那5个人的死亡是他们的疾病所致，而与那一个健康人的活命没有任何关系。没有关系，怎么会发生利益冲突呢？因此，在这种利益不相冲突的情况下，医生如果为救活5个病人而杀死那一个健康人，虽然符合利益冲突时的终极标准（亦即最大多数人最大利益标准和最大利益净余额标准），却违背了利益不相冲突的终极标准（亦即无害一人地增进利

---

① Louis P. Pojman, *Ethical Theory: Classical and Contemporary Readings*, second edition, USA: Wadsworth Publishing Company, 1995, pp. 478-479.

益总量），因而是不应该的。这就是为什么第一个案例应该为救活 5 人而牺牲 1 人，第二个案例却不应该为救活 5 人而牺牲 1 人的缘故。

总之，“无害一人地增进利益总量”乃是终极总标准“增进每个人利益总量”在利益一致不相冲突或可以两全条件下的体现，是利益一致不相冲突或可以两全条件下的终极标准，因而也就是国家制度与国家治理在国民利益不相冲突或可以两全条件下的价值终极标准。最早提出这一标准的，恐怕是孟子。他将这一标准概括为一句话：“杀一不辜而得天下，不为也。”[①] 但是，真正确证这一标准的，并非政治学家和伦理学家，而是经济学家帕累托，因而被称为“帕累托标准”（Pareto Criterion）或“帕累托最优状态”（Pareto Optimum）。对于这一标准或状态，帕累托这样写道：

“我们看到，要取得一个集体的福利最大化，有两个问题待解决。如某些分配的标准为既定，我们就可以根据这些标准去考察哪些状态将给集体的各个人带来最大可能的福利。让我们来考虑任何一种特定状态，并设想作出一个与各种关系不相矛盾抵触的极小变动。假如这样做了，所有各个人的福利均增加了，显然这种新状态对他们每个人是更为有利；相反地，如各个人的福利均减少了，这就是不利。有些人的福利仍旧不变亦不影响这些结论。但是，另一方面，如这个小变动使一些人的福利增加，并使别人的福利减少，这就不能再说作此变动对整个社会为有利的。因此，我们把最大效用状态定义为：作出任何种微小的变动不可能使一切人的效用，除那些效用仍然不变者外，全都增加或全都减少的状态。”[②]

可见，所谓“帕累托最优状态”乃是这样一种状态：当且仅当该状态没有一种改变能使一些人的境况变好而又不使至少一个人的境

① 《孟子·公孙丑章句下》。

② 胡寄窗：《1870 年以来的西方经济学说》，经济科学出版社 1988 年版，第 191 页。

况变坏。这一状态之所以为最优状态的依据，则是所谓的“帕累托标准”：应该使每个人的境况变好或使一些人的境况变好而不使其他人的境况变坏，简言之，应该至少不损害一个人地增加社会的利益总量：无害一人地增进利益总量。

这恐怕是新福利经济学大师帕累托高明于旧福利经济学大师庇古的根本之处。庇古根据边际效用递减规律——亦即一个人的财富越多，其边际效用越小——得出著明的“收入应该均等化”的结论：“假如有一个富人和十个穷人。从富人拿出一镑钱，并把它给予第一个穷人，总满足量就增加了。但是富人还是比第二个穷人富。所以，再转移一镑钱给第二个穷人，就又增加了总满足量。如此转移，直到原来的富人不比其他任何人富裕为止。”①庇古的错误，显然在于夸大“最大利益净余额标准”，不懂得这个标准仅仅是利益冲突不能两全情况下的终极标准；却误以为在任何情况下，只要能增进社会的利益净余额，都是应该的。反之，帕累托则确立了利益不相冲突情况下的终极标准：应该至少不损害一个人地增加社会的利益总量——如果损害了哪怕是仅仅一个人的利益，则不论增进了何等巨大的利益净余额，也都是不应该的。

## 四、国家制度与国家治理终极价值标准性质

### 1. 绝对性与相对性：国家制度与国家治理终极价值标准的适用范围

综观国家制度与国家治理终极价值标准或功利诸标准，可知其并非单一的价值标准；而是由若干标准构成的价值标准体系，是“一总两分”：一个总标准和两种分标准。总标准是在任何情况下都应该遵

① 庇古：《福利经济学的几个方面》，《美国经济评论》1951年6月号，第299页。

循的终极标准：增减每个人的利益总量。一种分标准是在人们利益不发生冲突而可以两全情况下的终极标准，亦即所谓的帕累托标准：无害一人地增加利益总量。另一种分标准则是在人们利益发生冲突而不能两全的情况下的终极标准："最大利益净余额"标准和"最大多数人的最大利益"标准。

这样，相对性便是国家制度与国家治理价值终极分标准的基本性质。"无害一人地增加利益总量"标准仅仅适用于利益一致不相冲突的情况，而不可能适用于利益冲突的情况；因为在利益冲突的情况下，不损害任何人的利益是不可能的。反之，"最大利益净余额"和"最大多数人的最大利益"标准则仅仅应该运用于利益冲突的情况，而不应该运用于利益一致不相冲突的情况。因为在利益不相冲突的情况下，牺牲任何人的利益都是不应该的。不过，这些终极分标准的相对适用性有所不同："不损害一人地增加利益总量"既然是利益不相冲突情况下的标准，那么也就应该是恒久的国家制度与国家治理价值标准；反之，"最大利益净余额"和"最大多数人的最大利益"则因其是利益冲突情况下的标准，因而应该是偶尔的国家制度与国家治理价值标准。因为任何社会存在和发展的前提无疑是：在这个社会里，人们的利益一致而不相冲突是正常的、常规的、一般的情况，因而是恒久的；反之，人们的利益发生冲突、不可两全则是例外的、非常的情况，因而是偶尔的。

可见，国家制度与国家治理价值终极分标准都是在一定条件下才应该遵循，而在另外的条件下则不应该遵循的，因而都属于相对价值标准范畴。然而，绝对性原本是国家制度与国家治理终极价值标准的应有之义：如果它不是绝对的，不是在任何条件下都应该遵循的——而是相对的，是仅仅在一定条件下才应该遵循的——那么，它也就不成其为终极标准了。那么，国家制度与国家治理终极价值标准的绝对性究竟在哪里？

原来，一方面，终极总标准"增减每个人利益总量"是绝对的；

因为在任何条件下，显然都应该遵循终极总标准：增加而不是减少每个人利益总量。另一方面，终极分标准之和也是绝对的；因为在任何条件下，都应该遵循终极分标准之一：不是应该增加最大利益净余额、最大多数人最大利益，就是应该不损害一人地增加利益总量。这样，终极分标准虽然属于相对价值标准范畴，但整体说来，终极分标准之和却属于绝对价值标准范畴。

### 2. 直接性与间接性：国家制度与国家治理终极价值标准与其他价值标准的关系

国家制度与国家治理终极价值标准是最普遍最一般最抽象的、绝对的价值标准，因而极其稀少、贫乏、简单、笼统：一个总标准、两个分标准。然而，国家制度和国家治理活动却极其复杂、具体、丰富、多样。因此，仅凭国家制度与国家治理终极价值标准便不可能准确、迅速地指导国家制度和国家治理活动。于是，便须从国家制度与国家治理终极价值标准引申、推演出与国家制度和国家治理活动相应的复杂、具体、多样的价值规范，从而才可以准确迅速地指导国家制度和国家治理活动。

举例说，仅凭“增进每个人利益总量”的终极标准，显然不可能准确迅速地知道经济制度和经济活动应该如何。于是，便须从“增进每个人利益总量”的终极标准引申、推演出与经济制度和经济活动相应的价值标准“经济自由”与“经济平等”：赖有二者，便可以准确迅速地知道经济制度和经济活动究竟应该如何了。

可见，国家制度与国家治理终极价值标准与其他一切国家制度、治理价值标准是依据和派生、绝对和相对的关系：终极标准是产生、决定和推导出其他一切价值的最终依据、最终标准，是在任何条件下都应该遵循的绝对标准；而其他一切标准——如正义、平等、人道、自由等等——都不过是终极标准在各种具体条件下的引申、推演，因而都仅仅是在一定的、具体的条件下才应该遵循，而在另外的、其他的条件下则不应该遵循的标准，于是也就都是相对的，都属于相对价值标准范畴。

那么，这一切相对价值标准究竟在怎样的条件下应该遵循、在怎样的条件下不应该遵循？不难看出，它们只有在一般的、正常的、常规的、典型的条件下才应该遵循；而在例外的、非常的、极端的条件下则不应该遵循。因为它们都是在一般、正常条件下——而不是例外、非常条件下——从国家制度价值终极标准引申、推演出来的：它们只有在一般、正常条件下才符合终极标准；而在例外的、非常条件下则违背终极标准。

就拿罗尔斯认为在任何条件下都不应该违背的社会制度首要善“正义”来说。殊不知，只有在一般的、正常的情况下应该正义而不应该不正义。因为只有在一般的、正常的情况下，正义才符合国家制度与国家治理终极价值标准，而不正义则违背国家制度与国家治理终极价值标准。然而，在例外的、非常的情况下，正义却可能违背国家制度与国家治理终极价值标准；不正义则符合国家制度与国家治理终极价值标准。在这种例外的情况下，便不应该正义而应该不正义。

且看那个著名的理想实验“惩罚无辜”。按照这个理想实验，法官明知一个人无辜，但如果遵循正义原则，从而不惩罚和宣判这个无辜者死刑，一定要发生一场必有数百人丧命的全城大骚乱；如果违背正义原则，从而惩罚和宣判这个无辜者死刑，就可以避免那场必有数百人丧命的全城大骚乱。法官应该怎么办？显然应该惩罚无辜。诚然，按照正义原则，善有善报，恶有恶报，因而应该惩罚罪犯，而不应该惩罚无辜：惩罚无辜是非正义的。因此，如果遵循正义原则，就不应该惩罚无辜，不应该宣判这个无辜者死刑。可是，这样做却是不应该的。

因为遵循正义原则而保全一个无辜者的生命，却必定牺牲数百人的生命，净余额是负价值，因而违背了“最大利益净余额”和“最大多数人最大利益”国家制度与国家治理终极价值标准。反之，违背正义原则牺牲一个无辜者的生命，却能够保全数百无辜者的生命，净余额是正价值，因而符合“最大利益净余额”和“最大多数人最大利益”的国家制度与国家治理终极价值标准。这样一来，正义原则与国家制度终极价值标准便发生冲突而不能两全。应该怎么办？显然应该违背正义原则而惩罚无辜，从而遵循“最大利益净余额”和“最大多数人最大利益”国家制度与国家治理终极价值标准，保全数百无辜者的生命。因为正义等任何国家制度价值标准与国家制度终极价值标准发生冲突都应该被放弃，而只应该遵循国家制度终极价值标准：国家制度与国家治理终极价值标准对于正义等任何国家制度与国家治理价值标准都具有绝对的优先性。

可见，不论在什么条件下，都应该遵循国家制度与国家治理价值标准。只不过在一般的、正常的情况下，既应该遵循国家制度与国家治理价值终极标准，又应该遵循其他价值标准。因为在这种情况下，二者是一致的。反之，在例外的、非常的情况下，则只应该遵循国家制度与国家治理价值终极标准，而不应该遵循其他价值标准。因为在这种情况下，二者是冲突的。于是，国家制度与国家治理价值终极标准不论对于正常情况还是对非常情况都同样有意义：它既是正常情况又是非常情况所应遵循的价值标准。反之，其他价值标准则仅仅对正常情况有意义：它们仅仅是正常情况所应遵循的价值标准，其目的仅仅是为正常的国家制度和国家治理提供指导。

因此，在一般的、正常的情况下，为了迅速和准确地做出价值判断，我们不必通过国家制度与国家治理价值终极标准，而是直接通过它所派生的具体价值标准——如正义和平等以及人道和自由等等——来判断国家制度与国家治理好坏。在这种情况下，国家制度与国家治理价值终极标准并不直接发生作用，而只是间接的最终的标准。只有在非常的、例外的、极端的情况下，当国家制度价值终极标准与它所派生的具体价值标准发生冲突的时候，我们才应该放弃具体价值标准而直接以国家制度价值终极标准来判断国家制度和国家治理好坏。所以，判断国家制度和国家治理好坏，只有在非常情况下，才直接依据国家制度与国家治理终极价值标准；而在正常情况下，则直接依据国家制度与国家治理终极价值标准所派生的其他价值标准。

总之，国家制度与国家治理终极价值标准、功利标准，对于国家制度与国家治理价值标准体系具有绝对意义：它不仅在正常情况下是科学地推导、制定其他一切价值标准的唯一标准，而且在例外情况下是解决价值冲突、判断国家制度与国家治理好坏的唯一标准，是"在各种原则之间发生冲突时进行判决的尺度"①。

### 3. 是否导致非正义：对终极价值标准的诘难与反驳

"增进每个人利益总量"，如前所述，既是国家制度和国家治理终极标准，也是道德终极标准、法律终极标准、政治终极标准和德治终极标准：六者是同一概念。但是，古今中外只有伦理学研究这一标准，因而仅仅作为道德终极标准。道德终极标准是什么，或许是伦理学最重要且最复杂的难题。因为围绕这个难题，自古以来，人们便一直争论不休，至今却仍然没有多大进展。面对这么多的分歧和这么少的进步，我们不禁油然而生密尔当年之叹息：

"在今日人类的知识领域里，即使对于那些最为重大问题的思考仍然踌躇不前，也没有比解决历来争论不休的关于正当和不正当的道德标准问题更少进展、更令人失望了。"②

这些五花八门的争论，细考究去，可以归结为两大流派：功利主义与义务论。功利主义是把功利奉为道德终极标准的流派，说到底，

---

① John Stuart Mill, *Utilitarianism*, Bingjing: China Social Sciences Publishing House, 1999, p. 4.

② Steven M. Cahn and Peter Markie, *Ethics: History, Theory, and Contemporary Issues*, New York: Oxford University Press, 1998, p. 343.

就是把“增减每个人的利益总量”奉为道德终极标准的流派：“功利主义当然的意义是：判断行为是非的标准就是行为增进每个人的利益的趋势。”[①] 相反地，义务论则是把道义奉为道德终极标准的流派，说到底，就是把“增减每个人的品德的完善程度”奉为道德终极标准的流派。义务论大儒董仲舒把这一思想概括为一句千古名言：“正其义不谋其利，明其道不计其功。”

然而，国家制度和国家治理研究领域并没有义务论与功利主义之争。究其原因，恐怕一方面是因为，义务论极具伦理学特色，纯粹属于伦理学理论，而与国家理论毫无关系；另一方面则是因为，“增进每个人利益总量”之为国家最终目的和国家制度终极价值标准，自亚里士多德以降，原本为不言而喻之理。但是，将“增减每个人利益总量”奉为国家制度终极价值标准的国家理论，毕竟属于功利主义范畴，因而在逻辑上同样遭受功利主义所遭受的质疑、驳斥或诘难。因此，国家制度和国家治理价值标准研究不必考究纯粹属于伦理学的义务论，却必须辨析功利主义——亦即将“增减每个人的利益总量”奉为道德终极标准或国家制度终极标准的理论——所遭受的诘难。

功利主义所遭受的质疑和驳斥之多，亦可谓车载斗量。但真正耐人寻味者，不过是那“功利原则必导致非正义”的诘难。这一诘难有两个著名例证：“奴隶制度”和“惩罚无辜”。[②] 前者是说，如果一个社会实行奴隶制比非奴隶制更能增进最大利益净余额，那么，按照功利原则，实行奴隶制就是应该的。这就意味着，功利原则必导致非正义，因为奴隶制是非正义的。“惩罚无辜”的例证说，法官明知一个人无辜，但如果惩罚、宣判他死刑，便可阻止一场必有数百人丧命的大骚乱，那么，按照功利原则，惩罚这个无辜者便是应该的。所以，功

---

① 摩尔：《伦理学原理》，商务印书馆 1983 年版，第 114 页。

② Tom L. Beauchamp, *Philosophical Ethics*, New York: McGraw-Hill Book Company, 1982, p.99.

利原则必导致非正义，因为惩罚无辜是非正义的。

然而，细究起来，这两个例证都有两种恰恰相反的可能。一种可能是，这两个例证发生于释放无辜和数百人活命以及非奴隶制与俘虏生存、社会发展发生冲突、不能两全的情况下。在这种情况下，不惩罚一个无辜必有数百个无辜丧生；不实行奴隶制则俘虏必被杀死、社会必不能发展。这样，实行奴隶制和惩罚无辜虽然都是非正义的、恶的，却能够避免更大的恶和非正义，因而便都属于两恶相权取其轻，是应该的；绝不是非正义。当然也不能由此说实行奴隶制和惩罚无辜是正义的：它们仅仅是应该的、善的，而无所谓正义不正义。

另一种可能则是，这两个例证发生于释放无辜和数百人活命（以及非奴隶制与俘虏生存、社会发展）不相冲突而可以两全的情况下。在这种情况下，不惩罚无辜其他人也不会丧生、不实行奴隶制社会也能发展、俘虏也能生存。这样，实行奴隶制和惩罚无辜，便都是在人们的利益不相冲突的情况下，通过损害一部分人的利益，来增进利益净余额的；因而不论达到何等巨大的利益净余额，也都是非正义的。

在这两种情况下，实行奴隶制和惩罚无辜虽然都增进了利益净余额，或者都达到了最大利益净余额；但是，功利主义只赞成前者而反对后者。因为功利主义标准，如前所述，是“增进每个人的利益总量”：它在人们利益不发生冲突而可以两全的情况下，表现为“不损害一人地增进利益总量”标准；在人们利益发生冲突而不能两全的情况下，则表现为“最大利益净余额”和“最大多数人最大利益”标准。所以，按照功利主义，“最大利益净余额”标准仅仅适用于利益冲突领域：它在人们利益不发生冲突领域，是个不适用的、错误的标准。准此观之，在释放无辜和数百人活命（以及非奴隶制与俘虏生存、社会发展）不相冲突而可以两全的情况下，无论奴隶制和惩罚无辜可以增进多么巨大的利益净余额，功利主义都反对实行奴隶制和惩罚无辜；只有在释放无辜和数百人活命以及非奴隶制与俘虏生存发生冲突、不能两全的情况下，功利主义才主张实行奴隶制和惩罚无辜。所以，功利主义绝不会导致非正义。

人们之所以认为功利主义必导致非正义，是因为他们忽略、抹煞了功利主义的“不损害一人地增进利益总量”标准，而把“最大利益净余额”标准完全等同于功利标准、功利主义。功利主义如果真是如此，那么，按照功利主义，不论情况如何，只要奴隶制和惩罚无辜等等非正义能够带来最大利益净余额，也就都应该实行奴隶制和惩罚无辜等等非正义：功利主义必然导致非正义。罗尔斯等众多思想家都是这样曲解——这种曲解的广泛形成当然与历代功利主义思想家对功利主义表述的缺憾有关——功利主义的：

“功利主义……其要义是说：如果一个社会的主要制度被安排得能够达到属于它的所有个人的满足总计之最大净余额，那么，这个社会就是被正当地治理的，因而是正义的。”[①]“这样，原则上就没有理由否定：为什么不应该以一些人的极少损失，换来另一些人的更大收益；或者更严重些，为什么不应该剥夺极少数人的自由而使许多人分享更大的利益。”[②]

可见，罗尔斯等人对功利主义的诘难犯了“抓住一点，不及其余”的错误：抹煞功利主义的“增进每个人利益总量”和“无害一人地增进利益总量”标准，而把功利标准或功利主义完全等同于“最大利益净余额”或“最大多数人最大利益”标准；于是便由这些标准在人们利益不相冲突而可以两全的情况下必导致非正义，而得出“功利主义必然导致非正义”的结论。

然而，“最大利益净余额”虽然在人们利益不相冲突领域必然导

① John Rawls, *A Theory of Justice* (Revised Edition), Cambridge, Massachusetts: The Belknap Press of Harvard University Press, 2000, p. 20.

② John Rawls, *A Theory of Justice* (Revised Edition), Cambridge, Massachusetts: The Belknap Press of Harvard University Press, 2000, p. 23.

致非正义，却是利益冲突领域唯一应该的价值标准。因为在利益发生冲突的情况下，不损害任何人的利益是不可能的，而只可能二者择一：或者损害少数人的利益而保全多数人的利益；或者损害多数人利益而保全少数人利益。当此际，岂不只应该保全最大多数人最大利益而牺牲最少数人最小利益吗？岂不只应该选择最大利益净余额吗？难道还能有其他更好的选择吗？罗尔斯也不得不承认，排除了功利标准，他尚不知道有什么解决利益冲突的价值标准：

"当义务与义务或责任以及分外善行发生冲突时，应该怎样求得平衡？没有解决这些问题的明确规则。例如，我们不能说哪些义务以一种辞典式的次序优先于分外善行或责任。我们也不能简单地运用功利原则来弄清这些问题。各种对于个人的要求常常是互相反对的，以致将遇到与运用功利标准于各个人时一样的问题；而且如上所述，功利原则已因其导致一种不合逻辑的正当观念而被排除。我不知道将怎样解决这个问题，甚至不知道一个系统的公式化的有用可行的规则是否可能。"①

① John Rawls, *A Theory of Justice* (Revised Edition), Cambridge, Massachusetts: The Belknap Press of Harvard University Press, 2000, pp. 298-299.

# 第二篇

# 正义：国家制度与国家治理根本价值标准

# 第四章
# 等利害交换：正义总原则

**本章提要** 正义是同等的利害相交换——等利交换和等害交换——的行为，是国家制度和国家治理好坏的根本价值标准。因为国家存在与发展的根本条件，正如斯密和休谟所指出，一方面，必须将人们相互间的伤害控制在一定限度内；另一方面，必须使每个人努力增进社会和他人利益。避免人们相互间的伤害的最重要的原则，无疑是等害交换。因为等害交换意味着：你损害社会和他人，就等于损害自己。这样，每个人要自己不受损害，就必须不损害社会和他人。增进社会和他人利益的最重要的原则，无疑是等利交换。因为等利交换意味着：你增进社会和他人利益，就等于增进自己利益。这样，每个人要增进自己利益，就必须增进社会和他人利益。因此，柏拉图说："当我们建立这个城邦时，从一开始我们就已经确定了一条普遍原则。我想，这条原则，或这条原则的某种形式，就是正义。"亚里士多德说："城邦以正义为原则。"罗尔斯说："正义是社会制度的首要善。"

正义既是今日世界性热点问题，又是伦理学及其在政治学和法理学以及经济学中应用的跨学科难题。这个问题是如此之难，以致博登海默说："当我们钻研正义问题而努力揭示其令人困惑的秘密时，往往会陷入沮丧和绝望。"[①] 然而，追溯人类以往研究，不难看出，这个难题可以分解为四个问题："正义总原则"与"正义根本原则"以及"社

---

① Edgar Bodenheimer, *Jurisprudence: The Philosophy and Method of The Law*, Cambridge, Massachusetts: Harvard University Press, 1967, p. 178.

会正义根本原则”和“平等原则”。解析这些难题的起点显然是：正义究竟是什么？

## 一、正义界说

### 1. 正义的经典定义：给人应得

正义是一种关于行为应该如何的道德原则，因而只能是行为所具有的属性。所以，正如哈耶克所言，只有行为才可以言正义：“只有人的行为才可以被叫作正义的或不正义的。”[①] 诚然，有所谓“制度正义”。但是，所谓制度，如所周知，乃是一定的行为规范体系，属于行为规范范畴。行为规范，如前所述，无非是行为的一种类型。例如，无私奉献是行为规范，同时也是一种行为类型；诚实是行为规范，同时也是一种行为类型。一切行为规范都是某种行为类型，因而都属于行为范畴。所以，制度正义，说到底，也属于行为正义范畴。因此，哈耶克说：“用‘正义’这个术语称谓人的行为或指导行为的规范以外的东西，是一种归类错误。”[②] 那么，正义究竟是一种怎样的行为属性呢？或者说，正义究竟是一种怎样的行为？

亚里士多德答道：“正义是一切德性的总汇。”[③] 尔后人们常常引证亚里士多德的这句名言，将正义等同于一切善、应该和正当。安德烈·孔特-斯蓬维尔便这样写道：“正义虽然不能代替任何一种美德，却也许能包括其他一切美德。”[④] 这种观点是根本不能成立的。试想，正义能包括儒家和基督教所倡导的两种极其重要的美德——“仁爱”

---

① F. A. Hayek, *Law, Legislation and Liberty*, Volume 2, Beijing: China Social Sciences Publishing House, 1999, p. 31.

② F. A. Hayek, *Law, Legislation and Liberty*, Volume 2, Beijing: China Social Sciences Publishing House, 1999, p. 31.

③《亚里士多德全集》第八卷，中国人民大学出版社 1997 年版，第 96 页。

④ 安德烈·孔特-斯蓬维尔：《小爱大德》，中央编译局出版社 2001 年版，第 58 页。

和“宽恕”——吗？显然不能。一个人给了路边乞丐1000元钱，无所谓正义不正义，而是高于正义的仁爱；他得势时，没有报复已经无权无势的仇人，也无所谓正义不正义，而是高于正义的宽恕。这就是为什么，斯密的《道德情操论》和休谟的《人性论》都将正义仅仅看作美德和道德原则之一，而使其与另一种美德和道德“仁爱”对立起来：

“社会存在的基础与其说是仁爱，毋宁说是正义。”[①]“人类的仁爱或自然的恩赐如果能够增进到足够的程度，就可以使正义原则毫无用处而代之以更崇高的美德和更有益的祝福。”[②]

可见，正义远非“一切德性的总汇”，远非一切善、应该和正当；将正义等同于一切善、应该和正当实乃以偏概全。诚然，正义都是应该的、道德的、善的、正当的行为；不正义都是不应该的、不正当的、不道德的、恶的行为。但是，反过来，善的、应该的、道德的、正当的，却不都是正义的；恶的、不应该的、不正当的、不道德的，也不都是不正义的。所以，弗兰克纳说：“并非一切正当的都是正义的，一切不正当的都是不正义的。乱伦虽然是不正当的，却几乎不能说是不正义的……给他人快乐是正当的，却不能严格地称之为正义的。正义的范围只是道德的一部分而不是其全部。”[③]“正义和不正义”，哈特进一步说，“与好坏或正确和错误比较，是更具体的道德批评形式。”[④]那么，正义究竟是一种怎样的善、应该和正当？

柏拉图答曰：“正义就是给每个人以适如其分的报答。”[⑤]罗马法学家乌尔庇安亦如是说：“正义乃是使每个人获得其应得的东西的永恒不变的意志。”[⑥]柏拉图和乌尔庇安的定义被后来历代思想家所承认而成

---

① Adam Smith, *The Theory of Moral Sentiments*, Beijing: China Sciences Publishing House, 1999, p. 86.

② David Hume, *A Treatise of Human Nature*, Oxford: The Clarendon Press, 1949, p. 199.

③ William K. Frankena, *Ethics*, New Jersey: Prentice-Hall, Inc, 1973, p. 46.

④ 哈特：《法律的概念》，中国大百科全书出版社1996年版，第156页。

⑤ 柏拉图：《理想国》，商务印书馆1994年版，第7页。

⑥ 博登海默：《法理学——法哲学及其方法》，华夏出版社1987年版，第253页。

为正义的经典界说。阿奎那说：正义就是“给予每个人应得的事物的坚定和不变的意志”[①]。霍布斯说：“正义就是给予每个人所应得的不变的意志。”[②]密尔进而说：“正义就是每个人得到他应得的东西（利益或损害）；而不正义则是每个人得到他不应得的利益或损害。”[③]当代伦理学家麦金太尔也认为：“正义是给每个人——包括给予者本人——应得的本分。”[④]据此，他指责罗尔斯和诺齐克，因为“在罗尔斯和诺齐克关于正义与非正义的论述中，‘应得’都没有占据这样的中心位置，甚至根本就没有立足之地”[⑤]。

这就是说，正义就是应得，是给予人应得而不给人不应得；不正义就是不应得，是给人不应得而不给人应得。举例说，恶人得了恶报和善人得了善报，都是正义的，因为恶人应得恶报、善人应得善报。反之，恶人若得了善报而善人却得了恶报，则都是不正义的，因为恶人不应得善报、善人不应得恶报。所以，柏拉图在进一步解释“什么是正义所给的恰如其分的报答”时曾这样写道：“正义就是‘把善给予友人，把恶给予敌人’。”[⑥]显然，正义就是给人应得：这个经典定义是不错的。但是，这个定义不够明确。因为“应得”并不是一个简单明了的概念：究竟什么叫“给人应得”？

### 2. 正义的精确定义：等利害交换

“给人应得”就是“对人做应做的事”吗？柏拉图的回答是肯定

---

① 卡尔·白舍客：《基督宗教伦理学》第二卷，上海三联书店2002年版，第262页。

② Thomas Hobbes, *Leviathan*, New York: Simon & Schuster, Inc., 1997, p.113.

③ Robert Maynard Hutchins, *Great Books of the Western World*, Volume 43, *Utilitarianism*, by John Stuart Mill, Encyclopaedia Britannica, Inc., 1980, p.466.

④ 麦金太尔：《谁之正义？何种合理性？》，当代中国出版社1996年版，第56页。

⑤ Alasdair Macintyre, *After Virtue*, Beijing: China Social Sciences Publishing House, 1999, p.232.

⑥ 柏拉图：《理想国》，商务印书馆1994年版，第8、13页。

的："正义就是做应该做的事。"[1] 这一定义岂不又将正义与应该、正当和善等同起来？殊不知，"对人做应做的事"与"给人应得"绝非同一概念。试想，"张三对李四做了李四应得之事"和"张三对李四做了应做之事"果真没有区别吗？

粗略地看，似无区别。但细究起来，大不相同。因为"张三对李四做了李四应得之事"，必与李四此前的行为相关：张三所为乃李四此前所为之回报或交换，所以是李四应得的。反之，"张三对李四做了应做之事"，则不必与李四此前行为相关，不必是李四此前行为的回报，所以不必是李四应得的，而只是张三应做的。比如说，李四卧病在床，张三以钱财相助。我们能否说"张三做了李四应得之事"？这要看李四此前的行为。如果此前李四曾帮助过张三，便可以说"张三做了李四应得之事"；否则只能说"张三对李四做了应做之事"。

可见，所谓"应得"，必与应得者此前的行为相关："应得"乃是一种回报或交换，是应得者此前行为之回报或交换。因此，"正义是给人应得"经典定义，原本意味着：正义是一种回报或交换。尼采早就看破了这一点："交换是正义的原初特征。"[2] 不过，"滴水之恩涌泉相报"和"涌泉之恩滴水相报"，都是一种回报或交换：这些行为是正义吗？是"给人应得"吗？显然都不是。那么，正义、给人应得，究竟是一种怎样的回报或交换行为？这是个十分复杂难解的问题。但不难看出，破解这一难题的关键是：究竟何谓交换？

人们大都以为，交换就是人们通过给予对方某物以换取他物的行为。这是对交换概念的误解。对于这种误解，罗洛夫曾有所述："'交换'这一概念初看似乎比较简单。它通常被认为是：某物从甲方转移到乙方，以换取它物。"[3] 其实，这只是经济交换的定义而并不是交换

---

① 转引自伯恩·魏德士：《法理学》，法律出版社 2003 年版，第 159 页。

② 转引自慈继伟：《正义的两面》，生活·读书·新知三联书店 2001 年版，第 151 页。

③ 罗洛夫：《社会交换论》，上海译文出版社 1997 年版，第 7 页。

的定义。因为交换正如罗洛夫所说，分为经济交换与非经济交换（他把后者叫作社会交换）："在甲乙两人之间可能发生许多不同类型的交换；其中至少有两大类：经济的和社会的。"①

不难看出，经济交换的根本特点是：交换者给予对方某物，是为了换取对方的他物，因而相互间的交换关系是目的与手段的关系。例如，卖菜妇给我三斤白菜，我付她一元钱，是经济交换。卖菜妇给我菜，是手段，其目的是要我的钱；我付给她钱，也是手段，目的是为了要她的菜。所以，我们之间的交换关系是目的与手段关系。

反之，非经济交换的根本特点则是：交换者给予对方某物，未必是为了换取对方他物，因而相互间的交换关系未必是目的与手段的关系，而往往是因果关系。例如，我路见一乞丐，顿生怜悯心，给他一百元钱，当然不是为了换取他任何东西。他日后发迹，竟认出已穷困潦倒的我，给了我一万元钱，显然也不是为了换取我的任何东西。然而，我们的前后行为无疑是一种交换，只不过不是目的与手段关系，而是因果关系罢了。

经济交换关系必是目的手段关系，而非经济交换关系则往往是因果关系。这一点突出表现在：经济交换所换来的，都是物质财富，都是有利的东西，因而互为目的；而非经济交换所交换的东西，却未必是物质财富，未必是有利的东西，而往往倒是有害的东西，因而也就往往只能互为因果而不能互为目的：谁会以有害的东西为目的呢？举例说，我打张三一拳，张三给我一耳光，是非经济交换；所交换的就是有害而非有利的东西，因而只能互为因果而不能互为目的。

可见，交换乃是人们给予对方某物复从对方得到他物的行为，是相互给予的行为——如果给予对方某物必是为了从对方得到他物，便是经济交换；如果给予对方某物未必是为了从对方得到他物，则是非

① 罗洛夫：《社会交换论》，上海译文出版社 1997 年版，第 8 页。

经济交换。因此，交换是个外延极为广泛的范畴，它不仅存在于经济领域，而且存在于人类社会生活的一切领域，存在于一切人际关系之中：一切社会行为说到底都是交换行为；一切人际关系说到底都是交换关系。

不过，人们的这些交换行为纷纭复杂、种类繁多；而随着交换行为类型不同，交换规则亦不相同："用金钱交换金钱与用爱交换爱，是各有一套规则的。"[①] 然而，"口之于味，有同嗜焉。"不同类型交换，虽有不同的、特殊的规则；亦有共同的、普遍的原则。谁都知道，有一种极为普遍的交换原则，叫作"善有善报、恶有恶报"。"恶有恶报"，意味着：他人给你损害，你也应该给他损害，他人给你多少损害，你也应该给他多少损害。所以，这条原则可以归结为：等害交换。这是对待我从他人那里受到伤害的原则，《圣经》将这条原则表述为："若有伤害，就要以命偿命，以眼还眼，以牙还牙，以手还手，以脚还脚，以烙还烙，以伤还伤，以打还打。"[②] 反之，"善有善报"，则意味着：他人给你利益，你也应该给他人利益，他人给你多少利益，你也应该给他人多少利益。所以，这条原则可以归结为：等利交换。这是对待我从他人那里得到利益的原则，《圣经》将这条原则表述为："你给我穿靴，我就给你搔痒。"

等利交换和等害交换原则相反相成，结合起来，便构成所谓正义：正义就是等利交换和等害交换的行为，就是同等的利害相交换的行为，就是等利（害）交换的行为。因此，亚里士多德一再说，正义就是具有均等、相等、平等、比例性质的那种回报或交换行为：

"正义就是在非自愿交往中的所得与损失的中庸，交往以前和交往以后所得相等。"[③] "正义被认为是而且事实上也是平等；但并非是

---

① 罗洛夫：《社会交换论》，上海译文出版社 1997 年版，第 11 页。

② 《西方思想宝库》，吉林人民出版社 1988 年版，第 940 页。

③ 《亚里士多德全集》第八卷，中国人民大学出版社 1997 年版，第 103 页。

对所有人而言，而是对于彼此平等的人而言。不平等被认为是，而且事实上也是正义的，不过也不是对所有人，而是对彼此不平等的人而言。”① “既然正义是平等，基于比例的平等就应是正义的。这种比例至少需要有四个因素，因为‘正如 A 对 B, 所以 C 对 D’。例如，拥有量多的付税多，拥有量少的付税少，这就是比例；再有，劳作多的所得多，劳作少的所得少，这也是比例。”② “不正义正是在于不平等——因为一个人打了另一个人，这个人被那个人打了，或者一个人杀人而另一个人被杀，受害与行为是以不平等的份额分配的，而法官的努力在于以刑罚的手段，从攻击者拿走他们攫取的某种东西，使他们恢复平等。”③ 总而言之——阿奎那总结道——“正义全在于某一内在活动与另一内在活动之间按照某种平等关系能有适当的比例。”④

细观这些简明而精深的论述，不难看出：正义是平等（相等、同等）的利害相交换的善的行为，是等利交换和等害交换的善行，是等利（害）交换的善行；不正义则是不平等（不相等、不同等）的利害相交换的恶行，是不等利交换和不等害交换的恶行，是不等利（害）交换的恶行。举例说，救人和杀人，无所谓正义不正义。但是，若出于报恩，救的是自己昔日的救命恩人，便是等利交换，便是正义的行为；若是为父报仇，杀的是曾杀死自己父亲的仇人，便是等害交换，因而也是一种正义的行为；若是忘恩负义，见昔日恩人有难而坐视不救，便是不等利交换的恶行，便是不正义的行为；若是因对方辱骂自己而竟然杀死对方，便是不等害交换的恶行，因而也是一种不正义的行为。

可见，正义就是等利害交换：等利交换和等害交换。这一定义

① 《亚里士多德全集》第九卷，中国人民大学出版社 1994 年版，第 89 页。

② 《亚里士多德全集》第八卷，中国人民大学出版社 1997 年版，第 279 页。

③ 《亚里士多德全集》第八卷，中国人民大学出版社 1997 年版，第 101 页。

④ 《西方思想宝库》，吉林人民出版社 1988 年版，第 951 页。

可以从影响深远的休谟关于正义起源——财富的匮乏和人性的自私——的理论得到印证："正义起源于人类契约；这些契约的目的在于解决人类心灵的某些性质和外界物品的情况相结合所产生的某些困难。心灵的这些性质就是自利和有限的慷慨；而外界物品的情况则是它们的易于交换，并且对于人类的需要和欲望是供不应求的。"①

为何财富的匮乏是正义的起源和前提？岂不就是因为，正义的要义就是等利交换，而财富的匮乏必然要求等利交换？如果财富不是匮乏而是极大丰富，每个人需要什么就能够拥有什么，那就不需要斤斤计较的等利交换，就不需要正义了。为什么自私和有限的慷慨又是正义的起源和前提？岂不也是因为，正义就是等利害交换，而自私和有限的慷慨必然要求斤斤计较的等利害交换？如果每个人都爱他人胜过爱自己、为他人胜过为自己，那就不需要斤斤计较的等利害交换，就不需要正义原则了。所以，休谟接着写道：

"如果每个人对他人都充满仁爱之心，或者自然供应的物品能够丰富到满足我们的一切需要和欲望，那么，利益计较——它是正义原则存在的前提——便不存在了；现在人们之间通行的有关财产及所有权的那些区别和限制也就不需要了。因此，人类的仁爱或自然的恩赐如果能够增进到足够的程度，就可以使正义原则毫无用处而代之以更崇高的美德和更有益的祝福。"②

### 3. 正义、公正、公平和公道：同一概念

正义是等利害交换——等利交换和等害交换——的定义表明，正义、公正、公平和公道四者是同一概念。因为不难看出，公正、公平和公道的定义也都是等利害交换。首先，公正就是等利交换和等害

① David Hume, *A Treatise of Human Nature*, Oxford: The Clarendon Press, 1949, p.199.
② David Hume, *A Treatise of Human Nature*, Oxford: The Clarendon Press, 1949, p.199.

交换；反过来，等利交换和等害交换就是公正。其次，公平就是等利交换和等害交换；反过来，等利交换和等害交换就是公平。最后，公道就是等利交换和等害交换；等利交换和等害交换就是公道。试想：

“等利交换、善有善报”是正义，岂不也是公正、公平、公道？“恶有恶报、等害交换”是正义，岂不也是公正、公平、公道？《圣经》说：“若有伤害，就要以命偿命，以眼还眼，以牙还牙，以手还手，以脚还脚，以烙还烙，以伤还伤，以打还打。”① 这种等害交换的报复是正义的，岂不也是公正的、公平的、公道的？

借债还钱是正义的，岂不也是公正的、公道的、公平的？借债不还是不正义的，岂不也是不公正的、不公道的、不公平的？等价交换的买卖是公平的，岂不也是公正的、公道的、正义的？不等价交换的买卖是不公平的，岂不也是不公正的、不公道的、不正义的？

不但此也！如果正义、公正、公平和公道不是同一概念，那么，正义的一系列原则就不是公正原则、公平原则和公道原则：难道四者各有彼此不同的一系列原则？举例说，“等利害交换”、“权利与义务应该相等”、“社会分配给一个人的权利应该与他的贡献成正比而与他的义务相等”、“基本权利应完全平等和非基本权利应比例平等”、“政治自由应完全平等和政治职务应比例平等”、“按生产要素分配”、“机会平等”等原则，都是正义原则，岂不也都是公正原则、公平原则、公道原则？难道公正、公平和公道都各有一系列与这些正义原则不同而又彼此有别的原则？不可能有！即使一条也不可能有！试想，可能有一条原则，只能称之为正义而不能称之为公正、公平、公道吗？不可能有！退一步说，就算公正、公平、公道和正义不是同一概念，至少也难分彼此，如果都有各不相同的一系列原则，那岂不乱成一团而极端违背“大道至简”原理？

① 《西方思想宝库》，吉林人民出版社1988年版，第940页。

可见，正义、公正、公平和公道实为同一概念：等利害交换。只不过，首先，正义一般用在庄严、重大的场合。例如，就战争来讲，大都说正义战争；而不说公道战争、公平战争或公正战争。但是，说公道战争、公平战争或公正战争也不算错，它们与正义战争无疑是一回事。

其次，公平与公道，一般用于社会生活的各种日常领域。例如，我们常说公平与效率、买卖公平、待人公道；而不说正义与效率、买卖正义、待人正义。但是，说正义与效率、买卖正义、待人正义也不算错。这些说辞显然是一回事。

最后，公正则介于正义和公平或公道之间：它比公平和公道更郑重一些而近乎正义——英文“公正”与“正义”是同一个词 justice——但又比正义略微平常，因而适用于任何场合、任何领域。这恐怕就是为什么，俞可平在其思辨之精深不逊于黑格尔和马克思的杰作《重新思考平等、公平和正义》中这样写道：

“‘公正’有广义和狭义之分。广义的‘公正’即公平正义之简称，通常对应于英文的 justice（常译为‘正义’）；狭义的‘公正’大体等同于‘公平’，指的是‘公平正直，没有偏见’，或者‘公道正派，没有私心’。通常对应于英文的 fairness（常译为‘公正’或‘公平’）和 impartiality（通常亦译为‘公正’或‘不偏不倚’）。”①

但是，俞可平先生认为，公正、正义、公平和公道——特别是公平与正义——并非同一概念：“自从罗尔斯在 1985 年首次发表‘作为公平的正义’（Justice as Fairness）一文，特别是在其后的《正义论》一书发表后，‘公平’与‘正义’两个概念在西方学术界便被不可分割地联系在一起，并且开始受到学术界的关注。”②

① 俞可平：《重新思考平等、公平和正义》，《学术月刊》2017 年第 4 期，第 3 页。
② 俞可平：《重新思考平等、公平和正义》，《学术月刊》2017 年第 4 期，第 4 页。

然而，罗尔斯所谓“作为公平的正义（justice as fairness）”并不意味着，公平与正义是两个不同概念；更不意味着，存在着不是公平的正义：哪里有什么不是公平的正义呢？那么，罗尔斯的“作为公平的正义”究竟是什么意思？

原来，罗尔斯继承了道德契约论的传统，认为正义等道德原则都不过是一种契约；而真正的、正确的正义等道德原则只能是在一种平等的、公平的原初状态中被一致同意的契约。他就将这种作为在公平的原初状态被一致同意的正义原则叫作“作为公平的正义”；将这种作为在公平的原初状态被一致同意的正当原则叫作“作为公平的正当”：

“原初状态是一种特有的最初状况，因而在那里达成的基本契约是公平的。这说明了‘作为公平的正义’这一名称的性质：它表明正义原则是在一种公平的原初状态中被一致同意的。”[①]“如果对于作为公平的正义的证明充分合理，下一步就将研究‘作为公平的正当（rightness as fairness）’一词所蕴涵的更为普遍的原理。”[②]

可见，罗尔斯所谓的“作为公平的正义”，并不是“公平的正义”——从而公平与正义是两个不同概念——而是“作为在公平的原初状态被一致同意的正义原则”的略语和简称；正如他所谓的“作为公平的正当”，并不是“公平的正当”，而是“作为在公平的原初状态被一致同意的正当原则”的略语和简称一样。

总而言之，公正、正义、公平和公道是适用于不同领域的同一概念：等利害交换。我们所研究的公正、正义、公平和公道所适用的领域，主要讲来，是国家制度好坏价值标准，罗尔斯称之为“社会制度

① John Rawls, *A Theory of Justice* (Revised Edition), Cambridge, Massachusetts: The Belknap Press of Harvard University Press, 2000, p.11.

② John Rawls, *A Theory of Justice* (Revised Edition), Cambridge, Massachusetts: The Belknap Press of Harvard University Press, 2000, p.15.

的首要善"[1]，无疑是极其重大庄严的领域，因而用"正义"——而不用"公道"和"公平"以及"公正"——来称谓最恰当：这也是罗尔斯的《正义论》为什么叫作《正义论》而不叫作《公正论》或《公平论》或《公道论》的缘故。

## 二、正义类型

### 1. 积极正义与消极正义

正义是等利害交换，显然意味着，正义有正反两面：等利交换是正面的、肯定的、积极的正义；而等害交换则是反面的、否定的、消极的正义。因此，我们可以沿用格老秀斯和叔本华的术语，将正义分为积极正义与消极正义两大类型：积极正义就是等利交换的正义；消极正义就是等害交换的正义。[2]

所谓消极正义，也就是亚里士多德所说的对待伤害的正义："倘若是一个人打人，一个人被打，一个人杀人，一个人被杀，这样承受和行为之间就形成了不均等，于是就通过惩罚使其均等，或者剥夺其所得。"[3]但是，对于这种正义的经典概括，无疑是《圣经》的那一段名言："若有伤害，就要以命偿命，以眼还眼，以牙还牙，以手还手，以脚还脚，以烙还烙，以伤还伤，以打还打。"[4]这种正义，自亚里士多德以来，便被很恰当地叫作"报复正义"或"赔偿正义"；我们画蛇添足地称之为"消极正义"，只是为了与等利交换的积极正义相对照，从而揭示正义的分类。

报复正义或等害交换，细究起来，具有质和量的双重要求。从质

① John Rawls, *A Theory of Justice* (Revised Edition), Cambridge, Massachusetts: The Belknap Press of Harvard University Press, 2000, p. 3.

② 叔本华：《伦理学的两个基本问题》，商务印书馆 1996 年版，第 243—244 页。

③ 《亚里士多德全集》第八卷，中国人民大学出版社 1997 年版，第 101 页。

④ 《西方思想宝库》，吉林人民出版社 1988 年版，第 940 页。

上看，报复正义要求损害的性质相同：符合道德的损害，应该以符合道德的损害来报复；不符合道德的损害，可以用不符合道德的损害来报复。举例说：

在体育竞赛中，甲夺得冠军，对于亚军乙来说，是一种损害。因为没有甲，乙就是冠军了。所以，甲使乙失去了冠军，极大地损害了乙。但是，这种损害能够给社会带来极大的利益，净余额是极大的利益，因而是道德的、善的。如果乙在甲夺冠之后，努力锻炼，终于在下一次比赛中击败甲，报了上一次的一箭之仇而夺得冠军，那么，乙就是以同样符合道德的损害报复了甲，是一种等害交换，因而是一种报复正义。

反之，如果乙在下一次比赛中，通过投毒来击败甲而夺得冠军，那么，乙就是用不道德的损害来报复甲，就不是等害交换，不是报复正义。然而，如果甲出于妒嫉而杀死了乙的父亲，是一种不道德的、恶的损害。乙长大成人之后，杀死了甲而为父报仇。乙的这种损害，就其自身来说，也是不道德的、恶的。因此，乙是以不道德的损害报复甲的不道德的损害，是等害交换，是报复正义。

从量上看，报复正义要求损害的量的大小轻重相等。不过，“报复正义”或“赔偿正义”只是要求损害相等，亦即害人者所受到的损害，与他所造成的损害相等；而未必要求损害相同，未必要求害人者所受到的损害，与他所造成的损害相同。损害相同的要求，亦即《圣经》所要求的以命偿命、以眼还眼，正如密尔所说，是原始的、基本的报复正义：“一只眼还一只眼和一只牙还一只牙的报复律，是最强有力的原始而自然的正义情感。”[①] 但是，不相同的损害，也可以是相等的损害，因而也属于等害交换或报复正义范畴。就拿流血和生命来说。流血和生命用流血和生命来交换，是等害交换的报复正义；用流血和

① Robert Maynard Hutchins, *Great Books of the Western World*, Volume 43, *Utilitarianism*, by John Stuart Mill, Encyclopaedia Britannica, Inc., 1980, p. 472.

生命的等价物来赔偿，也是一种等害交换的报复正义：失去“血和生命”，与失去“血和生命的等价物”，不是相同的损害，却是相等的损害。所以，拉法格写道：

“拿活人与牛、武器和其他东西交换，使半开化人习惯于流血不一定用流血来交换，而可以用其他等价物补偿。……于是，代替以命偿命、以牙还牙，人们要求以家畜、铁和金子来抵偿生命、抵偿牙齿和抵偿其它的损伤。”①

然而，任何类型的正义，如所周知，都是一种善行，都属于道德善范畴。可是，等害交换却属于复仇、报复、目的害人的行为境界：它怎么能是一种道德善呢？如果它不是善而是恶，它也就不能属于正义范畴，因而也就不可能是正义的一种类型了。确实，等害交换，就其自身来说，不是善而是恶：“报复感情，就其本身来说，并不是道德的。”②但是，等害交换，就其结果来说，却是一种极其巨大的善。因为，一方面，如果是用符合道德的损害来报复符合道德的损害，那么，这种等害交换就是所谓的竞争：竞争是社会繁荣兴盛的动力，因而是一种极其巨大的善。另一方面，如果用不道德的损害来报复不道德的损害，那么，这种等害交换便意味着：一个人损害社会和别人，他也会受到同等的损害。这样，他便不会轻易损害社会和别人了。所以，这种等害交换能够使人们避免相互损害，赋予社会和人们以安全，因而极为有利社会发展和人际交往，符合道德目的，是道德的、善的。对于这个道理，密尔说得好：

“报复的渴望不仅是理性的，而且有一种动物性的成分；这种渴望之所以强烈并且在道德上是正当的原因，就在于它能够带来一种极其重要而深刻的利益。这种利益就是安全，它在每个人的一切利益中无

① 拉法格：《思想起源论》，生活·读书·新知三联书店1963年版，第80—81页。

② Robert Maynard Hutchins, *Great Books of the Western World*, Volume 43, *Utilitarianism*, by John Stuart Mill, Encyclopaedia Britannica, Inc., 1980, p.470.

疑是至关重要的。”①

这样，等害交换就其自身恶与结果善的净余额来说，无疑是善的、道德的，而不是恶的不道德的。这就是等害交换或同等报复之为一种道德原则——亦即正义之一大类型——的依据。等害交换不仅是正义的一大类型，而且，在拉法格看来，还是正义思想的真正起源：“正义思想的人的起源是报复的渴望和平等的感情。”②“同等报复在人类头脑中撒下了正义思想的种子。”③

但是，由此不能说一切报复都是正义的、道德的、善的。只有同等报复、等害交换才是正义的、道德的、善的；而过火的、以大害报复小害的行为，其净余额为害，无异于纯粹害人，因而是恶的、不道德的。因此，报复、复仇一般不可由受害者私下进行，而必须由社会司法和行政等有关部门执行。否则，极易过火、漫无节制而冤冤相报，使社会和人们蒙受巨大损害，因而便是恶的、不道德的行为了。

如果说等害交换是一种极为重要的道德善，那么，它是否比正义的另一类型——等利交换——更为重要、更为根本呢？等害交换的价值和意义在于避免互害；等利交换的价值和意义则在于达成互利。这样，等害交换与等利交换原则究竟何者更为根本和重要，说到底，便在于：避免互害与达成互利何者更为根本和重要？吉尔波特·哈曼认为前者更为根本和重要：“在我们的道德中，避免损害他人比帮助那些需要帮助的人更为重要。”④

这种观点是不能成立的。因为一方面，从质上看，所谓社会，正如罗尔斯所言，不过是“一个目的在于增进每个成员利益的合作体

---

① Robert Maynard Hutchins, *Great Books of the Western World*, Volume 43, *Utilitarianism*, by John Stuart Mill, Encyclopaedia Britannica, Inc., 1980, p.471.

② 拉法格：《思想起源论》，生活·读书·新知三联书店 1963 年版，第 67 页。

③ 拉法格：《思想起源论》，生活·读书·新知三联书店 1963 年版，第 95 页。

④ Louis P. Pojman, *Ethical Theory: Classical and Contemporary Readings*, second edition, USA: Wadsworth Publishing Company, 1995, p.43.

系”[①]。人们结成社会和建立联系，完全是为了互利，而绝不是为了避免互害：互相损害不过是社会合作与人际联系所具有的一种副作用罢了。另一方面，从量上看，就全社会的行为总和来说，互害的行为必然少于互利的行为。否则，每个人从社会合作与人际联系中所受到的损害，便多于所得到的利益，那么社会合作与人际联系便必然崩溃而不可能存在了。

可见，不论从质上看，还是从量上看，互利都远远比互害更为根本和重要。既然如此，那么，达成互利的正义原则“等利交换”，也就比避免互害的正义原则“等害交换”更为根本和重要了：等利交换是更为根本和重要的正义类型。那么，是否可以说：等利交换都是最根本、最重要的正义？

### 2. 根本正义与社会正义以及制度正义与治理正义

我们不能说，等利交换都是最根本、最重要的正义。因为众多的等利交换，如“投之以李报之以桃”或“你给我穿靴我给你搔痒”等等，显然无关紧要。等利交换比等害交换更为根本和重要，不过意味着：最根本、最重要的正义只能存在于等利交换之中，而不能存在于等害交换之中；只能是一种等利交换，而不能是一种等害交换：等害交换都属于非根本、非重要的正义范畴。那么，最根本、最重要的正义究竟是哪一种等利交换？

在人们所进行的一切等利交换的行为中，最根本、最重要、最主要的交换，无疑是权利与义务的交换：权利与义务的交换是正义的根本问题；非权利义务交换则是正义的非根本问题。这一点，密尔讲得很清楚：“正义观念的本质就是个人权利。”[②]罗尔斯也认为：“正义的主

① John Rawls, *A Theory of Justice* (Revised Edition), Cambridge, Massachusetts: The Belknap Press of Harvard University Press, 2000, p.4.

② Robert Maynard Hutchins, *Great Books of the Western World*, Volume 43, *Utilitarianism*, by John Stuart Mill, Encyclopaedia Britannica, Inc., 1980, p.473.

要问题是社会的基本结构，更确切些说，是分配基本权利和义务的主要社会制度。”①但是，人们往往由权利是正义的根本问题，进而断言权利是正义的全部问题，因而一切正义都牵连着权利问题。密尔就这样写道：“正义意味着，对于一些事情，不但去做是正当的、不做是不正当的，而且有人可将这些事情当作他们的道德权利而要求我们去做。”②德沃金亦如是说：“正义是给予每个人按权利应当获得的东西。”③

这种观点是片面的。实际上，既有牵连着权利义务的正义，也有与权利义务无关的正义：前者即根本正义；后者即非根本正义。更确切些说，所谓根本正义，就是权利与义务相交换的正义，是关于权利义务的正义；而非根本正义则是非权利义务交换的正义，是无关权利义务的正义。反之，根本不正义则是权利与义务相交换的不正义；非根本不正义则是无关权利与义务相交换的不正义。举例说：

一个人赡养父母，是履行自己的义务，这义务是与他儿时享有的被父母养育的权利的平等交换，因而是一种根本正义。反之，他若不赡养父母，则是不履行自己的义务，是一种权利与义务不平等交换的恶行，因而是一种根本不正义。然而，他若送钱救助陷入困境的昔日恩人，则不能说是在履行义务，而是一种无关义务权利的等利交换，因而是一种非根本正义。反之，他若坐视不救，也不能说是不履行义务，而是一种无关义务权利的不等利交换的恶行，因而是一种非根本不正义。

等利交换与等害交换以及根本正义与非根本正义，显然都是以正义行为本身的性质为根据的分类。如果不是以正义行为而是以正义行为者的性质为根据，那么，在阿奎那看来，正义可以分为交换正义和

① John Rawls, *A Theory of Justice* (Revised Edition), Cambridge, Massachusetts: The Belknap Press of Harvard University Press, 2000, p. 6.

② Robert Maynard Hutchins, *Great Books of the Western World*, Volume 43, *Utilitarianism*, by John Stuart Mill, Encyclopaedia Britannica, Inc., 1980, p. 469.

③ 德沃金：《认真对待权利》，中国大百科全书出版社 1999 年版，第 264 页。

赏罚正义：

“有两种秩序应该考虑：一种是部分对部分的秩序，同样也是一个私人对另一私人的秩序；这就是公平由交换所规定的秩序，这种公平对象是调整指定的人们之间的相互关系。其次，应该是整体与部分之间所存在的秩序，这也就是在团体和组成这种团体的不同人们之间所有的秩序。这种秩序是由赏罚的公平来调整的，这种赏罚的公平是以按照某一种比率来分配共同福利为对象的。因此，公平实际上有两类：交换的公平和赏罚的公平。”①

不难看出，阿奎那所谓的交换公平，也就是行为者为个人的正义，而所谓赏罚公平，也就是行为者为团体或社会的正义：前者亦即个人正义，而后者亦即社会正义。对于正义的这种分类，艾德勒说得就更清楚了：

“正义，主要讲来，可以分为两个领域。一个是关涉个人与他人或有组织的共同体——国家——之间的正义（这是个人为行为者的正义——引者）。另一个领域则是关于国家——它的政府、法律、政治制度和经济管理——与构成国家人口之间的正义（这是国家、社会为行为者的正义——引者）。”②

更确切些说，所谓个人正义，便是个人为行为主体的正义，是个人所进行的等利（害）交换行为，如张三以德报德、以怨报怨等等。反之，社会正义则是社会为行为主体的正义，是社会所进行的等利（害）交换行为，如法院判决杀人者偿命、借债者还钱等等。推此可知，个人不正义便是行为主体为个人的不正义，是个人所进行的不等利（害）交换的恶行，如张三恩将仇报等等；社会不正义则是社会为行为主体的不正义，是社会所进行的不等利（害）交换的恶行，如冤

① 狄骥：《宪法论》，商务印书馆 1959 年版，第 90 页。

② Mortimer J. Adler, *Six Great Ideas*, New York: A Touchstone Book Published by Simon & Schuster, 1997, p. 186.

假错案等等。

然而，社会正义是个十分复杂的范畴。因为所谓社会，如所周知，乃是因一定关系而结合起来的人群，是两个以上的人因一定人际关系而结合起来的共同体。这样，社会正义的行为者固然是社会而不是个人，但是，社会并没有头脑和手脚；作为行为者，社会通常是由能够代表社会意志的特殊的个人所代表的。这种能够代表社会意志的特殊的个人，无疑就是社会的领导者、治理者或统治者，如国王、总统、各种行政和司法长官以及家长、族长等等。因此，社会正义，说到底，乃是社会领导者的管理、治理活动的正义，是管理、治理行为的正义。反之，个人正义，说到底，则是被管理被治理的行为的正义，是被领导者的行为和领导者的非领导行为的正义。

这样，如果将社会正义与个人正义两大类型和根本正义与非根本正义两大类型联系起来，便可以看出：正义的主要原则乃是社会正义而不是个人正义。因为所谓根本正义，如上所述，乃是权利与义务相交换的正义。问题正在于，权利与义务的交换，显然并不是个人行为，而是社会行为，是社会统治者的分配行为：每个人的权利与义务都是社会统治者分配的，而不是个人相互间自己交换的。这就是说，权利与义务的交换，不属于个人行为范畴，而属于社会统治者的管理、治理行为范畴。

于是，所谓根本正义——权利与义务交换的正义——乃是一种社会正义，属于社会分配正义范畴。因此，正义，主要讲来，乃是社会正义而不是个人正义；乃是约束社会统治者的道德，而不是约束被统治者的道德；乃是统治者的美德，而不是被统治者的美德。这就是正义与善、节制、勇敢、诚实等道德规范的不同之处：诚实、勇敢、善等等是约束一切人的道德，是一切人的美德；反之，正义则主要是约束统治者、领导者、管理者的道德；主要是统治者、领导者、管理者的美德；说到底，是社会领导者的管理或治理活动的正义，是管理正义、治理正义。

但是，没有规矩，不成方圆。社会管理、治理行为，总体说来，不过是行为规范——权力规范（法）与非权力规范（道德）——的实现。因此，社会正义，说到底，乃是社会行为规范的正义，亦即制度正义。因为所谓制度，正如罗尔斯、诺斯和康芒斯所言，不过是社会制定或认可的行为规范体系，亦即法（包括法律、政策和纪律）和道德体系：

"我将制度理解为一种公开的规范体系。"① "制度是为约束在谋求财富或本人效用最大化中个人行为而制定的一组规章、依循程序和伦理道德行为准则。"② "制度似乎可以比作一座建筑物，一种法律和规章的结构，正象房屋里的居住人那样，个人在这结构里面活动。"③

制度之为行为规范体系的根本特征，显然在于：它的制定者或认可者不是个人，而是社会，是社会、社会的领导者或社会的权力机构：制度是社会制定或认可的一定的行为规范体系。所以，汤因比说："制度是人和人之间的表示非个人关系的一种手段。"④ 康芒斯说："如果我们要找出一种普遍的原则，适用于一切所谓属于制度的行为，我们可以把制度解释为'集体行为控制个体行动'。"⑤

可见，制度是社会制定或认可的一定的行为规范体系，亦即一定的法（包括法律、政策和纪律）和道德的体系。这样，所谓制度正义，主要讲来，也就是法律的正义与道德的正义。举例说，主张种族平等和男女平等的法律和道德，是正义的：这种正义，就是一种法律正义和道德正义，说到底，就是一种制度正义。反之，进行性别歧视和种

① John Rawls, *A Theory of Justice* (Revised Edition), Cambridge, Massachusetts: The Belknap Press of Harvard University Press, 2000, p. 47.

② 道格拉斯 · C. 诺斯：《经济史中的结构和变迁》，商务印书馆 1992 年版，第 195 页。

③ 康芒斯：《制度经济学》上册，商务印书馆 1997 年版，第 86 页。

④ 汤因比：《历史研究》上，上海人民出版社 1986 年版，第 59 页。

⑤ 康芒斯：《制度经济学》上册，商务印书馆 1997 年版，第 87 页。

族歧视的法律与道德，是不正义的：这种不正义，就是一种法律不正义和道德不正义，说到底，就是一种制度不正义。只讲义务和奉献而不讲权利和索取的道德与法律，是不正义的：这种不正义，就是一种法律不正义和道德不正义，说到底，就是一种制度不正义。反之，主张义务与权利相等以及奉献和索取相等的道德和法律，是正义的：这种正义，就是一种法律正义和道德正义，说到底，就是一种制度正义。

不难看出，制度正义与社会正义并不是同一概念：个人正义固然皆非制度正义，但社会正义并不都是制度正义。社会正义可以分为两类：制度正义与管理正义或治理正义。管理正义、治理正义，亦即社会领导者的管理、治理行为的正义，如一个总统对于国家的治理活动的正义、一个家长对于家庭的治理活动的正义。这种社会正义与个人正义结合起来，可以叫作“行为正义”而与“制度正义”构成正义的分类：行为正义是实际行为的正义，也就是具体的、特殊的行为的正义，主要进来，亦即治理正义；制度正义则是行为规范的正义，是一种一般的、普遍的、抽象的行为正义。因为行为规范，如前所述，是一种一般的、普遍的行为类型，因而属于一般的、普遍的、抽象的行为范畴。因此，可以将行为正义与制度正义的分类，与社会正义与个人正义的分类的关系，表示如图：

- 正义
  - 社会正义
    - 制度正义
    - 治理正义 ｝行为正义
  - 个人正义 ｝行为正义

制度正义与社会正义虽然并不是同一概念，但是，制度正义是典型的、标准的、最有代表性的社会正义，是主要的社会正义。因为，真正讲来，制度——法和道德——乃是社会领导者管理活动的标准和尺度，社会领导者的管理、治理活动不过是制度的实现。诚然，领导者的管理、治理活动未必皆依制度进行，而很可能违背制度：一个社会越是自由和民主，社会的管理、治理活动便越是符合法治原则，便越是遵循制度；越是极权和专制，社会的管理、治理活动便越是背离法治原则，便越是背离制度。但是，任何社会，不论多么专制和极权，就其管理、治理行为总和来说，它遵循制度的行为必定多于违背制度的行为；否则，制度就失去了存在的意义，社会就等于没有制度，因而必定崩溃瓦解而不可能存在了。

"任何社会，就社会管理、治理行为总和来说，遵循制度的管理、治理行为必定多于背离制度的管理、治理行为"，显然意味着：如果一个社会的制度是正义的，那么，就该社会多数的管理、治理行为来说，就是正义的，该社会就是一个正义的社会；如果一个社会的制度是不正义的，那么，就该社会多数的管理、治理行为来说，就是不正义的，该社会就是一个不正义的社会。因此，制度正义在社会正义中具有决定意义，是主要的、具有决定意义的社会正义。

于是，正义，根本讲来，主要是社会正义、管理正义、治理正义，而不是个人正义；说到底，主要是制度正义而不是治理正义。制度正义决定治理正义；治理正义表现制度正义。制度正义是大体，是决定性的、根本性的和全局性的；治理正义是小体，是被决定的、非根本的和非全局性的。因此，制度的优劣好坏决定治理的优劣好坏；治理的优劣好坏表现制度的优劣好坏。

因此，如果一个国家的国家治理活动出了问题、错误、恶劣和罪恶，就表明国家制度存在缺陷，就可以归咎于国家制度存在缺陷、恶劣和罪恶。真正堪称好的、优良的国家制度，一定是这样的制度，在这种制度下，就是坏的和恶的国家统治者也只能做好事，而无法为非作歹。休谟的"无赖假设"讲的也是这个道理：

"许多政论家已经将下述主张定为一条格言：在设计任何政府体制和确定该体制中的若干制约、监控机构时，必须把每个成员都设想为无赖之徒，并设想他的一切作为都是为了谋取私利，别无其他目标。我们必须利用这种个人利害来控制他，并使他与公益合作，尽管他本来贪得无厌，野心很大。不这样的话，他们就会说，夸耀任何政府体制的优越性都会成为无益的空谈，而且最终会发现我们的自由或财产除了依靠统治者的善心，别无保障，也就是说根本没有什么保障。因此，必须把每个人都设想为无赖之徒确实是条正确的政治格言。”①

这样一来，如果进一步综合“根本正义与非根本正义”和“个人正义与社会正义”以及“制度正义与治理正义、行为正义”三种分类，便可以将正义分为个人根本正义与社会根本正义以及个人非根本正义与社会非根本正义四大综合类型：

所谓社会根本正义，也就是自亚里士多德以来所谓的“分配正义”，亦即社会给每个人分配权利义务的正义——权利与义务的分配是社会正义的根本问题——主要是权利义务的分配制度正义。反之，社会非根本正义则是社会所进行的无关权利与义务的正义，主要是无关权利义务的制度正义，如社会对于各种分外善行的奖励和对于各种损害的惩罚制度等等。个人根本正义是个人所进行的权利与义务相交换的正义，也就是个人行使权利与履行义务的正义：行使权利与履行义务是个人正义的根本问题。例如，一个人赡养父母是履行他自己所负有的义务的正义；领取劳动报酬则是他行使自己所享有的权利的正义。这些都属于个人根本正义范畴。反之，个人非根本正义则是个人所进行的无关行使权利与履行义务的正义。例如，一个人救助曾帮助过自己的朋友和接受他曾帮助过的朋友的帮助。这些等利交换的正义都与他所享有的权利和负有的义务无关，是他所进行的无关权利义务的正义，因而都属于个人非根本正义范畴。

社会根本正义显然远远重要于社会非根本正义和个人根本正义，

---

① 刘军宁编：《民主二十讲》，中国青年出版社 2008 年版，第 40 页。

是最根本最重要最主要的正义；而制度正义，如上所述，又是主要的社会正义。于是，精确讲来，社会根本正义或分配正义并不是最为根本最为主要的正义；最为根本最为主要的正义乃是分配制度正义，是权利义务分配制度的正义。因此，罗尔斯曾反复强调：

“社会正义原则的基本问题是社会的基本结构，亦即合作体系中的主要社会制度安排。我们已经知道，这些原则将在这些制度中规定权利与义务的分配，决定社会生活中利益与负担的适当分派。”①

于是，综合“等利交换与等害交换”、“根本正义与非根本正义”、“社会正义与个人正义”以及“制度正义与治理正义或行为正义”四种正义之分类，最终便可以将正义类型归结如下图：

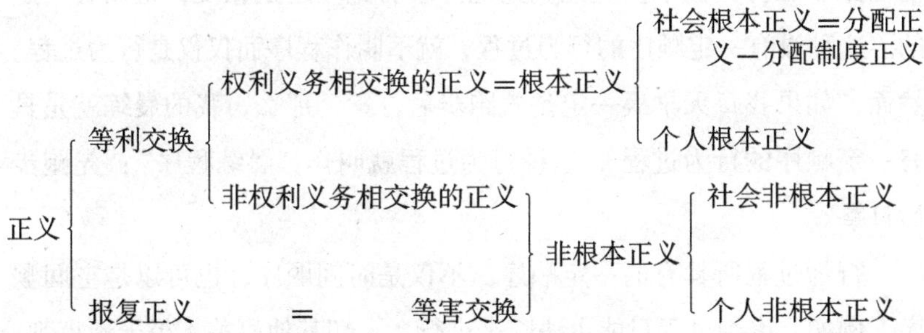


细观这些正义类型可知，正义问题虽然纷纭复杂，但根本讲来，无非权利与义务相交换的正义，说到底，则是社会对于每个人的权利与义务的分配制度的正义：分配制度正义是最根本最重要最主要的正义。因此，自亚里士多德以来，正义便被简单地归结为两大类型：分配正义与报复正义。然而，到了 20 世纪 60 年代，学者们开始关注一切正义——特别是分配正义与报复正义——的实现过程或实现手段的正义问题，关注行为的过程、手段的正义与行为的结果、目的的正

① John Rawls, *A Theory of Justice* (Revised Edition), Cambridge, Massachusetts: The Belknap Press of Harvard University Press, 2000, p. 47.

义的关系。这就是亚里士多德以来的经典思想家所未能问津的更为复杂难解的正义的类型：程序正义与实体正义。

### 3. 程序正义与实体正义

**“程序正义”与“结果正义”是一种“手段正义”与“目的正义”关系** 何谓程序？法学家说：“程序，从法律学的角度来看，主要体现为按照一定的顺序、方式和步骤来做出法律决定的过程。”① 这就是说，程序属于行为过程范畴。确实，所谓程序，顾名思义，就是过程的顺序，就是具有一定顺序的行为过程。反之，不具有一定顺序的行为过程，就仅仅是行为过程而不叫作程序。举例说，我每天早晨的体育活动是跑步和打太极拳。但究竟是先打拳后跑步还是相反，是没有一定的。这种没有一定顺序的行为过程，就不叫作程序而仅仅是行为过程。然而，如果我每天早晨一定是先跑步后打拳，那么，我的晨练就是具有一定顺序的行为过程 ，这种行为过程就叫作“晨练程序”：先跑步后打拳。

行为过程所具有的一定顺序，不仅是时间顺序，也可以是空间顺序。例如，审判过程只能由法院来进行，一切其他机关不得干预审判。这就是审判的一种法律程序：它不是一种时间顺序，而是各法律行为主体的空间相关性，是审判过程的空间关系、空间顺序。这种行为过程的空间顺序，还可以表现为各种具体行为形式的选择。例如，审判过程采取何种形式，是公开的审判，还是秘密审判，也是一种审判的法律程序问题。于是，总而言之，程序乃是具有一定时间和空间顺序的行为过程，是具有一定时空顺序的行为过程：“我们可以把‘法律程序’初步概括为：人们进行法律行为所必须遵循或履行的法定的时间和空间上的步骤和方式。”②

---

① 季卫东：《法律程序的意义》，《中国社会科学》1993年第1期，第85页。

② 孙笑侠：《法律程序分析》，《法律科学》1993年第6期，第3页。

因此，所谓程序正义，也就是一种行为过程的正义，是具有一定时空顺序的行为过程的正义。反之，这种行为过程所导致的行为结果之正义，则叫作结果正义或实体正义。举例说，“任何人不得做自己案件的法官”和“应该听取双方当事人的意见”，都是审判过程的正义原则，因而都属于程序正义范畴。反之，这种审判过程可能导致的“有罪者受到定罪和无罪者免受刑事追究”的正义的审判结果，则是审判结果的正义，属于结果正义或实体正义范畴。所以，谷口安平写道：“当我们说，‘正义是社会上不分贫富’，这时我们谈的是实体正义。这里我们关注的是最终结果，而不是取得这种结果的过程。反之，如果我们谈到过程，那就引出了程序正义。”①不过，为什么我们将结果正义叫作实体正义？程序正义与结果正义或实体正义究竟是何关系？

首先，任何程序或行为过程都是为了达到一定的行为结果，无疑都是达到预期行为结果的手段、方法：程序或行为过程是手段；而预期达到的行为结果则是目的。所以，程序正义是一种手段正义；而结果正义则是一种目的正义。举例说，“任何人不得做自己案件的法官”，是审判的程序正义；而“有罪者受到定罪和无罪者免受刑事追究”，是审判的结果正义：前者显然是一种手段正义；而后者则是一种目的正义。

其次，手段或方法无疑源于和附属于目的，是被目的所产生和决定的：目的是本源、实体，而手段或方法则是目的所派生的产物、附属物。这样，程序或行为过程与它所要达到的行为结果的关系，便是一种附属与实体的关系。因此，结果正义是一种实体正义，而程序正义则是一种附属的、属性的、依附的正义。所以，边沁将程序法叫作“附属法”，而与追求结果正义的“实体法”相对立。这就是为什么我们将结果正义叫作实体正义的缘故。

① 宋冰编：《程序、正义与现代化》，中国政法大学出版社 1998 年版，第 356 页。

最后，行为手段是外在的、看得见的，属于形式和现象范畴；而行为目的则是内在的、看不见的，属于内容和实质范畴。因此，程序正义作为一种手段正义，便是一种看得见的正义，是一种形式正义；而结果正义作为一种目的正义，则是一种内容正义，是一种实质正义。程序正义与结果正义的这种关系，如所周知，被归结为一句古老的法律格言："正义不仅要得到实现，而且要以人们看得见的方式加以实现（Justice must not only be done，but must be seen to be done）。"这一格言的前半句说的就是结果或目的正义：结果或目的正义是一种看不见的实质正义；而后半句说的则是程序正义：程序正义是一种看得见的形式正义。

总之，程序正义与结果正义是一种"手段正义与目的正义"（或附属正义与实体正义、形式正义与实质正义）的关系。然而，由此绝不能说：程序正义与结果正义是"手段和目的"的关系。程序正义与结果正义是"手段正义与目的正义"的关系，却不是"手段和目的"的关系。诚然，程序是为结果服务的手段。但是，程序正义却不是为结果正义服务的手段。就拿"禁止侵犯个人隐私"来说。这条程序正义原则显然不是达到结果正义的手段。因为，如所周知，禁止侵犯个人隐私在很多情况下，都会成为查明真相和达到结果正义的障碍。那么，究竟为什么程序正义不是结果正义的手段呢？

**程序正义不是结果正义的手段：程序正义的内在价值**　原来，任何程序都具有内外双重价值：既具有能够达到某种结果和目的的"手段价值、外在价值"，又具有自身就能够满足人的需要、自身就是人们所欲求的目的之"目的价值、内在价值"。就拿禁止侵犯个人隐私的程序来说。它可能放纵罪犯从而造成结果不正义，因而是一种坏程序：这是它的手段价值和外在价值。但是，这种程序，就其自身来说，却保障了个人隐私不应该被侵犯的权利，因而是正义的，是正义的程序。这种独立于结果的程序正义，自身就能够满足人的需要，就是人们所欲求的目的：这是它的目的价值、内在价值。最早看到程序这种目的价值和内在价值的，是美国法学家罗伯特·萨默斯。他将程序的内在价值称作“程序价值”：“程序价值是指我们据以将一项法律程序判断为好程序的价值标准，而这种价值标准要独立于程序可能具有的任何‘好结果效能’之外。”①

那么，程序正义是否都是程序的内在价值、目的价值？答案是肯定的。一目了然，程序正义与否，与它所导致的结果是否正义无关。因为一种程序，比如侵犯个人隐私，不论它所达到的结果如何正义，它都是不正义的程序。反之，禁止侵犯个人隐私，不论它所达到的结果如何不正义，它都是正义的程序。所以，程序正义是一种独立于程序结果的价值：它不是程序对于结果的效用性，不是程序所具有的达到某种结果的手段价值、外在价值；而是程序所具有的一种自身就能够满足人的道德需要的内在价值，是程序所具有的一种自身就是人们所欲求的目的的目的价值。所以，谷口安平和贝勒斯写道：

“程序正义必须被视为独立的价值。”②“即使正义、尊严和参与等价值并未增进判决的准确性，法律程序也要维护这些价值。我们可以把这种方法称作一致‘程序内在价值’分析方法。”③

这样一来，评价一种程序的好坏便具有双重价值标准：如果它能够达到结果正义或实体正义，它便具有好的手段价值和外在价值；如果它自身就是正义的，它便具有好的目的价值和内在价值。显然，一种程序，只有既能够达到结果正义从而具有好的手段价值，又能够自身就是正义的从而具有好的内在价值，它才是真正的好程序。换言之，只有能够达到结果正义的程序正义，才是真正的好程序；达不到结果正义的程序正义，并不是真正的好程序。那么，程序正义是否一定能

---

① 《北大法律评论》1998 年第一卷第一辑，法律出版社 1998 年版，第 184 页。

② 宋冰编：《程序、正义与现代化》，中国政法大学出版社 1998 年版，第 376 页。

③ 迈克尔·D. 贝勒斯：《法律的原则》，中国大百科全书出版社 1996 年版，第 32 页。

够达到结果正义？程序正义与结果正义的关系究竟如何？

程序正义，如上所述，不是程序所具有的能够达到某种结果的手段价值、外在价值；而是程序所具有的一种自身就是人们所欲求的目的的目的价值、内在价值。因此，程序虽然是为结果服务的手段，但程序正义却不是为结果正义服务的手段。程序正义不但不是为结果正义服务的手段，而且是对于为结果正义服务的手段——程序——的一种道德限制、价值限制：为结果正义服务的程序或手段，应该是正义的、道德的、好的；而不应该是不正义的、不道德的、坏的。所以，程序正义的实质是：为了达到正义的、善的、道德的结果和目的，应该采用正义的、善的、道德的手段和程序，而不应该采用不正义的、恶的、不道德的手段或程序。这就是说，程序正义虽然不是结果正义的手段，却能够达到结果正义。可是，程序正义究竟能够在何种程度上达到结果正义？是必然的还是偶然的？是总体的还是全体的？

**程序正义总体说来必定导致结果正义** 罗尔斯认为，有些程序正义，如动手切蛋糕的人最后领取自己的一份儿，必定能够导致具有独立于程序正义标准的结果正义；他称之为“完善的程序正义”（perfect procedural justice）。另一些程序正义，未必能够导致具有独立于程序正义标准的结果正义，如刑事审判的程序正义；他称之为“不完善的程序正义”（imperfect procedural justice）。还有一些程序正义，如赌博的程序正义，必定能够导致不具有独立于程序正义标准的结果正义；他称之为“纯粹的程序正义”（pure procedural justice）。[①] 罗尔斯的分类是不科学的。因为这三种程序正义的分类显然违背了同一分类只能依据同一性质或标准的原则，而依据两种性质或标准：是否必定导致结果正义和结果正义是否具有独立于程序正义的标准。

不但此也！细究起来，罗尔斯分类的最大缺憾在于：它未能把握

① John Rawls, *A Theory of Justice* (Revised Edition), Cambridge, Massachusetts: The Belknap Press of Harvard University Press, 2000, p. 74.

程序正义的本质特征。因为就程序正义与结果正义的关系来看，程序正义的本质特征乃是一种统计性特征或统计学意义上的特征：总体说来，程序正义必定导致结果正义。因为总体说来，正义的、道德的过程和手段，比不正义的、不道德的过程和手段，无疑更能够导致正义的、道德的目的或结果。这显然蕴涵着：总体说来，程序正义比程序不正义更能够导致结果正义。就拿刑事审判程序正义的两条最为根本的原则——“任何人不得做自己案件的法官”和“应该听取双方当事人的意见”——来说，遵循这些原则的程序正义岂不比违背这些原则的程序不正义，更加可能导致“有罪者受到定罪和无罪者免受刑事追究”的结果正义吗？诚然，禁止侵犯个人隐私的程序正义比侵犯个人隐私的程序不正义，往往更能够导致结果正义。但这无疑是一种极为例外的、局部的、特殊的现象。所以，泰勒说：“在一般情况下，正义的程序比不正义的程序能够产生更加正义的结果。”[①]

因此，总体讲来，程序正义与结果正义必定是一致的。换言之，程序正义，总体讲来，必定导致结果正义；说到底，正义的程序，总体说来，必定是能够导致结果正义的程序，因而必定是真正的好程序。即使在程序不正义比程序正义更能够导致结果正义的情况下，程序正义与结果正义也是可以两全的和一致的。因为用以达到结果正义的程序大都多种多样，一种正义的程序达不到结果正义，并不妨碍其他正义的程序达到结果正义。举例说，禁止侵犯个人隐私的程序正义可能达不到将罪犯绳之以法的结果正义。但是，这并不妨碍其他程序正义，如“任何人不得做自己案件的法官”和“应该听取双方当事人的意见”，可以达到将罪犯绳之以法的结果正义。所以，程序正义与结果正义发生不可调和的冲突从而不可两全，是极为罕见的例外。

当程序正义与结果正义没有冲突和可以两全时，当然应该兼顾

① 陈瑞华：《刑事审判原理论》，北京大学出版社 1997 年版，第 99 页。

程序正义与结果正义。但是，当二者发生冲突不能两全时，应该怎么办？无疑应该牺牲价值较小者而保全价值较大者。这样，当程序正义与结果正义发生冲突不可两全时，总体说来，便应该坚持程序正义而牺牲结果正义。因为如上所述：程序正义，总体说来，必定导致结果正义。这就意味着：如果坚持程序正义，总体说来，便既保全了程序正义，又实现了结果正义。反之，如果牺牲程序正义，总体说来，则既牺牲了程序正义，又牺牲了结果正义。一句话，程序正义，总体说来，蕴涵结果正义，因而其价值大于结果正义的价值：程序正义对于结果正义具有总体的优先性。这就是法律格言"程序优先于权利"（Process before Rights）和"正义优先于真实"（Justice before Truth）以及"程序是法律的心脏"之真谛。

因此，美国最高法院大法官杰克逊（Jackson）说："程序的公平性和稳定性是自由的不可或缺的要素。只要程序适用公平、不偏不倚，严厉的实体法也可以忍受。事实上，如果要选择的话，人们宁愿生活在忠实适用我们英美法程序的苏联实体法制度下，而不是由苏联程序所实施的我们的实体法制度下。"[①] 另一位大法官道格拉斯（William Douglas）也这样写道："权利法案的绝大部分条款都与程序有关，这并不是没有意义的。正是程序决定了法治与任意或反复无常的人治之间的大部分差异。坚定地遵守严格的法律程序，是我们赖以实现人人在法律面前平等享有正义的主要保证。"[②]

**程序工具主义与程序本位主义**　程序正义与结果正义或实体正义的关系，如上所述，十分艰深繁难，因而构成正义理论的一大难题：围绕这一难题，形成了程序工具主义与程序本位主义两大流派。在程序工具主义看来，程序并不具有独立于结果的内在价值和目的价值，而仅仅是为结果服务的手段，仅仅具有用来达到某种结果或目的的手

① 宋冰编：《程序、正义与现代化》，中国政法大学出版社 1998 年版，第 375 页。

② 陈瑞华：《看得见的正义》，中国法制出版社 2000 年版，第 4 页。

段价值和外在价值。这样一来，程序法与程序正义——二者都属于程序规范范畴——也就不过是为实体法和结果正义服务的手段，因而只具有用来实现实体法或结果正义的手段价值和外在价值。对于这一点，程序工具主义代表边沁讲得十分清楚："程序法的唯一正当目的，则为最大限度地实现实体法。"①

这是错误的。因为程序固然是为实体法和实体正义或结果正义服务的手段，但程序法和程序正义却不是为结果正义和实体法服务的手段。程序法和程序正义不但不是为结果正义和实体法服务的手段，而且是对于为结果正义和实体法服务的手段——程序——的一种法律和道德的限制：为结果正义和实体法服务的程序或手段，应该是合法的、正义的、道德的；而不应该是不合法、不正义、不道德的。所以，程序法和程序正义的实质是：为了达到正义的、道德的结果和目的，应该采用合法的、正义的、道德的手段和程序，而不应该采用不合法、不正义、不道德的手段或程序。程序工具主义的错误显然在于：将"程序法"或"程序正义"与"程序"等同起来，因而由程序是为结果正义和实体法服务的手段的正确观点，得出了错误的结论：程序正义和程序法是为结果正义和实体法服务的手段。

程序本位主义则正确看到程序既具有用来达到某种结果的手段价值和外在价值，又具有自身就是人们所欲求的目的的目的价值和内在价值，从而纠正了程序工具主义的错误。但是，程序本位主义进而认为程序的内在价值和程序正义是决定性的、本位的，而程序的外在价值和结果正义是被决定的、派生的。因为——程序本位主义代表达尔解释说——程序正义必定导致结果正义；程序不正义必定导致结果不正义："裁判的正义性与产生这一裁判的程序的正义性具有一种内在的关联性。"②

---

① 陈瑞华：《刑事审判原理论》，北京大学出版社1997年版，第28页。
② 陈瑞华：《刑事审判原理论》，北京大学出版社1997年版，第35页。

这种观点也是不正确的。诚然，如果程序正义必定导致结果正义，那么，程序正义便决定着结果正义，便是决定性的、本位的；而结果正义则是被决定的、派生的。但是，如上所述，程序正义并非必定导致结果正义；程序正义只是总体说来才必定导致结果正义。因此，只是总体说来，程序正义才是决定性的、本位的，而结果正义才是被决定的、派生的。程序本位主义的错误，显然在于将“总体”夸大成“全体”、“全部”：将“程序正义总体说来必定导致结果正义”的真理，夸大成“程序正义必定导致结果正义”的谬误；将“程序不正义总体说来必定导致结果不正义”的真理，夸大成“程序不正义必定导致结果不正义”的谬误；将“程序正义总体说来是决定性的、本位的”真理，夸大成“程序正义是决定性的、本位的”谬误。

## 三、正义原则

### 1. 正义原则：正义总原则的确立

从正义的定义和类型出发，便不难确立衡量一切伦理行为是否正义的正义总原则了。一般说来，一种道德原则与其定义是同一的：定义就是原则。举例说，勇敢是不畏惧可怕事物的行为，是勇敢的定义。这个勇敢的定义——不畏惧可怕事物的行为——显然就是衡量一切行为是不是勇敢的原则：勇敢定义就是勇敢原则。同理，正义的定义也就是正义的原则。但是，正义极为复杂纷纭，它并不是一个单一的原则，而是一系列分原则和一个总原则所构成的原则体系。因此，仅凭正义定义，还不足以确立衡量一切行为是否正义的正义总原则。

试想，“正义是等利害交换的善行”，是正义的定义。从这个定义出发，还不足以判定：等利害交换的一切伦理行为是否都是善的行为？从而是否都是正义？同样，不正义是不等利害交换的恶行，是不正义的定义。从这个定义出发，同样不能判定：不等利害交换的一切伦理行为是否都是恶的行为？从而是否都是不正义？要科学地确立衡量一切伦理行为是否正义的正义总原则，显然还必须从正义的定义和类型出发，辨析人类一切伦理行为：哪些是正义的行为？哪些是不正义的行为？哪些是既非正义亦非不正义的行为？

所谓伦理行为，如前所述，亦即受利害人己意识支配的行为。这就是说，人类一切伦理行为无非两类：利害自己与利害他人。利害自己似乎无所谓正义不正义；正义和不正义必定完全存在于利害他人的伦理行为之中。所以，亚里士多德一再说："正义并不是自己对自己的关系。"[①]"正义是相关于他人的。"[②]

其实不然。因为自己那些干了缺德坏事，出于内疚感或罪恶感的自我惩罚的目的害己的行为，无疑符合正义原则——等害交换——因而是正义的。举例说，一位军官因与其女儿发生性关系而生罪恶感，便向上级自首，断送自己的锦绣前程。一个印第安人因酒后杀母而生罪恶感，于是，严冬时便不穿衣物露宿雪地来折磨自己。这些目的害己的行为，对于自己的损害是对于他人的损害的报复，属于等害交换，因而是正义的。同理，因自己干了造福于他人的好事，出于良心满足而领受奖赏或自我奖赏的行为，属于等利交换，因而也是正义的。只不过，正义，主要讲来，无疑是利害他人而不是利害自己的行为。

利害他人行为亦即人际利害行为，说到底，亦即人际利害相交换的行为。因为一切人际关系，如上所述，都可以归结为交换关系。人际利害相交换行为显然无非为两类：等利（害）交换和不等利（害）交换。等利（害）交换的行为与正义的行为实为同一概念。因为等利交换和等害交换，如上所述，乃是正义的两大类型，因而都是道德的、善的："等利害交换的行为"与"等利害交换的善行"是同一概念。因

---

① 《亚里士多德全集》第八卷，中国人民大学出版社 1997 年版，第 119 页。
② 《亚里士多德全集》第八卷，中国人民大学出版社 1997 年版，第 97 页。

此，正义的定义“正义是等利（害）交换的善行”也就全等于“正义是等利（害）交换的行为”。这样，“等利（害）交换”便是衡量一切行为是否正义的总原则：凡是等利（害）交换的行为都是正义的；凡是正义的行为都是等利（害）交换的。然而，不等利害交换的行为与不正义的行为却不是同一概念。因为不等利（害）交换行为并不都是恶的，而可以分为四种类型：

第一种是“无偿给予”和“得小利而报答以大利的不等利交换”；后者如滴水之恩涌泉相报，其净余额也是无偿给予；二者显然都有利社会存在发展，符合道德目的，因而都是道德的、应该的、善的：这就是所谓的仁爱。

第二种类型，是在一定的条件下的遭受损害而不报复乃至以德报怨；或者遭受大害而报复以小害，如只是要求对方道歉，其净余额无异于遭受损害而不报复。这些不等害交换显然也有利社会存在发展，符合道德目的，因而也是道德的、应该的、善的：这就是所谓的宽恕。

第三种类型是受恩不报乃至恩将仇报和得大利而回报以小利的不等利交换；后者如涌泉之恩滴水相报，其净余额无异于受恩不报，二者显然都有害社会的存在发展、不符合道德目的，因而是不道德的、不应该的、恶的。

第四种类型是遭受小害而报复以大害的不等害交换，其净余额是纯粹害人，因而有害社会存在发展、不符合道德目的，也是不道德的、不应该的、恶的。这两种恶——第三和第四种——就是所谓的不正义。

这样，不等利（害）交换的行为便可以归结为两大种类。一类是善的、道德的、应该的不等利（害）交换的行为：这就是所谓的仁爱和宽恕。另一类是恶的、不道德的、不应该的不等利（害）交换的行为：这就是所谓的不正义。因此，不正义的定义“不正义是不等利（害）交换的恶行”与“不正义是不等利（害）交换的行为”根本不同。“不正义是不等利（害）交换的恶行”只可代换为“不正义是恶的不等利（害）交换的行为”。于是，“恶的不等利（害）交换”便是衡量一切行为是否不正义的总原则：凡是恶的不等利（害）交换的行为都是不正义的；凡是不正义的行为都是恶的不等利（害）交换。

总而言之，“等利害交换”是正义，是衡量一切行为是否正义的正义总原则；“恶的不等利害交换”是不正义，是衡量一切行为是否不正义的不正义总原则；“善的不等利害交换”无所谓正义不正义，而是超越正义、高于正义的分外善行——仁爱和宽恕。举例说，我有难时，张三给过我 300 元。现在他有难了，我也给他 300 元，是等利交换，是正义。我若一毛不拔或只给他 10 元，是不道德的不等利交换，是不正义。我若滴水之恩涌泉相报，竟给了他一万元；或者张三从未给过我利益，我只是出于同情心而无偿为他谋利益，那么，我的这种行为便是善的不等利交换，它无所谓正义不正义，而是超越正义、高于正义的“仁爱”：仁爱是无私奉献，是积极的无偿给予。

反之，如果张三昔日害我三分，现在我通过一定的法纪程序也害他三分，是等害交换，是正义。我若变本加厉，害他九分，则是恶的不等害交换，是不正义。我若在无害社会和他人的前提下，放弃了害他的权利，那么，我的这种行为便是善的不等害交换，它无所谓正义不正义，而是超越正义、高于正义的宽恕：宽恕是放弃债权，是消极的无偿给予。

这就是我们依据正义的定义与类型来衡量人类一切伦理行为的结论，这就是正义总原则的确立过程，可以将其表示如图：

- 伦理行为
  - 等利害交换＝正义总原则
  - 不等利害交换
    - 恶的不等利（害）交换的行为＝不正义总原则
    - 善的不等利（害）交换＝仁爱和宽恕原则

### 2. 正义原则：国家制度与国家治理好坏的根本价值标准

显然，就道德境界的高低来说，正义远远低于仁爱和宽恕：仁爱和宽恕属于无私利他境界，是道德的最高境界，是善的最高境界；而正义则与无私无缘，不属于无私利他境界，不属于最高的道德境界、善的最高境界。那么，正义究竟属于怎样的道德境界？善，如前所述，分为三大境界：无私利他是善的最高境界，是至善；为己利他是善的基本境界，是基本善；单纯利己是最低善，是善的最低境界。显然，正义既不属于善的最高境界"无私利他"，也不属于善的最低境界"单纯利己"，而属于善的基本境界："为己利他。"

因为一方面，就正义之为等利交换来说，当然不是无偿给予，而是一种利益的有偿交换，是通过给予对方利益，来换取或回报对方的同等利益；给予对方利益完全以对方给予自己同等的利益为条件。因此，正义行为的目的是利己，行为手段是利他，属于为己利他的道德境界。所以，休谟一再说："自爱是正义原则的真正起源。"①"正义仅仅起源于人的自利和有限的慷慨，以及自然供以满足人类需要的物品之匮乏。"②

另一方面，就正义之为等害交换来说，虽然是一种目的害人的行为，却因其能够使人们避免相互损害，从而极为有利于社会的存在发展，符合道德目的，属于道德的、应该的、善的行为范畴。那么，等害交换究竟属于善的何等境界呢？当然既不会相当于无私利他，也不会相当于单纯利己，因而只能相当于为己利他。确实，等害交换与等利交换的关系，跟宽恕与仁爱的关系一样——仁爱是积极的无偿给予，宽恕是消极的无偿给予——等利交换是积极的为己利他，等害交换则是消极的为己利他。换言之，等害交换与等利交换是同一枚硬币

① David Hume, *A Treatise of Human Nature*, Oxford: The Clarendon Press, 1949, pp. 199, 230.

② David Hume, *A Treatise of Human Nature*, Oxford: The Clarendon Press, 1949, pp. 199, 200.

的正反面，二者的道德价值和道德境界大体相当，都属于为己利他的道德境界。

正义属于为己利他范畴，因而就其道德境界高低来说，远远低于仁爱和宽恕，远远低于无私利他。但是，就正义的道德价值——亦即正义对于道德目的的效用——的大小轻重来说，却远远大于、重要于仁爱和宽恕，远远大于、重要于无私利他，也大于、重要于其他一切道德：正义是最重要最主要最根本的道德。因为，如前所述，道德目的是为了保障社会存在发展和增进每个人利益。要达此目的，一方面，必须避免人们相互间的伤害。因为，正如斯密所言："社会不可能存在于那些总是准备相互破坏和伤害的人们中间。当那种伤害开始的时候，当相互间的愤恨和敌意发生时候，社会就将土崩瓦解。"①

另一方面，必须使每个人努力增进社会和他人利益。因为所谓社会，说到底，不过是一种"我为人人、人人为我"的利益合作形式。如果每个人不努力增进社会和他人利益，势必如休谟所言："社会必定立即解体，而每个人必定陷入野蛮和孤立的状态，这种状态比起我们所能设想的最坏的社会生活要坏过千万倍。"②

不难看出，一方面，避免人们相互间的伤害的最重要最有效的原则，无疑是等害交换的正义原则。因为等害交换意味着：你损害社会和他人，就等于损害自己；你损害社会和他人多少，就等于损害自己多少。这样，每个人要自己不受损害，就必须不损害社会和他人；每个人要自己不受丝毫损害，就必须丝毫不损害社会和他人。

另一方面，增进社会和他人利益的最重要最有效的原则，无疑是等利交换的正义原则。因为等利交换意味着：你增进社会和他人利益，就等于增进自己利益；你为社会和他人增进多少利益，就等于你为自

---

① Adam Smith, *The Theory of Moral Sentiments*, Beijing: China Social Sciences Publishing House, 1999, p. 86.

② David Hume, *A Treatise of Human Nature*, Oxford: The Clarendon Press, 1949, pp. 199, 202.

己增进多少利益。这样，每个人要增进自己利益，就必须增进他人利益；每个人要最大限度增进自己利益，就必须最大限度增进社会和他人利益。

当然，如果每个人的恒久行为乃至全部行为都能够达到仁爱和宽恕的道德境界，那么，仁爱和宽恕无疑比正义更能够使每个人丝毫不损害社会和他人，更能够使每个人努力增进社会和他人利益。但是，不要忘记，仁爱和宽恕属于无私利他的道德境界；而正义则属于为己利他的道德境界。我们关于人性的研究表明，任何一个社会，无论怎样，至多只能使人们的偶尔行为无私利他，而恒久的行为只可能是为己利他或损人利己。这就是说，任何一个社会，无论怎样，至多只能使人们的偶尔行为无私利他从而达到仁爱和宽恕的境界；人们的恒久行为则只可能为己利他而达到正义的境界。

所以，仁爱和宽恕原则固然远远高于正义原则，是最高道德原则，却是最高且偶尔道德原则：它只可能指导每个人的偶尔行为；其作用是使每个人偶尔行为达到仁爱和宽恕的至善峰峦，从而也就只能够使每个人的偶尔行为避免相互伤害，只能够使每个人的偶尔行为努力增进社会和他人利益。反之，正义固然远远低于仁爱和宽恕，是基本道德原则，但却是基本且恒久道德原则：它能够指导每个人的恒久行为；其作用是使每个人的恒久行为达到正义的善行大道，从而使每个人的恒久行为避免相互伤害，使每个人的恒久行为努力增进社会和他人利益。这样一来，也就只有正义原则才能够——而仁爱和宽恕原则却不能够——真正保障人们避免相互损害，真正使人们努力增进社会和他人利益，从而真正使道德目的得到实现。

因此，仁爱和宽恕是最崇高的善，却不是最大的善，不是最重要的善，不是最重要的善原则，不是最重要的道德原则。反之，正义虽然并不崇高而有斤斤计较之嫌，却是最大的善，是最重要的善，是最重要的善原则，是最重要的道德原则。所以，亚里士多德说："在各种德性中，人们认为正义是最重要的。”[①] 斯密说：“社会存在的基础与其说是仁慈，毋宁说是正义。没有仁慈，社会固然处于一种令人不快的状态，却仍然能够存在；但是，不正义的盛行则必定使社会完全崩溃。……仁慈是美化建筑物的装饰品而不是支撑它的地基，因而只要劝告就已足够而没有强制的必要。反之，正义是支撑整个大厦的主要支柱。如果去掉了这根柱子，人类社会这个巨大而广阔的建筑物必定会在一瞬间分崩离析。”[②] 罗尔斯则一言以蔽之曰：“公众的正义观乃是构成一个组织良好的人类联合体的基本宪章。”[③]

然而，仅仅看到正义是最主要最根本最重要的道德，还没有真正揭示正义与仁爱、无私利他等道德原则的根本区别。因为正义的主要原则是社会正义，是治理正义，说到底，是制度正义，是社会对于每个人的权利与义务的分配制度的正义：分配制度正义是最根本最重要最主要的正义。因此，正义与仁爱等道德原则根本不同：仁爱是约束一切人的道德，是每个人的行为所当遵循的道德原则；而正义则主要是约束统治者、领导者、管理者的道德，是衡量社会治理好坏的根本价值标准，是衡量国家治理和国家制度好坏的根本价值标准。

最早发现这一伟大真理的，是柏拉图：“当我们建立这个城邦时，从一开始我们就已经确定了一条普遍原则。我想，这条原则，或这条原则的某种形式，就是正义。”[④] 亚里士多德极大地弘扬了柏拉图的发现，一再申说：“城邦以正义为原则。由正义衍生的礼法，可凭以判断人间的是非曲直，正义恰正是树立社会秩序的基础。”[⑤] 罗尔斯则将

---

① 《亚里士多德全集》第八卷，中国人民大学出版社 1997 年版，第 96 页。

② Adam Smith, *The Theory of Moral Sentiments*, Beijing: China Social Sciences Publishing House, 1999, p. 86.

③ John Rawls, *A Theory of Justice* (Revised Edition), Cambridge, Massachusetts: The Belknap Press of Harvard University Press, 2000, p. 5.

④ 柏拉图：《理想国》，433A-D。

⑤ 亚里士多德：《政治学》，商务印书馆 1996 年版，第 9 页。

柏拉图和亚里士多德以降的这一伟大思想传统概括为一段气势磅礴的宣言：

“正义是社会制度的首要善，正如真理是思想体系的首要善一样。一种理论，无论多么高尚和简洁，只要它不真实，就必须拒绝或修正；同样，某些法律和制度，无论怎样高效和得当，只要它们不正义，就必须改造或废除。”① 正义之为国家制度好坏的根本价值标准，无疑相当复杂纷纭，因而并不是一个单一的原则，而是一系列分原则和一个总原则所构成的原则体系：等利害交换只是正义总原则。从这个正义总原则出发，不难推导出一系列正义分原则；最根本的正义分原则无疑是社会分配给每个人的权利与义务应该相等：权利与义务相等是正义根本原则。

① John Rawls, *A Theory of Justice* (Revised Edition), Cambridge, Massachusetts: The Belknap Press of Harvard University Press, 2000, p. 3.

# 第五章
# 权利与义务相等：正义根本原则

**本章提要**　贡献是权利的源泉和依据；换言之，社会应该按照贡献分配权利，按照权利分配义务；说到底，社会分配给每个人的权利应该与他的贡献成正比而与他的义务相等。这就是社会正义根本原则，亦即“实在贡献原则”。“德”与“才”是职务等权利的潜在的源泉和依据；换言之，社会应该任人唯贤，按照每个人的“德”与“才”分配职务等权利；说到底，社会应该“用人如器”，根据每个人所具有的品德与才能的性质而分配与其相应的职务等权利。这就是社会根本正义的“德才原则”，亦即推演于“实在贡献原则”的“潜在贡献原则”。

正义的根本问题，如前所述，是权利与义务的交换或分配。那么，权利与义务究竟应怎样交换或分配才是正义的？或者说，权利与义务交换的正义原则是怎样的？说到底，正义根本原则是什么？这是个极其复杂的问题。研究这一问题的起点显然是：何谓权利与义务？

## 一、权利与义务界说

### 1. 权利：应该受到权力——法律和政治——保障的利益

权利与义务，真正讲来，乃是应该受到权力保障的东西。因此，界说权利与义务的前提是：权力是什么？土地、人口和权力（及其管理组织或机关），如所周知，乃是构成一切社会的三要素，因而也是构成国家的三要素；只不过，构成国家的权力及其组织要素，乃是最高权力及其组织或政府罢了。然而，人口与土地之外，为何必有权力？

原来，任何社会要存在和发展，都必须有管理者：管理者必须拥有一种被该社会成员普遍承认、认可、同意的迫使被管理者服从的强制力量。只有如此，才可能保障人们的活动遵守一定的社会秩序，从而社会才能够存在发展；否则，这些社会活动势必互相冲突、乱成一团，社会也就不可能存在发展了。因此，管理者所拥有而为社会成员普遍承认、认可、同意的强制力量，乃是任何社会存在发展的根本条件。这种强制力量，正是所谓权力：

"一种权力的存在意味着一个集体的文化体制建立起了正式的不平等关系，把统治他人的权力赋予某些人，并强迫被领导者必须服从后者。"①

权力区别于其他强制力量的根本特征和性质，就在于社会的承认、认可或同意；否则就不成其为权力，而沦为所谓"捆猪的力量"了。权力的这一根本特征和性质，自卢梭以来，便被称之为"合法性"：合法性固然有强制必须符合法律之意，但并不局限于符合法律；而是泛指一个社会的强制力量所具有的被该社会成员普遍承认、认可、同意的性质：

"权力的合法性只不过是由于本集体的成员或至少是多数成员承认它为权力。如果在权力的合法性问题上出现共同同意的情况，那么这种权力就是合法的。不合法的权力则不再是一种权力，而只是一种力量。"②

这样一来，权力便是管理者所拥有的具有合法性的强制性力量，因而具有一种内在的对立：合法性与强制性以及必须与应该。从权力是具有强制性的力量方面来看，权力具有必须性，是人们必须服从的

① 莫里斯·迪韦尔热：《政治社会学》，华夏出版社 1987 年版，第 116 页。
② 莫里斯·迪韦尔热：《政治社会学》，华夏出版社 1987 年版，第 116 页。

力量，不服从就会受到惩罚制裁；从权力是社会承认或大家同意的具有合法性的力量方面来看，权力具有应该性，是人们应该服从的力量。合而言之，权力是管理者拥有且被社会承认的使被管理者服从的强制性力量，是管理者所拥有而被管理者必须且应该服从的力量，因而是保障社会存在发展的根本手段。

不仅此也！因为，社会是两个以上的人因一定人际关系而结合起来的共同体，说到底——正如罗尔斯所言——不过是“一个目的在于增进每个成员利益的合作体系”①。这种利益合作，一方面是我为人人：我为社会和他人谋取利益，也就是所谓的“贡献”或“付出”；另一方面则是人人为我：我从社会和他人那里得到利益，也就是所谓的“索取”或“要求”。

于是，所谓权力，说到底，也就是保障人们利益合作的根本手段，也就是保障人们相互贡献与索取、付出与要求的根本手段。应该受到权力保障的利益、索取或要求，正是所谓的权利：我从社会和他人那里得到的应该受到权力保障的利益、索取或要求，岂不就是我的权利？反之，应该受到权力保障的服务、贡献或付出，正是所谓的义务：我给予社会和他人的应受权力保障的服务、贡献或付出，岂不就是我的义务？但是，权力显然并不保障所有的利益合作，并不保障所有的贡献与索取或付出与要求。细究起来，每个人的索取或要求、每个人从社会和他人那里得到的利益，共有三种类型：

第一种仅仅具有必须性而不具有应该性，是社会和他人必须而非应该给予我的利益，是社会和他人必须而非应该满足我的要求和索取：它是必须的，因为否则便会受到强制力量的惩罚；它是不应该的，因为它违反道德。例如，我持枪抢劫银行，银行职员明知不应该将钱给

① John Rawls, *A Theory of Justice* (Revised Edition), Cambridge, Massachusetts: The Belknap Press of Harvard University Press, 2000, p. 4.

我，但必须给我，不给我便会遭到我的强制力量的惩罚：枪杀。我的这种类型的利益、索取或要求，显然不应为权力所保障，因而不是我的权利：我没有权利抢劫银行。

第二种类型仅仅具有应该性而不具有必须性，是社会和他人应该而非必须给予我的利益，是社会和他人应该而非必须满足我的要求和索取：它符合道德因而是应该的；但它不具有——或被认为不具有——重大的社会效用，因而不是必须的，不服从也不会受到强制力量的惩罚。例如，我有难时，朋友帮我渡过难关；或者他人出于对我的爱而赠我财物等等。我的这种类型的利益、索取或要求，都符合道德，因而都是应该的。但是，它们却不是必须的，因为我的朋友和他人即使不帮助、不馈赠我，也不会受到暴力惩罚或行政惩罚。我的这种类型的利益、索取或要求，显然也不应为权力所保障，因而也不是我的权利：我没有权利要求他人馈赠和朋友帮忙。

第三种类型则既具有应该性又具有必须性，是社会和他人必须且应该给予我的利益，是社会和他人必须且应该满足我的要求和索取：它符合道德因而是应该的；同时，它又具有——或被认为具有——重大的社会效用，因而是必须的，不服从便会受到强制力量的惩罚。例如，儿时父母对我的养育、工作时单位付给我工资、年迈时儿女对我的赡养等等。我的这种类型的利益、索取或要求，都符合道德，因而是应该的；同时也是必须的，因为否则便会受到强制力量的惩罚。显然，我的这种类型的利益、索取或要求应该受到权力保障，因而便是我的权利：我在儿时有权利要求父母的养育，我工作时有权利要求单位付给我工资，我年迈时有权利要求儿女的赡养。

可见，权利是一种具有——或被认为具有——重大社会效用的必须且应该的索取或要求，是一种具有——或被认为具有——重大社会效用的必须且应该得到的利益，是一种具有或被认为具有重大的社会效用的必当得到的利益，因而也就是应该受到权力保障的利益，是应该受到权力保障的索取或要求，也就是应该受到社会管理者依靠权力加以保护的利益、索取或要求。

这一定义的关键词是“应该”受到权力保障：权利是应该受到权力保障的利益，而未必是实际受到权力保障的利益。彼彻姆不理解这一点，因而陷于不能自拔的矛盾：他一方面承认，没有权力保障的权利，不是真正的权利；另一方面却又说，真正的权利可能并没有权力的保障。他这样写道：

“如果一种正当的要求并没有实际的权力作后盾，那么无论如何，说它是我们的权利纯属空谈，等于没有丝毫真正的权利……因此，无权力的权利看来是不可信的。然而，仅以权力来分析权利看来也是不充分的，因为我们可以在完全没有权力的情况下享有权利。无辜者有不受刑罚的权利，因为他们并没有犯罪。然而，他们却没有权力阻止受刑罚。这样，权利看来全然不需要权力。”①

确实，有些权利，如无辜者不受惩罚的权利等等，未受到权力的保障，却仍然是权利。这是因为，这些权利虽然实际上没有受到权力的保障，却应该受到权力的保障：权利是应该受到权力保障的利益。这一定义，还蕴涵更为深刻和重要的含义。因为，如前所述，政治就是权力管理，是对于具有重大社会效用的行为应该且必须如何的权力管理；而法律则是权力规范，是对于具有重大社会效用的行为应该且必须如何的权力规范。所以，权利是应该受到权力保障的利益，便蕴涵着：权利是应该受到政治和法律保障的利益。

这是千真万确的。试想，儿时父母对我的养育、工作时单位付给我工资、年迈时儿女对我的赡养等等利益都是我的权利：它们岂不都是应该受到法律保障的利益？反之，我接受朋友的馈赠和帮助等等利益，都不是我的权利：它们岂不都是不应该受到法律的保障而仅仅应

① Tom L. Beauchamp, *Philosophical Ethics*, New York: McGraw-Hill Book Company, 1982, p. 196.

该受到道德保障的利益？

可见，所谓权利，说到底，也就是应该受到政治和法律保障的利益。因此，耶林说："权利就是受到法律保护的一种利益。所有的利益并不都是权利，只有为法律所承认和保障的利益才是权利。"① 但是，细究起来，耶林的这一定义还不够精确。因为真正讲来，权利并不都是受到法律保障的，如人权在过去就没有受到法律保障，至今在很多国家仍然没有受到法律保障，而只是受到道德的保障。所以，人们往往说人权是一种道德权利，而不是法律权利。但是，人权显然是应该受到法律保障的：它不但应该是一种道德权利，而且应该是一种法律权利。所以，精确讲来，权利未必都受到法律保障，权利不都是受到法律保障的利益；但权利必定都应该受到法律保障：权利是应该受到法律保障的利益。

然而，权利是应该受到政治和法律保障的利益，并不意味着权利仅仅应该受到法律和政治的保障，而不应该受到道德的保障。因为如所周知，凡是应该受到法律保障的东西，同时都应该受到道德保障；反之，应该受到道德的保障的东西，则只有一部分同时应该受到法律保障。因为道德所规范的是每个人的全部具有社会效用的行为；而法律所规范的则仅仅是其中的一部分，即那些具有重大社会效用的行为。因此，权利是应该受到法律保障的利益，便意味着：权利同时也是应该受到道德保障的利益。所以，鲍桑葵说：

"任何一种权利既与法律有关又与道德有关。它是能够得到法律来维护的一种要求。而任何道德规范都不能这样做；但它又是被公认为应该能够靠法律来维护的要求，因而又具有道德的一面。"②

总之，权利是一种具有重大的社会效用的必须且应该的索取或要

① 庞德：《通过法律的社会控制 法律的任务》，商务印书馆1984年版，第46页。

② 鲍桑葵：《关于国家的哲学理论》，商务印书馆1995年版，第204页。

求，是一种具有重大的社会效用的必须且应该得到的利益，是一种具有重大的社会效用的必当得到的利益，因而也就是应该受到社会管理者依靠权力加以保护的利益、索取或要求；说到底，也就是应该受到政治和法律保障的利益、索取或要求。这一定义，可以从庞德对于权利概念的著名解释中得到印证：

“作为一个名词，权利这个词曾被用于六种意义。第一，它指利益……权利可以解释为某一特定作者认为或感到基于伦理的理由应该加以承认或保障的东西，它也可以解释为被承认的、被划定界限的和被保障的利益……就是人们设想应当为政府所承认并付诸实施的各种主张或要求……第二，权利这个词被用来指法律上得到承认和被划定界限的利益……第三，权利这个词被用来指一种通过政治组织社会的强力，来强制另一个人或所有其他人去从事某一行为或不从事某一行为的能力……第四，权利这个词被用来指一种设立、改变或剥夺各种狭义法律权利从而设立或改变各种义务的能力，最好称之为法律权力……第五，权利这个词被用来指某些可以说是法律上不过问的情况，也就是某些对自然能力在法律上不加限制的情况。可以有一种对整个活动领域不加过问的一般情况。在这里，我们就说到自由权了……第六，权利还可以被用在纯伦理意义上来指什么是正义的。”①

前三种是权利的基本的、主要的意义，可以归结为三句话：（1）被承认的、被划定界限的和被保障的利益；（2）应当为政府所承认并付诸实施的各种主张或要求；（3）法律上得到承认和被划定界限的利益。这些与我们的权利定义是完全一致的。第四种和第五种意义不过是从前三种意义推演出来的两种具体权利——立法权与自由权——因而是权利的分类而不是权利的定义。最后一种意义则是权利的一种词源含义，而并不是权利的定义。因为拉丁文“jus”和英文“right”

---

① 庞德：《通过法律的社会控制 法律的任务》，商务印书馆 1984 年版，第 47—48 页。

都兼指正义和权利。

2. 义务：应该受到权力——法律和政治——保障的服务

权利概念的解析使与其恰相对立的义务概念迎刃而解。因为不难看出，与我的索取或要求分为三种类型一样，我的贡献或付出相应地也分为三种类型：

第一种仅仅具有必须性而不具有应该性，是我必须而非应该的贡献或付出，是我必须而非应该给予社会和他人的利益：它是必须的，因为否则便会受到强制力量的惩罚；它是不应该的，因其违反道德。例如，强盗持枪抢劫我，我不应该把我的钱给他，却必须给他。因为否则我便会受到他的暴力惩罚：被枪杀。我的这种必须而非应该的付出或贡献，显然不应该受到权力和法律的强迫或保障，因而正如哈特所言，并不是我的义务："很明显，在持枪抢劫的情境中是找不到义务的。"①

第二种类型仅仅具有应该性而不具有必须性，是我应该而非必须的贡献或付出，是我应该而非必须给予社会和他人的利益：它符合道德因而是应该的；但它不具有——或被认为不具有——重大的、基本的社会效用，因而不是必须的，不服从也不会受到强制力量的惩罚。例如，我慷慨解囊帮助朋友、见义勇为自我牺牲等等，虽然极为高尚，却不具有重大的、基本的社会效用，因而都是我应该而非必须的贡献或付出。我的此类付出或贡献，显然不应该受到权力和法律的保障，因而也不是我的义务；而是——正如罗尔斯所言——分外善行："引人入胜的分外善行也属于允许的行为。这些行为有仁爱和怜悯、英勇的壮举和自我牺牲等等。这些行为是善的，但它们并非一个人的义务

---

① 哈特：《法律的概念》，中国大百科全书出版社 1996 年版，第 87 页。

或责任。”①

第三种类型则既具有必须性又具有应该性，是我必须且应该的贡献或付出，是我必须且应该给予社会和他人的利益：它符合道德因而是应该的；同时，它又具有——或被认为具有——重大的社会效用，因而是必须的，不服从便会受到强制力量的惩罚。例如，我服兵役、纳税、赡养父母、做好工作等等，虽然不如我的慷慨解囊帮助朋友、见义勇为自我牺牲等等高尚，却具有重大的、基本的社会效用，因而不但是应该的，而且是必须的：如果我不服兵役、不纳税、不赡养父母、不做好工作，便会受到惩罚。我的这类付出或贡献显然应该受到权力和法律的保障，因而便是我的义务：我有义务服兵役、有义务纳税、有义务赡养父母、有义务做好工作。所以，哈特在论及义务之为义务的根本特征时写道：

“重要的是，对规则背后社会压力的重要性和严厉性的坚定态度是确定它们是否被认为引起义务的主要因素……由这种严厉的压力所支持的规则之所以被认为重要，乃是因为人们确信它们对于维护社会生活的某种价值极高的特征是必须的。”②

可见，义务概念不过是颠倒过来的权利概念：义务是具有重大社会效用的必须且应该的服务；是具有重大社会效用的必须且应该的贡献或付出；是具有重大社会效用的必须且应该给予社会和他人的利益；是具有重大社会效用的必当付出的利益；是一种具有重大社会效用的必须且应该的服务、贡献或付出，因而也就是应该受到权力——法律和政治——保障的服务、贡献或付出；是应该受到社会管理者依靠权力和法律加以保障的服务、贡献或付出；是不服从便会受到权力和法律惩罚的必须且应该服从的服务、付出或贡献。所以，边沁说：

---

① John Rawls, *A Theory of Justice* (Revised Edition), Cambridge, Massachusetts: The Belknap Press of Harvard University Press, 2000, p. 100.

② 哈特：《法律的概念》，中国大百科全书出版社 1996 年版，第 88—89 页。

"凡是我有义务去做的事情，如果我不去做，依据法律，我就要受到惩罚。这就是义务一词原来的、普通的和恰当的含义。"①

这样，义务与责任便是同一概念，都是应该受到社会管理者依靠权力和法律加以保障的服务、贡献或付出，都是不服从便会受到权力和法律惩罚的必须且应该的服务、付出或贡献。只不过，义务更强调应该、重在应该、应该重于必须，是应该且必须付出的利益；责任则强调必须、重在必须、必须重于应该，是必须且应该付出的利益。因此，一般说来，一方面，凡是与职务有关的、职务所要求的必须且应该付出的利益，便都因其更强调必须性、强制性、法规性而叫作责任。反之，与职务无关的、不是职务所要求的，则因其更强调应该性、道德性、教育性而都叫作义务。

试想，为什么保卫祖国是公民的义务，然而却是战士的责任？岂不就是因为战士的职务要求其必须保卫祖国吗？为什么救死扶伤是公民的义务，然而却是医生的责任？岂不就是因为医生的职务要求其必须救死扶伤吗？为什么维护国家安定团结是公民的义务，然而却是国家首脑的责任？岂不就是因为国家首脑的职务要求其必须维护国家的安定团结吗？所以，凡是与职务相连的、职务所要求的任务、付出或贡献都是责任。这就是为什么会有"职责"概念的缘故。

另一方面，任何义务，虽然其应该重于必须，但当其被违反时，其必须性便立即充分显露出来而远远重于其应该性，于是便成为责任了。这样，任何义务，当其被义务人违反时，该义务人便成为责任人；而他所违反的义务，便成为他的责任。例如，不可侵犯他人财产，是义务人张三的义务。如果他违反这一义务而侵害他人财产，那么他便成了责任人而负有侵犯他人财产的责任。抚养年迈父母，是他们的儿子、义务人李四的义务。如果李四违反这一义务而丢弃父母不管，那

① 边沁：《政府片论》，商务印书馆 1995 年版，第 230 页。

么，李四便成为责任人而负有不抚养父母的责任。可见，义务若被违反便因其必须性重于应该性而成为责任。所以，吴学义写道："义务与责任，于实质上，均为债务之意义。其所异者，一般负债务之状态，谓之义务；应负担刑事上民事上之制裁时，谓之责任。"① 李肇伟也写道："责任者，义务人违反其义务时，在法律上应有之负担也。"② 但是，李先生将其作为责任的定义是不对的。因为，如上所述，被违反的义务仅仅是责任之一种；至少还有另一种责任：职责。

可见，义务与责任本是一个东西，都是一种具有重大社会效用的必须且应该的任务、贡献或付出，因而也就同样是应该受到权力、法律和政治保障的任务、贡献或付出；只不过责任更强调必须性、法权性、惩罚性，而义务更强调应该性、道德性、教育性罢了。

### 3."义务"与"应该"等同论：所谓"完全义务与不完全义务"

然而，按照伦理学传统，义务就是应该的服务，应该的服务也都是义务：义务与应该的、道德的、善的行为是同一概念。西季威克就这样写道："最好将义务定义为正当的行为。"③ 包尔生也写道："善并不是做我们的意志想做的，而是做我们所应该做的。履行善就意味着履行义务。"④ "在道德领域中，"凯尔森总结道，"义务的概念和'应当'的概念是一致的。成为某人道德义务的行为只不过是他根据道德规范所应当遵守的行为而已。"⑤ 我们可以将这种伦理学传统叫作"义务应该等同论"。

"义务应该等同论"原本有一定的词源学依据。西文"义务"

① 吴学义：《法学纲要》，中华书局 1935 年版，第 95 页。

② 李肇伟：《法理学》，台湾学生书局 1979 年版，第 305 页。

③ Henry Sidgwick, *The Methods of Ethics*, United Kingdom: Thoemmes Press, 1996, p. 194.

④ 包尔生：《伦理学体系》，中国社会科学出版社 1986 年版，第 291 页。

⑤ 凯尔森：《法与国家的一般理论》，中国大百科全书出版社 1996 年版，第 67 页。

（duty）从词源上看，源于拉丁文“due”和希腊语“deon”，有应当的、正当的意思。中国古代，大体讲来，只有“义”而没有“义务”一词。何谓义？《礼记·中庸》解释道：“义者，宜也。”义就是适宜的、应该的意思。所以，从词源上看，义务就是应该的服务，就是应该的行为，就是道德的、善的行为。

“义务应该等同论”还有更为深层的原因：“权利”意识的贫乏。麦金太尔曾指出：“直至中世纪结束前夕，在任何古代或中世纪的语言里都没有可以准确译成我们所谓‘权利’的词语。”[①] 近代以来，权利观念才逐渐成为普遍的社会意识。然而，直至今日，在伦理学体系中仍然没有权利问题的位置：伦理学仍然只研究义务而不研究权利。问题恰恰在于，义务是与权利对立的概念：义务概念就是颠倒过来的权利概念。所以，如果参照权利概念，便不难科学地界说义务概念；反之，没有权利概念的参照，则绝不可能准确把握义务概念。

试想，如果知道权利是一种具有重大的社会效用因而应该受到政治和法律保障的必须且应该的索取，那么相应地，义务岂不显然就是一种具有重大的社会效用因而应该受到政治和法律保障的必须且应该的贡献？可是，如果伦理学只研究义务而不研究权利，没有权利概念的参照，也就很难将义务与仁爱等应该的服务区别开了。这就是形成“义务应该等同论”的更为深层原因。

随着权利意识的兴起，“义务应该等同论”转换为“完全强制性义务（或完全义务）与不完全强制性义务（或不完全义务）”的义务分类论。这种理论仍然认为一切应该的服务都是义务：不但应受法律保障的必须且应该的付出（如服兵役和赡养父母）是义务，而且不应受法律保障的应该而非必须的付出（如施舍、行善、仁慈）也是义务。

① A. J. M. Milne, *Human Rights and Human Diversity*, London: The Macmillan Press, Ltd., 1986, p.4.

只不过，前者对应权利，是完全强制性义务或完全义务；而后者则不对应权利，是不完全强制性义务或不完全义务。

这种分类理论肇始于康德。他这样写道："仁爱和尊重人类权利两者都是义务。"[①] 不过，后者是法律上的义务，而前者是伦理上的义务："一切义务，或者是权利的义务，即法律上的义务；或者是善德的义务，即伦理上的义务。"[②] 接着，他在义务分类的图表中，又进一步将"权利的义务"或"法律上的义务"叫作"完全义务"，而把"善德的义务"或"伦理上的义务"叫作"不完全义务"。[③] 本来，密尔曾经说过：慷慨或慈惠等不应该强制履行的善德并非义务，而只有可以强制履行的善德才是义务。[④] 然而，最终他还是向康德所代表的伦理学传统屈服了：

"如所周知，伦理学家把道德义务分为两类，并取了个拙劣的名称：完全义务与不完全义务（duties of perfect and of imperfect obligation）。后者是指那些行为，这些行为是义务，但履行它们的特定场合可以选择，如慈善或仁爱，确实是我们应该做的，但并不是明确针对哪个人，也不是一定得在哪个规定的时间。用法哲学家们更准确的语言来说，完全义务是别人有与它相关的权利的义务；不完全义务，是不赋予任何权利的道德义务。"[⑤]

诚然，一切应该的服务、贡献或付出都具有强制性，并且依据其强制性质可以分为完全强制性的应该的服务、贡献或付出与不完全强制性的应该的服务、贡献或付出。所谓完全强制性的应该的服务、贡

---

① 康德：《历史理性批判文集》，商务印书馆 1991 年版，第 143 页。

② 康德：《法的形而上学原理》，商务印书馆 1991 年版，第 35 页。

③ 康德：《法的形而上学原理》，商务印书馆 1991 年版，第 35 页。

④ Robert Maynard Hutchins, *Great Books of the Western World*, Volume 43, *Utilitarianism*, by John Stuart Mill, Encyclopaedia Britannica, Inc., 1980, p. 468.

⑤ Robert Maynard Hutchins, *Great Books of the Western World*, Volume 43, *Utilitarianism*, by John Stuart Mill, Encyclopaedia Britannica, Inc., 1980, p. 468.

献或付出，也就是具有重大社会效用因而应受权力、法律和政治保障的必须且应该的服务、贡献或付出，如服兵役和赡养父母等等。这种服务、贡献或付出显然具有完全的强制性：从最弱的舆论强制到行政强制和肉体强制。反之，所谓不完全强制性的应该的服务、贡献或付出，也就是不具有重大社会效用因而不应受权力、法律和政治保障——而只应受道德保障——的必须且应该的服务、贡献或付出，如博爱、仁慈和行善等等。这种服务、贡献或付出不具有完全的强制性，因为它显然仅仅具有一种最弱的强制性：舆论强制性。

不难看出，只有完全强制性的——亦即应受权力或法律保障的——应该的服务、贡献或付出，才是义务；而不完全强制性的——亦即不应受权力或法律保障而只应受道德保障的——应该的服务、贡献或付出，则是分外善行而并非义务。“义务应该等同论”的根本错误就在于将强制性与义务性等同起来，因而由一切应该的服务都具有强制性的正确前提，得出错误结论说：一切应该的服务都是义务，只不过应受法律保障者因其具有完全强制性而是完全强制性义务，而不应受法律保障者因其不具有完全强制性而是不完全强制性义务罢了。这就是“义务应该等同论”的理论根据之错误。

如果我们进一步考察“义务应该等同论”的具体结论，这种理论的荒谬之处就更加清楚了。因为按照它的“义务就是应该的行为”的定义，一切应该的、道德的、善的行为，如仁慈、博爱、布施、行善等等，便都是义务了。这种理论的倡导者也确实是将一切应该的、道德的、善的行为，如仁慈、博爱、布施、行善等等，都当作义务。例如，在康德、西季威克和罗斯那里，就有所谓的仁爱的义务、博爱的义务、行善的义务、忠实的义务、感恩的义务、不撒谎的义务、礼貌的义务、敬重他人的义务以及自我完善的义务等等。

照此说来，路遇乞丐，我一定得给他一些钱财，因为施舍是应该的、善的、有德性的，因而是我的义务。遭遇游客，如果他要我给他照相，我也一定得给他照相，因为给别人帮忙是应该的、善的、有德性的，因而是我的义务。我一定得不断地馈赠不比我富裕的人，因为馈赠不比我富裕的人，是应该的、善的、有德性的，因而是我的义务。西季威克甚至断言：

“我们不应当否认，只要力所能及，做一个人判断为最有德性的行为就在某种意义上是他的严格的义务。”①

这就是说，无私利他——无私利他无疑是最有德性的行为——乃是每个人的严格义务。因此，一个商人童叟无欺，只有当他的目的是为了童叟，才算履行了义务；如果他不是为了童叟，而是为了买卖兴隆，那么，他就没有履行义务，他就应该受到惩罚。难道还有比这更荒谬绝伦的吗？“义务应该等同论”是如此荒谬，以致它的追随者范伯格有时也动摇起来，感到将义务与应该等同起来是个极大的错误：

“强调义务的哲学家们的基本错误是……将全部应该的行为等同于履行‘义务’。”②因为“有一些行为是值得一个人去做的，并且确实是他应该做的，虽然这些行为既不是他的责任，也不是他的义务。这样，从逻辑上看，说某人有义务或责任去做X，绝不能简单地换成另一种说辞：他应当去做X”③。

综上可知，“义务应该等同论”是不能成立的：义务固然是应该的、善的、道德的服务、贡献或付出；应该的、善的、道德的服务、贡献或付出却不都是义务。义务只是同时具有必须性的那些应该的、善的、道德的服务、贡献或付出，是不履行就会受到权力、法律和政治惩罚的必须且应该的服务、贡献或付出，因而也就是颠倒了的权利：权利是一种具有重大的社会效用因而应该受到权力或法律保障的必须

① 西季威克：《伦理学方法》，中国社会科学出版社 1993 年版，第 238 页。

② Tom L. Beauchamp, *Philosophical Ethics*, New York: McGraw-Hill Book Company, 1982, p.175.

③ Tom L. Beauchamp, *Philosophical Ethics*, New York: McGraw-Hill Book Company, 1982, p.176.

且应该的索取；义务是一种具有重大社会效用因而应该受到权力或法律保障的必须且应该的贡献。这就是为什么，边沁说：

“凡是我有义务去做的事情，如果我不去做，依据法律，我就要受到惩罚。这就是义务一词原来的、普通的和恰当的含义。”①

### 4. 关于权利与义务概念的学说

究竟何谓权利与义务，正如庞德所言，原本是法学最大难题：“法学之难者，莫过于权利也。”② 围绕这一难题，法学家、伦理学家和政治哲学家们至今仍众说纷纭、莫衷一是。这些争论，细考较去，可以归结为两大流派：一是“利益说”，包括所谓“资格说”、“主张说”或“要求说”以及“法力说”；二是“自由说”，包括所谓“意志说”、“可能说”、“规范说”或“范围说”。

利益说（The Interest Theory）的公认代表，是奥斯丁、葛德文、耶林及其当代的著名支持者里昂斯（D. Lyons）、麦考米克（D. N. Maccomick）和莱兹（J. Raz）。奥斯丁说：“权利的特性是赋予它的拥有者以利益。”③ 葛德文说：“义务，是我应该施与别人的待遇；权利，是我应该期望从他们那里受到的待遇。”④ 耶林说：“权利就是受到法律保护的一种利益。所有的利益并不都是权利，只有为法律所承认和保障的利益才是权利。”⑤

可见，利益说是这样一种关于权利与义务的定义的理论，在它看来，权利是一种利益、索取或要求，是受到法律保障的利益、索取或要求；义务则是一种贡献、付出或不利益，是受到法律约束的贡献、

---

① 边沁：《政府片论》，商务印书馆 1995 年版，第 230 页。

② 程燎原等：《赢得神圣》，山东人民出版社 1993 年版，第 2 页。

③ J. Austin, *The Province of Jurisprudence*, London: Detemined Weiderfeld & Nicholson, 1954, p.142.

④ 葛德文：《政治正义论》第一卷，商务印书馆 1991 年版，第 100 页。

⑤ 庞德：《通过法律的社会控制 法律的任务》，商务印书馆 1984 年版，第 46 页。

付出或不利益。一句话，利益说是认为权利不过是一种利益的理论。所以，李肇伟在总结利益说的界说时这样写道："利益说，为主张权利利益说之见解。认权利既为权利主体享受利益，义务即为义务主体履行不利益。"

准此观之，首先，所谓"主张说"或"要求说"（The Claiming Theory）也属于"利益说"范畴。因为按照这种学说，权利是一种要求、主张或索取，是一种合理合法的要求、主张或索取，是一种有效的要求、主张或索取。这种学说的代表密尔便这样写道："当我们把任何一种东西称作一个人的权利时，我们的意思是，他拥有一种有效地要求社会用法律或教育和舆论的力量，来保护他的占有。"① "要求说"的当代支持者范伯格进而解释说："几乎所有的作者都主张'有所要求'和'享有权利'之间存在着某种密切的关系。某些作者不加修饰地将权利和要求等同起来；某些人则把'权利'定义为是合理的或合法的要求、或得到承认的要求、或正当有效的要求。我自己则偏向于后一种定义。"② 葛德文也可以看作是"主张说"或"要求说"的代表，因为他也这样写道："权利是个人对他的应得利益的要求，这种利益是从别人尽了他们的各项义务过程中产生的。"③ 可见，"主张说"或"要求说"的所谓要求、主张或索取（claims），也就是对于利益的要求、主张或索取。因此，他们说"权利是一种要求、主张或索取"，无异于说"权利是一种对于利益的要求、主张或索取"，说到底，也就意味着"权利是一种利益"："主张说"或"要求说"就是"利益说"。

其次，"资格说"（The Entitlement Theory）也属于"利益说"范畴。资格说的主要代表是格老秀斯和米尔恩。格老秀斯在定义权利时

---

① Robert Maynard Hutchins, *Great Books of the Western World*, Volume 43, *Utilitarianism*, by John Stuart Mill, Encyclopaedia Britannica, Inc., 1980, p.470.

② 范伯格：《自由、权利和社会正义》，贵州人民出版社 1998 年版，第 94 页。

③ 葛德文：《政治正义论》第一卷，商务印书馆 1991 年版，第 12 页。

写道："由于它，一个人有资格正当地占有某种东西或正当地做出某种事情。"[①] 米尔恩则进一步解释说："一种权利就是对于一种预定利益的资格，它的反面必定是对于同一预定利益的无资格。"[②] "权利概念的要义是'资格'。说你对某事物享有权利，就是说你被赋予了享有它的资格……如果你被赋予了享有某事物的资格，那么，或者是你，或者是你的利益的代理人，一定能够回答这个问题：'是什么东西赋予了你这种资格？'答案就是，存在着赋予享有某些事物的资格之途径，而可以立即想到的途径就有三条，即法律、习俗和道德。"[③] 可见，资格说也认为权利是一种利益，只不过是一种有资格得到的利益，也就是法律、习俗和道德所承认和赋予的利益。因此，资格说不过是进一步确定权利究竟相当于一种什么利益的学说，因而不过是利益说的一种比较精确——同时也比较晦涩——的形态罢了。

最后，法力说（The Legal Capacity Theory）则是一种更为复杂的利益说。何谓法力说？吴学义道："法力说谓权利为可享受特定利益之法律上之力。德人梅克儿（Merkel）、勒格儿斯巴苟（Regelsberger）等倡之，为近代之通说，乃最可信者。"[④] 邱汉平道："法律上之力说，此说下权利之定义曰：'权利者，得享受国家的生活上必要之特定利益而使活动之之法律上之力也。'"[⑤] 韩忠谟道："法律上之力说，以为权利乃法律为使人享受一定利益，所赋予的法律上之力，也就是可享受利益的法律上之力。"[⑥] 管欧在界说法力说时也这样写道："权利者，乃

---

① 张文显：《法哲学范畴研究》，中国政法大学出版社 2001 年版，第 300 页。

② A. J. M. Milne, *Human Rights and Human Diversity*, London: The Macmillan Press, Ltd., 1986, p. 99.

③ A. J. M. Milne, *Human Rights and Human Diversity*, London: The Macmillan Press, Ltd., 1986, p. 89.

④ 吴学义：《法学纲要》，中华书局 1935 年版，第 92 页。

⑤ 邱汉平：《法学通论》，商务印书馆 1935 年版，第 90 页。

⑥ 韩忠谟：《法学绪论》，中国政法大学出版社 2002 年版，第 173 页。

是法律上认许特定人的利益所赋予的力量。"[①] 一句话，权利是保障利益的法律力量或手段：这就是法力说的根本特征。今日一些著名的法学家也主张这种法力说，认为权利是保障利益的法律手段。例如，徐显明写道："权利意指法律关系中的主体以相对自由地作为或不作为的法定方式获得利益的一种能动的手段。"[②] 张文显也写道："法律权利是规定或隐含在法律规范中、实现于法律关系中的、主体以相对自由的作为或不作为的方式获得利益的一种手段。"[③]

不难看出，法力说实质上可以归结为利益说，它与利益说在实质上完全是一回事。因为利益说认为"权利是受到法律力量所保障的利益"；法力说则认为"权利是保障利益的法律力量"：二者难道有什么实质上的不同吗？当然，更确切些应该说，法力说是一种表述得不够确切的利益说。因为，真正讲来，保障利益的法律力量或手段，并不是权利而是权力。因为所谓权力，如上所述，就是社会管理者所拥有并且得到社会承认的强制力量，也就是保障人们利益合作的根本手段，也就是保障人们相互贡献与索取、付出与要求的根本手段，说到底，也就是一种保障利益的法律力量或法律手段和政治力量或政治手段。所以，法力说将权利界定为保障利益的法律力量或手段，是一种将权利与权力混同起来的利益说，因而是一种表述不当的利益说。

"利益说"遭到的驳难，总而言之，在于似乎存在这样一种与利益说矛盾的现象：有些权利并不是利益；有些义务并不是负担或不利益。李肇伟堪称这种反驳的代表，他写道："利益说，乃认权利系法律在某种情形下赋予权利主体享受利益，受此利益者即为权利人。……但在事实上，权利人并不一定有利益。例如亲权人教养子女，至精疲力竭

① 管欧：《法学绪论》，台湾学生书局 1988 年版，第 299 页。

② 徐显明：《公民权利义务通论》，群众出版社 1991 年版，第 12 页。

③ 张文显：《法哲学范畴研究》，中国政法大学出版社 2001 年版，第 309 页。

而有不能达其目的者，其本身并无利益可言。”[①]“利益说，为主张权利利益说之见解。认权利既为权利主体享受利益，义务即为义务主体履行不利益。乃以义务系法律在某种情形下赋予义务主体为不利益之履行，履行此不利益者乃为义务人。但揆之事实，义务人履行其应行之义务，并无不利益。例如，一般人均须履行不侵害他人之身体或健康之义务，义务人并无任何不利益。”[②]

怎么能说亲权不是一种利益呢？为什么离婚的父母往往争夺对子女的亲权，甚至诉诸法庭？岂不就是因为亲权是一种莫大的利益——它可以满足为人父母的强烈渴望吗？亲权人要付出抚养子女的辛苦，这确实不是利益。但这并非亲权人的权利，而是亲权人的义务。更确切些说，享有亲权的父母，就其付出抚养子女的辛苦来说，并非在享受权利，并非权利人；而是在尽义务，是义务人。只有就其满足做父母的欲望从而得到做父母的利益来说，才是享受权利，才是权利人。所以，李先生“有权利未必有利益”的反驳是不能成立的。与李先生相似，有人以“继承权”来反驳利益说。他们说，继承权既可能继承财产从而继承的是利益；也可能继承债务从而继承的是负担和不利益。这样一来，权利便可能是负担和不利益，因而利益说便是错误的。确实，继承权的享有者既可能继承财产从而继承的是利益；也可能继承债务从而继承的是负担和不利益。但是，当继承权的享有者继承的是债务从而继承的是负担和不利益时，他便由权利人转变为义务人，他的继承权利便转变为继承义务：他所继承的便不是权利而是义务。试问，当一个人继承了父亲的债务而替父还债时，我们能说他是在享受一项权利而不是在尽一项义务吗？因此，以“继承权”来反驳利益说也是不能成立的。

---

① 李肇伟：《法理学》，台湾学生书局 1979 年版，第 271 页。
② 李肇伟：《法理学》，台湾学生书局 1979 年版，第 292 页。

另一方面，李先生以为不损人、不害命仅仅是不损害权利主体利益，而义务人并未不利益、并未给予权利主体利益。粗略看去，确实如此。但细细思量，则大不然。一切义务，都是利益的付出。只不过这种利益的付出，可以分为两种。一种是积极付出的利益，是义务主体通过从事一定行为而给予权利主体的利益，如服兵役、纳税等等，叫作积极义务。另一种是消极付出的利益，是义务主体为了权利主体而放弃从事一定行为的利益，是义务主体通过放弃从事一定行为而给予权利主体的利益，如不损人、不害命等等，叫作消极义务。李先生只承认积极义务是不利益、是利益的付出；而否认消极义务是不利益、是利益的付出。这是似是而非之见。试想，午夜时分，我忽得喜讯，极想高歌一曲。但为了不影响邻人睡眠，我只好压抑自己、放弃高歌。这是我的不损人的消极义务。这对我来说难道不是一种不利益？难道不是一种利益的放弃、付出：付给了邻人安静的利益？李先生的“有义务未必不利益”的反驳显然也是站不住脚的。

总之，利益说反对者的批驳是不能成立的。但由此不能说各种形态的利益说都是完全正确的。利益说，细究起来，存在着三种形态或类型：“简单利益说”、“法律利益说”和“科学利益说”。简单利益说的特征在于将权利与利益等同起来，认为权利就是利益、索取或要求，义务就是服务、贡献或付出。葛德文是这种学说的代表：“义务，是我应该施与别人的待遇；权利，是我应该期望从他们那里受到的待遇。”[①] 这种学说是很不确切的。因为我应该从他人那里得到的利益，如接受馈赠，并不都是我的权利；我应该给予他人的利益，如施舍，也并不都是我的义务。那么，权利究竟是一种怎样的利益？

利益说的真正泰斗耶林回答了这个问题：“权利就是受到法律保护的一种利益。所有的利益并不都是权利，只有为法律所承认和保障

① 葛德文：《政治正义论》第一卷，商务印书馆 1991 年版，第 100 页。

的利益才是权利。”[①]这就是“法律利益说”：法律利益说的根本特征在于认为权利是实际上受到法律保障的利益。法律利益说显然远远优越于简单利益说，但也并不完全确切。因为有些权利，如人权，实际上并没有受到——而只是应该受到——法律保障，却仍不失其为权利。权利显然是应该受到——而未必实际受到——法律保障的利益。更确切些说，权利是一种具有重大的社会效用的必须且应该得到的利益、索取或要求，是一种具有重大的社会效用的必当得到的利益、索取或要求；因而也就是应该受到——而未必实际受到——社会管理者依靠权力加以保护的利益、索取或要求，说到底，也就是应该受到——而未必实际受到——政治和法律保障的利益、索取或要求。这就是科学利益说。

显然，只有科学利益说堪称真理，而简单利益说和法律利益说则是不完全的真理。因为简单利益说和法律利益说仅仅正确看到利益是权利或义务的属概念，却未能找到权利或义务的种差、根本性质，未能发现权利或义务之利益区别于非权利或义务之利益的根本性质。反之，科学利益说则发现了这种根本性质或种差，乃是“应该受到权力或法律的保障”，是“必须且应该”：权利是一种具有重大社会效用的必须且应该得到的利益，因而也就是应该受到权力或法律保障的利益；义务是具有重大或基本社会效用的必须且应该的利益之付出，因而也就是应该受到权力或法律保障的利益之付出。

不过，要说明科学利益说之为真理，无疑还需要进一步揭示关于权利义务概念的其他学说——亦即自由说——的错误。自由说（The Liberty Theory）的根本观点，如所周知，可以概括为一句话：权利是法律所保障的自由。它的代表人物堪称大师林立：霍布斯、洛克、斯宾诺莎、康德、黑格尔、斯宾塞。霍布斯说：“权利就是做或不做的

① 庞德：《通过法律的社会控制 法律的任务》，商务印书馆 1984 年版，第 46 页。

自由。”[1]康德说：“权利的概念，并不表示一个人的行为对另一个人的愿望或纯粹要求的关系，不问它是仁慈的行为或者不友好的行为；它只表示他的自由行为与别人行为的自由的关系。”[2]黑格尔说：“法定的权利，不论是私人的或是国家、市镇等公共的，原先就称之为‘自由’。”[3]“自由既是权利的实质又是权利的目标，而权利体系则是已成现实的自由王国。”[4]

所谓“意志说”或“意思说”（The Will Theory），细考较去，与“自由说”并无二致。因为按照这种学说，权利也就是法律所保障的按照自己意志进行活动的自由。“意志说”的代表、著名罗马法学者温德夏特便这样写道：“权利是一种意志力，或是法律命令所认可的一种意志支配力。”[5]狄骥进而解释道：“无论人们怎样作，总是要承认只有在具备一种意志能力时才有主观的权利；而且如果有主观权利，那就意味着一个主体具有可以强制他人的能力，具有一个意志优越于其他意志的优越地位。”[6]这就是说，权利就是法律所保障的按照自己意志进行的活动，就是法律所保障的可以强制他人服从以便实现自己意志的活动，就是法律所保障的自己的意志优越于他人意志的活动，说到底，就是法律所保障的自由。因为所谓自由，如所周知，就是能够按照自己的意志进行的活动。所以，意志说与自由说实为同一概念，都是将“权利”等同于“法律所保障的自由”的学说。

同样，所谓“可能说”（The Possibility Theory）和“规范说”（The Norm Theory）也都属于“自由说”范畴。“可能说”是一种在苏联法

① Thomas Hobbes, *Leviathan*, New York: Simon & Schuster, Inc., 1997, p. 103.

② 康德：《法的形而上学原理》，商务印书馆 1991 年版，第 40 页。

③ 周辅成编：《从文艺复兴到十九世纪资产阶级哲学家政治思想家有关人道主义人性论言论选辑》，商务印书馆 1966 年版，第 681 页。

④ 黑格尔：《法哲学原理》，商务印书馆 1962 年版，第 65 页。

⑤ 狄骥：《宪法论》，商务印书馆 1959 年版，第 200 页。

⑥ 狄骥：《宪法论》，商务印书馆 1959 年版，第 214 页。

学界比较流行的学说。我们可以将罗马什金和卡列娃看作这种学说的代表。罗马什金说："权利是指法律规范所规定的有权人作出一定行动和作出一定行为的可能性。"[①] 卡列娃也这样写道："受到国家保障的、有权人作出一定行为的可能性，包括要求别人作出一定行为的可能性，叫作权利。"[②] 这无异于说，权利就是法律所保障的按照自己意志进行的自由；因为自由就是能够按照自己的意志进行的活动，因而也就是按照自己的意志进行的活动的可能性。"规范说"与"可能说"完全一致，认为权利是法律所保障的行为范围或尺度："权利乃为法律所容许各人行为的范围。"[③] "权利是一个人得到法律保证的能做行为的尺度。"[④] 显然，"规范说"实际上就是可能说或自由说，因为"权利是法律所保障的行为尺度或范围"与"权利是法律所保障的行为可能的尺度或范围"以及"权利是法律所保障的行为自由的范围或尺度"无疑是一回事。

我国很多学者都主张自由说或意志说。例如，我国的一本《法学词典》写道："权利是法律上关于权利主体具有一定作为或不作为的许可。"[⑤] 程燎原说："权利就是由自由意志支配的、以某种利益为目的的一定的行为自由。"[⑥] 张恒山说："法律权利是法律主体为追求或维护利益而进行选择、并因社会承认为正当而受法律和国家承认并保护的行为自由。"[⑦] 然而，即使粗略看来，自由说或意志说也是不能成立的。因为，正如许多学者所指出，一方面，自由仅仅是权利之一种，而不能包括全部权利；另一方面，权利并不依赖意志而存在，如精神病人

---

① 罗马什金等主编：《国家和法的理论》，法律出版社 1963 年版，第 468 页。
② 卡列娃等：《国家和法的理论》下册，中国人民大学出版社 1956 年版，第 452 页。
③ 管欧：《法学绪论》，台湾学生书局 1988 年版，第 298 页。
④ 雅维茨：《法的一般理论 ——哲学和社会问题》，辽宁人民出版社 1986 年版，第 159 页。
⑤ 《法学词典》，上海辞书出版社 1984 年版，第 267 页。
⑥ 程燎原等：《赢得神圣》，山东人民出版社 1993 年版，第 31 页。
⑦ 张恒山：《义务先定论》，山东人民出版社 1999 年版，第 97 页。

没有意志能力，但同样享有权利。可是，为什么这样一种如此片面的学说竟然会得到众多大思想家的赞同？

原来，拉丁文 jus、德文 Recht、法文 droit、意大利文 diritte 以及俄文 право 等等，都兼有权利与法律双重含义。为了区别法律或权利，人们不得不在这些词前面加上限制词，把普遍适用的法律规范叫作“客观法”，把适用于特定人的法律规范称为“主观法”或“主观权利”。但是，这样一来，人们便往往将权利的本质与法律的本质混同起来，以致 20 世纪法学家韩忠谟还这样写道：“如以德国学者的用语来表示，他们常称法律为客观意义的权利，而权利则是主观意义的法律。从上可知法与权利原是同一物之两侧面，并无根本差异。”[①] 自由说或意志说的错误就在于将法律的某种本质——法律是公共意志的体现——当作权利的本质。在他们看来，如果说法律是公共意志的体现，那么，权利——它是一种法律规定——岂不就是法律所保障的意志？岂不就是法律所保障的意志支配力？岂不就是法律所保障的可以强制他人服从以便实现自己意志的活动？岂不就是法律所保障的自己的意志优越于他人意志的活动？说到底，岂不就是法律所保障的自由？

确实如此。但是，如果将这些命题看作权利的定义——自由说或意志说正是这样看的——那就大错特错了。因为，举例说，在一种自由民主社会，法律确实是公共意志的体现，因而也是我的意志的体现。这样，不但我的法律权利是我的意志的体现，从而是我的被法律保障的自由，而且我的法律义务也同样是我的意志的体现，从而也是我的被法律保障的自由。因此，如果说权利就是法律所保障的自由，就是法律所保障的意志的支配力，那么，义务同样也是法律所保障的自由，也是法律所保障的意志的支配力。因此，自由说关于“权利就是法律

① 韩忠谟：《法学绪论》，中国政法大学出版社 2002 年版，第 173 页。

所保障的自由”的定义，可以包容一切义务，不能使权利与义务区别开来，因而是不能成立的。

要使权利与义务区别开来，显然必须使意志说具体化：由“权利是法律所保障的意志”具体化为“权利是法律所保障的索取的意志”。这样，权利就可以与义务区别开了：“义务是法律所保障的贡献的意志。”于是，意志说经过具体化，便找到了权利的真正定义：权利是法律所保障的索取的意志，是法律所保障的要求一定利益的意志。巴特勒米早就看到了这一点，他说：“权利所表现出来的特征便是主体对一种利益的意志能力。”① 狄骥也写道：“法律命令所能授予的只是要求某种事物的一种意志能力。”② 这些固然是权利的正确的、科学的定义，但是，这种定义还是意志说吗？显然不是意志说，而是不折不扣的利益说：利益说是意志说克服自身缺憾的必然结果。③ 这就进一步确证了利益说的真理性：社会乃是人们各自利益的合作形式，而权利与义务不过是人们所能进行交换的一种最根本的利益罢了。

## 二、权利与义务类型

确立权利与义务交换或分配的正义原则，不仅需要界说权利与义务，而且还需要进而划分权利与义务。权利义务，如所周知，若以其被赋予、被规定的形式之性质为根据，可以分为道德权利义务与法定权利义务以及自然权利义务；若以其承担者的性质为根据，可以分为人类的权利义务与非人类存在物的权利义务。

---

① 狄骥：《宪法论》，商务印书馆 1959 年版，第 219 页。

② 狄骥：《宪法论》，商务印书馆 1959 年版，第 211 页。

③ 但是，有人将这些定义叫作“利益和意志混合说”。这种称谓是不恰当的。因为如上所述，利益说的完善形态 —— 权利是应该受法律所保障的对于一定的利益的索取或要求 —— 本身显然就包含意志因素，就是利益与意志二因素的混和。

### 1. 道德权利义务、法定权利义务和自然权利义务

权利与义务，以其存在的性质为根据，分为实有权利义务与应有权利义务。所谓实有权利义务，就是实际存在的权利义务，也就是被社会承认和赋予的权利义务，说到底，也就是被社会的各种规范承认和赋予的权利义务：实有权利义务完全存在于社会的各种规范体系之中。所以，关于实际存在的权利义务，彼彻姆曾这样写道：

“权利体系贯穿于规则体系。这些规则可能是法律规则、道德规则、风俗规则和游戏规则等等；全部权利的存在或不再存在，都取决于相应的规则是否承认这些要求或是否授与这些‘资格’。”①

这就是说，每个人实际享有什么权利和负有什么义务，并不是一种个人行为，而完全是由社会通过一定的规范所承认、规定或赋予的。这些社会规范，真正讲来，无非两种：法与道德。

法对于权利义务的规定，也就是法所承认、赋予的权利义务，叫作法定权利和法定义务。道德对于权利义务的规定，也就是道德所承认、所赋予的权利义务，叫作道德权利和道德义务。对此，庞德已说得很清楚：

“义务有道德与法律之区别。凡人对于一事，因其为人群的、公家的或私家的利益所关系，且已得社会所有道德观念所承认之故，务欲实行或欲不行，道德的义务即在是矣。凡人对于一事，因其为人群的、公家的或私家的利益所关系，且已得国家以法律之力为之维持之故，不能不行或不能不止，法律的义务即在是矣……倘使某人虽有一种能力足以影响他人的行为，因关系某项利益之故，使之必为或必不为一事。然是持道德为后盾者，可称之为道德权利。惟一经法律承认或创造之后，而法院又随时可用国家权力加以强制执行者，如此能力可称

① Tom L. Beauchamp, *Philosophical Ethics*, New York: McGraw-Hill Book Company, 1982, p.198.

为法律的权利。”①

可是，为什么权利与义务既被法承认、赋予，同时又被道德承认、赋予？原来，权利与义务的界说——权利是一种具有重大社会效用的必须且应该的索取和义务是一种具有重大社会效用的必须且应该的贡献——意味着：权利与义务不但是一种道德规范，同时也是一种法律规范。因为法所规范和保障的是具有重大社会效用的行为；而道德所规范和保障的则是一切具有社会效用的行为。这样，诸如权利与义务等具有重大社会效用的行为，因其具有重大社会效用，便既被法规定同时又被道德规定，从而得到法和道德的双重保障。

所以，任何一种权利与义务，就其本性来说，都应该既是法定权利义务，同时又是道德权利义务。但是，有些权利义务，如人权，在一定历史时期，却仅仅被道德承认而不被法律承认，因而仅仅是道德权利义务而不是法定权利义务。反之，另一些权利义务，如暴君和僭主所制定或认可的权利义务，并不被道德承认而仅仅被法律承认，因而仅仅是法定权利义务而不是道德权利义务。显然，这种只是法定的或只是道德的权利义务，都是权利义务的不完善形态，都缺乏完全的保障而难以得到真正的实现：道德权利义务要真正实现，必须得到法的承认从而同时成为法定权利义务；法定权利义务要真正实现，必须得到道德的承认从而同时成为道德权利义务。然而，彼彻姆却认为有些社会所承认的权利义务既非法定的又非道德的：

“还有一些权利既非道德的，亦非法定的。官方机构和职业社团就是这样的两类群体，它们可以发布规章，声明一些权利为属于这些群体的特殊人员所享有。举例说，某些工业的雇员的权利一直是这些雇员的代表机构持久商议的主题……私人俱乐部和友好组织也有一些赋予某些权利的规则和原则……这些条约权利不同于道德权利之处在

① 《西方法律思想史资料选编》，北京大学出版社1983年版，第707页。

于，它们的存在不能独立于支配这些社团的那套条约或规则；不同于法定权利之处则在于，法规并不承认其为权利。”①

不难看出，彼彻姆的错误在于把法定权利等同于法律权利，因而不懂得这些条约权利——乃至一切党团章程、宗教教规所赋予的权利——虽然既非法律权利，亦非道德权利，却因其不过是纪律或政策所赋予的权利而仍然属于法定权利范畴。

法定权利义务与道德权利义务，虽然包括了社会所承认和赋予的全部权利义务，却没有包括全部权利义务。因为有些权利义务虽然并不被社会所承认，虽然并不被法和道德承认，却仍然是权利义务：只不过它们不是实有权利义务，而是应有权利义务罢了。举例说，在奴隶社会，奴隶的人权是社会规范——不论是法还是道德——所不承认的，因而奴隶实际上是没有人权的。但是，奴隶同样是人。他的人权，虽然没有被社会承认，却应该被社会承认；虽然没有被法和道德承认，却应该被法和道德承认。奴隶的这种实际上没有却应该有的人权，就叫作“应有权利”。因此，所谓应有权利义务，就是未被社会承认和赋予却应该被社会承认和赋予的权利义务，就是未被社会规范——道德与法——承认和赋予却应该被它们承认和赋予的权利义务，说到底，就是实际上没有却应该有的权利义务。

然而，任何权利义务都不能不是被某种规则承认和赋予的。应有权利义务如果不是被社会承认和赋予的，不是被法和道德承认和赋予的，那么，它们究竟是被什么承认和赋予的？自然法理论回答了这个问题：应有权利义务是被“自然法”承认和赋予的。何谓自然法？自然法理论大师霍布斯答道：“自然法的定义是正确理性的指令。”② 在这句话的注释中，霍布斯又对所谓“正确的理性”做了进一步的解释：

---

① Tom L. Beauchamp, *Philosophical Ethics*, New York: McGraw-Hill Book Company, 1982, pp. 189-190.

② 霍布斯：《论公民》，贵州人民出版社 2003 年版，第 15 页。

“就人在自然状态中的正确理性而言，许多人意指的是某种永无过失的天赋；而我意指的是理性思考的行为，也即人们对自己行动正确的理性思考……我用‘正确的理性思考’这个说法，我的意思是，理性思考是从被正确表述的真实原则得出结论的。因为对自然法的种种违背都在于错误的理性思考或在于愚妄之极。”[①]

可见，所谓“正确理性”，实际上就是对于人的行为本性的正确的理性思考，就是符合人的行为本性的理性思考，就是符合人的本性的理性思考；所谓“正确理性的指令”就是符合人的本性的正确的优良的行为原则。因此，所谓自然法，就是符合人的本性的正确的优良的行为准则：自然法与正确的优良的行为准则是同一概念。可是，正确的优良的行为准则为什么叫作“自然法”呢？

原来，一方面，正确的优良的行为准则必定符合人的本性，而人的本性也是自然本性的一部分，也是一种客观的、必然的、不依人的意志而转移的自然本性。所以，符合人的本性的正确的优良的行为准则，也就是符合自然本性的准则，因而叫作“自然法”。另一方面，只有违背人的本性的错误的行为准则，才是主观的、偶然的、依人的意志而转移的；而符合人的本性的正确的优良的行为准则，乃与自然法则一样，是客观的、必然的、不依人的意志而转移的，因而叫作“自然法”。

这样，应有权利义务便是被正确的理性指令赋予的，是被符合人的本性的正确的优良的行为原则赋予的，说到底，是被自然法赋予的，因而便叫作“自然权利义务”：自然权利义务与应有权利义务是同一概念。相应地，实有权利义务——法定权利义务和道德权利义务——则是被社会赋予的，是被社会的两种契约或约定法——法和道德——赋予的，因而便叫作“约定权利义务”：“自然权利或自然法

① 霍布斯：《论公民》，贵州人民出版社 2003 年版，第 25 页。

是相对约定权利或约定法而言的。”[①]

因此，所谓自然权利义务，就是实有权利义务——法定权利义务和道德权利义务——的对立面，就是应有权利义务，就是符合人的本性的正确的优良的行为规范承认和赋予的权利义务，就是未被社会承认和赋予却应该被社会承认和赋予的权利义务，就是未被社会规范——道德与法——承认和赋予却应该被它们承认和赋予的权利义务。这一点，自然权利理论家们已经说得很清楚：“自然权利或人权独立于任何实有社会的法律和政府。”[②] 因此，“拒斥自然权利，就无异于说，所有权利都是实在权利。而这就意味着，何为权利是完全取决于立法者和各国的法院的”[③]。

然而，“自然权利”与“人权”往往被当作同一概念的不同名称：“‘人权’一词只是在本世纪才占据了显著的位置。在以前的诸世纪里，人们更多地是把这些权利说成是‘自然权利’。”[④]一句话：“人权是自然权利的现代用语。”[⑤] 这种将自然权利与人权等同起来的观点是不恰当的。因为自然权利是未被社会承认和赋予却应该被社会承认和赋予的权利，是未被社会规范——道德与法——承认和赋予却应该被它们承认和赋予的权利。这样，自然权利的外延便是不断变化的：任何权利，当其未被社会、法和道德承认时，便是自然权利；而当其得到社会、法和道德承认时，便不再是自然权利，而变成了约定权利，变成了法定权利和道德权利。

因此，大体说来，在任何人权宣言还都没有发布以前，亦即 18 世

---

① Tom L. Beauchamp, *Philosophical Ethics*, New York: McGraw-Hill Book Company, 1982, p.206.

② Tom L. Beauchamp, *Philosophical Ethics*, New York: McGraw-Hill Book Company, 1982, p.208.

③ 施特劳斯：《自然权利与历史》，生活·读书·新知三联书店 2003 年版，第 2 页。

④ 施特劳斯：《自然权利与历史》，生活·读书·新知三联书店 2003 年版，第 336 页。

⑤ 黄楠森、沈宗灵主编：《西方人权学说》下，四川人民出版社 1994 年版，第 5 页。

纪以前，人权没有得到社会承认——既没有得到法律承认也没有得到道德承认——因而便是一种自然权利。但是，1776年美国《独立宣言》和1789年法国《人权宣言》发表之后，人权逐渐得到道德的承认，逐渐得到社会承认，因而在这些国家便不再是自然权利，而变成了一种约定权利、道德权利。20世纪中叶以来，人权成为许多国家宪法的内容，因而在这些国家便不仅是一种道德权利而且是一种法定权利了。如今，只是在那些法和道德都不承认人权的国家，人权才是自然权利。

自然权利义务还往往被等同于道德权利义务。布兰特说："'自然权利'与'道德权利'是同义的。"[①] 克兰斯顿也这样写道："自然权利是道德权利，而且仅仅是道德权利。"[②] 这是错误的。因为自然权利义务与道德权利义务根本不同。这可以从两方面看。一方面，道德权利义务是一种被社会承认和赋予的权利义务，亦即被社会的道德规范承认和赋予的权利义务，因而属于实有权利义务范畴。反之，自然权利义务则是未被社会承认和赋予而只是应该被社会承认和赋予的权利义务，是未被社会规范——道德与法——承认和赋予而只是应该被它们承认和赋予的权利义务，因而属于应有权利义务范畴。

另一方面，道德权利义务是实有权利义务，是被道德规范——优良的、正确的道德规范和恶劣的、不正确的道德规范——所承认和赋予的权利义务，因而未必是正确的、应该的、正义的。举例说，中国封建社会的男人享有娶多个女人的权利，便既被法律承认因而是法定权利，又被道德承认因而是道德权利：这种道德权利显然是不正义的。反之，自然权利义务是应有权利义务，是被正确的理性指令赋予的，是被符合人的本性的正确的优良的行为原则赋予的，因而必定都是正确的、应该的、正义的。所以，罗尔斯说，自然权利是一种"为正义

① 彼彻姆：《哲学的伦理学》，中国社会科学出版社1990年版，第306页。
② 余涌：《道德权利研究》，中央编译出版社2001年版，第199页。

所保护的权利”，是“由正义理论确定的权利”：

“自然权利概念可用这一事实来解释。首先，它说明了为何用这个名称来称谓被正义所捍卫的权利是适当的。这些权利仅仅依据于一定的自然性质……这些性质和基于其上的权利是独立于社会习俗和法律规范的。‘自然的’这个术语的适当，就在于它昭示了由正义理论确认的权利和由法律、习俗规定的权利之区别。”①

可见，自然权利义务不但根本不同于法定权利义务，而且根本不同于道德权利义务：道德权利义务和法定权利义务是实有的、约定的权利义务，因而既可能是应该的、正义的，也可能是不应该、不正义的；自然权利义务则是应有的、被正确的社会规范赋予的权利义务，因而必定是应该的、正义的。于是，当自然权利义务与法定权利义务以及道德权利义务发生冲突时，便既不应该服从道德权利义务，更不应该服从法定权利义务而只应该服从自然权利义务。因为，既然道德的和法定的权利义务都可能是不正义的，而只有自然权利义务是完全正义的，那么，自然权利义务便是衡量法定权利义务和道德权利义务是否正义的依据和标准：与自然权利义务相符一致的，就是正义的法定权利义务和正义的道德权利义务；与自然权利义务不相符不一致的，就是不正义的法定权利义务和不正义的道德权利义务。

因此，一个社会如果是正义的，便应该以自然权利义务为标准，来制定或认可道德权利义务和法定权利义务，亦即使自然权利义务转变为道德权利义务和法定权利义务，从而最终使道德权利义务、法定权利义务与自然权利义务完全重合一致。这种转变、制定、认可或重合一致的过程，一般循由“自然权利义务—道德权利义务—法定权利义务”的发展变化规律：

自然权利义务是未被社会承认和赋予却应该被社会承认和赋予的

① John Rawls, *A Theory of Justice* (Revised Edition), Cambridge, Massachusetts: The Belknap Press of Harvard University Press, 2000, p. 442.

权利义务，是未被社会规范——道德与法——承认和赋予却应该被它们承认和赋予的权利义务，因而是纯粹应有的权利义务；道德权利义务虽然是被社会承认和赋予的，却仅仅是被社会的道德规范承认和赋予的，而不是被法所承认和赋予的，因而仅仅得到舆论的保障而得不到权力的保障，是一种不完全实有的权利义务；法定权利义务，一般说来，则既得到法的承认和赋予，又得到道德的承认和赋予，既得到权力的保障，又得到舆论的保障，因而是一种完全实有的权利义务。

于是，权利义务由应有到实有的实现过程，也就是由纯粹应有的自然权利义务到完全实有的法定权利义务的演进过程。在这种演进的过程中，往往要经过不完全实有的道德权利义务的中介和过渡。还是拿人权来说。18世纪以前，人权一直是一种自然权利。1776年美国《独立宣言》和1789年法国《人权宣言》发表之后，人权才逐渐得到道德的承认而变成一种约定的、道德的权利。20世纪中叶以来，人权终于成为许多国家宪法的内容，因而在这些国家便不仅是一种道德权利而且是一种法定权利了。所以，人权由自然权利实现为法定权利，经过了200来年的道德权利的中介和过渡。

显然，一个社会，它的自然权利义务向道德和法定权利义务转变越多，该社会未被法和道德承认却应该被它们承认的自然权利义务就越少，该社会的道德权利义务与法定权利义务就越趋于重合一致，该社会就越正义：如果它的自然权利义务已经完全转化为道德和法定权利义务，以致它的自然权利义务等于零，从而道德权利义务与法定权利义务完全重合一致，那么，该社会就达到了完全正义的境界。这就是道德权利义务和法定权利义务应该逐渐接近的终极目的。

### 2. 人和非人类存在物之间的权利与义务

当代西方生态伦理学的兴起表明，权利与义务还有一种越来越重要的类型："人与人之间的权利义务"和"人与非人类存在物之间的权利义务”。这就是说，权利与义务不仅存在于人与人之间，而且存在于人与非人类存在物之间。诚然，非人类存在物之间也可能存在权利与义务，比如说，可能存在着鹿王与母鹿们的权利义务或每条狼在狼群中的权利与义务。但是，伦理学是一种关于人类行为的科学，是关于每个人应该如何对待社会、他人、自我和动植物等非人类存在物的科学。所以，只有人类与非人类存在物之间的权利义务，才因其属于人类行为范畴而成为伦理学的研究对象；而非人类存在物之间的权利与义务问题，因其不属于人类行为范畴而并非伦理学对象，而是动物行为科学的研究对象。然而，问题的关键在于：在人与非人类存在物之间存在着权利与义务的关系吗？

传统伦理学告诉我们，权利与义务仅仅存在于人与人之间，而在人与动植物等非人类存在物之间是没有权利与义务可言的：动物是没有权利的。可是，早在 1789 年，边沁就已经写道：“或许有一天，动物可以取得原本属于它们但只因为人的残暴之力而遭到剥夺的权利。”[①] 1790 年，劳伦斯（John Lawrence）则宣告：“我建议国家正式承认兽类的权利，并根据这种原则制定一种法律，以谨防和保护它们免遭那些不可容忍的任意虐待。”[②] 1867 年，缪尔（John Muir）更加愤愤不平地写道：“我们这种自私和自负的动物：同情心是多么狭隘，对于其他动物的权利是何等愚昧无知！”[③] 1873 年，赫尔普斯（Arthur Helps）也写道：“每个生物都拥有权利，而且最高形式的正义也适用于它。”[④] 1892 年，塞尔特出版了他的《动物权利与社会进步》学术专

---

① 彼得·辛格：《动物解放》，光明日报出版社 1999 年版，第 9 页。

② Roderick Frazier Nash, *The Rights of Nature: A History of Environmental Ethics*, London: The University of Wisconsin Press, 1989, p. 24.

③ Roderick Frazier Nash, *The Rights of Nature: A History of Environmental Ethics*, London: The University of Wisconsin Press, 1989, p. 1.

④ Roderick Frazier Nash, *The Rights of Nature: A History of Environmental Ethics*, London: The University of Wisconsin Press, 1989, p. 26.

著。到了20世纪，西方思想界则兴起了动物权利论和动物解放运动。

无疑，非人类存在物的权利义务，正如诺兰所言，乃是当代最新颖和最富于挑战性的伦理学问题："生态意识中所包含的道德问题属于我们时代中最新颖的、富于挑战性的道德困境。这些问题之所以最新颖，是因为它们要求我们考虑这样一种可能性，即承认动物、树木和其他非人的有机体也具有权利；这些问题之所以最富于挑战性，是因为它们可能会要求我们抛弃那些我们所长期珍视的一些理想，即我们的生活应达到一定的水准以及为了维持这种水准应该进行各种各样的经济活动。"①那么，动植物等非人类存在物究竟有没有权利？

最有代表性的否认非人类存在物拥有权利义务的理论，正如当代动物权利理论著名哲学家汤姆·雷根（Tom Regan）所言，乃是康德的"间接义务论"。②对于这一理论，康德这样阐述道："对动物而言，我们没有直接的责任。动物没有自我意识……我们对动物的责任只是对人的间接责任。动物的天性类似于人类的天性，通过对动物尽义务这种符合人性表现的行为，我们间接地尽了对人类的责任。因此，如果一条狗长期忠诚地服务于它的主人，当它老得无法继续提供服务时，它的主人应当供养它直至死亡。这样的行为有助于支持我们对人的责任，这是应尽的义务。如果动物的行为类似于人类的行为，并有同样的起源，那么我们对动物负有责任，因为这样做培养了对人的相应责任。如果一个人因为他的狗不再能提供服务而杀死它，那么，他对狗没有尽到责任，尽管狗无法给出评价，但他的行为是残忍的，而且有损于他相应对人的仁慈。如果他不打算扼杀自己的人性，他就必须对动物表现出仁慈，因为一个对动物残忍的人在处理人际关系时也会变

① R. T. 诺兰等：《伦理学与现实生活》，华夏出版社1988年版，第435页。

② Steven M. Cahn and Peter Markie, *Ethics: History, Theory, and Contemporary Issues*, New York: Oxford University Press, 1998, p. 822.

得残忍。”①

对于康德的这一理论，雷根曾这样写道：“可以将这种理论叫作‘间接义务论’。不妨这样来解读它：假设你的邻人踢你的狗。那么，你的邻人就做了一种错误的事情。但这不是对你的狗的错误；而是对你的错误。毕竟，使人难过是错误的，而邻人踢你的狗使你难过。所以，被伤害的是你，而不是你的狗。换句话说，邻人通过踢你的狗而损害了你的财产。既然损害他人的财产是错误的，那么你的邻人就做错了事情——当然是对你而不是对你的狗。就像你的轿车的挡风玻璃弄破了，你的轿车并没有受到伤害一样，邻人并没有使你的狗受到伤害。你的邻居所牵涉到你的狗的义务，不过是对你的间接义务。广而言之，我们对于动物的所有义务，都是我们人类彼此相待的间接义务。”②

可见，所谓“间接义务论”，也就是认为一个人对于非人存在物的所谓义务，只不过间接地是对于他人的义务，说到底，也就是认为人对于非人存在物并不负有义务——因而非人存在物对于人并不拥有权利——的理论：间接义务论是一种否认非人类存在物拥有权利的理论。按照这种理论，我们与动物之间并没有权利义务关系。我们对于动物的所谓义务，如法律所规定的保护熊猫的义务等等，实际上只是我们对人类利益的保护，因而只是我们对于人类的间接义务；正如我们不污染河流的义务，实际上并不是我们对于河流的义务，而只是我们对于人的间接义务一样。我们对于动物不负有义务，显然意味着，动物对于我们不享有权利：动物是没有权利的。

就拿康德和雷根所说的那条狗来讲。它长期忠诚地服务于它的主

① P. Aarne Vesilind, Alastair S. Gunn：《工程、伦理与环境》，清华大学出版社2003年版，第263—264页。

② Steven M. Cahn and Peter Markie, *Ethics: History, Theory, and Contemporary Issues*, New York: Oxford University Press, 1998, p. 822.

人，甚至在危难之际救了它主人的性命：它给了它的主人巨大利益。那么，主人是否也应该回报它以巨大的利益呢？主人是否应该在它老得无法继续提供服务时，供养它直至死亡呢？是的。然而，主人为什么应该这样做呢？为什么一个有良心的主人如果不这样做而是杀死它，就会内疚而良心不安呢？是像康德所说的那样，因为残忍对待狗就可能残忍对待人——因而间接地对人没有尽到义务——吗？

这么说当然有一定道理——康德此见与孟子的"君子远庖厨"略同——但主要理由并非如此。一个有良心的主人如果杀死这条狗，就会内疚而良心不安，主要是因为，杀死这条狗，对于这条狗是不正义的，没有尽到对于这条狗应尽的义务；而不是——或主要不是——因为残忍对待狗就可能残忍对待人，从而间接地对人没有尽到义务。

因为按照正义原则——等利交换——狗给予了主人巨大的利益，主人回报狗以相应巨大的利益，乃是狗所应得的。主人只有回报它这样巨大的利益，才符合等利交换的正义原则，对于它才是正义的，尽到了应尽的义务；因而当主人这样做时，他才会感到良心安宁。否则，如果主人杀死它，便违背了等利交换的正义原则，对于它是不正义的，没有尽到对于它应尽的义务；因而当主人这样做时，才会感到内疚而良心不安。因此，范伯格说：

"我们不仅应该仁慈地善待动物，而且应该将动物当作目的来仁慈地善待。因为这样的善待是动物所应得的，是我们对于它们所负有的义务。如果我们不这样做，对于动物就是不公平的、不正当的，而绝不仅仅是一种伤害。"①

主人对于狗负有供养它直至死亡的义务，实已经蕴涵着：狗享有被主人供养直至死亡的权利。那么，主人给予狗的巨大利益，供养

① James E. White, *Contemporary Moral Problems*, Edition Fourth, St. Paul: West Publishing Company, 1994, p.428.

它直至死亡，究竟是不是狗的权利呢？主人给予狗的巨大利益，是狗应该得到的利益，这是毫无疑义的；因为它曾救过主人性命，给予主人巨大利益。可是，狗应该从主人那里得到的这种利益是不是狗的权利？如果狗的这种利益不仅是应该得到的，而且还是必须得到的，从而是应该受到法律保障的利益，那么狗的这种利益就是狗的权利：权利是应该受到法律保障的利益。显然，狗应该得到的这种巨大利益，对于狗的生存和人的生态环境从而对于人类社会，是具有重大效用的，因而便是一种应该且必须得到的利益，便是应该受到法律保障的利益，便是一种权利了。

实际上，早在1641年英国殖民地的《自由法典》就有这样保障动物利益的法律条例："任何人都不可以虐待那些通常对人有用的动物。""必须使那些拉车或耕地的家畜定期得到休息、恢复体力。"[①] 1822年，英国议院则通过了著名的"马丁法案"：《禁止虐待家畜法案》。到了20世纪，西方思想界则兴起了动物权利论和动物解放运动。特别是美国，1972年和1973年先后通过的《海洋哺乳动物保护法》和《濒危物种法》，正如皮图拉（Joseph Petulla）所言："体现的是这样一种法理：被列入条款的美国非人类栖息者，就某种特殊的意义来说，得到了生命和自由的保障。"[②] 这样一来，狗和家畜等动物的利益便不但应该受到而且实际上已经受到法律的保障：狗和家畜等动物拥有应该受到法律保障的利益，因而也就拥有了权利。那么，是否动物乃至一切非人类存在物都拥有权利？

对于这个问题，纳什认为范伯格1971年关于"动物与未出生的后代人的权利"的论文，乃是开启学术界"尔后关于权利扩展合法性

① Roderick Frazier Nash, *The Rights of Nature: A History of Environmental Ethics*, London: The University of Wisconsin Press, 1989, p. 18.

② Roderick Frazier Nash, *The Rights of Nature: A History of Environmental Ethics*, London: The University of Wisconsin Press, 1989, p. 161.

的大量哲学研究的里程碑”。因为在这篇文章中，“范伯格提出了一个根本的问题：哪类存在物或事物可能拥有权利？对于这个问题的回答，使他确立了‘利益原则’”[①]。何谓“利益原则”？范伯格一言以蔽之曰：“严格说来，只有拥有利益的存在物，才能够拥有权利。”[②]

诚哉斯言！一种非人类存在物，只有具有分辨好坏利害的评价能力和趋利避害的选择能力，才可能拥有权利：分辨好坏利害的评价能力和趋利避害的选择能力是拥有权利的前提。因为不具有分辨好坏利害的评价能力和趋利避害的选择能力的东西，显然不可能具有利益，因而也就不可能拥有权利：权利是应该受到法律保障的利益。

所以，一种东西，如太阳和大地、空气和雨露、石头和山河等等，不论给予我们多么大的利益，都不可能拥有什么权利。因为它们不具有分辨好坏利害的评价能力和趋利避害的选择能力，不具有利益。谁能说太阳和大地、空气和雨露、石头和山河等等具有利益呢？所以，辛格写道：“说学童沿路踢一颗石头有违石头的利益，乃是没有意义的一句话，石头没有利益可言。”[③]是的，石头没有利益可言，因为石头不具有分辨好坏利害的评价能力和趋利避害的选择能力。

那么，是否只有狗和家畜等动物才具有分辨好坏利害的评价能力和趋利避害的选择能力？不是。因为任何物质形态——不论是生物还是非生物——都具有需要，都需要保持内外平衡。就拿一块石头来说，它也有需要：它的存在之保持，便需要它与其内外环境的平衡。这种平衡一旦被打破，它便风化瓦解、不复存在了。但是，物质形态越高级，它的内外平衡的保持也就越困难，因而它保持平衡的条件也就越高级、越复杂。非生物是最低级的物质形态，它的平衡几乎在任

① Roderick Frazier Nash, *The Rights of Nature: A History of Environmental Ethics*, London: The University of Wisconsin Press, 1989, p. 126.

② James E. White, *Contemporary Moral Problems*, Fourth Edition, St. Paul: West Publishing Company, 1994, p. 428.

③ 彼得·辛格：《动物解放》，光明日报出版社 1999 年版，第 10 页。

何条件下都可以保持，而不会被所受到的内外作用破坏。所以，非生物对于作用于它的任何东西，都不具有分辨好坏利害的评价能力和趋利避害的选择能力。

例如，任何一块石头、一块铁，显然都不具有分辨好坏利害的评价能力和趋利避害的选择能力，它们既不会趋近也不会躲避而是毫无选择地承受风吹雨淋。这是因为石头、铁等任何非生物都不需要具有分辨好坏利害的评价能力和趋利避害的选择能力：没有这些能力，非生物也能够保持平衡和存在。反之，相对非生物来说，最简单最低级的生物也是极其复杂、高级的。因而生物比非生物的平衡难于保持，很容易被它所受到的内外环境作用破坏。所以，任何生物对于作用于它的东西，都具有分辨好坏利害的评价能力和趋利避害的选择能力。

就这种能力的最基本的形态来说，便是所谓的向性运动与趋性运动。向性运动为一切植物固有。向光性：茎有正向光性，朝着光生长，根有负向光性，背着光生长。向地性：根有正向地性，向下长，茎有负向地性，往上长。向水性：根有很强的正向水性，强到足以使榆树的根找到、长入并阻塞下水管道。这些向性运动显然是分辨好坏利害的评价能力和趋利避害的选择能力的表现：直接说来，是为了获得有利自己的光、水、营养等；根本说来，则都是为了保持内外平衡稳定，从而生存下去。

植物也都具有趋性运动。例如，叶肉细胞中的叶绿体，在弱光作用下，便会发生沿叶细胞横壁平行排列而与光线方向垂直的反应；在强光作用下，则会发生沿着侧壁平行排列而与光线平行的反应。这两种反应显然都是分辨好坏利害的评价能力和趋利避害的选择能力的表现：前者是为了吸收有利自己的最大面积的光；后者是为了避免吸收有害自己的过多的光；说到底，都是为了保持内外平衡，从而生存下去。

动物的趋性运动发达得多。即使最简单的原生动物，也可以自由地做出接近或躲避运动，最后到达或避开某一种刺激来源。例如，当变形虫在水中遇到载有食物的固体时，它就放射式地展开伪足爬向固体，从而轻易地接触到固体上的食物。可是，当它在遇到水面上的小棒一类固体时，它就把伪足撤向和不可食的物体位置相反的一边。变形虫的这种反应显然是分辨好坏利害的评价能力和趋利避害的选择能力的表现：直接说来，是为了求得有利自己的食物；根本说来，则是为了保持内外平衡从而生存下去。所以，泰勒总结道：

“全部有机体，不论是有意识的还是无意识的，都是目的论为中心的生命，也就是说，每个有机体都是一种完整的、一致的、有序的‘目的一定向’的活动系统，这些活动具有一个不变的趋向，那就是保护和维持有机体的存在。”[①]

可见，分辨好坏利害的评价能力和趋利避害的合目的性选择能力是一切生物——人、动物、植物和微生物——所固有的属性。只不过，生物因其进化的等级不同，所具有的分辨好坏利害的评价能力和趋利避害的选择能力也有所不同。这种不同显然可以归结为两个方面。一方面，分辨好坏利害的评价能力和趋利避害的选择能力，在植物和微生物以及不具有大脑的动物那里，是无意识的、合目的性的；而在人和具有大脑动物那里则是有意识的、目的性的。另一方面，人的分辨好坏利害的评价能力和趋利避害的选择能力，是具有语言符号的，因而能够具有理性的意识和目的；而动物的分辨好坏利害的评价能力和趋利避害的选择能力则是不能用语言符号表达的、因而只具有感性的、经验的意识和目的。

那么，是否由此可以得出结论说，一切生物都拥有权利？很多生态伦理学家的回答是肯定的。劳伦斯说：“生命、智力和感觉就意味

① Paul W. Taylor, *Respect for Nature: A Theory of Environmental Ethcs*, New Jersey: Princeton University Press, 1986, p. 122.

着拥有权利。”[①] 布罗非（Brigid Brophy）说：“只要承认其他动物拥有生命和感觉，我们就必须承认……它们的生存、自由和追求幸福的权利。”[②] 德维尔说：“生物圈中的所有生物都拥有生存、繁荣和达到自我实现的平等权利。”[③] 雷根也这样写道：“就动物的权利问题来说，我们需要知道的是，动物是否如我们一样是生命的主体；而我们知道确实如此……由于这一点，它们便拥有获得尊重的平等权利。”[④] 由此，一些生态伦理论者进一步推论说，那些给人类带来极其巨大灾难的生物，如霍乱、鼠疫、梅毒、乙肝、艾滋病等病毒和细菌以及虱子、跳蚤等等都同样是生物，因而同样拥有权利。这些生态伦理论者甚至由此主张为“虱子和跳蚤修建医院”。难道还有比这更荒谬可笑的吗？

殊不知，具有分辨好坏利害的评价能力和趋利避害的选择能力，只是具有利益的充分条件，而不是具有权利的充分条件。非人类存在物要拥有权利，不但必须具有分辨好坏利害的评价能力和趋利避害的选择能力，从而具有利益；而且还必须对人类有利，给人类带来利益，能够与人类构成一种大体具有互惠关系的利益共同体。

因为即使是人，也并不都应该拥有权利。一个人，如果杀人放火剥夺了他人的权利，他也就没有相应的权利了。即使一个人是好人，是个战斗英雄，但是，如果他是我们正与之交战的敌人，那么，他就连最低的权利都没有了：他没有生命权。敌人是没有生命权的。所以，我们杀死敌人，不是侵权，不是不道德的。相反地，我们杀死的敌人越多，我们就越是英雄好汉，我们就越拥有美德。

---

① Roderick Frazier Nash, *The Rights of Nature: A History of Environmental Ethics*, London: The University of Wisconsin Press, 1989, p. 24.

② Roderick Frazier Nash, *The Rights of Nature: A History of Environmental Ethics*, London: The University of Wisconsin Press, 1989, p. 142.

③ Roderick Frazier Nash, *The Rights of Nature: A History of Environmental Ethics*, London: The University of Wisconsin Press, 1989, p. 121.

④ Steven M. Cahn and Peter Markie, *Ethics: History, Theory, and Contemporary Issues*, New York: Oxford University Press, 1998, p. 828.

人尚且如此，更何况非人类存在物！试想，为什么那条老狗拥有被它的主人供养直至死亡的权利？岂不就是因为它忠诚地为它的主人服务，给主人带来了巨大的利益？相反地，如果它竟然咬它的主人，它还能拥有这种权利吗？所以，正如范伯格所言：那些能够趋利避害的非人类存在物，只有对人有利，才拥有权利；如果对人有害，就不能拥有权利。[①]

因此，对人类有利，能够与人类构成一种大体具有互惠关系的利益共同体，乃是非人类存在物拥有权利的依据。非人类存在物所给予人类的这种利益、贡献或服务，无疑具有重大社会效用，乃是一种应该且必须的服务、贡献或付出，因而也就是应该受到法律保障的服务、贡献或付出：它是应该的，因为非人类存在物从人类那里得到了相应的利益和权利；它是必须的，因为否则非人类存在物就将失去从人类那里所得到的这些利益和权利。

试想，狗忠诚地为它的主人服务，给它的主人带来利益，是它拥有被它的主人供养直至死亡的权利的依据。狗给予主人的这种利益、贡献或服务，是应该的，因为狗从主人那里得到了相应的利益和权利。狗给予主人的这种利益、贡献或服务也是必须的，是应该受到法律保障的。因为狗如果不这样做，那么，它就将失去从主人那里所得到的利益和权利，甚至可能被法庭判为死刑。纳什曾告诉过我们："在中世纪，法庭时常对那些动物——因其伤人性命——进行刑事审判。"[②]2004年10月，英国的一所法庭也曾因一条狗咬伤了一位过路人的胳膊而被宣判其死刑。

可见，享有权利的非人类存在物所给予人类的利益、贡献或服务，

---

① James E. White, *Contemporary Moral Problems*, Fourth Edition, St. Paul: West Publishing Company, 1994, p. 428.

② Roderick Frazier Nash, *The Rights of Nature: A History of Environmental Ethics*, London: The University of Wisconsin Press, 1989, p. 18.

乃是一种具有重大社会效用的应该且必须的服务、贡献或付出，是一种应该受到法律保障的服务、贡献或付出，说到底，也就是非人类存在物对于人类的义务。因为所谓义务，如前所述，就是一种具有重大社会效用的必须且应该的服务、贡献或付出，也就是应该受到法律保障的服务、贡献或付出。这样一来，说到底，对人类有利，能够与人类构成一种大体具有互惠关系的利益共同体，便是非人类存在物对于人类所负有的义务，便是它们拥有权利的依据。

然而，帕斯莫尔等人类中心主义论者与康德一样，认为只有具有自我意识的人类，才可能对自己的行为负责，从而才可能负有义务和享有权利；没有自我意识的非人类存在物，不可能对自己的行为负责，因而不可能负有义务和享有权利。① 这是不能成立的。因为，正如动物权利拥护者们所指出：婴儿、精神病患者和痴呆症患者等不能对自己行为负责的人，同样享有权利和负有义务或责任；只不过他们的权利与义务是由其代理人帮助行使和履行罢了。

举例说，精神病患者不能对自己的行为负责，却同样享有自由和生命等权利，也同样负有不剥夺他人的生命和自由的义务。不可剥夺他人的生命和自由，这是正常人的义务，也同样是精神病患者的义务。如果一个精神病患者动不动就打人，甚至杀人而剥夺他人的生命和自由，那么，他便与正常人一样会遭到惩罚：他的自由权会遭到剥夺而被看管起来。因此，根据动植物等非人类存在物没有自我意识、不能对自己的行为、反应或效用负责，便断言它们不可能负有义务和享有权利，是不能成立的。它们同样享有权利和负有义务，只不过它们的权利与义务是由其代理者“人类”来帮助其行使和履行罢了。

综上可知，分辨好坏利害的评价能力和趋利避害的选择能力——生物具有这种能力而非生物则不具有这种能力——是非人类存在物拥

---

① 参见John Passmore, *Man's Responsibility for Nature*, London: Duckworth Press, 1974, p.29。

有权利的前提；而对人类有利，则是非人类存在物对于人类的义务，是非人类存在物拥有权利的依据。因此，人类与非生物以及有害于人类的生物之间，不存在权利义务关系；人类只有与有利于自己的生物之间，才存在权利义务关系：非人类存在物的权利，就是它从人类那里应该且必须得到的利益，就是它从人类那里得到的应该受到法律保障的利益，说到底，也就是人类对于非人类存在物所负有的义务；非人类存在物的义务，就是它应该且必须给予人类的利益，就是它给予人类的应该受到法律保障的利益，说到底，也就是人类对于非人类存在物所享有的权利。

这样一来，就人类与非人类存在物的权利义务的关系来看，尽管人类的利益与非人类存在物的利益经常发生冲突，但人类的权利与非人类存在物的权利却不可能发生冲突。因为非人类存在物的权利就是人类的义务，人类的权利就是非人类存在物的义务：二者怎么会发生冲突呢？试想，狗所享有的被主人供养直至死亡的权利，就是主人的义务；主人所享有的狗的忠诚服务的权利，就是狗的义务。这样，狗的权利与主人的权利怎么能发生冲突呢？同样，如果主人享有吃他所饲养的猪的权利，那么，猪就负有被主人吃的义务。如果猪享有安乐死和不被虐待的权利，那么，主人就负有保证猪安乐死和不受虐待的义务。这样，猪的权利与主人的权利怎么能发生冲突呢？

人类的权利义务与非人类存在物的权利义务固然不存在冲突，但是，它们却都既可能是应该的、正义的，也可能是不应该的、不正义的。因为，如上所述：一方面，道德权利义务和法定权利义务是实有的、约定的权利义务，因而既可能是应该的、正义的，也可能是不应该、不正义的；另一方面，自然权利义务则是应有的、被正确的社会规范赋予的权利义务，因而必定是应该的、正义的。所以，人类与非人类存在物的法定权利义务以及道德权利义务如果与它们的自然权利义务相符，就是应该的、正义的；如果不相符，就是不应该、不正义的。人类是非人类存在物的权利与义务的代理人，他的使命就是以人类与非人类存在物的自然权利义务为标准，来制定或认可人类与非人类存在物的道德权利义务和法定权利义务，从而使人类与非人类存在物的权利义务关系达到正义的境界。

以上，我们弄清了权利义务的界说和类型。从此出发，便可望把握权利与义务的关系从而确立正义的根本原则了。

## 三、权利与义务关系：正义根本原则

权利与义务显然具有二重关系：一方面，是一方的权利与对方的义务的关系，包括每个人与社会和他人的权利义务关系，以及人类与非人类存在物相互间的权利与义务的关系；另一方面则是每方自身的权利与义务的关系，包括一个人的权利与他自己的义务的关系、社会的权利与其自己的义务的关系，以及非人类存在物的权利与它自己的义务的关系。为了表述的方便，我们不妨将权利义务的这种复合的二重关系简化为：一方面是一个人的权利与他人的义务的关系；另一方面是一个人的权利与他自己的义务的关系。

### 1. 一个人的权利与他人的义务：必然相关

权利义务的界说（权利是应该受到法律保障的利益、索取或要求；义务是应该受到法律保障的服务、贡献或付出）表明，“权利”与“义务”分别属于“索取”与“贡献”范畴，因而不过是同一种利益对于不同对象的不同称谓：它对于获得者或权利主体是权利，对于付出者或义务主体则是义务。因此，所谓权利，也就是权利主体从义务主体那里得到的应该受到法律保障的利益；而义务则是义务主体付给权利主体的应该受到法律保障的利益：权利与义务是相对权利主体和义务主体而言的同一种利益，是处于不同人际关系中的同一种利益。

举例说，雇工的权利与雇主的义务其实是同一种利益“雇工工资”：它对于雇工是权利，对于雇主则是义务。儿女的权利与父母的义务也是同一种利益“儿女的抚养”：它对于儿女叫作权利，对于父母则叫作义务。张三的权利与他人的义务是同一种利益“张三的自由”：它对于张三叫作权利，对于其他人则叫作义务。因此，凯尔森说：“一个人以一定方式行为的权利，便是另一个人对这个人以一定方式行为的义务。”[①]霍布豪斯也这样写道：“同一种权益，对于应得者便叫作权利；对于应付者则叫作义务。”[②]

这样，一方的权利必赋予对方以同样的义务，因而一方有什么权利，对方必有什么义务；反之，一方的义务必赋予对方以同样的权利，因而一方有什么义务，对方必有什么权利。雇工有得到工资的权利，必定赋予雇主以同样的义务：雇主必有付给工资的义务。父母有抚养儿女的义务，必定赋予儿女以同样的权利：儿女必有被父母抚养的权利。张三有自由权利，必定赋予他人以同样的义务：他人必有不妨碍张三自由的义务。张三有不损害他人生命财产的义务，必定赋予他人以同样的权利：他人必有生命财产不受损害的权利。所以，马克思说：“没有无义务的权利，也没有无权利的义务。”[③]

权利与义务之为处于不同人际关系中的同一种利益的最显著的表现，是存在着这样一种权利（或义务）：它既是权利（或义务）同时又是义务（或权利）。例如，亲权是一种权利，同时也是一种义务：就其赋予父母以子女的利益来说，是权利；就其赋予父母以抚养子女的辛苦来说，则是义务。继承权是一种权利，同时也是一种义务：当继承权的享有者继承的是财产时，是权利；当继承权的享有者继承的

① 凯尔森：《法与国家的一般理论》，中国大百科全书出版社 1996 年版，第 87 页。
② L. T. Hobhouse, *The Elements of Social Justice*, Routledge/Thoemmes Press, 1993, p.37.
③ 《马克思恩格斯选集》第 2 卷，人民出版社 1972 年版，第 137 页。

是债务时，则是义务。受教育是自己的一种权利，同时也是自己的一种义务：就其有利于自己来说，是自己的权利；就其有利于社会和他人来说，是自己的义务。人权是每个人的权利，同时也是每个人的义务：就每个人对于自己的人权的享有来说，是权利；就每个人——特别是社会治理者——对于他人人权的不侵犯和保障来说，是义务。

权利与义务是处于不同人际关系中的同一种利益，显然意味着：权利的规范可以转换为义务的规范，或者说，权利的语言可以转译为义务的语言；反之亦然。举例说，"雇工有得到工资的权利"的权利规范，可以转换为义务规范："雇主有付给工资的义务。""任何人都有不损害他人生命财产的义务"的义务规范，可以转换为权利规范："每个人都有生命财产不受损害的权利。""公民有纳税的义务"的义务规范，可以转换为权利规范："国家享有税收的权利。""每个人都平等拥有人权"的权利规范，可以转换为义务规范："社会治理者负有保障每个人平等享有人权的义务。"

因此，法律条文和道德规范只要规定了一条权利（或义务），便意味着规定了一条义务（或权利）；只要赋予了一些人多少权利（或义务），便意味着赋予了另一些人多少义务（或权利）。所以，一般说来，法律条文和道德规范便不必画蛇添足地在规定一种权利（或义务）之后再相应地规定一种义务（或权利）；而可以只规定权利或只规定义务：规定了权利，义务即蕴涵于其中；反之亦然。但是，当权利与义务比较复杂和重大或者在权利主体与义务主体不予以规定便不够明确的情况下，便必须在规定一种权利（或义务）之后再相应地规定一种义务（或权利）。因此，如果根据法律条文和道德规范往往只规定权利或只规定义务的现象，便断言存在着没有权利的义务和没有义务的权利，是大错特错的。

可见，一个人的权利，必然是他人的义务；反之亦然。因此，权利的规范可以转换为义务的规范；反之亦然。这就是一个人的权利与他人的义务的必然的、客观的、事实如何的关系。这种关系，通常被叫作“权利与义务的逻辑相关性”。对于这一相关性原理，彼彻姆曾有很好的概括：“X享有权利做Y或拥有Y，显然意味着，道德体系（或法律体系）把做或不做的义务强加于某些人，以便X能够做Y或拥有Y（如果X想要Y）。这一分析符合被广泛接受的观念，亦即权利的语言可以翻译成义务的语言。换言之，权利与义务是逻辑相关的：一个人的权利使他人承担免除干涉或提供某些利益的义务，反过来，一切义务同样使对方享有权利。”① 范伯格在论及相关性原理时也这样写道：

“这一学说可以归结为：（1）一切义务都使其他人享有权利；（2）一切权利都使其他人负有义务。”②

但是，权利义务的逻辑相关性能否成立仍然是个问题。因为它遭遇两方面挑战：一方面，所谓“不完全强制性义务”并不赋予权利，因而存在着没有权利的义务；另一方面，我们对动物的权利也不可能使动物对我们负有什么义务，因为“它们不是理性的生物，因此它们就没有承担义务的能力”③。这两方面的挑战是如此严重，以致今日绝大多数学者竟然都不敢坚持权利与义务的逻辑相关性原理。那么，这两方面的挑战果真能够成立吗？

确实，所谓不完全强制性义务，如康德所说“仁爱”和密尔所说的“慈善”或“仁恩”以及彼彻姆所说的善的义务、良心的义务等等，并不赋予他人权利，是没有权利的义务，与权利没有必然联系。试想，我们无疑应该仁爱而无私奉献，应该慈善而施舍和捐赠。但是，谁能

---

① Tom L. Beauchamp, *Philosophical Ethics*, New York: McGraw-Hill Book Company, 1982, p. 202.

② Tom L. Beauchamp, *Philosophical Ethics*, New York: McGraw-Hill Book Company, 1982, p. 204.

③ Tom L. Beauchamp, *Philosophical Ethics*, New York: McGraw-Hill Book Company, 1982, p. 88.

说他人有权利得到我们的慈善、施舍和捐赠呢？然而，如前所述，仁爱、慈善、仁恩、行善和良心等所谓不完全强制性义务，实际上并非义务。因为义务固然是应该的、善的、道德的服务；但应该的、善的、道德的服务却不都是义务。义务只是同时具有必须性的那些应该的、善的、道德的服务，是不履行就应受到法律惩罚的必须且应该的服务，因而也就是颠倒了的权利：权利是一种应该受到法律保障的必须且应该的索取；义务则是一种应该受到法律保障的必须且应该的服务。仁爱、慈善、仁恩、行善和良心等所谓不完全强制性义务，无疑都是只应受道德保障而不应受法律保障的服务，只具有应然性而不具有必须性，是应该而非必须的服务，是不履行也不会受到法律惩罚的应该而非必须的服务。这样，仁爱、慈善、仁恩、行善和良心等所谓不完全强制性义务，便正如罗尔斯所指出，并不是什么义务，而是分外善行："引人入胜的分外善行也属于允许的行为。这些行为有仁爱和怜悯、英勇的壮举和自我牺牲等等。这些行为是善的，但它们并非一个人的义务或责任。"[①] 因此，以所谓不完全强制性义务不赋予他人权利的事实，来否定"一切义务必赋予他人权利"的相关性原理，是不能成立的。

同样，以动物的权利义务问题，来否定权利义务相关性原理，也是不能成立的。因为如前所述，拥有利益——亦即拥有分辨好坏利害的评价能力和趋利避害的选择能力——是非人类存在物对于人类拥有权利的前提；而对人类有利，则是非人类存在物对于人类拥有权利的依据。因此，人类与非生物以及有害于人类的生物之间，不存在权利义务关系；人类只有与有利于自己的生物之间，才存在权利义务关系，并且这种权利义务具有逻辑相关性：非人类存在物的权利，就是它从人类那里应该且必须得到的利益，就是它从人类那里得到的应该受到

① John Rawls, *A Theory of Justice* (Revised Edition), Cambridge, Massachusetts: The Belknap Press of Harvard University Press, 2000, p. 100.

法律保障的利益，说到底，也就是人类对于非人类存在物所负有的义务；非人类存在物的义务，就是它应该且必须给予人类的利益，就是它给予人类的应该受到法律保障的利益，说到底，也就是人类对于非人类存在物所享有的权利。举例说：

如果一条老狗长期忠诚地服务于它的主人，甚至在危难之际救了它主人的性命，那么，主人便不但应该回报狗以利益，而且狗从主人那里得到的这种利益还应该受到法律的保障。早在1641年英国殖民地的《自由法典》就有这样保障动物利益的法律条例："任何人都不可以虐待那些通常对人有用的动物。""必须使那些拉车或耕地的家畜定期到得休息、恢复体力。"[①]这样，狗和家畜等动物的利益便不但应该受到而且实际上已经受到法律的保障。狗和家畜等动物拥有应该受到法律保障的利益，因而也就拥有了权利：权利就是应该受到法律保障的利益。

因此，狗和家畜为它们的主人服务，给它们的主人带来利益，是它们拥有被主人供养的权利的依据。狗给予主人的这种利益、贡献或服务，是应该的，因为狗从主人那里得到了相应的利益和权利。狗给予主人的这种利益、贡献或服务也是必须的，因为狗如果不这样做，而是见人就咬，甚至咬它的主人，那么，它就将失去从主人那里所得到的利益和权利，甚至可能被法庭判处死刑。[②]狗给予主人的这种应该受到法律保障的服务，就是对于主人的义务：义务就是应该受到法律保障的服务、贡献或付出。

所以，动物的权利义务同样具有逻辑相关性：狗的权利，就是它从主人那里得到的应该受到法律保障的利益，因而也就是主人对于狗

① Roderick Frazier Nash, *The Rights of Nature: A History of Environmental Ethics*, London: The University of Wisconsin Press, p. 19.

② Roderick Frazier Nash, *The Rights of Nature: A History of Environmental Ethics*, London: The University of Wisconsin Press, p. 21.

所负有的义务；狗的义务，就是它给予主人的应该受到法律保障的利益，因而也就是主人对于狗所享有的权利。然而，学者们大都认为只有具有自我意识的人类，才可能对自己的行为负责，从而才可能负有义务；没有自我意识的非人类存在物，不可能对自己的行为负责，因而不可能负有义务。[①]这是不能成立的。因为，正如动物权利拥护者们所指出：婴儿、精神病患者和痴呆症患者等不能对自己行为负责的人，同样享有权利和负有义务；只不过他们的权利与义务是由其代理人帮助行使和履行罢了。举例说，精神病患者不能对自己的行为负责，却同样享有自由和生命等权利，也同样负有不剥夺他人的生命和自由的义务。因为，如果一个精神病患者动不动就打人甚至杀人而不履行自己的义务，他也会遭到惩罚：他的自由权会遭到剥夺而被看管起来。因此，根据动植物等非人类存在物没有自我意识，不能对自己的行为、反应或效用负责，便断言它们不可能负有义务，是不能成立的。它们同样享有权利和负有义务，只不过它们的权利与义务是由其代理者“人类”来帮助其行使和履行罢了。

可见，所谓不完全义务和动物义务的难题，并不能否定权利与义务的逻辑相关性原理：任何否认权利与义务逻辑相关性的理论注定都是一种迷误。因为权利与义务的本性（权利是应该受到法律保障的索取，是权利主体必须且应该从义务主体那里得到的利益；义务是应该受到法律保障的贡献，是义务主体必须且应该付给权利主体的利益）显然决定了一个人的权利，必然是他人或社会（或非人类存在物）的义务；反之亦然：二者必然具有所谓的逻辑相关性。

### 2. 一个人的权利与他自己的义务：道德相关

一个人享有什么权利，对方便负有什么义务；一个人负有什么

① John Passmore, *Man's Responsibility for Nature*, London: Duckworth Press, 1974, p. 29.

义务，对方便享有什么权利。这是事实，是必然；而不是应该，不是应然。那么，一个人为什么应该享有权利而使对方承担义务？显然只能是因为他负有义务而使对方享有权利。因此，一个人所享有的权利只应该是对他所负有的义务的交换：他从对方那里得到的权利只应该是用他从对方那里承担的义务换来的。反过来，一个人为什么应该负有义务而使对方享有权利？显然也只能是因为他享有权利而使对方承担义务。因此，一个人所负有的义务只应该是对他所享有的权利的交换：他从对方那里承担的义务只应该是用他从对方那里得到的权利换来的。

试想，父母年迈时，为什么应该享有被儿女赡养的权利，而使儿女承担赡养自己的义务？岂不只是因为，自己曾负有养育儿女的义务，而使儿女享有了被自己养育的权利？因此，父母所享有的被儿女赡养的权利，只应该是对他们曾经负有的养育儿女的义务的交换。反之，儿女所负有的赡养父母的义务，也只应该是对他们曾经享有被父母养育的权利的交换。

可见，由于一方的权利就是对方的义务，所以，一方应该享有权利而使对方承担义务，只能是因为他负有义务而使对方享有权利。因此，一方的权利只应该是用他的义务所赋予对方的权利换来的：他的权利，直接说来，只应该是对他所负有的义务的交换；根本说来，则只应该是对他赋予对方的权利的交换。反过来，由于一方的义务就是对方的权利，所以，一方应该负有义务而使对方享有权利，只能是因为他享有权利而使对方负有义务。因此，他的义务只应该是用他的权利所赋予对方的义务换来的：他的义务，直接说来，只应该是对他所享有的权利的交换；根本说来，则只应该是对他赋予对方的义务的交换。如图：

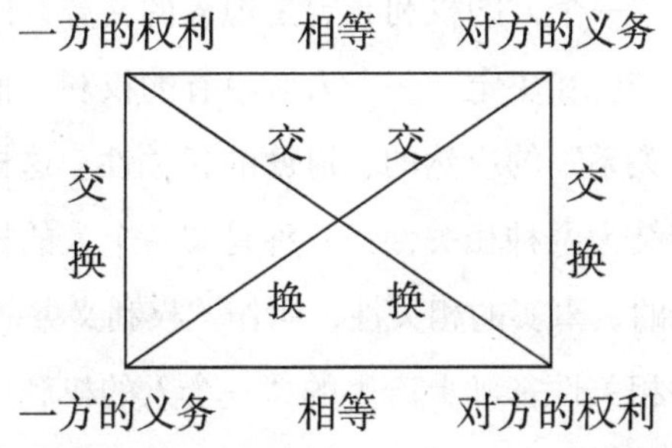


显然，一个人所享有的权利与他所负有的义务只应该是一种交换关系，完全基于和推导于权利与义务的逻辑相关性原理。因为，只是由于一个人的权利就是别人的义务，只是由于他要享有权利便必定使别人承担义务，所以，相应地，他才应该负有义务而使别人享有权利：他的权利（亦即他加于别人的义务）应该是用他的义务（亦即他给予别人的权利）换来的。否则，如果权利与义务不具有逻辑相关性，如果他享有的权利可以不使别人承担义务，那么，他享有的权利就不是他应该承担义务而使别人享有权利的理由，因而他的权利和他的义务就不应该是一种交换关系。如果权利与义务不具有逻辑相关性，如果他负有的义务并不会使别人享有权利，那么，他负有的义务就不是他应该享有权利而使别人承担义务的理由，因而他的义务和他的权利就不应该是一种交换关系。

试想，如果施舍等所谓不完全义务，果真如密尔和康德所言，确实是义务，那么，施与者所负有的这种义务确实不会使受惠者享有获得施舍的权利：谁能说受惠者有权利获得慈善家的施舍捐赠呢？同样，慈善家所负有的这种施舍的义务，也不应该给他换来任何权利，也就不是他应该享有权利而使受惠者承担义务的理由，因而他的施舍的义务和他的任何权利便都不应该是一种交换关系。所以，如果一个人的义务并不是他人的权利，与他人的权利不具有逻辑相关性，那么，他所负有的义务与他所享有的权利也就不应该是一种交换关系。

因此，只有“一个人的权利必定是他人的义务”的必然的、事实的相关性，才能产生和决定“一个人所享有的权利与他所负有的义务应该是一种交换关系”的应然的、道德的相关性。这样，权利与义务的关系便可以归结为两种相关性：一种是“一个人的权利必然是他人的义务”的必然的、事实的相关性，叫作“权利义务的逻辑相关性”；另一种是在这种相关性基础上产生的“一个人的权利应该是对他的义务的交换”的应然的、应该的相关性，因而可以称之为“权利义务的道德相关性”。

罗斯曾将权利与义务的这两种相关性归结为四个命题：“（1）A对B有权利意味着B对A有义务。（2）B对A有义务意味着A对B有权利。（3）A对B有权利意味着A对B有义务。（4）A对B有义务意味着A对B有权利。”[①] 显然，前两个命题属于权利义务的逻辑相关性；后两个命题属于权利义务的道德相关性。诚然，罗斯未能将这两种相关性明确区分开来；明确区分两种相关性的，似乎是范伯格。他这样写道：

“人们常说，没有义务就不可能有权利，并且说，获得和拥有权利的先决条件是承担义务和责任的能力和意愿。接受义务是任何人为了获得权利而必须付出的代价。这种理论被称之为权利与义务的道德相关学说。这种理论与下面讨论的权利与义务的逻辑相关学说绝然不同。逻辑相关学说断言，赋予一个人的权利在逻辑上至少需要有一个对他负有义务的他人存在。”[②]

那么，权利与义务的道德相关性的具体内容究竟如何？也就是说，一个人的权利与他自己的义务究竟应该是一种怎样的交换关系？应该权利多于义务还是义务多于权利抑或权利义务平等？这是个相当复杂的问题。因为一个人的权利与他的义务，细究起来，具有双重关系：

---

① 罗斯：《正当与善》，转引自余涌：《道德权利研究》，中央编译出版社2001年版，第68页。

② 范伯格：《自由、权利和社会正义》，贵州人民出版社1998年版，第87页。

一方面是他所享有的权利与他所负有的义务的关系；另一方面则是他所行使的权利与他所履行的义务的关系。

### 3. 一个人所享有的权利与他所负有的义务：应该相等

一个人所享有的权利与他所负有的义务，显然不是他自己能够自由选择的，而是社会分配给他的。所以，“一个人所享有的权利与义务”和“社会分配给一个人的权利与义务”是同一概念。那么，社会应该如何分配呢？黑格尔答道：“一个人负有多少义务，就享有多少权利；他享有多少权利，也就负有多少义务。”[①] 确实，社会分配给一个人的权利与义务只有相等才是正义的、应该的；如果不相等，则不论权利多于义务还是义务多于权利，都是不正义、不应该的。这可以从两方面来看：

一方面，权利义务的界说表明：权利是应该受到法律保障的利益、索取或要求；义务是应该受到法律保障的服务、贡献或付出。这样，如果社会分配给一个人的权利多于其义务，那么，他受法律保障的索取就多于其付出，那就等于强迫别人向他无偿贡献这些多出部分的利益，是对别人利益的一种强行剥夺，因而是不正义的。反之，如果社会分配给一个人的义务多于其权利，那么，他受法律保障的付出就多于其索取，那就等于强迫他向别人无偿贡献这些多出部分的利益，是对他的利益的一种强制剥夺，因而同样是不正义的。于是，社会只有分配给一个人的义务与权利相等，他受法律保障的索取才等于其付出，才既没有强行剥夺别人利益，也没有强行剥夺他的利益，因而是正义的：正义就是等利（害）交换。

另一方面，权利义务的逻辑相关性表明：一个人的权利就是对方的义务；一个人的义务就是对方的权利。这样，如果社会分配给一个

① 黑格尔：《法哲学原理》，商务印书馆 1962 年版，第 652 页。

人的权利多于其义务，那么，对方的义务所赋予他的权利就多于他的义务赋予对方的权利，他从对方获得的权利就多于他给予对方的权利，他就侵占了对方的权利，因而是不正义的。反之，如果社会分配给一个人的义务多于其权利，那么，他的义务赋予对方的权利就多于对方的义务赋予他的权利，他赋予对方的权利就多于对方赋予他的权利，他的权利就被对方侵占了，因而同样是不正义的。于是，社会只有分配给一个人的义务与权利相等，他的义务赋予对方的权利才等于对方的义务赋予他的权利，他赋予对方的权利才等于对方赋予他的权利，因而才是正义的：正义就是等利（害）交换。

如图：

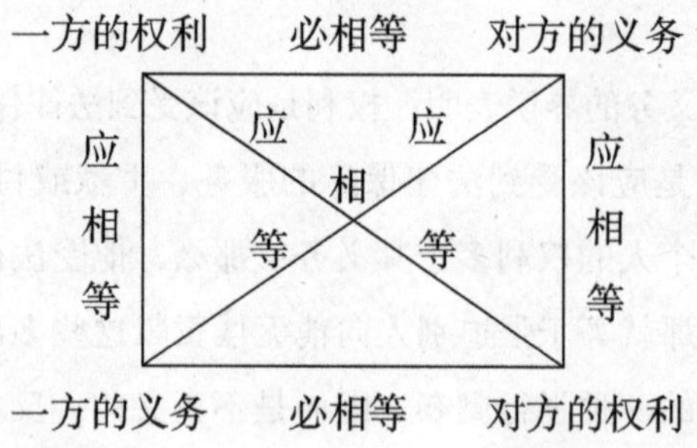


可见，每个人所享有的权利与所负有的义务相等，乃是社会对于每个人的权利与义务进行分配的正义原则；反之，每个人所享有的权利与所负有的义务不相等，则是社会对于每个人的权利与义务进行分配的不正义原则。社会对于权利与义务的分配，如前所述，乃是社会正义的根本问题。所以，社会分配给一个人的权利与义务相等——亦即一个人所享有的权利与所负有的义务相等——不但是一种社会正义，而且是根本的社会正义，是社会正义的根本原则。反之，社会分配给一个人的权利与义务不相等——亦即一个人所享有的权利与负有的义务不相等——不但是一种社会不正义，而且是根本的社会不正义，是社会不正义的根本原则。

### 4. 一个人所行使的权利与他所履行的义务：至多应该相等

一个人所享有的权利与所负有的义务，如上所述，是社会分配给他的，因而不是他自己能够自由选择的。反之，一个人所行使的权利和履行的义务，则是他自己能够自由选择的。因为每个人都能够放弃他所享有的一些权利，从而使所行使的权利小于所享有的权利；也能够不履行所负有的一些义务，从而使所履行的义务小于所负有的义务。举例说，一个父亲享有的被儿女抚养的权利和负有的养育儿女的义务，显然不是他能够自由选择的，而是社会分配给他的。但是，他却能够自食其力，放弃所享有的某些被儿女抚养的权利，从而使所行使的权利小于所享有的权利；也可能只顾自己玩乐而不顾儿女死活，不履行所负有的某些养育儿女的义务，从而使所履行的义务小于所负有的义务。

一目了然，对于行使权利和履行义务，一个人可能有三种选择：（1）所行使的权利多于所履行的义务；（2）所行使的权利少于所履行的义务；（3）所行使的权利等于所履行的义务。

首先，一个人行使的权利多于所履行的义务，可能有两种情形。一种是，他行使的权利多于其履行的义务，固然是他的自由选择，但也因为他享有的权利多于负有的义务，因而也是社会分配的结果。这种情形的典型，无疑是特权和等级制度社会。因为在这种社会中，正如恩格斯所言，“几乎把一切权利赋予一个阶级，另一方面又几乎把一切义务推给另一个阶级”[①]。这样，一个剥削者所行使的权利多于其履行的义务，固然是他的自由选择，同时也是由于他享有的权利多于负有的义务，因而也是社会分配的结果。反之，另一种情形则是，一个

① 《马克思恩格斯全集》第21卷，人民出版社1965年版，第202页。

人行使的权利多于其履行的义务，并非因为他享有的权利多于负有的义务，而是他滥用和僭越权力或不履行一些义务所致。这种情形的典型，就是那些挂着民主招牌的专制君主。因为他滥用、僭越了宪法和法律赋予他作为民主政体首脑的权力和权利，不履行宪法和法律赋予他作为民主政体首脑的义务，从而使他所行使的权利远远大于和多于所履行的义务。不难看出，不论何种情形，如果一个人行使的权利多于他所履行的义务，那么，一方面，他受法律保障的索取就多于其付出，就等于强迫别人向他无偿贡献这些多出部分的利益，就是对别人利益的一种强行剥夺，因而是不正义的。另一方面，一个人所行使的权利如果多于他所履行的义务，那就意味着：别人的义务所赋予他的权利多于他的义务赋予别人的权利，他从别人获得的权利就多于他给予别人的权利，他就侵占了别人的权利，因而是不正义的。只不过，如果他行使的权利多于履行的义务，是因为他享有的权利多于负有的义务，因而是社会分配的结果，那么，他的行为虽然是不正义的，却是合法的。反之，如果他行使的权利多于履行的义务，是他滥用权力或不履行一些义务所致，他的行为便不但是不正义的，而且是非法的。

其次，一个人所行使的权利少于所履行的义务，也无非两种情形：一种是他自愿放弃所享有的权利所致；另一种则是因为他享有的权利少于负有的义务和他人滥用权力或不履行义务，因而是社会的分配和他人滥用权力或不履行义务的结果。一个人所行使的权利少于所履行的义务，如果是他自愿放弃所享有的权利所致，那么，他应该享有的一部分权利便是他自愿转让于对方，而不是被对方侵占。因此，这种行使的权利少于所履行的义务的行为，就属于无偿奉献范畴，因而无所谓正义不正义，而是高于正义的分外善行。但是，一个人所行使的权利少于所履行的义务，如果是因为他享有的权利少于负有的义务或他人滥用权力和不履行义务所致，因而是社会分配和他人滥用权力或不履行义务的结果，那么，他应该享有的一部分权利便是被对方侵占，而不是自愿转让于对方。因此，这种行使的权利少于所履行的义务的行为，就属于权利被侵犯的行为，就是一种遭受不正义对待的行为，因而属于不正义范畴。

最后，一个人所行使的权利等于所履行的义务，也无非两种情形：一种是因为他享有的权利等于负有的义务，因而是社会分配的结果；另一种则是他自愿放弃所享有的一些权利所致。显然，只有一个人所行使的权利等于所履行的义务，他的义务赋予对方的权利才等于对方的义务赋予他的权利，他赋予对方的权利才等于对方赋予他的权利，因而才是正义的：正义就是等利（害）交换。只不过，如果一个人行使的权利等于履行的义务，是因为他享有的权利等于负有的义务，因而是社会分配的结果，那么，他的行为虽然是正义的，却是一种被动的、消极的正义。反之，如果他所行使的权利等于所履行的义务，是他自愿放弃所享有的一些权利所致，那么，他的行为便不但是正义的，而且纠正了法律不正义和社会不正义，因而是一种积极的、主动的正义，无疑是一种更为高尚的行为。

可见，一个人所行使的权利等于所履行的义务，不论是社会分配的还是自己选择的，都是正义的。一个人行使的权利多于所履行的义务，不论是社会分配的还是自己选择的，都是不正义的。一个人行使的权利少于所履行的义务，如果是他自由放弃权利所致，就无所谓正义不正义，而是高于正义的分外善行；如果不是他的自由选择——而是社会分配或他人滥用权力和不履行义务所致——就是不正义的。这种“一个人行使的权利少于所履行的义务”的不正义，与“一个人行使的权利多于所履行的义务”的不正义，显然是同一不正义行为：只不过前者的行为主体是这种不正义行为的承受者；后者的行为主体则是这种不正义行为的行使者罢了。这样，一个人所行使的权利与所履行的义务的正义不正义，便可以归结为两种行为：一种是“一个人所行使的权利等于所履行的义务”，是正义的；另一种是“一个人行使的权利多于所履行的义务”，是不正义的。至于“一个人行使的权利少于所履行的义务”，则或者与“一个人行使的权利多于所履行的义务”的不正义是同一行为，因而可以归类于后者；或者无所谓正义不正义，而是高于正义的分外善行。

于是，一方面，“一个人所行使的权利等于所履行的义务”与“一个人行使权利与履行义务的正义”便是同一概念，因而是个人行使权利与履行义务的正义原则：凡是行使的权利与履行的义务相等的，都是正义的；凡是行使权利与履行义务的正义，也都是行使的权利与履行的义务相等。另一方面，“一个人所行使的权利多于所履行的义务”与“一个人行使权利与履行义务的不正义”便是同一概念，因而是个人行使权利与履行义务的不正义原则：凡是行使的权利多于履行的义务，都是不正义的；凡是行使权利与履行义务的不正义，也都是行使的权利多于履行的义务。每个人行使权利与履行义务，如前所述，乃是个人正义的根本问题。所以，一个人行使的权利等于所履行的义务，便不但是一种个人正义，而且是根本的个人正义，是个人正义的根本原则；反之，一个人所行使的权利大于所履行的义务，便不但是一种个人不正义，而且是根本的个人不正义，是个人不正义的根本原则。

结合个人正义与社会正义的根本原则可知，社会分配给一个人的权利与义务相等——亦即一个人所享有的权利与所负有的义务相等——是社会正义的根本原则；个人行使的权利等于所履行的义务是个人正义的根本原则。因此，权利与义务相等便是正义的根本原则。正义，全面地说，是等利（害）交换的善行；根本地说，则是权利与义务平等交换的善行：社会分配给一个人的权利与义务相等是社会正义的根本原则；个人行使的权利等于所履行的义务是个人正义的根本原则。反之，社会分配给一个人的权利与义务不相等——亦即一个人所享有的权利与负有的义务不相等——是社会不正义的根本原则；一个人所行使的权利多于所履行的义务是个人不正义的根本原则；一个人所行使的权利少于所履行的义务，则无所谓正义不正义，而是高于正义的分外善行。因此，权利与义务的不平等交换分为两类。一类是善的权利义务不平等交换，是权利义务不平等交换的善行，是一个人所行使的权利少于所履行的义务：它无所谓正义不正义，是超越正义不正义的善行。另一类是恶的权利义务不平等交换，是权利义务不平等交换的恶行，也就是社会分配给一个人的权利与义务不相等和一个人所行使的权利多于所履行的义务：二者构成社会不正义的根本原则和个人不正义的根本原则。因此，权利与义务不相等的恶行便是不正义的根本原则。不正义，全面地说，是不等利（害）交换的恶行；根本地说，则是权利与义务不等交换的恶行：社会分配给一个人的权利与义务不相等是社会不正义的根本原则；一个人所行使的权利多于所履行的义务则是个人不正义的根本原则。

综观权利与义务关系可知，权利与义务的关系可以归结为两种相关性。一种是一个人的权利与他人的义务的关系：一个人的权利，必然是他人的义务；反之亦然。这是一个人的权利与他人的义务的必然的、客观的、事实如何的关系，亦即所谓“权利与义务的逻辑相关性”。另一种则是基于这种逻辑相关性的“权利义务道德相关性”：一个人的权利应该是对他自己的义务的交换。这种交换的道德原则可以归结为一个总原则和6个分原则。权利义务交换的道德总原则是：一个人所享有的权利应该等于他所负有的义务；而他所行使的权利则应该至多等于他所履行的义务。6个分原则是：（1）社会正义根本原则：一个人所享有的权利与他所负有的义务——亦即社会分配给每个人的权利与义务——相等；（2）个人正义根本原则：一个人所行使的权利与他所履行的义务相等；（3）正义的根本原则：权利与义务相等；（4）社会不正义的根本原则：一个人所享有的权利与所负有的义务不相等；（5）个人不正义的根本原则：一个人所行使的权利多于他所履行的义务（个人所行使的权利少于他所履行的义务，无所谓正义不正义，而是超越正义不正义的分外善行）；（6）不正义的根本原则：权利与义务不相等的恶行。

## 四、贡献原则：社会正义根本原则

不难看出，社会正义根本原则“社会分配给每个人的权利与义务应该相等”是不完善的：它显然是对正义根本原则“权利与义务应该相等”的直接推演、演绎，而没有与其不同的新东西。因此，与其说它是社会正义根本原则，不如说它是正义根本原则；若把它作为社会正义根本原则，便是简单化的、有缺欠的、不完善的、不可操作的。试想，如果社会分配给每个人完全相同的权利和完全相同的义务，便符合这个社会正义的根本原则，然而这无疑是不应该的：每个人所负有的义务和所享有的权利必定且应该有所不同。

因此，这个社会正义根本原则的缺陷在于：它只告诉我们分配给每个人的权利与义务应该相等，却没有告诉我们应该给每个人分配多少权利与义务，没有告诉我们应该给每个人分配不同的权利与义务的根据是什么，没有告诉我们应该赋予一些人较多较大较重要的权利与义务——而赋予另一些人较少较小较不重要的权利义务——的根据是什么。

这就是权利与义务分配的源泉和根据问题。因此，“社会分配给每个人的权利与义务应该相等”之为社会正义根本原则的缺陷在于：没有确定权利与义务分配的源泉和依据。那么，社会对于每个人的权利与义务进行分配的源泉和依据究竟是什么？是贡献！贡献是权利的源泉和依据；换言之，社会应该按照贡献分配权利，按照权利分配义务；说到底，社会分配给每个人的权利应该与他的贡献成正比而与他的义务相等。这就是完善的真正的社会正义根本原则，亦即所谓“贡献原则”。

## 1. 按照贡献分配权利：实在贡献原则

圣西门曾将贡献原则概括为一句话：“使每个社会成员按其贡献的大小，各自得到最大的富裕和福利。”[①] 艾德勒论及这一原则时也这样写道：“根据每个人对大家合作生产的全部财富所做出的贡献进行分配。”[②] 诚哉斯言！所谓贡献原则，就是按照贡献分配权利，按照权利分配义务。贡献原则之为社会正义原则，近乎不言而喻的公理。因为，尽管学术界提出那么多不同的社会正义理论，却几乎无人反驳这一原则；相反地，正如奥肯所说，“他们都对最初的假定表示敬意，即收入应该建立在对产出的贡献基础之上。”[③] 可是，究竟为何贡献原则是社会正义根本原则？

原来，权利与义务，如前所述，分属“索取”与“贡献”概念而同属“利益”范畴：权利是应被权力或法律保障的利益、索取或要求；义务是应被权力或法律规定的贡献、付出或不利益。一目了然，贡献在先，索取在后：贡献是索取的源泉。因为所谓社会，正如罗尔斯所言，不过是“一个目的在于增进每个成员利益的合作体系”[④]。这样，每个人只有先为社会贡献利益（贡献），尔后社会才有利益分配给每个人（索取）：社会分配给每个人的利益，无非是每个人所贡献的利益，无非是每个人所贡献的利益之交换而已。因此，社会分配给每个人多少利益，也就只应该依据每个人贡献了多少利益：贡献是索取的依据。所以，哈耶克说：“每个人所享有的利益应当与其他人从他的活

① 《圣西门选集》第2卷，商务印书馆1982年版，第293页。

② Mortimer J. Adler, *Six Great Ideas*, New York: A Touchstone Book Published by Simon & Schuster, 1997, p. 178.

③ 阿瑟·奥肯：《平等与效率》，华夏出版社1987年版，第37页。

④ John Rawls, *A Theory of Justice* (Revised Edition), Cambridge, Massachusetts: The Belknap Press of Harvard University Press, 2000, p. 4.

动中获得的利益相称。”①

贡献是索取的源泉和依据，因而也就是“权利”的源泉和依据。因为权利属于索取范畴：权利是一种特殊的索取，是被权力或法律所保障的应该且必须的索取。贡献是权利的源泉和依据，无疑意味着：应该按照贡献分配权利。按照贡献分配权利，是指权利与贡献应成正比：贡献越少，权利便应该越少；贡献越多，权利便应该越多。但是，一方面，权利再多，也不应多于和等于而只应少于贡献；另一方面，权利再少，也不应该少于而只应该等于法律所规定的贡献（“法律所规定的贡献”与“义务”是同一概念）：权利不应该少于而只应该等于义务。

权利多于贡献显然是不正义的。因为一个人的权利乃是他从别人那里得到的受法律保障的利益。因此，如果一个人的权利多于其贡献，便等于法律强迫别人向他无偿付出这些多出部分的利益，是对别人利益的一种强行剥夺，因而是不正义的。这种不正义是中国古代国家制度的根本特征：官吏阶级的权利远远多于其贡献。因为中国自五帝时代以来，特别是夏商周至清代，专制者及其官吏阶级全权——政治权力和经济权力以及结社集会等社会权力与言论出版等文化权力——垄断，因而也就几乎垄断了全部权利；庶民阶级皆遭受官吏阶级全权垄断之四重强制，皆沦为人身属于或依附于官吏阶级的奴隶、农奴及奴仆，虽然拥有利益，却几乎毫无权力保障，因而几乎毫无权利：权利是权力保障的利益。

权利等于贡献也是不正义的。因为如前所述，就社会的分配来说，一个人的索取与贡献以及权利与义务只有相等才是正义的，而索取多于和少于贡献以及权利多于和少于义务都是不正义的：如果一个人的

① Friedrich A. Hayek, *The Constitution of Liberty*, The University of Chicago Press, 1978, p.94.

索取多于贡献或权利多于义务，那就等于强迫别人向他无偿贡献这些多出部分的利益，是对别人利益的一种强行剥夺，因而是不正义的；如果一个人的贡献多于索取或义务多于权利，那就等于强迫他向别人无偿贡献这些多出部分的利益，是对他的利益的一种强行剥夺，因而同样是不正义的。

这样，一方面，因为索取并不等于权利，索取必多于权利：权利只是一种特殊的索取，只是受权力保障的应该且必须的索取。所以，如果赋予一个人的权利与他的贡献相等，那么，他的索取便因必多于权利从而必多于贡献，那就等于强迫别人向他无偿贡献这些多出部分的利益，是对别人利益的一种强行剥夺，因而是不正义的。

另一方面，因为贡献并不等于义务，贡献必多于义务：义务只是一种特殊的贡献，只是受权力保障的应该且必须的贡献。所以，如果赋予一个人的权利与他的贡献相等，他的权利便因与其贡献相等而多于其义务，那么，他受法律保障的索取就多于其付出，他从别人那里获得的权利就多于他给予别人的权利，他就侵占了别人的权利，因而是不正义的。

这两个方面可以归结为两个三段式：

| | |
|---|---|
| 因为贡献必多于义务 | 因为索取必多于权利 |
| 如果权利与贡献相等 | 如果权利与贡献相等 |
| —————————— | —————————— |
| 那么权利便多于义务 | 那么索取便多于贡献 |

可见，如果权利与贡献相等，那么，索取便多于贡献、权利便多于义务，因而是不正义的。一个人的索取与其贡献相等虽然是正义的，但是，他的受权力保障的索取（权利）与其贡献相等则是不正义的。他的受权力保障的索取（权利）显然只有与他的同样受权力所保障的

贡献（义务）相等才是正义的：权利只有与义务相等才是正义的，而与贡献相等则是不正义的。那么，权利与贡献究竟应该是何关系？

权利既不应该多于又不应该等于贡献，显然意味着：权利应该少于贡献。确实，一个人的权利只应该少于其贡献，或者说，他的贡献只应该多于其权利。因为就社会的分配来说，权利与义务应该相等、索取与贡献应该相等。而义务是一种特殊的贡献，是受权力保障的应该且必须的贡献：贡献必多于义务。反之，权利则是一种特殊的索取，是受权力保障的应该且必须的索取：索取必多于权利。于是，合而言之，可以得出结论说：贡献应该多于权利。这个道理也可以归结为两个三段式：

| 贡献必多于义务 | 索取必多于权利 |
|---|---|
| 义务与权利应该相等 | 贡献与索取应该相等 |
| 贡献应该多于权利 | 贡献应该多于权利 |

这就是说，每个人的权利既不应等于更不应多于而仅仅应少于其贡献。那么，这是否意味着，一个人的权利越加少于其贡献，就越加应该？毫无疑义，就一个人自己的自由选择来说，他行使的权利越少而做出的贡献越多，他的品德便越加高尚。但是，我们这里研究的，不是个人正义，因而不是个人的自由选择；而是社会正义，因而是社会的分配，是社会对于一个人的权利与义务的分配。不难看出，就社会的分配来说，一个人的权利少于其贡献，只是在一定的限度内才是应该的、正义的；超过这个限度，就是不正义、不应该的。这个限度就是义务，就是受到法律保障的应该且必须的贡献：一个人所享有的权利再少，也不应该少于而只应该等于他所负有的受到法律保障的应该且必须的贡献，亦即不应该少于他所负有的义务。

因为如前所述，一个人所享有的权利与他所负有的义务只有相等才是正义的。如果一个人享有的权利少于他所负有的义务，少于他所负有的受到法律保障的应该且必须的贡献，那么，他的义务赋予对方的权利就多于对方的义务赋予他的权利，他赋予对方的权利就多于对方赋予他的权利，他的权利就被对方侵占了，因而是不正义的。这种不正义，与权利多于义务或贡献的不正义，显然是同一种行为：一方的权利多于其义务或贡献，对方的权利就少于其义务或贡献；一方的权利多于其义务或贡献多少，对方的权利就少于其义务或贡献多少。所以，这种权利少于其义务的不正义，与权利多于其义务的不正义，同样是历史和现实最常见的不正义现象：前者是被剥削被压迫者所遭受的不正义；后者则是剥削者压迫者所施加的不正义。

可见，权利固然不应多于和等于而只应少于贡献；但不应少于而只应等于受到法律保障的应该且必须的贡献：权利只应等于义务。因此，按照贡献分配权利，既不是指权利应该多于和少于贡献，也不是指权利与贡献应该相等，而是指权利与贡献应该成正比：贡献越多，权利便应该越多；贡献越少，权利便应该越少。但是，权利再多，也不应该多于和等于贡献；权利再少，也不应该少于而只应等于法律所规定的贡献或义务。如图：

综上可知，贡献是权利的源泉和依据；换言之，社会应该按照贡献分配权利，按照权利分配义务；说到底，社会分配给每个人的权利

应该与他的贡献成正比而与他的义务相等。这就是社会正义的“贡献原则”，这就是社会正义根本原则，更确切些说，是社会正义根本原则的完善表述。

说它是完善的，是因为我们在上一章“正义根本原则”所确立的社会正义根本原则“社会分配给每个人的权利应该与其义务相等”是不完善的。“社会分配给每个人的权利应该与其义务相等”，显然是对正义根本原则“权利与义务应该相等”的直接推演、演绎，而没有与正义根本原则不同的新东西，亦即没有社会对权利与义务进行分配的源泉和依据（贡献）；而社会对权利与义务进行分配的源泉和依据，显然是社会正义的根本问题。因此，如果将它作为社会正义根本原则，便是简单化的、有缺欠的、不完善的、不可操作的。这就是为什么它属于上一章“正义根本原则”的研究对象，而不属于本章“社会正义根本原则”的研究对象的缘故。

反之，“社会分配给每个人的权利应该与他的贡献成正比而与他的义务相等”，则是运用正义根本原则“权利与义务应该相等”解决社会如何给每个人分配权利义务问题的结果，具有正义根本原则所没有的新东西，亦即社会对权利义务进行分配的源泉与依据：贡献。所以，它是与正义根本原则有所不同的、表述完善的社会正义根本原则，是真正的、名副其实的社会正义根本原则。不过，细究起来，这一贡献原则并非贡献原则的全部，而只是贡献原则的一个侧面：实在贡献原则。贡献原则还有另一个侧面：潜在贡献原则。

### 2. 按照德才分配权利：潜在贡献原则

贡献是权利的源泉和依据意味着：贡献在先、权利在后。然而，实际上很多极为重要的权利，如职务、地位、权力等等的分配，却往往应该先于贡献。孙武、韩信、诸葛亮等等岂不都是先为将军、军师，尔后方有功勋、贡献？这岂不否定了按贡献分配权利原则？并未否定。

因为贡献有实在与潜在之分。诸葛亮等的职务权利之分配，真正讲来，也依据于他们的贡献而先有贡献、后有权利；只不过这种在先的贡献乃是潜在的而非实在的罢了。

所谓潜在贡献，也就是“才能与品德”等自身的、内在的贡献因素和“运气与出身”等非自身的、外在的贡献因素，也就是导致贡献的因素、原因，是尚未做出但行将做出的贡献，是可能状态的贡献。反之，实在贡献则是德与才以及运气与出身诸贡献因素相结合的产物，是已经做出来的贡献，是现实状态的贡献。职务、地位、权力等权利的分配，往往应该依据每个人的潜在贡献；但并非应该依据任何潜在贡献：不应该依据运气与出身等外在贡献因素；只应该依据品德和才能两大内在贡献因素。

诚然，运气和出身等外在贡献因素是决定贡献大小的重要因素：运气和出身较好，贡献便可能较大；运气和出身较差，贡献则可能较小。但这只是偶然的、可能的，而不是必然的、注定的。因为我们到处都能看到：运气和出身好的人，往往因自己不努力而错过好机遇，终生一事无成；运气和出身不好者，却因自己刻苦奋斗而功勋昭著。所以，运气与出身等外在贡献因素乃是一种偶然性的潜在贡献，是可能变成也可能变不成实在贡献的潜在贡献，是偶然导致而不可预测、不可指望的贡献，是贡献的偶然因素。这样，如果按照运气和出身等贡献的外在因素分配权利，便可能导致不做贡献而享有权利，因而也就背离了按贡献分配权利的原则。所以，任何权利的分配都不应依据运气与出身等贡献的外在因素。

反之，品德和才能是每个人自身内在的贡献因素，只要二者结合起来，便是决定贡献大小的充分条件：德与才较高的人，贡献必较大；德与才较低的人，贡献必较小。所以，德与才乃是必然性的潜在贡献，是必将成为实在贡献的潜在贡献，是尚未做出但必将做出的贡献，是必然导致因而可以准确预测的贡献，是贡献的必然因素。这样，“按照德与才分配权利”也就是按照必将做出的贡献分配权利，因而不过是“按照贡献分配权利”的一种特殊的、潜在的形式：德与才是权利分配的潜在依据；贡献是权利分配的实在依据。

不过，按照德才分配权利并不是把“德”与“才”当作两个分离独立的依据来分别地、单独地分配权利；而是按照“德”与“才”相结合而成的一个依据来分配权利。因为只有“德”与“才”结合起来，才是贡献的充分条件，才是必然导致贡献的因素；二者若分离独立，便都不再是贡献的充分条件，不再是必然导致贡献的因素。试想，一个人如果有德无才，那么他虽有做贡献而利人的良好动机，却未必会有做贡献而利人的良好效果，甚至可能好心办坏事而有害于人：“通向地狱的道路是由良好的意图铺成的。”[①] 反之，如果有才无德，那么他便既可能做大贡献而利人，也可能造大灾祸而害人：“自古昔以来，国之乱臣、家之败子，才有余而德不足，以至于颠覆者多矣。”[②]

可见，一个人不论是有德无才还是有才无德，都同样既可能做出也可能做不出贡献。所以，“德”与“才”若分离独立，也就与运气、出身一样，是偶然导致贡献的因素。这样，如果把“德”与“才”分离开来，单独作为权利分配的依据，便可能导致不做贡献而享权利，因而也就背离了按贡献分配权利的正义原则。因此，社会正义的根本原则既不是“任人唯才”，单单按照才能分配权利；也不是“任人唯德”，单单按照品德分配权利；而是“任人唯贤”：兼顾德才分配权利。这就是为什么“按贡献分配权利”原则与“按德才分配权利”原则是正义的，而构成它们的“按品德分配权利”原则与“按才能分配权利原则”却是不正义的缘故。

然而，人的才能多种多样而绝无全才之人；人的品德也是多种多

① 马克思：《资本论》第1卷，中国社会科学出版社1983年版，第179页。

② 李国祥等主编：《资治通鉴全译》第一卷，贵州人民出版社1990年版，第18页。

样而绝无全德之人。所谓才智之士，必定只是在某些方面有才能而在其他方面则无才能；所谓有德之士，也必定只是在某些方面有德而在其他方面则无德。一个人很勇敢，却可能不谨慎；很勤奋，却可能不节制；很自尊，却可能不谦虚；很仁慈，却可能不公正；很敬业，却可能不贵生。因此，所谓任人唯贤、兼顾德才，便绝非求全责备；而是"用人如器"：像使用器具只用其长那样，根据一个人所具有的品德和才能的性质、类型，而分配与其相应的职务等权利。不妨以中国古代为例：

如果按照"用人如器"原则分配军事统帅职务，那么，一方面，从才能上看，可无诗才、辩才，也可无治国之术，却不可无用兵之术；另一方面，从品德上看，可以不仁不孝、贪而好利，却不可鲁莽或怯懦，不可背弃重用自己的国家、国君。由此观之，曹操的用人原则，真正讲来，并非任人唯才，而正是用人如器："士有偏短，庸可废乎？"[①]

他所谓的"唯才是举"并非不看品德，而是不看那些将相可有可无的正统美德：仁、孝、廉洁；却十分看重那些将相必备的品德：是否反复无常、背弃恩主。否则，他就不会杀掉反复无常、有才无德的吕布了。他用来标榜其"唯才是举"原则的吴起、陈平、韩信，也都只是缺乏那些将相可有可无的主流美德："韩信、陈平负污辱之名，有见笑之耻……吴起贪将，杀妻自信，散金求官，母死不归。"[②]

然而，三人均不乏将相必备的品德：忠于重用自己的君主。吴起弃鲁投魏，又弃魏投楚，并非反复无常、忘恩负义，而都是因为鲁、魏国君"疑之而弗信也"[③]。韩信对还在重用自己的汉王刘邦，可谓忠心耿耿，以至当项羽派武涉游说韩信背叛汉王与楚三分天下而称王时，

---

① 曹操：《敕有司取士勿废偏短令》，《曹操集译注》，中华书局 1979 年版，第 160 页。

② 曹操：《举贤勿拘品行令》，《曹操集译注》，中华书局 1979 年版，第 170 页。

③ 《史记·孙子吴起列传》。

“韩信谢曰：‘臣事项王，官不过郎中，位不过执戟，言不听，画不用，故背楚而归汉。汉王授我上将军印，予我数万众，解衣衣我，推食食我，言听计用，故吾得以至于此。夫人深亲信我，我倍之不祥，虽死不易。’”[①]

陈平盗嫂受金，但并非“反复乱臣”，否则，他纵有管仲之才，刘邦也不会重用他。因为当周勃、灌婴谗陈平为“反复乱臣”时，刘邦大疑，遂“召让陈平曰：‘先生事魏不中，遂事楚而去，今又从吾游，信者固多心乎？’平曰：‘臣事魏王，魏王不能用臣说，故去事项王。项王不能信人，其所任爱，非诸项即妻之昆弟，虽有奇士不能用，平乃去楚。闻汉王之能用人，故归大王。臣裸身而来，不受金无以为资。诚臣计画有可采者，愿大王用之；使无可用者，金俱在，请封输官，得请骸骨。’汉王乃谢，厚赐，拜为护军中尉，尽护诸将”[②]。

可见，分配职务等权利，必须任人唯贤、德才兼顾；只不过可以不顾特定职务等权利的非必备品德，正如可以不顾特定职务等权利的非必备才能一样。这就是任人唯贤之真谛：用人如器。

总而言之，“德”与“才”是职务等权利的潜在的源泉和依据；换言之，社会应该任人唯贤，按照每个人的“德”与“才”分配职务等权利；说到底，社会应该“用人如器”，根据每个人所具有的品德与才能的性质而分配与其相应的职务等权利。这就是社会根本正义的“德才原则”，这就是推演于“实在贡献原则”——社会分配给每个人的权利应该与他的贡献成正比而与他的义务相等——的“潜在贡献原则”。

那么，同为社会正义根本原则的“德才原则”与“贡献原则”是何关系？德才是潜在贡献，是权利分配的潜在依据；而贡献则是德才

① 《史记·淮阴侯列传》。
② 《史记·陈丞相世家》。

的实在结果，是权利分配的实在依据。因此，德才原则无非是潜在的贡献原则，是社会根本正义的潜在原则；而贡献原则则是社会根本正义的实在原则。于是，说到底，德才原则不过是贡献原则的推演、引申，因而完全从属于、依据于、决定于贡献原则；而贡献原则则高于德才原则：当二者发生冲突时，应该保全贡献原则而牺牲德才原则。举例说：

一个德才兼备而担任要职的人，不幸某次未能成功做出贡献，反倒失败而带来祸害。那么，按照德才原则，他仍应该担任要职；按照贡献原则，他则应该降职受罚。怎么办？显然应该牺牲德才原则而服从贡献原则：降职受罚。诸葛亮的德才在重用马谡而失街亭之前后并未变化。但失街亭前他是丞相，而失街亭后却降职三级而为右将军。为什么同样的德才却因贡献不同而不应享有同样的权利？岂不就是因为贡献原则高于德才原则而后者应该服从前者？

贡献原则——实在贡献原则和潜在贡献原则——是社会对于每个人的权利与义务进行分配的原则，因而是社会正义根本原则：权利与义务的分配是社会正义的根本问题。但是，依据这一原则具体对每个人的基本权利与非基本权利进行分配时，便会发现：最重要的社会正义根本原则乃是推演于贡献原则的平等原则（一方面，每个人所享有的基本权利应该完全平等；另一方面，每个人所享有的非基本权利应该比例平等）：平等是最重要的正义。

# 第六章
# 平等：最重要的正义

**本章提要** 当我们依据贡献原则对每个人的权利进行分配时，便不难发现，社会正义的根本原则最终可以归结为平等原则：一方面，每个人因其最基本的贡献完全平等——每个人一生下来便都同样是创建社会的一个股东——而应该完全平等地享有基本权利、完全平等地享有人权，可以名之为完全平等原则；另一方面，每个人因其具体贡献的不平等而应享有相应不平等的非基本权利，也就是说，人们所享有的非基本权利的不平等，与自己所做出的具体贡献的不平等的比例，应该完全平等，可以名之为比例平等原则。合二而一，不妨称之为“平等总原则”，因为从中可以推导出更为具体的“政治平等原则”和“经济平等原则”以及“机会平等原则”。政治平等原则：一方面，每个人不论具体政治贡献如何，都应该完全平等地享有政治自由，亦即完全平等地共同执掌国家最高权力，从而完全平等地共同决定国家政治命运；另一方面，每个人又因其具体政治贡献（政治才能+官德）的不平等而应该担任相应不平等的政治职务，从而使每个人所担任的政治职务的不平等，与自己的政治贡献（政治才能+官德）的不平等的比例，完全平等。经济平等原则：一方面，在任何社会，每个人不论劳动多少、贡献如何，都应该按人类基本物质需要完全平等地分配基本经济权利（即按需分配）；另一方面，应该按照每个人所提供的生产要素的边际产品价值，而分配给他含有等量交换价值的非基本经济权利，以便使每个人所享有的非基本经济权利的不平等，与自己所贡献的生产要素的边际产品价值的不平等的比例，完全平等（即按生产要素分配：按劳分配和按资分配）。机会平等原则：社会所提供的发展潜能、做出贡献、竞争职务和地位以及权力和财富等非基本权利的机会，是全社会每个人的基本权利，是全社会每个人的人权，应该人人完全平等。反之，家庭、天赋、运气等非社会所提供的机会，则是幸运者的个人权利，无论如何不平等，他人都无权干涉；但幸运者利用较多机会所创获的较多权利，却因较多地利用了共同资源“社会合作”而应补偿给机会较少者以相应权利。这四大平等原则无疑构成了最重要的社会正义：平等是最重要的正义。

## 一、平等总原则

### 1. 平等概念

何谓平等？萨托利说：“平等表达的是‘相同’的观念……两个或更多的人或事物，如果在某些或所有方面是完全相同的、同样的或相似的，就可以说它们是平等的。”[①] 确实，平等是人们相互间的相同性。但是，人们相互间的相同性并非都是平等。两个人手上有个相同的黑痣，便不能说他们有平等的黑痣。他们有相同的姓氏，也不能说有平等的姓氏。那么，平等究竟是人们相互间的哪一种相同性呢？

原来，平等是人们相互间与利益获得有关的相同性。这种相同性或者是所获得的利益之本身相同，或者是所获得的利益之来源相同：非此即彼。举例说，人的天资与性别，并不直接就是利益，但可以带来利益，从而是利益的来源。因此，两人在天资与性别方面相同，便属于所获利益来源相同。反之，人的工资与职务本身直接就是利益。因此，两人若是工资与职务相同，便属于所获利益本身相同。人们之

① Giovanni Sartori, *The Theory Democracy Revisited*, Chartham, New Jersey: Chatham House Publisher, Inc., 1987, p. 33.

间的相同性只有关涉以上二者——或者是利益或者是利益来源——才能叫作平等。试想，为什么不能说两人有平等的黑痣和姓氏，却可以说有平等的性别与职务？岂不就是因为，有没有什么黑痣姓氏无关利害，而性别职务却与利害相关吗？

可见，人们相互间的相同或差别未必都与利害相关；而人们相互间的平等或不平等却都必定关涉利害：平等是人们相互间与利益获得有关的相同性；而不平等则是人们相互间与利益获得有关的差别。

然而，平等与不平等，从其起因来看，如卢梭所见，可以分为自然的与人为的（卢梭称之为精神的或政治的）两大类型："我认为在人类中有两种不平等：一种，我把它叫做自然的或生理上的不平等，因为它是基于自然，由年龄、健康、体力以及智慧或心灵的性质的不同而产生的；另一种可以称为精神上的或政治上的不平等，因为它是起因于一种协议，由于人们的同意而设定的，或者至少是它的存在为大家所认可的。"①

更确切些说，平等与不平等，一方面起因于自然，是自然造成的，因而是不可选择、不能进行道德评价、无所谓善恶应该不应该的，如性别、肤色、人种、相貌、身材、天赋能力等方面的平等与不平等：这就是自然平等与不平等。平等与不平等，另一方面则起因于人的自由活动，是人的自由活动造成的，因而是可以选择、可以进行道德评价、有善恶应该不应该之别的，如贫与富以及均贫富、贵与贱以及等贵贱、按贡献分配以及收入均等化等等：这就是人为平等与不平等。

这样，自然平等与人为平等虽然都与利益相关，都是人与人的利益关系问题，但是，自然平等仅仅是个利益问题，而不是个应该不应该的权利问题。反之，人为平等则不仅是个利益问题，而且根本说来，是个应该不应该的权利问题：人为平等正如无数先哲所说，实乃权利

---

① 卢梭：《论人类不平等的起源与基础》，商务印书馆 1962 年版，第 70 页。

平等。这就是为什么我们可以说有权利得到什么工资、职务、地位，却不能说有权利得到什么肤色、性别、天赋的缘故。

既然自然平等无所谓应该不应该，而只有人为平等才有所谓应该不应该，那么，平等作为一种应该如何的道德原则或价值标准，也就只能是人为平等而不能是自然平等。人为平等，如前所述，实质上是权利平等。所以，平等原则实乃权利平等原则。法国《人权宣言》一语中的："平等就是人人能够享有相同的权利。"我国《辞海》亦如是说："平等是人们在社会上处于同等的地位，在政治、经济、文化等各方面享有同等的权利。"

那么，这是否意味着，一切人所享有的一切权利都应该完全平等呢？是否主席总统与平民百姓所享有的一切权利都应该完全平等呢？显然不是。总统与平民所享有的一切权利既不可能也不应该完全平等。那么，这是否又意味着《人权宣言》是错误的，人人并不应该享有平等权利？也不是。然而，人人应该享有平等权利是正确的；总统与平民不应该享有平等权利也是正确的——岂非悖论？并非悖论。因为，细究起来，权利平等原则有两层含义：一方面，每个人所享有的基本权利应该完全平等；另一方面，每个人所享有的非基本权利应该比例平等——完全平等是基本权利的分配原则；比例平等是非基本权利的分配原则。

### 2. 完全平等原则

完全平等是基本权利的分配原则，而比例平等是非基本权利的分配原则，显然意味着：确立平等原则的前提是区分基本权利与非基本权利。我们没有在权利义务的分类中进行基本权利与非基本权利的区分，是因为这种区分极为简单。一目了然，所谓基本权利，也就是人们生存和发展的必要的、起码的、最低的权利，是满足人们政治、经济、思想等方面的基本的、起码的、最低的需要的权利；而非基本权利则是人们生存和发展的比较高级的权利，是满足人的政治、经济、思想等方面的比较高级需要的权利。举例说：

一个人能否享有选举权与被选举权，就是个能否享有最低的、起码的、基本的政治权利问题；至于他能否当选或担任何种官职，则是个能否享有比较高级的、非基本的政治权利问题。吃饱穿暖是最低的、起码的、基本的经济权利；而精食美服则是比较高级的、非基本的经济权利。言论出版自由是最低的、起码的、基本的思想权利；但究竟能否在某学术会议上发言，或在某出版社出书以及高稿酬还是低稿酬等等，则都是比较高级的、非基本的思想权利了。

可见，基本权利与非基本权利的分类非常简单。然而，这两种权利的源泉和依据问题却极为复杂难解；以致从亚里士多德到罗尔斯两千年来，思想家们一直努力探寻：究竟为什么每个人应该享有基本权利和非基本权利？每个人享有基本权利与非基本权利的源泉和依据究竟是什么？这个难题至今没有得到可以自圆其说的解析。解决这个问题的困难首先在于：一切权利，如前所述，都只应依据于贡献而按贡献分配。于是，每个人所享有的基本权利也就只应依据每个人对社会的贡献而按贡献分配。可是，如果说基本权利应该完全平等地分配，那岂不意味着：每个人不论贡献如何都应该完全平等地分有基本权利？这岂不自相矛盾？

原来，每个人都应该完全平等地享有基本权利的依据乃在于：每个人都是缔结、创建社会的一个成员、一个股东。因为，正如无数先哲所论，人是社会动物。脱离社会，人便无法生存。所以，每个人的一切利益，说到底，便都是社会给予的：社会对于每个人具有最高效用、最大价值。社会是两个以上的人因一定联系而结成的共同体，不过是每个人的结合，是每个人所缔结、创建的。因此，每个人不论如何，只要他生活在社会中，便为他人做了一大贡献：缔结、创建社会。任何人的其他一切贡献皆基于此！因为若没有社会，任何人连生存都无法维持，又谈何贡献？没有社会，贝多芬能贡献命运交响曲、曹雪芹能写出《红楼梦》、瓦特能发明蒸汽机吗？

所以，缔结社会在每个人所做出的一切贡献中是最基本、最重要的贡献。不仅此也，须知每个人的这一贡献还是以自己蒙受相应的损失、牺牲为代价的。因为人们结成任何一个共同体，都会有得有失。比如，结婚就会失去单身汉的自由，但能生儿育女，得到家庭的温馨。人类社会也是由一个个人所结成的共同体，只不过这个共同体并不是每个人自愿结成，而是生来就有、不可选择的罢了。也就是说，从历史上看，人类并不是先有脱离社会的自然状态，尔后这些自然状态的个人通过契约而结成社会。但是，正如罗尔斯等社会契约论者所指出，历史上不存在的东西，并不妨其在逻辑上存在。从逻辑上看，每个人脱离自然状态而结成社会，也同样有得有失，如失去自然自由等等。这一点，社会契约论者已经说得很清楚了。那么，每个人在社会中能得到什么呢？显然，每个人不论贡献如何，最低都应该得到作为人类社会的一个股东所应该得到的东西。可是，作为人类社会的一个股东究竟应该得到什么呢？无疑至少应该得到生存和发展的必要的、起码的、最低的权利，即享有所谓基本权利。

每个人不仅应该享有基本权利，而且应该完全平等地享有基本权利。因为虽然人的才能有大小、品德有高低、贡献有多少，但在缔结、创建社会这一最基本最重要的贡献和因其所蒙受的损失上却完全相同。因为每个人并不是在成为总统或平民、文豪或文盲之后才来缔结、创建社会的，而是一生下来就自然地、不可选择地参加了社会的缔结、创建。而每个人一生下来显然完全同样地是结成社会的一分子、一股东，完全同样地参加了社会的缔结、创建。每个人之所以不论具体贡献如何都应该完全平等地享有基本权利，就是因为并且仅仅是因为每个人参与缔结社会这一最基本、最重要的贡献和因此所蒙受的损失是完全相同的。所以，分配给那目不识丁的老百姓与那名震寰宇的大总统同样多的基本权利，就绝不是什么恩赐，而是必须偿还的债务。潘恩说得好："社会并未白送给他什么。每个人都是社会的一个股东，从而有权支取股本。"[①]

可见，基本权利平等分配不但未违背而且恰恰是依据按贡献分配权利的原则：基本权利是每个人因其同样是缔结社会的一股东而应平等享有的权利；是每个人因其同样是结成人类社会的一个人而应平等享有的权利。因此，基本权利又被叫作"人权"：人权是每个人因其同样是结成人类社会的一个人而应平等享有的基本权利。所以，马克思说："人权之作为人权是和公民权不同的。和公民不同的这个人究竟是什么人呢？不是别人，就是市民社会的成员。为什么市民社会的成员称作'人'，只是称作'人'，为什么他的权利称作人权呢？"因为"这种人，市民社会的成员，就是政治国家的基础、前提。国家通过人权承认的正是这样的人"[②]。这岂不是说，人权乃是每个人因其是结成社会的一个人而应享有的权利？

更何况，如前所述，每个人结成人类社会与结成其他集体有所不同：每个人只要一生下来，就自然地、不可选择地参加了社会的缔结、创建而成为人类社会一股东。所以，人权或基本权利是人人与生俱来、自然赋予的：天赋人权。一句话，基本权利、人权、天赋权利三者是同一概念。彼彻姆说："'人权'一语是新近的表述，传统上一直称之为'自然权利'，更古远一些则被叫作'人的权利'。这种权利通常被当作是人人平等享有、不可转让的。"[③]《弗吉尼亚权利法案》则写道："一切人生而同等自由、独立并享有某些天赋的权利……这些权利就是享有生命和自由、取得财产和占有财产的手段以及对幸福和安全的

① 《潘恩选集》，商务印书馆 1963 年版，第 143 页。

② 《马克思恩格斯全集》第 1 卷，人民出版社 1956 年版，第 437 页。

③ Tom L. Beauchamp, *Philosophical Ethics*, New York: McGraw-Hill Book Company, 1982, p.206.

追求和获得。”

因此，所谓天赋人权，不过是说，人权乃每个人与生俱来的天生的缔结社会的贡献所赋予的。然而，遗憾的是，几乎所有天赋人权论者均以为人权是每个人作为人所具有的共同人性天然赋予的：“人权是所有的人因为他们是人就平等地具有的权利。”①“我们的人性怎么能确证我们应该享有平等的权利呢？答案是：作为人，我们是平等的。”②这是谬见。因为照此说来，一个人，只要还活着，只要还是人，他便应该享有人权：人权在任何情况下都绝对不可剥夺而为每个人无条件享有。这样，一个人不管做了多大坏事，不论他给社会和他人造成多大损害，他的人权也不应该被剥夺，他也应该与好人一样享有人权。因为他再坏，也与好人一样地是人，一样地具有那普遍的完全相同的人性。

可是，面对现实，这些天赋人权论者又不得不承认：并非一切人都应享有人权。他们说，每个人一生下来便应该享有人权。但是，如果他做坏事做到一定程度，侵犯了他人的人权，那么他的人权便应该被剥夺，他便不应该再享有人权了。一个杀人犯，夺去了他人性命，他自己的生命权也就应该被剥夺了。所以法国《人权宣言》说：“每个人行使天赋的权利以必须让他人自由行使同样的权利为限。”

这是非常正确的。可是这样，这些天赋论者便自相矛盾了：既说凡是人都应该享有人权，又说坏人不应该享有人权。摆脱之法显然只有否定其一。而凡是人都应该享有人权否定不得，于是只好否定坏人是人了。邱本博士便这样写道：“坏人只有坏到不是人的时候，才可以剥夺其人权。”③坏人难道会坏到不是人的程度吗？坏人再坏，不也是坏人，不也与好人共有同样的人性，不也同样是“这些天赋人权论者

① 沈宗灵、黄楠森主编：《西方人权学说》下，四川人民出版社1994年版，第116页。

② Mortimer J. Adler, *Six Great Ideas*, New York: A Touchstone Book Published by Simon & Schuster, 1997, p. 165.

③ 邱本：《无偿人权和凡人主义》，《哲学研究》1997年第2期，第41页。

作为人权依据的”人吗？

殊不知，杀人犯等坏人之所以不应享有人权，并非因为他们不再是人，而是因为他们对他人和社会的损害已超过了他们参与缔结创建社会的贡献。严格说来，任何人，只要他给社会和他人的损害大于或等于其贡献，以至净余额是损害或零，那么，他就不应该再享有人权——他至多只应享有人道待遇，享有他作为人所应享有的利益而非权利。设有一人，生下来便孤零零生活于深山老林而与世完全隔绝，因而对社会对他人毫无贡献，其净余额是零。那么，我们若是在深山与他相遇，难道我们竟会负有义务而必须使他享有选举权等政治、经济和思想等方面的基本权利，必须使他享有人权吗？显然，我们不应该负有这种义务；他也不应该享有这种权利。我们应该负有的只是一种对同类的人道关怀和博爱之心，出于这种人道关怀和爱心，我们只应该而非必须为他谋取利益。所以，每个人作为人，只应享有利益而不应享有权利；每个人作为缔结人类社会的一个人，才不仅应该享有利益而且应该享有权利，即享有人权。

因此，人权虽是天赋的，应该人人平等享有，但每个人享有人权，也如同享有其他权利一样，是以负有一定的义务为前提的。这种义务，一方面是积极的，即每个人必须与他人一起共同做出缔结社会的贡献，这是人人平等享有人权的源泉、依据；另一方面是消极的，即每个人不得损害他人人权，这是人人平等享有人权的保障、条件。野人逃避了前者、坏人违反了后者，所以都不应该享有人权。

准此观之，赵汀阳的有偿人权说便是正确的，而邱本的无偿人权论则是错误的。不过，赵先生只看到人权享有的消极条件（不得损害他人人权），而没有看到人权享有的积极依据（参加缔结社会），却把人权享有的条件当作人权享有的依据，因而以为人权依据于“不做坏人”、“做道德人”：“在道德上是人的人拥有人权，在道德上不是人的人不拥有人权。”[①] 这是不能成立的。因为——正如邱本先生所指出——照此说来，那些合法而不合道德的忘恩负义者、伤风败俗者、沉迷酒色者、嫖娼卖淫者、见死不救者、自私自利者便都不应该享有人权了！这说得通吗？

但是，邱先生却由此得出结论，说人权的享有依据于“合法人”：“一个合法的人就应该享有人权，只有依法认为不是人而必须剥夺其人权的人，才不应享有人权。”[②] 这就更荒唐了！首先，普天之下，哪里有什么规定是人和不是人的法律呢？其次，谁都知道，不合法却可能合乎道德；并且，不合法而合道德者，往往是富有自我牺牲精神的道德楷模，如苏格拉底。难道这些不合法者不应该享有人权吗？

总而言之，可以得出结论说，每个人因其最基本的贡献完全平等——每个人一生下来便都同样是缔结、创建社会的一个股东——而应完全平等地享有基本权利、完全平等地享有人权。这就是人权、基本权利完全平等原则，也就是所谓的“人权原则”。

因此，“人权原则”不过是解决“人作为人类社会的一个人、一个股东应该得到什么”的正义原则。这意味着：人权原则是最重要的正义原则。因为正义就是给每个人以其所应得。每个人所应得的一切东西，说到底，不外两个方面。一方面是他作为与其他人一样的“人类社会的一个股东”所应得的东西；一方面是他作为与其他人所不同的“他自己”所应得的东西。

于是，正义原则便不外两大类型。一类叫作人权原则，是给予每个人作为人类社会的一个股东所应得的正义原则；另一类是给予每个人作为他自己所应得的正义原则：前一类型的正义显然重要于后一类型的正义。因此，人权原则便是最重要的正义原则。而正义，如前所

---

① 赵汀阳：《有偿人权和做人主义》，《哲学研究》1996年第9期，第21页。

② 赵汀阳：《有偿人权和做人主义》，《哲学研究》1996年第9期，第41页。

述，是人类社会最重要的道德，是国家制度好坏最重要的价值标准。所以，人权原则便因其是最重要的正义原则，而是人类社会最最重要的道德，是国家制度好坏的最重要价值标准。

### 3. 比例平等原则

每个人应该完全平等享有人权、基本权利，似乎意味着：每个人应该不平等地享有非人权权利、非基本权利或比较高级的权利。其实不然。因为平等之为权利分配原则意味着：任何权利分配的不平等都是不道德、不应该、具有负价值的。那么，非基本权利究竟应该如何分配？应该比例平等！“比例平等”首创于亚里士多德。对于这个概念，他曾这样解释说：

“既然正义是平等，基于比例的平等就应是正义的。这种比例至少需要有四个因素，因为‘正如A对B，所以C对D’。例如，拥有量多的付税多，拥有量少的付税少，这就是比例；再有，劳作多的所得多，劳作少的所得少，这也是比例。”①

观此可知，所谓非基本权利比例平等，不过是说，谁的贡献较大，谁便应该享有较大的非基本权利；谁的贡献较小，谁便应该享有较小的非基本权利：每个人因其贡献不平等而应享有相应不平等的非基本权利。这样，人们所享有的权利虽是不平等的，但每个人所享有的权利的大小之比例与每个人所做出的贡献的大小之比例却应该完全平等；换言之，每个人所享有的权利的大小与自己所做出的贡献的大小之比例应该完全平等。这就是非基本权利比例平等原则。举例说：

张三做出一份贡献，应享有一份权利；李四做出三份贡献，便应享有三份权利。这样，张三与李四所享有的权利是不平等的。但是，张三与李四所享有的权利之比例与他们所做出的贡献之比例却是完全

① 《亚里士多德全集》第八卷，中国人民大学出版社1992年版，第279页。

平等的；换言之，他们所享有的权利与自己所做出的贡献的比例是完全平等的：

$$\text{张三}\frac{\text{一份权利}}{\text{一份贡献}}\text{等于}\quad\text{李四}\frac{\text{三份权利}}{\text{三份贡献}}\quad\text{或者}\frac{\text{张三一份权利}}{\text{李四三份权利}}\quad\text{等于}\frac{\text{张三一份贡献}}{\text{李四三份贡献}}$$

非基本权利应该比例平等原则表明，社会应该不平等地分配每个人的非基本权利。但是这种权利不平等的分配应该完全依据贡献的不平等，从而使每个人所享有的权利的不平等，与他们所做出的贡献的不平等的比例，达到完全平等。为了做到这一点，在这种权利不平等的分配中，正如罗尔斯的补偿原则所主张，获利较多者还必须给较少者以相应的补偿权利："社会和经济的不平等，如财富和权力的不平等，只要其结果能给每个人——特别是那些最少受益的社会成员——带来补偿利益，它们就是正义的。"[①]那么，为什么获利较多者必须给较少者以补偿权利？

原来，如上所述，社会、社会合作体系（"社会"与"社会合作体系"，正如罗尔斯所言，实际上是同一概念；因为社会不过是"一个目的在于增进每个成员利益的合作体系"[②]）是每个人完全平等创建的资源，因而应该每个人完全平等利用：完全平等利用社会合作资源是每个人的应有权利。这意味着，谁较多地利用了社会合作资源，谁就侵占了较少利用者的权利，因而必须还给较少利用者以"与其所侵占的权利相等"的补偿权利；否则就是不正义的。

问题的关键恰恰在于，按照比例平等分配原则分配，权利获得较

---

① John Rawls, *A Theory of Justice* (Revised Edition), Cambridge, Massachusetts: The Belknap Press of Harvard University Press, 2000, p. 13.

② John Rawls, *A Theory of Justice* (Revised Edition), Cambridge, Massachusetts: The Belknap Press of Harvard University Press, 2000, p. 4.

多者，贡献较多，能力较强，势必较多地利用社会合作资源；权利获得较少者，贡献较少，能力较弱，势必较少地利用社会合作资源：这就是获利较多者必须给较少者以补偿权利的缘故。准此观之，获利越少者对共同资源"社会合作"的利用往往便越少，因而所得的补偿权利便应该越多；获利最少者对"社会合作"的利用往往便最少，因而便应该得到最多的补偿权利。举例说：

那些大歌星、大商贾、大作家，是获利较多者。他们显然比工人农民们等获利较少者较多地使用了双方共同创造的资源："社会"、"社会合作"。若是没有社会、社会合作，这些大歌星大商贾大作家们统统都会一事无成；若非较多地利用了社会合作，他们也绝不可能做出那些巨大贡献。这些获利较多者的贡献之中既然包含着对共同资源的较多使用，因而也就间接地包含着获利较少者的贡献。于是，他们因这些巨大贡献所取得的权利，便含有获利较少者的权利。所以，便应该通过个人所得税等方式从获利较多者的权利中，拿出相应的部分，补偿、归还给获利较少者。否则，获利多者便侵吞了获利少者的权利，是不正义的。然而，诺齐克反对补偿原则，认为恰恰是它侵犯了个人权利。他举例说：

"假设威尔特·张伯伦有巨大的票房价值而为篮球队急需。他和一个球队签订了如下契约：在家乡的每场比赛中，从每张门票的票价里抽出25美分给他。适逢旺季，人们欢天喜地来看他的球队的比赛。他们买票时，每次都把从门票分出来的25美分投进一个写有张伯伦名字的专门箱子里。他们观赏他的表演而兴奋激动；花这些钱对他们来说是值得的。假设一个旺季有一百万人观看了他的比赛，张伯伦得到了25万美元，这是一个比平均收入大得多的数字，甚至多于任何人。他有权利享有这笔收入吗？"①

① Robert Nozick, *Anarchy, State and Utopia*, Beijing: China Social Sciences Publishing House, 1999, p.161.

诺齐克的回答是肯定的。在他看来，既然张伯伦有权拥有这 25 万美元，那么，补偿原则却要通过个人所得税而从张伯伦这 25 万美元收入中拿出一定部分进行再分配，岂不侵犯了张伯伦的权利？诺齐克的观点是不能成立的。因为体现补偿原则的个人所得税并没有侵犯张伯伦的权利。张伯伦 25 万美元的巨额个人收入，固然源于其巨额贡献。可是，若没有社会，张伯伦能做什么呢？恐怕不如一个目不识丁的农民，甚至连自己的命都保不住。他之所以能做出巨大贡献，显然是因为他与农民等人共同创造了社会，特别是因为他比那些农民等人较多地使用了“社会合作”这个共同的资源。因而，在他那巨额贡献中，也就间接地包含了农民等人的贡献；在他那 25 万美元巨额收入中也就间接含有农民等人的收入。所以，通过个人所得税而从张伯伦 25 万美元收入中拿出相应的部分归还给农民等人，并没有侵犯张伯伦的权利；相反地，如果不这样做，而让张伯伦独享 25 万美元，恰恰是侵犯了农民等人的权利。

不过，罗尔斯忽略了强者比弱者较多地利用“社会合作”是强者应该给弱者补偿的根本理由；而认为强者之所以应该转让一部分收入给弱者，是因为强者的较多收入依靠与弱者的合作。[①] 这个理由很不充分，因为弱者的收入显然也完全依靠与强者的社会合作。如果强者因为依靠社会合作而应该转让一部分收入给弱者，那么，弱者岂不也应该因为依靠社会合作而转让一部分收入给强者？诺齐克正是这样反驳罗尔斯的差别补偿原则的：

“差别原则无疑提出了那些弱势者愿意合作的条件。但这是一个那些弱势者能够期望得到别人自愿合作的公平协议吗？就社会合作的收益来说，情况是匀称的。强势者是通过与弱势者的合作而受益；而弱

① John Rawls, *A Theory of Justice* (Revised Edition), Cambridge, Massachusetts: The Belknap Press of Harvard University Press, 2000, p. 88.

势者也是通过与强势者的合作而得益。然而，差别原则在两者之间却不是中立的。这种不匀称从何而来？”①

这种不匀称（强者给弱者补偿，而弱者却不给强者补偿）的真正理由，显然并不在于强者利用了社会合作，而在于强者较多地利用了社会合作。诺齐克认为补偿原则侵犯个人权利，说到底，也是因为他看不到强者较多地利用了社会合作，而误以为强者和弱者同等地利用了社会合作。

综上可知，每个人因其贡献的不平等而应享有相应不平等的非基本权利；也就是说，每个人所享有非基本权利的不平等，与他们所做出贡献不平等的比例，应该完全平等；这蕴含着，权利较多者，因其较多地利用了应该平等利用的共同资源“社会合作”，而应该归还给权利较少者以相应的补偿权利。这就是非基本权利、非人权权利分配的“比例平等原则”。

### 4. 完全平等与比例平等的关系：平等总原则

罗尔斯在谈到基本权利分配原则与非基本权利分配原则之关系时说：“这些原则的排列具有一种先后次序，其中第一个原则优先于第二个原则。这一次序意味着，对第一个原则所保障的基本平等自由的侵犯不能因其带来更大的社会和经济的利益而得到辩护或补偿。”②这就是说，基本权利的分配优先于非基本权利的分配：当二者发生冲突时，应当牺牲后者以保全前者。所以，为使人们得到更多的经济方面的非基本权利而剥夺他们的政治、思想等方面的基本权利是不应该的。

这是不错的。不过，为使人们得到更多的经济利益而剥夺其政治

---

① Robert Nozick, *Anarchy, State and Utopia*, Beijing: China Social Sciences Publishing House, 1999, pp. 192, 193.

② John Rawls, *A Theory of Justice* (Revised Edition), Cambridge, Massachusetts: The Belknap Press of Harvard University Press, 2000, p. 54.

等方面的基本权利是不应该的，真正讲来，并非依据于基本权利的优先性。因为所谓基本权利的优先性，无非是指当其与非基本权利发生冲突时，应该牺牲后者而保全前者：基本权利的优先性只能体现在其与非基本权利发生冲突而进行非此即彼的选择上。

然而，每个人的政治、思想、机会等方面的基本权利，显然只可能促进而决不会阻碍经济发展，从而也就只可能增加而绝不会减少每个人经济方面的非基本权利：二者完全一致而绝不可能发生冲突。既无冲突，那么，一方面，也就不存在非此即彼、何者优先的选择问题，因而也就不可能体现基本权利的优先性了；另一方面，则所谓"为使人们得到较大经济权益而剥夺其政治等方面的基本权利"，便无非是侵犯人权的借口罢了。

那么，基本权利的优先性究竟体现在哪里呢？只能体现于一些人的基本权利与另一些人的非基本权利的冲突上。举例说，当一个社会的物质财富极度匮乏时，如果人人吃饱从而平等享有基本权利，那么，就几乎不会有人吃好而享有非基本权利。这样，每个人就几乎完全平等享有经济权利，因而便违反了比例平等原则，侵犯了有大贡献者在经济上所应该享有的非基本权利。反之，如果一些有大贡献者吃好而享有非基本权利，那么，就会有人饿死而享受不到基本权利。这样，基本权利便不是人人平等享有的，因而便违反了完全平等原则，侵犯了一些人的基本权利。

在这种情况下，应该怎么办？显然应该违反比例平等原则而侵犯某些有大贡献者的非基本权利"吃好"，以便遵循完全平等原则而保全每个人的基本权利"吃饱"：人权是神圣、优先、不可侵犯、不可剥夺的。因此，真正说来，任何一个社会，如果它是正义的，那么，在这种社会里，只要有一个人不能吃饱而享有人权，那么，任何人，不管他的贡献有多大，便都不应该吃好而享有非人权权利；只要有一个人穷得穿不上裤子而享有人权，那么，任何人，即使是总统，也都不应该穿好裤子而享有非人权权利。

可是，为什么一个人不论多么渺小，他的人权也优先于另一个人——不管他多么伟大——的非基本权利？这是因为，正如罗尔斯所说，社会不过是“一个目的在于增进每个成员利益的合作体系”①。每个人都是这个合作体系的一个股东。在这个合作体系中，毫无疑义，贡献多者所享有的权利应该多；贡献少者所享有的权利应该少。但是，一个人的贡献再少，也与贡献最多者同等是缔结社会的一个股东，因而至少也应该享有最低的、起码的、基本的权利，即人权。反之，那些有大贡献者的贡献再大，也完全是以社会的存在为前提，因而也就完全是以每个人缔结社会这一最基本的贡献为前提。所以，有大贡献者究竟应否享有非基本权利，也就完全应该以每个人是否已享有基本权利为前提。一句话，每个人的人权、基本权利之所以是优先的、神圣不可侵犯的，就是因为赋予这一权利的每个人参加缔结社会的这一基本贡献，优先于、重要于任何其他贡献。

不过，人权的神圣性、优先性、不可侵犯性、不可剥夺性并不是绝对的、无条件的，而是相对的、有条件的。因为，如前所述，一个人如果完全逃离社会或侵犯了他人的人权，那么，他也就不应该享有相应的人权了。每个人的人权只有相对于其他人的非人权权利来说，只有在与其他人的非人权权利发生冲突的条件下，才是优先的、神圣的、不可侵犯不可剥夺的。

但是，说到底，“基本权利完全平等”与“非基本权利比例平等”，显然是“权利平等原则”的两个侧面。于是，合而言之，可以得出结论说：

一方面，每个人因其最基本的贡献完全平等——每个人一生下来

① John Rawls, *A Theory of Justice* (Revised Edition), Cambridge, Massachusetts: The Belknap Press of Harvard University Press, 2000, p. 4.

便都同样是缔结、创建社会的一个股东——而应该完全平等地享有基本权利、完全平等地享有人权。这是完全平等原则，亦即所谓人权原则，是人权、基本权利分配原则。另一方面，每个人因其贡献的不平等而应享有相应不平等的非基本权利；也就是说，每个人所享有非基本权利的不平等，与他们所做出贡献的不平等的比例，应该完全平等；这蕴含着，权利较多者，因其较多地利用了应该平等利用的共同资源"社会合作"，而应该归还给权利较少者以相应的补偿权利。这是比例平等原则，是非基本权利、非人权权利分配原则。

这就是权利平等总原则的两个方面，这就是平等总原则，这就是衡量国家制度和国家治理好坏的平等总标准。它之所以被称之为平等总原则、总标准，乃是因为从中可以推导出一系列更为具体的平等原则，如政治平等原则、经济平等原则和机会平等原则等等。但是，在推导这些平等原则之前，显然应该分析一下二千多年来思想家们有关平等总原则的理论。

## 5. 关于平等总原则的理论：罗尔斯正义论之贡献与缺憾

**平等总原则的发现和确立**　不难看出，平等总原则虽然推演于贡献原则，却远远复杂和重要于贡献原则。因为贡献原则过于笼统空泛、难于操作：它难以直接解决每个人的权利分配，难以直接解决人们权利分配的平等与不平等难题，特别是难以直接解决人权难题。反之，平等总原则从贡献原则出发，通过区分基本权利与非基本权利，具有可操作性：它能够直接解决权利分配的平等与不平等的难题，能够直接解决人权难题，能够直接解决每个人权利分配问题，因而重要于贡献原则。贡献原则，如上所述，乃是社会正义根本原则；而社会正义又是最重要的正义；而正义又是人类最重要的道德原则，是社会治理的最重要道德原则。所以，平等总原则便是最重要的正义原则，说到底，也就是人类最重要的道德原则，是社会治理的最重要道德原则。

因此，对于平等总原则，两千年来，思想家们一直探求不息、争论不已。最早揭示这一原则的，是亚里士多德。他这样写道："平等有两种：数目上的平等与以价值或才德而定的平等。我所说的数目上的平等是指在数量或大小方面与人相同或相等；依据价值或才德的平等则指在比例上的平等。……既应该在某些方面实行数目上的平等，又应该在另一些方面实行依据价值或才德的平等。"①"正义被认为是而且事实上也是平等；但并非是对所有人而言，而是对于彼此平等的人而言。不平等被认为是，而且事实上也是正义的，不过也不是对所有人，而是对彼此不平等的人而言。"②

范伯格将这一原则叫作"平等的形式原则"而概括为："我们的形式原则（源自亚里士多德）要我们：（1）同样地（平等地）对待在有关方面相同的（平等的）人；（2）不同地（不平等地）对待在有关方面不相同的（不平等的）人，这种不平等对待与他们之间的差别性（不平等性）成为比例。"③萨托利亦如是写道："平等原则：（1）同样地对待所有的人，亦即分配给所有的人平等的份额（利益或负担）；（2）同样地对待同样的人，亦即分配给平等的人平等的份额（利益或负担）、不平等的人不平等的份额。"④

不难看出，亚里士多德及其追随者之莫大功绩，在于发现平等总原则和确立平等总原则的两大层次：一方面是绝对的、完全的平等，另一方面是相对的、比例的平等。然而，他们未能解决：（1）应该平等分配与不平等分配的东西究竟是什么？进言之，完全平等与比例平等分配的权利究竟各是什么权利？（2）平等分配与不平等分配所依据的人们的相同方面与不同方面究竟是什么？更确切些说，对于权利进

① 《亚里士多德全集》第九卷，中国人民大学出版社 1994 年版，第 163 页。

② 《亚里士多德全集》第九卷，中国人民大学出版社 1994 年版，第 89 页。

③ Joel Feinberg, *Social Philosophy*, New Jersey: Prentice -Hall, Inc., 1973, p. 100.

④ Giovanni Sartori, *The Theory Democracy Revisited*, Chartham, New Jersey: Chatham House Publisher, Inc., 1987, p. 348.

行完全平等分配与比例平等分配的依据究竟是什么？这是平等总原则更为艰深的两大难题。罗尔斯的名著《正义论》所要解决的，说到底，也正是这两个难题。

**罗尔斯的贡献与缺憾**　如果说古代思想家的使命主要在于提出观点和理论，那么现代思想家的使命则主要在于证明和修正这些观点和理论，从而将古代不成体系的观点和理论构建为一种理性知识体系。罗尔斯的贡献，主要讲来，无疑是首次将亚里士多德以降关于两个平等原则的观点和理论，构建成一种理性知识体系，亦即证明两个平等原则正义性的理性知识体系，说到底，亦即洋洋 50 万言的证明两个平等原则正义性的科学体系：使亚里士多德以降的零散的论断变成科学。因为，所谓科学，正如瓦托夫斯基所言，就是关于实际存在的事物的普遍性的理性知识体系："科学是一种用普遍的定律和原理建构的有组织的或系统化的知识体系。"①

对此，罗尔斯自己在《正义论》前言中说得很清楚："我必须承认，我所提出的这些观点并无任何独创之处。主要的思想是古已有之，也是众所周知的。我的意图是要用某些简化的方法把这些思想组织成一个总的体系，使人们能够领会它们的全部含义。"②

不但此也，大体说来，罗尔斯还解决了平等总原则理论的第一个难题：完全平等分配的应该是每个人的基本权利；比例平等分配的应该是每个人的非基本权利。但是，罗尔斯对这两个原则内容的表述是不确切的。让我们来看看他对这两个原则的最后、全面的陈述："第一个原则：每个人对最大限度的平等的基本自由之完整体系——或与其一致的类似的自由体系——都应该享有一种平等的权利。第二个原则：社会和经济的不平等应该这样安排，使它们：（a）与正义的储蓄

① M. W. Wartofsky, *Conceptual Foundations of Scientific Thought*, New York: The Macmillan Company, London: Collier-Macmillan Limited, 1968, p. 23.

② 罗尔斯：《正义论》，上海译文出版社 1990 年版，第 1 页。

原则一致，而赋予最少受益者以最大利益；（b）附属于机会公平平等条件下之职务和地位向所有人开放。”[①]

第二个原则自亚里士多德以来便是“比例平等”。可是，在罗尔斯这里，却被表述为“不平等”原则。这是平等理论的一大退步。因为罗尔斯之前平等理论的最大功勋与其说是提出极为简单的完全平等原则，显然不如说是在不平等的权利分配之中，提出比例平等原则：它的现象是不平等；而其实质则是一种特殊的平等，即比例平等。然而，罗尔斯却从比例平等的真知灼见退至不平等的皮相之见，致使亚里士多德以来的“两个平等原则”，退化而一为“平等原则”、一为“不平等原则”。这恐怕就是罗尔斯为什么背离两个原则历来被名为“两个平等原则”的传统而称其为“两个正义原则”的缘故。

罗尔斯对这两个平等原则表述的不确切还在于，他未能真正说清：平等（即完全平等）分配与不平等（即比例平等）分配的东西究竟是什么？他的第一个原则讲的是应该平等分配的东西；第二个原则讲的则是应该不平等分配的东西。可是，应该平等分配的是什么呢？竟然仅仅是自由！这就过于狭窄了。因为应该平等分配的乃是所有基本权利，是所有的人权！而自由无疑仅仅是基本权利之一，仅仅是人权之一。难道其他的人权、基本权利就不应该平等分配吗？

那么，应该不平等分配的又是什么呢？竟然是社会和经济权利！这既失之过宽，又失之过窄。失之过宽，因为并非一切社会、经济权利都应该不平等分配。应该不平等分配的仅仅是非基本的社会经济权利；而基本的社会经济权利岂不应该平等分配吗？失之过窄，因为并非只有社会和经济权利才应该不平等分配。政治、文化、言论、出版等等任何方面的非基本权利都应该不平等分配。难道总统与百姓不应

---

① John Rawls, *A Theory of Justice* (Revised Edition), Cambridge, Massachusetts: The Belknap Press of Harvard University Press, 2000, p. 266.

该享有不平等的非基本政治权利吗？

特别是，罗尔斯背离两个原则——基本权利完全平等和非基本权利比例平等——历来被名为“平等原则”的传统，而称其为“正义原则”，是不正确的。诚然，这两个原则是正义的；但不能因其正义就叫作正义原则。人道主义的“把人当人看”原则是正义的，但不应将其叫作“正义原则”，而只应叫作“人道原则”。《独立宣言》关于“政府的正当权力，系自被统治者的同意”的原则是正义的；但也不应将其叫作“正义原则”，而只应叫作“政治自由原则”。同理，“每个人因其基本贡献完全平等而应享有完全平等的基本权利（完全平等）；因其具体贡献不平等而应享有相应不平等的非基本权利（比例平等）”这两个平等原则也是正义的，当然也不应将其叫作“正义原则”，而只应叫作“平等原则”。为什么这些人道原则、政治自由原则、平等原则都是正义的，却不应称其为“正义原则”？因为“正义”是这些原则的共性，而“人道”、“政治自由”、“平等”则是它们互相区别的特性。我们对任何原则命名显然只应依据其特性，而不应依据其共性。否则，这些原则便只能有一个名称，都叫作“正义原则”，因而无法互相区别了。

平等总原则的另一个难题是完全平等分配与比例平等分配所依据的每个人的相关差别究竟是什么？或者说，对于权利义务的完全平等分配与比例平等分配的依据究竟是什么？这个问题，正如萨托利所言，是最难对付的：“最难驾驭的问题是：为什么正是这些差别而不是其他差别应该被认为是相关的差别？”[①] 这个问题是如此之难，以致西方学术界至今未能解决这个难题。未能解决这个难题的关键，恐怕在于他们不懂得，每个人完全平等享有人权的依据是：“每个人同为缔结社会

① Giovanni Sartori, *The Theory Democracy Revisited*, Chartham, New Jersey: Chatham House Publisher, Inc., 1987, p.350.

的一个股东”这一最基本的贡献完全平等。

他们不懂得这个道理，却以为每个人平等享有权利的依据是人性。对于这一点，艾德勒说得很清楚：“我们的人性怎么能确证我们应该享有平等的权利呢？答案是：作为人，我们是平等的……也就是说，所有人都具有相同的物种特性。”[①]这种观点虽然是西方学术界的主流，却是根本不能成立的。因为，按照这种观点，一个人只要还活着，只要还是人，他便应该享有人权：人权在任何情况下都绝对不可剥夺而为每个人无条件享有。这样，一个人不管做了多大坏事，不论他给社会和他人造成多大损害，不论他杀害了多少人，他的人权也不应该被剥夺，他的生命权也不应该被剥夺，他也应该与好人一样享有人权。因为他再坏，也与最好的人一样地是人，一样地具有那普遍的完全相同的人性。这显然是荒谬的。

**罗尔斯的主要谬误：正义原则正义性的契约论证明方法** 罗尔斯独辟蹊径，认为两个正义原则正义性的依据，是人人一致同意。他的《正义论》的主要内容就是对于这一点的证明。他的证明，要言之，是一种契约论证明。因为在他看来，这两个原则之所以是正义的，不是因为它们依据于每个人的贡献；而是因为它们是一种社会契约：人人一致同意就是它们的正义性的证明。

当然，罗尔斯指出，这两个正义原则关涉每个人的权利与义务的分配。而在现实社会里，人们的地位和能力不同，不可能就权利与义务的分配这种攸关每个人一生命运的重要利益达成人人一致同意的社会契约。由此，罗尔斯对传统契约论做了一个重大修正：传统契约论的对象是真实的、现实的、历史的社会；而罗尔斯契约论的对象则是用来确立和论证正义原则的一种理想的、假设的社会。他把这种假设的社会叫作“原初状态”（original position）：

---

① Mortimer J. Adler, *Six Great Ideas*, New York: A Touchstone Book Published by Simon & Schuster, 1997, pp. 165, 166.

“原初状态当然不可以被看作一种实际的历史状态，也不是人类文明的原始状态。它应被理解为一种可以导致某种正义观念的纯粹假设状态。这一状态的根本特征是，没有一个人知道自己在社会中的位置——他的阶级地位或社会身份——也没有人知道自己的天资、才能、智力、体力等等。”①

既然每个人都被这种“无知之幕”（veil of ignorance）遮掩而不知道自己的地位和能力，那么，他们一致同意的分配权利义务的原则便一定是正义的：“正义原则是在一种无知之幕后被选择的。这可以保证任何人在这些原则的选择中都不会因自然的机遇或社会环境中的偶然因素而得益或受害。既然所有人的处境都是相似的，那么，也就无人能够设计有利于自己特殊情况的原则，正义的原则是一种公平的协议或契约的结果。”②一句话，“正义原则被证明，是因为它们在一种平等的原初状态中能够得到一致同意”③。

细细想来，这种对于正义原则的“正义性”的证明方法是根本不能成立的：它把正义原则的自由性与正义原则的正义性混同起来。一种原则的自由性，是指该原则是不是个自由的原则；而一种原则的正义性，则是指该原则是不是个正义的原则。那么，怎样证明一种原则是不是自由的原则？只能看该原则是否被人人一致同意：人人一致同意的，就是自由的原则；并非人人一致同意的，就是不自由的原则。

因为所谓自由，如所周知，就是自主，就是能够按照自己的意志进行的活动。所以，一种原则，如能直接或间接得到全社会人人一致同意，从而成为“公共意志”的体现，那么，每个人对它的服从，也

---

① John Rawls, *A Theory of Justice* (Revised Edition), Cambridge, Massachusetts: The Belknap Press of Harvard University Press, 2000, p. 11.

② John Rawls, *A Theory of Justice* (Revised Edition), Cambridge, Massachusetts: The Belknap Press of Harvard University Press, 2000, p. 11.

③ John Rawls, *A Theory of Justice* (Revised Edition), Cambridge, Massachusetts: The Belknap Press of Harvard University Press, 2000, p. 19.

就是在服从既属于别人也属于自己的意志，因而也就是自由的：真正自由的原则就是人人直接或间接一致同意的原则。反之，一种原则，如不能直接或间接得到全社会人人一致同意、不能成为公共意志的体现，那么，不同意者对它的服从，也就仅仅是在服从别人的意志而不是服从自己的意志，因而也就是不自由的：不自由的原则就是不能直接或间接取得人人一致同意的原则。

一种原则是不是自由原则取决于人人是否一致同意，意味着：一种原则的自由性与原则本身无关，而只取决于参与制定原则的人们的意见，因而也就是完全随意、任意、主观、偶然、依人的意志为转移的。这种主观随意性突出表现在：同一种原则，比如“均贫富”，如果今天没有取得人人一致同意，那么，它今天就是不自由原则；而明天如果取得了人人一致同意，那么，它明天就是自由的原则了。

由此不难看出，一种原则是不是自由的原则与一种原则是不是正义的原则根本不同：自由的原则既可能是正义的、优良的原则，也可能是非正义的、恶劣的原则。因为任何原则，不管它多么不正义、多么恶劣，只要人人一致同意，就是自由的原则；不论多么正义、多么优良，只要不能取得人人一致同意，就是不自由的原则。设有一个社会，该社会所有人一致同意制定这样一个原则：所有长官的任命均由财产多少决定。这是个自由原则，却不是正义原则；因为它违反了“任人唯贤”的社会正义原则。

可见，人人一致同意的契约论的发现和证明方法，只能发现和证明一种原则的自由性，却不能证明一种原则的正义性。因为一种原则是不是自由的原则，确系契约的结果，是个人人是否一致同意的契约论问题。反之，一种原则是不是正义原则，则不是契约的结果，不是个人人是否一致同意的契约论问题。

诚然，任何道德规范、道德原则——正义原则也不例外——都是人约定的，都是一种契约：“道德可以被定义为全社会的一种契约。”[①]但是，道德规范、道德原则或正义原则的“正义性”、“正义本身”、“正义”却不是约定的，不是契约。因为正义原则的“正义性”乃是一种应该，是一种价值，属于道德价值范畴：谁能说价值是约定的？谁能说价值是契约？

一切价值——不论道德价值还是非道德价值——显然都不是约定的，都不是契约。试想，猪肉的营养价值怎么能是约定的？怎么能是契约？猪肉的营养价值不是约定的，不是契约；只有如何吃猪肉的行为规范才是约定的，才是契约。

显然，只有“正义原则”才是契约；但正义原则的“正义性”、“正义本身”、“正义”不是约定的，不是契约。罗尔斯正义原则“正义性”的契约论证明方法之错误，直接说来，在于将正义原则的“自由性”与正义原则的“正义性”混同起来；但是，归根结底，无疑在于他所追随的契约论传统，将“正义”与“正义原则”等同起来，误以为正义是契约，是契约的结果：“正义是一种防止人们相互伤害的权宜契约。”[②]“正义起源于人类契约。”[③]

**正义原则的正义性的价值论证明方法**　正义原则的正义性既然是一种道德价值，那么，对于一种正义原则的正义性的证明，便应该是一种价值论证明，说到底，应该是一种道德价值的发现和证明方法，亦即道德价值推导方法。这种方法，我们在《元伦理学》中已有详论，可以归结如下：

伦理行为应该如何的道德价值，是伦理行为事实如何对于道德目的——保障社会存在发展——之相符与否的效用。因此，伦理行为应该如何的道德价值，是通过道德目的，从伦理行为事实如何中产生和推导出来的：伦理行为应该如何的道德价值等于伦理行为事实如何

① William K. Frankena, *Ethics*, New Jersey: Prentice-Hall, Inc., 1973, p. 6.
② 《西方思想宝库》，吉林人民出版社 1988 年版，第 944 页。
③ David Hume, *A Treatise of Human Nature*, Oxford: The Clarendon Press, 1949, p. 494.

与道德目的之相符；伦理行为不应该如何的道德价值等于伦理行为事实如何与道德目的之相违。公式：

前提 1：伦理行为事实如何（道德价值实体）

前提 2：道德目的如何（道德价值标准）

---

结论：伦理行为应该如何（道德价值）

准此观之，正义原则虽然是人制定的，但是，只有虚假的正义原则才可以随意制定；真正的正义原则绝非可以随意制定，而只能通过道德目的（正义的价值标准）从一定类型的伦理行为事实如何（正义的价值实体）推导出来：正义原则的"正义性"就是一定类型的伦理行为符合道德目的——保障社会存在发展——的效用性；真正的正义原则必与这种正义性相符，因而也就是符合道德目的的一定类型的伦理行为。究竟是哪种类型的伦理行为呢？

原来，所谓伦理行为，如前所述，亦即受利害人己意识支配的行为，因而可以分为两类：等利（害）交换与不等利（害）交换。等利（害）交换无疑皆符合道德目的，都是善行。不等利交换则分为两种：一种符合道德目的，无非仁爱和宽恕，如滴水之恩涌泉相报和以德报怨，可以称之为不等利（害）交换的善行；另一种不符合道德目的，可以称之为不等利（害）交换的恶行。真正的正义原则是一种善行，因而必在等利（害）交换和仁爱以及宽恕三种善行之中。不言而喻，仁爱与宽恕无所谓正义不正义，而是高于正义的分外善行。因此，真正的正义原则只能是等利（害）交换的行为；真正的不正义原则也就只能是不等利（害）交换——仁爱与宽恕除外——的行为，亦即不符合道德目的的不等利（害）交换，说到底，亦即不等利（害）交换的恶行。如图：

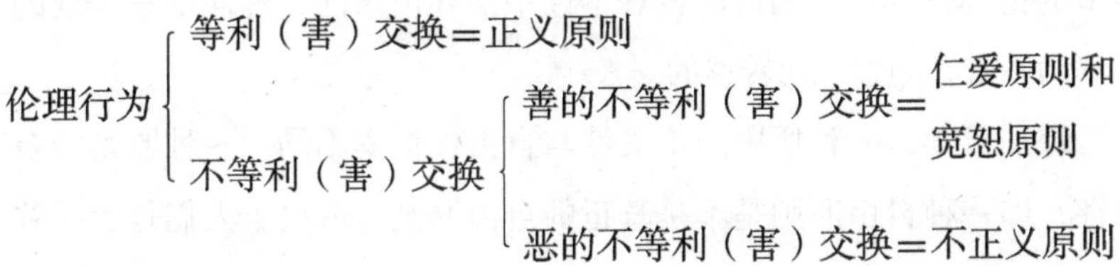


这就是“等利（害）交换”之为真正的正义原则的证明，亦即“等利（害）交换”正义原则正义性的证明。所以，“等利（害）交换”之为真正的正义原则，与人们是否一致同意无关，而完全是通过不依人的意志而转移的道德目的——保障社会存在发展——从一定类型的伦理行为事实如何的客观本性中推导出来的，因而是客观的、必然的、不依人的意志而转移的。

正义原则是一个由若干原则构成的正义原则体系，“等利（害）交换”乃是最一般的正义原则，因而也就是统摄和演绎其他正义原则的正义总原则。确实，如前所述，运用“等利（害）交换”这一正义总原则来衡量权利与义务分配问题，便可从中演绎出“按贡献分配权利”的社会正义根本原则；运用“按贡献分配权利”原则来衡量基本权利与非基本权利的分配问题，便可从中演绎出“基本权利完全平等”与“非基本权利比例平等”的两个平等原则：

（1）每个人因其基本贡献完全平等（都同样是缔结社会的一个股东）而应该完全平等地享有基本权利；（2）每个人因其具体贡献不平等而应该享有相应不平等的非基本权利，说到底，每个人所享有的非基本权利的不平等，与自己所做出的具体贡献的不平等的比例，应该完全平等。

这就是对于亚里士多德以降的“两个平等原则”——特别是罗尔斯“两个正义原则”——的科学表述。因此，罗尔斯所谓的两个正义原则之所以是正义的，乃至一切正义的原则之所以是正义的，实际上都是从正义总原则演绎出来的，说到底，都是通过道德目的，从一定类型的伦理行为事实如何的客观本性中推导出来的，因而都是客观的必然的不依人的意志而转移的。

综上可知，一种原则的正义性与自由性根本不同。一种原则的自由性，即一种自由原则是不是真正的自由原则，取决于人们是否一致同意，因而是主观、随意、偶然、依人的意志为转移的：它是个契约论问题而不是价值论问题。所以，对于一种原则是不是自由原则的证明，便应该是一种契约论证明，而不应该是一种价值论证明。反之，一种原则的正义性，即一种正义原则是不是真正的正义原则，则与人们是否一致同意无关，而完全是通过道德目的，从一定类型伦理行为事实如何的客观本性中推导出来的，因而是客观的、必然的、不依人的意志为转移的：它是个价值论问题而不是契约论问题。因此，对于一种正义原则是不是真正的正义原则的科学证明，便应该是价值论证明，而不应该是契约论证明。

罗尔斯的错误就在于将二者等同起来，因而由“正义原则的自由性的证明是人人一致同意”的正确前提而得出错误的结论：正义原则的正义性的证明是人人一致同意。这样一来，正义原则的正义性便是主观、随意、偶然、依人的意志而转移的了。诚然，罗尔斯所说是原初状态而非现实社会中的人人一致同意。但是，这并不能改变其主观、偶然、随意性。因为正义原则的正义性，不论是取决于现实社会中的人人一致同意，还是取决于原初状态中的人人一致同意，毕竟都是取决于人人一致同意：既然都是取决于人人一致同意，又怎么能不是主观、偶然、随意的？说“同意”是不依人的意志而转移，岂不自相矛盾？

我们通过平等总原则及其理论的研究，最终确立了平等总原则：基本权利应该完全平等与非基本权利应该比例平等。那么，这一原则是否足以解决我们在现实生活中所遭遇的平等问题呢？答案是否定的。

因为平等问题，正如萨托利所说，是个“戈尔地雅斯难结”：“平等的复杂性——我称之为迷宫——其程度比自由的复杂程度更大。”①“我可以断言，没有什么像平等这样复杂难解。”②这样，要真正解决平等问题，仅有平等总原则是不够的；还须以平等总原则为指导，根据平等的具体类型，从中推导出相应具体的平等原则：政治平等原则和经济平等原则以及机会平等原则。

## 二、平等具体原则

平等原则有哪些具体类型？萨托利着眼于历史上的平等要求而认为有四类：“平等的历史进步可以分为四类或四种样式：（1）司法—政治平等；（2）社会平等；（3）机会平等；（4）经济平等。”③然而，社会平等是个笼统概念，它实际上是政治、经济等平等的统称。萨托利自己也说：“关于社会平等，自由主义更加关心的无疑是政治自由而不是阶级和身份的问题。要言之，如果社会平等意味着 *isotimia*，亦即平等尊重而不论社会地位和身份，那么这种‘尊重的平等’所表达的便是一种典型的民主精神。”④所以，具体的平等问题，主要讲来，便可以归结为三大平等：政治平等、经济平等、机会平等。机会平等，如所周知，相对结果平等而言；而政治平等与经济平等都属于结果平等：结果的完全平等和结果的比例平等。这样一来，平等的具体原则便分为“机会平等”与“结果平等”两类；而结果平等又分为两类：

---

① Giovanni Sartori, *The Theory Democracy Revisited*, Chartham, New Jersey: Chatham House Publisher, Inc., 1987, p. 352.

② Giovanni Sartori, *The Theory Democracy Revisited*, Chartham, New Jersey: Chatham House Publisher, Inc., 1987, p. 338.

③ Giovanni Sartori, *The Theory Democracy Revisited*, Chartham, New Jersey: Chatham House Publisher, Inc., 1987, p. 344.

④ Giovanni Sartori, *The Theory Democracy Revisited*, Chartham, New Jersey: Chatham House Publisher, Inc., 1987, p. 343.

“政治平等”与“经济平等”。相应地，平等的具体原则也就分为：政治平等原则、经济平等原则、机会平等原则。如图：

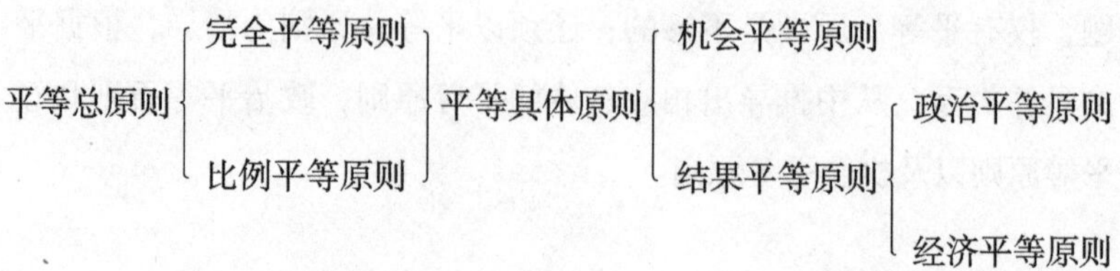


### 1. 政治平等原则

平等的概念和原则表明：平等未必都是权利平等；但平等原则却皆为权利平等原则。因此，所谓政治平等原则，亦即政治权利平等原则。政治权利，显而易见，也就是掌握政治权力进行政治统治的权利。这种权利，细究起来，分为两大类型：直接统治权利与间接统治权利。直接统治权利是担任政治职务的权利：担任政治职务而成为统治者，也就能够对被统治者进行直接统治了。间接统治权利则是所谓的参政权，主要包括选举、罢免、创制、复决四种权利。这是通过管理统治者而间接统治被统治者的权利；说到底，也就是被统治者反过来对统治者进行管理，从而使统治者按照被统治者自己的意志进行统治的权利。因此，这种权利，正如马克思所说，也就是所谓的“政治自由”[①]。因为政治自由非他，正是公民使国家政治按照自己意志进行的权利，是被统治者使统治者按照自己意志进行统治的权利。

然而，人们往往把政治自由与政治权利完全等同起来。凯尔森亦如是说：“我们所了解的政治权利就是公民具有参加政府、参加国家‘意志’形成的可能性。用实在话来说，这就意味着公民可以参与法律

① 《马克思恩格斯全集》第1卷，人民出版社1956年版，第436页。

秩序的创造。”[①] 这种观点是片面的，因为政治自由仅仅是政治权利的一个子项；政治权利还有另一个子项，即政治职务。政治权利既然分为政治自由与政治职务两大类型，那么，根据“基本权利应该完全平等、非基本权利应该比例平等”的平等总原则，不难看出，人们应该完全平等地享有政治自由权利、比例平等地享有担任政治职务的权利。因为一目了然，政治自由是人权，是最低的基本的政治权利；政治职务则不是人权，而是比较高级的、非基本的政治权利。

诚然，细究起来，政治自由乃是全体公民使国家政治按照自己的意志来进行的自由，因而也就只有执掌国家最高权力才能办到：享有政治自由的权利也就是决定国家政治命运的权利，也就是执掌国家最高权力的权利。由此观之，政治自由岂不是最高级的政治权利？非也！因为政治自由并不是一个人独享最高权力，而是全体公民共享最高权力。而正如马起华先生所说，权力的大小与同一权力享有者的人数成反比：“就同一权力行使的人数言，人数愈少，每人权力愈大；人数愈多，每人权力愈小。所以独任制首长的权力大于合议制首长的权力。”[②] 因此，享有政治自由的全体公民共同享有的，固然是最高最大的权力；但分散到每个公民自己所享有的，却并非最高最大权力，而是最低最小的权力了。它比最低等的官吏所拥有的权力还小：它不过是亿万张选票中的一张选票的权力罢了。所以，每个人所享有的政治自由权利，是最低最小的权利，是基本权利，是人权；反之，一个人所享有的担任政治职务的权利，则是较高较大的权利，是非基本权利而不是人权。因此，马克思说：

“人权的一部分是政治权利，只有同别人一起才能行使的权利。这种权利的内容就是参加这个共同体，而且是参加政治共同体，参加国

① 凯尔森：《法与国家的一般理论》，中国大百科全书出版社 1996 年版，第 95 页。

② 马起华：《政治理论》第 2 册，台湾商务印书馆 1977 年版，第 163 页。

家。这些权利属于政治自由的范畴。"[1]

政治自由是一种人权。所以，根据人权应该完全平等原则，每个人都应该完全平等地享有政治自由。换言之，每个人都应该完全平等地共同决定国家政治命运。说到底，每个人都应该完全平等地共同执掌国家最高权力："每个人只顶一个，不准一个人顶几个。"[2]这就是政治权利完全平等原则，这就是政治人权原则，这也就是所谓的人民主权原则，因而也就是民主政治的基本依据之一。

根据这一原则，纵使真像专制论者所说的那样：民主有多少多少缺憾而专制有多少多少优点，我们也应该民主而不应该专制。因为民主乃是每个人的人权，是每个人因完全平等地作为缔结社会的一个股东而应完全平等地拥有的神圣不可侵犯的政治人权。所以，科恩一再说：

"如果为民主的辩护完全无需估价它的后果，那这种辩护必须以无可怀疑的原则为基础。在目前这种辩护的情况下所依据的，是人人平等以及政治社会中人皆享有平等权的主张。"[3]"平等是民主合理性的关键。"[4]"平等是最接近民主的理论核心的。如果不允许或不承认成员享有基本平等，所有人平等参与管理的精神就会荡然无存。……只有在平等的情况下，才有理由相信应该实行民主，相信那是组织社会公共事务的正确的与适当的方式。"[5]

不难看出，一方面，这一原则所规定的平等或民主，乃是实现人与人相互间一切平等的根本保障。因为，如果实行民主，从而每个人都完全平等地共同执掌国家最高权力，那么，每个人的其他平等，如经济平等和机会平等，能否实现，便完全取决于自己的意志，因而是有保障的。反之，如果不实现民主，国家最高权力不是完全平等地掌

① 《马克思恩格斯全集》第1卷，人民出版社1956年版，第437页。

② 《潘恩选集》，商务印书馆1963年版，第145页。

③ 科恩：《论民主》，商务印书馆1988年版，第271页。

④ 科恩：《论民主》，商务印书馆1988年版，第278页。

⑤ 科恩：《论民主》，商务印书馆1988年版，第279页。

握在每个人手中，而是仅仅掌握在一个人或一些人手中，那么，每个人的其他平等能否实现，便完全取决于握有最高权力的那一个人或那一些人的意志，而不是取决于自己的意志，因而是无保障的。所以，民主或最高权力的平等，决定其他一切平等，是实现一切其他平等的根本保障。

另一方面，这一原则所规定的平等或民主，无疑是人与人之间的最重要最根本的平等。因为，按照这一原则从而实行民主，每个人便完全平等地共同执掌国家最高权力，每个人便完全平等地是国家最高权力的掌握者，每个人便完全平等地是国家的最高统治者，每个人便是完全平等地握有最高权力的国家的主人。这样一来，人们相互间便真正达到了平等；即使他们相互间的贫富贵贱相当悬殊，毕竟没有主奴之分，而同样是握有最高权力的国家的主人，因而根本说来是完全平等的。反之，如果违背这一原则而不实行民主，从而国家最高权力掌握在一个人或一些人手中，那么，便只有最高权力的执掌者才是主人，而其他人则都是最高权力执掌者的奴隶，因而不论如何，人们相互间毕竟是一种主奴关系，因而根本说来是极不平等的。

想一想那些真正实现了民主——从而每个人完全平等地共同执掌国家最高权力——的国家吧，谁能看出来总统与教授有多少不同吗？谁能看出来总统与平民有多少不同吗？真的，克林顿算个什么呀！他究竟有多大的权力啊！那个蹦蹦跳跳的布什简直就像个地地道道的网球手！他们与美国的教授、平民有什么不同？美国的平民百姓谁怕他们啊！就是那些最有权威最伟大的总统，如华盛顿、杰斐逊、麦迪逊、林肯等等，真正讲来，与普通百姓也何其相似乃尔！他们与百姓的不平等，毫无疑义，远远不及专制社会的一个小小县太爷与百姓的不平等！为什么民主社会人与人之间是如此平等？说到底，岂不就是因为，民主社会的每个人都是完全平等地握有最高权力的国家的主人？所以，完全平等地共同执掌国家最高权力，决定人与人之间的一切平等，是实现一切平等的根本保障，是人与人之间的最重要最根本最具有决定意义的平等。

那么，每个公民完全平等握有国家最高权力的平等原则，是否就是所谓的政治平等原则？否。每个公民都应该完全平等握有国家最高权力，还不是政治平等原则的全部内容。它仅仅是政治平等原则的一部分，亦即政治自由、政治人权之平等原则；而不是其另一部分，亦即不是政治职务平等原则：政治平等原则分二而为政治自由平等原则与政治职务平等原则。

与政治自由相反，政治职务不是人权，不是基本权利；而是非基本权利、非人权权利。所以，根据非基本权利比例平等原则，人们应该按其政治贡献大小而比例平等地享有担任政治职务的权利。也就是说，谁的政治贡献大，谁便应该担任较高的政治职务；谁的政治贡献小，谁便应该担任较低的政治职务：每个人因其政治贡献不平等而应担任相应不平等的政治职务。这样，人们所享有的担任政治职务的权利虽是不平等的，但每个人所享有的担任政治职务的权利与自己的政治贡献之比例却是平等的。如图：

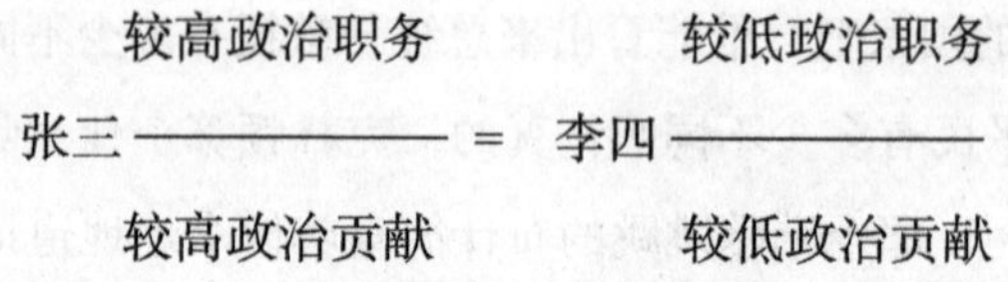


推此可知，一方面，不应该仅仅按照政治才能分配政治职务，即“任人唯才”。因为如果一个人有才无德，政治才能高而政治品德（官德）坏，那么，他不但不会为社会和他人做出政治贡献，反而会严重危害社会和他人。另一方面，也不应该仅仅按照官德分配政治职务，即“任人唯德”。因为如果一个人有德无才，官德好而政治才能低，那么，他不但不可能为社会和他人做出较大政治贡献，反而往往会好心办坏事，同样严重危害社会和他人："通向地狱的道路是由良好的意图铺成的。"[①] 于是，也就只应该兼顾德才分配政治职务，即"任人唯贤"：一个人只有德才兼备，只有政治才能高又官德好，才能为社会和他人做出较大政治贡献。

合而言之：每个人因其政治贡献（政治才能＋官德）的不平等而应担任相应不平等的政治职务。换言之，每个人所担任的政治职务的不平等与自己的政治贡献（政治才能＋官德）的不平等的比例应该完全平等。这就是政治权利比例平等原则，这就是政治职务分配原则。最早确立这一原则的是亚里士多德。他这样写道："合乎正义的职司分配应该考虑到每一受任的人的才德或功绩。"[②]

综观政治权利平等原则，可以得出结论说：一方面，每个人不论具体政治贡献如何，都应该完全平等地享有政治自由，亦即完全平等地共同执掌国家最高权力，从而完全平等地共同决定国家政治命运；另一方面，每个人又因其具体政治贡献（政治才能＋官德）的不平等而应该担任相应不平等的政治职务，从而使每个人所担任的政治职务的不平等与自己的政治贡献（政治才能＋官德）的不平等的比例完全平等。这就是政治平等总原则，这就是衡量国家制度和国家治理好坏的政治平等标准。

### 2. 经济平等原则

不难看出，每个人在经济上所享有的权利与其在经济上所做出的贡献或义务，说到底，实为同一事物，即都是每个人所提供的产品：我的经济贡献，说到底，是我给予社会和他人的产品；而我的经济权利，说到底，则是社会和他人给予我的产品。所以，社会对于每个人经济权利的分配过程，说到底，无非是每个人所提供的产品的互相交

① 马克思：《资本论》第1卷，中国社会科学出版社1983年版，第179页。

② 亚里士多德：《政治学》，商务印书馆1996年版，第136页。

换的过程。准此观之，按照等利交换的正义原则，应该根据每个人所贡献的产品的交换价值，而分配给他含有等量交换价值的产品或经济权利：等价分配、等值分配或等价值分配是经济权利平等原则。

经济学的研究表明，产品中所凝结和耗费的生产三要素——劳动、资本和土地等自然资源——是创造和决定产品交换价值的终极源泉和实体。边际效用论发现，这些生产要素所创造的交换价值份额，即其边际产品价值：单位劳动所创造的价值量＝劳动边际产品价值量；单位资本所创造的价值量＝资本边际产品价值量；单位土地所创造的价值量＝土地边际产品价值量。这样一来，根据等利交换的正义原则，显然应该按照每个人所提供的生产要素的边际产品价值，而分配给他含有等量交换价值的产品或经济权利。这就是所谓按生产要素分配：按劳分配与按资分配。

按生产要素分配显然属于经济权利比例平等原则范畴。因为按生产要素分配，每个人所享有的经济权利虽因各自的资本、土地和劳动量不平等而是不平等的；但每个人所享有的经济权利与自己所贡献的资本、土地和劳动量的比例却是完全平等的。如图：

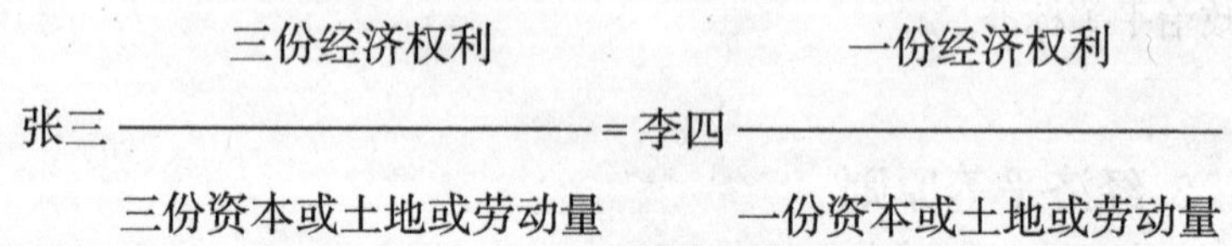


然而，比例平等仅仅是非基本权利、非人权权利的分配原则。所以，按生产要素分配也就仅仅是非基本经济权利、非人权经济权利分配原则。那么，基本经济权利、经济人权的分配原则是什么？是按需分配：按人类基本物质需要完全平等地分配基本经济权利。因为根据“基本权利应该完全平等”的平等总原则可以推知：每个人不论劳动多少贡献如何，都应该完全平等享有基本经济权利；而完全平等分配基本经济权利，也就是按人类基本物质需要分配基本经济权利，说到底，亦即按需分配基本经济权利。因为，一方面，基本经济权利就是满足人的基本物质需要的权利，而不可能满足人的非基本物质需要；另一方面，人们物质需要的不同或不平等仅仅存在于非基本的、比较高级的领域，而基本的、最低的、起码的物质需要则是相同的、平等的："自然需要对所有人都是一样的。"①

总之，按需分配是基本经济权利、经济人权的完全平等分配原则；按生产要素分配——亦即按劳分配和按资分配——则是非基本经济权利、非人权经济权利的比例平等分配原则。于是，根据人权优先原理可知，按需分配优先于按生产要素分配：当其发生冲突时应该牺牲后者以保全前者。举例说：

原始社会生产力低下、物质财富匮乏。如果按需分配（即按每个人基本物质需要平均分配）从而人人平等享有基本经济权利，那么，多劳者便不可能多得而享有非基本经济权利。这就违背了按劳分配等按生产要素分配原则。反之，如果按劳分配从而多劳者多得而享有非基本经济权利，那么就会有人饿死而享受不到基本经济权利。这就违背了按需分配原则。怎么办？原始社会是牺牲按劳分配而实行按需分配。这样做显然是正义的、正确的。

可见，按需分配优先于按劳分配、按生产要素分配，而按劳分配、按生产要素分配则以按需分配为前提。所以，根据按劳分配、按生产要素分配，固然应该多劳多得、少劳少得，固然应该投资多者多得、投资少者少得；但是，一些人所劳再少、投资再少，他们的所得也不能少于满足其最低的、起码的、基本的物质需要而妨碍按需分配。反之，一些人的所劳再多、投资再多，他们的所得也不能多到影响他人的最低的、起码的、基本的物质需要的满足而冲击按需分配。这个道

① Mortimer J. Adler, *Six Great Ideas*, New York: A Touchstone Book Published by Simon & Schuster, 1997, p. 180.

理，艾德勒说得很透辟：

“按劳分配从属于按需分配。”[①]“贡献较大的人比贡献较小的人有权利得到较多的财富。但是，对于这一原则，必须立即附以两个限制。第一，必须以某种方式使所有人在经济底线上达到平等。这个底线由足够满足人的最低限度经济需要的财富所决定。享有这些财富，是每个人的自然权利。第二，由于可分配的财物数量有限，谁都不应该根据他过多的贡献而挣得——正是挣得而不是去偷或抢——过多财富，以致没有足够的财富使所有个人或家庭以某种方式维持在经济底线以上。总之，不平等的财富分配即使被个人贡献的不平等证明为正义，也不应该造成任何人的贫困。”[②]

综上可知，一方面，在任何社会，每个人不论劳动多少、贡献如何，都应该按人类基本物质需要完全平等地分配基本经济权利（即按需分配）。另一方面，应该按照每个人所提供的生产要素的边际产品价值，而分配给他含有等量交换价值的非基本经济权利，以便使每个人所享有的非基本经济权利的不平等与自己所贡献的生产要素的边际产品价值的不平等的比例，完全平等（即按生产要素分配：按劳分配和按资分配）。这就是经济平等总原则，这就是国家制度和国家治理好坏的经济平等之价值标准。

### 3. 机会平等原则

与政治、经济平等原则一样，机会平等原则也是一种权利平等原则。但是，一方面，这种权利并非政治或经济等具体权利本身，而是获得这些具体权利之机会；另一方面，该原则所关涉的权利之机会，仅仅是竞争非基本权利——主要是社会的职务和地位以及权力和财

① Mortimer J. Adler, *Six Great Ideas*, New York: A Touchstone Book Published by Simon & Schuster, 1997, p.181.

② Mortimer J. Adler, *Six Great Ideas*, New York: A Touchstone Book Published by Simon & Schuster, 1997, p.178.

富——之机会，而不是竞争基本权利之机会，因为基本权利应该人人完全平等享有：它的获得既不需竞争，也不需机会。

然而，细究起来，竞争非基本权利的机会平等，还只是形式的表层的机会平等；而实质的深层的机会平等，则是发展才德、做出贡献的机会平等。因为，不难看出，一些人才德较差、贡献较少从而享有较低的非基本权利，往往是因为他们缺乏发展才德、做出贡献的机会；反之，另一些人才德较高、贡献较大从而享有较多非基本权利，则往往是因为他们充分享有发展才德、做出贡献的机会。这两类机会平等可以从道格拉斯·雷所援引的例子得到很好说明：

“假设某个社会，武士阶层的成员享有巨大威望，因为他们的职责要求有巨大体力。该阶层过去只从富家子弟中征募；但平等主义改革者们改变了征募原则，按照新的原则，武士们可以面向社会所有阶层征募而依据适当的竞争结果。然而，这样做的后果却是，富有家庭实际上仍然提供全部的武士，因为其他民众由于贫穷而如此营养不良，以致他们的体力与那些营养良好的富家子弟相比，总是低下的。”①

这个例子生动表明，平等主义改革只做到了形式的表层的机会平等：武士职业向所有人开放、每个人都同样有机会担任武士，这属于竞争非基本权利的机会平等；但没有做到实质的深层的机会平等：每个人都可能营养良好而同样有培养自己巨大体力的机会，这属于发展才德、做出贡献的机会平等。道格拉斯·雷则将这两类机会平等叫作“关于前途的机会平等”与“关于手段的机会平等”：

“（1）关于前途的机会平等：两个人，J和K，有竞争X的平等机会，如果他们有得到X的同样可能。（2）关于手段的机会平等：两个人，J和K，有竞争X的平等机会，如果他们有得到X的同样工具。”②

① Douglas W. Rae, *Equalities*, Cambridge, Mass.: Harvard University Press, 1981, pp. 74, 65, 66.

② Douglas W. Rae, *Equalities*, Cambridge, Mass.: Harvard University Press, 1981, pp. 74, 65, 66.

萨托利对机会平等的分析也以这种分类为前提："我建议将机会平等再细分为平等通路和平等起点。"[①]"平等通路是指在进入和提升方面没有歧视，为平等的能力提供平等的通路……平等起点的概念说的是一个完全不同的和开端性的问题，即如何平等地发展个人潜能。"[②]

可见，机会平等分为两类。一类叫作"竞争权利的机会平等"，它是竞争非基本权利的目标的机会平等，主要是获得职务和地位以及权力和财富的机会平等。这种机会平等可以归结为"职务和地位唯才德是举而向所有人开放"，亦即罗尔斯所说的"地位和职务向所有人开放"、"事业向才能开放"、"事业向才能开放的平等"[③]。它是形式的表层的机会平等。另一类则叫作"发展潜能的机会平等"，它是竞争非基本权利的手段的机会平等，主要是受教育的机会平等。这种机会平等可以归结为"每个人的才德都有平等的机会发挥"。它是实质的、深层的机会平等。

机会平等的这种分类无疑具有重要意义：它使我们在确立机会平等原则时，不仅应该关注竞争非基本权利——职务和地位以及权力和财富等——的目标的机会平等；更应该注重良好教育、发展潜能等竞争非基本权利的手段的机会平等。但是，这种分类，充其量，只能表明机会平等的深浅度；却不能表明机会平等的道德性，不能表明机会平等是应该还是不应该。机会平等是否应该？是否一切机会皆应平等抑或只是某些机会才应平等？

这并不取决于机会平等是形式的还是实质的。机会平等的道德价值，真正讲来，并不取决于机会平等本身的性质如何；而完全取决于

---

① Giovanni Sartori, *The Theory Democracy Revisited*, Chartham, New Jersey: Chatham House Publisher, Inc., 1987, p. 344.

② Giovanni Sartori, *The Theory Democracy Revisited*, Chartham, New Jersey: Chatham House Publisher, Inc., 1987, pp. 346, 347.

③ John Rawls, *A Theory of Justice* (Revised Edition), Cambridge, Massachusetts: The Belknap Press of Harvard University Press, 2000, pp. 53, 57.

机会的提供者是谁。机会据其提供者的情形来看，也可以分为两类：社会提供的机会与非社会提供的机会。非社会提供的机会，比较复杂，主要包括：家庭提供的机会、天资提供的机会和运气提供的机会。

罗尔斯认为，家庭、天资、运气等自己无法负责的因素所提供的机会不平等是不应得的、不应该的、不公平的："自然赋予我们所固有的那些不同的天资不是我们所应得的，正如我们在社会中最初的不同的出发点并不是我们所应得的一样。"①为什么家庭、天资等自己无法负责的因素所提供的机会不平等是不应得、不公平的？原来，在罗尔斯看来，"'公平机会原则'可以归结为：谁都不应该因其无法负责的因素而获得社会利益；换言之，谁都不应该因其无法负责的因素而被剥夺社会利益。"②这就是说，每个人只应该因自己能够负责的自由的选择和努力获得权利，而绝不应该因自己无法负责的因素——家庭、天资、运气等等——获得权利。这就是罗尔斯所谓的"机会公平平等"或"公平机会原则"。这显然是一种机会应该完全平等的主张，因而无疑是美好的、完美的、理想的：然而却是不现实、不公平的。现实地看，机会不但不可能完全平等，而且家庭、天资、运气等自己无法负责的因素所提供的机会不平等是应得的、公平的，而使其平等却是不公平的。

首先，出身于不同的家庭，则所享有的竞争非基本权利的机会是不平等的。萨缪尔森曾就此写道："到了一周岁时，出身富有家庭并经双亲精心照料的孩子在经济和事业地位的竞争中已经略占上风。到了进小学一年级时，城市近郊的六岁儿童比贫民窟或农村同龄儿童具有更大的领先地位。在以后的12到20年中，已经领先的人越来越走

① John Rawls, *A Theory of Justice* (Revised Edition), Cambridge, Massachusetts: The Belknap Press of Harvard University Press, 2000, p. 89.

② Tom L. Beauchamp, *Philosophical Ethics*, New York: McGraw-Hill Book Company, 1982, p. 252.

在前面。”[1]家庭所提供的这种机会不平等，不但罗尔斯，而且许多人，如奥肯，都认为是不公平的。因为“当一些人面前障碍重重时，另一些竞争者已经率先起跑了。各种家庭的社会地位与经济地位不同，使得这场赛跑并不公平”[2]。奥肯等人不懂得，人生的赛跑乃是一场世代相沿的无休止的接力赛。每个人的起点不在一条起跑线上并非不公，因为他们的最初祖先们的起点是在同一条起跑线上的。更确切些说，家庭提供的竞争非基本权利的机会，无非是家庭成员之间的一种权利转让。子女所享有的机会，是父母转让的权利，因而也就转化为子女自己的权利。诺齐克的“转让正义原则”谈的就是这个道理：“符合转让的正义原则，而从对所有享有权利的所有者那里，获得一种所有的人，对这一所有是有权利的。”[3]家庭提供的机会，既然是机会享有者的权利，那么，这种机会不平等便是应得的、公平的；而使其平等，便侵犯了机会所有者的权利，便是不公平不应该的。我们不妨拿诺齐克的例子来说。一个富翁的儿子，自幼便享有在自己家里的游泳池训练跳水的机会；而一个穷人的儿子却无此机会。这种机会不平等来自家庭成员之间的权利转让，因而是公平的。反之，若关闭游泳池或令富翁给穷人的儿子也修一座同样的游泳池，从而使他们的机会平等，便侵犯了富翁及其儿子的权利，因而是不公平的。

其次，天资不同的人，竞争职务和地位、权力和财富等非基本权利的起点和获胜的机会显然也是不平等的。这种机会不平等也是应得的、公平的。因为社会，说到底，不过是每个人相互利益的合作形式。每个人的天资、努力等等便是其入股社会的股本。因此，正如诺齐克所说，每个人对其股本“天资和努力”及其收益“职务和地位、机会

---

① 萨缪尔森：《经济学》下，商务印书馆 1982 年版，第 232 页。

② 阿瑟·奥肯：《平等与效率》，华夏出版社 1987 年版，第 38 页。

③ Robert Nozick, *Anarchy, State and Utopia*, Beijing: China Social Sciences Publishing House, 1999, p. 151.

和财富”等都是有权利的：“人们有权拥有其自然资产，并且也有权拥有来自其自然资产的东西。”[①]这样，每个人因其天资不平等所带来的机会不平等，便是他应得的权利；若使其平等，便侵犯了他的权利而是不公平不应该的。

最后，人们竞争非基本权利的机会不平等，往往是个人的运气所致。布坎南对此曾有十分生动的论述：“耕种家庭农田的农民以标准的方式务农，并没有选择别人在他农田下面会发现石油，他完全靠运气。另外一些人由于运气不好，眼看他们的产业遭洪水、火灾或遭疫病而化为乌有。……我的论点是认为：运气在一定程度上是已有定论的偶然影响因素，它在比赛中为所有人提供‘本来可能’的机会。”[②]那么，运气所提供的机会不平等是否公平？布坎南的回答是：“运气并不破坏基本正义的准则。”[③]这个回答很对。因为，如前所述，社会公平的根本原则是：按照贡献分配权利。而任何人的贡献、成就，正如曾国藩所说，都含有运气因素，都是天资、努力、运气诸因素配合的结果。[④]因此，运气也就与天资、努力一样，可以通过产生贡献而带来权利；运气所带来的收益，也就与天资和努力所带来的收益一样，乃是收益者的权利。农民有权利拥有运气带给他的收成，岂不正如他有权利拥有灾年的收成？所以，运气所提供的收益、所提供的机会不平等，确是幸运者的权利；若剥夺幸运者的机会而使其平等，便侵犯了幸运者的权利，便是不公平、不应该的。

家庭、天资、运气等非社会提供的机会，总而言之，是幸运者的

---

① Robert Nozick, *Anarchy, State and Utopia*, Beijing: China Social Sciences Publishing House Chengcheng Books, Ltd., 1999, p. 226.

② 詹姆斯·M. 布坎南：《自由、市场和国家》，北京经济学院出版社 1989 年版，第 130 页。

③ 詹姆斯·M. 布坎南：《自由、市场和国家》，北京经济学院出版社 1989 年版，第 130 页。

④ 参见《三松堂全集》第四卷，河南人民出版社 1988 年版，第 681 页。

个人权利，因而无论如何不平等，社会和他人都无权干涉。但是，幸运者在利用较多机会去做贡献、获权利的过程中，必定较多地使用了与机会较少者共同创造的资源：社会、社会合作。反之，机会较少者对社会合作的利用自然较少。机会较多者的贡献之中既然包含着对共同资源的较多使用，因而也就间接地包含着机会较少者的贡献。于是他们因这些较大贡献所取得的权利，便含有机会较少者的权利。所以，便应该通过高额累进税、遗产税、社会福利措施等方式从他们的权利中，拿取相应部分补偿、归还给机会较少者。这样，机会较多者的权利与其义务才是相等的、公平的；否则，机会较多者便侵吞了机会较少者的权利，是不公平的。

社会——主要通过政府等各种管理组织——提供的机会，与家庭、天资、运气提供的机会根本不同。家庭、天资、运气所提供的机会，如前所述，皆属私人权利，都是机会享有者的个人权利。反之，社会、政府、各种管理组织提供的机会，则属于公共权利，是全社会每个人的权利。更确切说，则正如杰斐逊所指出的：社会提供的机会乃是全社会每个人的基本权利，是每个人的人权。[①] 因为机会平等原则所说的“机会”，显然并不是竞争基本权利的机会——基本权利不须竞争而应为人人完全平等享有——而是竞争非基本权利的机会。而社会所提供的竞争非基本权利的机会，显然不是非基本权利，而是基本权利、是人权。这样，根据基本权利、人权应该完全平等的原则，社会所提供的竞争非基本权利的机会，也就应该为人人完全平等享有：人人应该完全平等享有社会所提供的发展自己潜能的受教育机会；人人应该完全平等享有社会所提供的做出贡献的机会；人人应该完全平等享有社会所提供的竞争权力和财富以及职务和地位等非基本权利的机会。因此，哈耶克说：“欲使所有的人都始于同样的机会，这既不可

① 《西方思想宝库》，吉林人民出版社 1988 年版，第 1047 页。

能也不可欲。”[①] 但是，“正义确实要求：那些被政府决定的生活条件，应该平等地提供给每个人”[②]。

然而，罗尔斯却认为社会、政府所提供的机会不应该平等，而应该不平等：“由于出身和天资的不平等是不应得的，对于这些不平等就应该以某种方式予以补偿。这种补偿原则主张，为了平等对待所有人，从而达到真正的机会平等，社会就必须更多关注那些天资较低和出身的社会地位较差的人们。这一主张就是要按照平等的导向纠正那些偶然因素所造成的偏差。遵循这一原则，较大的资源应该花费在智力较低而非较高的人们的教育上——至少在一生的某一阶段，如早期学校教育。”[③]

这种观点是错误的。因为家庭和天赋所提供的机会本身完全是幸运者的个人权利，丝毫不包含也丝毫未侵犯机会较少者的权利，因而不应该给机会较少者补偿丝毫机会。反之，幸运者利用较多机会去创获权利，却必定较多地使用了与机会较少者共同创造的资源“社会合作”，因而应该补偿给机会较少者以相应权利。所以，机会较多者应给机会较少者补偿的，是机会的利用，而不是机会的占有；是利用机会所创获的权利，而不是机会本身。罗尔斯却把机会的利用和机会的占有、权利补偿与机会补偿等同起来，从而以为机会较多者应补偿给机会较少者以机会，因而主张社会应该通过提供不平等的机会来补偿家庭和天赋所提供的机会不平等。然而，社会提供的机会乃是全社会每个人的基本权利，是每个人的人权；如若不平等分配，给出身不利、天赋较低的人以较多机会，岂不侵犯了出身有利、天赋较高的人的人权？

可见，罗尔斯犯了一种相反相成的双重错误：一方面，他误以为

① 哈耶克：《自由秩序原理》，生活·读书·新知三联书店 1997 年版，第 172 页。

② Friedrich A. Hayek, *The Constitution of Liberty*, The University of Chicago Press, 1978, p. 99.

③ John Rawls, *A Theory of Justice* (Revised Edition), Cambridge, Massachusetts: The Belknap Press of Harvard University Press, 2000, p. 86.

家庭、天资、运气等自己无法负责的因素所提供的机会不平等是不应该、不公平的；于是，另一方面，便误以为社会所提供的机会应该相反地不平等，以便补偿家庭等因素所造成的机会不平等，从而使每个人的机会“真正地”、完全地平等：机会应该完全平等的美好理想是导致这一双重错误之根源。

综观上述，可以得出结论说：社会所提供的发展潜能、做出贡献、竞争职务和地位以及权力和财富等非基本权利的机会，是全社会每个人的基本权利，是全社会每个人的人权，应该人人完全平等。反之，家庭、天赋、运气等非社会所提供的机会，则是幸运者的个人权利，无论如何不平等，他人都无权干涉；但幸运者利用较多机会所创获的较多权利，却因较多地利用了共同资源“社会合作”而应补偿给机会较少者以相应权利。这就是机会平等原则，这就是衡量国家制度和国家治理好坏的机会平等之价值标准。

总观平等总原则和平等具体原则，可以断言：平等原则恐怕是人类最复杂也最重要的道德原则和价值标准。这一点的最好证实，当推罗尔斯的《正义论》。因为这部影响深远饮誉世界的名著所论证的，如所周知，仅仅是平等总原则的两个侧面：他将这两个侧面叫作“两个正义原则”。那么，平等原则为何如此重要？这也是个十分复杂的问题，即所谓“平等的价值”问题。

## 三、平等的价值

平等的价值，从理论上看，主要表现于平等与正义的关系；从实践上看，则主要表现于平等与效率以及公平与效率的关系。

### 1. 平等与正义：平等是最重要的正义

就概念来说，正义从属于平等，是一种特殊的平等。因为，如前所述，平等是人们的与利益获得有关的相同性；正义则是人们的相等的平等的利害相交换的行为，是利害相交换的平等。这就是说，平等的外延极为广阔，包括等利交换、等害交换、天资平等、运气平等、收入均等、性别平等、肤色平等、人种平等、相貌平等等等，不胜枚举。反之，正义则仅仅是其中的一种平等：正义是等利交换和等害交换之和。除此之外，如天资平等、运气平等、收入均等、性别平等、肤色平等、人种平等、相貌平等等等，都在正义的外延之外。所以，正义是一种特殊的平等，因而属于平等范畴。因此，亚里士多德说："正义就是平等。"[①]"所谓正义，它的真实意义，主要在于平等。"[②]密尔说："平等构成正义的本质。"[③]

然而，就原则来说，却恰恰相反：平等原则是一种特殊的正义原则而从属于正义范畴。这是因为，"平等"是一种极为奇特的道德原则。几乎所有道德原则、道德规则与其名称或概念都是同一的。例如，"正义"、"人道"、"善"、"自尊"、"谦虚"、"诚实"等等，都既是名称、概念，又是道德原则、道德规则。可是，"平等"却不是这样。"平等"与"平等原则"根本不同。平等是人们相互间的与利益获得有关的相同性，如相同的肤色、相同的智力、相同的贫困等等，显然不能被奉为行为应该如何的道德原则或道德规则。因此，平等还不是平等原则；但是，平等原则却是平等：平等原则无疑是一种特殊的平等。问题是，平等原则究竟是哪一种平等？

平等，如前所述，分为自然平等与人为平等：自然平等，如同性别、同肤色，起因于自然，是自然造成的，是不可选择、无所谓应该不应该的；人为平等，如均贫富、等贵贱，则起因于人的自由活动，

① 《亚里士多德全集》第八卷，中国人民大学出版社 1992 年版，第 278 页。

② 亚里士多德：《政治学》，商务印书馆 1996 年版，第 153 页。

③ Robert Maynard Hutchins, *Great Books of the Western World*, Volume 43, *Utilitarianism*, by John Stuart Mill, Encyclopaedia Britannica, Inc., 1980, p.467.

是可以选择、有应该不应该之别的。因此，作为行为应该如何的道德原则的“平等”，显然不可能属于自然平等范畴，而完全属于人为平等范畴。那么，平等原则究竟是指哪一种人为平等？

人为平等，若以此观之，实不过两种。一种是造成非等利（害）交换的平等，如不等量劳动而获取等量报酬。这种平等是不应该、不道德、不正义的，可以称之为“不正义的平等”，因而不可能是平等原则——平等原则是一种道德原则——所指称的平等。反之，另一种则是等利（害）交换的平等，如多劳多得、少劳少得。这种平等是应该的、道德的、正义的，可以称之为“正义的平等”：它是平等原则所指称的平等吗？也不是。因为如前所述，这种正义的平等——等利（害）交换的平等——也就是所谓的“正义”：这是正义的定义，也是正义总原则。但是，不言而喻，平等原则所指称的平等一定在这种正义的平等之中，而不可能在正义的平等之外：平等原则所指称的平等不可能属于不正义的平等。那么，平等原则究竟是指哪一种正义的平等？

原来，正义的平等或正义，如前所述，又分为社会正义与个人正义：个人正义是个人为行为者的正义，是个人所进行的等利（害）交换；社会正义是社会为行为者的正义，是社会所进行的等利（害）交换。社会正义的根本原则是贡献原则：社会分配给一个人的权利应该与他的贡献成正比而与他的义务相等。运用这个社会正义的根本原则，解决基本权利与非基本权利的分配问题，如前所述，便可从中推导出平等总原则：

一方面，每个人因其最基本的贡献完全平等（每个人一生下来，便同样是缔结、创建社会的一个股东）而应该完全平等地享有基本权利；另一方面，每个人因其具体贡献的不平等而应享有相应不平等的非基本权利，也就是说，每个人所享有的非基本权利，与自己所做出的具体贡献的比例，应该完全平等。

这就是政治平等原则、经济平等原则、机会平等原则等一切具体平等原则所由以推出的平等总原则。因此，一切平等原则，说到底，都不过是运用社会正义根本原则——贡献原则——具体解决基本权利与非基本权利分配问题而从中推导出来的：平等原则从属于社会正义原则，是一种特殊的社会正义原则。于是，平等原则——平等总原则和政治平等原则以及经济平等原则和机会平等原则等一切具体平等原则——便远远狭窄于平等概念：它们属于社会正义范畴，是基本权利与非基本权利分配方面的社会正义，是基本权利与非基本权利正义分配的平等。如图：

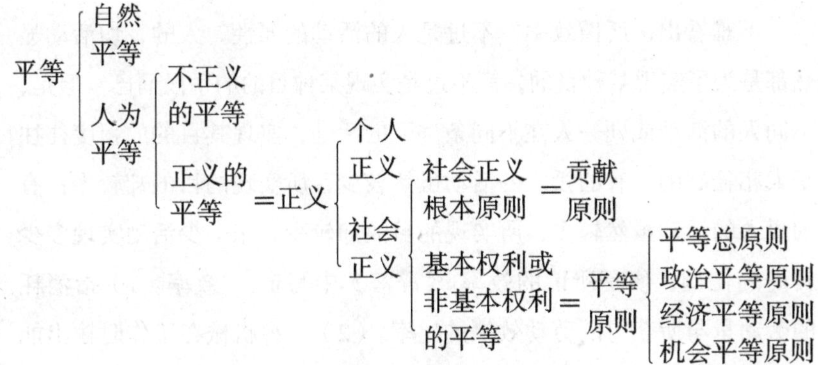


可见，正义从属于平等范畴：正义是一种特殊的平等，是利害相交换的平等；而平等原则却又从属于正义范畴：平等原则是一种特殊的正义，因而也就是一种更加特殊的平等。进言之，平等原则不仅是一种特殊的正义，而且是最重要的正义。因为正义不过是一种平等，一切正义问题都不过是个平等问题，都不过是等利交换和等害交换的问题；而平等原则所解决的平等，乃是每个人的基本权利或人权的完全平等和非基本权利或非人权权利的比例平等以及每个人的政治平等、经济平等、机会平等。这些平等在一切平等和正义问题中无疑具有最重要的意义。因此，平等原则从属于正义原则，而又重要于正义原则：

平等是最重要的正义。而正义，如所周知，是人类最重要的道德。因此，说到底，平等原则便是人类最重要的道德原则。平等是最重要的正义，因而是人类最重要的道德：这就是平等原则主要的理论价值。

平等原则的这种理论价值，决定了它与效率的关系，决定了它的实践价值。不过，平等与效率以及公平与效率的关系，如所周知，是个多年来中外学术界一直争论不休的难题。这一方面是因为平等与正义本身便极为复杂；另一方面则是因为效率问题也不简单。我们已经弄清了平等与正义；那么，效率究竟是什么？

2. 效率

不难看出，所谓效率，不过是人的活动的属性。人的一切活动显然都是为了实现某种目的，都不过是实现某种目的的手段而已。但是，不同人的活动或同一人在不同条件下的活动，实现其目的的程度往往是大相径庭的：有的投入的活动虽然较少，所实现的目的却较多；有的投入的活动虽然较多，所实现的目的却较少。用多少活动实现多少目的的比例，便是所谓的效率。《辞海》中写道："效率（1）指消耗的劳动量与所获得的劳动效果的比率。（2）一种机械在工作时输出能量与输入能量的比值。"更确切些说，效率是人的活动实现其目的的程度，亦即人的活动与其所实现的目的之比值，也就是人的活动手段与活动目的之比值、活动过程与活动结果之比值、活动投入与活动产出之比值、活动成本与活动效益之比值。一般说来，效率用投入与产出或成本与效益之比值来表示：

$$\text{效率} = \frac{\text{活动产出}}{\text{活动投入}} \text{ 或 } \frac{\text{活动效益}}{\text{活动成本}}$$

可见，人的活动效率的高低与活动的产出或效益的多少成正比，而与活动的投入或成本的多少成反比。这就是效率高低变化的规律。

然而，人的活动又分为创获精神财富的活动与创获物质财富的活动。相应地，效率也就分为创获精神财富的效率与创获物质财富的效率——后者也就是所谓的“经济效率”。效率，如所周知，主要是指经济效率。经济学表明，一个社会的经济效率的高低主要取决于其经济资源（人力、物力、财力）是否有效配置。所以，经济效率，说到底，也就是经济资源的配置效率。这种效率又包括分配效率和交换效率，但主要是生产效率。生产效率也就是所谓的生产率，是创造物质财富的效率。生产率又包括劳动生产率、资本生产率、土地生产率、原料生产率等等。但是，所谓资本、土地、原料等生产率，说到底，不过是物化劳动生产率；而所谓劳动生产率则是活劳动生产率。所以，一切生产率最终都可以归结为劳动生产率。劳动生产率，即劳动的生产效率，亦即劳动创造物质财富的效率，是劳动量与其所生产的物质财富量之比值。劳动生产率一般用单位劳动时间内生产某种产品的数量来表示：

$$劳动生产率 = \frac{产品量}{劳动时间}$$

可见，劳动生产率的高低与单位时间内产量的多少成正比，而与单位产品所耗费的劳动时间成反比。这就是劳动生产率高低变化的规律。

从效率、特别是从劳动生产率高低变化的规律——效率与产量成正比而与劳动时间成反比——可以看出，决定效率水平的因素主要是活动能力、活动工具、活动方式、活动努力。人们活动的效率不同，首先是因为他们活动的能力不同。能力强者一天做的事，能力差者要若干天才能完成：效率的高低与能力的高低成正比。人创造物质财富的能力，即生产能力，也就是所谓的生产力。谁都知道，生产力越高，则在同一时间内所生产的产品的数量便越多：生产率与生产力成正比。所以，马克思说："生产力当然始终是有用的具体的劳动生产力，它事实上只决定有目的的生产活动在一定时间内的效率。"①

人的活动能力通过人的活动表现出来。但能够准确表现人的活动能力水平的，是人的活动所制造的活动工具：生产工具是生产力的标准。因此，人类活动的效率水平便取决于人类活动的工具水平。而人类活动的工具水平，特别是生产工具的水平，又显然取决于科学技术水平。所以，效率水平，特别是生产率水平，说到底，便取决于科学技术水平。因此马克思说：

"随着大工业的发展，现实财富的创造较少地取决于劳动时间和已耗费的劳动量，较多地取决于在劳动时间内所运用的动因的力量，而这种动因自身——它们的巨大效率——又和生产它们所花费的直接劳动时间不成比例，相反地却取决于一般的科学水平和技术进步，或者说取决于科学在生产上的应用。"②

人有什么样的活动能力和活动工具，便会有什么样的活动方式；而有什么样的活动方式，便会有什么样的活动效率：效率不仅直接决定于活动能力和活动工具，而且直接决定于活动方式。谁都知道，分工和协作的活动方式曾经怎样极大地提高人的活动效率啊！奴隶社会生产率极大地超过原始社会生产率的一个根本原因，便是奴隶社会存在——而原始社会却不存在——社会大分工的活动方式。

人的活动能力与活动工具以及活动方式，虽然都是决定活动效率的因素，却皆非动力因素；效率的动力因素是人的活动的努力，即人

① 马克思：《资本论》第1卷，人民出版社1975年版，第59页。
② 《马克思恩格斯全集》第46卷下，人民出版社1979年版，第217页。

的活动的积极性、主动性、创造性。因为如果没有人的活动努力，没有人的活动的积极性，那么，人虽有活动能力也不会去活动，虽有活动工具也不会去使用，虽有活动方式也不会去运作。人的活动能力、工具、方式不能自己运作，而完全是人的活动的努力所推动的结果。人的活动的努力不但是最终决定效率的原动力因素，而且与活动的能力、工具、方式一起直接决定效率水平：人的活动越努力效率便越高，越不努力效率便越低。

以上，我们研究了效率的定义、类型、规律、因素，这些都是效率之事实如何。那么，效率应该如何？或者说，人们应该如何对待效率？不言而喻，我们应该提高效率、效率应该得到提高。可是，我们究竟应该如何提高效率？

效率规律（即效率水平与产出多少成正比而与投入多少成反比）表明，提高效率一方面应该降低活动投入、争取活动投入最小化；另一方面则应该增多活动产出、争取活动产出最大化。合而言之，则应该以最小的活动投入取得最大的活动产出。这就是效率的根本原则。而谁都知道，降低活动投入、争取活动投入最小化，归根结底，是降低活动时间的投入、争取活动时间投入的最小化。所以，效率根本原则又可以归结为：以最小的活动时间取得最大的活动产出。推此可知，经济活动效率（以及创获精神财富的效率）的根本原则，就是以最少的劳动时间取得最多的劳动成果。孙冶方称之为“一切经济问题的秘密”：

“一切经济问题的秘密就在于如何以更少的劳动获得更多的产品，或者就是说在于如何使同样的劳动时间生产出更多的产品，也就是如何减少每一单位产品所需要的劳动量。”①

那么，究竟如何才能以最小的活动时间取得最大的活动产出从而

① 孙冶方：《社会主义经济的若干理论问题》，人民出版社1984年版，第65页。

实现效率原则？显然只有一个办法，那就是提高制约效率水平的诸因素：强大人的活动能力、改进人的活动工具、完善人的活动方式、调动人的活动积极性。

3. 公平与效率

我们已弄清了效率，因而也就可以考察它与正义的关系了。在正义与效率的关系中，如所周知，正义习惯地被叫作公平。我们沿袭这种习惯称谓，也将正义与效率叫作公平与效率：正义与公平是同一概念。因此，关于公平，如前所述，它的总原则是“等利（害）交换”；其根本原则是“社会分配给一个人的权利应该与他的贡献成正比而与他的义务相等”。

准此观之，一方面，社会越是公平，每个人的贡献与所得便越一致，每个人的劳动积极性（即为社会和他人做贡献的努力）便越高，从而效率也就越高；社会越不公平，每个人的贡献与所得便越背离，每个人的劳动积极性便越低，从而效率也就越低。

另一方面，社会越公平，人们损害社会或他人与损害自己便越趋于相等，人们损害社会和他人的倾向便越小，从而社会活动的总体效率便越高；社会越不公平，人们越是害他便越是利己，人们损害社会和他人的倾向便越大，从而社会活动的总体效率便越低。

因此，公平与效率完全一致而成正相关变化：公平主要通过作用于效率的动力因素，即调动人的劳动积极性而提高效率。反之，不公平与效率完全相斥而成负相关变化：不公平主要通过削弱效率的动力因素，即降低人的劳动积极性而降低效率。一句话，公平是效率的根本保证。由此可以理解，为什么日本生产率研究所加藤让治所长所提出的“生产率运动三大原则”，实质都是个公平问题：

“所谓生产率运动三大原则就是：（1）雇佣的稳定和扩大；（2）劳

资的合作与协商；（3）成果的正义分配。”[①]

可见，公平与效率的关系并不复杂。使它变得复杂从而引起如此长久争论而至今未决的原因，乃是由于人们把“公平与效率”的关系和“平等与效率”的关系混同起来。那么，平等与效率究竟有何关系？

### 4. 平等与效率

平等与效率的关系，跟公平与效率的关系根本不同。但是，平等原则与效率的关系，跟公平与效率的关系却完全相同。这是因为，如前所述，平等原则是一种特殊的、最重要的公平而从属于公平。所以，根据“遍有遍无”逻辑公理，平等原则与效率的关系，也就是公平与效率的关系；只不过前者比后者具体得多罢了。这种具体性，要言之，一方面表现在“基本权利完全平等”这种具体的公平与效率的关系；另一方面则表现在“非基本权利比例平等”这种具体的公平与效率的关系。

所谓基本权利，如前所述，亦即人权，是人们生存和发展的必要的、起码的、最低的权利，是满足人们政治、经济、思想等方面的最低的、起码的、基本的需要的权利。这种权利，如所周知，主要包括所谓的生存权、政治自由权、思想自由权以及竞争职务和地位、权力和财富等一切非基本权利的机会权。显然，人们享有的这些基本权利越平等，人们的劳动效率便越高。因为，如前所述，基本权利完全平等是社会公平的最根本原则。按照这个原则，每个人应该完全平等享有基本权利，因为每个人的最基本的贡献完全相等：每个人一生下来便同样是缔结、创建社会的一个股东。这样，基本权利越是平等，人们的贡献与其所得便越一致，人们便越感到公平，人们的劳动积极性

① 《经济学译丛》1986 年第 11 期，第 46 页。

便越高，从而效率也就越高。反之，基本权利越不平等，人们的贡献与其所得便越背离，人们便越会感到不公，人们的劳动积极性便越低，从而效率也就越低。

试想，每个人，不论能力强弱，他的一切所得，说到底，都是社会给予的。而社会又是强者与弱者共同创建的。那么，如果强者大富大贵而弱者却连生存和发展的最低权利都没有，他们怎么会感到公平而有劳动积极性？岂不是只有当弱者与强者一样享有生存和发展的最低权利时，面对强者享有较高权利，他们才可能感到公平而有劳动积极性吗？特别是，随着人类社会的进步，基本权利越来越可以归结为每个人对于一切非基本权利的竞争机会权，因而基本权利的平等与效率的正相关关系也就越来越清楚了。因为机会平等与效率的正相关关系是不言而喻的。

非基本权利，如前所述，是人们生存和发展的比较高级权利，是满足人们政治、经济、思想等方面的比较高级需要的权利。这种权利主要包括经济上的发财致富权、政治上的当官致贵权、文化上的成名成家权……总而言之，是每个人对于一切社会利益的竞争结果权。不难看出，人们享有的这些非基本权利越是趋于比例平等，人们的劳动效率便越高。因为非基本权利的比例平等，如前所述，乃是社会公平的最重要的两个原则之一。按照这个原则，人们所享有的非基本权利与自己所做出的具体贡献的比例应完全相等，也就是说，每个人因其具体贡献的不平等而应相应不平等地分有非基本权利。这样，非基本权利分配越是趋于比例平等，则人们所享有的非基本权利的不平等程度便越是与人们具体贡献的不平等程度相一致，人们所得的多少与其具体贡献的多少便越相关，人们的劳动积极性便越高，从而效率也就越高。反之亦然。

对此，亚当斯曾有精当研究。他发现，人们都是通过自己（当事人 A）的所得（outcome）与贡献（imput）的比例 O/I（A），跟他人

（参照人B）的比例O/I（B）相比较，而知道自己的所得是否公平的。当A与B进行比较时，若比例相等，即O/I（A）=O/I（B），那么，A就知道自己的所得是公平的，就会产生公平感，就会感到满意而努力劳动，从而使效率提高。反之，如果比例不平等，A低于B，即O/I（A）<O/I（B），那么，A就知道自己的所得是不公平的，就会产生不公平感，就会感到不满意而降低劳动积极性，从而使效率下降。

导致效率降低的这种所得与贡献的比例不平等，细究起来，有两种相反形式。一种是所得过于不平等，如多劳者所得过多、多于所劳；少劳者所得过少、少于所劳。另一种则是所得过于平等，如不论劳多劳少，收入一律均等。不论所得过于平等，还是过于不平等，都同样是对所得与贡献比例平等原则的背离，都同样使人们的所得的多少与其具体贡献无关，因而同样使人们的劳动积极性降低，从而也就同样导致低效率。

可见，平等原则（基本权利完全平等与非基本权利比例平等）与效率，跟公平与效率一样，具有正相关关系。而平等（或不平等）与效率的关系，则完全取决于平等（或不平等）是否符合平等原则、是否公平：如果符合平等原则因而是公平的平等（或不平等），与效率便都是正相关关系；如果违背平等原则因而是不公平的平等（或不平等），与效率便都是负相关关系。

于是，平等与效率便具有双重关系。一方面，就基本权利的完全平等、非基本权利比例平等来说，就公平的平等来说，则平等与效率具有正相关的同长同消的并存关系：越是平等便越有效率，越是不平等便越无效率。另一方面，就非基本权利的结果平等来说，就不公平的平等来说，则平等与效率具有负相关的、此长彼消的交替关系：越是平等便越无效率、要平等便无效率、要效率便无平等。

合而言之，则平等与效率便既可能一致又可能冲突——与效率冲突的平等，必是不符合平等原则的不公平的平等；与效率一致的平等，必是符合平等原则的公平的平等：效率是衡量平等是否公平的标准。因此，当平等与效率发生冲突时，如果选择平等，那就既失去了效率又失去了公平的平等，而得到的只是不公平的平等；如果选择效率，则既得到了效率又得到了公平的平等，而失去的只是不公平的平等。所以，效率对平等具有绝对的优先性。

### 5. 公平效率交替论

国内外很多学者认为，公平与效率常常是矛盾的、对立的、冲突的、交替的：有公平则无效率，不公平则有效率。于是，面对公平与效率的冲突，便有了个何者优先、如何选择的问题。这种观点，通常被叫作“公平效率交替论”。细究起来，“交替论”的错误首先在于把公平与平等等同起来。“交替论”的一本专著《公平与效率：中国走向现代化的抉择》中便这样写道：“公平在英文中有两个单词：（1）justice 词义为：正义、正当、公平、合理、公道等。（2）equality 词义为：同等、平等、均等、公平、均衡、正义、合理等。上述两个词在概念上是相似的，英国和美国尤其是这样。从历史上看，大多数学者也没有将这两个词作严格的区别。例如罗尔斯的名著《正义论》也可译为《公正论》；‘公平与效率’也可译为‘平等与效率’或‘均等与效率’。所以我在本书中，将‘公平’与‘平等’、‘均等’作为一个概念使用。”①

然而，如前所述，公平与平等根本不同。平等是外延较广的类概念，而公平则是外延较狭的种概念。平等不都是公平，但公平却都是平等：公平是一种特殊的平等，即人际利害相交换的平等。公平与效率完全一致、同长同消而成正相关变化；平等与效率则常常是矛盾的、对立的、交替的。这样，当人们把公平与平等混同起来时，自然会由平等与效率常常是交替的关系而得出结论说：公平与效率常常是交替

① 曾昭宁：《公平与效率》，石油大学出版社 1994 年版，第 67 页。

的，因而对二者便需要进行非此即彼的抉择了。

“交替论”的另一方面错误，则在于把“在此之后”等同于“因此之故”。他们论证说，人类在原始社会石器时代，无社会分工而有社会公平，却没有效率：劳动生产率每一万年提高1‰—2‰。反之，进入石器时代，实行社会分工而出现社会不公平：“就社会的大多数个体来说，他们是社会分化中的牺牲者，是社会整体或人类为获取更高效率所付出的代价。社会对他们是不公平的。”[①]但是，这种社会不公平却带来了高效率：劳动生产率每一百年提高4%。这样，公平与效率便是矛盾的、交替的了。错在哪里？

原来，如所周知，社会分工是效率提高的根本原因之一。社会分工可以分为公平的社会分工（按照德才原则进行的分工）与不公平的社会分工（违背德才原则进行的分工）。不言而喻，不公平的社会分工对效率的提高程度一定低于公平的社会分工对效率的提高程度。但是，不公平的社会分工毕竟是社会分工，它总比任何没有社会分工——尽管是公平的无社会分工——更能提高效率。这恐怕就是奴隶社会的效率高于原始社会的效率的秘密：奴隶社会不公平的社会分工比原始社会公平的无社会分工更能提高效率。

但是，假如奴隶社会的社会分工是公平的而不是不公平的，那么效率提高的程度一定会更高。因为提高奴隶社会效率的绝非分工的不公平，而是其不公平的分工。无论任何社会不公平总是降低效率的因素，而公平总是提高效率的因素。然而，任何社会效率提高的因素都是众多的，如科学技术、分工协作、社会公平等等，其中最重要的是科学技术和社会分工。奴隶社会效率的提高来源于奴隶社会的社会分工，而其社会不公平只能降低其效率。只不过其不公平对效率的降低程度远不如社会分工对效率的提高程度：二者之差仍然是效率的巨大

---

① 王锐生：《效率优先兼顾公平》，《光明日报》1993年3月8日。

提高。

这就是奴隶社会不公平的社会分工为什么能够带来巨大效率提高的缘故。因此，提高奴隶社会效率的并非社会分工的不公平，而是不公平的社会分工。交替论的错误就在于把“不公平的社会分工”与“社会分工的不公平”等同起来，因而由奴隶社会的不公平的社会分工提高了效率的正确前提而错误地得出结论，说社会分工的不公平提高了效率：不公平提高了效率。这种错误，说到底，又是由于把“在此之后”等同于“因此之故”。

效率是由各种因素提高和降低的。当不公平与提高效率的诸因素（如奴隶社会的社会分工、科学技术兴起等）共生同存，尔后出现效率提高时，交替论便以为不公平是其后出现的效率的原因。反之，当公平与降低效率的诸因素（如原始社会的没有社会分工、没有科学技术等）共同存在，尔后出现效率降低时，交替论便以为公平是其后出现的效率降低的原因。这岂不犯了把“在此之后”当作“因此之故”的错误？不管交替论者的主观动机如何，客观上却是不公平的辩护者：既然不公平常常能够 提高效率，那么，不公平岂不是历史发展的动力？是的，“如果说，不公平是‘恶’的话，那么这‘恶’正是黑格尔所说的那种‘历史发展的动力借以表现出来的形式’”[①]。这样，要获取高效率，不公平岂不是应该存在的吗？是的，“人们不应该幻想：既获取高效率，又不出现任何形式的社会不公”[②]。不公平的统治者们听了这些话会多么高兴啊！

## 四、社会正义理论

社会对于每个人权利与义务的分配究竟如何才是正义的？这不但

① 王锐生：《效率优先兼顾公平》，《光明日报》1993年3月8日。
② 王锐生：《效率优先兼顾公平》，《光明日报》1993年3月8日。

是社会正义的根本问题，而且是伦理学、政治哲学、法哲学和经济哲学最根本的跨学科难题。围绕这个难题，从柏拉图和亚里士多德到罗尔斯和诺齐克，一直争论不休。这些争论，在范伯格看来，可以归结为五种原则理论：

"这些原则是：（1）完全平等原则；（2）需要原则；（3）德才和成绩原则；（4）贡献（或应得回报）原则；（5）努力（或劳动）原则。"①

其实，这五种原则理论可以归结为"平等论或平等主义"、"需要论"、"品德论"、"才能论"和"贡献论"。因为一方面，"成绩"无疑属于贡献，所以"德才与成绩原则"实为品德原则、才能原则、贡献原则。另一方面，"努力"显然与"勤奋"、"懒惰"一样，属于"品德"范畴：努力是一种与贡献的关系最为密切的品德。所以，按努力分配便是按一种与贡献的关系最为密切的品德分配，是一种特殊的按品德分配，因而完全属于品德原则。

彼彻姆把社会正义原则理论归结为六种："（1）平等分配；（2）按照个人需要分配；（3）根据人权原则进行分配；（4）根据个人的努力进行分配；（5）根据对社会的贡献进行分配；（6）按照才能进行分配。"②这六种理论实为三种：平等论、需要论、贡献论。因为后三种都可以归结为"按照贡献分配"；而第三种则显然可以归入第一种"平等分配"：人权原则亦即人权分配的完全平等原则。

弗兰克纳则将把社会正义原则理论归结为三类："不同的思想家们已经提出的一些标准：（1）正义是根据人们的功绩或价值来对待他们；（2）正义是根据人性平等而对所有人平等分配利益和不利益；（3）正义是根据人们的需要、能力或兼顾两者来对待他们。"③一目了然，这

① Joel Feinberg, *Social Philophy*, New Jersey: Prentice-Hall, Inc., 1973, p. 109.

② Tom L. Beauchamp, *Philosophical Ethics*, New York: McGraw-Hill Book Company, 1982, p. 229.

③ William K. Frankena, *Ethics*, New Jersey: Prentice-Hall, Inc., 1973, p. 49.

三类理论实为四种：第一类是贡献论；第二类是平等主义；第三类包括需要论和才能论两种。

盛庆琜依雷斯沙尔之见，认为人们所提出的社会正义原则理论共有七种："关于公平分配有七条准则，即：平等、需求、能力、努力、贡献、社会效用以及供需关系。"[①]可是，正如盛先生所说，所谓贡献，无非是贡献价值、效用、社会效用："贡献只能用价值来表达"[②]；而价值、社会效用又是通过供求关系确定的："供需就成为决定贡献的价值的手段或方法。"[③]所以，贡献、社会效用、供需三者实际上是同一原则：贡献原则。这样，盛先生所总结的社会正义原则理论便可以归结为四种：平等论、需要论、才能论和贡献论。

于是，按照这些思想家的分类，人们所提出的社会正义原则理论便可以归结为五种：(1)品德论：按照品德分配权利；(2)才能论：按照才能分配权利；(3)需要论：按照需要分配权利；(4)平等主义：分配给每个人同等的权利；(5)贡献论：按照贡献分配权利。然而，细究起来，这种分类存在着两方面缺憾。一方面，它遗漏了一种相当重要的社会正义理论，亦即将自由与正义等同起来从而将权利分配的自由原则奉为社会正义原则的理论：自由正义论。另一方面，这种分类有重叠之处。它不懂得，才能和品德属于潜在贡献范畴：德才原则是一种潜在贡献原则，属于贡献原则范畴。因此，精确讲来，社会正义理论分为四种：贡献论（包括才能论和品德论）、需要论、自由正义论和平等主义。

### 1. 贡献论

所谓贡献论，顾名思义，就是将贡献作为权利分配依据的社会正

① 盛庆琜：《功利主义新论》，上海交通大学出版社1996年版，第401页。

② 盛庆琜：《功利主义新论》，上海交通大学出版社1996年版，第516页。

③ 盛庆琜：《功利主义新论》，上海交通大学出版社1996年版，第524页。

义理论，也就是将“按贡献分配权利”奉为社会正义原则的理论。不过，如前所述，贡献有潜在与实在之分：潜在贡献就是才能、品德等自身内在的贡献因素和运气、出身等非自身的外在贡献因素，是导致贡献的因素、原因，是尚未做出但行将做出的贡献，是可能状态的贡献；实在贡献则是德才、运气、出身诸贡献因素相结合的产物，是已经做出来的贡献，是现实状态的贡献。因此，主张按照才能分配权利的“才能论”和按照品德分配权利的“品德论”都属于“贡献论”范畴，只不过都是片面的“贡献论”而已。

贡献论的奠基者是亚里士多德，因为他通过大量论证得出结论说：“正义的分配是以应该付出恰当价值的事物授予相应收入的人。这个要旨我已经在《伦理学》中讲过了。按照这个要旨，合乎正义的职司分配（‘政治权利’）应该考虑到每一受任的人的才能或功绩（‘公民义务’）。”[①] 因此，“政治权利的分配必须以人们对于构成城邦各因素的贡献的大小为依据”[②]。亚里士多德以降，两千多年来，贡献论近乎不言而喻之公理：它不但被历代贤明的统治者奉为治理国家的金科玉律，而且为众多的自由主义和社会主义思想家所倡导。

我们对于社会正义根本问题的研究表明，按照贡献分配权利实乃社会正义的根本原则：德与才是潜在贡献，是权利分配的潜在依据；而贡献则是德与才的实在结果，是权利分配的实在依据。所以，德才原则无非是潜在的贡献原则，是社会根本正义的潜在原则；而贡献原则则是社会根本正义的实在原则。

准此观之，贡献论和德才论是真理；而才能论和品德论则是片面真理。因为品德和才能只有结合起来，才是决定贡献的必然因素、充分条件；反之，德与才若分离独立，也就与运气、出身一样，是偶然

① 亚里士多德：《政治学》，商务印书馆 1996 年版，第 136 页。
② 亚里士多德：《政治学》，商务印书馆 1996 年版，第 150 页。

导致贡献的因素和必要条件：一个人不论是有德无才还是有才无德，都同样既可能做出也可能做不出贡献。所以，如果把德与才分离开来，单独作为权利分配的依据，便可能导致不做贡献而享权利，因而也就背离了按贡献分配权利的正义原则。因此，社会正义的根本原则既不是按照才能分配权利，也不是按照品德分配权利，而是兼顾德才分配权利。

### 2. 需要论

所谓"需要论"，也就是将"按需分配"奉为社会正义根本原则的理论。这种理论的倡导者虽然灿若繁星、不胜枚举，但主要是社会主义和共产主义的思想家，如莫尔、康帕内拉、温斯坦莱、葛德文、摩莱里、马布利、欧文、卡贝、德萨米、布朗以及马克思和恩格斯。

按需分配原本是所谓空想社会主义者所确立和主张的共产主义社会权利分配的正义原则。欧文曾这样描述共产主义社会："这种社会的成员将通过简易、正常、健康和合理的工作，生产出满足其消费欲望还有余的为数极多的剩余产品。因此，可以让每个人都随便到公社的总仓库去领取他要领的任何物品。"[①] 卡贝也写道：共产主义社会"对一切人都适用同样的原则：人人都有义务按自己能力每天从事同等小时的劳动；又有权根据自己的需要从各种产品中领取平等的份额"[②]。德萨米亦如是说：在未来社会，每个人都"本着自己的能力、知识、需要和个人才能参加共同劳动，并同样按着自己的全部需要来享用社会产品"[③]。布朗则把共产主义社会的分配原则归结为一句话："尽他的能力生产，依他的需要消费。"[④]

---

① 欧文：《欧文选集》第一卷，商务印书馆1979年版，第355页。

② 卡贝：《伊加利亚旅行记》第二、三卷，商务印书馆1978年版，第380页。

③ 德萨米：《公有法典》，生活·读书·新知三联书店1958年版，第10页。

④ 哈里·雷岱尔：《社会主义思想史》，黎明书局1934年版，第352页。

所谓科学社会主义与这些空想社会主义的区别，如所周知，在于如何实现以及依靠谁来实现社会主义和共产主义，而并不在于共产主义分配原则。所以，斯大林说：在共产主义社会，“产品将按旧时法国共产主义者的原则实行分配，就是‘各尽所能，按需分配’”[①]。《哥达纲领批判》表明，马克思对于共产主义分配原则的理解与欧文、卡贝、德萨米、布朗的见地确实完全一致：

“在共产主义社会高级阶段上，在迫使人们奴隶般地服从分工的情形已经消失，从而脑力劳动和体力劳动的对立也随之消失之后；在劳动已经不仅仅是谋生的手段，而且本身成了生活的第一需要之后；在随着个人的全面发展生产力也增长起来，而集体财富的一切源泉都充分涌流之后，——只有在那个时候，才能完全超出资产阶级法权的狭隘眼界，社会才能在自己的旗帜上写上：各尽所能，按需分配！”[②]

今日西方仍然有众多的思想家，如迈克尔·沃尔泽、戴维·米勒和伯纳德·威廉姆斯等等，将按需分配当作社会正义根本原则。[③]那么，按需分配果真是社会对于每个人权利分配的正义原则吗？

按需分配是否正义，细究起来，决定于所分配的权利是不是基本权利或人权：按需分配是人权分配的正义原则，是非人权权利分配的仁爱原则。因为人权完全平等分配早已是个不争的社会正义原则；而完全平等分配人权非他，正是按照每个人的基本需要分配人权。这一方面是因为人权，如所周知，就是满足每个人基本的、最低的、起码的、必要的需要的权利；另一方面则是因为人们的需要的不平等、不一样仅仅存在于非基本领域，而基本的、最低的需要则是完全平等完全一样的：

---

① 《斯大林全集》第11卷，人民出版社1954年版，第117页。

② 《马克思恩格斯选集》第3卷，人民出版社1972年版，第12页。

③ 沃尔泽：《正义诸领域》，译林出版社2002年版，第25页；米勒：《社会正义原则》，江苏人民出版社2001年版，第28页；Robert Nozick *Anarchy, State and Utopia*, Beijing: China Social Sciences Publishing House, 1999, p. 233.

“自然需要对所有人都是一样的。”①

按基本需要分配人权，实际上也就是按需分配人权。诚然，按基本需要分配权利与按需要分配权利根本不同。但是，人权与权利不同：人权仅仅能满足人的基本需要，而不可能满足人的非基本需要。因此，按需分配人权与按基本需要分配人权便是同一概念，正如按需分配食品与按生理需要分配食品是同一概念一样。那么，为什么按需分配人权是正义的?

原来，人权，如所周知，是每个人因其是一个人所应享有的权利；更确切些说，是每个人因其是缔结人类社会的一个人、一分子、一成员、一股东所应享有的权利。这一点，马克思说得很清楚：“人权之作为人权是和公民权不同的。和公民不同的这个人究竟是什么人呢？不是别人，就是市民社会的成员。”②这岂不就是说人权分配的依据乃在于：每个人都是缔结、创建人类社会的一个成员？而缔结、创建社会恰恰是每个人所能做出的一切贡献中最重要、最基本的贡献，因为任何人的一切贡献岂不都基于社会的存在？每个人之所以不论具体贡献如何都应该按照需要完全平等享有人权，只是因为每个人一生下来便完全同样地是缔结社会的一股东，完全同样地参加了社会的缔结，完全同样地做出了缔结社会这一最基本、最重要的贡献。

可见，按需分配人权不但没有违背而且恰恰依据于按贡献分配权利的社会正义原则和等利交换的正义总原则：按需分配人权是一种特殊的按贡献分配权利原则，是任何社会的人权、基本权利的按贡献分配原则。因此，人权之按需分配，与其说属于按需分配，不如说属于按贡献分配：它的形式是按需分配，而实质则是按贡献分配。这样，人权之按需分配便完全隶属于按贡献分配而不具有独立的价值和意义。

---

① Mortimer J. Adler, *Six Great Ideas*, New York: A Touchstone Book Published by Simon & Schuster, 1997, p. 180.

② 《马克思恩格斯全集》第 1 卷，人民出版社 1956 年版，第 436 页。

具有独立意义而与按贡献分配根本不同的按需分配，乃是非人权权利和全部权利之按需分配。不言而喻，非人权权利所满足的是人们的非基本的、比较高级的需要；全部权利所满足的是人们的全部需要。所以，按需分配非人权权利和全部权利，也就是按每个人非基本需要和全部需要分配权利。然而，每个人的全部需要和非基本需要不但是不一样的，而且与每个人的贡献也往往是不一致的：贡献多者可能需要少；贡献少者却可能需要多。举例说：

张三能力较强又较勤劳，所以贡献较大；可是他的子女却较少，因而需要较少。反之，李四能力较差又较懒惰，所以贡献较小；可是他的子女却较多，因而需要较多。这样，对于全部权利或非基本权利按需分配，便可能导致贡献多者所得到的权利却较少，贡献少者所得到的权利反倒较多，因而便背离了按贡献分配的正义原则和等利交换的正义总原则。

那么，由此是否可以说按需分配非基本权利或全部权利是不正义的？不能一概而论。因为背离正义，如前所述，有两种可能。一种是恶的不等利交换，即以小利换取大利的行为。这种对正义的背离是恶的、不道德的，是不正义。另一种则是善的不等利交换，即以大利换取小利乃至无私奉献的行为。这种对正义的背离无所谓正义不正义，而是高于、超越于正义的仁爱。

准此观之，按需分配非基本权利或全部权利便绝对不是个正义原则，而或者是个不正义原则，或者是个仁爱原则——它究竟是个什么原则，取决于实行它的社会是个什么社会。如果一个社会的全体成员的基本联系是各自的利益而不是相互间的爱，那么，该社会的成员便会计较利益得失。因此，贡献较多而需要较少者也就不会把自己按照正义原则所应分有的较多权利自愿转让、馈赠给贡献较少而需要较多者。这样，如果实行按需分配便是对贡献多而需要少者的按照正义原则所应多得的权利的强行剥夺，便侵犯了贡献多需要少者的权利，因而是不正义的。所以，按需分配非基本权利或全部权利，如果实行于以利益为基础的社会，便是个不正义的原则。

反之，如果一个社会全体成员的基本联系是相互间的爱而不是各自的利益，那么，该社会的成员便都不会计较利益得失，而会心甘情愿按需分配。这样，虽然贡献多需要少者分有较少权利，而贡献少需要多者却分有较多权利，却并非不正义。因为贡献多需要少者是出于对贡献少需要多者的爱，而完全自愿按需分配，因而也就是自愿把自己按照正义原则所应多得的权利转让、馈赠给了贡献少需要多者。反之，贡献少需要多者也就只是接受而并未侵犯贡献多需要少者所转让、馈赠的权利。可见，按需分配非基本权利或全部权利，如果实行于以爱为基础的社会，便是个高于正义、超越正义而无所谓正义不正义的仁爱原则。所以，范伯格说：

"'各尽所能，按需分配'……这个著名的社会主义口号，无论如何，都不是用来表述一种分配正义的原则。它乃是旨在对抗当时囿于正义的各种思想的一种人人皆兄弟的伦理原则。因为早期社会主义者认为，从某种意义上讲，给予那些为我们的财富做出了巨大贡献的人以不成比例的较少产品份额是不正义的；但是，在新的社会主义社会中，仁爱、共有、不贪婪的精神会战胜这种斤斤计较正义的资产阶级观念，并将其置于适当的（从属的）位置。"[①]

然而，问题是，实际上是否存在以爱而不是以利益为基础的社会？存在的。不过，人类社会发展至今，如所周知，只有极小的社会单位，如家庭，是以爱为基础；而较大的社会单位皆以利益为基础。那么，未来的共产主义社会能够像莫尔设想的那样，是个以爱为基础的大家庭吗？那成千上万终生不会相见的社会成员相互间能够像现在的父母与子女、丈夫与妻子那样，其基本联系是爱而不是利益吗？肯

① Joel Feinberg, *Social Philosophy*, New Jersey: Prentice-Hall, Inc., 1973, p. 114.

定的回答显然与其说是科学预测，不如说是美好愿望。

于是更富有科学精神的按需分配论者便把共产主义社会描绘为财富极大丰富，以至谁需要什么，便可以分配给他什么，每个人的需要都可以得到充分的完全的满足。果真如此，实行按需分配自然不会侵犯、剥夺任何人的权利，因而也就不会是不正义的。但是这样的社会也是不可能存在的。因为人的需要永无充分、完全满足之日，否则社会便不可能发展了。然而，在共产主义社会，如果每个人的需要并不可能完全满足，或者广大社会成员相互间的基本联系是利益而不是爱，那么，按需分配非基本权利或全部权利，便会侵犯、剥夺需要少而贡献多者的权利，因而便是个不公平的原则了。

可见，按需分配基本权利与按需分配非基本权利或全部权利根本不同：按需分配基本权利是任何社会都应该实行的人权原则，它完全隶属于按贡献分配的正义原则，而并不具有独立意义；反之，按需分配非基本权利或全部权利则绝非正义原则：它或者是个仁爱原则（如果实行于以爱为基本联系的社会）；或者是个不正义原则（如果实行于以利益为基本联系的社会）。

真正说来，按需分配乃是全部权利的分配原则，而并不仅仅是基本权利的分配原则。这不但是因为按需分配基本权利完全隶属于按贡献分配而不是一个独立原则，更重要的是因为按需分配原则在一切需要论者——不论是空想社会主义还是马克思主义——那里，都是全部权利的分配原则。因为他们一致认为按需分配不可能实行于一切社会，而仅仅应该实行于共产主义社会。这岂不就意味着，按需分配乃是全部权利的分配原则，而并不仅仅是基本权利的分配原则？因为，如果按需分配是基本权利分配原则，显然便能够实行于一切社会；只有作为一切权利的分配原则，才不可能实行于一切社会，而只可能实行于共产主义社会。所以，就按需分配的真正含义——亦即就需要论者的按需分配的含义——来说，它便或者是个仁爱原则，或者是个不正义原则；而不可能是个正义原则。因此，将它作为社会正义原则的需要论是根本不能成立的。

### 3. 自由正义论

“自由正义”，如所周知，是哈耶克正义理论的一个基本概念。然而，似乎还没有人发现，这一概念是哈耶克、诺齐克和罗尔斯等自由主义论者的社会正义理论的根本特征。因此，我们就用“自由正义论”来称谓这些思想家所主张的社会正义理论。这种理论的典型特征，在于将自由与正义等同起来，从而将权利分配的自由原则奉为社会正义原则。它的代表人物，固然是诺齐克、罗尔斯和哈耶克；但是，它并非自由主义所特有的社会正义理论。因为，一方面，自由主义论者并不都主张这种社会正义理论；另一方面，一些非自由主义论者，如社群主义思想家迈克尔·沃尔泽（Michacl Walzer），也主张这种自由正义论。

诺齐克的自由正义论，是在他批判人类以往和现在所提出的几乎全部的社会正义原则的过程中，最终确立起来的。在他看来，这些分配正义原则统统是片面、狭隘、不正确的，因为它们统统是模式化的：“已提出的分配正义原则几乎都是模式化的：根据每个人的道德价值、或需要、或边际产品、或努力、或这些因素的总和进行分配，如此等等。”① “以为分配正义理论的任务就是在‘根据每个人的（ ）分配每个人’的模式中填空，势必倾向于寻找某种模式。”②

可是——诺齐克继续说——模式化的正义原则所规范的正义的实际所有却不是模式化的：“这种所有系列产生于：一些人收到他们的

① Robert Nozick, *Anarchy, State and Utopia*, Beijing: China Social Sciences Publishing House, 1999, p.156.

② Robert Nozick, *Anarchy, State and Utopia*, Beijing: China Social Sciences Publishing House, 1999, p.159.

边际产品，一些人赢得赌博，一些人得到一份配偶的收入，一些人从基金会得到资助，一些人收到贷款利息，一些人从崇拜者那里得到赠品，一些人投资得到回报，一些人从他们所有的东西获得很大利益，一些人发现了若干东西，如此等等，都不是模型化的。"[①] 由此，诺齐克得出结论说：任何一种模式化的正义原则都不适合、不符合正义的实际所有、正义的事实，因而都是片面、狭隘、不正确的。

这就是诺齐克批判按贡献分配权利等社会正义原则的论据：模式化。粗看起来，似乎诺齐克说得很对。真的，一些人从配偶得到收入、一些人从崇拜者那里得到赠品……这些正义的实际所有适合哪一种模式化的社会正义原则呢？贡献原则？德才原则？两个平等原则？显然都不适合：

"任何自由达到的实际所有适合某种既定模式的可能性都是很小的；而当人们进行交换和给予时，实际所有适合这种模式的可能性就将等于零。"[②]

然而，细细想来，诺齐克的批判是不能成立的：它混淆了个人正义与社会正义。因为，如前所述，个人正义是个人为行为者的正义，其根本原则是"一个人所行使的权利与所履行的义务相等"。社会正义是社会为行为者的正义，其根本原则是"社会分配给每个人的权利应该与他的贡献成正比而与他的义务相等"。

准此观之，诺齐克所说的正义事实便既有社会正义事实（投资得到回报、贷款获得利息等等），又有个人正义事实（得到配偶的收入、得到礼物、赢了一场赌博等等）。可是，他所反对的按贡献分配原则、两个平等原则等等却仅仅是社会正义原则。显然，任何社会正义原则

① Robert Nozick, *Anarchy, State and Utopia*, Beijing: China Social Sciences Publishing House, 1999, p.156.

② Robert Nozick, *Anarchy, State and Utopia*, Beijing: China Social Sciences Publishing House, 1999, p.168.

只可能适合于社会正义事实而不可能适合于个人正义事实；正如个人正义原则只可能适合于个人正义事实而不可能适合于社会正义事实一样。因此，按贡献分配等社会正义原则也就只应因其不适合于社会正义事实而被推翻；而绝不应因其不适合于个人正义事实而被推翻。所以，诺齐克不区分社会正义事实与个人正义事实，而笼统地因为按贡献分配等社会正义原则不适合一切正义事实（即不适合个人正义事实）便断言这些原则是片面、狭隘、不正确的，是不能成立的。不过，人们提出的几乎全部社会正义原则，在诺齐克看来，既然统统都是片面、狭隘、不正确的，那么，全面的、正确的社会正义原则是怎样的？诺齐克答道：

"通常的准则是如此偏执，或许，我们应该提出权利观念而与其竞争。略去获取和矫正的权利观念，我们可以说：

"每个人付出的，是他所选择的服务；每个人获得的，是他自己所创造的利益（也许有与别人契约的帮助）和别人宁愿为他做的或宁愿给他的那些以前一直给他（按这一准则）而至今尚未给完或转让的东西。

"有洞察力的读者会看到，这种权利观念作为一种口号自有其缺憾。因此，作为一个非常简单化的概括——而不是作为具有任何独立意义的准则——我们不妨说：

"每个人按其所选择的而付出，按其被选择的而获取（From each as they choose, to each as they are chosen）。"①

显然，诺齐克的这一原则无非是说，付出和获取都应该是自愿的、自由的：自由交换是社会正义的根本原则。这就是诺齐克所确证的非模式化的社会正义原则。沃尔泽也认为自由交换是社会正义原则，只

① Robert Nozick, *Anarchy, State and Utopia*, Beijing: China Social Sciences Publishing House, 1999, p. 160.

不过不像诺齐克那样将它当作唯一的社会正义原则，而是将其奉为社会正义原则之一：

"我应该置任何追求唯一分配标准的主张于不顾，因为没有一种标准可能与多样化的社会物品相称。但是，有三个标准似乎符合这个永无定论的原则的要求，并经常被论证为分配正义的起源和目的。因此，我必须对每一个标准稍做论述。它们是自由交换、应得和需要。所有这三个标准都有真正的力量，但没有一个有跨越所有分配领域的力量，它们都只是故事的一部分，而非全部。"①

不难看出，诺齐克和沃尔泽的"自由交换"，说到底，也就是所谓的经济自由。诚然，经济自由或自由交换之为社会正义原则，是一种非模式化的原则。可是，这样一种非模式化的原则还算得上社会正义原则吗？答案是否定的。因为就连沃尔泽自己也承认："自由交换将分配彻底地放到了个人手中。"② 这就是说，自由交换或经济自由的行为者是个人而不是社会：自由交换或经济自由是个人所从事的行为，而不是社会所进行的分配。这样，自由交换或经济自由便属于个人行为范畴，而不属于社会行为范畴，因而也就只可能是个人正义原则，而不可能是社会正义原则。同样倡导这一原则的哈耶克似乎看到了这一点，因而否认其为社会正义原则，而称之为"自由正义"原则。

然而，哈耶克将这一原则叫作自由正义原则也是不正确的。因为经济自由或自由交换只可能是个自由原则，而不可能是个正义原则：自由交换或经济自由未必是正义的。试想，诸如劳动换工资、自由换面包、色情换金钱、金钱换权力等等，岂不都可以是自愿的、自由的？岂不都属于自由交换范畴？然而却都不是正义的。因此，自由交换或经济自由之为一种道德原则，即使在这一原则的确立者斯密看来，也是以不违反正义为前提的：

---

① 沃尔泽：《正义诸领域》，译林出版社 2002 年版，第 25 页。

② 沃尔泽：《正义诸领域》，译林出版社 2002 年版，第 26 页。

“一切特权的或限制的制度一旦完全被废除，简单而显著的自然自由制度就会自动建立起来。每一个人，只要不违反正义的法律时，就应该容许他完全自由地用自己的方法追求自己的利益，以其勤勉和资本而与任何其他人或阶级相竞争。”①

这就是说，经济自由或自由交换未必是正义的：违反正义的经济自由或自由交换是不道德的，因而仅仅是经济自由而不是经济自由原则，亦即不是经济自由的道德原则；只有不违反正义的经济自由才可以被奉为道德原则，才可以叫作经济自由原则。但是，不违反正义的经济自由仅仅是经济自由原则，而并不是经济正义原则。因此，不但诺齐克和沃尔泽将自由交换或经济自由奉为社会正义原则是错误的，而且哈耶克称之为“自由正义”原则也是不能成立的。

细究起来，哈耶克称“自由交换”或“经济自由”为自由正义原则，说到底，乃是因为哈耶克从等同自由与正义出发，进一步将“自由的原则”与“正义的原则”等同起来。因为如所周知，“自由正义”是哈耶克正义理论的基本范畴，这个范畴的内涵可以归结为一句话：自由与正义是同一概念。诚然，这种与正义为同一概念的自由，在哈耶克那里，乃是一种特殊的自由，亦即他所谓的“法治下的自由（the conception of freedom under the law）”，也就是自由的法治原则，说到底，亦即自由的原则：自由的原则就是正义的原则，就是自由正义原则。②在这种自由正义论——亦即自由的原则就是正义的原则，不自由的原则就是不正义的原则——的基础上，哈耶克进一步推演道：任何社会正义实际上都是不可能存在的，因为所谓社会正义，说到底，都是社会分配的正义，而任何一种社会分配无疑都是对于自由交

① Adam Smith, *An Inquiry into the Nature and Causes of the Wealth of Nations*, Volume 2, Oxford: Clarendon Press, 1979, p. 687.

② Friedrich A. Hayek, *The Constitution of Liberty*, Chicago: The University of Chicago Press, 1978, p. 153.

换和经济自由的某种摧毁，因而都是不正义的：自由的原则就是正义的原则，不自由的原则就是不正义的原则。这样，任何社会正义便都因其必定摧毁自由而注定导致不正义，因而都是一种“社会正义的幻象”：“实施任何‘社会正义’幻象所导致的无所不在的对于他人权力的依赖，必定摧毁一切道德所赖以建立其上的个人决定之自由。”①可是，否定存在任何社会正义，岂不堪称“前不见古人后不见来者”之大谬？因而，按照归谬法，它的前提——“自由的原则”与“正义的原则”之等同——岂不一定是错误的？

可是，正义论大师罗尔斯也将“自由的原则”与“正义的原则”等同起来。因为在罗尔斯看来，他所提出的两个正义原则之所以是正义的，不是因为它们依据于每个人的贡献；而是因为它们是一种社会契约，人人一致同意就是它们的正义性的证明：“某些正义原则被证明，是因为它们在一种平等的原初状态中能够得到一致同意。”②这样，罗尔斯就与哈耶克一样：将自由的原则等同于正义的原则。因为自由的原则的根本特征，无疑就在于人人一致同意：自由的原则就是人人一致同意的原则。罗尔斯将自由的原则等同于正义的原则，因而由正义原则的自由性的证明是人人一致同意而得出结论说：正义原则的正义性的证明是人人一致同意。他的《正义论》的基本内容，就是对他的两个正义原则如何是处于原初状态的人们人人一致同意的原则之证明：这就是罗尔斯对于这两个正义原则正义性的契约论证明。所以，罗尔斯对于两个正义原则正义性的契约论证明，完全基于自由原则与正义原则之等同。

诚然，罗尔斯从这种自由与正义之等同的错误前提出发，却得出

① F. A. Hayek, *Law: Legislation and Liberty*, Volume 2, Beijing: China Social Sciences Publishing House, 1999, p. 99.

② John Rawls, *A Theory of Justice* (Revised Edition), Cambridge, Massachusetts: The Belknap Press of Harvard University Press, 2000, p. 19.

了正确的结论：他所确立的两个原则是社会正义原则。因为这两个原则，在罗尔斯看来，是处于原初状态的人们人人一致同意的，是自由的原则，因而也就是正义的原则。反之，哈耶克同样从等同正义的原则与自由的原则出发，却得出了一种极为荒谬的结论：社会正义是一种实际上并不存在的主观幻象。因为任何社会正义原则，在哈耶克看来，都必定因其是社会分配的原则而注定摧毁自由，注定是一种不自由的原则，因而是不正义的原则，亦即所谓"社会正义的幻象"。诺齐克从等同正义与自由出发，也同样错误地得出结论说：除了自由交换，一切社会正义原则都因其模式化而违反自由原则，因而都是片面、狭隘、不正确的。

### 4. 平等主义

所谓平等主义（egalitarian），如所周知，是一种关于社会对于每个人的利益和负担、权利与义务应该如何分配的理论；这种理论的根本特征，就是认为只有平等分配才是正义的：平等主义就是将社会对于每个人利益的平等分配原则奉为社会正义原则的理论，就是将权利的平等分配原则奉为社会正义原则的理论，说到底，就是将平等原则奉为社会正义原则的理论。平等主义恐怕是人类思想史上信奉者最为众多的流派，它的信奉者，从数量上看，恐怕只有人道主义可以与其相比：

不但一切社会主义和民主主义论者，如所周知，或多或少都是一种平等主义论者；而且一切自由主义论者也程度不同地几乎都是平等主义论者。因为正如霍布豪斯和萨皮罗所指出："争取自由的斗争依然也是争取平等的斗争。"[①] "平等是自由主义的另一条基本原则。"[②] 所以，

① 霍布豪斯：《自由主义》，商务印书馆 1996 年版，第 14 页。

② 李强：《自由主义》，中国社会科学出版社 1998 年版，第 197 页。

平等主义的代表人物多如繁星、不胜枚举，如柏拉图、亚里士多德、斯多葛派、洛克、伏尔泰、卢梭、杰斐逊、潘恩、康德、边沁、密尔、马克思、恩格斯、邦纳罗蒂、卡贝、德萨米、勒鲁、巴贝夫、布朗基、托克维尔、托尼、罗尔斯、德沃金、哈耶克、尼尔森、艾德勒、萨托利、范伯格等等。

社会主义、民主主义和自由主义都是多种多样的，具有形形色色的种类；因而它们所共同主张的平等主义的种类就更加纷纭复杂了。但是，这些不同形态的平等主义，如所周知，可以归结为两大类型：极端平等主义或绝对平等主义——亦即所谓平均主义——与相对平等主义。主张一切权利完全平等的平等主义，如所周知，便叫作平均主义、极端平等主义或绝对平均主义。这种理论的代表人物，有莫尔、闵采尔、马布利、康帕内拉、摩莱里、葛德文、狄德罗等等。但其最为典型的代表，当推巴贝夫和邦纳罗蒂以及旧福利经济学家庇古。

巴贝夫在概括他所确立的平等原则时写道："要使这个民族的各个人之间是没有任何差别的绝对的平等。"因此，福利"必须均等分配"，亦即"分配给每一个公民由其他各种物品构成的社会总产品中同等的一份"①。邦纳罗蒂也这样写道："劳动显然是每一个公民缔结社会契约的首要条件：由于每一个人到社会里来，都给社会带来同样的一份东西。因此，义务、产品和收益，就必须进行平均分配。"②庇古根据边际效用递减规律（一个人的财富越多，其边际效用越小），得出著名的"收入应该均等化"的结论：

"假如有一个富人和十个穷人。从富人拿出一镑钱，并把它给予第一个穷人，总满足量就增加了。但是富人还是比第二个穷人富。所以，再转移一镑钱给第二个穷人，就又增加了总满足量。如此转移，直到

① 《巴贝夫文选》，商务印书馆1962年版，第89页。

② 邦纳罗蒂：《为平等而密谋》上卷，商务印书馆1997年版，第70页。

原来的富人不比其他任何人富裕为止。”[①]

狄德罗则认为分配越平等越好：“纯产品越多，分配得越平等，国家就治理得越好。分配得平等的纯产品，要比数量更多但是分配得不平等的纯产品可取。”[②]中国平均主义最为著名的代表，是孔子和老子。孔子和老子的平均主义与狄德罗的观点很相似。因为孔子的平均主义可以归结为他的一句名言：“丘也闻有国有家者，不患寡而患不均。”[③]老子的平均主义名言是：“高者抑之，下者举之；有余者损之，不足者补之：天之道损有余而补不足。”[④]孔子和老子的这种思想，如所周知，后来发展为“等贵贱、均贫富”这一中国农民起义的平均主义纲领。

可见，极端平等主义、绝对平等主义或平均主义，正如彼彻姆所言，乃是一种将一切权利或利益完全平等分配奉为社会正义原则的理论：“极端平等主义认为，正是在说明社会正义而非道德的其他方面，个人之间的差别是毫无意义的。因此，社会负担和社会利益的分配只有达到完全平等的程度才是正义的；而对于分配的完全平等之任何偏离都是不正义的。”[⑤]这种平等主义显然违背社会正义根本原则——亦即按贡献分配权利原则——因而是根本错误的。所以，彼彻姆接着写道：“看来，极端平等主义令人极其难以置信，因为它完全拒斥广为接受的确信：人们某些方面的不同，使他们各自的应得也应该相应地有所不同。”[⑥]

确实，在平等主义的庞大阵营里，极端平等主义论者是极少数；而绝大多数平等主义论者都反对一切权利完全平等，而只是主张权利

① 庇古：《福利经济学的几个方面》，《美国经济评论》1951年6月号，第299页。

② 黄楠森等主编：《西方人权学说》上，四川人民出版社1993年版，第134页。

③ 《论语·季氏篇第十六》。

④ 《老子》第77章。

⑤ Tom L. Beauchamp, *Philosophical Ethics*, New York: McGraw-Hill Book Company, 1982, p. 242.

⑥ Tom L. Beauchamp, *Philosophical Ethics*, New York: McGraw-Hill Book Company, 1982, p. 243.

的相对平等，因而可以称之为“相对平等主义”：相对平等主义就是反对一切权利完全平等而将权利相对平等奉为社会正义原则的平等主义。相对平等主义所主张的最为典型的原则，正如霍布豪斯所言，是比例平等：

“从人们的差别出发，把平等作为一种调节，即以各人在某方面之差别为依据而给予相应的差别待遇。这种平等，便不是绝对数量的平等，而是比例平等。”①

这就是说，所谓比例平等，实际上是一种权利的相对平等，因而也是权利的相对不平等：这种权利不平等的比例，相对于每个人的“某方面之差别”——如贡献或需要等等——的不平等的比例，是完全平等的。举例说，张三做出一份贡献，应享有一份权利；李四做出三份贡献，便应享有三份权利。这样，就张三与李四所享有的权利的多少来说，是不平等的。但是，就张三与李四所享有的权利之比例与他们所做出的贡献之比例来说，却完全平等：这就是相对平等主义的“比例平等”原则。

然而，由此不能得出结论说，相对平等主义只主张比例平等而不主张权利完全平等。因为相对平等主义只是反对一切权利完全平等，而并不反对某种权利完全平等；相反地，正如彼彻姆所指出，主张基本权利完全平等乃是大多数这种平等主义论者的重要观点：

“大多数平等主义者对于正义的阐述是有严格限定的，比极端平等主义的正义观要谨慎得多……但他们仍然主张，对满足人的基本需要的那些必不可少的利益，应该平等分配。”②

这就是说，相对平等主义只是反对一切权利完全平等，而主张基本权利完全平等。这样一来，相对平等主义便既主张完全平等，又主

① L. T. Hobhouse, *The Elements of Social Justice*, Routledge/Thoemmes Press, 1993, p. 97.

② Tom L. Beauchamp, *Philosophical Ethics*, New York: McGraw-Hill Book Company, 1982, p. 243.

张比例平等；只不过，完全平等并不是一切权利的分配原则，而仅仅是基本权利的分配原则。完全平等是基本权利分配原则，显然意味着：比例平等不能是一切权利的分配原则，而只能是非基本权利的分配原则。所以，比较完善和全面的相对平等主义的社会正义原则可以归结为两个平等原则：基本权利完全平等和非基本权利比例平等。于是，比较完善和全面的相对平等主义，也就是将基本权利完全平等和非基本权利比例平等奉为社会正义原则的平等主义。

这种相对平等主义的创始者，是亚里士多德。因为他首次提出不同于极端平等主义的“一切权利完全平等”的权利分配的两种平等原则，而称之为“数目平等”（也就是数目完全平等，亦即所谓“完全平等”）与“比例平等”：

“平等有两种：数目上的平等与以价值或才德而定的平等。我所说的数目上的平等是指在数量或大小方面与人相同或相等；依据价值或才德的平等则指在比例上的平等。”[①]

这就是构成相对平等主义平等总原则两个侧面的完全平等原则与比例平等原则。范伯格将这一原则叫作“平等的形式原则”而概括为：“我们的形式原则（源自亚里士多德）要我们：（1）同样地（平等地）对待在有关方面相同的（平等的）人；（2）不同地（不平等地）对待在有关方面不相同的（不平等的）人，这种不平等对待与他们之间的差别性（不平等性）成比例。”[②]

这种相对平等主义的当代大师，是罗尔斯。他的名著《正义论》的主要内容，如所周知，就是对他所谓的“两个正义原则”的论证。通过这些论证，他得出结论说：

“处在最初状态中的人们将选择两个相当不同的原则：第一个原则

---

① 《亚里士多德全集》第九卷，中国人民大学出版社 1994 年版，第 163 页。

② Joel Feinberg, *Social Philosophy*, New Jersey: Prentice-Hall, Inc., 1973, p. 100.

要求平等地分配基本的权利和义务；相反地，第二个原则主张社会和经济的不平等，如财富和权力的不平等，只要其结果能给每个人——特别是那些最少受益的社会成员——带来补偿利益，它们就是正义的。”①

这就是罗尔斯的两个正义原则。显然，这两个正义原则就是源于亚里士多德的两个平等原则：基本权利完全平等和非基本权利比例平等。

那么，这种相对平等主义是真理吗？绝对的、极端的平等主义是谬误当然意味着：相对平等主义是真理。但是，并非一切种类的相对平等主义都是真理。因为诚如萨托利所言，以权利分配的相关项或相关性质为依据，相对平等主义的完全平等与比例平等原则可以分为若干不同类型：

“平等原则：(1)同样地对待所有的人，亦即分配给所有的人平等的份额（利益或负担）；(2)同样地对待同样的人，亦即分配给平等的人平等的份额（利益或负担）、不平等的人不平等的份额。这一原则分为4个广为人知的具体准则：a. 成比例的平等，亦即按照现存不平等的比例分配份额；b. 按照相关的差别分配不平等的份额；c. 按照每个人的应得（功绩或能力）分配份额；d. 按照每个人的需要（基本的或其他的）分配份额。……列在原则2项下的多数原则，一般说来，可以叫作‘比例平等’原则。”②

更确切些说，以权利分配的相关项或相关性质为依据，一切相对平等主义可以分为这样四种类型：需要论的平等主义、人性论的平等主义、自由正义论的平等主义和贡献论的平等主义。

① John Rawls, *A Theory of Justice* (Revised Edition), Cambridge, Massachusetts: The Belknap Press of Harvard University Press, 2000, p. 13.

② Giovanni Sartori, *The Theory Democracy Revisited*, Chartham, New Jersey: Chatham House Publisher, Inc., 1987, p. 348.

所谓需要论的平等主义，显然是需要论与平等主义的结合，也就是将每个人的需要作为权利分配依据的平等主义，也就是主张按需分配的平等主义，也就是将按照需要分配权利的事实平等（或真正平等）原则奉为社会正义原则的平等主义。这种平等主义为主张按需分配的社会正义理论所倡导，因而主要为社会主义和共产主义思想家所倡导。对于这种平等主义，卡贝的表述最为精辟：

“这种平等是不是彻底的和绝对的，比方说，每一个人都应该得到同样数量的食物？不，我所说的平等是以每一个人的需要为依据的相对平等。因此，凡是需要吃比别人加倍的食物才能饱肚的人，便有权领取比其他人多一倍的食物。”①

可是，每个人的需要是不同的，如果按需分配权利，岂不意味着每个人的权利是不平等的吗？岂不是不平等主义吗？否。因为在需要论的平等主义论者看来，只有每个人的需要同等地、平等地得到满足，才是真正的平等或事实平等。每个人的需要不同，如果同等地、平等地分配权利，那么，需要较多的人所得到的满足就会较少，而需要少的人所得到的满足就会较多，因而事实上是不平等的。欲使每个人的需要同等得到满足，从而达到事实上的、真正的平等，就应该按照每个人的不同需要分配给每个人以不平等的权利。这就是按照需要分配权利的事实平等或真正平等原则，这就是需要论平等主义的事实平等或真正平等原则。对于这个原则，马克思讲得最为清楚：

“一个劳动者已经结婚，另一个则没有；一个劳动者的子女较多，另一个的子女较少，如此等等。在劳动成果相同、从而由社会消费品中分得的份额相同的条件下，某一个人事实上所得到的比另一个人多些，也就比另一个人富些，如此等等。要避免所有这些弊病，权利就不应该是平等的，而应该是不平等的。”②

---

① 卡贝：《伊加利亚旅行记》第二、三卷，商务印书馆 1997 年版，第 374 页。

② 《马克思恩格斯选集》第 3 卷，人民出版社 1973 年版，第 12 页。

需要论的平等主义是真理吗？作为一种仁爱理论，它无疑是真理；但作为一种正义理论，它却是谬论。因为它所倡导的按需分配的事实平等或真正平等原则，绝对不是个正义原则，而或者是个不正义原则，或者是个仁爱原则：它究竟是个什么原则，取决于实行它的社会是个什么社会。如果一个社会——比如家庭——全体成员的基本联系是相互间的爱而不是各自的利益，那么，该社会的成员便都不会计较利益得失，而会心甘情愿按需分配。这样，虽然贡献多需要少者分有较少权利，而贡献少需要多者却分有较多权利，却并非不正义。因为贡献多需要少者是出于对贡献少需要多者的爱，而完全自愿按需分配，因而也就是自愿把自己按照正义原则所应多得的权利转让、馈赠给了贡献少需要多者。反之，贡献少需要多者也就只是接受而并未侵犯贡献多需要少者所转让、馈赠的权利。因此，按需分配的事实平等或真正平等原则，如果实行于以爱为基础的社会，便是个高于正义、超越正义而无所谓正义不正义的仁爱原则。

反之，如果一个社会——比如国家——的全体成员的基本联系是各自的利益而不是相互间的爱，那么，该社会的成员便会计较利益得失。因此，贡献较多而需要较少者也就不会把自己按照正义原则所应分有的较多权利自愿转让、馈赠给贡献较少而需要较多者。这样，如果实行按需分配的事实平等原则，便是对贡献多而需要少者的按照正义原则所应多得的权利的强行剥夺，便侵犯了贡献多需要少者的权利，因而是不正义的。所以，按需分配权利的事实平等原则，如果实行于以利益为基础的社会，便是个不正义的原则。可见，按需分配权利的事实平等原则，或者是个不正义原则，或者是个仁爱原则，而绝对不可能是个正义原则；因而将其作为社会正义原则的需要论平等主义是根本错误的。

所谓人性论的平等主义，也就是将每个人的人性作为权利分配依据的平等主义，也就是将人人完全相同的人性作为权利分配的依据的平等主义，也就是将人人完全相同的人性作为人人权利平等分配的依据的平等主义，说到底，也就是根据人性平等而将权利平等奉为社会正义原则的平等主义。这种平等主义，如所周知，是17世纪以来西方社会的主流意识形态之一；它被杰斐逊在其《独立宣言》中概括为一句名言："人人生而平等，他们都从他们的'造物主'那边被赋予了某些不可转让的权利，其中包括生命权、自由权和追求幸福的权利。"所谓"人人生而平等"，正如艾米·格特曼所言，是指每个人作为人是平等的：

"关于'人生而平等'的主张似乎说明了一个有关人的条件的事实，这种主张所指的事实是什么呢？当然它不是指可测量的如体重、身高方面的平等，也不是指社会意义上的但却难以测量的平等：如相同的体力、智力或道德能力。至少我们可以认为人是不可能在这些方面相同的。所有人都是平等的，因为他们是人而不是植物或低等动物。"①

因此，《独立宣言》的这段名言说的就是：每个人作为人，应该平等享有某些权利：平等的人性是权利平等分配原则的根据。对于这个道理，人性论平等主义论者艾德勒曾有十分透僻的阐述："我们享有平等权利的最终根据是人性。……我们的人性怎么能证明我们应该享有平等的权利呢？答案是：作为人，我们是平等的……就是说，所有人都具有相同的物种特性。"②

今日看来，这种平等主义显然是不能成立的。因为照此说来，一个人，只要还活着，只要还是人，他便应该与其他人同等享有权利。这样，一个人不管做了多大坏事，不论他给社会和他人造成多大损害，他的权利也不应该被剥夺，他也应该与好人平等享有权利。因为他再

---

① 米勒等编：《布莱克维尔政治学百科全书》，中国政法大学出版社1992年版，第230页。

② Mortimer J. Adler, *Six Great Ideas*, New York: A Touchstone Book Published by Simon & Schuster, 1997, p.164.

坏，也与最好的人一样地是人，一样地具有那普遍的完全相同的人性。可是，面对现实，这些人性论平等主义论者又不得不承认：并非一切人都应享有权利。他们说，每个人一生下来便应该与他人平等享有权利。但是，如果他做坏事而侵犯了他人的权利，那么他的权利便应该被剥夺，他便不应该与他人平等享有权利了。一个杀人犯，夺去了他人性命，他自己的生命权也就应该被剥夺了。

所以法国《人权宣言》说："每个人行使天赋的权利以必须让他人自由行使同样的权利为限。"这是非常正确的。可是这样一来，人性论平等主义论者便自相矛盾了：既说凡是人都应该权利平等，又说坏人不应该享有权利。然而，坏人再坏，不也是坏人，不也与好人共有同样的人性，不也同样是这些人性论平等主义论者视为权利依据的人吗？

所谓自由正义论的平等主义，无非是自由正义论与平等主义的结合，也就是将自由作为权利分配正义性的依据的平等主义，换言之，也就是将人人一致同意作为权利分配正义性的依据的平等主义，说到底，也就是将人人一致同意作为权利平等原则正义性的依据的平等主义。罗尔斯是这种平等主义的代表。因为在他看来，两个平等原则正义性的依据，是人人一致同意，是都被无知之幕遮掩而不知道自己的地位和能力的原初状态中的人人一致同意：

"我们可以断言，某些正义原则的正义性之所以得到证明，就是因为这些原则将在一种平等的原初状态中被一致同意。"①

那么，原初状态中的人们将一致同意选择怎样的正义原则？罗尔斯《正义论》的主要内容，如所周知，就是对于这一点的证明。通过这些证明，他得出结论说，原初状态中的人们将一致同意选择两个平等原则：

---

① John Rawls, *A Theory of Justice* (Revised Edition), Cambridge, Massachusetts: The Belknap Press of Harvard University Press, 2000, p. 19.

“处在最初状态中的人们将选择两个相当不同的原则：第一个原则要求平等地分配基本的权利和义务；相反地，第二个原则主张社会和经济的不平等，如财富和权力的不平等，只要其结果能给每个人——特别是那些最少受益的社会成员——带来补偿利益，它们就是正义的。”①

这种将人人一致同意作为权利平等原则正义性依据的平等主义，是错误的：它将自由的原则等同于正义的原则。因为自由的原则的根本特征，如前所述，就在于人人一致同意：自由的原则就是人人一致同意的原则。罗尔斯将自由的原则等同于正义的原则，因而由两个平等原则的自由性的依据是人人一致同意而得出错误的结论：这两个平等原则的正义性的依据是人人一致同意。因此，罗尔斯的平等主义，就其证明方法来说，是一种错误的社会正义理论，是一种将自由的原则与正义的原则等同起来的“自由正义论”谬误。但是，罗尔斯从自由正义论错误前提出发，却得出正确的平等主义结论：两个平等原则（基本权利完全平等和非基本权利比例平等）是两个正义原则。

所谓贡献论的平等主义，顾名思义，是贡献论与平等主义的结合，也就是将每个人的贡献作为权利分配依据的平等主义，也就是主张按贡献分配权利的平等主义，说到底，也就是将按照贡献分配权利的平等原则奉为社会正义原则的平等主义。这种平等主义颇为复杂，大概讲来，可以分为两种类型：典型的贡献论平等主义和完善的贡献论平等主义。典型的贡献论平等主义所主张的平等原则，就是按贡献分配权利或按劳分配的比例平等。按照这种原则，多贡献多得、少贡献少得，多劳多得、少劳少得；从而使每个人所享有的权利与其所付出的贡献的比例完全平等。

这种平等主义不但为众多的自由主义和社会主义思想家所倡导，

① John Rawls, *A Theory of Justice* (Revised Edition), Cambridge, Massachusetts: The Belknap Press of Harvard University Press, 2000, p. 13.

而且近乎不言而喻之公理。确实，它是真理，因为它符合“按照贡献分配权利”的社会正义根本原则。然而，它是片面的、不完善的；因为它抹煞了按贡献分配权利的完全平等原则：只有既主张按贡献分配权利的完全平等原则又主张按贡献分配权利的比例平等原则的贡献论平等主义，才是全面的真理。这种平等主义就是全面的、完善的贡献论平等主义，因为它既主张比例平等又主张完全平等：基本权利完全平等、非基本权利比例平等。

这种平等主义在亚里士多德那里已略见端倪。因为亚里士多德不但主张“权利的分配必须以人们对于构成城邦各因素的贡献的大小为依据”[①]的贡献论，而且确立了两种平等原则：数目上的平等（亦即完全平等）与比例平等。但是，如何在贡献论的基础上确证这两种平等原则，特别是证明每个人的基本权利——亦即所谓人权——完全平等如何依据于每个人的贡献，是两千年来人类一直未能解决的难题，也是 17 世纪以来一直令人权思想家困惑的难题。四百年来，西方主流思想家对于这个难题的解答，如所周知，陷入人性论的平等主义之谬误。因为在他们看来，每个人的基本权利、人权之所以应该完全平等，是因为每个人的人性完全平等。这就是近代以来西方主流意识形态的平等主义，是一种贡献论与人性论相结合的完善的、全面的平等主义：它由基于贡献论的比例平等与基于人性论的完全平等构成。

艾德勒是这种平等主义的代表。首先，他所主张的是一种全面的、完善的平等主义，因为他提出了两个平等原则（亦即基本权利完全平等和非基本权利比例平等）：“第一原则主张每人每家都应该享有自然权利所赋予的最低限度的财富；反之，第二原则主张贡献较大者应该获得较多的财富。”[②]

---

① 亚里士多德：《政治学》，商务印书馆 1996 年版，第 150 页。

② Mortimer J. Adler, *Six Great Ideas*, New York: A Touchstone Book Published by Simon & Schuster, 1997, p. 179.

其次，他所主张的是一种贡献论的平等主义，因为他指出非基本权利比例平等的依据是贡献："贡献不平等的人，应该获得与他们贡献的不平等相当的不平等的收入。但是，这个正义原则必须从属于根据每个人最低需要进行平均分配的正义原则。"①

最后，他所主张的又是一种人性论的平等主义，因为这种"按每个人最低限度需要进行平均分配"的依据——亦即基本权利完全平等分配的依据——在艾德勒看来，不是贡献，而是人性："我们所享有的平等权利的最终根据是人性。"②

总而言之，艾德勒的平等主义是一种基于贡献论的比例平等与基于人性论的完全平等之结合，是贡献论与人性论相结合的完善的平等主义。这种平等主义无疑对错参半：就其贡献论的因素来说，亦即就其比例平等的贡献论依据来说，是真理；就其人性论的因素来看，亦即就其完全平等的人性论依据来看，是谬误。

可见，克服这种平等主义谬误从而达到贡献论的全面的平等主义之真理的关键在于：确证每个人的基本权利——亦即所谓人权——完全平等的依据是每个人的贡献。根据我们在前面对于这个问题的研究可知，每个人都应该完全平等地享有基本权利的依据乃在于：每个人都是缔结、创建社会的一个成员。因为人是社会动物，脱离社会，人便无法生存。所以，每个人的一切利益，说到底，便都是社会给予的：社会对于每个人具有最高效用、最大价值。而社会又不过是每个人的结合，不过是每个人所结成的大集体。因此，每个人不论如何，只要他生活在社会中，便为他人做了一大贡献：缔结、创建社会。任何人的其他一切贡献皆基于此！因为若没有社会，任何人连生存都无

① Mortimer J. Adler, *Six Great Ideas*, New York: A Touchstone Book Published by Simon & Schuster, 1997, p.180.

② Mortimer J. Adler, *Six Great Ideas*, New York: A Touchstone Book Published by Simon & Schuster, 1997, p.164.

法维持，又谈何贡献？所以，缔结社会在每个人所做出的一切贡献中乃是最基本、最重要的贡献。于是，我们可以得出结论说：

一方面，每个人因其最基本的贡献完全平等——每个人一生下来便都同样是缔结、创建社会的一个股东——而应该完全平等地享有基本权利、完全平等地享有人权，这是平等主义的完全平等原则，亦即所谓人权原则；另一方面，每个人因其具体贡献的不平等而应享有相应不平等的非基本权利，也就是说，每个人所享有的非基本权利的不平等，与自己所做出的具体贡献的不平等的比例应该完全平等，这是平等主义的比例平等原则，是非人权权利分配原则。这就是贡献论的全面的、完善的平等主义，这就是平等主义之真理。

然而，平等主义的类型是否可以归结为绝对平等主义与相对平等主义以及需要论的平等主义、人性论的平等主义、自由正义论的平等主义和贡献论的平等主义？是的。不过，如上所述，这些平等主义都是围绕平等总原则——一切权利完全平等原则、基本权利完全平等原则和非基本权利比例平等原则——而形成的。那么，围绕平等具体原则，如机会平等原则和结果平等原则（包括政治平等原则和经济平等原则），难道就没有形成各种更为具体的平等主义类型？诚然，围绕这些具体的平等原则，平等主义思想家们也一直争论不休：有人否定结果平等而主张机会平等，有人则强调结果平等而忽略机会平等；有人强调政治平等，有人则强调经济平等。但是，这些争论还构不成某种独立的平等主义类型。因为这些争论所赞成和反对的平等原则，都隶属于绝对平等主义与相对平等主义（以及需要论的平等主义、人性论的平等主义、自由正义论的平等主义和贡献论的平等主义）所争论的平等总原则，因而都可以从其中推导出来。所以，只要解决了平等总原则，这些争论不休的平等具体原则便迎刃而解。举例说：

如果证明了平等总原则确如相对平等主义的主张——基本权利完全平等和非基本权利比例平等——是真理，那么，结果平等、经济平等和政治平等诸具体的平等原则也就迎刃而解：基本的政治、经济、结果方面的权利应该完全平等，而非基本的政治、经济、结果方面的权利应该比例平等。这样一来，围绕这些平等具体原则的争论也就迎刃而解，因而构不成独立的平等主义类型。这种从平等总原则推导机会平等和结果平等以及政治平等和经济平等诸原则的过程，我们在前面研究这些平等原则的章节中已经完成了。这种推导过程表明，机会平等与结果平等以及政治平等与经济平等并非相互冲突、不可两全，而是相反相成、相符一致的；因而围绕这些平等具体原则的争论便都是强调某一原则而抹煞其他原则的片面真理。

综上所述，平等主义可以归结为绝对平等主义与相对平等主义两大类型：前者主张一切权利完全平等，是谬误；后者主张基本权利完全平等和非基本权利比例平等，是真理。但是，以权利分配的相关项为依据，相对平等主义又分为四种：需要论的平等主义、人性论的平等主义、自由正义论的平等主义和贡献论的平等主义。需要论的平等主义是将按照需要分配权利的事实平等原则奉为社会正义原则的平等主义：它作为一种仁爱理论，是真理；但作为一种正义理论，却是谬论。人性论的平等主义是根据人性平等而将权利平等奉为社会正义原则的平等主义：它是谬论，因为照此说来，一个人不论多么坏，都应该与好人平等享有权利。自由正义论的平等主义是将人人一致同意作为权利平等原则正义性的依据的平等主义：它也是错误的，因为它将自由的原则等同于正义的原则。贡献论的平等主义是将按照贡献分配权利的平等原则奉为社会正义原则的平等主义：只有它堪称社会正义理论之真理，因为只有它才符合“等利交换”的正义总原则。总而言之，只有依据和从属于贡献原则的平等原则——基本权利完全平等、非基本权利比例平等、机会平等、结果平等、政治平等和经济平等诸原则——才是正确的社会正义原则，而背离贡献原则的平等原则都是错误的社会正义原则；只有贡献论的平等主义才是社会正义理论之真理，而背离贡献论的平等主义都是社会正义理论之谬误。

综观社会正义理论——贡献论、需要论、自由正义论和平等主义——可知，一方面，凡是背离贡献原则的，都不是正确的社会正义原则；只有贡献原则和从属于它的平等总原则（基本权利完全平等、非基本权利比例平等）与平等具体原则（经济平等、政治平等和机会平等）才是正确的社会正义原则：贡献原则是社会正义总原则；平等总原则是贡献原则在基本权利与非基本权利分配上的推演，平等具体原则是平等总原则在机会、政治和经济领域的推演；因而皆属于社会正义分原则范畴。

另一方面，只有贡献论才是社会正义理论之真理，而其他社会正义理论皆为谬误。但这些错误的社会正义理论，没有一种是完全错误的。因为不论哪一种，不论如何错误，毕竟都确立了某种正确的社会正义原则。只不过，这些正确原则或者无不属于贡献原则，或者无不可以从贡献原则推导出来：

首先，平等主义所主张的正确的社会正义原则最多，如基本权利完全平等与非基本权利比例平等以及机会平等和结果平等（政治平等和经济平等）诸原则。这些原则在平等主义论者那里虽然并非皆由贡献原则推导出来，却都能够从贡献原则推导出来，因而都可以属于贡献原则范畴。其次，需要论所主张的正确社会正义原则最少，只有一条，亦即按基本需要分配人权原则：这一条原则实际上乃是按照每个人同样缔结社会的贡献分配人权，因而属于贡献原则范畴。最后，自由正义论所主张的正确的社会正义原则是两个平等原则——基本权利完全平等与非基本权利比例平等——因而也可以属于贡献原则范畴。所以，贡献论囊括了全部正确的社会正义原则，因而堪称社会正义理论之全面真理。

# 第三篇

# 人道：国家制度与国家治理最高价值标准

# 第七章
# 人道与人道主义

**本章提要** 所谓人道，作为人道主义道德原则，有广义与狭义之分。就其广义来说，人道是视人为最高价值而善待一切人、爱一切人、把任何人都当人看待的行为，就是"把人当人看"的行为："把人当人看"是衡量一切行为是否人道的广义的浅层的初级的总原则。就其狭义来说，人道是视人的创造性潜能的实现为最高价值而使人实现自己的创造性潜能的行为，就是"使人成为人"的行为："使人成为人"是衡量一切行为是否人道的狭义的深层的高级的总原则。

人道固然是一种应该如何待人的道德原则；但就其实质来说，乃是统治者应该如何善待被统治者的最高道德原则，是统治者应该如何治理国家的最高价值标准，说到底，是国家治理和国家制度好坏的最高价值标准。相应地，人道主义固然是一种道德原则理论；但就其实质来说，乃是一种理想的国家制度理论，是一种关于人道的国家制度理论，说到底，是一种将人道奉为国家制度与国家治理好坏最高价值标准的理想国家理论。

何谓人道?《左传》云："天道远，人道迩。"[①]《易经》云："'易'之为书也，广大悉备，有天道焉，有人道焉，有地道焉。"[②]"天道亏盈而益谦，地道变盈而流谦，鬼神害盈而福谦，人道恶盈而好谦。"[③]《礼

① 《左传·昭公十八年》。

② 《系辞下传·第十章》。

③ 《周易上经·谦》。

记》云："亲亲、尊尊、长长，男女之有别，人道之大者也。"[①]照此看来，所谓人道，也就是人之道，是人所当行之道，是人的一切行为规范总和，因而包括三纲五常、忠孝节义、仁礼智信、杀人偿命、借债还钱等等一切道德和法律规范。所以，司马迁云："人道经纬万端，规矩无所不贯，诱进以仁义，束缚以刑罚，故德厚者位尊，禄重者宠荣，所以总一海内而整万民也。"[②]

可见，我国古代的人道概念，外延十分宽泛而混合道德与法于一体。这种笼统含糊的概念，显然不适合分门别类的科学研究，不具有科学价值；因而随着科学的发展，逐渐分化为法与道德，并被二者取代而逐出科学王国。

今日中文的"人道"概念，如所周知，外延已演进得相当狭窄——它仅仅是"人道主义"概念中的"人道"，因而仅仅是一种道德原则，亦即人道主义道德原则："人道"与"人道主义道德原则"是同一概念。这样，一方面，今日中文的人道概念便适合于分门别类的科学研究，从而具有了科学价值：它已是伦理学的基本范畴；另一方面，这种人道概念与西文的人道概念是一致的。因为西文的人道（humanity）概念，并不具有"人之道"的含义，不具有法律的含义；而与人道主义（humanism）概念一样，只具有道德含义，只是一种有关某种道德原则的概念。不过，这样一来，人道概念便变得十分具体复杂了：要界定"人道"，首先必须界定歧义丛生、众说纷纭的"人道主义"。

## 一、人道主义：将人当作最高价值的国家制度和思想体系

### 1. 人道主义：概念分析

人道主义的思想渊源，正如阿森纳斯·若日所言，可以追溯到

① 《礼记·丧服小记》。
② 《史记·卷二十三·礼书第一》。

古代希腊罗马："人道主义者受到古代思想和艺术的鼓舞激励，因为后者本身就是人道主义的一种表现形式和一个历史阶段……由赫拉克利特、德谟克利特、亚里士多德、伊壁鸠鲁、菲狄亚斯、欧里庇得斯等大师所代表的希腊进步思想和艺术就是人道主义的一个光辉的阶段。"①

但是，作为一种系统的理论，人道主义无疑形成于文艺复兴运动而为其主导思想。就这种人道主义产生和发展的历史过程来看，如所周知，分为三大阶段。第一阶段，是14世纪至16世纪文艺复兴运动的人道主义，其代表人物，当推但丁、伐拉、皮科、庞波那齐、斐微斯、爱拉斯谟、路德、托马斯·莫尔、蒙台涅、布鲁诺。

第二阶段，是17世纪至18世纪启蒙时期的人道主义，其代表人物，主要是培根、笛卡尔、格老秀斯、帕斯卡、斯宾诺莎、洛克、沙甫慈伯利、孟德斯鸠、伏尔泰、卢梭、狄德罗、爱尔维修、霍尔巴赫、梅叶、摩莱里、马布里、斯密、边沁、葛德文。

第三阶段，是19世纪至20世纪的人道主义，其代表有空想社会主义者圣西门、傅立叶、欧文；有德国启蒙思想家和古典哲学家赫尔德、康德、费尔巴哈；有俄国革命民主主义者赫尔岑、车尔尼雪夫斯基；以及其他多如繁星的自由主义论者和社会主义论者：一切自由主义论者当然都是人道主义论者，而社会主义论者几乎也都是人道主义论者。

可见，人道主义恐怕是人类思想史上最为庞大的流派：历代大思想家差不多都可以算作人道主义论者。那么，究竟何谓人道主义？人道主义的系统理论虽然诞生于14世纪兴起的文艺复兴运动，但那时并没有人道主义一词，而只有humanitas：该词是拉丁文，本意指人的世俗教育。Humanitas源于humanus（人的、人性的、人道的、文明的），

---

① 沈恒炎、燕宏远主编：《国外学者论人和人道主义》第三辑，社会科学文献出版社1991年版，第745页。

大约在19世纪初，才演化为人道主义一词：Humanismus（德文）和humanism（英文）。

因此，人道主义一词迟至19世纪才出现。这样，人道主义的含义，就其词源来说，就是人文主义，就是人文教育、世俗教育制度及其思想体系，就是通过复兴古典的人文科学教育而最大限度地发展人的精神才智的社会制度和思想体系。因此，人道主义与人文主义的词源含义是完全相同的。这就是为什么，humanism既可以译为人道主义，也可以译为人文主义。但是，人道主义的定义与其词源含义并不完全相同：人道主义与人文主义并非同一概念。就定义来说，人道主义并不完全像其词源那样，意指复兴古典人文教育制度和思想体系；而是指复兴古典人文教育的那种新精神、新态度和新信念，亦即将人当作最高价值的国家制度和思想体系。

人道主义，就其定义来说，首先是指这样一种国家制度和思想体系，这种国家制度和思想体系的根本观点，是将人本身当作最高的价值或尊严。对于这个道理，文艺复兴时期的人道主义思想家论述颇丰。但丁说："人的高贵，就其许许多多的成果而言，超过了天使的高贵。"① 皮科说："我感到自己终于领悟了人为什么是生灵当中最幸福的，从而是值得一切赞赏的，并且领悟了人在存在的普遍链条中占据着恰恰什么样的地位——不仅畜生忌妒，甚至世界之上的星辰与精神亦都忌妒的地位。"② 庞波那齐说："人是万物中的上选。"③"人是一伟大的奇迹，因为他是整个的世界，并且能变成每一种自然状态，因为他

① 北京大学西语系编：《从文艺复兴到十九世纪资产阶级文学家艺术家有关人道主义人性论言论选辑》，商务印书馆1973年版，第3页。

② 周辅成编：《从文艺复兴到十九世纪资产阶级哲学家政治思想家有关人道主义人性论言论选辑》，商务印书馆1973年版，第32页。

③ 周辅成编：《从文艺复兴到十九世纪资产阶级哲学家政治思想家有关人道主义人性论言论选辑》，商务印书馆1973年版，第55页。

已被赋予追随无论任何为他所喜好的东西之性质的能力。”[①] 斐微斯说：“人这个演员最值得赞美。”[②] 莎士比亚说：“人是多么了不起的一件作品！理性是多么高贵，力量是多么无穷！仪表和举止是多么端庄、多么出色！论行动，多么像天使！论了解，多么像天神！宇宙的精华，万物的灵长！”[③]

因此，英国《新大英百科全书》写道：人道主义是“一种把人和人的价值置于首位的概念”。德国《百科全书》也写道：“人道主义一般指追求人道和合乎人的尊严的生存方式的一种努力。”苏联《百科全书》也认为：人道主义的“特征是捍卫个人尊严及其自由和全面发展，捍卫人道的社会关系”。布耶娃说：“人是最高的价值和宝贵的社会财富。无论过去还是现在，这条原则对于以人道主义为取向的哲学来说，都是经久不衰的原则。”[④] 彼特罗相说：“人道主义是一种这样的学说，它研究作为最高价值的人，研究全体社会成员因而每个人获得充分的物质福利、自由、社会平等和全面发展的途径。”[⑤] 沙夫说：“所谓人道主义，我们主要指的是以人作为思考对象的体系，这个体系认为人是最可宝贵的财产，它力图保障人在实践中享有幸福的最美满的条件。”[⑥] 我国学者也认为：“人道主义本质上是一种价值观念，它的基本原则是‘人的价值是第一位的’。”[⑦]

可是，人道主义这种认为人本身是最高价值的观点能成立吗？答

---

① 周辅成编：《从文艺复兴到十九世纪资产阶级哲学家政治思想家有关人道主义人性论言论选辑》，商务印书馆 1973 年版，第 61 页。

② 周辅成编：《从文艺复兴到十九世纪资产阶级哲学家政治思想家有关人道主义人性论言论选辑》，商务印书馆 1973 年版，第 65 页。

③ 北京大学西语系编：《从文艺复兴到十九世纪资产阶级文学家艺术家有关人道主义人性论言论选辑》，商务印书馆 1973 年版，第 58 页。

④ 《哲学译丛》1991 年第 6 期，第 20 页。

⑤ 沈恒炎、燕宏远主编：《国外学者论人和人道主义》第二辑，社会科学文献出版社 1991 年版，第 311 页。

⑥ 罗国杰主编：《人道主义思想论库》，华夏出版社 1993 年版，第 245、1306 页。

⑦ 罗国杰主编：《人道主义思想论库》，华夏出版社 1993 年版，第 245、1306 页。

案是肯定的。但是，人本身之为最高价值并不是绝对的，而是相对的。因为不言而喻，只有相对于人来说，人才具有最高价值；而相对于非人类存在物——如狼豺虎豹——来说，人不但可能不具有最高价值，而且可能具有负价值：人类可能是狼豺虎豹的死敌。那么，为什么相对于人来说，人具有最高价值？这可以从两方面来看：

一方面，正如霍尔巴赫和斯宾诺莎诸多先哲所言，对于人来说，人之所以是最高价值，乃是因为人最需要的东西就是人，因而人对于人具有最高效用、最高价值："在所有的东西中间，人最需要的东西乃是人。"[①] 人最需要的东西之所以是人，则是因为——正如艾德勒等无数先哲所论——每个人的一切利益，都是人类社会给予的：人类社会对于每个人具有最高效用、最高价值。人类社会又不过是每个人之和。所以，人类社会是每个人的最高价值，归根结底，便意味着，每个人对于每个人具有最高价值：人对于人具有最高价值。

另一方面，对于人来说，人之所以是最高价值，则是因为人本身或每个人是社会的目的；而社会则不过是为每个人服务的手段而已。这一真理的最为系统而深刻的阐述，当推康德那"人本身就是目的"的著名理论："人，实则一切有理性者，所以存在，是由于自身是个目的，并不是只供这个或那个意志任意利用的工具；因此，无论人的行为是对自己的或是对其他有理性者的，在他的一切行为上，总要把人认为是目的。"[②] 人是社会的目的，因而也就是社会好坏的价值尺度，是评价社会一切事物的价值标准而超越于社会一切事物的价值之上：人是最高的价值或尊严。因为正如康德所言："一个有价值的东西能被其他东西所代替，这是等价；与此相反，超越于一切价值之上，没有等价物可代替，才是尊严。"[③]

---

① 周辅成编：《西方伦理学名著选辑》下卷，商务印书馆1987年版，第89页。

② 罗国杰主编：《人道主义思想论库》，华夏出版社1993年版，第449页。

③ 康德：《道德形而上学原理》，上海人民出版社1986年版，第87页。

既然人是最高价值，那么，不言而喻，对于任何人，不管他多么坏，对他的坏、他给予社会和他人的损害，固然应予相应的惩罚，应把他当作坏人看；但首先应因其是人、是最高价值而爱他、善待他、把他当人看：这是待人的最高道德原则。这个道理，费尔巴哈说得很清楚："如果人的本质就是人所以认为的至高本质，那么，在实践上，最高的和首要的基则，也必须是人对人的爱。"[①] 所以，人们大都将"博爱"或"把人当人看"与"人是最高价值"并列，作为人道主义根本特征，来界说人道主义：

"用一句话来简单地说，人道主义就是主张要把人当作人来看待。人本身就是最高目的，人的价值也在于他自身。"[②]"一般说来，人道主义总是努力恢复人的本质：它所关注的是把人当作人，而不要当作非人。"[③]"人道主义包括某种形式的博爱主义。"[④]"人之爱对于人道化具有极高的价值。"[⑤]"人道是一种对全人类的仁爱精神，它仅能在伟大而富有感情的灵魂里燃烧着。"[⑥]

可见，人道主义，就其为思想体系来说，确为真理；就其为国家制度来说，确为好国家制度。因为一方面，人道主义是视人本身为最高价值的国家制度和思想体系，这是人道主义"事实如何"方面的根本特征；另一方面，人道主义是把"将人当作人看"奉为待人最高原则的国家制度和思想体系，这是人道主义"应该如何"方面的根本特征。合而言之，人道主义是视人为最高价值——从而将"善待一切人、爱一切人、把一切人都当作人来看待"奉为待人最高原则——的

---

① 《费尔巴哈哲学著作选集》下卷，生活·读书·新知三联书店 1962 年版，第 315 页。

② 汝信：《人道主义就是修正主义吗》，《人性、人道主义问题讨论集》，人民出版社 1983 年版，第 21 页。

③ 大卫·戈伊科奇等编：《人道主义问题》，东方出版社 1997 年版，第 392 页。

④ 保罗·库尔茨：《保卫世俗人道主义》，东方出版社 1996 年版，第 74 页。

⑤ 沈恒炎、燕宏远主编：《国外学者论人和人道主义》第一辑，社会科学文献出版社 1991 年版，第 84 页。

⑥ 罗国杰主编：《人道主义思想论库》，华夏出版社 1993 年版，第 425 页。

国家制度和思想体系；简言之，便是视人为最高价值从而将“把人当人看”奉为待人最高原则的国家制度和思想体系。

### 2. 人道主义：与人类中心主义貌似而神非

人们往往将人道主义与人类中心主义等同起来，以为人道主义就是一种人类中心主义。戴维·埃伦费尔德在《人道主义的僭妄》中，便援引《韦氏新世界词典》来这样界定人道主义：“人道主义是以人类利益和价值为中心的一种学说、一组态度或一种生活方式。”[①] 但是，人道主义与人类中心主义根本不同。人类中心主义，如前所述，也可以归结为两大方面：

一方面，就事实如何来看，人类中心主义认为，只有人类才是目的；而一切非人类存在物都不过是为人类利益服务的手段，因而人类便是宇宙万事万物的中心。这个道理，人类中心主义大师亚里士多德说得很清楚：“植物的生存是为了动物……所有其他动物的生存是为了人。驯服的动物是为了供人役使和食用；至于野生动物，虽非都可以食用，但全有其他用途：衣服和工具就可以由它们而来。因此，如果我们相信自然不会没有任何目的地造物，那么，她一定是专门为了人才创造万物的。”[②] 所以，沃森（Richard Watson）在界说人类中心主义时写道：“人类中心主义特指人的一种地位，亦即‘将人视为宇宙的中心的事实和最终目的’以及一般地‘认为宇宙所有事物的价值都取决于人类’。”[③]

另一方面，从应该如何来说，既然在人类中心主义看来，只有人类才是目的，而非人类存在物都不过是为人类利益服务的手段，那么，

---

① 戴维·埃伦费尔德：《人道主义的僭妄》，国际文化出版公司 1988 年版，第 201 页。

② Joseph R. Des Jardins, *Environmental Ethics: An Introduction to Environmental Philosophy*, Belmont, California: Wadsworth Publishing Company, 1993, p. 111.

③ Louis P. Pojman, *Environmental Ethics: Readings in Theory and Application*, Third Edition, Australia: Wadsworth, A division of Thomson Learning, 2001, p. 162.

由此显然可以进一步得出结论说，人类所进行的一切活动都只应该是为了人类利益，因而道德的起源、目的和标准也都只应该是为了人类的利益：一切道德上的善恶都只应该以人类利益为标准。这样一来，每个人也就只有如何对待人类，才可能符合或违背道德的目的和标准，从而才有所谓道德不道德的问题；而如何对待非人类存在物，是杀死吃掉还是供养它们，则与道德的目的和标准无关，因而无所谓道德不道德的问题：只有人类才应该得到道德关怀从而是道德共同体的成员。因此，人类中心主义另一位大师阿奎那写道："我们要驳斥那种认为人杀死牲畜是一种罪过的错误观点。因为根据神的旨意，动物就是供人使用的，这是一种自然的过程。因此，人类如何使用它们并不存在什么不公正：不论是杀死它们，还是以任何方式役使它们。"① 因此，海沃德在界说人类中心主义时说："人类中心主义乃是这样一种观点：伦理学只能是并且也应该是仅仅关怀人类的事情；而将非人类存在物纳入道德共同体是既不可能也不应该的。"②

不难看出，人道主义与人类中心主义貌似而神非。人道主义与人类中心主义貌似，因为二者确实都可以看作是一种"以人的利益和价值为中心"的国家制度和思想体系。这是因为，人是最高价值无疑意味着，应该以人的利益和价值为中心；反之，以人的利益和价值为中心无疑也意味着，人是最高价值："以人的利益和价值为中心"与"人是最高价值"实为同一概念。

人道主义与人类中心主义神非，因为人道主义的"人是最高价值"或"以人的利益和价值为中心"，仅仅是相对人来说的，仅仅是相对人类社会来说的：人对于人具有最高价值和人是社会的目的。因此，人道主义的"人是最高价值"或"以人的利益和价值为中心"意味着：

---

① Joseph R. Des Jardins, *Environmental Ethics: An Introduction to Environmental Philosophy*, Belmont, California: Wadsworth Publishing Company, 1993, p. 111.

② *Encyclopedia of Applied Ethics*, Volume 1, San Diego: Academic Press, 1998, p. 174.

人是社会和人的一切活动的中心。既然如此，那么，对于任何人，不管他多么坏，对他的坏、他给予社会和他人的损害，固然应予相应的惩罚，应把他当作坏人看；但首先应因其是人、是最高价值而爱他、善待他、把他当人看：人道主义是一种关于人应该如何对待人的社会制度和思想体系。

反之，人类中心主义的“以人的利益和价值为中心”或“人是最高价值”，则是绝对的，是对于宇宙万事万物来说的：只有人类才是目的，而一切非人类存在物都不过是为人类利益服务的手段。因此，人类中心主义的“以人的利益和价值为中心”或“人是最高价值”意味着：人类是宇宙万事万物的中心。既然如此，那么，每个人也就只有如何对待人类，才有所谓道德不道德的问题；而如何对待非人类存在物，是杀死吃掉还是供养它们，则无所谓道德不道德的问题：人类中心主义是一种关于人应该如何对待非人存在物的国家制度和思想体系。

## 二、人道主义：将人的创造性潜能实现当作最高价值的国家制度和思想体系

### 1. 人是最高价值：笼统含糊的命题

细究起来，作为最高价值的“人”是个十分笼统含糊的概念。因为人所固有的缺陷、自卑心、嫉妒心、病痛等人性也都是属于“人”的东西。这些东西若说有价值，也只是负价值，而根本谈不上什么最高价值。有感于此，帕斯卡疾呼：

“让人尊重自己的价值吧。让他热爱自己吧。因为在他身上有一种足够美好的天性。可是让他不要因此也爱自己身上的卑贱吧。”[①]“向人

---

① 罗国杰主编：《人道主义思想论库》，华夏出版社1993年版，第359页。

过分显示出他多么像野兽而不显示出他的伟大，这是危险的。向人过分显示出他的伟大而不顾到他的卑鄙，这也是危险的。让人对这两方面都不知道，这是更危险的。让人认识到他既卑鄙，而又伟大，这才是有益的。”①

可见，作为最高价值的“人”，并非“人”的全部东西，而只是其中的部分东西。培里已经看到了这一点：“人道主义把人看作值得赞美的对象……因而使得我们发问，是人的什么东西被认为是值得赞美的？”②是什么东西呢？让我们听听文艺复兴人道主义大师皮科的回答吧：

“我实在不满意许多人为人性的优美所提出的许多根据：比如说，人是动物之间的媒介；人是上帝的密友；人是低等动物的帝王；因为人的感官敏锐，理智聪明，智慧辉耀，所以是自然的解释者；人是不变的永恒与飞逝的时间中间的间隔，并且是世界的维系，否，毋宁是世界的婚礼歌；按大卫的见证，仅比天使微小一点。这些肯定，虽然都是明白的大理由，但是还不能算是值得最高赞扬的主要根据。因为我们何不更欣赏天使本身和天庭神圣的合唱呢？最后，我感到自己终于领悟了人为什么是生灵当中最幸福的，从而是值得一切赞赏的。”③

为什么？就是因为——皮科继续说——人是一个能够自我选择、自我实现的生物：“上帝认定人是本性不定的生物，并赐他一个位居世界中央的位置，又对他说：‘亚当，我们既不曾给你固定的居处，亦不曾给你自己独有的形式或特有的功能，为的是让你可以按照自己的愿望、按自己的判断取得你所渴望的住所、形式和功能。其他一切生灵的本性，都被限制和约束在我们规定的法则的范围之内。但是我们交

① 北京大学西语系编：《从文艺复兴到十九世纪资产阶级文学家艺术家有关人道主义人性论言论选辑》，商务印书馆 1973 年版，第 156 页。

② 罗国杰主编：《人道主义思想论库》，华夏出版社 1993 年版，第 509 页。

③ 周辅成编：《从文艺复兴到十九世纪资产阶级哲学家政治思想家有关人道主义人性论言论选辑》，商务印书馆 1965 年版，第 32 页。

与你一个自由意志，你不为任何限制所约束，可凭自己的自由意志决定你本性的界限。我们把你安置在世界中心，使你从此地可以更容易观察世间的一切。我们使你既不属于天堂，又不属于地上，使你既非可朽，亦非不朽，使你好象是自己的塑造者，既有自由选择，又有光荣，能将自己造成你所喜欢的任何模样。'……谁不羡慕我们这条变色龙？谁还能够更羡慕任何其他东西？"[①]

这番妙论，道破了人是最高价值之真谛：作为最高价值的人，乃是指人的发展、完善、自我选择、自我造就，亦即人所固有的创造性潜能之实现，说到底，就是人的自我实现——"自我实现"与"自我创造性潜能的实现"是同一概念，就是成为可能成为的最有价值的人。对此，布耶娃在概括人道主义根本特征时说得很清楚："'人的东西'通常所指的范围极广……最重要的是不断增长的个性自我实现的要求，创造的要求，发展创造力的要求。"[②]

### 2. 人的创造性潜能的实现是最高价值

自我实现、自我创造性潜能的实现是最高价值：这种观点能成立吗？答案是肯定的。因为，正如人道主义者所说，自我实现、自我完善乃是人之所以为人、人区别于动物的最高特征："人与动物虽然有些地方相似，但有一个特点是人所独有的。这就是人能自我完善，而动物则不能自我完善。自有人类以来，人类就发现自己与动物有这种差别。因此，人可完善的观念同世界本身一样古老。"[③]诚哉斯言！但还不够深刻。究竟言之，自我实现之所以是最高价值，可以从两方面看。

一方面，现代心理学——特别是马斯洛心理学——证实了文艺

① 周辅成编：《从文艺复兴到十九世纪资产阶级哲学家政治思想家有关人道主义人性论言论选辑》，商务印书馆 1965 年版，第 33—34 页。

② 《哲学译丛》1991 年第 6 期，第 22 页。

③ 托克维尔：《论美国的民主》下卷，商务印书馆 1996 年版，第 551 页。

复兴人道主义思想家的伟大发现：每个人生而固有创造性潜能。只不过，从质上看，每个人创造性潜能的类型不同，如有些人具有绘画创造性潜能，有些人具有思辨创造性潜能；从量上看，每个人的创造性潜能程度有所不同：同样具有某种创造性潜能的人，具有这种创造性的程度——多少、大小、高低——是不同的。不但此也！马斯洛心理学发现，人有五种基本需要，按照从低级到高级的顺序，依次是：生理需要、安全需要、爱的需要、自尊需要、自我实现需要。人的创造性潜能的实现，所满足的是人的最高需要——自我实现需要——因而也就是人的最高幸福，具有最高价值：最高价值岂不就是满足人的最高需要的价值？最高幸福岂不就是人的最高需要获得满足的心理体验？

另一方面，人的自我实现能够最大限度地满足全社会和每个人的一切需要。因为任何社会的财富，不论是物质财富还是精神财富，统统不过是人的活动的产物，不过是人的能力之发挥、潜能之实现的结果，说到底，不过是人的创造性潜能实现之结果。所以，人的自我实现越充分、人的创造性潜能实现得越多，社会的物质财富和精神财富便越丰富，社会便越繁荣进步，而每个人的需要也就会越加充分地得到满足。反之，人的自我实现越不充分、人的创造性潜能实现得越少，社会的物质财富和精神财富便越贫乏，社会便越萧条退步，而每个人的需要的满足也就越不充分。所以，人的自我实现、每个人创造性潜能之实现乃是一切财富的源泉，是最根本、最重要、最伟大的财富，因而也就能够最大限度地满足全社会和每个人的需要，从而具有最高价值。

可见，说包含着诸多负价值（缺点、残忍、病痛、嫉妒、不幸等等）的人是最高价值，实乃浅层的外在的皮相的初级的真理；而内在的深层的本质的高级的真理则是：人的自我实现——亦即人生而固有的创造性潜能的实现——是最高价值。既然如此，那么不言而喻：应该使人自我实现，使人实现自己的创造性潜能而成为可能成为的最有价值的人——亦即“使人成其为人”——这是待人的最高道德原则和国家制度好坏最高价值标准：此乃文艺复兴人道主义之真谛也！

人道主义大师赫尔德早在其著名的《关于人道主义的通信集》中就已经这样写道：“我们人类特征的内容之一，就是尽一切可能以培育人类，并使它完美化。这是人道者的理想实质。”“如果一个人不去改造自己达到他能够而且应该成为的那样的话，他就不会做出有利于人类的贡献。因此，每个人都必须首先在这所‘人道’的花园里培植和看守花坛，在这里，他将作为树木而生长，作为鲜花而开放。”“人类的一切机构——如果它具有合理性——的唯一目的，就是使我们人类人道化，这就是将野蛮的和半野蛮的人改造成人，使我们人类首先从小部分起，达到理智所承认的、义务所要求的、我们的愿望所羡慕的形式。”[①] 培里进而总结道：“对人道主义者是如此重要的生活的样式与训练——它把欲望统一为一体以产生一个完善的与和谐的人格——被实践理性升高为支配人的行动的最高道德原则。”[②]

因此，人道主义论者大都把“使人成其为人”与“人本身的自我实现是最高价值”并列，一起作为人道主义的根本特征来界定人道主义。培里写道：“人道主义是那样一些抱负、活动和成就的名称，自然人由于它们而加上了超自然的东西。人道主义的范围既不是自然人，也不是超自然的替代物。精确地说，它是由自然人和他的超越的可能性所构成的一种二重性。自然人的命运就是发展他的种种潜在可能性。”[③]

雅斯贝尔斯也曾指出：“我们的人道主义是西方的人道主义。它

---

① 罗国杰主编：《人道主义思想论库》，华夏出版社 1993 年版，第 448 页。

② 沈恒炎、燕宏远主编：《国外学者论人和人道主义》第一辑，社会科学文献出版社 1991 年版，第 192 页。

③ 罗国杰主编：《人道主义思想论库》，华夏出版社 1993 年版，第 509 页。

包含着两个因素，即：与希腊罗马古时代的关联和企求做一个真人的愿望。”[①]萨特也说：“人道主义一辞，有两种不大相同的意义。一是用以指一种把人视为目的或高级价值的学说……人道主义还有另一种意义。它的基本意思是如此：人经常超越自己。”[②]沙夫也说：“和个人的全面发展的斗争相联系的立场，就叫做人道主义。”[③]米海尔·瑞利亚说：“我认为，人道主义是旨在既定的社会环境的条件下，导致人类个性得到最大发展的一种概念。”[④]宫岛肇也这样写道：人道主义“是对尊重、拥护和实现使人真正成其为人的本性这种观点的总称”。务台理作也说：“人道主义有各种不同的形态，但它们的共通的东西则是尊重人的生命、人的价值、人的教养、人的创造力，并保卫它们，使它们更加丰富的一种精神。”[⑤]阿伦·布洛克说：“人文主义的中心主题是人的潜在能力和创造力。”[⑥]

可见，人道主义，就其为思想体系来说，确为真理；就其为国家制度来说，确为好国家制度。因为一方面，人道主义是将人本身的发展、完善、自我实现当作最高价值的社会制度和思想体系，这是人道主义“事实如何”方面的根本特征；另一方面，人道主义是把人本身的发展、完善、自我实现奉为待人最高原则的社会制度和思想体系，这是人道主义“应该如何”方面的根本特征。合而言之，人道主义是视人的创造性潜能的实现为最高价值——从而将“使人实现自己创造

---

① 沈恒炎、燕宏远主编：《国外学者论人和人道主义》第一辑，社会科学文献出版社1991年版，第56页。

② 沈恒炎、燕宏远主编：《国外学者论人和人道主义》第一辑，社会科学文献出版社1991年版，第405页。

③ 沙夫：《人的哲学》，生活·读书·新知三联书店1961年版，第111页。

④ 沈恒炎、燕宏远主编：《国外学者论人和人道主义》第三辑，社会科学文献出版社1991年版，第747页。

⑤ 沈恒炎、燕宏远主编：《国外学者论人和人道主义》第三辑，社会科学文献出版社1991年版，第650页。

⑥ 阿伦·布洛克：《西方人文主义传统》，生活·读书·新知三联书店1997年版，第45页。

性潜能而成为可能成为的最有价值的人”奉为待人最高原则——的国家制度和思想体系，简言之，便是视人的自我实现为最高价值从而将“使人成为人”奉为待人最高原则的国家制度和思想体系。

## 三、人道：国家制度与国家治理好坏的最高价值标准

### 1. 两种人道主义：广义人道主义与狭义人道主义

这样一来，人道主义便有两个定义：广义的与狭义的。广义人道主义是视人为最高价值——从而将“善待一切人、爱一切人、把一切人都当作人来看待”当作待人最高原则——的国家制度和思想体系，可以称之为“博爱的人道主义”、“将人当人看”的人道主义。反之，狭义人道主义则是认为人的创造性潜能的实现是最高价值——从而把“使人实现自我创造性潜能而成为可能成为的最有价值的人”奉为待人最高原则——的国家制度和思想体系，不妨名之为“自我实现的人道主义”、“使人成为人”的人道主义。对于人道主义的这种双重定义，大卫·戈伊科奇曾有所见：

“罗马帝国的格利乌斯时代，曾经对两类人道主义做出重要区分：一类意指‘善行’，另一类意指‘身心全面训练’。……善行从普罗米修斯式的人道主义中产生。身心全面训练则从智者的人道主义中产生。……而文艺复兴时期的人道主义，成为以往一切身心全面训练的人道主义范例。”①

我们在弗洛姆那里也可以找到如此划分和界说人道主义的根据。他说狭义人道主义就是文艺复兴人道主义：“我以为人道主义的狭义，正是指15、16世纪那种回复到古典学术和希腊语、希伯来语以及拉丁语的人道主义运动。”这种狭义人道主义的根本特征是人本身的潜能的

① 大卫·戈伊科奇等编：《人道主义问题》，东方出版社1997年版，第2—3页。

自我实现："文艺复兴人道主义的伟大人物，如爱拉斯谟、彼科·德拉·米朗多拉、波斯泰尔以及其他许多人，都认为人道主义是这样一个概念：它强调人本身，强调所有的人和强调完全的人，认为人的职责就是充分地施展自己的那些潜力。"①"与此极不相同的是作为全球性人的哲学的人道主义（即广义的、博爱的人道主义——引者），这种人道主义发源于西方世界的先知和东方佛教教义。"②

我们还可以把人道主义的这种广狭之分的源头追溯得更远些：这种广狭之分早已孕育于其词源。因为如上所述，人道主义源于拉丁文，是由 humanus（人的、仁爱的）和 humanitas（人道、教育、教养）以及 humaniora（古典的文学、语言、知识领域及其研究的集合名词）这三个词派生出来的。一目了然，第一个词是广义人道主义之词源；后两个词则是狭义人道主义之所由出。那么，广义人道主义与狭义人道主义的关系如何？

人是最高价值，如前所述，不过是外在的、浅层的、皮相的、初级的真理；而内在的、深层的、本质的、高级的真理则是：人的创造性潜能的实现是最高价值。准此观之，博爱人道主义便是外在的浅层的皮相的初级的人道主义；反之，自我实现人道主义则是内在的深层的本质的高级的人道主义。这一点，赫尔德已经看到。他在《关于人道主义的通信集》中这样写道："对我们人类弱点所施的温柔同情——我们通常称之为仁慈——不是人道的全部内容。"不但不是全部内容，而且不是实质内容。那么，人道主义的实质是什么？赫尔德答道：是使人自我实现，"是尽一切可能以培育人类，并使它完美化。这是人道者的理想实质"③。吕大吉先生说得就更明白了：

"在人际关系中做到仁慈友爱、温厚大度，甚至忍恶勿争、以德报

---

① 罗国杰主编：《人道主义思想论库》，华夏出版社 1993 年版，第 734 页。
② 罗国杰主编：《人道主义思想论库》，华夏出版社 1993 年版，第 734 页。
③ 罗国杰主编：《人道主义思想论库》，华夏出版社 1993 年版，第 447 页。

怨，当然是一种人道主义美德。不过，……这些道德规范只是属于人道主义的较低层次。更高层次的人道主义，或者说，人道主义的根本意义，是实现人的本质，使人在社会中按照人的本质生活，成为一个真正的人。”①

### 2. 两种人道：将人当人看与使人成为人

从人道主义广义与狭义及其关系可以看出，所谓人道，就其作为人道主义道德原则来说，亦即就其作为规范人的行为应该如何的道德原则来说，也具有相应的广义与狭义：

一方面，就广义的人道来说，人道乃是视人为最高价值——从而善待一切人、爱一切人、把任何人都当人看待——的行为，是基于人是最高价值的博爱行为，说到底，是“把人当人看”的行为：这是待人的最高道德原则。反之，不人道、非人道则是无视人为最高价值而虐待人的行为，是残忍待人的行为，说到底，是“把人不当人看”的行为：这是待人的最高不道德原则。这就是广义的——因而也就是浅层的初级的皮相的外在的——人道原则与非人道原则。不妨以如何对待俘虏为例：

如果首先把俘虏当作人来善待，其次当作俘虏对待，从而供其衣食、不予虐待，便叫作人道。反之，若将俘虏只当作俘虏而不当作人，从而残忍加以虐待，便叫作不人道、非人道。推而广之，任何人，不管他多么坏，对他的坏，固然应予相应惩罚；但首先应该因其是人、是最高价值而善待他：这就是人道。反之，若只把他当作坏人惩罚而不当作人来善待，便是不人道、非人道。这就是广义的浅层的人道与非人道。

另一方面，就狭义的人道来说，人道乃是视人的创造性潜能的实

① 吕大吉：《人道与神道》，上海人民出版社1990年版，第120页。

现为最高价值——从而使人实现自己的创造性潜能——的行为，也就是视人的自我实现为最高价值而使人自我实现的行为，说到底，亦即“使人成其为人”的行为：这是待人的最高道德原则。反之，非人道、不人道也就是使人不能实现自己创造性潜能的行为，是使人不能自我实现的行为，说到底，是“使人不能成其为人”的行为：这是待人的最高不道德原则。这就是狭义的——因而也就是深层的内在的本质的高级的——人道原则与非人道原则。举例说：

如果一位父亲十分疼爱儿女，为了他们的前途不惜倾家荡产。然而他却不允许儿女按照他们自己的意志努力，而处处强迫他们按照他的设计奋斗，遂使儿女们不能自我选择、自我实现。这位父亲之所为便属于狭义的深层的非人道。反之，另有一位父亲，虽然时时处处培育关心教导儿女，却十分尊重他们的自由，允许他们按照他们自己的意志自我选择、自我实现。那么，这位父亲之所为就是狭义的深层的人道。

人道与非人道之广狭定义表明，一方面，“把人当人看（即视人本身为最高价值而把任何人都首先当作人来善待）”是衡量一切行为是否人道的广义的、浅层的、初级的总原则：凡是把人当人看的行为，都是广义的、浅层的、初级的人道行为；凡是广义的、浅层的、初级的人道行为，也都是把人当人看的行为。所以，“把人当人看”是广义人道总原则。反之，凡是“把人不当人看（无视人本身为最高价值而残忍待人）”的行为，都是广义的、浅层的、初级的非人道行为；凡是广义的、浅层的、初级的非人道行为，也都是把人不当人看的行为：“把人不当人看”是广义非人道总原则。

另一方面，“使人成为人（即视人本身的自我实现为最高价值从而使人自我实现而成为可能成为的最有价值的人）”则是衡量一切行为是否人道的狭义的、深层的、高级的总原则：凡是使人成为人的行为，都是狭义的、深层的、高级的人道行为；凡是狭义的、深层的、高级的人道行为，也都是使人成为人的行为。所以，“使人成为人”是狭义人道总原则。反之，凡是使人不能成其为人的行为，都是狭义的、深层的、高级的不人道行为；凡是狭义的、深层的、高级的不人道行为，也都是使人不能成其为人的行为：“使人不能成其为人”是狭义非人道的总原则。

### 3. 人道与人道主义实质：最美好的理想国家制度与国家治理

究竟言之，“人道”与其他道德原则，如“善”和“仁爱”等等，根本不同；“人道主义”与其他道德理论，如“利己主义”与“利他主义”等等，也根本不同。因为人道主义不仅与这些道德理论一样，是关于某种道德原则的理论；而且还与资本主义、社会主义和共产主义一样，是关于某种国家制度的理论。社会主义和共产主义是关于生产资料公有的理想国家制度理论。人道主义则是关于“如何善待人”的理想国家制度理论，是关于将“人道”奉为国家制度与国家治理最高原则的理想国家制度与国家治理理论，是关于把“将人当人看”与“使人成为人”奉为国家制度与国家治理最高原则的理想国家制度理论：这种理想国家制度与国家治理，一方面，使每个人都被当作人、当作最高价值来对待；另一方面，使每个人都能够实现自己的创造潜能、成为一个可能成为的最有价值的人。因此，库尔茨一再说：

“人道主义者主张最大限度地扩大个人自由、创建一个个人拥有最大自主选择权的社会。”① “人道主义者面临的问题是创造把人从片面的和扭曲的发展中解放出来的条件，把人从压迫人、使人堕落的社会组织中解放出来，从毁灭和破坏人的天赋环境中解放出来，使人过上真正的生活。”②

---

① 保罗·库尔茨：《保卫世俗人道主义》，东方出版社 1996 年版，第 29 页。

② 保罗·库尔茨：《保卫世俗人道主义》，东方出版社 1996 年版，第 76 页。

美哉！“将人当人看”与“使人成为人”的国家制度与国家治理，堪称最美好的理想国家制度与国家治理，最美好的理想社会制度与社会治理！特别是“使人成为人”！试想，如果一个国家的制度与治理使每个人都能够实现自己创造性潜能，成为一个可能成为的最有价值的人，那么，一方面，该国的每个人便都享有最高幸福（自我实现的幸福是最高幸福）；另一方面，该国的物质财富和精神财富必定因每个人创造性潜能实现而极大丰富，每个人的需要也就会最大限度得到满足。这岂不就是历代思想家们梦寐以求的理想国吗？

国家制度、社会制度是决定性的根本性的和全局性的因素。国民品德的好坏，总体说来，取决于国家制度、社会制度的好坏。只要国家制度、社会制度好，绝大多数国民品德必定好；只要国家制度、社会制度不好，绝大多数国民品德必定坏。因此，历代人道主义思想家努力追求的，真正讲来，并不是每个人如何善待他人的道德问题，而是要实现一种理想的国家制度、社会制度，一种人道的国家制度、社会制度，一种将人当人看和使人成为人的国家制度、社会制度：

14至16世纪文艺复兴人道主义，正如宫岛肇所言，实质上并不是每个人如何善待他人的道德理论，而是一种通过复兴古典文化来反对封建主义和神权统治的国家和社会制度，从而“成为开辟人类历史新时代和新社会的社会革新的原理”①。17至18世纪启蒙运动的人道主义，如所周知，乃是主张废除封建专制而代之以“自由、平等和博爱”的资本主义新社会的资产阶级革命理论。19至20世纪的人道主义——特别是社会主义的人道主义——则是一种关于克服资本主义各种弊端的新的人道社会制度理论。

因此，宫岛肇得出结论说：“人道主义是在人类社会某一特定时

① 沈恒炎、燕宏远主编：《国外学者论人和人道主义》第三辑，社会科学文献出版社1991年版，第735页。

代，在上述那种人性（亦即‘使人真正成其为人的东西或人的高贵的本性’——引者）由于极度被歪曲、被压迫而处于窒息状态时，为了拯救人性，恢复其本来面目并使之发展，而与压迫人性的现实社会压力作斗争，并且因而成为人的解放和社会解放的思想武器。正因为如此，它才能具有如我们今天所能看到的强大力量。”[①] 克莱因也这样写道：“人道主义一般指追求人道和合乎人的尊严的生存方式的一种努力。在人类历史上，人道主义是指这样一些思想和努力的总和，这些思想和努力是建立在相信人的可教化性和发展能力、尊重人的尊严和个性的基础上的，其目的在于全面地培养、自由地运用和发挥人的创造力和能力，最后，高度发展人的社会，使整个人类越来越完善、越来越自由。”[②] “诚然，”拉蒙特说，“还没有人已经接近于建立这个理想的社会。然而，人道主义确认自己的理智和努力是人的最好的而且实在是唯一的希望；人们拒绝承认这一点就是在全部历史中人们遭到失败的主要原因之一。”[③]

可见，所谓人道主义，虽然也是一种道德原则理论；但是，就其实质来说，乃是一种理想的国家制度与国家治理理论，是一种关于人道的国家制度与国家治理理论，说到底，是一种将人道奉为国家制度与国家治理好坏最高价值标准的理论。相应地，所谓人道，虽然也是一种应该如何待人的道德原则；但是，就其实质来说，乃是统治者应该如何善待被统治者的最高道德原则，是统治者应该如何治理国家的最高价值标准，说到底，是国家治理和国家制度好坏的最高价值标准。因此，赫尔德写道：

“人类的一切机构，所有科学和艺术——如果它具有合理性——

① 沈恒炎、燕宏远主编：《国外学者论人和人道主义》第三辑，社会科学文献出版社1991年版，第733—734页。

② 沈恒炎、燕宏远主编：《国外学者论人和人道主义》第三辑，社会科学文献出版社1991年版，第705页。

③ 拉蒙特：《作为哲学的人道主义》，商务印书馆1963年版，第25页。

的唯一目的，就是使我们人类人道化，这就是将野蛮的和半野蛮的人改造成人，使我们人类首先从小部分起，达到理智所承认的、义务所要求的、我们的愿望所羡慕的形式。”①

潘扎鲁说得就更明白了：“人道主义已经获得了一种政治纲领的意义……一种组织和管理社会的标准和法则。”② 这样一来，正如宫岛肇所说，哪里有国家和社会制度，哪里有统治者和被统治者，哪里就会有人道主义：

“无论什么时代、什么社会，只要有国家这样一种社会组织，并由此形成某种程度的学术文化，大致都可以看到这种人道主义的先兆。因为我们必须承认，国家和社会的各种制度一旦出现，就由此产生统治者与被统治者、客观制度与个人欲求之间的对立和差别，人性的被歪曲和压抑，在某种程度上就必然地接踵而来。”③

然而，人道之为国家制度与国家治理好坏最高价值标准，正如正义之为国家制度与国家治理好坏根本价值标准一样，并非一两个原则，而是一系列原则所构成的原则体系：“将人当人看”只是广义人道总原则；“使人成为人”只是狭义人道总原则。从这两个人道总原则出发，不难推导出一系列人道分原则。因为，不难看出，狭义人道“使人成为人”，虽然比广义人道“将人当人看”远为根本、深刻和高级，但是，充其量，它也只是表明：应该使人自我实现、应该使人成为人。可是，它未能指明：究竟怎样才能使人成为人、使人自我实现？人道主义对于这个问题的回答，如所周知，可以归结为两大方面：

一方面，即从正面来说，应该使人自由，因为自由乃是每个人实现自己的创造潜能、从而成为一个可能成为的最有价值的人的根本条

① 罗国杰主编：《人道主义思想论库》，华夏出版社 1993 年版，第 448 页。

② 沈恒炎、燕宏远主编：《国外学者论人和人道主义》第三辑，社会科学文献出版社 1991 年版，第 37 页。

③ 沈恒炎、燕宏远主编：《国外学者论人和人道主义》第三辑，社会科学文献出版社 1991 年版，第 734 页。

件，是每个人自我实现的根本条件：自由是人道正面根本原则，是最根本的人道；另一方面，即从反面来讲，则应消除异化，因为异化乃是每个人实现自己的创造潜能、从而成为一个可能成为的最有价值的人的根本障碍，是每个人自我实现的根本障碍：异化是人道负面根本原则，是最根本的不人道。自由与异化是人道正负根本原则，是人道最为重要也最为复杂的两大具体原则：二者均由一系列更加具体的分原则构成。下面，我们便来详尽研究人道主义的这两大根本原则。

# 第八章
# 自由：最根本的人道

**本章提要**　自由是实现自我创造性潜能和国家繁荣进步的根本条件：每个人越自由，他的个性发挥得便越充分，他的创造潜能便越能得到实现，国家便越繁荣进步。因此，自由是人道的根本原则，说到底，是国家制度与国家治理好坏最高价值标准。自由之为国家制度与国家治理好坏最高价值标准，是由六个原则构成的价值标准体系：

自由法治原则：一个社会的任何强制，都必须符合该社会的法律和道德；该社会的所有法律和道德，都必须直接或间接得到全体成员的同意。

自由平等原则：人人应该平等地享有自由：在自由面前人人平等；人人应该平等地服从强制：在法律面前人人平等。

自由限度原则：一个社会的强制，应该保持在这个社会的存在所必需的最低限度；一个社会的自由，应该广泛到这个社会的存在所能容许的最大限度。

政治自由原则：一个国家的政治，应该完全平等地得到每个公民的同意，应该完全平等地按照每个公民自己的意志进行，说到底，应该按照被统治者的意志进行。

经济自由原则：经济活动应该由市场机制自行调节，而不应由政府管制。政府的管理应仅限于约定经济规则和保障其实行；而在这些经济规则的范围内，每个人都应该享有完全按照自己的意志进行经济活动的自由，都享有完全按照自己的意志进行生产、分配、交换和消费等经济活动的自由。

思想自由原则：每个社会成员都应该享有获得与传达任何思想的自由。或者说，每个社会成员获得与传达任何思想都不应该被禁止。说到底，言论与出版应该完全自由而不应该受到任何限制。

## 一、自由概念

何谓自由？胡适答曰："'自由'在中国古文里的意思是：'由于自己'，就是不由于外力，是'自己作主'。在欧洲文字里，'自由'含有'解放'之意，是从外力制裁之下解放出来，才能'自己作主'。"[①] 诚哉斯言！自由就是没有外在障碍而能够按照自己的意志进行的行为。由此看来，自由概念十分简单明了。然而，翻开人类思想史，实在令人吃惊：几乎每个思想家都颂扬自由，但究竟何谓自由，却一直众说纷纭，其定义据阿克顿统计，竟有200余种之多："自由是个具有两百种定义的概念。"[②] 所以，萨托利说自由是一个"如同变色龙一样的概念"[③]。这样一来，各种自由理论之争，说到底，便可以归结为自由的概念之争。因此，艾伦·瑞安写道："在那些力图劝使我们采用他们所喜欢的对自由本质的理解的人们之间，发生的却是一场无休止的概念之战。"[④] 然而，正如伯林所言，这并不是一种纯粹的学理的概念之战："它们的背后同时发生了许多人类历史事件。"[⑤] 林肯说得就更清楚了："世界上还未曾有过自由概念的精确定义，而美国人民目前极需这样一个定义。我们全都声称为自由而奋斗：使用的虽是同一词语，

---

① 胡明主编：《胡适精品集》第14卷，光明日报出版社2000年版，第68页。

② 阿克顿：《自由与权力》，商务印书馆2001年版，第14页。

③ Giovanni Sartori, *The Theory Democracy Revisited*, Chartham, New Jersey: Chatham House Publisher, Inc., 1987, p. 298.

④ 米勒等编：《布莱克维尔政治学百科全书》，中国政法大学出版社1992年版，第271页。

⑤ Isaiah Berlin, *Four Essays on Liberty*, Oxford, New York: Oxford University Press, 1969, p. 121.

所指称的却并不是同一事物。”① 因此，对于自由的概念分析具有巨大的理论意义和现实意义。那么，究竟什么是自由？围绕自由概念究竟有何争论？

## 1. 自由：自由与利用自由的能力

不言而喻，要知道自由是什么，须知道自由在何处。谁都知道，非生物界无所谓自由，我们不能说一座山或者一条河是自由的还是不自由的。植物界也无所谓自由，我们不能说一棵树是自由的还是不自由的。自由显然仅仅存在于动物界：动物是能够自由运动的生物。不过，动物的一切运动并非皆为自由。心脏跳动是自由的还是不自由的？血液循环是自由的还是不自由的？显然都无所谓自由不自由。那么，自由究竟存在于动物的什么领域？无疑存在于受心理、意识、意志支配的活动领域。所以，洛克说：

“自由要前设理解和意志——一个网球不论为球拍所击动，或静立在地上，人们都不认为它是一个自由的主体。我们如果一研究这种道理，就会看到，这是因为我们想象网球不能思想，没有意欲，不能选择动静的缘故。”“因此，离了思想，离了意欲，离了意志，就无所谓自由。”②

可见，自由是一种受心理、意识或意志支配的活动。这样，自由便属于行为范畴；因为行为就是有机体受意识支配的实际活动。那么，自由是一种什么行为？自由就是能够按照自己的意识进行的行为，亦即按照自己的知（认知、理解）情（愿望、理想）意（意志、目的）进行的行为；不自由则是不能按照自己的意识进行的行为，亦即不能按照自己的知、情、意进行的行为。这是大家公认而没有争议的。从

---

① Friedrich A. Hayek, *The Constitution of Liberty*, The University of Chicago Press, 1978, p.11.

② 洛克：《人类理解论》，商务印书馆 1958 年版，第 208 页。

这个不争的定义来看，自由是一种能够的、可能的行为，是行为的可能性，亦即行为的机会。所以，伯林说：

“我所谓的自由，是行为的机会，而不是行为本身。假设，即使我有权从敞开的门走出去，但我却不这么做而宁可像植物那样固守家园，我并不会因此变得较不自由。自由是行为的机会，而不是行为本身；是行为的可能性，而未必是这种可能性的行动之实现，像弗洛姆和克里克所说的那样。”①

但是，伯林否认自由属于行为范畴，否认自由是行为本身，否认自由是现实的行为，是不能成立的。因为，一方面，可能的、能够的行为无疑仍然是一种行为，仍然属于行为范畴：行为包括可能的行为与现实的行为两大类型。另一方面，可能的、能够的行为，就其本性来说，包括实际的、现实的行为。因为可能的行为多种多样，现实的行为不过是可能的行为之一种：一切现实的行为都是可能的行为，是已经得到实现的可能的行为。举例说：

张三杀死了李四，岂不只是张三可能干的行为之一种？因为张三还可能不杀李四，而只是割下他的鼻子：这岂不是另一种可能的行为？所以，自由、能够按照自己意志进行的行为，就其本性来说，包括已经按照自己意志进行的行为。试想，如果说伯林能够按照自己的意志从开敞的门户走出，是他的自由，那么，他已经按照自己的意志从开敞的门户走出，岂不更是他的自由？显然，自由不仅包括行为的机会、行为的可能性或可能的行为，而且包括实际的、现实的行为或行为本身：自由是一切能够按照自己的意识进行的行为，是能够按照自己的知（认知、理解）情（愿望、理想）意（意志、目的）进行的行为。

---

① Isaiah Berlin, *Four Essays on Liberty*, Oxford, New York: Oxford University Press, 1969, p.xlii.

不过，一般讲来，我们往往说自由是能够按照自己的意志进行的行为，而不说自由是能够按照自己的思想或愿望所进行的行为。这是为什么？原来，自由必与意志相关，而未必与知、情相关。试想，一个人即使没有能力做某件事，也会极想望、愿望做某事。因此，他若不能按照自己的思想、愿望做某事，便可能不是因为他不自由，而是因为他无能力。举例说，我的腿跌断了。但是，看见别人踢球，我便也极想望去踢；可我却不能按照我想望的去踢：由此显然不能说我无踢球自由，而只能说我无踢球能力。反之，一个人只有在他认为有能力做某事时，才会有去做某事的意志。因此，他若不能按照自己的意志去做某事，一般说来，便不是因为他无能力，而是因为他无自由。

试想，我的腿摔断了，我便只会有踢足球的想望，而绝不会有去踢足球的意志。只有在我的腿痊愈而能踢足球时，我才会产生踢足球的意志。此时我若不能按照我的意志去踢足球，便不能说我无踢足球的能力，而只能说我无踢足球的自由。所以，说自由是能够按照自己的理解和愿望进行的行为，固然不错；但是，说自由是能够按照自己的意志进行的行为，就更加精确了。这就是为什么我们常说“自由是能够按照自己的意志——而不是自己的想望——进行的行为”的缘故。

然而，细究起来，“自由是能够按照自己的意志进行的行为”的定义，仍然需要进一步精确化。一个人的行为之所以能够按照自己的意志进行，显然是因为不存在按照自己意志进行的障碍。所以，范伯格说：“自由即无约束。”[①] 伯林也这样写道：“自由的根本含义，是免于桎梏、免于监禁、免于被他人奴役。其余的含义，则是这一含义的引申或隐喻。力争自由就是设法去掉障碍。”[②] 于是，自由也就是因强制或障碍的不存在而能够按照自己的意志进行的行为。因此，罗尔斯写道：

① 范伯格：《自由、权利和社会正义》，贵州人民出版社 1998 年版，第 3 页。

② Isaiah Berlin, *Four Essays on Liberty*, Oxford, New York: Oxford University Press, 1969, p.lvi.

“自由可以参照三因素来解释：自由的行为者，他们所摆脱的束缚和限制，他们自由去做或不做的事情……这样，对自由的一般描述便具有以下形式：这个或那个人（或一些人）免除（或没有免除）这种或那种强制（或一系列强制）而去做（或不做）等等。”[①]

问题在于，按照自己的愿望或意志进行的行为之障碍，正如范伯格所言，既可能存在于自己身外，是外在障碍或限制，如他人、法律、舆论和社会的压力等等；也可能存在于自身之内，是内在障碍或限制，如贫困、无知、身体不佳和自己不能驾驭的感情等等。[②]那么，这两种障碍的存在是否都意味着不自由？

如果使一个人不能按照自己的意志进行的障碍或强制存在于自己身内，是内在限制，那么，我们不能说他不自由，而只能说他无能力：没有利用自由的能力。只有当一个人不能按照自己的意志进行的障碍或强制存在于自己身外，是外在限制，我们才可以说他不是无能力，而是不自由。举例说：

在一个可以随意出国旅行的自由的国家，一个公民不能按照自己的意志出国旅行的障碍，不是存在于自身之外，不是因为国家不准出国旅行；而是存在于自身，是因为自己无钱。那么，我们便不能说他没有出国旅行的自由，而只能说他没有出国旅行的能力：他完全有出国旅行的自由，而只是没有利用出国旅行的自由的能力。反之，一个公民不能按照自己的意志出国旅行的障碍，不是存在于自身（他很有钱、很健康，也有闲暇和兴趣）；而只是存在于自身之外，比如说，是因为国家不准出国旅行。那么，他便不是没有出国的能力，而是没有出国的自由。

因此，一个人自由与否，与他实行自己意志的自身的、内在的障

---

① John Rawls, *A Theory of Justice* (Revised Edition), Cambridge, Massachusetts: The Belknap Press of Harvard University Press, 2000, p32.

② 范伯格：《自由、权利和社会正义》，贵州人民出版社 1998 年版，第 14 页。

碍无关，而只与他自身之外的外在障碍有关：自由亦即不存在实行自己意志的外在障碍；而不存在内在障碍并不是自由，而是利用自由的能力或条件。这个"自由"与"利用自由的条件"之区分，乃是伯林的伟大贡献。他写道：

"辨别自由与利用自由的条件是很重要的。如果一个人太贫穷或太无知或太衰弱，以致无法利用他的合法权利，那么，这些权利赋予他的自由对于他实际上等于零，但他所享有的自由却并不因此而消灭。"①

然而，正如伯林所言，许多人却将"利用自由的条件"与"自由"等同起来，因而由人们因为穷困等内在障碍而没有"利用自由的条件"，便断言他们是不自由的："有一种似乎很有理的说法：如果一个人穷得负担不起法律并不禁止他的东西——如一片面包、环球旅游或诉诸法院——他也就和法律禁止他获得这些东西一样的不自由。"②

诚然，对于因自身内在障碍的存在而没有"利用自由的能力或条件"的人来说，自由是毫无价值毫无意义的。但是，这并不等于不自由。举例说，如果北京的玉泉山开放了，每个人都可以随意去爬这座山了。但是，不幸的是，我此时却患上严重的关节炎，它是我爬山的内在障碍，使我不能按照我的渴望去爬玉泉山了。这样，我便并不是没有爬玉泉山的自由，而是没有利用爬玉泉山的自由之能力、条件。当然，事实上，对于我来说，这与没有爬玉泉山的自由是一样的。但是，由此并不能说我没有爬玉泉山的自由，而只能说爬玉泉山的自由对我毫无用处：没有自由和有自由而毫无用处是根本不同的。

试想，我有一台电脑，因为无知我不会使用它，它对我毫无用处：

---

① Isaiah Berlin, *Four Essays on Liberty*, Oxford, New York: Oxford University Press, 1969, p.liii.

② Isaiah Berlin, *Four Essays on Liberty*, Oxford, New York: Oxford University Press, 1969, p. 122.

有没有它对于我来说事实上是完全一样的。但是，我不能因此就说我没有它。同样，对于那些目不识丁、穷困潦倒的人来说，思想自由和政治自由是毫无价值、毫无意义的：拥有这些自由与没有这些自由实际上是一样的。但是，我们不能因此就说他们没有思想自由和政治自由，就说他们思想不自由和政治不自由，就说他们遭受了思想奴役和政治奴役。

可见，自由与实行自我意志的障碍之消除，并不完全相同：自由仅仅是实行自我意志的自身之外的外在障碍之消除；实行自我意志的自身内在障碍之消除，并不是自由，而是利用自由的能力或条件。换言之，自由与否，乃是一个人的身外之事，而不是他身内之事；若是他的身内之事，则属于他的利用自由的能力范畴而无所谓自由不自由。这一“自由与利用自由的能力或条件”之辨，不仅具有极大的理论意义，而且具有莫大的现实意义。

因为一个社会，如果那里的群众因为贫困和无知等自身内在障碍而没有利用自由的能力和条件，因而自由对于他们毫无用处，那么，我们当然应该努力为群众获得物质财富和教育而奋斗，应该努力实现正义与平等。但是，我们绝不可以将这些使自由从无用变得有用的能力和条件，当作自由本身；更不可顾此失彼，将自由弃置一旁。因为如所周知：自由乃是达成自我创造性潜能之实现和社会进步的最为根本的必要条件，从而是社会繁荣兴盛的最为根本的必要条件。这样，长久说来，人们只有生活在一个自由的社会，才能真正摆脱贫困与无知：正义与平等是个如何分配蛋糕的问题，而自由则是如何将蛋糕做大的问题。

然而，即使是西方，多年来，许多政党、改革家与革命家，所考虑的也只是如何使人民摆脱贫困与无知；并且将这些使自由从无用变得有用的能力和条件，当作自由本身，从而将自由弃置一旁。这一点使伯林甚为忧虑，他一再说：

“我们必须要创造一些条件，以使那些合法拥有选择自由权利却没有条件利用这些权利的人，有条件利用它们。没有用的自由应该变得有用；然而这些自由却和利用自由所不可或缺的条件不同：这并不是一种学究式的区分。因为忽视这种分别，选择自由的意义与价值便易于被贬抑。人们在热诚创造使自由具有真实价值的社会的与经济的条件时，往往会忘记自由本身；而且，如果我们不健忘的话，在这种情况下，自由很容易被弃置一旁而被代之以那些改革家或革命家所朝思暮想的价值。”①

总而言之，说不自由是不能够按照自己的意志进行的行为，是不够精确的。因为不能够按照自己的意志进行的行为，既可能是由于行为者自身内在障碍的存在，也可能是由于行为者自身之外的外在障碍的存在：只有后者才是不自由，而前者则是没有利用自由的能力或条件。因此，精确地说，不自由乃是因有外在强制而不能按照自己的意志进行的行为；而自由则是没有外在强制而能够按照自己的意志进行的活动。这是自由与不自由的精确定义。对于这个定义，霍布斯已说得很清楚：

“自由的含义，精确讲来，是指不存在障碍。所谓障碍，我指的是动作的外部阻碍。……但是，当动作的阻碍存在于事物本身的构成之中时，我们通常不说它缺乏自由，而只说它缺乏动作的能力，如静止的石头或卧床的病人。”②

遗憾的是，今日学者，无论中西，几乎都将霍布斯关于自由的这一定义，看作是“消极自由”的定义；而认为在这种自由之外还存在什么“积极自由”。这种自由概念理论的代表，便是伯林著名的“两种自由概念”。

---

① Isaiah Berlin, *Four Essays on Liberty*, Oxford, New York: Oxford University Press, 1969, p.liv.

② Thomas Hobbes, *Leviathan*, New York: Simon & Schuster, Inc., 1997, p.159.

### 2. 两种自由概念：自由与自制之等同

最早明确提出“积极自由”与“消极自由”的学者，固然是格林（T. H. Green），但其思想渊源，却源远流长、由来久矣。可以说，这是两千多年来思想家们关于自由概念的一种思想传统。仅就这一思想传统的西方大师来说，便有苏格拉底、柏拉图、斯宾诺莎、伏尔泰、康德、费希特、黑格尔。这些思想的泰斗们看到，自由与正义、仁爱等人类的善不同：正义与仁爱都是纯粹的善，都是纯粹的好东西；而自由却不是纯粹的善，不是纯粹的好东西。因此，他们热衷于辨析自由概念而试图确立所谓“真正的自由”。结果，格林发现：真正自由就是积极自由，而消极自由则不是真正的自由。那么，究竟何谓积极自由与消极自由？

伯林引述格林的话说：“‘仅仅消除限制，仅仅使一个人能做他喜欢做的事，与真正自由还相距甚远……真正自由的理想，是人类社会的所有成员都能够使他们自己处于最佳状态的最大限度之能力。’这是积极自由的经典陈述；其关键词当然是‘真正自由’和‘他们自己的最佳能力’。”①

由此看来，所谓积极自由，也就是行为者自身所具有的进行和享受值得享受的事物的能力，是按照自己意志进行的行为者自身内在障碍之消除，因而也就是享有自由的能力；反之，消极自由则是按照自己意志进行的行为者自身之外的外在障碍、限制（如法律限制）之消除。这一定义，在格林下面的一段话里也可以得到印证：“当我们提及自由时，我们应该谨慎地考虑它的含义。我们所谓的自由并不仅仅是不受强制的自由……我们言及自由指的是一种积极的（positive）权力或能力，从而可以做或享受某种值得做或享受的事。”②萨拜因在叙述

① Isaiah Berlin, *Four Essays on Liberty*, Oxford, New York: Oxford University Press, 1969, p.xlix.

② Isaiah Berlin, *Four Essays on Liberty*, Oxford, New York: Oxford University Press, 1969, p.23.

格林的自由理论时说得就更清楚了：

"象格林所说，边沁的立场默认法律是对自由的唯一限制；然而，除非把自由武断地说成不要法律限制，这种说法也并不正确。与这种格林称之为'消极自由'的概念相反，他提出一个'积极的'定义：自由是'从事值得去做或享受值得享受的事物的一种积极的力量或能力'。自由必须不只是意味法律上的自由，而是按照现有条件发展人的能力的实际可能性，是个人真正增加分享社会有价值事物的权力，并且是为了共同利益扩大做出贡献的能力。"①

可见，在格林看来，一方面，无外在障碍的自由只是消极自由：消极自由是因没有外在障碍而能够按照自己意志进行的行为；另一方面，积极自由则是无内在障碍的自由：积极自由是因没有内在障碍而能够按照自己意志进行的行为，是行为者自身所具有的某种能力。然而，积极自由与消极自由的这种含义是根本不能成立的。因为这种所谓的积极自由——亦即按照自己意志进行的行为者自身内在障碍之消除——并不是什么自由，而是利用自由的能力或条件；反之，这种所谓的消极自由——亦即按照自己意志进行的行为者自身之外的外在障碍之消除——也就并不是什么消极自由，而是全部的自由，是自由本身。因此，伯林曾就这种含义的消极自由与积极自由发问道：

"积极自由与消极自由区分的可能与可取之处如何？这种区分跟更为深远的自由与自由的条件之区分关系如何？"②

是的，在格林那里，积极自由与消极自由之分，实际上就是利用自由的能力与自由本身之分。他的错误，就在于将利用自由的能力或条件，当作一种自由，而名之为"积极自由"。这是错误的，因为利用自由的能力，如上所述，并不是自由，并不属于自由范畴，因而也

① 萨拜因：《政治学说史》下册，商务印书馆 1986 年版，第 799 页。

② Isaiah Berlin, *Four Essays on Liberty*, Oxford, New York: Oxford University Press, 1969, p.x.

就根本不可能是什么积极自由。格林此误，推究起来，实在荒唐。因为，如果确如格林所言，行为者自身所具有的某种能力——亦即利用自由的能力——就是积极自由而属于自由范畴，那么，一个最为健康、智慧和富有的、具有最大的利用自由的能力却又枷锁在身的伟大囚徒，便是一个最自由的人了。因为按照格林的积极自由的定义，他拥有最大的积极自由。显然，格林所赋予的积极自由与消极自由的这种含义是根本不能成立的。那么，伯林对于积极自由与消极自由的理解，是否跟格林一样呢？让我们听听伯林自己是怎么说的吧：

"消极自由，关涉回答这样的问题：'主体——一个人或一群人——在怎样的限度内，是或应该被允许做他所能做的事或成为他所能成为的人，而不受到他人的干涉？'……积极自由则关涉回答这样的问题：'什么东西或什么人，是决定某人去做什么或成为什么的控制和干涉之根源？'"①

这就是说，积极自由是主动的自由，是自己做主的自由，是自己赋予自己的自由，是自己使自己自由的那种自由；反之，消极自由则是一种被容许的、被动的自由，是我得到别人的容许而被动地得到的自由，是别人做主而给予我的自由，是别人不干涉我从而赋予我的自由。举例说：

颐和园园长是个冬泳爱好者。他做出决定：颐和园可以冬泳。那么，他所享有的冬泳自由，便是主动的自由，是自己做主的自由，是自己赋予自己的自由，是自己使自己自由的那种自由，因而叫作积极自由。反之，游客当中的冬泳爱好者所享有的冬泳自由，则是一种被容许的、被动的自由，是得到园长的容许而被动地得到的自由，是园长做主而给予的自由，是园长不干涉我从而赋予我的自由，因而叫作消极自由。

---

① Isaiah Berlin, *Four Essays on Liberty*, Oxford, New York: Oxford University Press, 1969, pp. 121, 122.

这样，在一个民主国家，每个人所享有的自由便都是积极自由。因为所谓民主，就是每个公民共同地、平等地掌握国家最高权力的政体；因而在民主国家，每个人所享有的自由——不论是政治自由还是经济自由抑或思想自由——便都是每个人自己做主的自由，都是自己赋予自己的自由，是自己使自己自由的那种自由，亦即积极自由。反之，在专制国家，由于最高权力掌握在专制君主一个人手中，因而只有君主一个人所享有的自由，才是自己做主的自由，才是自己赋予自己的自由，是自己使自己自由的那种自由，亦即积极自由；而其余一切人所享有的自由，则都是一种被容许的、被动的自由，是得到君主的容许而被动地得到的自由，是君主做主而给予的自由，是君主不干涉我从而赋予我的自由，因而都是消极自由。因此，伯林写道：

"'谁统治我？'和'我被政府干涉多少？'从逻辑上看是根本不同的。积极自由与消极自由的根本区别，说到底，就存在于这种不同之中。因为要知道积极自由是什么，需要回答的问题就是'谁统治我'，而不是'我可以自由地做什么和成为什么'。"①

不难看出，伯林这种含义的积极自由与消极自由是能够成立的：这是积极自由与消极自由的最为基本的含义。因为积极的无疑是主动的，而消极的则是被动的：积极自由显然是一种主动的自由，是自己做主的自由，是自己赋予自己的自由；反之，消极自由则是一种被容许的、被动的自由，是我经过别人的容许而被动地得到的自由，是别人做主而给予我的自由。但是，从这种含义，我们显然不能得出结论说，积极自由是一种行为者没有内在障碍的自由；而只能得出结论说，积极自由与消极自由都是一种行为者没有外在障碍的自由。只不过，积极自由（亦即主动的、自己做主的自由）的外在障碍，是行为者自己消除的，因而这种自由是自己给予自己的；反之，消极自由（亦即

① Isaiah Berlin, *Four Essays on Liberty*, Oxford, New York: Oxford University Press, 1969, p. 130.

被动的、非我做主的自由）的外在障碍，则是他人消除的，因而这种自由是他人给予自己的。

就拿言论自由来说。民主国家的言论自由是每个人自己做主的自由，是积极自由；专制国家的言论自由则是君主做主而给予每个人的自由，是消极自由。但是，这两种自由岂不同样是一种没有外在障碍（如规定言论不可自由的法律之限制）的自由？只不过，民主国家的积极的言论自由的外在障碍，是每个人自己消除的，因而这种自由是自己给予自己的；反之，专制国家的消极的言论自由的外在障碍，则是专制者消除的，因而每个人的这种自由是专制者给予的。

可见，关于积极自由与消极自由，伯林与格林的定义根本不同。可是，为什么伯林却说：对于格林的积极自由与消极自由的定义——亦即不存在外在障碍的自由只是消极自由，而积极自由则是没有内在障碍的自由——“我没有什么不同意见”？[①] 原来，伯林在进一步界说自由概念时，深受柏拉图与斯宾诺莎以及康德与黑格尔的影响。可是，这些思想泰斗们在寻求真正的自由时，却误入歧途。因为他们竟然一致认为：真正的自由，亦即自主，更确切些说，是理智自主，是理智支配情欲从而能做明知当做之事而不做明知不当做之事；真正的不自由则是不自主，是理智不自主，是情欲支配理智从而去做明知不当做之事而不做明知当做之事。对于自由的这一定义，斯宾诺莎的表述最为清楚：

“受情感或意见支配的人，与为理性指导的人……我称前者为奴隶，称后者为自由人。”[②] “我把人在控制和克制情感上的软弱无力称为奴役。因为一个人为情感所支配，行为便没有自主之权，而受命运的宰割。在命运的控制之下，有时他虽明知什么对他是善，但往往被迫

---

① Isaiah Berlin, *Four Essays on Liberty*, Oxford, New York: Oxford University Press, 1969, p.xlviii.

② 斯宾诺莎：《伦理学》，商务印书馆 1962 年版，第 205 页。

而偏去作恶事。”①

伯林完全接受了这种所谓“真正自由”的思想传统，而名之为“积极自由”：积极自由就是自主，亦即自己的理智自主或理智支配感情。他写道：“认为自由即是自主的积极的自由观念，实已蕴涵自我的分裂和斗争，在历史上、理论上、实践上，均轻易地将人格分裂为二：一是超验的、理智的、支配的控制者，另一则是被它训导的一大堆经验界的欲望与激情。”②

如果这种所谓真正自由或积极自由的定义——理智支配感情——能够成立，那么，这种自由确实就是一种自身的内在障碍——不理智的感情——之消除，因而也就可以名之为积极自由，从而消除外在障碍的自由也就只能是消极自由了。所以，伯林接着说：“自由就是自主，就是实行自我意志的障碍之消除；而不论这些障碍是什么——自然的对抗、自己的不能驾驭的感情、不合理的制度、他人与我相反的意志和行为。”③

这显然意味着：如果实行自我意志的障碍是存在于自己身外的“自然的对抗”、“不合理的制度”、“他人与我相反的意志和行为”，则该障碍的消除之自由，便是消极自由；如果这障碍是存在于自己身内的“自己的不能驾驭的感情”，则该障碍的消除之自由，便是积极自由。

可见，正是理智自主的自由定义，使伯林回到了格林的积极自由与消极自由之错误定义：积极自由是不存在内在障碍之自由；消极自由是不存在外在障碍之自由。因此，问题的关键在于：自己的理智自主或理智支配感情，究竟是不是自由？如果是，那么，这种自由确实就是一种自身的内在障碍——亦即自己的感情——之消除，因而也

---

① 斯宾诺莎：《伦理学》，商务印书馆1962年版，第154页。

② Isaiah Berlin, *Four Essays on Liberty*, Oxford, New York: Oxford University Press, 1969, p. 122.

③ Isaiah Berlin, *Four Essays on Liberty*, Oxford, New York: Oxford University Press, 1969, p. 146.

就确实存在着两种自由：消除内在障碍的自由与消除外在障碍的自由；反之，如果理智支配感情并不是自由，那么，由此就不能说存在着内在障碍之消除的自由，就不能否定自由与外在障碍之消除是同一概念。那么，理智支配感情究竟是不是自由？

答案是否定的。理智做主、理智支配情欲，并不是自由，而是自制或节制：自制或节制就是理智支配情欲；反之，情欲做主、情欲支配理智，并非不自由，而是不自制或放纵。因此，斯宾诺莎及其后继者伯林，认为理智支配情欲就是自由——情欲支配理智就是不自由——的观点，是错误的：它误将自制与自由、不自制与不自由等同起来。

殊不知，“自制”与“自由”——“不自制”与“不自由”——根本不同。因为，不难看出，一个人不论是“自制、理智支配情欲、照自己的理智而行”，还是“不自制、情欲支配理智、照自己的情欲而行”，都是在照自己的意志而行：只不过前者是自己的理智的意志，后者是自己的不理智的意志罢了。因此，一个人不论是受理智支配，还是受情欲支配，他都是自主的、自由的。只不过，受理智支配是自己的理智做主、是理智自由；受情欲支配是自己的情欲做主、是自己的情欲自由罢了。举例说：

一个人知道饮酒有害，遂不再饮酒，是按照自己的意志（不饮酒的意志）而行，是自由。但是，他若酒瘾上来，明知饮酒有害，却不由自主饮起酒来，岂不也是按照自己的意志（饮酒的意志）而行吗？他的不由自主，只不过是不由自己的理智做主，而由自己的情欲做主，因而仍是自己做主，而非他人做主。所以，受情欲支配而不由自主的人，并非不自由，而是不自制：他缺乏的不是自由，而是自制能力。

可见，认为理智支配情欲就是自由而情欲支配理智就是不自由的观点，是错误的：它将自制与自由、不自制与不自由等同起来。这种观点不但错误，而且荒谬。试想，如果自制——理智支配情欲——

就是自由，那么，一个人只要自制力极强，即使他是个毫无自由可言而身戴枷锁的苦役犯，他也是最自由的人了；反之，如果没有自制力——亦即没有理智支配情欲的能力——就是不自由，那么，一个人只要极端缺乏自制力，即使他是个拥有最多自由的专制君主，他也是个最不自由的人了。这样一来，在一个极其自由的宪政民主的社会里，却生活着极不自由的人们：如果这个社会的人们极端放纵而缺乏自制力的话。反之，在一个毫无自由可言的专制的社会里，却生活着极为自由的人们：如果这个社会的人们极端理智而富有自制力的话。这岂不荒谬之至！

认为理智支配情欲就是自由、亦即所谓积极自由的观点之荒谬，还在于：它势必导致专制。因为正如伯林所言："我的理智若要胜利，便必须消除和压抑那些使我堕为奴隶的我的'低下'的本能、激情、欲望；同样地，社会上那些高贵者——受过更好教育、更为理智而为同时代最有见识者——也就可以强制那些不理智的成员，使他们变成理智的人。"[①]"如果这种积极的自由观念导致专制，即使是最好的最开明的君主专制，毕竟还是专制；正如《魔鬼》一剧中萨拉斯特罗的殿堂，毕竟还是炼狱一样。然而，这种专制原来却又与自由是一回事。那么，是否这个论证的前提有什么缺陷？或是这些基本假定本身出了什么错误？"[②]是的，从上可知，伯林的前提确实发生了错误：导致专制的前提"理智做主而支配情欲"，并不是什么"自由"，而是"自制"："自制"可以导致专制；"自由"怎么能导致专制呢？

可见，柏拉图、斯宾诺莎、康德和黑格尔及其后继者伯林，认为真正的自由就是自己的理智做主从而支配感情，是错误的：理智支配

---

① Isaiah Berlin, *Four Essays on Liberty*, Oxford, New York: Oxford University Press, 1969, p. 134.

② Isaiah Berlin, *Four Essays on Liberty*, Oxford, New York: Oxford University Press, 1969, p. 154.

感情乃是自制而绝不是自由；自制与自由根本不同。这样，一方面，伯林从“理智支配感情就是自由”的错误前提出发，认为这种自由就是积极自由，断言积极自由就是一种自身的内在障碍——亦即不理智的感情——之消除，是不能成立的。另一方面，他由此认为存在着两种自由——亦即消除内在障碍的积极自由与消除外在障碍的消极自由——也是不能成立的。

当然，伯林与格林的错误，并不在于区分自由为积极与消极两大类型——自由无疑可以分为积极自由与消极自由两大类型——而只在于他们对积极自由与消极自由的定义：他们都误将一个人自己所具有的利用自由的能力（亦即他实行自己意志的自身内在障碍之消除）当作积极自由，进而误将他实行自己意志的外在障碍之消除（亦即自由本身）当作消极自由。换言之，他们都误将利用自由的能力与自由本身等同起来，因而误将前者叫作积极自由，误将后者叫作消极自由。只不过，格林是直接将利用自由的能力——亦即实行自己意志的自身内在障碍之消除——叫作积极自由；而伯林虽然反对将利用自由的能力与自由本身等同起来，但是，由于他误将理智支配感情当作自由，因而也就间接地将利用自由的能力——亦即实行自己意志的自身内在的感情障碍之消除——叫作积极自由罢了。伯林和格林关于积极自由与消极自由的定义之错误，进一步表明霍布斯关于“自由”与“利用自由的能力或条件”之辨是真理：

自由仅仅是实行自我意志的自身之外的外在障碍之消除；实行自我意志的自身内在障碍之消除，并不是自由，而是利用自由的能力或条件。

伯林和格林的积极自由与消极自由的定义既然是错误的，那么，正确的定义究竟是怎样的？不难看出，积极自由与消极自由具有双重含义。一方面，如上所述，积极自由与消极自由无疑具有主动的自由与被动的自由之意：所谓积极自由，亦即主动的自由，也就是自己做主的自由；反之，所谓消极自由，亦即被动自由，也就是非我做主的自由，是他人做主而赋予我的自由，亦即他人不干涉我而赋予我的自由。这样，积极自由与消极自由便都是一种行为者没有外在障碍的自由：只不过，积极自由（亦即主动的、自己做主的自由）的外在障碍，是行为者自己消除的，因而这种自由是自己给予自己的；反之，消极自由（亦即被动的、非我做主的自由）的外在障碍，则是他人消除的，因而这种自由是他人给予自己的。

另一方面，积极自由无疑是进行某种活动的自由，是按照自己的意志而进行某种行为的自由；消极自由是不进行某种活动的自由，是按照自己的意志而不进行某种行为的自由。比如说，我今天愿意上课，如果我能够按照自己的意志去上课，我就获得了积极自由：它是我进行某种行为的自由。相反地，我今天不愿意上课，如果我能够按照自己的意志不去上课，我就获得了消极自由：它是不进行某种行为的自由。从这种含义来看，显然也不能说积极自由（进行某种活动的自由）是消除内在障碍的自由，而消极自由（不进行某种活动的自由）是消除外在障碍的自由。二者显然都是一种行为者没有外在障碍的自由：只不过，积极自由的外在障碍，是进行某种活动的障碍；而消极自由的外在障碍，则是不进行某种活动的障碍罢了。

这些就是积极自由与消极自由的真正含义吗？是的。不过，“积极自由”的英文是 positive liberty；“消极自由”的英文是 negative liberty：二者也可以分别汉译为“肯定的自由”与“否定的自由”或者“正面的自由”与“负面的自由”。这些自由的含义比较模糊。一方面，它们可以具有积极自由与消极自由的含义。因为确实可以说，如果我能够按照自己的意志去上课，我就获得了积极的、肯定的、正面的自由；如果我能够按照自己的意志不上课，我就获得了消极的、否定的、负面的自由。

另一方面，“肯定的自由”与“否定的自由”以及“正面的自由”

与“负面的自由”显然又具有正确的、正价值的、应该的自由与错误的、负价值的、不应该的自由之意。因为确实可以说，如果我能够按照自己的意志帮助了别人，我就获得了肯定的或正面的自由：这种自由是正确的、正价值的、应该的；如果我能够按照自己的意志损害了别人，我就获得了否定的或负面的自由：这种自由是错误的、负价值的、不应该的。从这种含义来看，显然不能说，肯定的或正面的自由（亦即正确的、应该的自由）是行为者没有自身内在障碍的自由；而否定的或负面的自由（亦即错误的、不应该的自由）是行为者没有自身之外的外在障碍的自由：这两种自由的不同，显然仅仅在于二者的道德效用，而与实行意志的障碍究竟是什么障碍——内在障碍还是外在障碍——无关。

综上可知，自由确实可以分为“积极自由”与“消极自由”、“肯定的自由”与“否定的自由”以及“正面的自由”与“负面的自由”：这些自由同样都是实行自我意志的自身之外的外在障碍之消除；而不是实行自我意志的自身内在障碍之消除。实行自我意志的自身内在障碍之消除，乃是利用这些自由的能力或条件，而并不是这些自由本身：自由，就其本身来说，就是实行自我意志的自身之外的外在障碍之消除，就是不存在外在障碍因而能够按照自己意志进行的行为。但是，不言而喻，自由的这些类型，实为常识，而并不具有重大学术价值。那么，具有重大学术价值的自由的类型是什么？当然是古今中外一直争论不休的意志自由与政治自由、经济自由、思想自由。这些自由的类型可以归结为两类：意志自由与公民自由。

### 3. 自由：意志自由与公民自由

何谓意志自由？张岱年说：“意志自由谓意志自己决定。”[①] 这就是

① 张品兴主编：《人生哲学宝库》，中国广播电视出版社1992年版，第213页。

说，意志自由就是意志的自由，就是意志自己决定自己而不是被意志之外的东西决定。[①]这种顾名思义的定义，正如洛克所言，是不恰当的："意志是否自由问题是不适当的，只有人是否自由的问题才是适当的。"[②]因为所谓自由，如所周知，乃是一个人能够按照他自己的意志进行的行为。因此，意志自由并不是一个人的意志的自由，而是一个人自己的自由，是一个人能够自己决定自己的意志、自己选择自己的意志的自由。就是说，一个人的意志自由，并不是说，他的意志能够由意志自己决定，而是说，他的意志能够由他自己决定。这样，所谓意志自由，也就是一个人的意志能够由他自己决定、自己选择的自由：意志自由就是一个人自己能够选择自己的意志之自由。比如说，一个人有了上街买花的意志。那么，这一意志能够由他自己决定、自己选择吗？他可以放弃这一意志，而代之以在家写作的意志吗？如果可以，那么，他的意志就是自由的，他就拥有意志自由；如果不可以，如果他上街买花的意志是必然的、不可选择、不由自主的，那么，他上街买花的意志就是不自由的，他就不能拥有意志自由。

意志，如所周知，乃是行为的充分且必要条件：有什么样的意志，就必定有什么样的行为；没有什么样的意志，就必定没有什么样的行为。所以，意志自由，说到底，也就是行为自由，亦即行为选择之自由。这样，一个人，如果至少能够在两种可能的行为中进行选择，那么，他的意志就是自由的，他就拥有意志自由：意志自由就是行为选择之自由。反之，如果他只能进行一种行为而别无选择，那么，他的意志就是不自由的，他就不拥有意志自由：意志不自由就是没有行为选择之自由。因此，"意志自由"、"行为自由"和"选择自由"三者乃是同一概念。所以，包尔生说：意志自由"意味着能够按照一个人

① 包尔生：《伦理学体系》，中国社会科学出版社1988年版，第385页。
② 洛克：《人类理解论》，商务印书馆1958年版，第215页。

自己的意志做出决定和采取行动（选择的自由）”[①]。

然而，每个人的意志究竟是自由的还是不自由的？围绕这一问题，自古以来，哲学家们便一直争论不休。这些争论，如所周知，可以归结为两大流派：一派叫作“决定论”，认为每个人的任何意志或行为的发生，都是必然的、被必然决定的，因而不可能存在什么意志自由；另一派叫作“非决定论”，认为每个人的任何意志的发生都是偶然的、非必然决定的，因而意志是自由的。

毋庸赘言，如果仅就结论而不谈论证过程，那么，显而易见：非决定论是真理而决定论是谬误。因为正如伯林所言，只有非决定论是真理，才会有选择和责任；如果决定论是真理，那么，选择和责任就都不可能存在了：这显然是极其荒谬的。[②]但是，如果就两派的论证来看，却都是错误的：它们都将因果性与必然性混为一谈。

决定论正确看到：“一切事物、任何意志的发生都必然有其原因，都必然被其原因所决定。”但是，从此出发，决定论却将因果性当作必然性，因而得出错误的结论：“一切事物、任何意志的发生都是必然的、必定的、不可能存在什么意志自由。”

反之，非决定论，则正如包尔生所言，错误地认为：“意志本身并不是由原因决定的，而是自己的决定的最后的、再无其他原因的原因，它绝对独立于受因果律支配的世界上事物的发展过程。”[③]不过，从这种错误的前提，非决定论却将无原因当作非必然，因而得出了正确的结论：意志是非必然决定的，是自由的。

因此，摩尔在总结意志自由的争论时写道：“在对于自由意志的争论中，人们常常以为这一争论完全是对于是否每一事物都是某种原因

---

① 包尔生：《伦理学体系》，中国社会科学出版社 1988 年版，第 385 页。

② Isaiah Berlin, *Four Essays on Liberty*, Oxford, New York: Oxford University Press, 1969, p.xv.

③ 包尔生：《伦理学体系》，中国社会科学出版社 1988 年版，第 386 页。

引起的这一问题的争论，或者说，他们以为这一争论是对意志行为是否有没有前因这一问题的争论。那些认为我们具有自由意志的人认为自己必须主张意志有时没有原因；而那些认为每一事物都有其原因的人认为，每一事物都有其原因本身就证明了我们不具有自由意志。”[①]

可见，决定论与非决定论犯有一个共同错误：都把因果性当作必然性。但是，因果性与必然性根本不同。一切事物的发生都必然有原因，这是千真万确的。不过，其原因既可能是必然的，也可能是偶然的：若是必然的，则该事物的发生便是必然的；若是偶然的，则该事物的发生便是偶然的。一般说来，引发事物的特殊的、具体的原因，都是偶然的；而只有引发事物的普遍的原因，才是必然的。试想，每个人的死亡都必然有原因：既有必然的原因，也有偶然的原因。这可以从两方面看。一方面，就每个人死亡的普遍原因来说，是必然的：死亡是新陈代谢的必然。所以，每个人的死亡都是必然的。另一方面，就每个人死亡的特殊原因——每个人究竟何时何地如何死亡——来看，当然也必然有其原因，但其原因显然是偶然的。所以，每个人何时何地如何死亡是偶然的。就拿居里被马车碾死来说，当然必然有其原因。但其原因却是偶然的：恰好那天早晨在居里上班的路上驶来一量马车把居里压倒，纯系偶然。因此，居里被马车碾死是偶然发生的。这样，虽然居里被马车碾死必然有原因，但居里被马车碾死却是偶然的。

这样，一方面，“一切事物的发生都必然有原因”与“一切事物的发生都是必然的”根本不同：前者是事物的因果性；后者是事物的必然性。决定论的错误就在于把二者等同起来，由“万物的发生皆必然有原因”的正确前提，错误地得出结论说：万物的发生都是必然的，因而也就不可能存在什么意志自由了。另一方面，每个人的意志都是自由的，并不是因为意志是没有原因的，而是因为其具体的、特殊的

① 摩尔：《伦理学》，中国人民大学出版社 1985 年版，第 104 页。

原因是偶然的，因而是可以选择的，是自由的。非决定论的错误就在于将原因与必然以及无原因与偶然等同起来，从而由意志无原因的错误前提得出了正确结论：意志是可以选择的，是自由的。合而言之，决定论与非决定论的错误，说到底，都是一种混淆概念的错误：二者都将因果性与必然性混为一谈。由此可以理解为什么伯林说："在我看来，意志自由问题的解决要求一套新的概念工具而摆脱传统术语的束缚。然而，就我所知，迄今还没有人能做到这一点。"①

不过，从意志自由的争论毕竟可以看出，真正说来，意志自由的问题只关乎必然性与偶然性，而与因果律无关：哪里有偶然性，哪里就有意志自由；哪里有必然性，哪里就没有意志自由——意志自由只存在于偶然性领域，而不存在于必然性王国。但是，由此不能得出结论说：必然性与意志自由绝对对立。事实上，人只有在没有认识必然性的时候，才会被必然性奴役，必然性才是意志自由的某种障碍；而在人认识了必然性之后，就能够按照自己的意志来利用必然性为自己服务。这样，必然性就不但不是意志自由的障碍，而且是意志自由的前提与根据：对必然性的认识，是意志自由的前提与根据。举例说，为什么唐太宗吞金服药以求长生不死，却未能成功获得长生不死之自由？岂不就是因为他没能认识死亡之必然性，而误以为人可能长生不死？相反，孙思邈之所以养生而得长命百岁之自由，岂不就是因为他深谙唯养生可得长寿，而人生不能无死之必然？所以，斯宾诺莎说："自由是对必然的认识。"② 黑格尔说："自由以必然为前提。"③ 恩格斯说："自由是在于根据对自然界的必然性的认识来支配我们自己和外部自然界。"④

---

① Isaiah Berlin, *Four Essays on Liberty*, Oxford, New York: Oxford University Press, 1969, p.lxiii .

② 斯宾诺莎：《伦理学》，商务印书馆 1962 年版，第 224 页。

③ 黑格尔：《小逻辑》，商务印书馆 1980 年版，第 323 页。

④ 《马克思恩格斯选集》第 3 卷，人民出版社 1972 年版，第 111 页。

因此，所谓意志自由，说到底，也就是按照自己的意志利用必然性来改变偶然性从而选择实现某种可能性的活动，也就是任意选择可能性的行为或任意改变偶然性的行为：这是意志自由的精确定义。从这个定义来看，意志自由无疑是一种必然的、普遍的、绝对的、无条件的自由。因为每个人，不论在任何条件下，不论他陷入何等困境，不论他多么不自由，他毕竟与一棵树一根草不同。他必然总会有不同的可能活动可以按照自己的意志进行选择，他必然总会有不同的偶然活动可以按照自己的意志进行改变：他必然总会有一定的自由。比如说，他身陷囹圄，极度不自由，却总可以按照自己的意志从床上先左脚而不是右脚下地、向前看而不向后看，如此等等。因此，意志自由是必然的、普遍的、绝对的、无条件的，是每个人的一切行为——不论这种行为多么不自由——所必然拥有的一种类型的自由。所以，萨特一再说："自由仅仅意味着这样的事实，即这种选择总是无条件的。"[①]"我不得不自由。这就是说，除自由本身外，找不到我的自由的限度；也不妨说，我们没有不要自由的自由。"[②]这恐怕是因为，意志自由乃是动物之为动物的本性：动物就是能够自由运动的生物。因此，意志自由乃是人的动物本性，没有这种自由，哪怕只是一瞬间，人就不再是动物了，人就不再是能够自由运动的生物了：这或许就是为什么意志自由是必然的、绝对的、无条件的原因。

除了意志自由，其他一切自由，如政治自由、经济自由以及思想自由等等，都是偶然的、特殊的、具体的、相对的、有条件的自由。这些自由都是具体的、特殊的，因为它们必定都仅仅是每个人的某部分行为——而不是一切行为——所拥有的自由：经济自由是经济行为的自由、政治自由是政治行为的自由、思想自由是传达和交流思想

① 萨特：《存在与虚无》，生活·读书·新知三联书店 1987 年版，第 64 页。
② 张品兴主编：《人生哲学宝库》，中国广播电视出版社 1992 年版，第 239 页。

的行为的自由。这些自由都是偶然的、相对的、有条件的，如政治自由以民主为条件、经济自由以政府不干涉为条件、思想自由以没有任何限制为条件等等。

这样，自由便分为两大类型：普遍的、必然的、绝对的、无条件的自由与特定的、具体的、偶然的、有条件的自由。普遍的、必然的、绝对的、无条件的自由只有一种：就是意志自由或选择自由。特定的、具体的、偶然的、有条件的自由，则远为复杂。首先，这种自由可以分为两类：集体自由与个人自由。所谓个人自由，不言而喻，就是一个人自己所享有的自由。反之，所谓集体自由，则是两个以上的人所结成的团体之自由，如国家自由、民族自由、社团自由等等。集体自由一目了然、极为简单；反之，个人自由则十分复杂。这种自由，正如卢梭等社会契约论者所言，可以进一步分为个人的自然自由与个人的社会自由或公民自由："我们必须清楚地区分仅仅是以个人的力量为其界限的自然的自由，和被普遍意志约束的社会自由。"[①]

个人的自然自由，亦即所谓自然自由，是个人在社会之外的自然状态中生活的自由。就某个人来说，自然自由是可以实际存在的，如那位被日本抓去的中国劳工逃进深山的十三年孤身一人生活之自由。但就人类来说，自然自由实际上是不存在的。因为人类是社会动物，不可能先处于自然状态，尔后进入社会状态。不过，正如罗尔斯所说，自然状态在历史上、实际上的不存在，并不妨碍其在逻辑上、理论上的存在。这种存在于理论假设中的人在自然状态中的自由之必要性在于，它是推导人在社会状态中所应享有的自由之前提。他这样写道："平等的原初状态类似于传统的社会契约理论中的自然状态。当然，这种原初状态不可以被看作一种实际的历史状态，也不是人类文明的原始状态。它应被理解为一种可以导致某种正义观念的纯粹假设

① 卢梭：《社会契约论》，商务印书馆 1991 年版，第 30 页。

状态。"①

每个人在社会状态中的自由，则是个人的社会自由，亦即所谓社会自由或公民自由。而人们的社会活动，如前所述，无非四种：一是创获物质财富的活动；二是创获精神财富的活动；三是直接不创获财富的管理活动；四是完全不创获财富的人身活动。这样，相应地，社会自由便分为四种：（1）经济自由，是每个人创获物质财富的自由，如财产自由、劳动自由、就业自由、经营自由、贸易自由等等；（2）思想自由，是每个人创获精神财富的自由，如言论自由、出版自由、新闻自由、宗教自由、信仰自由等等；（3）政治自由，是每个人参加社会管理活动的自由，如选举自由、投票自由、结社自由、游行自由等等；（4）人身自由，是每个人的不创获财富的活动之自由，如恋爱自由、结婚自由、居住自由、迁徙自由、通信自由等等。

总之，自由的分类可以表示如图：

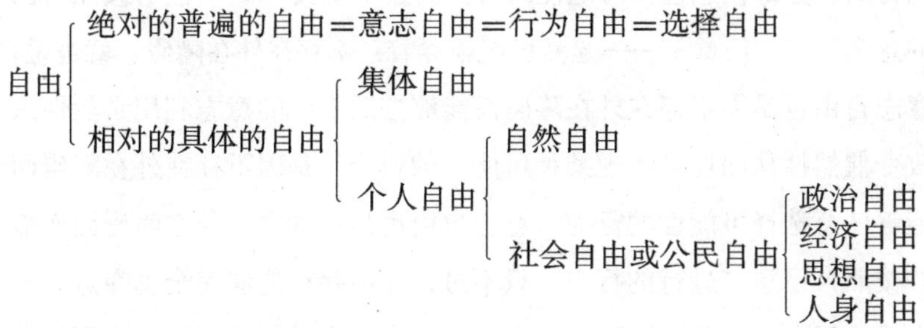


然而，哲学家们大都将"意志自由"与"自由"完全等同起来：他们的自由概念，就是意志自由概念。例如，海德格尔说："自由仅在于选择一种可能性，这就是说，在于承担未选择其它可能性并且也不可能选择它们这回事。"② 萨特说："我们在这里考察的关于自由的

① John Rawls, *A Theory of Justice* (Revised Edition), Cambridge, Massachusetts: The Belknap Press of Harvard University Press, 2000, p. 11.

② 海德格尔：《存在与时间》，生活·读书·新知三联书店 1987 年版，第 340 页。

技术的和哲学的概念则只不过是这样一个概念，它意味着：选择的自主。"[①] 斯宾诺莎说："自由是对必然的认识。"[②] 黑格尔说："自由以必然为前提。"[③] 恩格斯说："自由是在于根据对自然界的必然性的认识来支配我们自己和外部自然界。"[④] 如此等等：这哪里是自由的定义？岂不都是意志自由的定义吗？照此看来，也就存在着两个自由概念。一个是所谓的哲学的自由概念：按照自己的意志利用必然性来改变偶然性从而选择实现某种可能性的行为，亦即任意选择可能性的行为；另一个是伦理学、政治学或社会科学的自由概念：没有外在障碍因而能够按照自己意志进行的行为。

这种两个自由概念的观点是不能成立的。实际上，只有一个自由概念，那就是：没有外在障碍因而能够按照自己意志进行的行为。意志自由也隶属于这一自由概念。因为所谓意志自由，如上所述，是能够按照自己的意志利用必然性来改变偶然性从而选择实现某种可能性的行为，亦即任意选择可能性的行为。这个定义——"能够按照自己的意志"或"任意"——显然已经蕴涵着：不存在外在障碍。就是说，意志自由也是因不存在外在障碍而能够按照自己的意志利用必然性来改变偶然性从而选择实现某种可能性的行为，是因不存在外在障碍而能够任意选择可能性的行为：意志自由也是一种没有外在障碍因而能够按照自己意志进行的行为。只不过，并不存在能够完全剥夺意志自由或选择自由的外在障碍。或者说，意志自由的外在障碍只能剥夺某种意志的自由，而不能完全剥夺意志自由，因为意志自由是一种绝对的、无条件的自由。举例说，我被囚禁一室，无疑是我的意志自由的一个外在障碍。但是，这种外在障碍，只能剥夺我某种意志自由，如

---

① 萨特：《存在与虚无》，生活·读书·新知三联书店1987年版，第620页。

② 斯宾诺莎：《伦理学》，商务印书馆1962年版，第224页。

③ 黑格尔：《小逻辑》，商务印书馆1980年版，第323页。

④ 《马克思恩格斯选集》第3卷，人民出版社1972年版，第111页。

到室外散步；却不能完全剥夺我的意志自由，因为我总会有种种其他的意志自由，如可以选择坐着还是躺下、凝视墙壁还是望着屋顶等等的自由。

可见，意志自由或选择自由——亦即任意选择可能性的行为——也是一种没有外在障碍因而能够按照自己意志进行的行为，因而隶属于自由概念：没有外在障碍因而能够按照自己意志进行的行为。于是，也就只有一个自由概念：没有外在障碍因而能够按照自己意志进行的行为。因此，一方面，所谓哲学的自由概念——亦即按照自己的意志利用必然性来改变偶然性从而选择实现某种可能性的行为，亦即任意选择可能性的行为——并不是自由概念，而是意志自由概念；另一方面，所谓伦理学、政治学或社会科学的自由概念——亦即没有外在障碍因而能够按照自己意志进行的行为——就是自由概念，它普遍适用于一切科学和常识，而不仅仅是伦理学、政治学或社会科学的自由概念。两个自由概念的错误，就在于将意志自由概念当作自由概念，致使本末完全颠倒起来：意志自由本来是自由的一个具体种类，却被当作自由；而自由反倒被当作意志自由的一个具体种类。

这样，自由显然是伦理学的研究对象，而不是哲学的研究对象。哲学研究的并不是自由，而是自由的一种：意志自由。然而，自由是一般，意志自由是具体。因此，说伦理学研究自由而哲学研究意志自由，岂不意味着：伦理学研究的是一般的东西，而哲学研究的却是具体的东西？非也。因为意志自由固然只是自由之一种，但是，它却直接关涉极其普遍的东西：必然与偶然、可能与现实、原因与结果。因为如上所述，意志自由乃是按照自己的意志利用必然性来改变偶然性从而选择实现某种可能性的活动。这就是意志自由为什么会成为哲学研究对象的缘故：必然与偶然、可能与现实、原因与结果岂不只能是哲学的研究对象吗？因此，与其说哲学研究意志自由，毋宁说哲学研究意志自由之必然性、偶然性与因果性以及可能性与现实性：这就是为什么哲学并不专门研究自由范畴，而是将自由放到必然与偶然以及可能与现实诸范畴之中进行考察的缘故。

可是，伦理学究竟研究自由的哪些属性呢？我们知道，伦理学是关于优良道德的科学。因此，伦理学对于自由的研究，无疑全在于确证自由为一种优良道德原则。这样，伦理学便不能研究一切种类的自由：它不研究意志自由。因为意志自由，如上所述，是一种绝对的、必然的、无条件的行为；而绝对的、必然的、无条件的行为显然是不能被奉为行为应该如何的道德规范的。伦理学只能研究相对的、偶然的、有条件的自由；如政治自由、经济自由、思想自由等等；因为只有这种行为才可能被奉为行为应该如何的道德规范。为此，伦理学无疑必须辨析自由概念。但是，仅仅辨析自由概念是不够的；还必须把握自由的价值：只有知道了自由的价值，才能知道自由——政治自由、经济自由、思想自由等等——为什么应该是一种道德原则和究竟应该是一种怎样的道德原则。那么，自由究竟有何价值？

## 二、自由价值

### 1. 自由的内在价值：自由是最深刻的人性需要

"生命诚可贵，爱情价更高，若为自由故，二者皆可抛。"谁人不晓得这首诗？哪首诗能比这首流传得更广？从古到今，几乎无人不热爱、追求和颂扬自由。可是——伯林问得好——"自由有什么价值？它是不是人类的一种基本需要？或只是达成其他一些基本需求的先决条件？"①

自由确是人类的一种基本需要。因为，正如巴甫洛夫所说，任何

① Isaiah Berlin, *Four Essays on Liberty*, Oxford, New York: Oxford University Press, 1969, p.lix.

形态的物质之所以能够保持自身的存在，都同样有赖于自身内部诸因素之间及其复合体与外界环境之间的平衡。而物质形态越高级复杂，它内外平衡的保持便越困难，它保持平衡的条件也就越复杂高级。①石头的平衡几乎在任何条件下都可以保持。植物则需要阳光、水分、营养。动物比植物更高级，那么，它所特有的保持平衡、维持生存的根本条件是什么呢？是自由运动能力：动物是能自由运动的生物；植物是不能自由运动的生物。植物不具有自由能力，是因为没有自由能力，它们也可以生存：植物不需要自由。反之，动物若不具有自由能力，便不可能维持生存。就拿那笨猪来说吧。若是它真笨得完全丧失自由能力，而像一棵树那样，固定在某个地方不动，任凭风吹日晒雨淋，它还能生存吗？所以，动物的生存需要自由：自由是动物生存的根本条件、根本需要。巴甫洛夫说：

"自由反射当然是动物的一种共同特性，一种普遍的反应，而且也是最重要的先天反射之一。缺少这种反射，一个动物所面临的每一细微障碍，都会完全阻碍它的生活过程。这是我们很熟知的；因为一切动物，当剥夺了它们的通常自由，便奋力于解放自己，特别是野生动物在第一次被擒获时是如此的。"②

动物所固有的，人无不具有。自由是动物的基本需要，也就不能不是人的基本需要。而且人对自由的需要程度，远比其他动物更为基本、更为重要。因为低级物质形态没有自由的需要和自由的能力；自由是物质形态发展到动物阶段才产生的高级需要、高级能力。推此可知，在动物进化的阶梯上，越是低级的动物，对自由的需要就越少、越不重要、越不基本；越是高级的动物，对自由的需要就越多、越重要、越基本。人是最高级的动物，所以人对自由的需要便最多、最重

① 巴甫洛夫：《条件反射演讲集》，人民卫生出版社 1954 年版，第 3 页。
② 巴甫洛夫：《条件反射演讲集》，人民卫生出版社 1954 年版，第 224 页。

要、最基本：自由是最深刻的人性需要。

那么，具体说来，自由在人的需要的层次上究竟占有怎样深刻、基本的地位呢？马斯洛说："至少有五种目标，我们可以称之为基本需要。扼要地说，这就是生理、安全、爱、尊重和自我实现。"① 自由需要的基本程度大体与安全和爱相当。自由不及生理需要基本。伯林说："埃及农民对于衣物和医药的需要优先于、强烈于对个人自由的需要。"② 但自由的需要比尊重和自我实现更基本。因为一个人即使尊重丧尽、碌碌无为，他总还是能够活着；若是自由丧尽，像植物一样，那他要生存便万万不能了。所以，汤因比说："没有最低限度的自由，人就不可能生存，正如没有最低限度的安全、正义和食物便不能生存一样。"③

自由是人的一种基本需要。而有什么需要，便会有什么欲望；有什么欲望，便会有什么目的：欲望是对需要的觉知；目的是为了实现的欲望。所以，全面地看，应该说：自由是人的一种基本需要、基本欲望、基本目的。换言之，人活动的基本目的之一，便是为了满足自由需要、实现自由欲望、达成自由目的。这就是为什么在人类历史上，会有那么多自由的斗士，他们不惜从事生死搏斗，为的只是自由。这就是为什么即使自由带来灾难和痛苦，这种自由本身也是让人快乐的好事情；纵令奴役带来幸福和快乐，这奴役本身也是令人痛苦的坏东西："任何人生来都渴求自由、痛恨奴役状况。"④ 一句话，人们往往是为自由而求自由：自由是目的而不是手段。萨特甚至认为，人的一切活动根本说来都应该以自由为目的：

---

① 马斯洛等：《人的潜能与价值》，华夏出版社 1987 年版，第 176 页。

② Isaiah Berlin, *Four Essays on Liberty*, Oxford, New York: Oxford University Press, 1969, p.124.

③ Edgar Bodenheimer, *Jurisprudence: The Philosophy and Method of The Law*, Cambridge, Massachusetts: Harvard University Press, 1967, pp.201, 202.

④ 博登海默：《法理学——法哲学及其方法》，华夏出版社 1987 年版，第 272 页。

"当我宣称：在每一具体环境下，自由不外是以自己的要求为目的的。这时候，如果有人一旦明白了他是在孤寂中估价事物，那么他除了要求把自由这一件事情作为一切价值的基础之外，不复再有其他要求。这一点，绝不是说他是抽象地要求自由，而只是说：老实人的行为的最根本的意思是：就自由而求自由。我们要求的是以自由为目的的自由，是在各种特殊环境下均有的自由。"①

萨特此论未免偏狭。自由不可能是人的一切活动的根本目的，因为人类还有其他基本需要。但是，自由确是人类活动的基本目的之一。因此，自由有价值，根本说来，并不是因为它是达成其他有价值的、可欲的事物之手段；而是因为自由本身就是有价值的、可欲的，就能够满足人们的需要，就是人们所追求的目的：自由具有内在价值。

因为所谓内在价值，相对外在价值或手段价值而言，源于亚里士多德的"内在善"与"手段善"之分："善显然有双重含义，其一是事物自身就是善，其二是事物作为达到自身善的手段而是善。"② 因此，内在价值也可以称之为"目的价值"（value as an end）或"自身价值"（value-in-itself），是其自身而非其结果就是可欲的、就能够满足需要、就是目的的价值。例如，健康长寿自身就是可欲的，就是人们追求的目的，就是有价值的，因而具有内在价值。反之，所谓外在价值，亦即手段价值，乃是其结果是可欲的、能够满足需要从而是人们追求的目的的价值。例如，冬泳的结果——健康长寿——是可欲的，是有价值的，是人们所追求的目的，因而冬泳具有外在价值、手段价值。准此观之，自由不仅本身就有价值，就是人们所追求的目的，因而具有内在价值；而且还具有外在价值：自由还是达成其他众多有价值事物的一种手段。

---

① 萨特：《存在主义是一种人道主义》，上海译文出版社 1988 年版，第 36 页。

② 亚里士多德：《尼各马科伦理学》，中国社会科学出版社 1990 年版，第 8 页。

## 2. 自由的外在价值：自由是达成自我实现和社会进步的根本条件

自由所能达成的有价值事物，不胜枚举；更确切些说，自由乃是获得一切有价值的事物的最根本的必要条件。因为，如前所述，自由就是没有外在障碍而能够按照自己的意志进行的行为：自由是一种能够的、可能的行为，是行为的可能性，亦即行为的机会。这就是说，自由的价值乃在于提供种种机会。所以，哈耶克说："自由能够给予个人的只是种种机会。"①菲利普斯（H. B. Phillips）也这样写道："在一个进步的社会，对于自由的任何限制，都会减少可尝试事情之数量，从而降低社会进步的速度。"②因此，如果有自由，就有获得一切有价值的事物的机会，就可能获得各种有价值的事物；如果没有自由，就没有获得一切有价值的事物的机会，就不可能获得各种有价值的事物：自由乃是获得一切有价值的事物的最根本的必要条件。所以，洛克说："自由是其余一切的基础。"③哈耶克说："自由并不仅仅是许许多多价值中的一个，而是一切价值的根源。"④

自由是获得一切有价值的事物的必要条件，而其中最重要的事物，则正如人道主义论者所说，乃是自我实现。所谓自我实现，亦即自我完善、自我成就，是充分发挥、实现自己的潜能，从而使自己成为一个可能成为的最有价值的人。马斯洛说："自我实现是指人的自我完善的渴望，也就是使自己的潜能得以实现的倾向。这种倾向也就是越来越成为一个独特的人的渴望，成为他能够成为的那个人。"⑤现代心理学发现，创造能力是每个人与生俱来的一种潜能，只不过大多数人后

---

① Friedrich A. Hayek, *The Constitution of Liberty*, The University of Chicago Press, 1978, p. 71.

② Friedrich A. Hayek, *The Constitution of Liberty*, The University of Chicago Press, 1978, p. 9.

③ 洛克：《政府论》下篇，商务印书馆 1993 年版，第 13 页。

④ 霍伊：《自由主义政治哲学》，生活·读书·新知三联书店 1992 年版，第 40 页。

⑤ Abraham H. Maslow, *Motivation and Personality*, second edition, New York: Harper & Row, Publishers, 1970, p. 46.

天逐渐丧失了它。[①] 因此，每个人的自我实现，真正讲来，乃是实现自己的创造潜能。

问题的关键在于，所谓创造性，也就是独创性：创造都是独创的、独特的；否则便不是创造，而是模仿了。这样，一个人的创造潜能的实现，实际上便以其独特个性的发挥为最根本的必要条件，二者成正相关变化：一个人的个性发挥得越充分，他的创造潜能便越能得到实现，他的自我实现的程度便越大；他的个性越是被束缚，他的创造潜能便越难于实现，他的自我实现的程度便越低。这就是为什么古今中外那些大学者、大发明家、大艺术家、大文豪们，大都是些特立独行的怪物；而越是不能容忍个性的社会，就越缺乏首创精神："一个社会中的特立独行的数量，一般来说，总是和该社会中所拥有的天才、精神力量以及道德勇气的数量成正比。"[②] 所以密尔大声疾呼："只有个性的培养才造就——或者才能造就——充分发展的人类。"[③] 马斯洛也热情洋溢地写道：

"自我实现的人虽然不缺乏任何一种基本需要的满足，但是，他们仍然有动力。他们奋斗，他们尝试，他们雄心勃勃，但这一切都不同寻常。他们的动机只是发展个性、实现个性，成熟、发展，一句话，就是自我实现。"[④]

那么，一个人的个性究竟如何才能得到充分发挥呢？不难看出，一个人个性的发挥和实现程度，取决于他所得到的自由的程度。因为，正如存在主义所说，一个人的个性如何、他究竟成为什么人，不过是

---

① Abraham H. Maslow, *Motivation and Personality*, second edition, New York: Harper & Row, Publishers, 1970, p. 172.

② Robert Maynard Hutchins, *Great Books of the Western World*, Volume 43, *Utilitarianism*, by John Stuart Mill, Encyclopaedia Britannica, Inc., 1980, p. 299.

③ Robert Maynard Hutchins, *Great Books of the Western World*, Volume 43, *Utilitarianism*, by John Stuart Mill, Encyclopaedia Britannica, Inc., 1980, p. 297.

④ Robert Maynard Hutchins, *Great Books of the Western World*, Volume 43, *Utilitarianism*, by John Stuart Mill, Encyclopaedia Britannica, Inc., 1980, p. 159.

他自己的行为之结果："人从事什么，人就是什么。"[①]于是，一个人只有拥有自由，能够按照自己的意志去行动，他所造成的自我，才能是具有自己独特个性的自我；反之，他若丧失自由、听任别人摆布，按照别人的意志去行动，那么，他所造就的便是别人替自己选择的、因而也就不可能具有自己独特个性的自我。

这样，自我实现最根本的必要条件是个性的发挥；个性发挥最根本的必要条件是自由。于是，说到底，自由便是自我实现最根本的必要条件，二者成正相关变化：一个人越自由，他的个性发挥得便越充分，他的创造潜能便越能得到实现，他的自我实现的程度便越高；一个人越不自由，他的个性发挥便越不充分，他的创造潜能便越得不到实现，他的自我实现程度便越低。所以，洪堡在《论国家的作用》曾这样写道：

"人的真正目的——不是变幻无定的喜好，而是永恒不变的理智为他规定的目的——是把他的力量最充分地和最均匀地培养为一个整体。为进行这种培养，自由是首要的和不可或缺的条件。"[②]

马斯洛更是一再强调："自我实现的个人比普通人拥有更多的自由意志和更少的屈从他人。"[③]"这些人较少屈服于压抑、限制和束缚，一句话，较少屈从社会化。"[④]"他们可以被叫作自主者，他们受自己的个性法则而非社会规则支配。"[⑤]"按照促进自我实现或健康的观点，良好环境应该如此：供应全部必需的原料，然后退至一旁，让机体自己道

---

① 海德格尔：《存在与时间》，生活·读书·新知三联书店 1987 年版，第 288 页。

② 洪堡：《论国家的作用》，中国社会科学出版社 1998 年版，第 30 页。

③ Robert Maynard Hutchins, *Great Books of the Western World*, Volume 43, *Utilitarianism*, by John Stuart Mill, Encyclopaedia Britannica, Inc., 1980, p. 162.

④ Robert Maynard Hutchins, *Great Books of the Western World*, Volume 43, *Utilitarianism*, by John Stuart Mill, Encyclopaedia Britannica, Inc., 1980, p. 171.

⑤ Robert Maynard Hutchins, *Great Books of the Western World*, Volume 43, *Utilitarianism*, by John Stuart Mill, Encyclopaedia Britannica, Inc., 1980, p. 174.

出自己的希望和要求，并做出自己的选择。”① 由此，马斯洛甚至试图建立一个自我实现人、健康人的乌托邦。这个乌托邦，在他看来，很多事情难于把握；但有一点可以肯定：在那里人人享有最大限度的自由。他这样写道：

“最近，在理论上建立一个心理学乌托邦一直是我的乐趣。在这个乌托邦中，人人都是心理健康的，我称之为精神优美。根据我们关于健康人的知识，我们是否能预见到，假如千户健康人家移居一处荒原，在那里他们可以随意设计自己的命运。他们会发展怎样一种文化呢？他们将选择什么样的教育、经济体制、性关系、宗教呢？我对某些事情很没把握，尤其是经济情况。但对另外一些事情我可以非常肯定。其中之一是，几乎可以肯定，这将是一个高度无政府主义的群体，一种自由放任但是充满爱的感情的文化。在这个文化中，人们的自由选择的机会将大大超出我们现已习惯的范围，人们的愿望将受到比在我们社会中更大的尊重。人们将不象我们现在这样过多地互相干扰，这样易于将观点、宗教信仰、人生观或者在衣、食、艺术或者异性方面的趣味强加给自己的邻人。总之，这些精神优美的居民将会在任何可能的时候表现出宽容、尊重和满足他人的愿望，只是在某些情况下会阻碍别人，他们允许人们在任何可能的时候进行自由选择。在这样的条件下，人性的最深层能够自己毫不费力地显露出来。”②

然而，有些自由主义思想家，如伯林，却怀疑自由是每个人创造性潜能实现的必要条件。因为他们看到，在不自由社会里，并不乏才华横溢之士：“如果这一点是事实，那么密尔认为人的创造能力的发展是以自由为必要条件的观点，就站不住脚了。”③ 确实，不自由的社会

① Robert Maynard Hutchins, *Great Books of the Western World*, Volume 43, *Utilitarianism*, by John Stuart Mill, Encyclopaedia Britannica, Inc., 1980, p. 277.

② 马斯洛：《动机与人格》，华夏出版社 1987 年版，第 329 页。

③ Isaiah Berlin, *Four Essays on Liberty*, Oxford, New York: Oxford University Press, 1969, p. 128.

也可见到不少才华横溢之士。但是，这些人之所以能够实现自我创造性潜能，绝不是因为他们听任他人摆布而失去自由；恰恰相反，乃是因为他们勇于反抗而争得自由。因此，伯林以不自由社会常有才华充分发挥者为根据，否定每个人创造性潜能实现以自由为必要条件，是不能成立的。

任何社会，都存在才华横溢者，只是因为任何社会人们都有可能得到自由。只不过，在自由社会，人们得到自由无须反抗和牺牲，因而人人都有自由，于是也就人人都有可能发挥自己的创造潜能而自我实现。反之，在不自由社会，人们要得到自由，便必须反抗和牺牲，如牺牲健康、幸福、人格、爱情乃至生命。因而在这种社会，也就只有极少数人才可能争得自由而自我实现——这极少数人便是那可歌可泣的裴多菲式的自由斗士，他们以自己的行动证明：生命诚可贵，爱情价更高，若为自由故，二者皆可抛。

自由是每个人自我实现、发挥创造潜能的最根本的必要条件，同时也就是社会繁荣进步最根本的必要条件。因为社会不过是每个人之总和。每个人的创造潜能实现得越多，社会岂不就越富有创造性？每个人的能力发挥得越充分，社会岂不就越繁荣昌盛？每个人的自我实现越完善，社会岂不就越进步？所以，杜威说："自由之所以重要，是因为它是发挥个人潜力和促进社会发展的条件。"[①] 诚然，自由不是社会进步的唯一要素。科学的发展、技术的发明、生产工具的改进、政治的民主化、道德的优良化等等都是社会进步的要素。但是，所有社会进步的要素，统统不过是人的活动的产物，不过是人的潜能实现之结果，因而说到底，无不以自由——创造性潜能实现的最根本必要条件——为最根本的必要条件。

因此，自由虽不是社会进步的唯一要素，却是社会进步的最根本

① 张品兴主编：《人生哲学宝库》，中国广播电视出版社 1992 年版，第 237 页。

的要素、最根本的条件。所以，密尔把自由精神叫作“前进精神”或“进步精神”而一再说：“进步的唯一无穷而永久的源泉就是自由。”[①]这样，若要社会进步，根本说来，便应该使人自由；若是压抑自由，便从根本上阻碍了社会进步。换言之，自由的社会，必定繁荣进步；不自由的社会，必定停滞不前——若是它还能进步，那并不是因为它不自由，恰恰相反，乃是因为在这不自由的社会里，存在着勇于反抗而不畏牺牲的自由的斗士们。

这个道理，如果简单比较一下中西社会发展之异同，就更清楚了。为什么春秋战国时代中西同样繁荣进步？岂不就是因为那时的中国和西方同样崇尚自由：西方有普罗泰戈拉、苏格拉底、柏拉图、亚里士多德等等百花齐放；中国有孔孟、老庄、墨子、韩非子等等百家争鸣？为什么中世纪中西同样萧条停滞？岂不是因为中西同样专制而丧失了自由？为什么近代以来，西方突飞猛进，中国却极大地落伍了？岂不是因为西方摆脱了专制争得了自由，而中国却未能摆脱专制而争得自由？

### 3. 自由：人道根本原则与国家制度最高价值标准

综观自由价值可知，一方面，自由是可欲的，因为它本身就是可欲的，它是人类的一种基本需要、基本欲望、基本目的，这是自由的内在价值；另一方面，自由是可欲的，因为它是达成自我实现和社会进步的根本条件，这是自由的外在价值。

自由的价值，特别是其外在价值，使其成为人道根本原则。因为所谓人道，就其作为人道主义道德原则来说，就是视人的自我实现为最高价值从而使人自我实现的行为，说到底，就是“使人成为人”：

---

① Robert Maynard Hutchins, *Great Books of the Western World*, Volume 43, *Utilitarianism*, by John Stuart Mill, Encyclopaedia Britannica, Inc., 1980, p.300.

使人实现自我创造性潜能从而成为可能成为的最有价值的人。这样一来，“自由是自我实现最根本的必要条件”显然意味着，使人自由是使人自我实现——亦即“使人成为人”——的根本原则，说到底，自由是人道根本原则：自由是最根本的人道。所以，当代著名人道主义思想家保罗·库尔茨一再说：

“在人道主义捍卫的价值标准中，个体的自由是最基本的。”①“人道主义的基本原则是保卫个人自由。”②“人道主义首要原则是致力于自由的探索。”③“人道主义的核心价值观是个人自由。”④

19世纪人道主义思想家培里，已经看到了这一点：“人道主义把人看作值得赞美的对象……我们要问，是人的什么东西被认为是值得赞美的并且在希腊和罗马的生活和文学里提供了这种东西的著名的范例和支持这种东西的著名的事例？本书支持这样一种主张，即人所特有的尊严——它使人值得得到这样的荣誉——乃在于他的鉴识自由的能力。”⑤但是，最能说明自由之为人道根本原则的，恐怕还是文艺复兴人道主义大师皮科在《论人的尊严的演说》中所假托上帝的那段名言：

“上帝认定人是本性不定的生物，并赐他一个位居世界中央的位置，又对他说：‘亚当，我们既不曾给你固定的居处，亦不曾给你自己独有的形式或特有的功能，为的是让你可以按照自己的愿望、按自己的判断取得你所渴望的住所、形式和功能。其他一切生灵的本性，都被限制和约束在我们规定的法则的范围之内。但是我们交与你一个自由意志，你不为任何限制所约束，可凭自己的自由意志决定你本性的

---

① 保罗·库尔茨：《保卫世俗人道主义》，东方出版社1996年版，第8页。

② 保罗·库尔茨：《保卫世俗人道主义》，东方出版社1996年版，第78页。

③ 保罗·库尔茨：《保卫世俗人道主义》，东方出版社1996年版，第17页。

④ 保罗·库尔茨：《保卫世俗人道主义》，东方出版社1996年版，第254页。

⑤ 沈恒炎、燕宏远主编：《国外学者论人和人道主义》第一辑，社会科学文献出版社1991年版，第188页。

界限。我们把你安置在世界中心，使你从此可以更容易观察世间的一切。我们使你既不属于天堂，又不属于地上，使你既非可朽，亦非不朽，使你好象是自己的塑造者，既有自由选择，又有光荣，能将你自己造成你所喜欢的任何模样。”①

自由不但是人道根本原则，而且更重要的，乃是国家制度好坏的最高价值标准。因为如上所述，一方面，人道乃是国家制度好坏的最高价值标准。所以，自由是人道根本原则，便意味着：归根结底，自由是国家制度好坏的最高价值标准。另一方面，自我实现是最高价值。所以，自由是自我实现最根本的必要条件，便意味着：归根结底，自由是最高价值，因而也就是国家制度好坏的最高价值标准。这样一来，自由便与人道同为国家制度好坏最高价值标准，只不过深浅程度有所不同：人道是国家制度好坏浅层最高价值标准；自由是国家制度好坏深层最高价值标准。

如果说正义是国家制度好坏价值标准，是古希腊思想家的伟大发现，说到底，是柏拉图的伟大发现；那么，自由之为国家制度好坏价值标准，则是文艺复兴人道主义的伟大发现，说到底，是但丁的伟大发现。他一再说：

“好的国家是以自由为宗旨的。”②“这一个关于我们所有人的自由的原则，乃是上帝赐给人类的最伟大的恩惠：只要依靠它，我们就能享受到人间的快乐；只要依靠它，我们就享受到象天堂那样的快乐。如果事情确实如此，那么，当人们能够充分利用这个原则的时候，谁还会说人类并没有处在它最好的境况之中呢？”③“当人类最自由的时

① 周辅成编：《从文艺复兴到十九世纪资产阶级哲学家政治思想家有关人道主义人性论言论选辑》，商务印书馆 1973 年版，第 34 页。

② 周辅成编：《从文艺复兴到十九世纪资产阶级哲学家政治思想家有关人道主义人性论言论选辑》，商务印书馆 1973 年版，第 21 页。

③ 周辅成编：《从文艺复兴到十九世纪资产阶级哲学家政治思想家有关人道主义人性论言论选辑》，商务印书馆 1973 年版，第 20 页。

候，就是它被安排得最好的时候。”①

从这些真知灼见出发，阿克顿和哈耶克等自由主义思想家们系统论证了自由之为国家制度好坏最高价值标准原理。通过这些论证，他们得出结论说：“自由的理念是最高贵的价值思想——它是人类社会生活中至高无上的法律。”②“自由并不是达到更高的政治目的的手段，它本身即是最高的政治目的。”③“自由是一个国家的最高善。”④

不难看出，自由之为国家制度好坏最高价值标准，定然不是那种简单的、单一的道德原则或价值标准，而是由多种道德原则或价值标准组合而成的相当复杂的道德原则或价值标准体系。这种道德原则或价值标准体系，细究起来，原本由两大类型、六大原则构成，亦即“自由的法治原则”、“自由的平等原则”和“自由的限度原则”三大自由普遍原则以及“政治自由原则”、“经济自由原则”和“思想自由原则”三大自由具体原则。

## 三、自由原则：自由普遍原则

### 1. 自由的法治原则

任何社会都不可能没有强制而完全自由。那么，究竟怎样的社会才是自由的社会？社会不过是由两个以上的人因一定联系所结成集体、共同体。所以，自由集体的特征也就是自由社会的特征。然而，怎样的集体才是自由的集体？不难看出，自由的集体乃是这样的集体，在这个集体中，所有的强制都是全体成员一致同意服从的。这样，该集

① 周辅成编：《从文艺复兴到十九世纪资产阶级哲学家政治思想家有关人道主义人性论言论选辑》，商务印书馆 1973 年版，第 19 页。

② 阿克顿：《自由与权力》，商务印书馆 2001 年版，第 307 页。

③ 阿克顿：《自由与权力》，商务印书馆 2001 年版，第 49 页。

④ F. A. Hayek, *Law, Legislation and Liberty*, Volume 1, Beijing: China Social Sciences Publishing House Chengcheng Books, Ltd., 1999, p. 94.

体虽有强制，但每个人对它的服从，乃是在服从自己的意志，因而也就是自由的。举例说，打扑克、下象棋，都有种种必须服从的强制规则。可是，每个人都不感到不自由。为什么？岂不就是因为，这些强制规则是每个人都同意服从的？社会也是如此。如果一个社会的所有强制都符合该社会全体成员一致同意或认可的行为规范，那么，每个人对该社会强制的服从，同时也是在服从自己的意志，因而也就是自由的。

不过，一个社会、国家的全体成员往往数以亿计，怎样才能取得一致同意或认可？无疑只有实行民主政治，从而通过"代议制"和"多数裁定"原则而间接地取得一致同意。这样，一方面，代表们所制定的行为规范可能是很多公民不同意的；但代表既然是他们自己选举的，那么，这些他们直接不同意的规范，却间接地得到了他们的同意。另一方面，多数代表所确定的规范，可能是少数代表不同意的；但他们既然同意"少数服从多数"的原则，那么，这些他们直接不同意的规范，也就间接地得到了他们的同意。这种直接或间接得到全社会每个成员同意的行为规范——法和道德——便是所谓的"公共意志"。所以，只要实行民主政治，那么，不管一个社会有多少成员，该社会的法和道德都可以直接或间接得到每个成员的同意而成为"公共意志"；从而每个人对它们的服从，也就是在服从既属于别人也属于自己的意志，因而也就是自由的。因此，卢梭写道：

"人是自由的，尽管屈服于法律之下。这并不是指服从某个个人，因为在那种情况下我所服从的就是另一个人的意志了；而是指服从法律，因为这时候我们服从的就只不过是既属于我自己所有、也属于任何别人所有的公共意志。"①

可见，所谓自由社会，须具备两个条件。第一个条件是，该社会

① 卢梭：《社会契约论》，商务印书馆 1994 年版，第 24 页。

必须是法治而不能是人治。也就是说，统治者必须按照法律和道德进行治理，而不能违背法律和道德而任意治理。所以，哈耶克说："最能清楚地将一个自由国家的状态和一个在专制政府统治下的国家的状态区分开的，莫过于前者遵循着被称为法治的这一伟大原则。"①

第二个条件是，该社会的法律和道德必须由全体成员或其代表制定或认可，从而是公共意志的体现；而不能是个别人物意志的体现。里查德·普赖斯（Richard Price）说得好："将自由界定为'法律的统治而非人的统治'，是极不完善的。如果一个国家的法律是由一个人或由某个小集团——而不是由公共意志——制定，那么，这种'法律的统治'无异于奴役。"②

合而言之，一个自由一人道社会的任何强制，都必须符合该社会的法律和道德；该社会的所有法律和道德，都必须直接或间接得到全体成员的同意。这就是自由的法治原则，这就是衡量一个社会和国家是否自由、是否人道的法治标准。

### 2. 自由的平等原则

如果一个社会所有的强制都符合其法律和道德，并且所有的法律和道德都是公共意志的体现，那么，该社会就是个自由的、人道的社会吗？还不够。自由的、人道的社会还须具备另一个条件，那就是：人人都必须同样地、平等地服从强制，同样地、平等地享有自由。否则，如果一些人必须服从法律，另一些人却不必服从法律，一些人能够享有自由，另一些人却不能够享有自由，那么，这种社会显然不是个自由社会。

因此，霍布豪斯说："在假定法治保证全社会享有自由时，我们是

---

① 哈耶克：《通往奴役之路》，中国社会科学出版社 1997 年版，第 73 页。

② Friedrich A. Hayek, *The Constitution of Liberty*, The University of Chicago Press, 1978, p.174.

假定法治是不偏不倚、大公无私的。如果一条法律是对政府的，另一条是对百姓的，一条是对贵族的，另一条是对平民的，一条是对富人的，另一条是对穷人的，那么，法律就不能保证所有的人都享有自由。就这一点来说，自由意味着平等。”[①]亚当·弗格森说：“自由……是使一切公正的限制最有效地适用于自由社会的全体成员，不管他们是权贵还是平民。”[②]哈耶克也这样写道：“为自由而斗争的伟大目标，一直是法律面前人人平等。”[③]

自由应该为人人平等享有的依据，不仅在于自由是最根本的人道，是实现每个人创造性潜能——从而成为可能成为的最有价值的人——的最根本必要条件；而且还在于自由是一种人权，是每个人作为结成人类社会的一个股东所应该得到的最低的、起码的、基本的权利。所以，《人权宣言》第2条说：“任何政治结合的目的，都在于保护人的天赋和不可侵犯的权利。这些权利就是自由、财产、安全和反抗压迫。”自由既然是一种人权，也就应该为人人平等享有：在自由面前人人平等。

最早揭示这一原则的是霍布斯。他这样写道：“每个人应该享有与别人同样多的自由，恰如他允许别人相应于他自己所享有的那么多的自由一样。”[④]这一原则在当代哲学家罗尔斯那里得到系统论述，并被叫作“正义的第一原则”而表述为：“每个人对最大限度的平等的基本自由之完整体系——或与其一致的类似的自由体系——都应该享有一种平等的权利。”[⑤]而平等地享有自由同时也就意味着：平等地服从

① 霍布豪斯：《自由主义》，商务印书馆1996年版，第10页。

② 哈耶克：《致命的自负》，中国社会科学出版社2000年版，第5页。

③ Friedrich A. Hayek, *The Constitution of Liberty*, The University of Chicago Press, 1978, p. 85.

④ 霍布斯：《利维坦》，商务印书馆1987年版，第170页。

⑤ John Rawls, *A Theory of Justice* (Revised Edition), Cambridge, Massachusetts: The Belknap Press of Harvard University Press, 2000, p. 266.

强制、平等地服从法律。用西方的话来说就是：在法律面前人人平等；用中国的话来说则是：王子犯法，与庶民同罪。

于是，合而言之，人人应该平等地享有自由：在自由面前人人平等；人人应该平等地服从强制：在法律面前人人平等。这就是自由的平等原则，这就是衡量一个社会和国家是否自由、是否人道的平等标准。

### 3. 自由的限度原则

一个社会，如果实现了自由的法治标准和平等标准，就是个自由的、人道的社会吗？为了弄清这个问题，让我们假设有这样一个社会，该社会全体成员都愿意像军人一样生活，从而一致同意制定并且完全平等地服从最严格的法律。如是，这个社会确实实现了自由的法治标准和平等标准，但它显然不是个自由的、人道的社会：它的强制的限度过大而自由的限度过小。所以，自由、人道社会之为自由、人道社会，还含有一个要素：强制和自由的限度。

毫无疑义，若是没有一定的强制，任何社会都不可能维持其存在。不过，强制有两种。一种是坏的、恶的，如杀人越货；另一种则是好的、善的、必要的，如枪杀凶手、惩罚罪犯。然而，若从自由的价值来看，所谓好的、善的、必要的强制，仅仅是就其结果来说的；若就强制自身性质来说，则同样因其使人失去自由而不能不是恶，只不过是“必要恶”罢了。必要恶之必要性，无非有二。一是可以防止更大的恶。如阑尾炎手术，割开肚子，是害、是恶。但这种恶是必要的，因为它可以防止更大的恶：死亡。二是可以求得更大的善。如冬泳寒水刺骨，苦不堪言，是害、是恶。但这种恶是必要的，因为它可以求得更大的善：健康长寿。那么，社会必要强制之必要性，究竟在于防止更大的恶，还是在于求得更大的善，抑或兼而有之？

社会强制这种恶的必要性，只在于防止更大的恶，而不在于求得更大的善。因为社会强制只能防止社会灭亡而保障社会的存在，却不能促进社会发展。这是因为，自由价值的研究表明：自由是每个人创造性潜能的实现和社会发展进步的最为根本的必要条件。这岂不意味着：强制、不自由是每个人创造性潜能的实现和社会发展进步的根本障碍？于是，合而观之，可以断言：长久地看，强制只能维持人类和社会的存在；而只有自由才能促进人类和社会的发展。

这就是说，在社会能够存在的前提下，社会的强制越多、自由越少，则每个人的创造性潜能实现便越不充分；而社会的发展进步，长久地看，便越慢；因而人们也就越加不幸。反之，社会的强制越少、自由越多，则每个人的创造性潜能实现便越充分；而社会的发展进步，长久地看，便越快；因而人们也就越加幸福。于是，我们可以得出结论说：

一个社会的强制，应该保持在这个社会的存在所必需的最低限度；一个社会的自由，应该广泛到这个社会的存在所能容许的最大限度。

这就是自由的限度原则，这就是衡量一个社会和国家是否自由、是否人道的自由限度之标准。哈耶克认为这是自由的国家的最为根本的标准和原则，因而在《自由宪章》一开篇他就这样写道："本书研究的是人的这样一种状况：人际之间的强制被减少到可能少的最低限度。我们就将这样的国家叫作自由国家。"①

然而，最低限度与最大限度都是相对的、不确定的概念。因此，对于一些人来说是最低限度的强制，对于另一些人来说，却可能是过高过大限度的强制；反之亦然。所以，一些人，如所谓极端自由主义论者，主张"守夜人"式的国家而认为："管得越少的政府，就是最好的政府。"反之，另一些人，如所谓新自由主义论者，则认为这样少的

---

① Friedrich A. Hayek, *The Constitution of Liberty*, The University of Chicago Press, 1978, p.11.

强制不足以保障社会存在，社会的存在所必须的最低限度的强制要强大和广泛得多。这就要求：一方面，自由社会的强制必须有一个绝对的、确定的最低限度原则；另一方面，自由社会的自由也必须有一个绝对的、确定的最大限度原则。

最早系统阐述这一原则的，大概是洪堡。他将这一原则归结为"强制只可用来防止恶而不可用来取得善"，并将其作为国家作用的第一条原则："第一条原则必然是：国家不要对公民正面的福利作任何关照，除了保障他们对付自身和对付外敌所需要的安全外，不要再向前迈出一步：国家不得为了其他别的最终目的而限制他们的自由。"[①]密尔同意洪堡此见，并将其奉为他的自由主义代表作《论自由》的宗旨：

"本书的目的是肯定一条相当简单的原则，使社会对于个人的任何强制和控制，不论是合法惩罚形式的物质力量，还是公众舆论的道德强制，都应该且必须绝对以它为标准。这条原则就是，人类对其成员的行动自由进行干涉——个别地或集体地——只有在其目的是自我防卫的条件下，才能被证明为正当。这就是说，对于文明群体中的任何一成员，可以实施权力反对其意志而不失为正当，唯一的目的只能是为了阻止他对他人的损害。即使是为了他本人的利益——不论是物质的还是精神的——都不能被充分证明为正当。"[②]

洪堡与密尔关于自由与强制的限度原则——任何社会强制只应用来防止更大的恶而不应用来求得更大的善——的理论，粗略看来，极近偏颇之论；但细究起来，却堪称最具逻辑力量的真知灼见。因为从自由的价值——自由是每个人创造性潜能的实现和社会发展进步的最为根本的必要条件——确实可以得出结论：长久地看，强制只能维持社会的存在；而只有自由才能促进社会的发展。由此确实可以断言：

---

① 洪堡：《论国家的作用》，中国社会科学出版社 1998 年版，第 54 页。

② Robert Maynard Hutchins, *Great Books of the Western World*, Volume 43, *Utilitarianism*, by John Stuart Mill, Encyclopaedia Britannica, Inc., 1980, p. 271.

长久说来，只要社会能够存在，社会的强制便应该等于零而完全自由。换言之，强制只应该用来维持社会的存在，而不应该用来促进社会的发展；只有自由才应该用来促进社会的发展。这就是自由限度的绝对原则，这就是衡量一个社会和国家是否自由、是否人道的自由限度之绝对标准。

综上可知，自由的法治、平等与限度三大原则，乃是自由—人道社会的普遍原则，是衡量任何社会是不是自由社会、是不是人道社会的普遍标准：符合三者的社会便是自由的、人道的社会；只要违背其一，便不配享有自由、人道社会的美名。从这些普遍原则出发，便可望解决人类社会极其复杂的具体自由难题——政治自由、经济自由与思想自由——从而确立更为重要的三大具体的自由原则：政治自由原则、经济自由原则与思想自由原则。

## 四、自由原则：自由具体原则

### 1. 政治自由原则

自由是没有外在强制而能够按照自己意志进行的活动，意味着：政治自由是没有外在强制而能够使政治按照自己的意志进行的活动。举例说，在一个君主专制的国家，能够使国家政治按照自己意志进行的，只有君主一个人。因此，在这种国家里，正如卢梭所言，只有君主才有政治自由，而其他任何人的政治自由都是零：“在这里一切个人之所以是平等的，正是因为他们都等于零。臣民除了君主的意志以外没有别的法律；君主除了他自己的欲望以外，没有别的规则。”[①] 反之，在一个民主社会，能够使国家政治按照自己意志进行的，是每个公民。因此，在民主社会，每个公民都享有政治自由。

① 卢梭：《论人类不平等的起源和基础》，商务印书馆1962年版，第146页。

那么，如何才能使政治按照自己的意志进行从而享有政治自由呢？无疑必须拥有政治权力。因为所谓政治，如前所述，亦即权力管理、权力治理、权力统治。这样，任何人要想使政治按照自己的意志进行，便必须拥有权力：没有权力，怎么能够进行权力管理呢？所以，一个人只有拥有政治权力，才能使政治按照自己的意志进行，才能有政治自由；如果他没有政治权力，便不可能使政治按照自己的意志进行，不可能有政治自由。试想，为什么君主专制国家只有君主一人拥有政治自由而其他人都没有政治自由？岂不就是因为君主专制之为君主专制，就在于国家最高权力只掌握在君主一人手中？为什么民主社会每个人都拥有政治自由？岂不就是因为民主之为民主，就在于国家的最高权力完全平等执掌于每个公民？

谁拥有政治权力，谁就拥有政治自由。因此，谁拥有最高政治权力，谁就拥有最高政治自由；谁拥有较低级政治权力，谁就拥有较低级政治自由；谁没有政治权力，谁就没有政治自由。于是，精确言之，君主专制国家并不是只有君主一个人拥有政治自由；而是只有君主一人拥有最高政治自由。君主之外的各级官吏所没有的只是最高政治权力，却拥有其他各级政治权力，因而也就拥有最高政治自由之外的各级政治自由：省长拥有使一个省的政治在某种程度上按照自己意志进行的政治自由；市长拥有使一个市的政治在某种程度上按照自己意志进行的政治自由；县长拥有使一个县的政治在某种程度上按照自己意志进行的政治自由。

然而，不论任何社会，权力都仅为统治者、管理者所拥有；而被统治者、被管理者是不可能拥有权力的：被统治者、被管理者只可能拥有权利而不可能拥有权力。因为所谓权力，如前所述，乃是仅为社会统治者或管理者拥有且被社会承认的迫使被统治者或被管理者服从的强制力量。这样一来，也就只有社会的统治者、管理者才拥有政治自由，而被统治者、被管理者是不可能拥有政治自由的。这是不足为怪的。因为政治就是权力统治、权力管理；政治自由就是权力统治之自由或权力管理之自由：政治自由不过是一种统治的自由、管理的自由。统治的自由、管理的自由当然只能为统治者、管理者拥有，而不可能为被统治者、被管理者拥有。

政治自由必定只能为拥有政治权力的人所享有，因而必定只能为社会的统治者所享有。这显然仅仅是政治自由之事实如何的客观本性，而不是政治自由之应该如何的道德原则。那么，政治自由是否只应该为统治者享有而不应该为被统治者享有？否！如所周知，每个公民——不论统治者还是被统治者——都应该享有政治自由：这就是关于政治自由的道德原则。这样，一方面，政治自由事实如何的客观本性是：政治自由只能为统治者所享有；另一方面，政治自由应该如何的道德原则却是：政治自由应该为每个公民所享有，说到底，应该为被统治者所享有。这岂不自相矛盾？岂不是圆的方、木的铁？非也！

诚然，政治自由只能为统治者所拥有，被统治者不可能拥有政治自由：这是政治自由的不依人的意志而转移的客观本性。但是，如果有这样一种社会，这种社会的被统治者能够反过来对统治者进行管理，从而变成统治者的管理者和统治者，那么，这种社会的被统治者岂不就与统治者一样拥有了政治自由？是的。被统治者就其是被统治者来说，是不可能拥有政治自由的；被统治者拥有政治自由，绝不是因为他们是被统治者，而是因为他们在某种意义上变成了统治者。那么，一个社会，究竟怎样才能使被统治者同时也是统治者呢？

只有一条途径，那就是：民主。因为，正如科恩所说："民主即民治。""民主是一种人民自治的制度。""民主即人民自己管理自己，人民即统治者。"[①] 更确切些说，民主是每个公民——统治者或官吏与被统治者或庶民——完全平等地执掌国家最高权力的政体；是每个公民

① 科恩：《论民主》，商务印书馆 1988 年版，第 6 页。

完全平等地是国家最高统治者的政体；是每个公民完全平等地使国家政治按照自己的意志进行的政体；因而也就是每个公民完全平等地拥有最高政治自由的政体：民主政体是每个公民完全平等地拥有最高政治自由的充分且必要条件。所以，科恩接着写道：

“只有以民主方式管理社会时才能充分实现社会自主——人与人相互关连的个人生活中的自主。只有在民主政体下，全体社会成员才能拿出自己的规则来管理共同事务，并将自己置于这些规则的约束之下。”①

这样一来，民主政体便通过使被统治者反过来成为统治者，解决了“每个公民——不论统治者还是被统治者——都应该拥有政治自由和政治权力的道德原则”与“政治自由和政治权力事实上只能为统治者所拥有的客观本性”之矛盾，从而使这一道德原则得以确立。然而，实际上，任何社会的各级官吏，必定都拥有——或高或低或多或少——政治权力和政治自由。因此，作为应该如何的道德原则的政治自由，正如威尔逊总统所言，实乃庶民的政治自由、被统治者的政治自由，是庶民使官吏按照庶民意志进行统治的自由，是被统治者使统治者按照被统治者意志进行统治的自由：“政治自由是被统治的人使政府适合他们的需要和利益的那种权利。”②因此，萨托利一再把政治自由叫作“防卫性或保护性自由”，他写道：

“真正重要的是，除非我们从公民的立场来观察公民与国家之间的关系，政治自由就不是一个问题，或者不是一个值得争论的问题。如果从国家的立场来考虑这种关系，我们就不再有什么政治自由的问题了。说国家有‘……的自由’，无异于说，国家有随心所欲的权力。专制国家有随心所欲进行统治的自由，而这就意味着剥夺了它的臣民

---

① 科恩：《论民主》，商务印书馆1988年版，第274页。

② 《资产阶级政治家关于人权、自由、平等、博爱言论选录》，世界知识出版社1963年版，第210页。

的自由。因此，更明白些说，就是（1）谈论政治自由就应当关注控制权力的权力，关注权力承受者的权力；（2）政治自由问题所固有的焦点是，怎么才能保护少数人和可能丧失权力者的权力？我们享有政治自由，或者说，我们是自由公民，只是因为具备了这样的条件：我们有可能运用较小的权力去抵御较大的权力，否则就会——或者无论如何都能——被这种权力轻易压倒。这就是政治自由概念原本就有对抗性涵义的缘故。它是摆脱外物的自由，因为它是赋予弱者的自由。”①

不难看出，每个公民都应该拥有政治权力从而享有政治自由之道德原则，具有“人道”与“人权”双重根据。从人权方面来看，每个人，不论官吏还是庶民，之所以都应该拥有政治权力从而享有政治自由，是因为政治自由乃是人权。马克思说：

“人权的一部分是政治权利，只有同别人一起才能行使的权利。这种权利的内容就是参加这个共同体，而且是参加政治共同体，参加国家。这些权利属于政治自由的范畴。”②

政治自由是人权，因而根据“每个人应该完全平等享有人权”原则，每个人都应该完全平等享有政治自由，亦即完全平等地共同执掌国家最高权力，从而完全平等地共同使国家政治按照自己的意志进行：政治自由原则依据于人权原则。

从人道方面来看，政治自由是最重要的社会自由，从而是人道社会根本特征。这不仅因为政治是最重要的社会强制，因而政治自由所给予每个公民的也就是最重要的社会自由；而且更主要的是因为，每个公民都拥有政治自由意味着：统治者必须按照每个公民自己的意志进行统治，说到底，必须按照被统治者的意志进行统治。这样，每个公民——特别是被统治者——的其他社会自由，如言论自由、出版

① Giovanni Sartori, *The Theory Democracy Revisited*, Chartham, New Jersey: Chatham House Publisher, Inc., 1987, p. 302.

② 《马克思恩格斯全集》第 1 卷，人民出版社 1956 年版，第 436 页。

自由、经济自由等等，能否实现，便完全取决于自己的意志，因而是有保障的。

反之，如果政治不自由，那么，统治者便不是按照每个公民的意志——而是按照自己的意志——进行统治。这样，每个公民——特别是被统治者——的其他社会自由能否实现，便完全取决于统治者的意志而不是取决于自己的意志，因而是无保障的。所以，政治自由决定其他社会自由，是实现其他社会自由的根本保障，从而也就是人道——自由是最根本的人道——社会的根本保障。萨托利说："政治自由不是心理的、思想的、道德的、社会的、经济的或法律的自由。但这些自由均以政治自由为先决条件。"①于是，一个社会若要成为人道的社会，根本说来，必须使每个公民拥有政治自由：政治自由原则依据于人道原则。

总而言之，每个公民都应该完全平等地共同执掌国家最高权力，从而完全平等地共同成为国家最高统治者，完全平等地共同使国家的政治按照自己意志进行，完全平等地共同拥有最高政治自由。换言之，一个国家的政治，应该完全平等地得到每个公民的同意，应该完全平等地按照每个公民自己的意志进行，说到底，应该按照被统治者的意志进行。这就是"政治自由原则"，这就是衡量一个社会和国家是否自由、是否人道的政治自由标准：它与"政治平等原则"一起成为"人民主权原则"和民主政体的依据。

## 2. 经济自由原则

经济自由原则无疑创始于亚当·斯密，他称之为"自然自由制度"："一切特权的或限制的制度一旦完全被废除，简单而显著的自然

① Giovanni Sartori, *The Theory Democracy Revisited*, Chartham, New Jersey: Chatham House Publisher, Inc., 1987, p. 298.

自由制度就会自动建立起来。每一个人，只要不违反正义的法律时，就应该容许他完全自由地用自己的方法追求自己的利益，以其勤勉和资本而与任何其他人或阶级相竞争。”①

弗里德曼将其概括为一句名言——“政府应该是仲裁者而不应该是当事人”——进而解释说：“自由市场的存在当然并不排除对政府的需要。相反地，政府的必要性在于，它既是‘游戏规则’的论坛和制定者，又是解释和强制执行这些既定规则的裁判者。”② 更确切些说：

经济活动应该由市场机制自行调节，而不应由政府管制——“政府管制”与“超出制定和保障经济规范实行的政府管理活动”是同一概念。政府的管理应仅限于约定经济规则和保障其实行；而在这些经济规则的范围内，每个人都应该享有完全按照自己的意志进行经济活动的自由，都享有完全按照自己的意志进行生产、分配、交换和消费等经济活动的自由。

这就是经济自由原则，这就是衡量国家制度和国家治理好坏的经济自由价值标准。细究起来，该价值标准具有“人道”、“公正”、“人权”与“效率”四重根据。

首先，从人道方面看，按照自由限度原则，一个国家的强制，应该保持在这个国家的存在所必需的最低限度；一个国家的自由，应该广泛到这个国家的存在所能容许的最大限度。换言之，只要国家能够存在，国家的强制便应该等于零而完全自由：强制只能维持国家存在；自由才能促进国家发展。这意味着，政府对于经济活动进行管制的依据全在于：没有政府管制，经济活动便不能存在。但是，诚如斯密所发现，一方面，由于自由竞争这只看不见的手的作用，市场经济乃是没有政府管制而能够自发地存在发展的经济：自由竞争可以导致资源

① Adam Smith, *An Inquiry into the Nature and Causes of the Wealth of Nations*, Volume 2, Oxford: Clarendon Press, 1979, p. 687.

② Milton Friedman, *Capitalism and Freedom*, The University of Chicago Press, 1962, p. 15.

配置效率最佳状态；另一方面，没有政府保障经济规则实行，市场经济不可能存在发展。因此，市场经济应该自发地存在与发展，而政府的管理应只限于保障市场经济规则实行；超过保障市场经济规则实行的任何政府管制，都意味着违背人道的自由限度原则，因而都是不正当的。

其次，从公正方面看，唯有经济自由、自由竞争才能够实现等价交换的经济公正；而政府管制则因其抑制和违背自由竞争而意味着创造垄断，意味着创造高于边际成本的垄断价格和超额利润，意味着创造超过机会成本的差价，意味着创租、设租和寻租，说到底，意味着不公正：垄断势必导致不等价交换。因为在自由竞争条件下，厂商为了利润最大化，势必将产量确定在边际成本等于价格的产量水平上。[①]这就是说，经济自由、自由竞争条件下的商品价格等于边际成本——亦即等价交换——具有必然性：等价交换是自由竞争的价格规律。反之，垄断条件下的商品价格势必远远高于边际成本。[②]这就是说，垄断价格高于边际成本——亦即不等价交换——具有必然性：不等价交换是垄断价格规律。

再次，从人权方面看，经济自由无疑只是一个人获得物质财富的前提、条件或机会，而并不就是物质财富之获得：一个拥有经济自由的人可能仍然是个极其穷困的人。因此，经济自由绝不是什么高级的经济权利，而是每个人的最为基本的经济权利，是每个人必要的、起码的、最低的经济权利，是每个人的经济人权，属于人权范畴。因此，斯密写道："不论如何，禁止大众制造他们自己能够制造的东西，不准他们把资财与劳动投放到他们认为对自己最有利的地方，这是对神圣

---

① Paul A. Samuelson, William D. Nordhaus, *Microeconomics* (16th Edition), Boston: The McGraw-Hill Companies, Inc., 1998, p. 140.

② 萨缪尔森：《经济学》中册，商务印书馆 1986 年版，第 192—193 页。

人权的公然侵犯。"①

最后，从效率方面看，经济自由有效率，而经济不自由则无效率。因为自由价值的研究表明：自由乃是每个人实现创造性潜能和社会发展进步的根本条件；反之，强制、不自由则是每个人实现创造性潜能和社会发展进步的根本障碍。这样，在经济活动能够存在的前提下，政府的管制越多而自由越少，则经济的发展进步，长久地看，必越慢；政府管制越少而自由越多，则经济的发展进步，长久地看，必越快。这就是为什么我们到处看到，哪个国家实行市场经济而经济自由，哪个国家的经济便繁荣昌盛，老百姓的生活水平便得到极大提高；哪个国家实行统制经济而经济不自由，哪个国家的经济便停滞不前，老百姓的生活水平便极其低下的缘故。

这样一来，经济自由便是一个极其重要的衡量国家制度好坏的价值标准，它不但是衡量一种经济制度是否自由的国家制度价值标准，而且也因此是衡量一种经济制度是否拥有人权、是否公正、是否人道和是否有效率的标准：一种经济制度，如果符合经济自由原则，那么，该经济制度便不但是自由的，而且是人道的、人权的、公正的和高效率的经济制度；反之，如果违背经济自由原则，那么，该经济制度便不但是不自由的，而且是非人道、无人权、不公正和低效率的经济制度。

准此观之，自文明社会以降，人类社会显然只有一种经济形态、经济制度，亦即没有政府管制的市场经济，符合经济自由原则，因而是自由的、人权的、公正的、人道的和高效率的经济形态、经济制度；其他一切经济形态、经济制度——政府管制的市场经济或所谓混合经济以及计划经济——都程度不同地违背经济自由原则，因而都程度不同地是不自由、非人道、不公正、无人权和低效率的经济形态、经济

① Adam Smith, *An Inquiry into the Nature and Causes of the Wealth of Nations*, Volume 2, Oxford: Clarendon Press, 1979, p. 582.

制度。一句话，没有政府管制的市场经济乃是唯一完全符合国家制度价值标准的经济形态、经济制度，是人类社会唯一理想的经济形态、经济制度。

### 3. 思想自由原则

何谓思想自由原则？人们往往顾名思义，以为思想自由原则所说的思想自由，就是思想之自由，就是主张应该有思想的自由，而不应该限制和禁止思想。这是错误的。因为，一方面，思想自由原则是一种道德原则，因而它与一切道德原则一样，只能规范每个人的行为，而不可能规范每个人的思想：思想自由原则是每个人的行为应该如何的原则，而不可能是每个人的思想应该如何的原则。另一方面，正如伯里所言，任何社会和国家显然都不可能限制、禁止人们思想什么："一个人无论思想什么，只要想在肚里秘而不宣，总没人能禁止他的。"[①] 确实，只有行为——做什么和说什么——才可能被限制或禁止；而思想——想什么——是不可能被限制和禁止的。

于是，合而言之，思想自由原则是一种行为应该如何的原则，而不是思想应该如何的原则。那么，思想自由原则所说的思想自由，究竟是指一种什么行为呢？伯里认为是指传达思想的行为自由，包括言论自由。他这样写道："私自思想的天赋自由是无甚价值的。一个人既有所思，若不许他传之他人，那么，他就要觉得不满足，感到痛苦，而对于他人也无价值可言了……所以，思想自由，从它的任何价值的意义看来，是包含着言论自由的。"[②] 精确言之，所谓思想自由，也就是获得与传达思想活动的自由。而思想获得与传达的主要途径，无疑是言论与出版。所以，思想自由，主要讲来，便是言论自由与出版自由。

---

① J. B. 伯里：《思想自由史》，吉林人民出版社 1999 年版，第 1 页。

② J. B. 伯里：《思想自由史》，吉林人民出版社 1999 年版，第 1 页。

不言而喻，任何人的思想，都不可能在强制和奴役的条件下得到发展。思想自由，确如无数先哲所论，是文化发展的根本条件而与其成正相关变化：一个社会的言论和出版越自由，它的文化便越繁荣，它的科学——自然科学和社会科学以及哲学——便越兴盛，它所拥有的真理便越丰富，它所获得的精神财富便越发达；一个社会的言论和出版越不自由，它的文化便越萧条，它的科学——自然科学和社会科学以及哲学——便越落后，它所拥有的真理便越贫乏，它所获得的精神财富便越低劣。因此，阿克顿说："自由是真理得以诞生的条件。"[①]那么，言论和出版是否越自由便越好因而应该完全自由而不受任何限制呢？答案是肯定的。伯里说：

"历史已经证明，在希腊思想完全自由的时期，知识就生长了。到了近代，因为禁止思想的法律完全取消了，所以知识进步的速率，在中世纪的教会的奴仆看来，简直疑为由于恶魔的作弄。这样看来，要使社会习惯制度和方法能适应新需要和新环境，自然必得有辩驳和批评社会习惯、制度和方法以及发表最违俗的思想的完全自由，固不必顾虑是否触犯着流行的思想。假使文化史对我们有一点教训，那么，就是这样：有一个完全可由人力获得的精神进步与道德进步的最高条件，就是思想和言论的绝对自由。"[②]

究竟言之，言论和出版应该完全自由，不仅因为思想的发展与自由的程度成正比，而且还因为对于言论和出版自由的任何限制都违背自由、人道社会的普遍标准。首先，按照"自由的法治标准"，一个社会的任何强制，都必须符合该社会的法律和道德，最终都必须得到全体成员的同意。这样，任何人，不论他的思想、意见多么荒谬危险，便都应该允许他发表；否则，谈何全体成员的同意？所以，不论禁止

① 阿克顿：《自由与权力》，商务印书馆 2001 年版，第 309 页。

② J. B. 伯里：《思想自由史》，吉林人民出版社 1999 年版，第 127 页。

何人发表何种意见、思想，便都违背了人道社会之所以为人道社会的“自由的法治标准”。科恩说：

“如果我们要保持民主，言论必须完全自由。批评的自由、发表反对意见的自由，不论如何不受欢迎，尽管可能有害或违反常情，但在民主国家中是绝不可少的。这种绝对性不是来自直觉或其它任何官能论据，而是来自参与管理时工作上的需要。各方面对社会关心的所有问题进行自由与公开的讨论，这是充分有效参与的条件。”①

其次，按照“自由的平等标准”，人人应该平等地享有自由；平等地服从强制。准此，在思想自由面前便应该人人平等。于是，任何人，不论他的地位多么低、思想多么荒谬危险，便都应该允许他自由发表；否则，便意味着只允许一些人享有思想自由，便违背了人道社会之所以为人道社会的“自由的平等标准”。

最后，按照“自由的限度标准”，一个社会的强制，应该保持在这个社会的存在所必需的最低限度。能够危及社会存在的显然只有行动；而任何思想、言论和书报，不论多么荒谬危险，绝不会危及社会存在。所以，科恩说：“在民主国家中可以随心所欲地说和写，但不能随心所欲地做。”② 只有行动的自由才应该有所限制，而言论出版自由则不应该有任何限制；否则，便违背了人道社会之所以为人道社会的“自由限度标准”。

因此，自由、人道的著名斗士和经典文献大都主张言论和出版完全自由。罗伯斯庇尔说：“通过语言、文字或出版来表达思想的权利无论如何也不应受到妨碍或限制……新闻自由应该是完整的无限的，否则就是没有新闻自由。”③ 潘恩说：“出版自由以及使用其他表达思想手

---

① 科恩：《论民主》，商务印书馆 1988 年版，第 141 页。

② 科恩：《论民主》，商务印书馆 1988 年版，第 149 页。

③ 《资产阶级政治家关于人权、自由、平等、博爱言论选录》，世界知识出版社 1963 年版，第 105 页。

段的自由，是不能取消、停止和限制的。”[①] 罗斯福则进而以美国为例说：“这种自由除了受到美国人民的良知的限制以外，确实是丝毫没有限制的。”[②] 美国《弗吉尼亚权利法案》已规定：“出版自由是自由的重要保障之一，任何政府，除非是暴虐政府，决不应加以限制。”美国《人权法案》第一条便这样写道：“国会不得制定关于下列事项的法律：确立宗教或禁止信仰自由；剥夺人民言论或出版自由。”我国孙中山先生召集的国民党第一次全国代表大会宣言亦如是说：“确定人民有集会、结社、言论、出版、居住、信仰之完全自由。”

可见，每个社会成员都应该享有获得与传达任何思想的自由。或者说，每个社会成员获得与传达任何思想都不应该被禁止。说到底，言论与出版应该完全自由而不应该受到任何限制；否则便不是真正的思想自由，便不是个真正自由、人道的国家和社会。这就是思想自由原则，这就是衡量一个国家和社会是否自由、是否人道的思想自由标准。

不言而喻，思想自由原则不如政治自由原则重要，也不如经济自由原则基本。但是，正如密尔所言：“人类一切福利都有赖于精神福利。”[③] 思想自由乃是一个社会的科学——自然科学和社会科学以及哲学——和文化繁荣的根本条件，是一个社会的精神财富发展的根本条件，因而也就是一个社会的物质财富兴旺发达的根本条件，说到底，也就是社会的一切进步的最根本的条件。这样，思想自由原则便远远高于经济自由和政治自由原则：思想自由是自由的最高原则。所以，波普说：“思想自由和讨论自由是自由主义的最高价值。”伯里说：“思

① 《资产阶级政治家关于人权、自由、平等、博爱言论选录》，世界知识出版社 1963 年版，第 53 页。

② 《资产阶级政治家关于人权、自由、平等、博爱言论选录》，世界知识出版社 1963 年版，第 283 页。

③ Robert Maynard Hutchins, *Great Books of the Western World*, Volume 43, *Utilitarianism*, by John Stuart Mill, Encyclopaedia Britannica, Inc., 1980, p. 292.

想自由原则是社会进步的最高条件。”[①] 弥尔顿也这样写道：“让我有自由来认识、发抒己见，并根据良心作自由的讨论，这才是一切自由中最重要的自由。”[②]

诚然，言论与出版完全自由往往会产生一些有害后果，如种种谬论流传而引人误入歧途。反对言论与出版完全自由的理由，说来说去，亦莫过于此：禁止错误思想。然而，这个理由，正如无数先哲所论，是不能成立的：一方面，禁者未必正确，被禁者未必错误，我们今天禁止的所谓错误，往往便是明天的真理；另一方面，就算被禁者是错误，也不应禁止，因为真理只有在同错误的斗争中才能发展起来，没有这种斗争，真理便会丧失生命力而成为僵死的教条。所以，密尔说：“我们绝不能确定我们所力图窒息的意见是一种错误的意见；即使我们能确定，要窒息它也仍然是一种罪恶。”[③]

因此，如果因言论和出版完全自由的危害而限制其自由，那么，这种限制所带来的危害，便远远大于言论与出版完全自由所带来的危害。诺兰说：“言论自由的代价是，有许多这样的思想会发表出来：它们不仅不正确，而且从长远看来还会有助于那些有害的行动。我们相信这是一个昂贵的代价。但是如果不付这一代价，那么我们就得准许一个社会或社会中某些强权组织有权随时排除那些他们感到不能接受的观点。这种权力被滥用的可能远远超过对言论自由权的滥用。”[④]

因此，托克维尔说：“假如有谁能在思想的完全自由和俯首听命之间指出一个可使我相信的中间立场，也许我会站在这个立场上。但是，谁能找到这个中间立场呢？”“在出版问题上，屈从和许可之间没有中庸之道。为了能够享用出版自由提供的莫大好处，必须忍受它所造成

① J. B. 伯里：《思想自由史》，吉林人民出版社 1999 年版，第 129 页。

② 弥尔顿：《论出版自由》，商务印书馆 1996 年版，第 44 页。

③ Robert Maynard Hutchins, *Great Books of the Western World*, Volume 43, *Utilitarianism*, by John Stuart Mill, Encyclopaedia Britannica, Inc., 1980, p. 275.

④ R. T. 诺兰等：《伦理学与现实生活》，华夏出版社 1988 年版，第 365 页。

的不可避免的痛苦。”[①]是啊！思想完全自由的危害与其所带来的巨大利益相比又算得了什么呢？难道人类不得不以小害而求大利的行为还少见吗？布莱斯说：“所有制度都不是十全十美的。”[②]有一利必有一弊。为什么我们对那么多极端恶劣的国家制度之罪恶熟视无睹，唯独对言论出版自由的危害大惊小怪、义愤填膺呢？

更何况，自由主义思想家们早已发现：有不通过限制言论和出版完全自由的方法来防止其危害。一种方法是提高听众和读者的鉴别力。诺兰说：“建立一个信息灵通并且具有批判性敏感的社会，是防止言论自由所带来的风险的最好方式。”[③]而这样的社会显然只有通过思想完全自由才能建立起来。所以，思想完全自由的有害后果，通过思想自由本身便可逐渐防止。

另一种方法是追究言论者和出版者的责任：每个人都必须对自己的言论和出版的有害后果承担责任。潘恩说：“人想说什么话，事先无须得到许可，但事后却要为自己说的话所铸成的大错负责。同样地，如果一个人在出版物中发表错误言论，他也要像亲口说出的那样对错误负责。”[④]对自己言论和出版的危害性后果承担责任的恐惧，无疑既能有效防止自己言论和出版的危害性，同时又没有限制言论和出版的完全自由。所以，法国《人权宣言》规定：“自由传达思想和意见是人类最宝贵的权利之一。因此，各个公民都有言论、著述和出版的自由。但在法律所规定的情况下，应对滥用此项自由负担责任。”这是对思想自由原则的绝妙表述！

总而言之，自由的法治、平等与限度三大普遍原则与政治自由、

① 托克维尔：《论美国的民主》下卷，商务印书馆 1996 年版，第 203—207 页。

② 詹姆斯·布莱斯：《现代民治政体》下册，吉林人民出版社 2001 年版，第 1027 页。

③ R. T. 诺兰等：《伦理学与现实生活》，华夏出版社 1988 年版，第 379 页。

④ 《资产阶级政治家关于人权、自由、平等、博爱言论选录》，世界知识出版社 1963 年版，第 52 页。

经济自由、思想自由三大具体原则，乃是自由—人道社会的六大原则，是衡量任何社会是不是自由社会、是不是人道社会的六大标准：符合六者的社会便是自由的、人道的社会；只要违背其一，便不配享有自由、人道社会的美名。那么，究竟怎样才能实现这些原则从而使社会成为自由—人道社会？

## 五、自由原则的实现途径

### 1. 民主：自由原则实现的必要条件

政治自由之有无，从上可知，关键在于如何解决那个从柏拉图到伯林一直争论不休的难题："谁应该执行统治？"或"谁统治我？"如果实现民主——不论是自由民主还是极权民主——那么，最高权力便必定掌握在全体公民手中，被统治者便必定与统治者一样拥有最高权力，一样是最高统治者，因而便必定能够与统治者一样，直接或间接地使国家政治按照自己的意志进行。这样，不论该社会如何不自由，该社会必定都是一个拥有政治自由的社会。反之，如果没有实现民主，那么，最高权力便必定没有掌握在全体公民手中，被统治者便不可能掌握国家最高权力，不可能使国家政治按照自己的意志进行，因而也就不可能拥有政治自由。这样，不论该社会如何自由，该社会必定都是一个政治奴役而非政治自由的社会。一句话，有民主，必有政治自由，必有政治自由社会；无民主，必无政治自由，必无政治自由社会：民主乃是实现政治自由原则或政治自由社会的充分且必要条件。

诚然，民主仅仅是实现政治自由原则或政治自由社会的充分且必要条件，而不是实现自由原则或自由社会的充分且必要条件。但是，如前所述，政治自由社会意味着：统治者必须按照全体公民或被统治者的意志进行统治。这样，如果一个社会是政治自由社会，每个公民便都拥有政治自由，那么，每个公民的其他自由，如言论自由、出版自由、经济自由等等，能否实现，便完全取决于自己的意志，因而是有保障的。反之，如果政治不自由，那么，统治者便不是按照全体公民的意志而是按照自己的意志进行统治。这样，每个公民的其他自由能否实现，便完全取决于统治者的意志而不是取决于自己的意志，因而是无保障的。所以，政治自由决定其他一切自由，是实现一切其他自由的根本保障。这样，一个社会，不论如何自由，如果它不是民主社会，那么，它一定不是拥有政治自由的社会，因而它的一切自由都是无保障的。这种社会显然不是自由社会。所以，没有民主，就不会有自由社会：民主是自由社会的必要条件。但是，民主只是自由社会的必要条件，而不是其充分条件。这是因为：

一方面，所谓民主，就其本质来说，固然是全体公民掌握最高权力的政治；但是，就其实现来说，却势必是多数公民掌握最高权力的政治。所以，托克维尔写道："民主政府的本质，在于多数对政府的统治是绝对的，因为在民主制度下，谁也对抗不了多数。"[①] 这样，亦如托克维尔所言，多数公民便可能滥用他们所握有的最高权力，去反对他们的对手："如果多数不团结得象一个人似地行动，以在观点上和往往在利益上反对另一个也象一个人似地行动的所谓少数，那又叫什么多数呢？但是，如果你承认一个拥有无限权威的人可以滥用他的权力去反对他的对手，那你有什么理由不承认多数也可以这样做呢？"[②] 托克维尔将这种多数对于他们所掌握的最高权力的滥用，叫作"多数暴政"。多数暴政的民主社会显然不是自由社会。

另一方面，即使民主不导致多数对于少数的暴政，却仍然可能导致暴政：一种侵犯每个人的个人自由和个人权利的暴政。因为最高权力就其本性来说即与无限权力相通，极易演进为无限权力；因而正如

① 托克维尔：《论美国的民主》上卷，商务印书馆 1996 年版，第 282 页。
② 托克维尔：《论美国的民主》上卷，商务印书馆 1996 年版，第 288 页。

托克维尔所言，社会的最高权力无论掌握在君主手里，还是掌握在人民手里，都可能成为无限权力而沦为暴政："当我看到任何一个权威被授以决定一切的权力和能力时，不管人们把这个权威称作人民还是国王，或者称作民主政府还是贵族政府，或者这个权威是在君主国行使还是在共和国行使，我都要说，这是给暴政播下了种子。"① 只不过，君主掌握无限权力的社会，既无政治自由，又无其他自由；而人民掌握无限权力的社会，则只有政治自由，却无其他自由。

对于这种侵犯每个人的个人自由和个人权利的民主暴政，在贡斯当那顶顶有名的"古代人的自由与现代人的自由之比较"的论文中，曾有极为深刻的论述。他发现，在古代的斯巴达和罗马等民主共和国，社会的政治是按照全体公民的意志进行的，符合政治自由原则；但是，这种政治的权力却毫无限制：

"社会权威机构干预那些在我们看来最为有益的领域，阻碍个人意志。在斯巴达，特藩德鲁斯不能在他的七弦琴上加一根弦，以免冒犯五人长官团的长官。而且。公共权威还干预大多数家庭的内部关系。年轻的斯巴达人不能自由地看望他的新娘。在罗马，监察官密切监视着家庭生活。法律规制习俗，由于习俗涉及所有事物，因此，几乎没有哪一个领域不受法律的规制。因此，在古代人那里，个人在公共事务中几乎永远是主权者，但在所有私人关系中却是奴隶。作为公民，他可以决定战争与和平；作为个人，他的所有行动都受到限制、监视与压制；作为集体组织的成员，他可以对执政官或上司进行审问、解职、谴责、剥夺财产、流放或处以死刑；作为集体组织的臣民，他也可能被自己所属的整体的专断意志剥夺身份、剥夺特权、放逐乃至处死。"②

我们显然不能说这种古代的民主社会是自由社会，因为这种社会

---

① 托克维尔：《论美国的民主》上卷，商务印书馆 1996 年版，第 289 页。

② 贡斯当：《古代人的自由与现代人的自由》，商务印书馆 1999 年版，第 27 页。

的公民仅仅拥有政治自由，却没有其他自由。诚然，正如贡斯当所言，这些其他方面的不自由和被奴役是该民主社会的全体公民都同意的：他们“为了政治自由而牺牲所有个人自由”[1]。但是，奴役或不自由之为奴役或不自由，并不因被奴役者同意而不再是奴役，不再是不自由。伯林在论及贡斯当这篇文章时说得好：

“众人一致同意牺牲自由，这个事实，也不会因为它是众人所一致同意的，便奇迹似的把自由保存了下来。如果我同意被压迫，或以超然及嘲讽的态度，来默许我的处境，我是不是因此就算是被压迫得少一点？如果我自卖为奴，我是不是就不算是个奴隶？如果我自杀了，我是不是不算真正的死了，因为我是自动结束我的生命？”

可见，国家权力就其本性来说——不论它掌握在谁的手里——便倾向于被滥用而趋于无限与绝对，最终侵犯个人自由与个人权利而沦为暴政。由此，阿克顿说出了他那广为传颂的格言：“权力导致腐败，绝对权力导致绝对腐败。”[2] 这样，实现民主从而使政治按照全体公民自己意志进行，仅仅是自由社会的必要条件，而并不是自由社会的充分条件：民主社会仍然可能不是自由社会。然而，伯林却由此进而断言：“个人自由和民主统治之间，并没有什么必然的联系。‘谁统治我’和‘政府干涉我多少’从逻辑上看，是截然不同的两个问题。”[3] 他的具体根据，如所周知，可以归结为：民主社会不但仍然可能是个不自由的社会，而且还可能比君主社会更不自由；人们在懒散无能、同情自由的、仁慈的专制君主国所享有的个人自由可能多于不尚宽容的民主国家。确实，人们在某些君主专制社会所享有的自由可能多于某些民主社会。

---

① 贡斯当：《古代人的自由与现代人的自由》，商务印书馆 1999 年版，第 41 页。

② 阿克顿：《自由与权力》，商务印书馆 2001 年版，第 342 页。

③ Isaiah Berlin, *Four Essays on Liberty*, Oxford, New York: Oxford University Press, 1969, p. 130.

但是，首先，人类社会的历史和现实充分表明，这仅仅是非常特例而不是正常惯例。所以，达尔列举民主“十大长处”之第一项就是“避免暴政”。对这一项长处，他通过专制的暴政与民主的暴政之比较得出结论说：“从长远来看，民主过程相比其他非民主的过程，对公民的基本权利和利益造成的损害是不是会少一些？仅仅是由于民主政府避免了滥用权力的专制统治，它就比非民主政府更合乎这项要求。”①

其次，君主专制社会的个人自由绝非个人政治自由。因为不论何种君主专制，既然是君主专制，那它就不可能是全体公民而只能是君主一人掌握最高权力；不可能是按照全体公民的意志而只能是按照君主一人的意志进行统治；因而也就不可能存在政治自由而只可能存在其他自由。反之，不论何种民主政治，既然是民主政治，那它就不可能不是全体公民掌握最高权力；不可能不是按照全体公民的意志进行统治；因而也就不可能不实现政治自由。所以，科恩说：

“专制政体可能给予公民广泛的自由。事实上，有些仁慈的专制者在某些领域内所保护的自由要比许多民主国家所保护的还要广泛一些。”但是，“专制者决不准许有从事特殊活动的自由。这些与专制政体格格不入的自由，正是民主必不可少的自由，真正管理社会、指导政策并作出决定的自由。专制者可能听取臣民的申诉，但最终还是独断独行。民主政府则恰恰相反，除根据公民的决定外，不能根据其他的决定行事。”②

因此，不论君主社会拥有多么多的自由，却不可能拥有政治自由，因而该社会的自由都是无保障的，该社会不可能是个自由社会；反之，不论民主社会的自由是多么少，却必定拥有政治自由，因而也就可能拥有其他一切自由，可能是个自由社会。

---

① 达尔：《论民主》，商务印书馆 1999 年版，第 53、55 页。
② 科恩：《论民主》，商务印书馆 1988 年版，第 123 页。

最后，君主专制社会的较多个人自由完全是仁慈、懒散、无能等等君主个人的人格之结果，而与君主专制政体无关。同理，民主社会的较少个人自由，也与民主政体无关，而完全是当权者滥用权力之结果——于是遂有宪政民主、三权分立、多党制、短任期、保护少数等等保障自由的种种权力制约机制。由此可以理解，为什么波普说："即使民主国家采取了坏的政策，也比屈从哪怕是明智的或仁慈的专制统治更为可取。"①

合而言之，可知伯林的断言是不能成立的。因为个人自由和民主统治之间，"谁统治我"和"政府干涉我多少"之间，存在着必然的联系：非民主的社会必定是不自由的社会；自由的社会必定是民主社会。民主是实现政治自由从而保障实现其他一切社会自由的唯一政体，因而虽然不是自由社会的充分条件，却是自由社会的必要条件。所以，阿克顿说："自由被认为是与民选政府相关联的产物。"② 哈耶克也一再说："民主本身虽然不是自由，却是一种对自由的最重要的保障。"③ 那么，自由社会的实现究竟还需要什么条件？或者说，实现自由社会的充分且必要条件是什么？

## 2. 自由民主：自由原则实现的充分且必要条件

为什么民主是实现自由原则的自由社会的必要条件而不是充分条件？为什么实现了民主的社会却可能仍然是个不自由的社会？如前所述，原因只有一个：民主的政权可能是无限的（unlimited democracy），因而违背了自由原则、导致民主的暴政。民主的政权如果能够得到限制，遵循自由原则，那么，民主的社会便是自由的社会；反之，自由

---

① 波普：《开放社会及其敌人》，山西高校联合出版社 1992 年版，第 132 页。

② 阿克顿：《自由与权力》，商务印书馆 2001 年版，第 316 页。

③ F. A. Hayek, *Law, Legislation and Liberty*, Volume 1, Beijing: China Social Social Sciences Publishing House, 1999, p. 5.

社会也就是最高权力受到自由原则有效限制的民主的社会：最高权力受到自由原则有效限制的民主，是实现自由原则、自由社会的充分且必要条件。这种最高权力受到自由原则有效限制的民主，不是别的，正是所谓“自由民主”，亦即宪政民主（Constitutional democracy）：自由民主与宪政民主是同一概念。

宪政（Constitutionalism），顾名思义，就是立宪政体或立宪政府（Constitutional government），是一种权力有限的政府或政体，是以宪法及其所衍生的法律限制政府权力从而使之遵守宪法和法律的政体。所以，哈耶克界定宪政时援引麦基尔韦恩（C. H. Mcllwain）的话说：“所有立宪政府，就其定义来说，都是有限政府……宪政具有一种基本性质：它是对政府的一种法律限制；它是专横统治的反对者；它的对立面是专制政府，亦即随心所欲的政府。”① 一句话，“宪政意指有限政府”②。“宪政就在于以政治的永久原则限制一切权力。”③《布莱克维尔政治百科全书》的宪政词条也这样写道：“立宪政体是受到常规性法律和政治约束，并对公民负责的政体。在立宪政体下，公共权力机关和公民一样，都必须服从法律和宪法。”

但是，宪政不都是民主政体。卡斯·R.森斯坦说：“存在着截然不同的宪政形式。”④ 弗里德里希也说：“宪政可能是君主制的，也可能是民主制的，而且，它也确实在两种制度中都出现过。”⑤ 确实，除了君主专制，其他任何政体都可以是一种宪政政体。就拿立宪君主来说，无疑也是一种立宪政体，也是一种宪政。然而，宪政，就其本性来说，

---

① F. A. Hayek, *Law, Legislation and Liberty*, Volume 1, Beijing: China Social Sciences Publishing, 1999, p. 145.

② F. A. Hayek, *Law, Legislation and Liberty*, Volume 1, Beijing: China Social Sciences Publishing House, 1999, p. 1.

③ F. A. Hayek, *Law, Legislation and Liberty*, Volume 1, Beijing: China Social Sciences Publishing House, 1999, p. 3.

④ 埃尔斯特等编：《宪政与民主》，生活·读书·新知三联书店 1997 年版，第 374 页。

⑤ 转引自李强：《自由主义》，中国社会科学出版社 1998 年版，第 233 页。

却似乎只能是民主政体。因为宪政的本性，如所周知，一方面在于政府的权力必须遵守宪法；另一方面则在于分权。这样，如果立宪君主政体是一种宪政，那么，一方面，君主的权力必定遵守宪法，另一方面，最高权力不可能掌握在君主一人手中。可是，君主之为君主，就在于一个人掌握最高权力：不是一个人掌握最高权力者，即非君主。所以，立宪君主政体如果真是一种宪政，那么，这种政体的所谓君主已经不是真正的君主了：他实际上只不过是行政首脑，或者只保留着各种各样形式上的和象征性的最高权力。这样，所谓立宪君主政体实际上并不是君主政体，而是一种民主政体；或者毋宁说，是一种君主政体向民主政体过渡的混合政体。否则，如果在立宪君主政体中，君主仍然一人掌握最高权力，那么，它就不是真正的立宪政体，就不是真正的宪政；而是真正的君主专制：宪政不过是其掩人耳目的空洞形式而已。

宪政，就其本性来说，是一种民主政体。由此可以理解，为什么宪政理论家们往往将宪政与宪政民主或民主宪政等同起来："宪政指的是多数派决策的一些限制，更具体地说，指的是那些在某种意义上自我施加的限制。"[①]"立宪政体是平民政体的一个特定类型，即通过法律运作的政体。"[②]但是，反过来，民主并不都是宪政。这一点亚里士多德早已看到："在法律非至高无上的地方……多数并不是作为个体而是作为集体拥有最高权力的……这种民主政体根本不是宪政。"[③]非宪政的民主社会，亦即权力无限的民主社会，因而必定是不自由的社会。那么，宪政的民主社会就是自由的社会吗？

不言而喻，宪政民主是不是自由社会，完全取决于宪法是不是一

---

① 埃尔斯特等编：《宪政与民主》，生活·读书·新知三联书店 1997 年版，第 2 页。

② 埃尔金：《新宪政论》，生活·读书·新知三联书店 1997 年版，第 163 页。

③ F. A. Hayek, *Law, Legislation and Liberty*, Volume 1, Beijing: China Social Sciences Publishing House, 1999, p. 3.

种遵循自由原则的宪法：如果遵循，宪政民主就是自由的宪政民主，这种社会就是自由社会；否则便不是自由的宪政民主，这种社会就仍然算不上自由社会。自由的宪政民主所遵循的原则，说到底，也就是防止民主暴政或无限民主的自由原则。伯林将这些原则归结为两个：个人自由等基本权利原则与自由限度原则。他这样写道：

“如果连民主政体都可以在不失为民主政体的情况下压迫自由——至少是自由这个词向来所称谓的那种自由——那么究竟如何才能够使一个社会真正自由？对于贡斯当、密尔、托克维尔和他们所属的那个自由主义传统来说，除非至少遵循两个互有关联的原则，否则绝无自由的社会。这两个原则是，第一，唯有权利——而不是权力——才可以被当作绝对的东西。这样，所有的人才拥有绝对的权利拒绝从事非人的行为，而不论他们是被什么权力所统治。第二，人在某些界限以内是不容侵犯的。这些界限不是人为划定的，而是根据长久以来就广为接受的规则确定的。这些规则乃是一个正常人必须遵守的；而违犯它们就是不人道或不正常的行为。如果认为这些规则可以由某个法庭或统治集团以某种正式的程序予以废止，那是荒谬的想法。”①

各国的宪法虽可能有遵循与违背这些自由原则之分，但是，就宪政思想的传统来说，宪法却必须遵循这些自由原则；否则就不是真正的宪法。因为宪法的基本目的，正如萨托利所言，就在于保障个人自由，限制政府权力：“随着绝对主义时代的衰落，人们开始寻找一个词，以表示用以控制国家权力之运作的种种技术……结果这个词就是‘宪法’。”法国《人权宣言》说得更明白：“凡权利无保障和分权未确立的社会，就没有宪法。”因此，就宪政思想的传统来说，真正的、名副其实的宪法主要都是由两部分构成：一是政府的组织机构法案，强

① Isaiah Berlin, *Four Essays on Liberty*, Oxford, New York: Oxford University Press, 1969, p.165.

调的是分权原理；一是权利法案，强调的是自由等人权原理。

权利法案所体现和遵循的，显然是伯林所总结的自由的宪政民主的两大原则。所以，史蒂芬·霍姆斯援引杰克逊的话说："在 1943 年的 Flag Salute 案中，罗伯特·杰克逊法官发表了如下经典性见解：'权利法案的真正宗旨，就是要把某些事项从变幻莫测的政治纷争中撤出，将其置于多数派和官员们所能及的范围之外，并将其确立为由法院来适用的法律原则。人的生命权、自由权、财产权、言论自由权、出版自由、信仰和集会自由以及其他基本权利，不可以受制于投票：它们不依赖于任何选举之结果。'从这个角度看，宪政实质上是反民主的。宪法的基本功能是将某些决定从民主过程中清除出去，也就是说，束缚这一共同体的手脚。"①

那么，究竟如何才能使民主政治遵循权利法案和自由的宪法，从而成为自由的宪政民主、实现免于民主暴政的自由社会呢？正如托克维尔所言，只有一条途径，那就是实行分权或三权分立："假如把立法机构组织得既能代表多数又一定不受多数的激情所摆布，使行政权拥有自主其事的权利，让司法当局独立于立法权和行政权之外，那就可以建立起一个民主的政府，而又使暴政几乎无机会肆虐。"② 阿克顿也一再说："自由存在于权力的分立之中，专制主义存在于权力的集中营里。"③ 哈耶克进而总结道："一个在名义上无限制的议会，显然必定逐渐被驱使稳固且无休止地扩张政治权力。同样明显的是，能够阻止这种权力扩张的办法只有一个，亦即由两个不同的民主选举的团体分割最高权力，也就是对于最高权力实行权力分立原则。"④ 一句话，分权乃是自由的宪政之精髓："自由主义宪政制度的奠基者为捍卫个人自由

① 埃尔斯特等编：《宪政与民主》，生活·读书·新知三联书店 1997 年版，第 224 页。

② 托克维尔：《论美国的民主》上卷，商务印书馆 1996 年版，第 291 页。

③ 阿克顿：《自由与权力》，商务印书馆 2001 年版，第 339 页。

④ F. A. Hayek, *Law, Legislation and Liberty*, Volume 1, Beijing: China Social Sciences Publishing House, 1999, p. 104.

而提出的方法是权力分立。”[①] 这就是为什么分权乃是宪法的政府的组织机构法案的基本原理的缘故。

总之，就宪政思想的传统来说，宪法的主要法案——强调分权原理的政府的组织机构法案和强调自由等人权原理的权利法案——所体现和遵循的，乃是自由原则。因此，就宪政思想的传统来说，宪政民主就是限制民主的权力而使之遵循自由宪法的民主，就是自由的宪政民主，因而也就是自由社会的充分且必要条件：一切宪政民主的社会，都是实现了自由原则的自由社会；一切实现了自由原则的自由社会，都是宪政民主的社会。所以，萨托利一再说：“不论过去还是现在，事实上，立宪制度就是自由主义制度。可以说，自由主义政治就是宪政。”[②] “只有作为不受个人感情影响的管理手段的立宪制度，才一直是并将仍然是自由社会的捍卫者。”[③] 由此可以理解，为什么今日西方学者干脆将宪政民主叫作“自由民主”：“自由民主一词的‘自由’不是指谁来统治，而是指如何实施统治。它尤其意味着政府的权力和行使权力的方式受到了限制，特别是受到根本法或宪法的约束，但归根到底是受到个人权利的限制。”[④]

## 六、自由主义：将自由当作最高价值的国家制度和思想体系

### 1. 自由主义：定义与对象

自由主义（Liberalism）一词，依阿克顿勋爵所见，出现于18世

① 哈耶克：《经济、科学与政治》，江苏人民出版社2000年版，第412页。

② Giovanni Sartori, *The Theory Democracy Revisited*, Chartham, New Jersey: Chatham House Publisher, Inc., 1987, p. 309.

③ Giovanni Sartori, *The Theory Democracy Revisited*, Chartham, New Jersey: Chatham House Publisher, Inc., 1987, p. 328.

④ 马克·普拉特纳：《自由主义与民主：二者缺一不可》，转引自刘军宁编：《民主与民主化》，商务印书馆1999年版，第73页。

纪："自由主义——1707年英国坎特伯雷大主教首次使用这个词。"[①]但是，概念先于名词。自由主义作为一种国家制度和系统理论，肇始于17世纪英国革命，它的奠基者是洛克，是众所公认的。尔后四百年来，自由主义一直是西方思想界的主流意识形态。因此，自由主义思想家多如繁星，不胜枚举。

古典自由主义的代表人物，当推斯宾诺莎、洛克、弥尔顿、孟德斯鸠、卢梭、潘恩、杰斐逊、汉密尔顿、贡斯当、托克维尔、康德、休谟、柏克、斯密、边沁、密尔、斯宾塞等；新自由主义的代表人物，则有格林、鲍桑葵、布拉德雷、霍布豪斯、杜威等；当代自由主义的代表人物，主要是哈耶克、弗里德曼、奥克肖特、波普、伯林、罗尔斯、诺齐克、德沃金、布坎南、萨托利等。

这些人都是自由主义的代表人物，是没有争议的。但是，这些人的自由主义理论是如此不一致，如此灵活多变、歧见纷呈、难以把握，以致直到今日，许多学者仍然认为无法界说自由主义，甚至认为给自由主义下定义是不可能的。萨托利亦有此见，他说：

"如果我们用'自由主义'这个标签与那些和它相近的概念比较，如民主、社会主义、共产主义，那么，自由主义在有一点上是无可匹敌的：它是所有概念中最不确定、最难以被准确理解的术语。"[②]

然而，这些自由主义者的观点不论如何不同，却不可能毫无共同点或普遍性：不可能存在毫无共同点或普遍性的事物。那么，这些自由主义理论所特有——亦即区别于极权主义和社会主义等理论——的共同点或普遍性究竟是什么？

不难看出，一切自由主义理论所特有的共同点在于，它们毫无例外都是一种主张实现自由社会的思想体系；正如一切共产主义理论不

① 阿克顿：《自由与权力》，商务印书馆2001年版，第364页。
② 李强：《自由主义》，中国社会科学出版社1998年版，第14页。

论如何不同，毫无例外都是一种主张实现公有制社会的思想体系一样。自由主义是主张实现自由社会的理论：这是一切自由主义理论所特有的普遍性，亦即自由主义区别于其他理论——如极权主义和社会主义——的种差、根本特征，因而堪称自由主义的定义。自由主义是一种主张实现自由社会的思想体系，显然蕴涵着，自由主义必须解决三大问题：

首先，何谓自由社会？此乃“自由原则”问题；其次，为什么应该实现自由社会？此乃“自由价值”问题；最后，如何实现自由社会？此乃自由社会或其原则的实现途径问题，说到底，亦即“宪政民主”问题。这就是自由主义的研究对象。因此，自由主义，作为一种完整的理论体系，原本由三部分构成：自由价值理论、自由原则理论和宪政民主理论。

由此看来，自由主义乃是真理。因为如果自由主义——主张实现自由社会的思想体系——不是真理，那就意味着：否定自由社会的思想体系，如极权主义和专制主义，是真理。极权主义和专制主义等否定自由社会的思想体系，无疑是谬误。因此，自由主义必定是真理：处于相互否定的矛盾关系的两种思想体系，必定一真一假。但是，这并不是说，一切自由主义理论都是真理。自由主义的研究对象——自由的价值、自由社会的原则和自由社会的实现途径——无疑都是人类思想史上最为复杂深邃的难题，以致迈克尔·奥克肖特写道：

“什么是一个自由的社会？随着这个问题，通向无穷遁词之夜的门打开了。”①

因此，自由主义者们对于这些问题的研究难免歧见纷呈，因而其观点必定有真与假、全与偏、完备与不完备以及空想与科学等等之不同；正如各种社会主义理论必定有真与假、全与偏、完备与不完备以

① 迈克尔·欧克肖特：《政治中的理性主义》，上海译文出版社 2003 年版，第 107 页。

及空想与科学之不同一样。但是，就同一研究对象来说，谬误可能无数，而真理必定一个。所以，作为谬误的、不完备的、空想的自由主义理论可有无数；而真理的、完备的、科学的自由主义只有一个。谬误，说到底，不过是达于真理的某种过程或阶段。所以，各种谬误的、不完备的、空想的自由主义理论，都可以看作是达到真理的、完备的、科学的自由主义的某种过程或阶段。

这样，正如各种谬误的、不完备的、空想的社会主义不能成立，并不能证明社会主义不能成立，而只有完备的、科学的社会主义不能成立，才能证明社会主义不能成立一样；各种谬误的、不完备的、空想的自由主义理论不能成立，也不能证明自由主义不能成立，而只有完备的、科学的自由主义不能成立，才能证明自由主义不能成立。因此，对于自由主义的评价，便应该以完备的、科学的自由主义为准；而不应该以不完备、不科学的自由主义为准。正如对于社会主义的评价，应该以完备的、真理的、科学的社会主义为准，而不应该以不完备、不科学的、错误的社会主义为准一样。由此可以理解，为什么萨托利强调，对于自由主义的评析，乃是对一种自由主义——而不是许多自由主义——的评析：

“难道我们必须屈从于这种观点，认为不存在一种自由主义而是存在许多种不同的自由主义吗？进言之，难道这些自由主义必须分成古典的、民主的、社会的、国家主义的、人道主义的、社会主义的等等若干种类吗？我不这样看。因为照此说来，也就可以断言：并不存在一种民主，而是存在许多种民主，每一个国家都有一种，并且每一种民主都一代一代地变化着。然而，事实上我们是以单数形式谈论现代民主的。同样，我们完全有理由以单数形式谈论自由主义——我们就依此见地去寻找并发现这种自由主义。”①

---

① Giovanni Sartori, *The Theory Democracy Revisited*, Chartham, New Jersey: Chatham House Publisher, Inc., 1987, p. 376.

### 2. 自由主义的理论体系：自由价值论、自由原则论与宪政民主论

**自由价值论** 自由主义理论的出发点，无疑是自由的价值问题。对此，正如萨皮罗所言，不论自由主义论者的观点如何不同，却必定都崇尚自由、歌颂自由、倡导自由，认为自由具有非常重大的价值："自由主义在所有时代的典型特征，是它坚定地相信自由对于实现任何一个值得追求的目标都是不可或缺的。"① 胡适亦云："自由主义就是人类历史上那个提倡自由、崇拜自由、争取自由、充实并推广自由的大运动。"② 确实，如果否认这一点，否认自由具有重大价值，那么毫无疑义，他就不是自由主义者了。

当然，重大价值与极大价值、最大价值不同，与最高价值、至上价值也不同。但是，这些价值无疑都属于重大价值范畴。一切自由主义论者都认为自由具有重大价值，却并不都认为自由具有最大价值，也并不都认为自由具有至上价值。但是，就自由主义的科学的、完备的形态来说，却认为自由具有至上价值：就自由主义的科学的、完备的形态来说，自由主义（Liberalism）亦即自由至上主义（Libertarianlism）。因此，自由主义者斯皮兹（David Spitz）在他临终前所写下的自由主义的十大信条之第一条就是："尊崇自由高于其他价值，甚至超过平等及正义。"③

为什么说自由至上主义是一种科学的、完备形态的自由主义观点？因为文艺复兴人道主义发现：人的自我实现——亦即自我创造性潜能之实现——具有最高价值。自我实现的条件和途径固然很多，但最根本的条件和途径无疑只有一个，那就是自由：自由乃是自我实现的最根本的条件和途径。因此，说到底，自由具有最高价值。但

---

① 李强：《自由主义》，中国社会科学出版社 1998 年版，第 19 页。

② 胡适：《自由主义》，光明日报出版社 2001 年版，第 68 页。

③ 顾肃：《自由主义基本理念》，中央编译出版社 2003 年版，第 3 页。

是，最高价值未必是最大价值。自由是最高价值，自由的价值远远高于面包的价值。但是，正如伯林所言，自由的价值不如衣食的价值大："埃及农民对于衣物和农药的需要优先于、强烈于对于个人自由的需要。"① 所以，斯皮兹说得不错：自由的价值高于平等及正义。但是，自由的价值未必大于平等和正义的价值。

不过，既然自由具有最高价值，那么，显然应该使人自由：自由应该是国家制度好坏的最高价值标准。所以，阿克顿一再说："自由的理念是最高贵的价值思想——它是人类社会生活中至高无上的法律。"②"自由乃至高无上之法律。它只受更大的自由的限制。"③ 然而，真正讲来，人究竟怎样才算获得自由？人是个社会动物；他所过的生活，乃是社会生活。因此，只有当人们所生活于其中的社会是个自由的社会，人们才算真正获得了自由。所以，哈耶克说："一旦自由的利益被认识，人们便会去完善和扩展自由的领域。为此，他们将探究怎样才能构建一种自由社会。自由理论的这种发展主要是在 18 世纪而肇始于英法两国。"④

但是，究竟何谓自由社会？或者说，自由社会的原则是什么？这是自由主义的核心问题：自由主义，主要讲来，就是一系列自由原则体系，就是一系列自由社会的原则体系。所以，哈耶克写道："19 世纪自由主义的一位知识分子领袖贡斯当曾把自由主义描述为一种'原则体系'，他指明了问题的实质。自由不仅是一种政府的所有行为都受其指导的原则体系，而且是一种除非作为所有具体立法法案的最高原则来接受否则就不能维持的理想。"⑤ 这就是自由主义为什么属于伦

---

① Isaiah Berlin, *Four Essays on Liberty*, Oxford, New York: Oxford University Press, 1969, p.128.

② 阿克顿：《自由与权力》，商务印书馆 2001 年版，第 307 页。

③ 阿克顿：《自由与权力》，商务印书馆 2001 年版，第 310 页。

④ Friedrich A. Hayek, *The Constitution of Liberty*, The University of Chicago Press, 1978, p.54.

⑤ Friedrich A. Hayek, *The Constitution of Liberty*, The University of Chicago Press, 1978, p.68.

理学对象的缘故：自由主义，根本说来，乃是一系列的原则和规范体系，亦即国家制度好坏的价值标准体系。因此，阿克顿写道："自由作为道德问题的紧迫性远远大于其作为政治问题的紧迫性。"①

**自由原则论**　细究起来，自由主义所确立的自由原则——亦即自由社会原则——体系，原本由自由社会的普遍原则与自由社会具体原则两大系列构成：前者主要是自由的法治原则、自由的平等原则与自由的限度原则；后者主要是政治自由原则、经济自由原则与思想自由原则。不论自由主义论者的观点如何不同，却必定都主张或承认这些自由原则；否则，他就不是自由主义者了。但是，这些原则的具体内容究竟如何，自由主义者们却往往意见纷纭，莫衷一是。我们的考察，当然以最为完善的自由主义观点为准。

**一个社会的任何强制，都必须符合该社会的法律和道德；该社会的所有法律和道德，都必须直接或间接得到全体成员的同意。**这是自由主义的"自由的法治原则"。对于这一原则，霍布豪斯曾这样写道："自由的第一步实际上正是要求法治。……自由统治的首要条件就是：不是由统治者独断独行，而是由明文规定的法律实行统治。"②哈耶克进一步说："所谓法治下的自由概念，亦即当我们遵守法律时，我们并不是屈从其他人的意志，因而是自由的。"③

**人人应该平等地享有自由：在自由面前人人平等；人人应该平等地服从强制：在法律面前人人平等。**这是自由主义的"自由的平等原则"。所以，哈耶克写道："自由意味着，也只能意味着，我们的所作所为并不有赖于任何人或任何权威机构的批准，只能为同样平等适用于人人的抽象规则所限制。"④因此，"为自由而斗争的伟大目标，一直

① 阿克顿：《自由与权力》，商务印书馆 2001 年版，第 309 页。

② 霍布豪斯：《自由主义》，商务印书馆 1996 年版，第 9 页。

③ Friedrich A. Hayek, *The Constitution of Liberty*, The University of Chicago Press, 1978, p. 153.

④ Friedrich A. Hayek, *The Constitution of Liberty*, The University of Chicago Press, 1978, p. 154.

是法律面前人人平等”[①]。

**一个社会的强制，应该保持在这个社会的存在所必需的最低限度；一个社会的自由，应该广泛到这个社会的存在所能容许的最大限度。**这是自由主义的“自由的限度原则”。对此，波普讲得很清楚：“自由主义的原则要求，社会生活所必要的对每个人自由的种种限制应当减少到最低限度。”[②]对于这一原则，自由主义论者们是没有异议的。否则，他们就不是自由主义者了。但是，最低限度与最大限度都是相对的、不确定的概念。因此，对于一些自由主义者来说是最低限度的强制，对于另一些自由主义者来说，却可能是过高的强制；反之亦然。所以，一些自由主义者主张“守夜人”式的国家，断言“管得越少的政府，就是最好的政府”。反之，另一些自由主义者则认为这样少的强制不足以保障社会存在，社会的存在所必需的最低限度的强制比这些要强大复杂得多，因而主张国家应该积极干预经济生活和社会生活。

**一个社会的政治，应该直接或间接地得到每个公民的同意，应该直接或间接地按照每个公民自己的意志进行，说到底，应该按照被统治者自己的意志进行。**这是自由主义的“政治自由原则”。杰斐逊在《独立宣言》中将这一原则归结为一句话：“政府的正当权力系得自被统治者的同意。”被伯林称为“不折不扣的自由主义者”的威尔逊总统也这样写道：“政治自由是被统治的人使政府适合他们的需要和利益的那种权利。”[③]阿克顿则认为这是自由主义的大政方针：“麦迪逊、亚当斯、富兰克林、杰弗逊、汉密尔顿等人在《独立宣言》中表达了建构一种新的政府理论的观点：在一个实践领域里由被统治者决定政府的大政方针。”[④]

---

① Friedrich A. Hayek, *The Constitution of Liberty*, The University of Chicago Press, 1978, p. 85.

② 波普：《猜想与反驳》，上海译文出版社 1968 年版，第 78 页。

③ 《资产阶级政治家关于人权、自由、平等、博爱言论选录》，世界知识出版社 1963 年版，第 210 页。

④ 阿克顿：《自由与权力》，商务印书馆 2001 年版，第 398 页。

**经济活动只应由市场机制自行调节，而不应由政府强制指挥，政府的管理应仅限于确立经济规则和保障其实行；而在这些经济规则的范围内，每个人都应该享有完全按照自己意志进行经济活动的自由。**这是自由主义的经济自由原则。这一原则的发现者和确立者，如所周知，乃是亚当·斯密，他称之为“自然自由制度”：“一切特权的或限制的制度一旦完全被废除，简单而显著的自然自由制度就会自动建立起来。每一个人，只要不违反公正的法律时，就应该容许他完全自由地用自己的方法追求自己的利益，以其勤勉和资本而与任何其他人或阶级相竞争。”①

**每个社会成员都应该享有创获与传达任何思想的自由；或者说，每个社会成员创获与传达任何思想都不应该被禁止；说到底，言论与出版应该完全自由而不应该受到任何限制。**这是自由主义的“思想自由原则”。对于这一原则，潘恩这样写道：“出版自由以及使用其他表达思想手段的自由，是不能取消、停止和限制的。”②罗斯福则进而以美国为例说：“这种自由除了受到美国人民的良知的限制以外，确实是丝毫没有限制的。”③美国《弗吉尼亚权利法案》已规定：“出版自由是自由的重要保障之一，任何政府，除非是暴虐政府，决不应加以限制。”美国《人权法案》第一条便这样写道：“国会不得制定关于下列事项的法律：确立宗教或禁止信仰自由；剥夺人民言论或出版自由。”

这就是自由主义关于自由社会的六大自由原则：自由的法治、平等、限度三大普遍原则与政治自由、经济自由、思想自由三大具体原则。那么，究竟怎样才能实现这些原则从而使社会成为自由社会？这

---

① Adam Smith, *An Inquiry into the Nature and Causes of the Wealth of Nations*, Volume 2, Oxford: Clarendon Press, 1979, p.687.

② 《资产阶级政治家关于人权、自由、平等、博爱言论选录》，世界知识出版社 1963 年版，第 53 页。

③ 《资产阶级政治家关于人权、自由、平等、博爱言论选录》，世界知识出版社 1963 年版，第 283 页。

是关于自由原则实现途径问题，亦即自由社会实现途径问题。这是自由主义理论的第三部分——亦即最后一部分——的研究对象。自由主义对于这个问题的比较完备的、科学的理论，如所周知，便是所谓“宪政民主论”：“宪政民主”是实现自由社会的充分且必要条件。

**宪政民主论**　自由主义论者看到，民主是实现政治自由从而保障实现其他一切社会自由的唯一政体。所以，阿克顿说：“自由被认为是与民选政府相关联的产物。”[①]哈耶克也一再说：“民主本身虽然不是自由，却是自由的最为重要的保障。”[②]然而，自由主义论者十分清楚：民主仅仅是实现政治自由或政治自由社会的充分且必要条件，而不是实现自由社会的充分且必要条件——民主只是实现自由社会的必要条件而非充分条件。这是因为：

一方面，民主就其本质来说，固然是全体公民完全平等执掌最高权力的政治，但就其实现来说，却势必是多数公民执掌最高权力的政治。这样，多数公民便可能滥用他们所握有的最高权力，去反对他们的对手：“如果多数不团结得象一个人似地行动，以在观点上和往往在利益上反对另一个也象一个人似地行动的所谓少数，那又叫什么多数呢？但是，如果你承认一个拥有无限权威的人可以滥用他的权力去反对他的对手，那你有什么理由不承认多数也可以这样做呢？”[③]托克维尔将这种多数对于他们所掌握的最高权力的滥用叫作“多数暴政”。多数暴政的民主社会显然不是自由社会。

另一方面，即使民主不导致多数对于少数的暴政，却仍然可能导致暴政：一种侵犯每个人的个人自由和个人权利的暴政。因为最高权力就其本性来说即与无限权力相通，极易演进为无限权力，因而托克

① 阿克顿：《自由与权力》，商务印书馆2001年版，第310、316页。

② F. A. Hayek, *Law, Legislation and Liberty*, Volume 1, Beijing: China Social Sciences Publishing House, 1999, p. 5.

③ 托克维尔：《论美国的民主》上卷，商务印书馆1996年版，第288页。

维尔指出，社会的最高权力无论掌握在君主手里，还是掌握在人民手里，都可能成为无限权力而沦为暴政："当我看到任何一个权威被授以决定一切的权力和能力时，不管人们把这个权威称作人民还是国王，或者称作民主政府还是贵族政府，或者这个权威是在君主国行使还是在共和国行使，我都要说，这是给暴政播下了种子。"①

合而言之，民主之所以是自由社会的必要条件而不是充分条件，只是因为民主的政权可能是无限的，因而违背自由等国家制度价值标准，导致民主的暴政。这样，民主的政权如果能够得到限制，遵循自由等国家制度价值标准，那么，民主的社会便是自由的社会：最高权力受到自由等国家制度价值标准有效限制的民主，是实现自由社会的充分且必要条件。这种最高权力受到自由等国家制度价值标准有效限制的民主，不是别的，就是自由主义所主张的"宪政民主"（Constitutional Democracy）：宪政民主就是被自由、平等、正义和人道等国家制度价值标准有效限制的民主，就是将这些国家制度价值标准作为宪法指导原则的民主，就是遵循这种宪法而受其限制的民主。

诚然，实际上，各国宪法可能有遵循与违背自由等国家制度价值标准之分，但如所周知，就宪政思想的传统来说，宪法的主要法案——强调分权原理的政府的组织机构法案和强调人权原理的权利法案——所体现和遵循的，乃是自由原则。因此，就宪政思想的传统来说，宪政民主就是限制民主的权力而使之遵循自由宪法的民主，因而也就是自由社会的充分且必要条件：一切宪政民主的社会，都是自由的社会；一切自由的社会，都是宪政民主的社会。所以，萨托利一再说："无论过去和现在，立宪制度事实上就是自由主义制度。可以说，自由主义政治就是宪政。"②

---

① 托克维尔：《论美国的民主》上卷，商务印书馆 1996 年版，第 289 页。

② 转引自刘军宁编：《民主与民主化》，商务印书馆 1999 年版，第 73 页。

### 3. 自由主义的理论归属：最根本的人道主义与制度化的人道主义

综观自由主义的自由价值论与自由原则论以及宪政民主论可知，自由主义，就其普遍形态来说，乃是一种关于自由社会的思想体系，是关于自由的价值、原则及其实现途径的思想体系。或者说，自由主义就是关于自由社会的原则及其实现途径的思想体系，就是关于自由社会的理论：凡是主张构建自由社会的理论，都属于自由主义范畴。但是，自由主义，就其完备的形态来说，则是将自由当作最高价值的国家制度和思想体系，它视人的自由为最高价值，从而一方面将自由奉为国家制度好坏最高价值标准——亦即将"自由的法治原则"、"自由的平等原则"和"自由的限度原则"以及"经济自由"、"政治自由"和"思想自由"等一系列自由原则奉为国家制度好坏最高价值标准——另一方面则将宪政民主奉为实现这些原则的途径，亦即将宪政民主奉为自由社会的实现途径。

准此观之，自由主义显然属于人道主义范畴：自由主义是关于自由社会的人道主义。因为，如前所述，人道主义有"广义的、皮相的、初级的人道主义"与"狭义的、深刻的、高级的人道主义"之分：前者可以称之为"博爱的人道主义"；后者则是文艺复兴所发现的"自我实现的人道主义"，亦即视人的创造性潜能实现为最高价值——从而把"自我创造性潜能实现"奉为国家制度好坏最高价值标准——的社会制度和思想体系。实现自我创造潜能的最根本的必要条件是自由。因此，所谓人道主义，归根结底，就是视人的自由是最高价值——从而将自由奉为国家制度好坏最高价值标准——的社会制度和思想体系：自由主义是最根本的人道主义。因此，保罗·库尔茨将自由主义叫作"自由主义的人道主义"[①]。约翰·杰温斯波干脆将自由主义叫作

① 保罗·库尔茨：《保卫世俗人道主义》，东方出版社1996年版，第75页。

"自由人道主义"[①]。伯林等自由主义思想家则经常将自由主义与人道主义相提并论，而称之为"人道与自由主义传统"（Humanie and liberal tradition）、"人道的自由主义"（Humanitarian liberalism）[②]。

这样一来，人道主义在其发展历程中，便由广及狭、由浅及深、由表及里、由标及本地演进为三种形态：古老的博爱人道主义认为人是最高价值；文艺复兴的自我实现人道主义认为人的创造性潜能的实现是最高价值；17世纪以来西方主流意识形态的自由人道主义——亦即自由主义——认为人的自由是最高价值。

自由主义不仅是最根本的人道主义，而且是制度化、组织化的人道主义，是具有真正实现途径的人道主义。因为自由主义就其完备的、科学的形态来说，与社会主义等一切关于理想社会的理论一样，既是一种理论、一种学说、一种意识形态、一种政治思潮，又是一种运动、一种组织、一种政党纲领、一种制度、一种国家组织形式：自由主义是将自由当作最高价值的国家制度和思想体系。拉吉罗通过对于欧洲自由主义史的考察，最终得出结论说：

"对自由主义的各种界定已经给出。它可以被称为一种方法，一个政党，一种统治艺术，一种国家组织形式。"[③]

萨托利也这样写道："可以非常简洁地断言，自由主义就是通过宪政国家而对个人政治自由和个人自由进行司法保护的理论与实践。"[④]科林伍德亦如是说："'自由主义'一词，在其所从来的本国，用于宪政自由与代议制政府原则之名，长久以来，整个英语世界的所有政党

---

① 米勒等编：《布莱克维尔政治学百科全书》，中国政法大学出版社1992年版，第417页。

② Isaiah Berlin, *Four Essays on Liberty*, Oxford, New York: Oxford University Press, 1969, pp. 17, 15.

③ 圭多·德·拉吉罗：《欧洲自由主义史》，吉林人民出版社2001年版，第334页。

④ Giovanni Sartori, *The Theory Democracy Revisited*, Chartham, New Jersey: Chatham House Publisher, Inc., 1987, p. 380.

共享着这一财富。”[①]说到底，自由主义是一种最深刻的革命；因为正如波普所说：“从封闭社会到开放社会的过渡，显然可以描述为人类所经历的一场最深刻的革命。”[②]

于是，自由主义的思想渊源固然可以追溯到古希腊和罗马，但其直接的思想来源，乃是狭义的人道主义，亦即自我实现的人道主义，因而也就是文艺复兴时期的人道主义。对此，弗洛姆讲得很清楚：“我以为人道主义的狭义，正是指15、16世纪那种回复到古典学术和希腊语、希伯来语以及拉丁语的人道主义运动。”这种狭义人道主义的根本特征，就是人本身的潜能的自我实现：“文艺复兴人道主义的伟大人物，如爱拉斯谟、皮科·德拉·米朗多拉、波斯泰尔以及其他许多人，都认为人道主义是这样一个概念：它强调人本身，强调所有的人和强调完全的人，认为人的职责就是充分地施展自己的那些潜力。”总之，正如阿伦·布洛克所说：“人文主义的中心主题是人的潜在能力和创造力。”[③]

这种狭义的人道主义蕴涵着自由主义。因此，自由主义实乃文艺复兴人道主义的应有之义，是文艺复兴人道主义的核心与根本。对于这一点，人道主义思想家培里讲得很清楚：“人道主义把人看作值得赞美的对象，而且，作为一种信条，它受到古代知识复兴的启示并在历史上被看作是对中世纪某些流行思潮的反叛。因而使得我们要问，是人的什么东西被认为是值得赞美的并且在希腊和罗马的生活和文学里提供了这种东西的著名的范例和支持这种东西的著名的事例？本书支持这样一种主张，即人所特有的尊严——它使人值得得到这样的荣誉——乃在于他的鉴识自由的能力。”[④]但是，最具说服力的，恐怕还

① 圭多·德·拉吉罗：《欧洲自由主义史》，吉林人民出版社2001年版，第1页。

② 波普：《开放社会及其敌人》，山西高校联合出版社1992年版，第185页。

③ 阿伦·布洛克：《西方人文主义传统》，生活·读书·新知三联书店1997年版，第45页。

④ 沈恒炎、燕宏远主编：《国外学者论人和人道主义》第一辑，社会科学文献出版社1991年版，第188页。

是文艺复兴人道主义大师皮科在《论人的尊严的演说》中所假托上帝的那段名言：

“上帝认定人是本性不定的生物，并赐他一个位居世界中央的位置，又对他说：‘亚当，我们既不曾给你固定的居处，亦不曾给你自己独有的形式或特有的功能，为的是让你可以按照自己的愿望、按自己的判断取得你所渴望的住所、形式和功能。其他一切生灵的本性，都被限制和约束在我们规定的法则的范围之内。但是我们交与你一个自由意志，你不为任何限制所约束，可凭自己的自由意志决定你本性的界限。我们把你安置在世界中心，使你从此可以更容易观察世间的一切。我们使你既不属于天堂，又不属于地上，使你既非可朽，亦非不朽，使你好象是自己的塑造者，既有自由选择，又有光荣，能将你自己造成你所喜欢的任何模样。’”[①]

### 4. 自由主义理论基础：自由主义与个人主义

自由主义的理论基础，从上可知，可以归结为人道主义的三个基本命题。第一个命题：人的价值至高无上。这是广义人道主义的基本命题。第二个命题：人的自我实现的价值至高无上。这是狭义人道主义基本命题。第三个命题：人的自由的价值至高无上。这是自由人道主义（亦即自由主义）基本命题。然而，所谓“人”，就其外延来说，当然是指各个人、每个人，是各个人的总和，是每个人的总和：人，说到底，就是各个人，就是每个人。所以，人的价值至高无上，也就是每个人的价值至高无上；人的自我实现的价值至高无上，也就是每个人的自我实现的价值至高无上；人的自由的价值至高无上，也就是每个人的自由的价值至高无上。那么，由此是否可以说，自由主义的

---

① 周辅成编：《从文艺复兴到十九世纪资产阶级哲学家政治思想家有关人道主义人性论言论选辑》，商务印书馆 1973 年版，第 34 页。

理论基础是个人主义？

萨托利力排众议，反对将个人主义视为自由主义的理论基础："我不强调个人主义，不仅因为这个概念时下用得太滥，而且因为个人主义要么不足以表达自由主义的特征，要么会极其偏狭地把自由主义限定为它可能有的许多涵义之一。自由主义无疑相信个体和全人类的价值，并且如所周知，将他们理解为各个个人。但是，即使这种所谓抽象的个人概念被去掉——不管这种个人是'占有性的'还是'社会性'的，是社会的创造者还是被社会所创造——自由主义依然是自由主义。"[①]确实，自由主义与个人主义没有内在的、必然的联系，自由主义的理论基础绝非个人主义：与其说是个人主义，毋宁说是集体主义，说到底，实为功利主义。

就拿自由主义关于人的自由的价值至高无上的命题来说。每个人的自由当然同样都是至高无上的。然而，遗憾的是，人们的自由往往发生冲突而不可两全。一个人要有深夜引吭高歌的自由，众人就不能有深夜安静睡觉的自由。剥削者要有剥削的自由，被剥削者就不能有不被剥削的自由。在这种情况下，无疑应该遵循功利主义原则：应该牺牲一个人的自由而保全若干人的自由，因为一个人的自由的价值必定小于、低于若干人的自由的价值；应该牺牲少数人的自由而保全多数人的自由，因为少数人的自由的价值必定小于、低于多数人的自由的价值；应该牺牲多数人的自由而保全所有人或每个人的自由，因为多数人的自由的价值必定小于、低于所有人或每个人的自由的价值：所有人或每个人的自由的价值至高无上。

可见，在人们的自由发生冲突而不可两全的情况下，只有所有人或每个人的自由的价值才具有至高无上性，而一个人、少数人甚至多

① Giovanni Sartori, *The Theory Democracy Revisited*, Chartham, New Jersey: Chatham House Publisher, Inc., 1987, p. 381.

数人的自由的价值都并不具有至高无上性。这就蕴涵着：在利益发生冲突不可两全的情况下，只有集体利益具有至高无上性，而一个人、少数人甚至多数人的利益并不具有至高无上性。因为自由无疑是一种利益，属于利益范畴。所有人或每个人的自由，便属于所有人或每个人的利益范畴。问题的关键在于，所谓集体利益，如所周知，也就是所有人或每个人的共同的、根本的利益，属于每个人或所有人的利益范畴。因此，集体利益与每个人或所有人的利益必定完全一致：凡是有利（或有害）集体的，必定有利（或有害）每个人或所有人；凡是有利（或有害）每个人或所有人的，必定有利（或有害）集体。反之，集体利益，就其本性来说，不属于自我利益或少数人利益以及多数人利益范畴。因为集体利益与这些利益既可能一致也可能不一致：有利集体的，却可能有害自我、有害少数人、有害多数人；反之亦然。这样，所有人或每个人的自由的价值至高无上，意味着：所有人或每个人利益的价值至高无上；而所有人或每个人利益的价值至高无上，又意味着：集体利益——集体利益就是所有人或每个人的共同的、根本的利益——的价值至高无上。这不就是集体主义原则吗？

可见，人的自由的价值至高无上，亦即每个人的自由的价值至高无上，亦即每个人的利益的价值至高无上，说到底，也就是集体利益的价值至高无上。因此，自由主义的理论基础（人的价值至高无上、人的自我实现的价值至高无上、人的自由的价值至高无上）可以归结为集体主义：集体主义是自由主义的直接理论基础；功利主义则是自由主义的最终理论基础。然而，为何人们大都以为自由主义的理论基础是个人主义呢？这是因为，如所周知，一方面，人们大都以为自由主义的理论基础是个人至高无上（个人价值至高无上、个人自我实现的价值至高无上和个人自由的价值至高无上）；另一方面，人们大都以为个人主义就是认为个人至高无上的理论。合而言之，自由主义的理论基础当然就是个人主义了。

但是，这种流行的观点犯有双重错误。一方面，**每个人价值**至高无上与**个人价值**至高无上不同，**每个人自我实现的价值**至高无上与**个人自我实现的价值**至高无上不同，**每个人自由的价值**至高无上与**个人自由的价值**至高无上不同。因为个人与每个人根本不同。个人是相对集体而言的范畴，与集体或社会是对立的，因而固然可以含有每个人和每个自我之意，但是，一般来说，却仅仅是指自我：个人与自我，一般来说，是同一概念。所以，个人与集体或社会的利益既可能一致也可能不一致：有利社会却可能有害个人；有利个人却可能有害社会。反之，每个人或各个人并不是相对集体或社会而言的范畴，恰恰相反，就其本性来说，却属于社会或集体范畴：社会或集体就是每个人或各个人的总和。因此，每个人与社会或集体的利益必定完全一致：凡是有利（或有害）社会的，必定有利（或有害）每个人；凡是有利（或有害）每个人的，必定有利（或有害）社会。因此，个人价值至高无上，意味着集体的价值不具有至高无上性，因而意味着集体主义之否定。反之，每个人的价值至高无上，如上所述，并不否定集体的价值至高无上，相反地，倒蕴涵着集体的价值至高无上，因而蕴涵着集体主义。以为自由主义的理论基础是个人主义的观点的错误，就在于混淆每个人与个人，从而由自由主义理论基础是**每个人价值至高无上**之真理，得出错误的结论：自由主义的理论基础是**个人价值至高无上**，因而集体的价值不具有至高无上性。真可谓差之毫厘而失之千里也！

另一方面，即使自由主义的理论基础是个人价值至高无上，也不能由此断言自由主义的理论基础是个人主义。因为如前所述，个人主义是一种道德总原则理论，其真正的或纯粹的代表人物颇为罕见，公认的恐怕只有中国古代哲学家杨朱和庄子等道家以及现代西方哲学家尼采、海德格尔、萨特等存在主义论者。这种理论的主要特征，如前所述，可以归结为三个分命题。第一个命题：每个人的一切行为目的都是为了自我，而根本不存在无私利他的行为目的。杨朱曰："身者，所为也，天下者，所以为也。”[①] 尼采亦如是说：“忘我的行为根本没有。”[②] 第二个命题：道德目的只是为了增进自我利益。杨朱曰：“道之真以持身。” 萨特亦如是说：“价值，就是自我。”[③] 第三个命题：单纯利己是评价行为善恶的道德总原则。这个总原则被杨朱概括为一句名言：“拔一毛而利天下不为也。” 萨特用来显示他所主张的道德总原则的《厌恶》主角洛根丁也是这样的一个人：“我是孤零零地活着，完全孤零零一个人。我永远也不和任何人谈话。我不收受什么，也不给予什么。”[④]

因此，个人主义并不是认为**个人价值**至高无上的理论，而是认为**自我价值**至高无上的理论：二者根本不同。因为个人纯粹相对集体而言，因而不但有“自我”之意，而且还可能有其他的自我、其他的个人之义：它既可以指自我一个人，也可以指自我之外的其他个人。反之，自我则相对他人和集体而言，只能指称自己一个人。因此，个人与自我属于上位概念与下位概念的关系：自我都是个人，个人却不都是自我：个人可以等于自我加上其他非我的个人。这样，自我价值至高无上，意味着：他人、社会和集体的价值都不具有至高无上性。反之，个人价值至高无上则可能意味着：集体和社会的价值不具有至高无上性，而他人与自我的价值同样都具有至高无上性。这样，个人价值至高无上与自我价值至高无上便是根本不同的。所以，即使由自由主义的理论基础是认为个人价值至高无上，断言自由主义的理论基础是个人主义，也是不能成立的：个人主义并不是认为个人价值至高无上的理论，而只是认为自我价值至高无上的理论。

认为自由主义的理论基础是个人主义，不仅理论上不通，而且事

① 《吕氏春秋·贵生》。

② 周辅成编：《西方伦理学名著选辑》下卷，商务印书馆 1987 年版，第 815 页。

③ 萨特：《存在与虚无》，生活·读书·新知三联书店 1987 年版，第 798 页。

④ 萨特：《厌恶及其他》，上海译文出版社 1987 年版，第 36 页。

实上也是荒唐的。因为在自由主义多如繁星的公认的代表人物中，恐怕找不到一个真正具有个人主义思想的思想家。试问，哪一个自由主义者会同意个人主义的那些命题？哪一个自由主义者会认为自我价值至高无上？会认为每个人的一切行为目的都是为了自我，而根本不存在无私利他的行为目的？会认为道德目的只是为了增进自我利益？会同意单纯利己是评价行为善恶的道德总原则？古典自由主义的代表人物，如斯宾诺莎、洛克、弥尔顿、孟德斯鸠、卢梭、潘恩、杰斐逊、汉密尔顿、贡斯当、托克维尔、康德、休谟、柏克、斯密、边沁、密尔、斯宾塞等等，无疑没有一个会同意这些命题。新自由主义的代表人物，如格林、鲍桑葵、布拉德雷、霍布豪斯、杜威等等，就更不会同意这些命题了。当代自由主义的代表人物，如哈耶克、弗里德曼、奥克肖特、波普、伯林、罗尔斯、诺齐克、德沃金、布坎南、萨托利等等，当然也不会同意这些命题。真的，恐怕再也没有比说康德、布拉德雷、休谟、边沁、密尔、斯密、斯宾诺莎、斯宾塞是个人主义论者更荒唐更无知更可笑的了：试问，谁见过哪怕只是一个伦理学家说这些人是个人主义论者？

综上可知，自由主义与个人主义，就两者的本性来说，是势不两立的。因为个人主义，就其本性来说，乃是一种认为自我价值至高无上的理论，是一种敌视社会、集体和他人的道德总原则理论，是一种主张出世而隐居或入世而孤独的道德总原则理论，是一种逃离社会和集体的隐士哲学。反之，自由主义，就其本性来说，则是一种国家治理和国家制度价值标准理论，是一种积极入世的理论，是一种爱社会、爱集体和爱他人的人道主义理论，是一种积极建构自由的社会和自由的集体的理论。因此，自由主义，就其本性来说，不可能建立在个人主义的基础上，而只能建立在集体主义的基础上。这恐怕就是为什么找不到一个具有真正的个人主义思想的公认的自由主义代表人物的缘故。

# 第九章
# 异化：最根本的不人道

**本章提要** 异化是在不自由情况下，自己做出不属于自己而属于他人——亦即强制者——的行为，是自己做出的异己的、非己的行为，是自己做出的不是自己的行为。因此，异化是实现每个人创造性潜能和国家繁荣进步的根本障碍：每个人越是异化，他受别人意志支配的异己的行为便越多，那么，他便越缺乏个性，他的创造性潜能便越受到压抑而得不到实现，国家便越萧条落后：异化具有最高和最大负价值。因此，消除异化便是一种极其重要的国家制度好坏的价值标准，是由四大标准构成的相当复杂的价值标准体系：

“经济异化消除原则”：经济异化源于权力——政治权力与经济权力——垄断和不均衡；消除原则是实现“抽签选举的普选制民主”、“参与共决经济民主”、“福利国家制度”和“每个人都是股东的全民资本主义”，说到底，是“自由民主”：自由民主就是将自由等国家制度价值标准作为宪法指导原则而受其限制的民主。

“政治异化消除原则”：政治异化源于专制等非民主制的政治权力垄断，消除原则是实现普选制民主、协商民主和自由民主：普选制的协商民主和自由民主是每个国民享有政治自由而避免政治异化的必要且充分条件。

“社会异化消除原则”：社会异化源于社会之非法治、不民主、无人权和个人之缺乏自我实现的热烈追求，所以其消除原则是：创造法治、民主、人权的社会和培养热烈追求自我实现的个人。

“宗教异化消除原则”：宗教异化主要是摆脱现实世界里无法摆脱

的经济异化和政治异化以及社会异化的手段。因此，宗教异化消除原则，主要讲来，就是消除经济异化、政治异化和社会异化，说到底，是实现自由民主。

## 一、异化概念

"异化"（Alienation）一词源于拉丁语Alienatio，意为疏远、脱离、转让、他者化，主要指某者成为他者、某者将自己推诿于他者、某者把自己的东西移让给他者。[①] 从此出发，该词逐渐作为科学术语固定下来而分裂为二：一是作为普通的、一般的科学术语；一是作为特殊的、具体的科学术语，即作为人道主义思想体系的基本概念。

### 1. 异化定义：作为一般科学术语的异化

作为普通的、一般的科学术语的异化，也就是事物向他物的变化，就是事物自己向异己物的变化，就是事物自身向异于自身的他物的变化。黑格尔用来构建其哲学体系的"异化"概念就是此意：自然界是绝对精神的自我异化。费尔巴哈揭示基督教本质的核心概念"异化"，也是此意：上帝是人的本质的异化、外化、对象化："上帝的人格性是手段，人借以使他自己的本质之规定及表象成为另一个存在者、一个外在于他的存在者之规定及表象。上帝的人格性，本身不外就是人之被异化了的、被对象化了的人格性。"[②] 马克思也常把异化与对象化、外化、物化并列使用而将其理解为事物向与自身对立、差别、非同一的他物之变化：异化"这个范畴又是反思的规定，它可以被理解为对立、差别、非同一等等"[③]。

---

① 参见日本《现代马克思列宁主义事典》"异化"词条。

② 《费尔巴哈哲学著作选集》下，商务印书馆 1984 年版，第 267 页。

③ 《马克思恩格斯全集》第 3 卷，人民出版社 1971 年版，第 316 页。

不过，这种作为一般科学术语的异化之典型概念，还是生物学上相对“同化”而言的“异化”。生物学对于这个概念的解释是：“新陈代谢是生命的基本特征之一，其一般定义是指生物体内所有化学作用的总和，包括同化作用（或合成代谢）和异化作用（或分解代谢）。生物从外界摄取物质，经过复杂的化学变化而转变为自身的组成物质的吸能过程称为同化作用；生物分解自身的组成物质而释放能量的过程称为异化作用。”① 这就是说，异化与同化都是变化，只不过同化是他物向自身的变化，而异化则是自身向他物的变化罢了。

可见，作为一般科学术语的“异化”，不过是一种具体的变化概念，完全隶属、依附于变化范畴而不具有独立的科学研究价值，因而也就不能独立作为科学对象而被任何科学专门研究。具有科学研究价值而成为科学专门研究对象的“异化”，乃是作为特殊的、具体的科学术语的“异化”，即作为人道主义思想体系基本概念的“异化”。那么，这种异化的含义是什么？

## 2. 异化定义：作为人道主义基本概念的异化

如果说黑格尔和费尔巴哈著作中的“异化”主要还是指一物向他物的变化，那么，马克思和恩格斯著作中的“异化”则主要是指人的不自由、受奴役、被强制的行为。《经济学哲学手稿》多次如是说：“劳动的异化性质明显地表现在，只要肉体的强制或其他强制一停止，人们就会像逃避鼠疫那样逃避劳动。”②《资本论》也一再这样写道：“工人本身不断地把客观财富当作资本，当作同他相异化的统治他和剥削他的权力来生产。”③ 特别是，自1932年首次发表马克思的《经济学哲学手稿》，半个世纪以来，国外学术界一直兴而不衰的“异化

① 吴浩源主编：《生物小辞典》，科学技术文献出版社1984年版，第287页。

② 马克思：《1844年经济学哲学手稿》，人民出版社1985年版，第51页。

③ 马克思：《资本论》第1卷下，人民出版社1975年版，第626页。

热”也是这样来理解异化的：

异化主要是“指人的命运不由自身主宰，而受外界力量、他人命运、他人运气或一定制度等的支配时所产生的感受”[①]。“异化是一种体验方式，在这种体验方式中个人觉得自己是一个外人，或如人们所说的他变得和自己疏远起来。他体验不到自己是自我世界的中心、自己行动的创造者——而他的行动和行动的结果却变成了他的主人，他要服从它们，甚至他要崇拜它们。”[②]

异化是人的不自由、受奴役、被强制的行为：这就是作为人道主义思想体系基本概念的异化。因为人道主义的根本原则就是自由：自由是人道主义正面的基本概念；那么，异化——不自由、受奴役、被强制的行为——岂不就是人道主义负面的基本概念？不过，能否由此把异化定义为“不自由、受奴役、被强制的行为”呢？否。因为倘若如此，异化岂不就与不自由、受奴役、被强制是同一概念？异化岂不就失去了独立存在的必要？倘若如此，为什么不自由、受奴役、被强制诸概念简单明了，而异化却如此扑溯迷离、众说纷纭？更何况，不自由、受奴役、被强制与异化词源含义相距甚远。那么，异化的定义究竟是什么？让我们再看马克思对异化的分析：

“劳动的异化性质明显地表现在，只要肉体的强制或其他强制一停止，人们就会像逃避鼠疫那样逃避劳动。外在的劳动，人在其中使自己外化的劳动，是一种自我牺牲、自我折磨的劳动。最后，对工人说来，劳动的外在性质，就表现在这种劳动不是他自己的，而是别人的；劳动不属于他；他在劳动中也不属于他自己，而是属于别人。在宗教中，人的幻想、人的头脑和人的心灵的自主活动对个人发生作用是不取决于他个人的，也就是说，是作为某种异己的活动、神灵的或魔鬼

---

① 《不列颠百科全书》“异化”词条。

② 弗罗姆语。参见《国外学者论人和人道主义》第一卷，社会科学文献出版社 1991 年版，第 226 页。

的活动的，同样，工人的活动也不是他的自主活动。他的活动属于别人，这种活动是他自身的丧失。”①

这就是说，所谓异化劳动，乃是这样一种劳动，这种劳动是劳动者在被强制的条件下做出的，因而便具有这样的特点：它虽是劳动者做出的却并不属于劳动者而属于强制者，是劳动者做出的不属于自己的、不是自己的、异于自己的、异己的劳动——“自己做出不属于自己”的劳动，是异化劳动区别于非异化劳动的根本特点；而“强制”则是产生这种异化劳动的原因。

因此，被强制、受奴役、不自由并非异化，而是异化发生的原因；异化则是自己做出的不属于自己的、不是自己的行为，是自己做出的异己行为。试想，一个人为什么会自己做出不属于自己的行为而异化？岂不就是因为有外在强制而不自由、受奴役，因而不能按照自己的意志、却只能按照他人的意志行事？举例说：

抗日战争期间，日本兵持枪命令一中国老人当众枪杀自己的儿子，否则统统枪毙。老人只好照办。老人的这种行为是被强制、不自由的，因而它固然是老人自己做的，却不是受自己意志支配的属于自己的行为，而是受日本兵意志支配的属于日本兵的行为，是老人自己做出的不属于自己的、不是自己的异己行为，说到底，是老人的异化。

可见，不自由、受奴役、被强制是异化发生的原因；异化则是在不自由受奴役被强制的情况下，自己做出不属于自己而属于他人——亦即强制者——的行为，是自己做出的异己的、非己的行为，是自己做出的不是自己的行为：就行为者是自己来说，该行为是自己做出的；就行为意志不是自己的来说，该行为又不是自己的，而是非己的、异己的行为。这就是作为人道主义基本概念的异化之定义。

这样一来，作为人道主义基本概念的异化，也是指一种事物（约

① 马克思：《1844年经济学哲学手稿》，人民出版社1985年版，第51页。

翰的行为）向异于自身的他物（彼得的行为）的变化（是约翰做出不属于自己而属于彼得的行为），因而属于作为一般科学术语的异化（事物向异于自身的他物的变化）范畴。只不过，作为一般科学术语的异化，其异化者是任何事物，是任何事物的变化：异化是一物向异于自身的他物的变化；而作为人道主义基本概念的异化，其异化者则只能是人，是人的行为：异化是自己做出不属于自己而属于他人的行为。

因此，作为人道主义基本概念的异化，乃是作为一般科学术语的异化在人的行为方面的具体推演，说到底，都是异化词源含义（疏远、脱离、转让、他者化）的具体引申。对此，美国《哲学百科全书》说得很清楚："异化这个术语在日常生活、科学和哲学中具有多种不同涵义。其中大部分涵义都可以看成是由词义学和语源学所提出来的一种广泛涵义的修正；就此种涵义来说，异化就是一种活动或活动结果，某物或某人由于这种活动结果变得同某物或某人疏远了。"

### 3. 异化类型：异化的流行定义

国内外学术界所研究的"异化"，如所周知，都是作为人道主义基本概念的"异化"，而不是作为一般科学术语的"异化"。他们对于这种异化所下的定义，虽然形形色色、五花八门，但根本说来却完全一致，都认为异化是自己的活动及其产物成为统治、支配、奴役自己的异己力量的变化过程。沙夫讲得最有代表性：

"所谓异化就是指能动的人同自己活动的产物之间的一种社会关系，在这一关系中，这种社会化了的、对象化了的并被纳入到一定社会体制中的产物不仅独立地（即不顾创造者的意志）起作用，而且在一定条件下，同创造者的意志和愿望相对立，甚至威胁创造者的利益和存在。"①

---

① 沈恒炎、燕宏远主编：《国外学者论人和人道主义》第三卷，社会科学文献出版社1991年版，第276页。

苏联《哲学百科全书》也写道："异化是反映人的活动及其结果客观地转化为统治人本身且与人敌对的独立力量的哲学社会学范畴，以及与此相联系，人由社会过程的积极主体变为客体。"[①]我国学者亦如是说："异化就是人本身的活动变成一种独立于人的异己的力量，如宗教、权力、资本等等，并且这种力量反过来剥夺了人的自由，使人从属于它，变为它的工具。"[②]

这就是异化的流行定义。然而，该定义是不能成立的。因为，一方面，该定义所界说的并不是异化概念；而是奴役概念，更确切说，是被奴役的一种类型。因为被奴役无非两种：一种是被自己的活动及其结果所奴役，如工人被自己所创造的资本奴役；另一种则是被自己的活动及其结果之外的力量所奴役，如国民被专制者所奴役。异化的流行定义所描述的，正是人被自己的活动及其结果所奴役的类型。殊不知，奴役并不是异化，而是异化原因：异化乃是由于被奴役而做出的不属于自己——而属于奴役者——的行为。

另一方面，异化的流行定义是片面的。因为按照这个定义，只有被自己的活动及其产物奴役的行为才是异化；而被他人的活动及其产物所奴役的行为就不是异化了。这种片面性，从高尔泰对异化的解释可以看得十分清楚：

"异化是人的自由的丧失，但并非一切自由的丧失都是异化。战争、监狱和酷刑并不能把人变成非人，它们至多只能杀死人、虐待人，但它们所杀死所虐待的仍然是人。这不是异化。异化必须是人自己造成的对自己的否定。这种否定的力量不来自外间世界，而来自必然地颠倒了主客体关系的物结构。……主体由于自己的活动而转化为自己

① 沈恒炎、燕宏远主编：《国外学者论人和人道主义》第二卷，社会科学文献出版社1991年版，第739页。

② 《人是马克思主义的出发点》，人民出版社1981年版，第164页。

的对立物，这才是异化。”①

照此说来，工人被资本家奴役的行为是不是异化，就要看奴役他们的资本是怎么来的：如果是工人自己创造的，就是异化；如果不是工人自己创造的，比方说，是资本家自己积攒的，那就不是异化了。这说得通吗？

其实恰好相反，被奴役的行为之所以是异化，恰恰因为奴役者不是自己而是他人。因为被奴役并非异化，而是异化的原因：只有在被奴役的情况下所做出的行为才是异化。为什么？只是因为，在被奴役的情况下，一个人所做出的行为不属于自己而属于奴役者：异化是自己做出的不属于自己的行为。不言而喻，只有奴役者是他人，被奴役的行为才是自己做出的不属于自己——而属于奴役者——的行为，才是异化；如果奴役者是自己，那么，被奴役的行为就是自己做出的属于自己的行为，就不是异化了。试想，一个守财奴，他被谁奴役呢，被他自己，被他自己积攒金钱的渴望所奴役。这样，他这种被奴役的行为就是自己做出的属于自己的行为，就不是异化了。

然而，这是否意味着，“被自己的活动及其产物奴役的行为”绝不是异化？否。“被自己的活动及其产物奴役的行为”可以是异化，但必须在“自己的活动及其产物”已成为独立于自己、因而不属于自己——而属于他人或他物等外在力量——的前提下。举例说：

资本是工人创造的，是工人剩余劳动的产物。工人被资本奴役而发生劳动异化，完全是以“资本独立于自己、不属于自己而属于资本家”为前提的。只有在资本属于资本家的前提下，工人被资本家奴役而进行的劳动，才是“自己做出的不属于自己而属于资本家”的异化劳动。反之，如果资本属于工人，那么工人被自己的资本所奴役而进行的劳动，便如同“守财奴”、“钱奴”、“房奴”、“车奴”们的劳动一

---

① 《人是马克思主义的出发点》，人民出版社 1981 年版，第 165 页。

样，是“自己做出的属于自己的劳动”，便不是异化劳动了。

可见，异化不能发生于被自己奴役，而只能发生于被外在力量（他人或属于他人的资本等物）所奴役。只不过，这奴役自己的外在力量，既可能是自己活动的结果，如奴役工人的资本；也可能不是自己活动结果，如侵华日军。因此，相应地，异化也就分为两类：一类是被自己活动及其结果所奴役的异化，如工人的异化劳动；另一类则是被自己的活动及其结果之外的力量所奴役的异化，如老人被日本兵逼迫枪杀儿子。流行的异化定义只承认前者而不承认后者为异化，因而犯了以偏概全的错误。“被自己活动的产物所奴役的异化”与“被自己活动的产物之外的力量所奴役的异化”，虽然是异化的一种分类，但其意义并不在于划分异化，而在于定义异化。那么，对于划分异化具有重要意义的异化分类是怎样的？

### 4. 异化类型：被迫异化、自愿异化与不觉异化

异化依其原因“不自由”的性质而分为三类：被迫异化、自愿异化、不觉异化。被迫异化源于“被迫的、纯粹的不自由”；这种不自由是无奈的、不自愿的、无可逃避的。例如，老人在日本兵刺刀下枪杀儿子、犯人在管教看管下劳动、孩童为父母强迫读书等等，都是行为者在一种无奈的、不自愿的、无可逃避的不自由情况下所进行的异己的、异化的行为，都是源于被迫的、纯粹的不自由之异化，因而便都叫作“被迫异化”：被迫异化是被迫放弃自己意志而遵从他人意志的异化。

自愿异化则是自愿放弃自己意志而遵从他人意志的异化。这种异化源于“自愿不自由”。所谓自愿不自由，也就是可以逃避却不逃避的不自由，是自愿承受乃至主动争取的不自由。例如，工人为了工资，自愿违己而屈从资本家的意志，在资本家看管下劳动；人们为了自己的前途，自愿违己而屈从领导的意志，按领导意志行事；妓女为了金

钱自愿违己而屈从嫖客的意志，任嫖客摆布；等等，都是行为者在一种可以逃避却不逃避的不自由的情况下，自愿进行的异己的、异化的行为，因而便都叫作自愿异化。所以，自愿异化，说到底，正如马克思所言，乃是一种把不自由、受奴役、被强制当作手段而发生的异化："异化劳动把自主活动、自由活动贬低为手段。"[①]

然而，人们往往以为，"自愿的不自由"是个悖论：自愿的、自己同意的不自由便不再是不自由；自愿的、自己同意的被奴役便不再是被奴役。对于这种观点，伯林曾有极为俏皮机智而又十分令人信服的反驳：

"众人一致同意牺牲自由，这个事实，也不会因为它是众人所一致同意的，便奇迹似的把自由保存了下来。如果我同意被压迫，或以超然及嘲讽的态度，来默许我的处境，我是不是因此就算是被压迫得少一点？如果我自卖为奴，我是不是就不算是个奴隶？如果我自杀了，我是不是不算真正的死了，因为我是自动结束我的生命？"[②]

自愿不自由不仅仍然是不自由，而且比不自愿的不自由离自由更远。因为人们的不自由、受奴役若是不自愿的，便会竭力争得自由，因而总会得到自由；若是自愿的，岂不就放弃了自由而永无自由之日？所以，麦克法伦说："知道枷锁何在，乃是迈向自由的第一步，一个人如果忽视这个枷锁，或喜欢这个枷锁，那他就永远不会有自由的一天了。"[③]因此，就异化的感受来说，自愿不自由、自愿异化的痛苦固然轻于被迫不自由、被迫异化；但若就异化的程度来说，前者却深于后者。

"不觉异化"也就是所谓的自我遗忘、自我丧失、自我沉沦，是丧

---

① 马克思：《1844年经济学哲学手稿》，人民出版社1985年版，第54页。

② Isaiah Berlin, *Four Essays on Liberty*, Oxford, New York: Oxford University Press, 1969, p.xxxix.

③ Isaiah Berlin, *Four Essays on Liberty*, Oxford, New York: Oxford University Press, 1969, p.xxxix.

失了自己意志而把他人意志当作自己意志的异化。这种异化源于“不觉不自由”。不觉不自由与自愿不自由不同。自愿不自由者只是压抑、放弃自己意志而尚有自己意志，因而还感到不自由；于是虽放弃了自由而仍可能争得自由、摆脱异化。反之，不觉不自由者则已经丧失了、没有了自己的意志，而把他人意志当作自己的意志，因而也就不觉得不自由，于是自己也就根本不可能争得自由、摆脱异化了：不觉异化是最深重的异化，是异化之极，是完全异化。不妨拿我国的那句老话“外圆内方”来说：

一个人如果外圆内方，行为不得不遵照他人意志而心里自有主张，那么，他就仍有自我意志，他便是自愿不自由，他的行为便是自愿异化。反之，他若丧失了自我意志而内外皆圆、个性泯灭、随波逐流、乐在其中，那么，他便达到了不觉不自由的境界，他的行为便是不觉异化、完全异化了。

自愿的异化和不自由之痛苦，虽然小于被迫的异化和不自由之痛苦，但毕竟有异化和不自由之感，因而仍感受到痛苦。反之，不觉异化和不觉不自由则已完全丧失异化和不自由之感，因而也就丝毫感受不到痛苦了。所以，异化的程度与其感受成反比：异化程度越轻，便越痛苦；异化程度越重，便越不痛苦；完全异化，则毫无痛苦——被迫异化痛苦最甚，是初级的、初始的异化；自愿异化痛苦较轻，是中级的、局部的异化；不觉异化毫无痛苦，是高级的、完全的异化。这好有一比：被迫异化是急性疾患，自愿异化是慢性疾患，不觉异化则是不治之疾患也。

## 二、异化价值

### 1. 异化的正道德价值

从异化概念出发，便不难看出：异化究竟是应该的、善的、好的和具有正价值的，还是不应该的、恶的、坏的和具有负价值的，这首先取决于被异化者意志的道德价值。如果被异化者是坏人，他要干的事是坏事，也就是说，它的意志有害于人而具有负价值，那么，使他放弃自己意志而屈从他人有利于人的意志而发生的异化行为，显然具有正价值。简言之，剥夺坏人做坏事的自由而使其异化是应该的。举例说，强制罪犯劳动改造，使其做出不受自己损人意志支配、而受他人利人意志支配的异己的、异化的行为，无疑具有正道德价值，是道德的、应该的。反之，给罪犯以损人自由从而消除其异化，则具有负道德价值，是不应该、不道德的。

然而，如果被异化者是好人，他自己的意志无害于人，那么，使其行为发生异化，是否仍可能具有正价值？是的，这种异化仍可能具有正价值。因为我们常常看到，成年人往往无法说服而只好强迫儿童放弃其不理智的意志、屈从成人意志。我们也常常看到有识者、优秀者有时无法说服而只好强制无知者、愚蠢者放弃其错误的意志、屈从正确意志。儿童、无知者、愚蠢者们的这些异化行为不论对自己还是对社会无疑都有很大好处，因而具有很大的正价值。

### 2. 异化的负道德价值

异化的好处和价值无论如何巨大，也都只可能是暂时的、局部的、非根本的；根本地、长久地、全局地看，异化只能具有负价值。因为异化是自己因受奴役、不自由而做出的不受自己意志支配而受他人意志支配的异己的、非己的行为。所以，一目了然，异化乃是自我实现的根本障碍，二者成负相关变化：一个人越是异化，他受他人意志支配的异己的、非己的行为便越多，那么，他便越缺乏个性，他的创造性潜能便越得不到发挥，他的自我实现程度便越低；一个人越不异化，他的受他人意志支配的异己行为便越少，那么，他便越具个性，他的创造性潜能便越能得到发挥，他的自我实现程度便越高。所以卢卡奇说："异化首先意味着对于形成完整的人的一种障碍。"[①]异化是"阻碍人成为真正的人、真正的个性的诸多最大障碍当中的一个障碍"[②]。异化是自我实现的根本障碍，便使异化对于国家和国民具有最高和最大负价值。这可以从两方面看：

一方面，自我实现所满足的乃是每个人的最高需要。现代心理学——特别是马斯洛心理学——的成果表明：人有五种基本需要，按照从低级到高级的顺序，依次是：生理需要、安全需要、爱的需要、自尊需要、自我实现需要。异化所阻碍满足的既然是每个人的最高需要，因而对于每个人也就具有最高负价值，是每个人的最高不幸：最高负价值岂不就是阻碍满足最高需要的负价值？最高不幸岂不就是最高需要得不到实现的不幸？

另一方面，自我实现能够最大限度地满足全社会和每个人的一切需要。因为任何社会的财富，不论是物质财富还是精神财富，统统不过是人的活动的产物，不过是人的能力之发挥、创造性潜能之实现的结果。所以，自我实现越充分、人的创造性潜能实现得越多，社会的物质财富和精神财富便越丰富，社会便越繁荣进步，而每个人的需要也就会越加充分地得到满足。反之，自我实现越不充分、人的潜能实现得越少，社会的物质财富和精神财富便越贫乏，社会便越萧条退步，而每个人的需要的满足也就越不充分。所以，自我实现乃是一切财富的源泉，是最根本、最重要、最伟大的财富，因而也就能够最大限度地满足全社会和每个人的需要，从而具有最大价值。这样，作为自我实现根本障碍的异化，岂不就是对全社会和每个人利益的最大损害？岂不就是全社会和每个人的最大不幸？岂不就具有最大负价值？

异化对于国家和国民具有最高和最大的双重负价值意味着：对于

---

① 卢卡奇：《关于社会存在的本体论》下卷，重庆出版社 1993 年版，第 644 页。

② 卢卡奇：《关于社会存在的本体论》下卷，重庆出版社 1993 年版，第 676 页。

整个国家和每个国民，异化的正价值只可能是暂时的、局部的、非根本的；而负价值则必定是长远的、全局的、根本的。于是，消除异化便是国家制度和国家治理极其重要的价值标准。那么，这一标准在国家制度价值标准体系中究竟占何位置？

我们对于人道和自由的研究表明，“使人自我实现”是人道总原则；自由则因其为自我实现的根本条件而是最根本的人道：“使人自由”是人道根本原则。准此观之，一方面，异化便因其为自我实现的根本障碍而是最根本的不人道；另一方面，“消除异化”则与“使人自由”相当，因而也是人道根本原则：使人自由是人道正根本原则，是国家制度好坏的正面最高价值标准；消除异化则是人道负根本原则，是国家制度好坏的负面最高价值标准。

可是，究竟怎样才能消除异化？不自由、受奴役、被强制是异化发生的原因：异化无非是在不自由、受奴役、被强制的情况下，自己做出不属于自己的异己行为。因此，废除奴役、强制、不自由，便是消除异化的基本原则。然而，究竟应该怎样废除不自由、受奴役、被强制从而消除其异化呢？这是个极其复杂的问题。要解决这个难题，首先要具体地看该异化究竟是何种异化：是世俗异化还是宗教异化？是经济异化，还是政治异化抑或是社会异化？

## 三、经济异化

### 1. 经济异化概念：创造不属于自己的物质财富的劳动

何谓经济异化？一方面，所谓经济，众所周知，也就是人们关于物质财富的生产、交换、分配、消费，也就是人们创获物质财富的活动总和。所以，经济异化或异化经济必定是一种关于物质财富的异化行为。另一方面，所谓异化，如前所述，乃是自己做出的不属于自己的行为。于是，合而言之，可以得出结论说：所谓经济异化或异化经济，也就是自己做出不属于自己的关于物质财富的行为，也就是自己创造不属于自己的物质财富的劳动，也就是创造不属于自己而属于异于自己的他人的物质财富的劳动，也就是创造异己物质财富的劳动：经济异化、异化经济、劳动异化、异化劳动四者是同一概念。

马克思正是这样来界定经济异化的："生产力，一般财富等等，知识等等的创造，表现为从事劳动的个人本身的异化，他不是把他自己创造出来的东西当作他自己的财富的条件，而是当作他人财富和自己贫困的条件。"[①] 所以，经济异化之为经济异化，就在于把物质财富的创造者和享有者分离开来：创造者并非享有者；享有者并非创造者。于是经济异化的基本表现便是：自己创造的物质财富越多，反倒越贫穷：创造与享有成反比。因此，马克思一再说：

"工人在他的对象中的异化表现在：工人生产得越多，他能够消费的越少；他创造价值越多，他自己越没有价值、越低贱。"[②]"工人生产的财富越多，他的产品的力量和数量越大，他就越贫穷。"[③]"劳动为富人生产了奇迹般的东西，但是为工人生产了赤贫。劳动创造了宫殿，但是给工人创造了贫民窟。"[④]

可见，经济异化属于劳动范畴，其种差（根本性质）便是自己劳动创造的财富被他人占有，亦即所谓的"被剥削"："被剥削"与"经济异化"实为同一概念。因此，经济异化便与其他异化一样，也起因于强制，是一种被强制的行为。所以，马克思说：异化"劳动不是自愿的劳动，而是被强制的劳动。……劳动的异化性质明显地表现在，只要肉体的强制或其他强制一停止，人们就会像逃避鼠疫那样逃避劳

---

① 《马克思恩格斯列宁斯大林论人性、异化、人道主义》，清华大学出版社 1983 年版，第 224 页。

② 马克思：《1844 年经济学哲学手稿》，人民出版社 1985 年版，第 49 页。

③ 马克思：《1844 年经济学哲学手稿》，人民出版社 1985 年版，第 47 页。

④ 马克思：《1844 年经济学哲学手稿》，人民出版社 1985 年版，第 50 页。

动”[①]。那么，产生经济异化的强制究竟是什么？换言之，经济异化、剥削的根源是什么？

## 2. 经济异化根源：经济权力垄断与政治权力垄断

原来，权力——经济权力与政治权力——垄断及不均衡是压迫、剥削和异化的根源；经济异化或剥削的根本原因，乃在于权力垄断及不均衡：权力垄断和权力过大群体，势必依靠权力等强制手段，无偿占有无权或权力过小群体所创造的剩余价值，使其进行创造不属于自己的财富的异化劳动。

经济权力垄断可以分为两大类型：产品市场的卖方垄断与劳动市场的买方垄断。这两种垄断之所以是剥削、经济异化的根源，正如萨缪尔森所言，乃是因为垄断——不论是产品市场的卖方垄断还是劳动市场的买方垄断——意味着垄断者在一定程度上控制价格，因而势必导致价格与价值的背离，导致不等价交换：不等价交换是垄断价格规律，正如等价交换是自由竞争的价格规律一样。只不过，产品市场的卖方垄断因其是卖方垄断，所导致的价格与价值的背离，当然是价格高于价值或边际成本：

“垄断的最大祸害并不是它榨取垄断利润，而是它规定的垄断价格远远高于社会按照边际成本所决定的价格……垄断的真正祸害是人为造成的P与MC的背离。”[②]“垄断所导致的P与MC的脱离意味着对劳动的‘剥削’……工会在垄断企业中提高工资的行动并不能消除这种剥削。受到剥削的是整个社会，改变这种状况是反托拉斯政策的一个任务。”[③]

劳动市场的买方垄断因其是买方垄断，所导致价格与价值的背离，

① 马克思：《1844年经济学哲学手稿》，人民出版社1985年版，第51页。

② 萨缪尔森：《经济学》中册，商务印书馆1986年版，第192—193页。

③ 萨缪尔森：《经济学》中册，商务印书馆1986年版，第171页。

则显然是价格低于价值，亦即劳动价格或工资低于劳动价值，低于劳动的边际产品。工资低于劳动价值或劳动的边际产品的差额，无疑是劳动者所创造的被资本家和地主无偿占有的剩余价值，因而也就是资本家和地主对劳动者的剥削。罗宾逊界说剥削时便这样写道："所谓剥削通常是指工资小于劳动的边际物质产品按其售价所估计的价值。"[①]因此，地主和资本家对劳动者的剥削——亦即工资低于劳动价值或劳动的边际产品的差额——正如萨缪尔森所言，乃是劳动市场买方垄断的必然结果："剥削来源于雇主在购买劳动时的垄断力量（即所谓'买方垄断'）。"[②]

可见，剥削源于经济权力垄断，亦即源于劳动市场的买方垄断与产品市场的卖方垄断。因此，罗默说："在资本主义制度下，任何商品都受到剥削，而不仅仅是劳动力。"[③]那么，剥削的主要根源是否可以归结为产品市场的卖方垄断与劳动市场的买方垄断？萨缪尔森的回答是肯定的。[④]

殊不知，剥削源于权力垄断，因而势必与所垄断的权力的高低大小强弱成正比：权力越高越强越大，剥削便越深重；权力越低越弱越小，剥削便越轻浅。一个国家或社会的最高权力无疑属于政治权力范畴，因而政治权力统治和支配经济权力，高于大于重于经济权力，是最高最大最强的权力。因此，如果经济权力垄断必定导致剥削，那么，政治权力垄断就必定导致更加深重的剥削。对此，马拥军已有所见："没有民主，政治权力被部分人所垄断，是政治剥削延续的社会基础。"[⑤]

---

① 罗宾逊：《不完全竞争经济学》，商务印书馆 1961 年版，第 235 页。

② 萨缪尔森：《经济学》中册，商务印书馆 1986 年版，第 232 页。

③ John E. Roemer, *Free to Lose*, Cambridge, Massachusetts: Harvard University Press, 1988, p. 106.

④ 萨缪尔森：《经济学》中册，商务印书馆 1986 年版，第 232—233 页。

⑤ 马拥军：《论剥削的历史形式》，《福建省社会学 2006 年年会论文集》，第 352 页。

那么，政治权力垄断的剥削方式是什么？马拥军答曰："政治剥削集中表现为特权，即对公共资源的垄断。享有特权的个人借对公共资源的垄断无偿占有其他个人的劳动成果。"[①] 诚哉斯言！但是，对公共资源的控制——亦即控制税收和国有资源、公共资源——仅仅是政治权力垄断的剥削方式之一方面；另一方面，则是政府对市场经济的管制：政府管制乃是政治权力垄断群体压迫和剥削没有政治权力群体的最根本的手段。

诚然，不论任何国家，政治权力都控制税收和国有资源、公共资源。但是，政治权力对税收和国有资源、公共资源的控制未必导致剥削。因为实行普选民主制的国家，每个人完全平等地执掌最高权力，从而每个人也就完全平等地控制税收和国有资源、公共资源。每个人都完全平等地控制税收和国有资源、公共资源，显然不会导致剥削。反之，实行专制等非民主制的国家，一部分人垄断了最高权力和政治权力，另一部分人则没有政治权力，因而分为两大群体：垄断政治权力的群体和没有政治权力的群体。这样一来，便只有政治权力垄断群体才能控制税收和国有资源、公共资源，因而势必通过控制税收和国有资源、公共资源而无偿占有没有政治权力的群体的利益：控制税收和国有资源、公共资源是政治权力垄断的主要剥削方式。

因此，赖特说："国家官僚精英占有剩余的能力建立在他们对社会生产性资源的有效控制的基础上。"[②] 马拥军进而指出，这种政治权力垄断的剥削方式，西方也曾普遍存在，但在古代中国却是笼罩一切的剥削形式："凡是有集体存在的地方，就有政治剥削存在的可能，但只有在等级制集体中政治剥削才被制度化。在民主制集体中如果权力被滥用，它随时会被指出，乃至被纠正。古希腊和古罗马都有平民政治，

① 马拥军：《论剥削的历史形式》，《福建省社会学2006年年会论文集》，第352页。

② 赖特：《后工业社会中的阶级》，辽宁教育出版社2004年版，第36页。

罗马甚至设立了保民官。与此不同，中国古代的等级制却以集体之名，维护、甚至美化上级对下级的统治，从而导致了‘瞒’和‘骗’的政治。中国古代社会始终存在官与民的区分。因此，在西方，政治剥削虽然也曾普遍存在，但始终有与它对抗的资源，在中国，政治剥削却被不断完善和深化，成为笼罩一切的剥削形式。”①

可见，剥削、经济异化可以分为两类：一类是权力垄断集团依靠经济权力垄断——主要是生产资料垄断——而无偿占有没有经济权力或生产资料群体剩余价值的行为；另一类是政治权力垄断集团依靠政治权力垄断——亦即最高权力和政治职务垄断——而无偿占有没有政治权力或政治职务群体剩余价值的行为。因此，流行的所谓马克思主义剥削概念（剥削是生产资料垄断群体依靠生产资料垄断而无偿地攫取没有生产资料群体劳动成果的行为）仅仅是剥削或经济异化的一个具体种类：经济权力垄断类型的剥削或经济异化。殊不知，剥削或经济异化还有另一种根本不同的类型：政治权力垄断的剥削或经济异化。

### 3. 经济异化根源：权力不均衡

然而，全面言之，经济异化或剥削的根源并非仅仅是权力垄断，而是权力垄断与权力不均衡。这可以从两方面看。一方面，只有阶级剥削与阶级压迫才源于权力垄断：阶级剥削与阶级压迫是权力垄断集团对于无权集团的剥削与压迫。另一方面，任何权力不均衡——权力垄断是极端的权力不均衡——都势必导致剥削与压迫。只不过，权力垄断导致阶级剥削与压迫；而非权力垄断的权力不均衡导致非阶级剥削与压迫罢了。

因为权力是具有合法性——亦即社会成员普遍同意——的使人

① 马拥军：《论剥削的历史形式》，《福建省社会学2006年年会论文集》，第352页。

服从的强制力量。这样一来，不必出现权力垄断，不必一些人垄断权力，另一些人毫无权力，而只要一些人权力过大，另一些人权力过小而无法与之抗衡，亦即出现权力不均衡，那么，权力过大者势必剥削与压迫权力过小者：

“人们天生野心很大，他们的权欲永远不能满足。如果一个阶层的人在追求自己的利益时能够掠夺其他一切阶层，他们肯定会这么干，并使自己尽可能地专断一切，不受制约。”①

这种权力不均衡——而不是权力垄断——所导致的剥削与压迫，如休谟所言，可以称之为“阶层剥削与阶层压迫”。欧美自20世纪初实行普选制民主以来，存在的剥削与压迫，主要讲来，就属于阶层剥削压迫——而不属于阶级剥削压迫——范畴。因为，一方面，欧美资本主义国家实行普选制民主，每个人都完全平等执掌国家最高权力，因而消除了政治权力垄断。另一方面，普选制民主使国家最高权力完全平等归每个人所有，说到底——按照多数裁定原则——归人民所有；而由人民选举的代表——政府官吏——行使：国家及其政府的政治权力和国有生产资料及其经济权力皆归人民所有而由政府官吏行使。

这样一来，普选制民主不仅消除了政治权力垄断，而且基本上消除了生产资料和经济权力垄断。更何况，欧美资本主义国家自实行普选制民主以来，特别是“二战”结束以来，职工持股制的普遍盛行、大力发行“人民股票”的股份制、“参与共决经济民主制度”、“合作社所有制”和“福利国家制度”，不但每个国民都拥有经济权力，而且逐渐使绝大多数人成为资本私有者。就连欧美贫富两极分化最严重的国家，如美国，持有股票者约占总人口的比例，1982年是60%，目前是70%。

① 刘军宁编：《民主二十讲》，中国青年出版社2008年版，第41页。

因此，欧美资本主义国家自实行普选制民主以来，不但消除了政治权力垄断，而且基本上消除了经济权力垄断，从而基本上消除了阶级、阶级剥削和阶级压迫。但是，欧美资本主义国家至今没有消除阶层剥削与阶层压迫。特别是，跨国公司和全球资本主义的发展，使资本家阶层与工人阶层、人民大众的经济权力越来越不均衡，以致就资本家阶层对工人阶层的剥削与压迫程度来说，20世纪70年代以后的全球资本主义时代，远重于20世纪70年代以前的垄断资本主义时代。

因为一方面，跨国公司营业额和利润大幅度增长："全球500家最大的公司企业1995年营业额增长11%，他们的增长速度超过世界经济增长速度四倍，在利润方面，这些跨国公司增加得更多，1995年几乎达到15%，在这以前的一年甚至达到62%。"[①] 相反地，另一方面，各国工人和人民大众的实际工资不但没有相应地增长却呈长期下降趋势："在新自由主义时代，各国的实际工资增长率呈现出长期下降趋势。实际工资和劳动生产率增长之间的差距迅速扩大。1979—1995年间，美国工资最低的40%劳动力的实际工资，其平均年增长率下降了12%；工资最低的60%劳动力的实际工资，则下降了9.8%。易言之，在这16年结束时，美国工资最低的60%劳动力的平均实际工资比开始年份下降了10%。……还可以看到，美国生产性工人的实际工资在1972年达到了战后峰值，此后到1995年一直处于下降之中，迄今也未恢复到峰值的水平。相形之下，首席执行官的收入在1982年是普通工人工资的42倍，到2005年则飙升至411倍。"[②]

然而，权力不均衡是压迫、剥削、经济异化的根源，因而压迫、剥削、经济异化的程度与权力不均衡的程度成正比：权力垄断所导致的阶级剥削与阶级压迫，无疑远远重于仅仅权力不均衡所导致的阶层

① 张世鹏等编译：《全球化时代的资本主义》，中央编译出版社1998年版，第79页。
② 高峰等：《当代资本主义经济研究》，中国人民大学出版社2012年版，第365—366页。

剥削与阶层压迫。因此，20世纪70年代以后的全球资本主义时代，资本家阶层对工人阶层的剥削与压迫程度，虽然远重于20世纪70年代以前的垄断资本主义时代，却远轻于18、19世纪自由竞争资本主义时代资产阶级对无产阶级的阶级剥削与阶级压迫。

18、19世纪自由竞争资本主义时代，资产阶级对无产阶级的阶级剥削与压迫是这样深重——以致连极力为资本主义辩护的《资本家宣言》的作者凯尔索·阿德勒都承认——不但引起“马克思恩格斯以及一般的社会主义者”的批评，而且为“教皇利奥十三世和庇护十一世以及各种各样的社会哲学家和改革家”所批评：“所有这些人批评的，是在英国和美国这两个世界上工业最发达的国家存在过的十九世纪资本主义。没有一个人会怀疑十九世纪资本主义是不公正的。”①

### 4. 消除经济异化的国家制度

那么，是否只要消除了权力垄断和权力不均衡，就消除了阶级和阶层的压迫、剥削、经济异化？答案是肯定的。然而，消除权力垄断和权力不均衡的国家制度，似乎毫无疑义，乃是废除生产资料私有制而代之以公有制。因为唯有生产资料公有制，每个人才能够完全平等地拥有生产资料及其经济权力，从而消除生产资料、经济权力的不均衡及其必然导致的压迫、剥削、经济异化。其实不然。因为，正如恩格斯指出，私有制并不可以随意废除，在一定历史条件下，它的存在具有不依人的意志而转移到历史必然性。②

细究起来，不难发现，在一定历史条件下，生产资料和资本私有制本身，正如生活资料和财富私有制一样，并不是压迫、剥削、经济异化的根源；只有造成生产资料或资本的垄断和不均衡的私有制才是

① 凯尔索·阿德勒：《资本家宣言》，上海人民出版社1963年版，第3页。

② 《马克思恩格斯选集》第1卷，人民出版社1972年版，第219页。

压迫、剥削、经济异化的根源。今日欧美资本主义国家的合作社仍然是生产资料和资本私有制，却实现了资本和经济权力社员平等所有，消除了权力的垄断和不均衡，从而也消除压迫、剥削、经济异化和贫富两极分化。

准此观之，在一定历史条件下，一个人拥有生产资料和资本，如果他并不剥削与压迫他人，如今日欧美国家持有股份而成为资本所有者的人民大众，他们所拥有的生产资料和资本，与他们的其他私有财产一样，是神圣不可侵犯的权利。或者如瑞典福利国家，虽然1974年人均国民总产值位居世界第一，但是，瑞典却是全世界贫富差距最小的国家。收入最高的百分之十的国民，与收入最低的百分之六十的国民，税前收入差距高达144倍；政府竟然通过高额累进税等税收政策，使税后收入的绝对平均差距是三倍。这意味着：资本家阶层与工人阶层几乎实现了按各自所提供的生产要素——劳动、资本和土地等自然资源——的边际产品价值分配的正义原则，因而几乎消除了压迫、剥削、经济异化。

毫无疑义，如果使瑞典等欧美国家的“普选制民主”、“参与共决经济民主”、“福利国家制度”和“每个人都是股东的全民资本主义”等制度进一步完善，完全可以实现按生产要素分配的正义原则，从而消除压迫、剥削、经济异化。这样一来，在一定历史条件下，这些资本家阶层与人民大众所拥有的生产资料和资本，便与他们其他私有财产一样，是神圣不可侵犯的权利。在一定历史条件下，如果剥夺他们的生产资料和资本而实行公有制，不但因侵犯权利而违背正义原则，而且违背自由原则：剥夺了一个人使用和积累自己的资本而成为一个大富豪的经济自由；正如意识形态控制和言论出版不自由剥夺一个人著书立说成为一个大思想家的思想自由。

可见，在一定历史条件下，要消除今日欧美资本主义国家的剥削、经济异化和贫富两极分化以及生产过剩经济危机，绝不应该废除生产资料或资本私有制、资本主义。因为在一定历史条件下，资本主义是最有效率因而最符合国家制度终极价值标准“增进每个人利益总量”的私有制国家制度，它主要依靠技术革新、提高劳动生产率、缩减生产成本而使资本增值——不增值意味着死亡而不再是资本主义制度——技术革新不断以加速度进行是资本主义制度的内在本性。因此，在一定历史条件下，取代今日欧美全球资本主义的社会，必定仍然是一种资本主义社会，只不过不存在剥削与经济异化罢了。

那么，这种社会是一种合作社制资本主义吗？否！合作社制仅仅是人民大众的互助互惠的好制度。如果将它作为一个国家的主导地位的经济制度，就是不正义和不自由的恶劣制度了。因为合作社制，一方面，限制股金，保障每个社员的股份相差不多，显然违背经济自由原则；另一方面，不论每个人股金多少，都是一人一票，显然违背经济正义原则。如果遵循正义和自由原则，一股一票和不限制股金，那么，它就不是名副其实的合作社而是地地道道的资本主义股份公司了。

诚然，在一定历史条件下，未来不存在剥削与经济异化的资本主义社会，不论从今日欧美资本主义生产资料和资本全民所有制的发展趋势来看，还是就消除权力不均衡及其剥削与压迫来看，都势必实行合作社的一个基本原则，亦即每个人都是股东，都是一定资本的私有者，都是名副其实的资本所有者，从而是一种全民资本主义，说到底，亦即地地道道的所谓人民资本主义。这样一来，每个人便不仅拥有劳动收入和享有资本利润，从而能够衣食无忧，过上一个“不服从者亦得食”的真正自由而有尊严的生活；而且可能进行资本积累，从而实现自己成为一个大富豪的理想。

然而，物之不齐，物之性也。每个人的天赋、努力、运气和家庭都不相同，它们所带来的财富、资本和生产资料的多少势必不同。在一定历史条件下，这些财富、资本和生产资料都是他们的个人权利，无论如何不平等，他人都无权干涉、侵犯或剥夺；否则便违背了正义与自由等国家制度价值标准。因此，在一定历史条件下，未来的资本主义社会，仍然存在着财富、资本和生产资料多少不等的社会阶层，仍然存在着上中下社会阶层——正如人们的天赋和努力存在着上中下一样——只不过不存在剥削与经济异化罢了。

准此观之，在一定历史条件下，今日欧美国家的资本家阶层与工人阶层或人民大众阶层，所拥有的资本和经济权力的不均衡，不应该通过剥夺资本家阶层的资本和经济权力来消除；否则就违背正义与自由原则。但是，资本家阶层拥有较大经济权力的不均衡，可以用工人阶层、人民大众拥有较大的政治权力的不均衡来抗衡，从而达到资本家阶层与工人阶层或人民大众权力均衡，最终消除剥削与经济异化。那么，究竟怎样才能使工人阶层或人民大众拥有较大政治权力，与资本家阶层较大经济权力相抗衡，从而消除剥削与经济异化呢？

不难看出，一方面，应该像英国、德国、法国和瑞典等欧洲国家那样，建立强大的工会和工人等人民大众政党——社会民主党或社会党或工党等——并努力奋斗而成为执政党，使工人阶层和人民大众不但执掌国家最高权力，而且担任政府主要官吏，从而拥有足以与资本家阶层巨大经济权力相抗衡的国家和政府的主要政治权力。另一方面，社会民主党等人民大众的政党一旦执政，就要使人民大众执掌国家最高权力和政府主要官职制度化，使反对党执政时也不敢废除，否则势必被人民大众的选票赶下台。

那么，使人民大众执掌国家最高权力和政府主要官职的制度究竟是什么？答案无疑是：每个人不但都完全平等享有选举权，而且完全平等享有被选举权，因而只能是“抽签选举的普选制民主”：抽签选举制不但导致政府绝大多数官职必定被绝大多数抽签者——人民大众——担任；而且确保每个国民完全平等享有选举权和被选举权，从而实现了每个国民完全平等共同执掌国家最高权力，因而符合政治自由权利完全平等的正义原则，说到底，符合人民主权原则，是唯一正义的选举制度。这将是古希腊抽签选举制民主的复活，但却是在普选制等更高级形式上的复活。

综上所述，在一定历史条件下，消除剥削与经济异化的国家制度是"抽签选举的普选制民主"、"参与共决经济民主"、"福利国家制度"和"每个人都是股东的全民资本主义"。这些国家制度的根本特点无疑是：一方面，符合平等、自由和正义等国家制度好坏的价值标准；另一方面，只有在民主的国家才能实现。因此，消除剥削与经济异化的国家制度，说到底，可以归结为遵循国家制度价值标准（国家制度最高价值标准"人道与自由"和国家制度根本价值标准"正义与平等"以及国家制度终极价值标准"增减每个人利益总量"）的自由民主（Constitutional Democracy）：自由民主就是将自由等国家制度价值标准作为宪法指导原则而受其限制的民主。

## 四、政治异化

### 1. 政治异化概念

强制意味着不自由，意味着异化。政治，不言而喻，不仅是一种强制，而且是任何国家和社会的最重要最严重最高度的强制：政治是一种必须服从的权力统治。那么，是否可以说，被统治者对任何政治的服从，都是一种放弃自己意志而屈从统治者意志的政治异化？否。被统治者对于政治的服从是不是政治异化，完全取决于政治是否体现被统治者的意志。如果一个国家的政治是公共意志的体现，是每个国民的意志的体现，那么，被统治者对该政治的服从，同时也是在服从自己的意志，因而也就是在享受政治自由而非政治异化。反之，如果一个国家的政治只是统治者的意志的体现，而不是被统治者的意志的体现，不是公共意志的体现，不是每个国民的意志的体现；那么，被统治者对该政治强制的服从，便是放弃自己意志而屈从统治者意志的政治异化了。

因为，在体现自己意志的政治强制下，所做出的一切行为都是政治自由；政治异化则是在不体现自己意志的政治强制下所做出的一切行为，是自己所进行的不属于自己而属于政治强制者的行为。这意味着，政治异化所包括的行为范围极其广泛：政治异化不仅仅属于政治行为范畴，它还包括经济行为、文化行为、社会行为等一切政治所管理的行为，说到底，是一切具有社会重要性的行为。举例说：

农民是包产到户还是集体劳动，属于经济行为范畴。但是，如果专制者不准包产到户而必须集体劳动，那么，农民集体劳动虽然是一种经济行为，却属于政治异化范畴。学者著书立说属于文化行为范畴。但是，如果专制者不准揭露阴暗面而只可歌功颂德，或写一些无关国事的爱情和搞笑故事，那么，作家撰写无关国事的爱情故事虽然是一种文化行为，却属于政治异化范畴。伦理学者成立伦理学会属于集会结社的社会行为。但是，如果专制者只准官办而不准民办，并且全国只准成立一个伦理学会，那么，全国伦理学者成立一个官办伦理学会，虽然是一种社会活动，却属于政治异化范畴。

可见，政治异化不仅是最具强制性的最严重的异化，而且是所关涉的行为极广、几乎无所不包的异化，因而是负价值最严重且最广大的异化：它是国民在政治、经济、文化和社会等一切方面实现自己创造性潜能的根本障碍。但是，消除政治异化的途径却很简单：只要国家的政治是所有国民的意志的体现就可以了。那么，究竟在什么情况下，政治是全体国民的意志的体现从而避免政治异化？又在什么情况下，政治不是全体国民的意志的体现从而发生政治异化？

### 2. 政治异化根源

不难看出，问题的关键全在于国家最高权力是否为全体国民共同执掌。因为，如前所述，能否使政治是自己意志的体现、按照自己的意志进行从而享有政治自由，完全取决于是否拥有政治权力。一个人只有拥有政治权力，才能使政治按照自己的意志进行，才能享有政治自由而避免政治异化；如果他没有政治权力，便不可能使政治按照自己的意志进行，不可能享有政治自由而必定发生政治异化。这样一来，便正如马克思所指出，政治异化的根源全在于政体："君主制是这种异化的完整的表现，共和制则是这种异化在它自己的领域内的否定。"[①]

精确言之，只有实行民主，每个国民才能享有政治自由而避免政治异化；如果实行专制等非民主制，必定只有极少数人享有政治自由，而绝大多数国民必定发生政治异化。因为自柏拉图、亚里士多德以降，政体便被划分为四类。一人执掌最高权力叫作君主制；若干人平等地共同执掌最高权力叫作共和制。君主制分为两种：君主专制、专制、无限君主制或完全君主制是一个人独掌最高权力，亦即一个人不受他人及其组织限制地执掌最高权力；有限君主制或分权君主制、不完全君主制则是一人为主而与他人及其组织——如议会、等级会议、教会、贵族、领主或地方割据势力等等——不平等地共同执掌最高权力。共和制分为两种：寡头、寡头共和或贵族共和是少数人平等地共同执掌最高权力；民主或民主共和是所有人平等地共同执掌最高权力。

非民主政体——君主专制和有限君主制以及寡头共和——都不是全体国民共同执掌国家最高权力；而是一个人（君主）或极少数人（寡头）执掌国家最高权力。结果，一方面，寡头共和是极少数人平等地共同执掌国家最高权力而使政治按照自己意志进行，从而享有政治自由而避免了政治异化；而绝大多数国民对政治的服从，则不是服从自己意志，而仅仅是在服从寡头统治者的意志，因而所进行的便不是按照自己意志的属于自己的行为，而是按照寡头统治者意志的属于寡头统治者的行为，是自己做出的异于自己的行为，是政治异化。

① 《马克思恩格斯全集》第1卷，人民出版社1971年版，第283页。

另一方面，君主专制是一个人独掌最高权力，亦即一个人不受他人及其组织限制地执掌最高权力；有限君主制是一人为主而与他人及其组织不平等地共同执掌最高权力。二者均使政治按照君主一人意志进行，只不过程度有所不同罢了。因此，一个国家如果实行君主政体——不论是君主专制还是君主立宪——那么，除了君主一人，所有人对政治的服从，便都不是服从自己意志，而是屈从君主意志；因而所进行的，便都不是按照自己意志的属于自己的行为，而是按照君主意志的属于君主的行为，便都是自己做出的异于自己的行为，便都是政治异化。这就是为什么，马克思在谈到政治异化时说："君主制是这种异化的完整的表现。"①

诚然，细究起来，专制等非民主制并不是只有执掌最高权力的君主一个人或几个寡头拥有政治自由；而是只有君主一人或几个寡头拥有最高的政治自由。因为君主或几个寡头之外的各级官吏所没有的只是最高的政治权力，却拥有其他各级政治权力，因而也就拥有最高政治自由之外的各级政治自由。譬如说，省长拥有使一个省的政治在某种程度上按照自己的意志进行的政治自由，乡长拥有使一个乡的政治在某种程度上按照自己的意志进行的政治自由。这样一来，专制等非民主制国家就存在着政治权力垄断，存在着因政治权力垄断所导致的两大群体、两大阶级，亦即垄断政治权力的群体（官吏阶级）与毫无政治权力的群体（庶民阶级）：

庶民阶级毫无政治权力，因而毫无政治自由而完全处于政治异化和政治被奴役状态。官吏阶级则因垄断政治权力而垄断政治自由：专制者一人或几个寡头执掌国家最高权力，享有最高的和完全的政治自由而得以完全避免政治异化和政治被奴役；各级官吏则拥有最高权力之外的各级政治权力，因而拥有最高政治自由之外的各级政治自由。

① 《马克思恩格斯全集》第1卷，人民出版社1971年版，第283页。

因此，每个官吏都不过是寥寥数人——即其上级和专制者一人或几个寡头——的奴才而处于被其强制的政治异化状态；却又都是役使极其众多的奴才（亦即全部庶民）的主人，从而享有极端广大的程度不等的政治自由。

可见，政治异化主要源于政治权力垄断：专制等非民主制的政治权力垄断乃是政治异化的主要根源。这意味着：民主是唯一能够消除政治异化的国家制度。因为民主就是政治权力垄断的消除，就是全体公民平等执掌国家最高权力，就是被统治者与统治者一样掌握最高权力，亦即被统治者与统治者一样是最高统治者，说到底，亦即被统治者能够与统治者一样使国家政治按照自己的意志进行，因而每个公民——被统治者与统治者——都能够平等享有政治自由而避免政治异化。

### 3. 普选制的协商民主与自由民主：消除政治异化的国家制度

然而，细究起来，民主有众多类型：并非每一种民主都是消除国民政治异化的充分条件。首先，民主分为普选制民主与限选制民主。普选制民主意味着所有国民都是公民；限选制民主则意味着只是部分国民才是公民。这样一来，一个国家如果实行限选制民主，那么，就只有一部分国民——亦即所有公民——才拥有政治权力、享有政治自由而避免政治异化；而不是公民的那部分国民则毫无政治权力，不能享有政治自由，因而处于政治异化和政治奴役状态。

古希腊雅典民主堪称典型的限选制，因为当时雅典奴隶和女人都不是公民而毫无政治权力，处于政治异化和政治被奴役状态；只有十分之一左右的人才是公民、享有政治自由而避免了政治异化。只有实行普选制民主，每个国民才都是公民而平等执掌最高权力，才都享有政治自由而避免政治异化。第二次世界大战以后，公民资格才逐渐为民主国家的每个国民所平等拥有，才逐渐实行普选制民主，每个国民才都享有政治自由而避免了政治异化。

但是，精确言之，普选制民主也只是每个国民都享有政治自由而避免政治异化的必要条件而非充分条件。因为普选制民主固然是全体国民完全平等执掌最高权力，但就其实现途径来说，却必定遵循“多数裁定原则”而是多数国民执掌最高权力，因而可能导致多数对于少数的暴政，使少数人失去政治自由而发生政治异化。那么，究竟如何才能保障少数国民与多数国民平等享有政治自由而避免政治异化？只有实行协商民主和宪政民主：普选制的协商民主和宪政民主是每个国民享有政治自由而避免政治异化的必要且充分条件。

因为，一方面，普选制的协商民主就是为解决民主最深刻的本性（民主是所有公民平等执掌最高权力的政体）与民主唯一实现途径（多数裁定原则）的矛盾而诞生，是既坚持多数裁定又保护少数权利从而实现所有国民平等执掌最高权力的民主，是多数派与少数派平等协商尽力达成共识从而具有民主合法性的民主，也就是多数派与少数派平等协商从而共同执掌最高权力的民主，也就是全体国民——亦即多数派与少数派以及强势群体与弱势群体等等——平等执掌最高权力的政体，说到底，就是所有国民平等享有政治自由而避免政治异化的民主。

另一方面，协商民主仍有可能与多数人民主一样，违背自由等国家制度价值标准而导致民主的暴政。只不过，多数人民主是多数暴政；而协商民主是所有人的暴政罢了。因为，正如阿克顿勋爵所发现，权力，就其本性来说，便倾向于被滥用而趋于腐败；最高权力则绝对趋于腐败：“权力导致腐败，绝对权力导致绝对腐败。”[①] 这就是协商民主仍然可能沦为暴政的原因：协商民主政权可能是无限的而违背自由等国家制度价值标准。

① 阿克顿：《自由与权力》，商务印书馆2001年版，第342页。

因此，避免协商民主沦为暴政从而保障每个国民平等享有政治自由而避免政治异化的途径，便是使协商民主受到国家制度价值标准——国家制度最高价值标准“人道与自由”和国家制度根本价值标准“正义与平等”以及国家制度终极价值标准“增减每个人利益总量”——的指导和限制，亦即使多数人与少数人及其平等协商共同执掌的最高权力，受到这些国家制度价值标准的指导和限制。这种所有国民及其所平等执掌的最高权力受到国家制度价值标准有效限制的民主，就叫作自由民主（Constitutional Democracy）：自由民主就是将自由等国家制度价值标准作为宪法指导原则而受其限制的民主。

这样一来，消除政治异化的国家制度便与消除经济异化的国家制度完全一样，都可以归结为自由民主。因为自由民主是将自由等国家制度价值标准作为宪法指导原则而受其限制的民主，从而不但必定是遵循政治平等原则的普选制民主，而且必定遵循多数裁定和保护少数权利原则，必定是多数与少数平等协商而共同执掌最高权力：自由民主必定是协商民主。因此，罗尔斯说：“一个良好的宪政民主——我起初就使用过的术语——也可以被理解为协商民主。”① 西蒙·钱伯斯也这样写道：“目前几乎所有人都以某些形式赞同协商理论（很难不这么做）。越来越多的人把宪政民主理解为在某些根本途径方面需要协商。”②

## 五、社会异化

### 1. 社会概念

社会异化也是个十分复杂难解的概念，给它下定义，首先必须弄清：社会是什么？就中文来说，“社”本为祭地神之所。《孝经纬》说：

---

① 陈家刚主编：《协商民主与政治发展》，社会科学文献出版社 2011 年版，第 54 页。

② 陈家刚主编：《协商民主与政治发展》，社会科学文献出版社 2011 年版，第 84 页。

“社，土地之主也。土地阔不可尽敬，故封土为社，以报功也。”“社会”则是指人们在“社”这种地方的会合，进而指人们在节日里的会合、集会。宋孟元老在《东京梦华录·秋社》中写道：“八月秋社……市学先生预敛诸生钱作社会……春社、重午、重九亦如此。”逐渐地，“社会”便泛指人们的任何群居、会合了。西文“社会”，society（英）和societe（法）都源于拉丁语socius，意为“伙伴”，后经西塞罗而引申为“人类的共同体”。德语中的“社会”Gesellschaft，原意也是“伙伴”，后来也引申为“人与人的结合”。

可见，“社会”的词源，中西相通：均为人与人的集合体、结合体、共同体。细察先哲论著，对于“社会”的概念，亦多如此界说：“社会是个人的集合。”（横山宁夫）① “社会就是某一部分人为实现某些特定目的而合作的集合体。”（罗素）② “社会仅仅是一群有交往的人的名字。”（席穆尔）③ “社会就是任何一群人，他们之间或多或少在意识上存在着关系。”（艾尔活）④ “社会就是一群享有共同地域和共同文化的相互作用着的人。”（罗伯逊）⑤

综言之，社会乃是因一定的人际关系而结合起来的人群，是两个以上的人因一定的人际关系而结合起来的共同体，是两人以上的集合体。因此，社会之为社会，在于两个特点。一个是，社会与个人对立，社会不是个人，而是个人的集合，是两人以上的共同体，是两个以上的人联合起来的人群。另一个是，仅仅有两个以上的人在一起、仅仅有人群，还不是社会；只有当这些人发生一定的人际关系从而结合起来，才是社会。设有一群毫无联系的人行走在深山老林，那么这一人群便仅仅是人群而非社会。然而，同是这一群人，如果行走于闹市，

① 横山宁夫：《社会学概论》，上海译文出版社1983年版，第33页。
② 谢康：《社会学研究》，商务印书馆1974年版，第1页。
③ 张德胜：《社会原理》，巨流图书公司1986年版，第1122页。
④ 张德胜：《社会原理》，巨流图书公司1986年版，第1122页。
⑤ 伊恩·罗伯逊：《社会学》上册，商务印书馆1990年版，第103页。

那就是社会了。因为前者是一种毫无人际关系的人群；而后者则因行走在闹市而具有了一定的人际关系，如是否遵守交通规则，是否互相妨碍或妨碍他人等等。所以，孙本文先生说："凡是具有交互与共同关系、表现交互与共同行为的一群人，都可称为社会。"[①]

进言之，因一定人际关系而结合起来的人群可以分为两类。一类是无组织的，如电影院里看电影的人群、候车室里候车的人群、街道上来来往往的人群；另一类则是有组织的，即所谓团体、集体、集团，如省、市、县、党、团、工会、阶级等等。社会显然主要是指后者：社会，要言之，就是有组织的人群，就是团体、集体。所以费希特说："一个社会是有组织的人们的一个集体。"[②]

总而言之，社会，主要地讲，亦即团体、集体，是有组织的人群；全面地说，则是因一定人际关系而结合起来的人群，是两个以上的人因一定人际关系而结合起来的共同体。

### 2. 社会异化概念

社会异化，顾名思义，也就是违己而屈从社会意志的行为，是自己所进行的不是遵从自己意志的属于自己的行为，而是屈从社会意志的属于社会的行为。可是，社会也有意志吗？有的。因为所谓社会，亦即有组织的人群，是因一定人际关系而结合起来的人群，是两个以上的人因一定人际关系而结合起来的共同体。所以，所谓社会意志也就是人群意志、集体意志、他人意志；所谓社会异化也就是违己而屈从群众意志、集体意志、他人意志的异己行为。因此，与外延比较单纯狭窄的经济异化不同，社会异化的外延十分广阔、复杂，而且大量表现在日常生活之中。所以，卢卡奇说：

① 孙本文：《社会学原理》上册，商务印书馆 1934 年版，第 10 页。

② 龙冠海：《社会学》，台北三民书局 1986 年版，第 78 页。

“一个优秀的、明智的、富有牺牲精神的斗士，他虽然能看清劳动中的异化，并理所当然地反抗它，但在与妻子的关系中，他却连想也不会想到要去摆脱异化的锁链。因此，只有在个人日常生活的活动中，才能最终克服社会异化。”①

可见，从屈从爱人、父母、朋友的意志，到屈从同事、群众、单位领导的意志，统统都属于社会异化：社会异化就是自己所做出的不属于自己——而属于爱人、父母、朋友、同事、群众、单位领导——的行为。那么，在如此纷纭杂乱的社会异化中，是否有一些类型比较重要而具有代表性？是的。首先，社会既然是人群、集体，那么社会意志的基本表现无疑便是所谓的众人意志、公众意见、常人要求。因此，社会异化的基本表现便是违己从众、屈从众人意志，是自己所做出的不属于自己而属于众人的行为。卢梭、尼采、海德格尔、萨特诸存在主义先哲所揭示的正是这种社会异化：

“野蛮人过着他自己的生活，而社会的人则终日惶惶，只知道生活在他人的意见之中，也可以说，他们对于自己生存的意义的看法都是从别人的判断中得来的。”②“在众人中，我像众人那样生活，不像自己在思想；而且渐渐地总感到人家想把我从自己中驱逐出来，将我的灵魂劫走。”③“不是他自己存在；他人从他身上把存在拿去了。他人……是个中性的东西：常人。……常人展开了他的真正的独裁：常人怎样享乐，我们就怎样享乐；常人对文学艺术怎样阅读怎样判断，我们就怎样阅读判断；竟至常人怎样从‘大众’中抽身，我们也就怎样抽身；常人对什么东西愤怒，我们就对什么东西愤怒。”④一句话说完：“地狱

① 卢卡奇：《关于社会存在的本体论》上卷，重庆出版社1993年版，第232页。
② 卢梭：《论人类不平等的起源和基础》，商务印书馆1962年版，第148页。
③ 尼采：《朝霞》，第491节。
④ 海德格尔：《存在与时间》，生活·读书·新知三联书店1987年版，第155页。

就是别人。”[①]

其次，社会既然是人群、集体，那么社会意志的代表显然是所谓的领导意志、长官意志：领导是集体的代言人。所以，社会异化的典型表现便是违己从上、屈从长官意志，是自己所做出的不属于自己而属于长官的行为。举例说，我不愿参加那些无聊会议，也不愿写那种时髦文章，更不愿粉饰现实、歌功颂德，但领导要我如此，我怕得罪领导，只好一一照办。我的这些行为，便是典型的社会异化：屈从长官意志。其实，孔夫子早已有言：“上好礼，则民莫敢不敬；上好义，则民莫敢不服；上好信，则民莫敢不用情。”[②]民的这些“莫敢不”，亦即违己从上，正是社会异化的典型表现。

领导意志和众人意志之为社会意志的表现，均有一个弱点：它们大都不具有恒久性和普遍性而是一种易变的特殊的东西。因此二者均非社会意志的标准表现。那么，什么是社会意志的标准表现？显然是社会所制定的行为标准、准则、规范，说到底，是法和道德：法和道德具有恒久性和普遍性，因而是社会意志的标准表现。这样，当法和道德并非每个国民的意志——因而也并非我的意志——的体现的时候，我服从这些规范，便是标准的社会异化：社会异化的标准表现，便是违己而循规蹈矩、屈从并非公共意志体现的社会规范。就拿专制社会所盛行的利他主义道德来说，它要我无私奉献：为自己者是小人，而为他人者是君子。我明知这种道德是恶劣的，但是，我若违背它便无法在社会立足。因此我不得不遵从这种道德，甚至胡编一些自己如何无私忘我的谎话而沦为伪君子。我的这些行为便构成了标准的社会异化。

① 萨特：《厌恶及其他》，上海译文出版社 1986 年版，第 6 页。
② 《论语·子路》。

### 3. 社会异化根源及其消除途径：存在主义理论

从众、从上、遵守社会规范、服从社会意志，如所周知，均属于所谓“社会化”。所以，社会异化原本属于社会化范畴：社会异化是屈从并非公共意志体现的社会意志的社会化。那么，造成这种异化的原因是什么？系统研究过这个问题的，恐怕只有存在主义论者。但是，他们的结论却很极端：社会异化是社会生活的本性。

尼采对于这个结论的论证，是他的“末人论”。这一理论认为，异化的根源就是社会；一个人只要生活于社会，和他人在一起，便不能不听任社会和他人宰治、失去选择自由而异化为没有自我个性的平庸的“末人”：“人与人之间——‘社会上’——的一切接触总是陷入不可避免的非纯洁性之中。整个社会总是使人以某种方式，在某地、某时变成平庸。”①

海德格尔的论证，可以称之为“常人论”。这一理论详尽说明，人与人之间的本质关系，乃是消除相互差别和突出之处从而使人人沦为彼此相同、平均的常人之关系：“平均状态是一种常人的生存论性质。常人本质上就是为这种平均状态而存在。……平均状态先行描绘出了什么是可能而且容许去冒险的东西，它看守着任何挤上前来的例外。任何优越状态都被不声不响地压住。一切源始的东西都在一夜之间被磨平为早已众所周知的了。一切奋斗得来的东西都变成唾手可得的了。任何秘密都失去了它的力量。这种为平均状态之烦又揭开了此在的一种本质性的倾向，我们称之为对一切存在可能性的平整。保持距离、平均状态、平整作用，都是常人的存在方式，这几种方式组建着我们认之为‘公众意见’的东西。”②这样，一个人只要生活于社会、人群之中，便不能不失去自由、听任常人摆布，从而所造就的便是常

---

① 尼采：《善恶彼岸》，第12节。

② 海德格尔：《存在与时间》，生活·读书·新知三联书店1987年版，第156页。

人为自己选择的自我，便是没有独特个性的、非本己的、非本真的自我；而不是自己为自己选择的自我，不是具有独特个性的、本己的、本真的自我：常人、他人、社会是我发生社会异化之根源。

萨特对此的论证，则是其著名的"注视论"。按照这一理论，只要我生活于社会和他人之中，那么，在他人注视下，我便会失去选择自由而成为一个他人所要求的自在存在。这样，不论他人对我如何，他人的注视、他人的存在，客观上便使我失去选择自由而异化；反过来，我的存在、我的注视，客观上也同样使他人失去选择自由而异化："于是，尊重他人自由是一句空话：即使我们能假定尊重这种自由的谋划，我们对'别人'采取的每个态度也都是对于我们打算尊重的那种自由的一次践踏。"① 不但如此，实际讲来，我主观上也力图使他人屈从我的意志；他人主观上也力图使我屈从他的意志。所以，我和他人的本质关系，便是旨在互使对方失去选择自由而异化的诡计关系："我经常关心的是使他人保持其客观性，而我与对象——他人的关系本质上是由旨在使其保持为对象的诡计所造成的。"② 因此，无论如何，他人总是我发生异化的根源，因而实乃我之地狱："地狱，就是别人。"③

总之，在存在主义看来，社会和他人乃是我发生社会异化的根源。那么，我要消除社会异化，也就只有逃离社会和他人了。不过，尼采比较激进，认为要消除社会异化须做一个出世的隐居者："隐居起来罢！那样你才能够过真正属于自己的生活。"④ 反之，海德格尔与萨特则比较温和，主张做一个入世的孤独者。萨特用来显示自己生活结构的《厌恶》主角洛根丁，就不是个远离世俗的隐士，而是生活在世俗之中的孤独者："我孤零零地在这一片快乐和正常的人声中。"⑤ 因为——海

① 萨特：《存在与虚无》，生活·读书·新知三联书店1987年版，第528页。
② 萨特：《存在与虚无》，生活·读书·新知三联书店1987年版，第390页。
③ 柳鸣九编选：《萨特研究》，中国社会科学出版社1981年版，第303页。
④ 尼采：《快乐的科学·第338节》，中国和平出版社1987年版。
⑤ 萨特：《厌恶及其他》，上海译文出版社1987年版，第6页。

德格尔早就指出——人生即在世、入世，逃避社会、远离世人是不可能的。[①]

这就是存在主义的异化论：既非经济异化论，亦非政治异化论，而是社会异化论。存在主义首次描述社会异化现象、揭示社会异化根源、确立社会异化消除途径，在异化思想史上无疑具有划时代意义。但存在主义断定社会异化是社会生活的本性、社会是社会异化的根源，确系以偏概全。因为社会异化并非社会生活的本性，而只是某种社会生活的本性：社会异化是非法治、不民主、无人权的社会生活的本性；社会异化的根源并不是社会，而只是某种社会：非法治、不民主、无人权的社会。

### 4. 社会异化根源及其消除途径

首先，如果一个社会是法治的，那么，该社会的任何强制，正如哈耶克所言，便均须符合其社会规范（法与道德）："法治意味着：政府除非执行众所周知的规则绝不可以强制个人。"[②] 其次，如果一个社会是民主的，那么，该社会的全体公民便能够平等执掌社会最高权力，从而使社会管理按照自己的意志进行，使社会规范得到自己的同意而成为公共意志的体现：

"只有以民主方式管理社会时才能充分实现社会自主——人与人相互关联的个人生活中的自主。只有在民主政体下，全体社会成员才能拿出自己的规则来管理共同事务，并将自己置于这些规则的约束之下。"[③]

这样，在法治的民主的社会，社会意志、领导意志、众人意志对

---

① 海德格尔：《存在与时间》，生活·读书·新知三联书店 1987 年版，第 354 页。

② Friedrich A. Hayek, *The Constitution of Liberty*, The University of Chicago Press, 1978, p.205.

③ 科恩：《论民主》，商务印书馆 1988 年版，第 274 页。

我的任何强制，便均须符合全体社会成员同意的社会规范，因而也就是包括我自己的意志在内的公共意志的体现。于是，我服从社会意志同时也是服从自己意志、遵守社会规范同时也是实行自己意志、从众从上同时也是从己、社会化同时也是个性化。于是，我的行为便是自由的，便不是社会异化。

反之，在非法治、不民主的社会，则社会管理只能按照统治者的意志进行，而不能按照全体社会成员的意志进行；社会意志只是统治者的意志而不是全体社会成员的意志；社会规范也只是统治者意志的体现，而不是全体社会成员的公共意志的体现。因此，我服从社会意志同时便是放弃自我意志；遵守社会规范同时便是压抑自我意志；从众从上同时便是违己；社会化同时便是无个性化。这样，我进行的便不是属于自己的而是属于社会和他人的行为，便是社会异化了。

可见，人们之所以发生社会异化，并非如存在主义所说，是因为他们创造了社会、生活于社会中，而是因为他们创造了非法治不民主社会、生活于非法治不民主社会：非法治、不民主的社会是社会异化的起因、根源。于是，消除社会异化的方法、途径，也就并非如存在主义所主张，须逃离社会——既不须做一个出世隐居者，亦不须做一个入世孤独者——而是实现法治和民主的社会。

然而，是否只要实现法治和民主，就足以消除社会异化？否！因为即使在法治和民主的社会，不言而喻，一方面，任何人也总难免有大量的社会规范所不能规范或不能明确规范的行为；另一方面，任何人也总难免有大量背离社会规范的行为。这样，在法治的民主的社会，自我意志、他人意志、领导意志、众人意志之间发生大量冲突而不能两全的情况也就在所难免。那么，在这种情况下，一个人须如何才能实行自我意志而避免社会异化？须有两个条件——一是客观条件：他必须享有人权；一是主观条件：他必须有自我实现的热烈追求。

为什么一个人必须享有人权才能避免社会异化？原来——马斯洛

心理学成就表明——一方面，人的基本需要由低级到高级地分化为五类，依次是：生理需要、安全需要、爱的需要、自尊需要、自我实现需要；另一方面，比较低级的需要优先于、强烈于比较高级的需要，而比较高级需要的产生则是比较低级的需要得到相对满足的结果。自由的需要虽然是人的基本需要，但显然不及生理需要更基本、更低级、更强烈、更优先。所以，拉斯基说："那些了解穷人的日常生活的人，那些了解他们时时刻刻有大祸临头之感的人，那些了解他们不时追求美的事物但始终得不到它的人，就会很好地体会到：没有经济保障，自由是不值一文的。"[①] 这样，一般说来，当一个人的自我意志与他人意志（领导意志、众人意志、社会意志）发生冲突而不能两全时，如果他"不服从便不得食"，那么，他便不能不服从、不能不发生社会异化；他只有在"不服从而亦得食"的情况下，才可能不服从，才可能坚持自我意志而避免社会异化。

可是，"不服从者不得食"的社会究竟是个什么社会？是无人权的社会。反之，"不服从者亦得食"的社会，则是有人权的社会。因为所谓"人权"，如前所述，乃是一个人只要是结成人类社会的一个成员、一个人，就应享有的生存和发展的必要的、起码的和最低的权利。所以，在享有人权的社会，任何人只要不侵犯他人的人权而与他人同样是缔结社会的一员，那么，不管他劳动多少、贡献大小，更不管他惯于服从还是不服从他人意志、众人意志、领导意志，他都同样享有人权、同样享有满足基本物质需要的权利：服从者得食，不服从者亦得食。反之，在一个社会，如果"服从者得食而不服从者不得食"，那么，这个社会便违反了"只要是人类社会的一员，就应该享有满足基本物质需要的权利"的人权原则，因而是个无人权的社会。

因此，人们只有生活在享有人权的社会，才不会有"不服从者不

① 拉斯基：《现代国家中的自由权》，商务印书馆 1959 年版，第 156 页。

得食”的恐惧，才敢于不服从而避免社会异化。反之，若是生活在没有人权的社会，便会因“不服从者不得食”而不敢不服从，因而不能不发生社会异化。所以，一个社会，仅仅是法治和民主的，还不能消除社会异化；要消除社会异化，它还必须是有人权的。那么，是否可以说，一个人只要生活于法治、民主、人权的社会，他就不会发生社会异化？

否。实现法治、民主、人权，只是消除社会异化的客观条件；一个人要避免社会异化，还须有主观条件：他必须追求自我实现因而热爱自由。因为在法治、民主、人权的社会，不服从固然亦可得食，但比起服从来说，无疑仍会损失许多利益。这样，一个人如果没有自我实现的热烈追求，他为什么不顺从领导、群众从而得到更大好处呢？显然，他只有追求自我实现因而十分热爱自由，才可能忍受因走自己的路而不从上从众所带来的损失，才可能不发生社会异化。所以，卢卡奇说：“异化归根结底是一种社会现象，因此只有通过社会途径才能克服这种社会现象。”[①] 但是，“在社会的必然性的范围之内，人们的生活过程终究是人们自己的事情；人们是想物化和异化地生活，还是想通过自己的行为而实现自己真正的个性，这取决于人们自己。”[②]

可见，一个人自我实现的热烈追求乃是他避免社会异化的必要条件。这个条件在消除社会异化中的重要作用从一事实可以看出，这个事实就是：任何社会均存在不发生社会异化的人。区别仅在于，在法治、民主、人权的社会，人们若要不发生社会异化，无须什么反抗和牺牲，因而人人都能够不发生社会异化。反之，在非法治、不民主、无人权的社会，人们要想不社会异化，便必须进行顽强反抗和遭受重大牺牲，因而也就只有极少数人才能够不发生社会异化——这极少数

① 卢卡奇：《关于社会存在的本体论》上卷，重庆出版社 1993 年版，第 231 页。
② 卢卡奇：《关于社会存在的本体论》下卷，重庆出版社 1993 年版，第 810 页。

人，便是尼采、庄子所盛赞的出世隐居者；便是海德格尔、萨特所乐道的入世孤独者；便是马克思所欣赏的“走自己的路，让人们去说吧”的特立独行者。

综上可知，社会异化与经济异化、政治异化有所不同。经济异化和政治异化的起因都是社会的、客观的，而不是个人的、主观的：经济异化起因于权力——经济权力与政治权力——垄断和不均衡；政治异化则主要起因于专制等非民主制的政治权力垄断。因此，二者的消除途径均为改造社会而非改造个人：实现自由民主（Constitutional Democracy）从而消除权力——经济权力与政治权力——垄断和不均衡。反之，社会异化的起因则既是社会的、客观的，又是个人的、主观的——社会异化，客观地说，源于社会的非法治、不民主、无人权；主观地看，则源于个人缺乏自我实现的热烈追求。因此，社会异化的消除途径也是双重的：实现法治、民主、人权的社会，是消除社会异化的客观条件、客观途径；培养热烈追求自我实现的个人，则是消除社会异化的主观条件、主观途径。

然而，社会异化与经济异化以及政治异化的消除途径，说到底，却完全相同，都可以归结为“自由民主”（Constitutional Democracy）。因为，一方面，如前所述，法治属于自由的首要原则，亦即“自由的法治原则”；人权属于平等原则，亦即“人权完全平等原则”。因此，所谓法治、人权、民主社会，也就是遵循“平等”和“自由”等国家制度价值标准的民主社会，因而也就是自由民主社会。另一方面，绝大多数人是不是追求自我实现、热爱自由而不发生社会异化，完全取决于他们生活于其中的社会，究竟是不是一个法治、民主、人权的社会，是不是一个自由民主的社会；只有生活于这样一种自由民主社会，人们得到自由才无须反抗和牺牲，因而绝大多数人必定追求自我实现、热爱自由而不发生社会异化。自由民主实乃唯一理想国家制度也！

## 六、宗教异化

### 1. 宗教概念

宗教异化无疑是个极为复杂的概念；要弄清它，必须从头说起：究竟何为宗教？就西文来说，宗教“religion”一词，源自拉丁文“religare”或“religio”：前者意为“联系”，指人与神的联系；后者意为“敬重”，指人对神的敬重。[①]就中文来说，“宗”本意为尊崇祖先神灵：“宗，尊祖庙也。”“宗教”则指用神灵来教化人：“圣人以神道设教而天下服矣！”[②]

可见，不论中西，从词源上看，宗教均为信仰神灵的活动。那么，宗教是否可以定义为信仰神灵的活动？回答是肯定的：宗教的定义与其词源完全一致。因为宗教之所以为宗教、宗教区别于人类其他活动的根本特征，正如缪勒所说，就在于承认神灵的存在：“一切宗教的基本要素之一，就是承认有神灵的存在。”[③]这种承认，一方面主观地表现为信仰神灵的思想观念和感情体验；另一方面则客观地表现为信仰神灵的行为、组织、制度。因此，宗教的定义便可一言以蔽之：信仰神灵的活动。可是，神灵又是什么？

所谓神灵，也就是神、魔、鬼、精灵、灵魂等一切超自然存在的总称。因为，正如泰勒所说，神、魔鬼、精灵、灵魂实质是相同的：“灵魂、恶魔和天使虽然带有不同的名字，但其实质是相同的。”[④]那么，这些超自然存在的相同的实质究竟是什么呢？是精神性实体：神灵是精神性实体。所谓实体，如所周知，是能够独立存在的事物。所谓精神性实体，则既包括非物质的纯粹精神（知、情、意）实体，又

① 参见何光沪：《多元化的上帝观》，贵州人民出版社 1991 年版，第 1 页。
② 《易·观》。
③ 麦克斯·缪勒：《宗教的起源与发展》，上海人民出版社 1989 年版，第 16 页。
④ 爱德华·泰勒：《原始文化》，上海文化出版社 1992 年版，第 575 页。

包括具有精神及其性质（摸不着看不见、虚幻、不可捉摸等等）的物质实体：前者如基督教三位一体的上帝；后者如当代欧洲农民把灵魂看作“象雾一样的不可捉摸的物体”[①]。

这样一来，神灵便既像精神一样，具有知、情、意，是其所寓于其中的形体的一切活动的支配者、主宰者；又能够进入和离开一切形体——人或动物的肉体乃至任何物体——而独立生存：神灵是能够支配、进入和离开一切形体而独立生存的具有知、情、意的精神性实体。从神灵具有知、情、意的属性来说，神灵是人格化的，神灵的本质是人的本质的异化；从神灵是能够进入和离开一切形体而独立存在的精神性实体来说，神灵则是幻想的、不真实的超自然的存在：神灵是人格化的超自然的存在。

任何神灵——不论是灵魂还是精灵抑或是神魔——都是精神性实体，都是人格化的超自然存在。他们的区别只不过在其存在的场所、形式和机能作用：存在于人等动物形体中的神灵大都叫作灵魂；存在于物体中的神灵大都叫作精灵；存在于广漠空间统治众灵魂和精灵的神灵则大都叫作神或魔。泰勒经过对世界各民族所信仰的众多神灵的详尽考察，得出结论说：

“正如灵魂被认为是人的通常的生命和活动的原因一样，和人的灵魂相似的东西——精灵是一切使人类幸福和不幸的事件及外在世界形形色色的物理现象的原因。”[②]“最高级的神们在下级的精灵们之间所占的那种地位，就像长官和皇帝在人们中间所占的地位一样。它们跟灵魂和最小的灵物不同。但是这种差别与其说是本质的，不如说是程度的。它们是那些君临于个体精灵之上的个体精灵。”[③]

可见，信仰神魔还是精灵抑或灵魂并无本质不同，都是信仰精神

① 爱德华·泰勒：《原始文化》，上海文化出版社 1992 年版，第 443 页。
② 爱德华·泰勒：《原始文化》，上海文化出版社 1992 年版，第 574 页。
③ 爱德华·泰勒：《原始文化》，上海文化出版社 1992 年版，第 688 页。

性实体、信仰人格化的超自然存在、信仰神灵，因而都属于宗教范畴：宗教是信仰神灵的活动，这是宗教的表层定义；宗教是信仰精神性实体的活动，是信仰人格化的超自然存在的活动，则是宗教的深层定义。准此观之，无神灵的宗教是不可能有的，无神的宗教却可能存在。无神的宗教，从上可知，主要有两种。一种是信仰精灵的宗教，如美拉尼西亚人的"玛纳"崇拜。另一种则如泰勒所说，是信仰灵魂的宗教："对死人阴魂的尊敬构成了人类宗教的广大支脉之一。"①

### 2. 宗教异化概念

弄清了宗教概念，何谓宗教异化也就不难理解了：宗教异化就是奴役者为神灵的异化；而奴役者为人的异化，则可以称之为世俗异化，亦即经济异化和政治异化以及社会异化。宗教异化概念看似简单，实则相当复杂。因为它具有二重性：宗教异化实际上不是一个概念，而是两个概念。这是被异化概念的二重性所决定的。异化，如前所述，作为科学术语分裂为二：一是作为一般科学术语的异化，指事物向异己物的转化、变化；一是作为人道主义基本概念的异化，指自己做出而又异于自己的异己的、非己的行为。

相应地，宗教异化作为科学术语也分裂为二。一个是作为一般科学术语的宗教异化，指神灵、宗教无非是人的本质的异化形态、转化形态："上帝的人格性本身不外就是人之被异化了的、被对象化了的人格性。"②另一个是作为人道主义概念的宗教异化，指人们按照神灵意志而非按照自己意志进行的行为；是自己所进行的不是属于自己而是属于神灵的行为。我们所要研究的当然是这种作为人道主义概念的宗教异化。

这种"宗教异化"就其内在本性来说，显然属于"自愿异化"：

① 爱德华·泰勒：《原始文化》，上海文化出版社 1992 年版，第 577 页。
② 《费尔巴哈哲学著作选集》下，商务印书馆 1984 年版，第 534 页。

它是信教者自愿放弃自己意志而屈从神灵意志的异化。然而，信教者为什么自愿放弃自己意志而屈从神灵意志？因为信徒们以为自己的祸福凶吉均为神灵所掌握。信徒们为了摆脱苦难获得幸福而自愿放弃自己意志、遵从神灵意志是异化，正如工人为了工资而自愿放弃自己意志、遵从资本家意志是异化一样。而二者之所以均为异化，则因为二者均起因于强制。经济异化起因于资本家握有资本：资本是一种强制力量；宗教异化则起因于神灵握有祸福：握有祸福岂不更是一种强制力量？遵从神灵意志行为的被强制、受奴役、不自由之性质，充分体现在《圣经·申命记》中上帝所说的一段话：

"你若不听从耶和华你神的话，不谨守遵行他的一切戒命律例，就是我今日所吩咐你的，这以下的咒诅都必追随你，临到你身上：你在城里必受咒诅，在田间也必受咒诅；你的筐子和你的抟面盆都必受咒诅；你身所生的、地所产的，以及牛犊、羊羔都必受咒诅。你出也受咒诅，入也受咒诅。耶和华因你行恶离弃他，必在你手里所办的一切事上，使咒诅、扰乱、责罚临到你，直到你被毁灭，迅速地灭亡。耶和华必使瘟疫贴在你身上，直到他将你从所进去得为业的地上灭绝。耶和华要用痨病、热病、火症、疟疾、刀剑、旱风、霉烂攻击你，这都要追赶你，直到你灭亡。"

可见，信教者放弃自己意志而听从神灵意志的宗教异化行为，实质上是一种被强制、受奴役、不自由的行为，是一种被神灵握有祸福的力量所强制的行为。只不过，这种被强制是一种自愿的被强制，是信教者自愿地把放弃自己意志、听从神灵意志当作得福避祸手段的行为，自愿地把受神灵支配、奴役、强制当作得福避祸的手段的行为，因而属于自愿异化：就它是被强制来说，它是异化；就它是自愿被强制来说，它是自愿异化。宗教异化的这种自愿被强制的性质，斯特伦说得很清楚："宗教传统的信奉者和追随者们，全都根据这一终极的背景来限定或约束自己的生活……强迫自己按照已意识到的生活模式去生活。”①

### 3. 宗教和宗教异化之起因

人们究竟为什么信仰神灵这种根本不存在的、幻想的、超自然的东西呢？原因无非有二：理智迷信和情感渴求。何谓理智迷信？原来，人们所以会有信仰神灵的宗教活动，是因为他们认为神灵真实存在；而他们所以认为神灵真实存在，则是因为他们认为灵魂真实存在。据泰勒考证，人类所有神灵观念，均源于灵魂观念：

“我们实际上指出了关于灵魂、恶魔、神以及其他类灵物的概念，这在本质上是相类似的观念，而关于灵魂的观念仅仅是这个链条的原始的一环。……很明显，关于人类灵魂的概念在人们的头脑中出现一次之后，就成了一种型式，或一种典型；根据它不只形成了其他关于其他低等灵魂的概念，而且也形成了关于一般灵物的观念：从日尔曼人的那个在高高的青草地上玩耍的微末的埃尔夫（自然神）起，到天的创造者和世界的主宰者，北美印第安人的巨灵。”②

然而，人们为什么会认为存在灵魂呢？原因很多，但主要讲来，则在于对梦幻和死亡的误解。这种误解，大体表现为两方面：一方面认为出现在梦幻中的人的影像，就是人的灵魂；另一方面则由这些影像能够脱离身体独立活动，进而认为灵魂乃是人活着便与身体结合、死亡就离开身体而独立生存的精神性实体。③这是个产生于人类的远古时代而历代相沿、至今仍极难破除的永恒迷信：“灵魂的信仰，扎根于蒙昧人的低级文化层中，不间断地通过野蛮时期，并在现代的文明环境中完全而深深地保留下来。”④

---

① 斯特伦：《人与神》，上海人民出版社 1991 年版，第 3 页。

② 爱德华·泰勒：《原始文化》，上海文化出版社 1992 年版，第 575 页。

③ 爱德华·泰勒：《原始文化》，上海文化出版社 1992 年版，第 416 页。

④ 爱德华·泰勒：《原始文化》，上海文化出版社 1992 年版，第 505 页。

可是，在现代社会，科学已能够充分说明梦幻、死亡、命运以及外在世界形形色色的物理现象，从而表明灵魂、神灵的存在纯属无稽之谈；为什么许许多多的人，特别是那些科学家们，仍然相信灵魂、神灵的存在？这是因为，人们信仰神灵，除了源于对梦幻和死亡以及命运的认知错误，还源于其情感渴求：对神灵的渴求驱使理智迷信明知不存在的神灵之存在。对于这一点，麦克斯·缪勒曾援引荷马的话说："所有的人都有一种对神的渴望。"[①] 这是为什么呢？

原来，人生的目的和意义，无非是为了追求幸福和快乐、避免不幸和苦难。然而，人生却注定蒙受许许多多的深重苦难和不幸。这些苦难和不幸，正如弗洛伊德所说，既来自每个人的自身肉体的病痛和死亡，又来自外部自然灾祸，但主要来自人际关系的社会压迫：

"我们受到来自三个方面的痛苦的威胁：来自我们的肉体，它注定要衰老和死亡，而且，如果我们的肉体失去了疼痛、焦虑这些警告信号，它甚至就不可能存在；来自外部世界，它可能毫不留情地以摧枯拉朽的破坏势力与我们抗争；来自人际关系。人际关系方面的痛苦大概比前两个更厉害。"[②]

每个人遭受这些苦难——死亡恐惧和自然灾祸以及社会压迫——的程度及其主观感受程度，无疑存在着不同。那些更为不幸或对不幸的感受更为强烈的人们，会感到在真实的、人间的世界实在不可能摆脱不幸和苦难、求得幸福和快乐，因而感到人生没有意义，无法再生活下去。在真实的人间的世界无法生活下去，那么也就只有求之于神灵的虚幻的世界了。于是，他们便在感情上渴求——进而在理智上迷信——神灵的存在和拯救，从而寄希望于未来和来世；他们便为了未来和来世的幸福而放弃自己意志、遵从神灵意志。这样，宗教和宗教异化便使他们看到了人生意义，因而能够忍受现实的人间的不

---

① 麦克斯·缪勒：《宗教的起源与发展》，上海人民出版社 1989 年版，第 22 页。

② 弗洛伊德：《文明及其缺憾》，安徽文艺出版社 1987 年版，第 16 页。

幸和苦难而继续生活下去了：宗教和宗教异化乃是人们摆脱在现实世界无法摆脱的苦难的手段，是人们求得在现实世界无法求得的幸福的象征性补偿和替代性满足。因此，保罗·普鲁伊塞说："宗教就像一种营救工作……宗教是在有人喊'救命'这样的情况下产生的。"①

可见，宗教和宗教异化的起源具有双重性。一方面，起源于尘世的苦难（死亡恐惧、自然灾祸和社会压迫）所引发的对宗教和宗教异化的"情感渴求"：宗教和宗教异化是人们摆脱在现实社会无法摆脱的苦难的手段。这是宗教和宗教异化起源的目的因。另一方面，则起源于"理智迷信"：神灵的存在是人们对梦幻、死亡、命运的错误认识的结果。这是宗教和宗教异化起源的非目的因。于是，更具体些说，宗教和宗教异化便有四大起因：首先是理智迷信；其次是死亡恐惧；再次是自然灾祸；最后也是最主要的，乃是社会压迫。

### 4. 宗教和宗教异化消除途径

宗教和宗教异化之起源表明，它们能够有效地给绝望而无法生活下去的人以生活下去的希望，因而对于人生具有非常重要的意义和价值。对于宗教和宗教异化的这种意义和价值，梁漱溟曾有很好的论述：

"对于人的情志方面加以勉慰，可以说无论高低和如何不同的宗教所作皆此一事，更无二事。例如极幼稚低等的拜蛇黄鼠狼乃至供奉火神河神瘟神种种，其仙神的有无，且无从说他，礼拜供奉的后效能不能如他所期，也不得而知。却有一件是真的；就是他礼拜供奉了，他心里便觉安宁舒帖了，怀着希望可以往下生活了。……在当初象是无路可走的样子。走不下去——生活不下去——的样子。现在象是替他开出路来，现在走得下去了。质言之，不外使一个人的生活得以维持而不致于溃裂横决，这是一切宗教之通点。宗教盖由此而起，由此而得在人类文化中占很重要一个位置，这个我们可以说是宗教在人类

---

① 梅多、卡霍：《宗教心理学》，四川人民出版社 1990 年版，第 5 页。

生活上之所以必要。”[①]

不过，宗教和宗教异化的这种意义和价值充其量也只是非根本的、局部的、暂时的；根本地、全局地、长远地看，则宗教和宗教异化只具有负价值。因为摆脱苦难求得幸福从而使人生具有意义，存在着两种根本不同的行为方式。一种是正视现实，因而发展科学、改造社会、变革苦难的现实世界，从而实现自己意志、获得真实的幸福。这是非宗教和非宗教异化的行为，是根本地、真正地摆脱苦难求得幸福的行为，因而从根本上说也就是唯一正确的、应该的、具有正价值的行为方式。反之，另一种行为方式则是逃避现实，信仰神灵的存在和拯救，放弃自我意志而屈从神灵的意志，从而获得虚幻的希望和幸福。这是宗教和宗教异化的行为方式。

宗教和宗教异化确实能够使人生有意义、给人们以安慰。但是，这种意义和慰藉却不是通过使人得到真实的、能够实现的希望和幸福来实现的；而是通过信仰神灵世界的幻觉来实现的：它使人们陷入欺骗的、幻想的、根本不可能实现的来世的希望与幸福，从而安于苦难现实生活、放弃变革苦难世界要求。所以，正如马克思和弗洛伊德等先哲所说，宗教实际上是一种麻醉精神的毒药；而宗教异化则是一种吸毒行为：它们的正价值显然是非根本的、局部的、暂时的，而负价值则是根本的、全局的、长远的。因此，应该废除宗教、消除宗教异化。

要消除宗教和宗教异化，据其四大起因，显然应循由四大原则：首先是发展科学，破除引发神灵信仰的理智迷信；其次是正确对待死亡，避免引发神灵信仰的死亡恐惧；再次是提高生产力，消除导致神灵信仰的自然灾祸所造成的苦难；最后也是最主要的，乃是改造社会，摆脱造成神灵信仰的社会压迫、社会苦难。前三个原则一目了然毋庸赘述；后一个原则却比较复杂。这个原则确立的依据是宗教和宗教异

① 《国内近十年来之宗教思想》，京华印书局 1927 年版，第 113—114 页。

化的社会根源：宗教和宗教异化是人们摆脱在真实的世界里无法摆脱的社会压迫、社会苦难的手段。

那么，人们所遭受的这种社会压迫、社会苦难究竟是什么？无疑是“经济权力压迫及其所导致的经济异化”和“政治权力压迫及其所导致的政治异化”以及“社会权力压迫及其所导致的社会异化”。因此，宗教异化的主要根源，说到底，乃是经济异化和政治异化以及社会异化：宗教异化是人们摆脱在真实的世界里无法摆脱的经济异化和政治异化以及社会异化的手段。这显然意味着，消除宗教异化的途径，主要讲来，就是消除经济异化、政治异化和社会异化。经济异化和政治异化以及社会异化的消除途径，如上所述，最终都可以归结为实现自由民主（Constitutional Democracy）。因此，消除宗教异化的主要途径，说到底，就是实现自由民主。自由民主实乃唯一理想国家制度也！

然而，不论如何努力，宗教和宗教异化只可能日趋衰微，却永远不会完全消亡。宗教和宗教异化可能趋于衰微，是因为宗教的源头可能趋于衰微：一方面，随着科学发展和生产力的提高，宗教和宗教异化起因的理智迷误和自然灾祸所造成的苦难可能趋于消亡；另一方面，随着社会发展，宗教和宗教异化的主要根源——经济异化和政治异化以及社会异化——势必因宪政民主的实现而不复存在。

宗教和宗教异化永远不会完全消亡，是因为成为宗教情感起因的第三大苦难“死亡”恐惧必将永存。意识到自己总有一天要死亡，实乃人生无可避免的苦痛和不幸。于是，无论如何，总会有一些人，在他们看来，如果没有来世，那譬如朝露转瞬即逝的人生又有什么意义呢？人必一死，无疑是人们渴望灵魂不死和神灵存在的永恒源头，说到底，是宗教和宗教异化的永恒源头。所以，费尔巴哈说：“如果人是不死的，如果人永远活着，因而世界上根本没有死这回事，那么也就不会有宗教了。”①

---

① 《费尔巴哈哲学著作选集》下，商务印书馆 1984 年版，第 534 页。

# 第四篇

# 国家制度与国家治理价值标准体系

# 第十章
# 正义与人道以及增减每个人利益总量
## ——国家制度与国家治理好坏的价值标准体系

**本章提要** “增减每个人利益总量”等4条标准、正义与平等8条标准以及人道与自由等14条标准融合起来，构成了国家制度与国家治理好坏的价值标准体系：正义——特别是平等——是国家制度与国家治理好坏的最根本价值标准；人道（主要是使人自由和消除异化）是国家制度与国家治理好坏最高价值标准。这两大系列26条价值标准融合起来，便构成了国家制度与国家治理好坏的价值标准体系。当这些价值标准发生冲突时，无疑应该诉诸国家制度与国家治理终极价值标准，特别是最大利益净余额。按照这一标准，应该保全和遵循价值较大的价值标准，而牺牲和违背价值较小的价值标准。根本的东西的价值，无疑是最大最重要的。因此，“正义与平等”的价值大于、重要于“人道与自由”，因而当二者发生冲突时，应该牺牲人道和自由而保全正义和平等：正义和平等对于人道和自由具有优先性。

## 一、26条价值标准：国家制度与国家治理好坏的价值标准体系

### 1. 正义、人道与增减每个人利益总量

综上所述，国家制度和国家治理好坏价值标准可以归结为26条：

（1）“增减每个人利益总量”是在任何情况下都应该遵循的国家制度与国家治理好坏终极价值标准。

（2）“无害一人地增加利益总量”是利益不发生冲突或可以两全情况下的国家制度与国家治理好坏终极价值分标准。

（3）“最大利益净余额”是利益发生冲突而不能两全情况下的国家制度与国家治理好坏终极价值分标准。

（4）“最大多数人的最大利益”是多数人与少数人之间发生利益冲突而不能两全情况下的国家制度与国家治理好坏终极价值分标准。

以上4条属于国家制度和国家治理好坏终极价值标准——同时也是道德终极标准与法律终极标准以及政治终极标准。下面8条则属于国家制度与国家治理好坏根本价值标准：正义与平等。

（5）正义总原则：等利害交换。

（6）正义根本原则：权利与义务相等。

（7）社会根本正义的“贡献原则”：贡献是权利的源泉和依据；换言之，社会应该按照贡献分配权利，按照权利分配义务；说到底，社会分配给每个人的权利应该与他的贡献成正比而与他的义务相等。

（8）社会根本正义的“德才原则”：“德”与“才”是职务等权利的潜在的源泉和依据；换言之，社会应该任人唯贤，按照每个人的“德”与“才”分配职务等权利；说到底，社会应该“用人如器”，根据每个人所具有的品德与才能的性质而分配与其相应的职务等权利。

如果运用这些社会正义原则——特别是贡献原则——解决每个人的各种基本权利和非基本权利的分配问题，那么，便不难从中推导出如下四个社会根本正义分原则，亦即四大平等原则：

（9）平等总原则：一方面，每个人因其最基本的贡献完全平等——每个人都同样是缔结、创建社会的一个股东——而应该完全平等地享有基本权利、完全平等地享有人权（基本权利完全平等原则）；另一方面，每个人因其贡献的不平等而应享有相应不平等的非基本权利，也就是说，每个人所享有的非基本权利的不平等，与他们所做出贡献的不平等的比例，应该完全平等（非基本权利比例平等原则）。

（10）政治平等原则：一方面，每个人不论具体政治贡献如何，都应该完全平等地享有政治自由，亦即完全平等地共同执掌国家最高权力，从而完全平等地共同决定国家政治命运；另一方面，每个人又因其具体政治贡献（政治才能＋官德）的不平等而应该担任相应不平等的政治职务，从而使每个人所担任的政治职务的不平等与自己的政治贡献（政治才能＋官德）的不平等的比例完全平等。

（11）经济平等原则：一方面，在任何社会，每个人不论劳动多少、贡献如何，都应该按人类基本物质需要完全平等地分配基本经济权利（按需分配）。另一方面，应该按照每个人所提供的生产要素的边际产品价值，而分配给他含有等量交换价值的非基本经济权利，以便使每个人所享有的非基本经济权利的不平等，与自己所贡献的生产要素的边际产品价值的不平等的比例，完全平等（按生产要素分配：按劳分配和按资分配）。

（12）机会平等原则：社会——主要是政府等各种管理组织——所提供的发展潜能、做出贡献、竞争职务和地位以及权力和财富等非基本权利的机会，是全社会每个人的基本权利，是全社会每个人的人权，应该人人完全平等。反之，家庭、天赋、运气等非社会所提供的机会，则是幸运者的个人权利，无论如何不平等，他人都无权干涉；但幸运者利用较多机会所创获的较多权利，却因较多地利用了共同资源“社会合作”而应补偿给机会较少者以相应权利。

以上 8 条正义和平等原则构成国家制度与国家治理好坏根本价值标准体系；下面 14 条人道、自由和异化原则构成国家制度与国家治理好坏最高价值标准体系：

（13）广义的人道总原则：把人当人看（视人为最高价值从而把任何人都当作人来善待的行为）。

（14）狭义的人道总原则：使人成为人（视人的创造性潜能实现为最高价值而使人实现自己创造性潜能从而成为可能成为的最有价值的

人的行为）。

（15）人道正面根本原则："使人自由"。该原则具体表现为以下（16）至（21）6个原则。

（16）自由法治原则：一个国家的任何强制，都必须符合该国家的法律和道德；该国家的所有法律和道德，都必须直接或间接得到全体成员的同意。

（17）自由平等原则：人人应该平等地享有自由：在自由面前人人平等；人人应该平等地服从强制：在法律面前人人平等。

（18）自由限度原则：一个国家的强制，应该保持在该国家的存在所必需的最低限度；该国家的自由，应该广泛到这个国家的存在所能容许的最大限度。

（19）政治自由原则：一个国家的政治，应该完全平等地得到每个公民的同意，应该完全平等地按照每个公民自己的意志进行，说到底，应该按照被统治者的意志进行。

（20）经济自由原则：经济活动应该由市场机制自行调节，而不应由政府管制，政府管理应仅限于约定经济规则和保障其实行；而在这些经济规则的范围内，每个人都应该享有完全按照自己的意志进行经济活动的自由，都享有完全按照自己的意志进行生产、分配、交换和消费等经济活动的自由。

（21）思想自由原则：每个社会成员都应该享有创获与传达任何思想的自由。或者说，每个社会成员创获与传达任何思想都不应该被禁止。说到底，言论与出版应该完全自由而不应该受到任何限制。

（22）人道负面根本原则："消除异化"。该原则具体表现为以下4个原则。

（23）经济异化消除原则：经济异化源于权力——经济权力和政治权力——垄断与不均衡；消除原则是实现"抽签选举的普选制民主"、"参与共决经济民主"、"福利国家制度"和"每个人都是股东的全民资本主义"，说到底，是"宪政民主"：宪政民主就是将自由等国家制度价值标准作为宪法指导原则而受其限制的民主。

（24）政治异化消除原则：政治异化源于专制等非民主制的政治权力垄断，消除原则是实现普选制民主、协商民主和宪政民主：普选制的协商民主和宪政民主是每个国民享有政治自由而避免政治异化的必要且充分条件。

（25）社会异化消除原则：社会异化源于社会之非法治、不民主、无人权和个人之缺乏自我实现的热烈追求，所以其消除原则是：创造法治、民主、人权的社会和培养热烈追求自我实现的个人。

（26）宗教异化消除原则：宗教异化主要是摆脱现实世界里无法摆脱的经济异化和政治异化以及社会异化的手段。因此，宗教异化消除原则，主要讲来，就是消除经济异化、政治异化和社会异化，说到底，是实现宪政民主。

### 2. 国家制度与国家治理好坏价值标准体系

26条国家制度与国家治理好坏价值标准表明，它们有一个极其重要的共同点：它们不但都是每个人应该如何相互善待的道德原则；而且，更重要的，它们都是社会和国家的统治者应该如何治理的道德原则，都是国家治理和国家制度好坏的价值标准。诚然，被统治者也有个如何正义与人道地善待他人的问题，也有个在道德规范发生冲突时如何运用道德终极标准的问题。但是，主要讲来，它们是约束统治者而不是约束被统治者的道德，是国家治理和国家制度好坏的价值标准。

因为道德终极标准主要是"增减每个人利益总量"、"最大多数人最大利益"、"无害一人地增进社会利益总量"：这些岂不都主要是规范社会治理和国家制度的价值标准吗？正义的主要原则是社会正义，是社会对于每个人的权利与义务的分配的正义：能够对每个人的权利与义务进行分配的，岂不只是社会的统治者、国家治理者和国家制度吗？平等的全部原则不过是社会正义原则的推演，不过是社会对于每个人的比较具体的权利（基本权利、非基本权利、政治权利、经济权利、机会权利）的分配的正义：能够对每个人的这些权利进行分配的，岂不也仅仅是社会的统治者、国家治理者和国家制度吗？人道的主要原则是应该和怎样使每个人实现自己的创造性潜能，是使人自由和消除异化：这些岂不也仅仅是规范社会治理和国家制度的价值标准吗？

可见，增减每个人利益总量、正义、平等、人道和自由看似任意排列，实为一有机整体：它们构成了统治者应该如何进行国家治理和衡量国家制度好坏的价值标准的体系：增减每个人利益总量（特别是最大多数人最大利益和无害一人地增进利益总量）是国家治理和国家制度好坏的终极价值标准；正义（特别是平等）诸原则是国家治理和国家制度好坏根本价值标准；人道（主要是使人自由和消除异化）诸原则是国家治理和国家制度好坏最高价值标准。

## 二、国家制度与国家治理价值标准发生冲突的取舍原则

“增减每个人利益总量”等 4 条标准和正义与平等 8 条标准以及人道与自由等 14 条标准融合起来，构成了国家治理和国家制度好坏的价值标准体系。但是，正如伯林所言，这些价值标准有时可能发生冲突而不能两全：“并非所有的善都相容一致，人类的全部理想就更难完全相容。”① 那么，在这种情况下，应该如何取舍？

究竟言之，最终无疑应该诉诸国家制度终极价值标准，特别是最大利益净余额。按照这一标准，应该保全和遵循价值较大的价值标准，而牺牲和违背价值较小的价值标准，从而使价值净余额达到最大化。

---

① Isaiah Berlin, *Four Essays on Liberty*, Oxford, New York: Oxford University Press, 1969, p.165.

可是，正义与平等是国家制度根本价值标准，人道与自由是国家制度最高价值标准：究竟何者的价值大呢？根本的东西的价值，无疑是最大最重要的："正义与平等"的价值大于、重要于"人道与自由"。所以，亚里士多德说："在各种德性中，人们认为正义是最重要的。"① 斯密说得就更清楚了：

"社会存在的基础与其说是仁慈，毋宁说是正义。没有仁慈，社会固然处于一种令人不快的状态，却仍然能够存在；但是，不正义的盛行则必定使社会完全崩溃。……仁慈是美化建筑物的装饰品而不是支撑它的地基，因而只要劝告就已足够而没有强制的必要。反之，正义是支撑整个大厦的主要支柱。如果去掉了这根柱子，人类社会这个巨大而广阔的建筑物必定会在一瞬间分崩离析。"②

可见，正义和平等的价值大于人道和自由的价值，因而当二者发生冲突而不能两全时，应该牺牲人道和自由而保全正义和平等，亦即应该违背人道和自由原则而遵循正义和平等原则：正义和平等对于人道和自由来说，具有神圣不可侵犯的绝对优先性。

### 1. 正义优先于人道与自由

首先，我们考察正义与人道的冲突。试以按需分配为例。真正讲来，按需分配只应该实行于以爱为基本联系的社会，而不应该实行于以利益为基本联系的社会。因为，如果一个社会，比如家庭，它的成员相互间的基本联系是爱，而不是各自的利益，那么，该社会的成员便都不会计较利益得失，而会心甘情愿按需分配。这样，虽然按照正义原则，贡献较多者的所得应该较多，而贡献较少者的所得应该较少；但是，在家庭中，贡献多而需要少者分有较少权利，而贡献少需要多

---

① 《亚里士多德全集》第八卷，中国人民大学出版社 1997 年版，第 96 页。

② Adam Smith, *The Theory of Moral Sentiments*, Beijing: China Social Sciences Publishing House, 1979, p. 86.

者分有较多权利，并不是不正义，并没有违背正义原则。因为在家庭中，贡献多而需要少者，是出于对贡献少而需要多者的爱，而完全自愿按需分配，因而也就是自愿把自己按照正义原则所应多得的权利转让、馈赠给了贡献少而需要多者。所以，按需分配如果实行于以爱为基础的社会，虽然不是正义的，但也不是不正义的：它是一个高于正义、超越正义因而无所谓正义不正义的仁爱原则、人道原则。这就是按需分配的人道原则应该实行于以爱为基本联系的社会的依据：它并不违背正义原则。

然而，如果一个社会，比如某工厂，它的全体成员的基本联系是各自的利益，而不是相互间的爱，那么，该社会的成员便会计较利益得失。因此，贡献较多而需要较少者，也就不会把自己按照正义原则所应分有的较多权利，自愿转让、馈赠给贡献较少而需要较多者。于是，如果实行按需分配，便是对贡献多而需要少者的按照正义原则所应多得的权利的强行剥夺，便违背了正义原则，是不正义的。这样，按需分配的人道原则便与正义原则发生了冲突。在这种情况下应该怎么办？显然应该违背人道原则而放弃按需分配，从而遵循按贡献分配的正义原则。这就是按需分配之人道原则不应该实行于以利益为基本联系的社会的依据：它违背了正义原则，是不正义的。

可见，遵循人道原则是以不违背正义原则为条件的：只有当其不违背正义原则时，才应该遵循；而当其违背正义原则时，则应该牺牲人道原则而遵循正义原则。这就是说，当人道与正义发生冲突不能两全时，应该违背人道原则而遵循正义原则。正义原则的这种神圣不可侵犯的优先性，在它与自由原则——亦即最根本的人道原则——发生冲突时，就更加明显了。因为正义显然是纯粹的善原则：符合正义原则的行为，必定是应该的、善的、好的，必定具有正价值。同样，平等原则也是如此。当然，平等未必是善的、公正的、应该的。但是，平等原则与平等根本不同：平等原则是最重要的正义原则。因此，平等原则也是纯粹的善原则：符合平等原则的行为，必定是善的、应该的，必定具有正价值。

相反地，自由原则并不是纯粹的善原则，而是可能善也可能恶但净余额是极其巨大的善的原则。因为自由的行为或符合自由原则的行为，未必是应该的，未必具有正价值。恰恰相反，杀人、放火、奸淫、抢劫等等数不胜数的罪恶，无疑都可能是自由的结果。因此，罗兰夫人当年感叹道："自由啊自由，多少罪恶假汝以行！"这是因为，所谓自由，亦即没有外在障碍因而能够按照自己的意志进行的行为。按照自己意志进行的行为或自由的行为，无疑既可能符合善原则，从而是善的、应该的；也可能违背善原则，从而是恶的、不应该的。然而，无论自由或符合自由原则的行为可能造成的罪恶或负道德价值是何等的严重和众多，也都只是局部的、暂时的、非根本的，而它的正道德价值则是根本的、长久的、全局的。因为自由乃是每个人的创造性潜能得到实现和社会繁荣进步的最根本的必要条件：自由具有最高价值。于是，自由的行为或符合自由原则的行为的净余额，便是极其巨大的善了。这就是自由为什么被确立为国家制度与国家治理最高价值标准的缘故。

然而，能否由此——自由是国家制度与国家治理最高价值标准——便断言自由不受其他任何价值标准限制，而只受更大的自由限制？阿克顿的回答是肯定的："自由乃至高无上之法律。它只受更大的自由的限制。"[①] 这一次是阿克顿错了。因为自由原则所倡导的自由，无疑是无害他人、符合善原则的自由，是善的、应该的自由；而不是有害他人、违背善原则的自由，不是恶的、不应该的自由：只有符合善原则的行为方可自由，而违背善原则的行为则不可自由。一句话，所谓自由原则，只是给人以无害他人、符合善原则的行为之自由。

因此，自由原则之为价值标准——亦即自由原则之为国家制度与

① 阿克顿：《自由与权力》，商务印书馆 2001 年版，第 310 页。

国家治理最高价值标准——完全是以接受善和正义等价值标准的限制为前提的，是以符合这些价值标准为前提的：只要自由或自由原则受到其他价值标准——特别是善和正义原则——的限制，从而符合善和正义等价值标准，那么，自由或自由原则就是纯粹的善了。这一道理，至为明显，以致自由主义大师贡斯当也承认，公共意志、人民主权或政治自由原则必须受到正义原则的限制："人民主权并非不受限制，相反，它应被约束在正义和个人权利所限定的范围之内。即使全体人民的意志也不可能把非正义变成正义。"[①] 这样一来，当自由原则与正义原则或平等原则发生冲突不能两全时，显然应该违背自由原则而遵循正义或平等价值标准：正义与平等原则对于自由原则具有绝对的优先性。举例说：

按照自由原则，一个社会的任何强制——特别是对于每个人的权利与义务的分配——必须直接或间接得到全体成员的同意。按照正义原则，社会应该任人唯贤，根据每个人所具有的品德与才能而分配与其相应的职务等权利。一般说来，这两个原则当然是一致的。但是，全体成员同意的，未必就是正义的：公共意志有时可能是不正义的。可以设想，有一个社会的全体成员一致同意制定这样一个原则：所有长官的任免均由财产多少决定。如果照此行事，无疑符合自由原则，却违背了"任人唯贤"的正义原则：自由原则与正义原则发生了冲突。在这种情况下，应该怎么办呢？显然不应该按照财产而应该任人唯贤，亦即应该违背自由原则而遵循正义原则：正义原则对于自由原则具有绝对的优先性。

### 2. 平等优先于自由

平等原则是最重要的正义原则。因此，正义原则对于自由原则具

① 贡斯当：《古代人的自由与现代人的自由》，商务印书馆 1999 年版，第 63 页。

有绝对的优先性，意味着：平等原则对于自由原则具有绝对优先性。试以经济平等原则与经济自由原则的冲突为例：

按照经济平等原则，一方面，在任何社会，每个人不论劳动多少、贡献如何，都应该按人类基本物质需要完全平等地分配基本经济权利（按需分配）。另一方面，应该按照每个人所提供的生产要素的边际产品价值，而分配给他含有等量交换价值的非基本经济权利，以便使每个人所享有的非基本经济权利的不平等，与自己所贡献的生产要素的边际产品价值的不平等的比例，完全平等（按生产要素分配：按劳分配和按资分配）。

按照经济自由原则，经济活动应该由市场机制自行调节，而不应由政府管制，政府管理应仅限于约定经济规则和保障其实行；而在这些经济规则的范围内，每个人都应该享有完全按照自己的意志进行经济活动的自由，都享有完全按照自己的意志进行生产、分配、交换和消费等经济活动的自由。

一般说来，这两个原则当然是一致的。但是，如果强者的经济自由剥夺了那些运气不好的弱者的经济人权，那么，这种剥夺虽符合经济自由原则，却违背经济平等原则：经济自由原则与经济平等原则发生了冲突。在这种情况下，应该怎么办呢？显然应该牺牲经济自由原则而保全经济平等原则，亦即应该由政府限制强者的经济自由——确立经济规则和保障其实施属于政府应该管理的领域——通过个人所得税等而从强者的收入中拿出一部分补偿给弱者，从而遵循经济平等原则，做到每个人完全平等地分享基本经济权利：平等原则对于自由原则具有优先性。

然而，最能显示平等原则对于自由原则优先性同时也最令人困惑的，乃是波普所谓的“自由悖论”。这种悖论，在波普看来，首先由柏拉图成功地用来反对自由和民主原则：“柏拉图在批评民主以及他对僭主的出现的叙述中，暗含地提出了如下问题：如果人民的意志是他们不应该执行统治，而应该由一个僭主来统治，这又如何呢？柏拉图提示，自由的人可以行使他的绝对自由，起先是蔑视法律，最后是蔑视自由本身，并吵吵嚷嚷地要求一个僭主。这并非完全不可能，而且已经发生过多次了；而每次出现都使那些把多数或类似的统治原则作为政治信条的基础的民主派处在理亏的境地。”①

柏拉图的这种自由悖论，果然如波普所言，成功地否定了民主的原则——亦即政治自由原则——吗？当然没有。自由悖论只是表明：当政治自由原则与政治平等原则发生冲突时，应该否定政治自由原则而遵循政治平等原则。因为，如果像柏拉图所说的那样，发生了所谓自由悖论，亦即一个国家的人民的意志竟然是推举一个僭主，委托他进行专制统治，那么，按照人民的意志而由这个僭主进行专制统治，虽符合政治自由原则，却违背政治平等原则：政治自由原则与政治平等原则发生了冲突。在这种情况下，应该怎么办呢？显然应该牺牲政治自由原则而保全政治平等原则，亦即应该违背人民的意志、废除僭主专制而遵循政治平等原则，从而做到每个人完全平等地共同执掌国家最高权力：政治平等原则对于政治自由原则具有优先性。

可见，正义和平等既是国家制度和治理的根本的最重要的价值标准，又是纯粹的善原则。反之，人道与自由虽然是国家制度和治理的最高价值标准，却不是根本的最重要的价值标准；并且，自由原则是兼有善恶而只是净余额为善的原则：自由原则之为纯粹的善原则，是以符合正义和平等诸价值标准为前提的。因此，当正义、平等与自由、人道发生冲突而不能两全时，应该违背人道和自由原则而遵循正义和平等原则：正义与平等原则对于自由与人道原则具有绝对的优先性。所以，自由主义论者罗尔斯也这样写道：

“正义是社会制度的首要善，正如真理是思想体系的首要善一样。

① 波普：《开放社会及其敌人》，山西高校联合出版社 1992 年版，第 130 页。

一种理论，无论多么高尚和简洁，只要它不真实，就必须拒绝或修正；同样，某些法律和制度，无论怎样高效和得当，只要它们不正义，就必须改造或废除。每个人都享有一种基于正义的不可侵犯性，这种不可侵犯性即使是社会全体的幸福也不得逾越。”①

### 3. 国家制度与国家治理终极价值标准优先于正义等一切价值标准

罗尔斯这一段话的最后一句“每个人都享有一种基于正义的不可侵犯性，这种不可侵犯性即使是社会全体的幸福也不得逾越”是不能成立的。因为，正义并非对于任何价值标准都具有绝对的优先性；对于任何价值标准都具有绝对优先性的价值标准，只能是国家制度价值终极总标准“增减每个人利益总量”——亦即罗尔斯所说的“社会全体的幸福”——及其在利益冲突情况下的终极标准：“最大利益净余额”和“最大多数人最大利益”。

因为国家制度与国家治理价值终极标准之为终极标准，就在于它是在任何条件下都应该遵守的绝对标准。这意味着：任何标准如果与终极标准发生冲突，都应该牺牲该标准而遵循国家制度价值终极标准。因此，当正义等原则与国家制度价值终极标准“社会全体的幸福”发生冲突而不能两全时，便应该牺牲正义等原则，而遵循国家制度与国家治理价值终极标准：国家制度终极价值标准是解决任何国家制度价值标准之冲突的最终取舍原则。就拿那个著名的理想实验“惩罚无辜”来说吧：

法官明知一个人无辜，但如果遵循正义原则，从而不惩罚和宣判这个无辜者死刑，必将发生一场数百人丧命的全城大骚乱；如果违背

① John Rawls, *A Theory of Justice* (Revised Edition), Cambridge, Massachusetts: The Belknap Press of Harvard University Press, 2000, p. 3.

正义原则，从而惩罚和宣判这个无辜者死刑，就可以避免那场必有数百人丧命的全城大骚乱。法官应该怎么办？显然应该惩罚这个无辜者。因为惩罚这一个无辜者虽然是非正义的，却能够避免数百无辜者丧生的更大的非正义——从而符合“最大利益净余额”和“最大多数人最大利益”国家制度终极价值标准——因而是应该的善的：国家制度终极价值标准优先于正义等一切价值标准。

# 第十一章
# 专制主义
## ——极端非人道、不自由、非正义、不平等与损害绝大多数人利益的国家制度和理论体系

**本章提要** 庶民阶级缺乏社会联系和臣民文化以及传统习俗和功勋无比的伟大领袖等等固然是专制产生和存在的原因，却唯有四者（“亚细亚生产方式”和“最高领导人是一个人”的社会结构之本性以及“最高领导人势必拼命追求独掌最高权力”的人性和“国家需要统一、集权和独裁”的政治趋势）才是专制产生和存在的根本原因，堪称专制之根源。从专制根源及其诸多原因来看，专制与其他任何政体一样，在任何条件下都是偶然的、可避免的、可自由选择的：专制是绝对偶然的，绝对不具有历史必然性。这样一来，在任何条件下，专制便都因其极端违背国家制度好坏最高价值标准“人道与自由”和根本价值标准“正义与平等”以及终极价值标准“增进每个人利益总量”而是一种极端恶：专制是绝对的极端恶。因此，认为专制是应该的理论——专制主义——在任何历史条件下便都是极端谬误：专制主义是绝对谬误。

人道主义、自由主义、平等主义和功利主义，如前所述，分别是将“人道”、“自由”、“平等”、“正义”和“增进每个人利益总量”奉为国家制度好坏的价值标准的国家制度和思想体系。那么，是否存在与此相反的国家制度和为这种制度辩护的思想体系？说到底，是否存在一种“不平等”、“不自由”、“非正义”、“非人道”和“损害绝大多

数人利益”的国家制度和为这种制度辩护的思想体系？答案是肯定的：那就是专制主义。

## 一、专制主义概念：中西专制主义之比较

### 1. 专制与专制主义：专制主义界说

“专制”的西文（英 Despotism，法 Despotisme，德 Despotie）源于希腊文 Despotes，原意为家长和奴隶的主人；尔后逐渐演化为统治其奴隶般的臣民的君主，亦即独掌国家最高权力的君主。所以，S. E. 芬纳在给“专制”下定义时这样写道：“一种统治者与被统治者的关系是主奴关系的统治形式……专制在概念上几乎与独裁制无法区分开。”①

中文“专制”一词，古已有之：“专”义为“独、独占、独用、独裁、独断”等，“制”义为“断、决断、主管、裁决”等，“专制”义为“独断、独行”，与单独使用的“专”的词义相同。《韩非子·亡征》便这样写道：“出军命将太重，边地任守太尊，专制擅命，径为而无所请者可亡也。”因此，将专制一词用于政体，便是指一个人不受他人及其组织限制地独掌最高权力的政体。所以，严复一再说：“专制者，治以一君，而一切出于独行之己意。”“专制者，以一人而具无限之权力，惟所欲为，莫与忤者也。”②

因此，所谓专制，从词源上看，不论中西，都是指一个人独断的政体，就是一个人独自掌握国家权力的政体。这是专制的定义吗？答案是肯定的。因为如前所述，“专制”、“君主专制”、“无限君主制”和“完全君主制”是同一概念，亦即一个人不受他人及其组织限制地

① 米勒等编：《布莱克维尔政治学百科全书》，中国政法大学出版社 1992 年版，第 194 页。

② 刘泽华等：《王权与社会》，崇文书局 2005 年版，第 205 页。

独掌国家最高权力的政体。

因此，所谓专制主义，也就是一个人独掌国家最高权力的国家制度和理论体系，是一个人独掌国家最高权力的国家制度和为这种国家制度辩护的理论体系。所以，《不列颠百科全书》的“专制主义”词条这样写道：

“专制主义是一种政治理论和实践，指不受限制的中央集权和专制统治。”

这就是为什么，在日常生活和学术著作中，特别是在历史著述中，正如英文的“专制主义”与“专制”是同一名词（Despotism）一样，“专制主义”与“专制”、“专制制度”或“专制政体”往往是同一概念，如所谓“罗马帝国专制主义”、“法老埃及的专制主义”、“西周专制主义”等等。但是，一般说来，专制属于政体范畴；专制主义则属于政体理论范畴。毋宁说，专制主义主要指专制理论，亦即为专制——一个人独掌国家最高权力——的价值进行辩护的理论：

“专制作为一种价值和行为取向，称为专制主义。”[①]

这样一来，“专制主义”是为专制辩护的理论，便意味着：专制主义就是认为专制是应该的理论，就是认为专制是应该的、具有正价值的、好的、善的理论，说到底，就是认为一个人不受限制地独掌国家最高权力的政体是应该的、具有正价值的、好的、善的理论。确实如此。阿奎那、霍布斯和博丹是公认的专制主义论者，他们都认为君主专制或一人独掌国家最高权力是应该的、具有正价值的、善的，是最好的政体。阿奎那说：“人类社会最佳的政府形式就是由一个人执掌的政体。”[②]霍布斯说：“最绝对的君主制乃是政府的最好形态。”[③]博丹说：“君主

---

① 李宪堂：《先秦儒家的专制主义精神》，中国人民大学出版社 2003 年版，第 33 页。

② A. P. D'entreve, *Aquinas: Selected Political Writings*, New Jersey: Barnes & Noble Books, 1981, pp. 6-7.

③ Thomas Hobbes, *De cive, or, The citizen*, Connecticut: Greenwood Press, 1982, p.126.

制国家最好。”①

然而，一个人不受限制地独掌国家最高权力，岂不极端违背“每个人应该完全平等地共同执掌国家最高权力，从而完全平等地享有政治自由”的平等与自由原则？岂不极端违背正义与人道原则（平等是最重要的正义和自由是最根本的人道）？岂不极端损害绝大多数人利益，而极端违背“最大多数人的最大利益”标准？因此，专制主义乃是一种极端“不平等不自由非正义非人道与损害绝大多数人利益”的国家制度和理论体系。

### 2. 专制主义类型：中国古代专制主义

不难看出，对专制主义进行概念分析的真正困难，与其说是界说，毋宁说是分类，亦即对专制主义的众多流派进行科学的分类。特别是，中国自古以来，直至清朝，几乎所有思想家——儒家、墨家、法家和道家等——竟然无不是专制主义论者。因此，对中国的专制主义理论进行分类和辨析，尤为困难。

中国专制主义的最重要的代表，当然是儒家。儒家专制主义理论可以归结和推演于孔子回答齐景公的那句千古名言：“君君臣臣、父父子子。”这就是说，君应该像君那样作为。可是，君究竟怎样作为才像君呢？首先就应该自己一个人掌握国家最高权力。因为君主之为君主就在于一个人掌握国家最高权力：君主政体就是一个人掌握国家最高权力的政体。所以，孔子的“君君”的首要含义就是君主应该自己一个人掌握国家最高权力。那么，君究竟应该受宪法、议会等限制——亦即君主立宪——地掌握国家最高权力，还是应该不受宪法、议会等限制——亦即君主专制——地掌握国家最高权力？孔子的回答是后者：君主应该不受限制地——亦即专制地——独掌国家最高权力。

① 郭华榕：《法国政治思想史》，人民出版社 2010 年版，第 11 页。

因为他一再说天子应该不受诸侯、大夫、陪臣、庶人限制地独掌国家最高权力：

“天下有道，则礼乐征伐自天子出；天下无道，则礼乐征伐自诸侯出……天下有道，则政不在大夫；天下有道，则庶人不议。”①

因此，孔子的“君君”，说到底，就是君主应该独掌国家最高权力，就是君主应该专制，亦即君主专制是应该的：孔子的“君君臣臣、父父子子”是一种关于社会治理道德原则的专制主义理论。所以，李大钊说：“孔子为历代帝王专制之护符……其说确足以代表专制社会之道德，亦确足以为专制君主所利用资以为护符也。”②

孔子的这种专制主义理论，确如西汉大儒董仲舒所发挥，可以归结为“三纲”：“君为臣纲、父为子纲、夫为妻纲。”③诚然，“三纲”就其名词来说，初见于《春秋繁露》和《白虎通义》；但就其概念来说，则无疑是孔子“君君臣臣、父父子子”的应有之义。因为专制主义就意味着极端不平等；孔子承认君主一人应该独掌国家最高权力，岂不就意味着君与臣应该极端不平等？岂不就意味着君尊臣卑、君为臣纲？所以，孔子虽然没有讲“三纲”，但“三纲”确是孔子“君君臣臣、父父子子”应有之义的逻辑推演，是儒家关于社会治理道德原则的完备化和系统化的专制主义理论。因此，陈独秀说：“君尊臣卑、父尊子卑、男尊女卑三权一体的礼教，创始人是孔子。”④

孔子的“君君臣臣、父父子子”及其完备的表述“三纲”，不仅是一种专制主义，而且是一种永恒的、超历史的专制主义：永恒的、超历史的专制主义就是认为专制在任何历史条件下——任何社会和任何时代——都是应该的理论。因为一方面，孔子说“君君臣臣父父子

① 《论语·季氏》。

② 李大钊：《李大钊文集》上，人民出版社1984年版，第264页。

③ 班固：《白虎通·三纲六纪》。

④ 吴晓明编选：《陈独秀文选》，上海远东出版社1994年版，第370页。

子”，将君臣比附于父子；另一方面，孔子又称君主为“天子”，将君主比附于天日：“孔子曰：‘天无二日，民无二王。’”[①]这样一来，国家之有君主，岂不就与家庭之有父母和天之有日一样天经地义？岂不就与家庭之有父母和天之有日一样，是永恒的、超历史的吗？所以荀子说：“君臣、父子、兄弟、夫妇，始则终，终则始，与天地同理，与万世同久。”[②]

可见，孔子和儒家的专制主义乃是一种永恒的、超历史的专制主义，是一种认为专制在任何历史条件下——任何社会和任何时代——都是应该的理论。因此，朱熹说：“三纲、五常，亘古亘今不可易。”[③]不独儒家，而且几乎所有中国古代思想家竟然皆以为君主专制在任何历史条件下——任何社会和任何时代——都是天经地义之正道：他们统统是永恒的、超历史的专制主义论者。首先，按照墨家的观点，无君臣必天下乱，人类只有通过确立君臣关系才可能离开混乱无序的自然状态，从而建立社会和国家；君臣关系与社会、国家同始终，因而是超历史的、永恒的。墨子的“尚同”篇便这样写道：“无君臣、上下、长幼之节，父子、兄弟之礼，是以天下乱焉！明乎民之无正长以一同天下，而天下乱也。是故选择天下贤良、圣知、辩惠之人，立以为天子，使从事乎一同天下之义。”[④]

其次，法家比儒墨走得更远，以致将专制主义理论推向极端而倡导绝对专制主义，因而更加强调专制在任何历史条件下——任何社会和任何时代——都是应该的。所以，韩非子一再说，君臣之道乃是永恒的超历史的天下之常道：“臣事君、子事父、妻事夫，三者顺而天下

---

① 《孟子·万章章句上》。所以，董仲舒说：“王道之三纲，可求于天。”（《春秋繁露·基义》）

② 《荀子·王制》。

③ 朱熹：《四书集注》，中华书局1988年版，第19页。

④ 《墨子·尚同中》。

治，三者逆而天下乱，此天下之常道也。”①

最后，专制主义竟然如此深入中国思想家之灵魂，就连主张远离社会而深就山泉的道家，特别是庄子，居然也津津乐道君臣之道就是天道，是天地之行、天经地义：“君先而臣从，父先而子从，兄先而弟从，长先而少从，男先而女从，夫先而妇从。夫尊卑先后，天地之行也，故圣人取像焉。”②

儒、墨、道、法和阴阳家虽然都是永恒的超历史的专制主义论者，但他们所主张的专制主义仍然存在着很大的不同。这些不同可以归结为两大类型：韩非和法家所代表的霸道的专制主义与孔子和儒家所代表的王道的专制主义。何谓王道与霸道？冯友兰的回答甚为精辟：

“照孟子和后来的儒家说，有两种治道。一种是‘王道’，另一种是‘霸道’。它们是完全不同的种类。圣王的治道是通过道德指示和教育；霸主的治道是通过暴力和强迫。王道的作用在于德，霸道的作用在于力。”③

因此，所谓霸道的专制主义，亦即野蛮、邪恶的专制主义，亦即认为专制即使在专制者的统治是野蛮的、邪恶的、不道德的情况下也是应该的理论。这种理论完整的、完善的形态，就是韩非的“法术势”专制主义理论。因为按照这种理论，明君治国必用法、术、势，而不问是否道德，必要时应该不择手段；甚至对自己的大臣，也不必道德地对待，而只要“杀戮和奖赏”两手就足够了：

“明主之所以导制其臣者，二柄而已矣。二柄者，刑德也。何谓刑德？曰，杀戮之谓刑，庆赏之谓德。为人臣者，畏诛罚而利庆赏。故人主自用其刑德，则群臣畏其威而归其利矣。”④

---

① 《韩非子·忠孝》。

② 《庄子·天道》。

③ 冯友兰：《中国哲学简史》，北京大学出版社 1985 年版，第 90 页。

④ 《韩非子·二柄》。

反之，所谓王道的专制主义，亦即开明的、仁慈的专制主义，亦即认为专制只有在专制者的治理符合道德的前提下才是应该的理论。这种理论完整的、完善的形态，就是儒家的“仁政”和“王道”的专制主义理论。因为按照这种理论，明君治国必须符合道德。这样一来，君主的专制便只有在其治理符合道德的前提下才是应该的，他才应该做君主而臣民才应该服从他；否则，如果君主的统治违背道德，就是不应该的，他就不应该做君主而臣民就不应该服从他：

“贼仁者谓之贼，贼义者谓之残。残贼之人，谓之一夫。闻诛一夫纣也，未闻弑君也。”①

王道的开明的仁慈的专制主义之最高境界，无疑是儒家的“民本论”。所谓“民本”，亦即“民惟邦本”，亦即“国以民为本”、“政以民为本”和“君以民为本”，说到底，亦即君主治国应该以民为本：“民惟邦本，本固邦宁。”儒家的这种民本理论可以归结为“民贵君轻”说、“民视民听”说、“立君为民”说和“得民为君”说。

何谓“民贵君轻”说？孟子曰：“民为贵，社稷次之，君为轻。是故得乎丘民为天子，得乎天子为诸侯，得乎诸侯为大夫。”②何谓“立君为民”说？董仲舒说：“天之生民，非为王也；而立王，以为民也。故其德足以安乐民者，天予之；其恶足以贼害民者，天夺之。”③何谓“得民为君”说？孟子说：“桀纣之失天下也，失其民也。失其民者，失其心也。得天下有道，得其民，斯得天下矣。”④何谓“民视民听”说？孟子说：“《秦誓》曰：‘天视自我民视，天听自我民听。’此之谓也。”⑤

显然，民本论是一种关于君主应该以民为本的治国理论，可以称之为民本主义的专制主义，属于开明专制主义范畴。民本主义的开明

① 《孟子·梁惠王下》。

② 《孟子·尽心章句下》。

③ 董仲舒：《春秋繁露·尧舜不擅移汤武不专杀》。

④ 《孟子·离娄章句上》。

⑤ 《孟子·万章章句上》。

专制主义虽然远远优良于霸道的专制主义，却同样主张应该由天子一人独掌国家最高权力，而剥夺其他所有人原本应该完全平等地共同掌握国家最高权力的权利以及各种平等、自由与人权等权利；因而同样主张只有天子一人是主人、主公，而所有其他人都是奴才、牛羊、猪狗和牲畜，使所有人都生活于一个遭受全面奴役、异化的极端不平等不公正不自由无人权和非人道的等级社会而不成其为人。

因此，民本主义的专制主义与霸道的野蛮的专制主义的区别不过在于，霸道的野蛮的专制主义不知爱惜奴才、牛羊和牲畜，却任意凌辱和虐待奴才、牛羊和牲畜，因而逼迫奴才、牛羊和牲畜反叛；而民本主义的开明专制主义则知道爱惜和善待奴才、牛羊、牲畜，哄骗奴才、牛羊和牲畜不思反叛罢了。这就是王道的仁慈的开明的专制者和专制主义论者所谓“爱民”和“以民为本”之真谛。

诚然，专制者和专制主义论者的“爱民”和“以民为本”可能是真诚的。但是，这种真诚，恰似养猪场厂长主张“爱猪”和“以猪为本”的真诚。问题的关键，并不在于养猪场厂长主张“爱猪”和“以猪为本”如何真诚；而在于“猪们”一听到养猪场厂长主张“爱猪”和“以猪为本”，便感激涕零，奔走呼告：“厂长说啦，他要以我们为本呢，猪们要当家做主啦！”可悲与这些蠢猪何其相似，儒家民本的开明专制主义理论，如所周知，竟然被一些学者当作民主理论；而且，这种等同，近百年来，反复出现，愈演愈烈。

这种等同无疑是错误的。因为民本理论明明白白并不否定君主，并不认为君主不应该存在；恰恰相反，它完全以承认和肯定君主为前提，它完完全全肯定君主应该存在。它只是否定霸道的、邪恶的、不道德的君主，只是认为不应该存在霸道的、邪恶的、不道德的君主；而完全肯定王道的、道德的、仁爱的君主，认为应该存在王道的、道德的、仁爱的君主，亦即主张君主应该遵守治理民众的道德，亦即遵守所谓“民本”道德：民本论是一种关于君主应该如何治国的理论。

既然如此，它岂不明明白白是一种开明专制主义？它怎么可能是民主理论呢？难道还有什么认为君主应该存在的民主理论吗？难道还能有什么主张开明君主专制的民主理论吗？肯定民本论就是民主论岂不如同肯定存在“圆的方”和“木的铁”？

儒家的民本理论并非民主理论，绝非偶然。因为中国自古以来，直至清朝，除了阮籍、鲍敬言和无能子等寥若晨星的无政府主义的无君论者之外，几乎所有思想家——儒家、墨家、法家、道家和阴阳家等等——都是专制主义论者。所以，中国自古以来，直至清朝，几乎没有一位思想家有民主思想，没有一位思想家将自由奉为社会治理道德原则：专制主义论者怎么可能将自由奉为道德原则呢？专制主义论者怎么可能有民主思想呢？有鉴于此，严复叹曰：“夫自由一言，真中国历古圣贤之所深畏，而从未尝立以为教者也！”[①]

梁启超亦云：“中国人很知民众政治之必要，但从没有想出个方法叫民众自身执行政治。所谓 by people 的原则，中国不惟事实上没有出现过，简直连学说上也没有发挥过。”[②]梁漱溟和金耀基则指出中国历代思想家，固然有“民有”、“民享”、“民本”思想，却没有一位有“民主”、“民治”思想：“在中国虽政治上民有、民享之义，早见发挥，而二三千年卒不见民治之制度。岂止制度未立，试问谁曾设想及此？三点本相联，那两点从孟子到黄梨州可云发挥甚至，而此一点竟为数千年设想所不及，讵非怪事？”[③]“任何一位大儒，都几乎是民本思想的鼓吹者，‘天下非一人之天下，天下人之天下’，肯定了民有（of people）的观念；‘民之所好好之，民之所恶恶之’，肯定了民享（for people）的思想；……但是，中国的民本思想毕竟与民主思想不同，民本思想

① 卢云昆编选：《严复文选》，上海远东出版社 1996 年版，第 4 页。

② 梁启超：《先秦政治思想史》，中华书局 1986 年版，第 192 页。

③ 梁漱溟：《中国文化要义》，《梁漱溟全集》第 3 卷，山东人民出版社 1990 年版，第 192 页。

虽有‘民有’、‘民享’的观念，但总未走上民治（by people）。”①

这样一来，中国诸子百家之不同，便不在于是否主张专制，因为他们都是肯定专制的专制主义论者；也不在于主张在何种历史条件下应该专制，因为他们都认为专制在任何历史条件下都是应该的，他们都是永恒的超历史的专制主义论者。他们的不同只在于主张怎样的专制：是王道的、开明的、仁慈的专制主义，还是霸道的、野蛮的、邪恶的专制主义？因此，中国专制主义便可以归结为两大混合类型：以孔子和儒家为代表的“永恒且开明专制主义”与以韩非和法家为代表的“永恒且邪恶专制主义”。

所谓永恒且邪恶专制主义，亦即永恒专制主义与邪恶专制主义之结合，因而在它看来，专制不仅在任何历史条件下永远都是应该的，而且即使在专制者的统治是不道德的条件下也是应该的；这样，专制也就是在任何条件下都是应该的，也就是无条件应该、绝对应该的：永恒且邪恶专制主义也就是绝对专制主义。反之，永恒且开明专制主义则是永恒专制主义与开明专制主义之结合，因而在它看来，专制虽然在任何历史条件下永远都是应该的，却只有在君主的治理符合道德的前提下才是应该的；否则，如果君主的统治违背道德，就是不应该的，他就不应该做君主而臣民就不应该服从他。于是，专制并非在任何条件下都是应该的，而是有条件应该、相对应该的：永恒且开明专制主义是一种相对专制主义。

### 3. 专制主义类型：西方专制主义

西方固然也有专制主义；但与中国根本不同。因为，一方面，中国古代思想家几乎无不是专制主义论者，而没有一位思想家将自由奉为国家制度价值标准，没有一位思想家有民主理论。反之，西方地地

① 金耀基：《从传统到现代》，中国人民大学出版社 1999 年版，第 21 页。

道道的专制主义思想家寥寥无几，公认的专制主义思想家恐怕只有阿奎那、霍布斯、菲尔麦、博丹和马基雅维利几人而已；而主张民主和将自由奉为国家制度价值标准的思想家则多如繁星，甚至一些专制主义思想家者，如马基雅维利和但丁，同时也主张民主、共和或将自由奉为国家制度价值标准；并且这种自由和民主理论自17世纪以降，四百年来，一直是西方思想界的主流意识形态。

另一方面，中国古代专制主义论者统统主张永恒的、超历史的专制主义；反之，西方专制主义论者有些主张永恒的、超历史的专制主义，有些则主张暂时的、历史的专制主义——暂时的历史的专制主义就是认为专制只是在一定历史条件下才是应该的理论——这些暂时的历史的专制主义论者，如但丁和马基雅维利，同时又是主张民主和将自由奉为国家制度价值标准的自由主义论者。

具体言之，阿奎那和霍布斯所主张的，与中国古代思想家一样，是永恒的、超历史的专制主义。因为阿奎那认为，正如人体永远只有一颗心、蜜蜂永远只有一个王、宇宙永远只有一个上帝一样，任何社会和国家也永远应该只有一个人掌握最高权力：君主专制永远是人类社会的最好的政体。他这样写道：

“既然自然界总是以最佳方式劳作，那么，最接近大自然方法的，就是最佳的方法。而在自然界，总是由一个东西进行管理。身体各器官都由一个器官来指挥，那就是心；灵魂中也只有一个最卓越的能力，那就是理性。蜜蜂有一个王，而整个宇宙也只有一个上帝，即造物主和统治万物的君主。这完完全全依据于理性：所有众多皆源于统一。这样一来，既然艺术作品只不过是一种对大自然作品的模仿，既然最好的艺术作品就是忠实表现其自然范本的作品，那么，结论必然是：人类社会最佳的政府形式就是由一个人执掌的政体。”①

① A. P. D'entreve, *Aquinas: Selected Political Writings*, New Jersey: Barnes & Noble Books, 1981, pp.6-7.

如果说阿奎那永恒专制主义的证明主要还是一种类比和比附的话，那么，霍布斯永恒专制主义则完全是一种逻辑的和科学的证明——这种证明主要完成于他的《论公民》和《利维坦》——通过这种证明，他得出结论说，绝对的君主专制是最佳的政体：

“最绝对的君主制乃是政府的最好形态。可以说明这一点的是，不仅君主，而且那些被人民或贵族统治的城邦，都将战争的全权——一种最绝对的权力——只授予一个人。因此，君主制是军营的最好统治形式。然而，国家不正是由权力和彼此抗争的人们所武装起来的营地吗？人与人相互间的状态不正是自然状态即战争状态吗？”①

与霍布斯、阿奎那和中国历代思想家不同，马基雅维利主张相对的、暂时的、历史的专制主义。因为马基雅维利在他那本篇幅四倍于其《君主论》的《论李维》中，详尽论述民主共和实为最优良政体。通过这些论述，他得出结论说：

“对自由生活方式的热爱不难理解。从经验可知，缺少自由的城邦，向来不可能扩张其地盘和财富。看看雅典人摆脱了皮西斯特拉图斯的专制统治后，在一百年里取得了怎样的丰功伟绩，真是让人啧啧称奇。”②

一言以蔽之：“民治优于君主的统治。”③但是，马基雅维利看到，君主专制并非一无是处：就军事、战争、组织效率、保障秩序和实现国家统一来说，专制优于民主。因此，就当时处于内忧外患、混乱无序的意大利来说，实行专制优于实行民主，因而应该实行君主专制：专制在一定历史条件下是应该的。所以，马基雅维利为当时的意大利热切呼唤新的君主，断言处于这种历史条件下的意大利“将赋予

---

① Thomas Hobbes, *De cive, or, The citizen*, Connecticut: Greenwood Press, Publishers, 1982, p.126.

② 马基雅维利：《论李维》，上海人民出版社 2005 年版，第 213 页。

③ 马基雅维利：《论李维》，上海人民出版社 2005 年版，第 195 页。

新君主以名誉和地位。那么，这个时机——意大利终于盼望她的救星——绝不可以错过。在那些一直遭受外国蹂躏的所有地方，人们将怀着怎样的热爱、怎样的复仇的渴望、不渝的忠诚、献身精神和热泪来欢迎他！”①

这样一来，与中国古代思想家的专制主义只有两种类型——永恒且开明专制主义与永恒且邪恶专制主义——不同，西方思想家的专制主义则分为四大类型，亦即永恒且开明专制主义与永恒且邪恶专制主义以及暂时且开明专制主义与暂时且邪恶专制主义：永恒且邪恶专制主义是绝对专制主义，而其余三种显然都属于相对专制主义范畴。永恒且邪恶专制主义或绝对专制主义的代表人物主要是博丹、菲尔麦和霍布斯。因为他们与中国的韩非或法家一样认为：专制不仅在任何历史条件下永远都是应该的，而且即使在专制者的统治是残暴的、不道德的条件下也是应该的，也是臣民应该服从而不应该反抗的。霍布斯甚至写道：

“大体说来，容忍对暴君专制公然仇恨就是容忍对国家的仇恨。”②

永恒且开明专制主义的代表人物当推柏拉图、阿奎那和但丁。因为柏拉图、阿奎那、但丁与中国的儒家一样，虽然认为君主专制永远是人类社会的最好的政体，却又补充说君主专制只有在专制者的治理符合道德的前提下才是应该的、优良的；否则，如果专制者违背道德而成为暴君，那么，专制就是不应该不道德的，甚至是最坏的：“正如由一个国王执掌的政治是最好的统治形式一样，由一个暴君执掌的政治是最坏的统治形式。”③ 所以，“无论谁被宣布接任王位，都应该具有

① Niccolo Machiavelli, *The Prince*, Connecticut: Grolier Enterprises Corp., 1981, p.86.

② Thomas Hobbes, *Leviathan*, A Touchstone Book Published by Simon & Schuster, 1962, p.506.

③ A. P. D'entreve, *Aquinas: Selected Political Writings*, New Jersey: Barnes & Noble Books, 1981, p. 8.

那种使他不致成为暴君的德性，这是十分必要的”[①]。柏拉图也一再说：

“由一个人进行统治，并且这种统治能够保持在法律的规则中，也就是说依据被我们称作法律的成文法则来治理，那么，这种统治是所有六种统治中最优秀的。但若不依据法律来统治，那么，这种统治是最糟糕的。”[②]“最好的国家是从君主制中产生出来的，只要有一位最好的立法者和一位有约束的君主，那么，要建成一个最好的国家是轻而易举的；而要从寡头制中产生好国家就不那么容易，要从民主制中产生好国家就更不容易。”[③]

暂时且邪恶专制主义，亦即暂时专制主义与邪恶专制主义之结合。因此，按照这种专制主义，专制虽然只是在一定历史条件下才是应该的；但是，在这种历史条件下，即使专制者的统治是不道德的，也是应该的。暂时且邪恶专制主义的代表人物无疑是马基雅维利。因为马基雅维利不但认为专制在一定历史条件下——如当时处于内忧外患、混乱无序的意大利——是应该的，而且认为在这种历史条件下，即使专制者的统治是不道德的，专制也是应该的：

“君主必须有足够的谨慎，知道如何避免那些将使自己垮台的罪恶丑行；反之，如果这些恶行可能保护自己的宝座，他就应该保留它们。”[④]“君主既然应该知道怎样聪明地效法野兽的本性，他就应该既做狮子又当狐狸……当然，君主必须用一种美丽的外衣将这种兽性包裹起来，而巧妙地做一个不露真相的伪善者。”[⑤]

这样，一方面，马基雅维利便与韩非相同，都是邪恶专制主义论者，都认为专制即使在专制者的统治是野蛮的、邪恶的、不道德的情

---

① A. P. D'entreve, *Aquinas: Selected Political Writings*, New Jersey: Barnes & Noble Books, 1981, p.57.

② 柏拉图：《柏拉图全集》第三卷，人民出版社 2003 年版，第 159 页。

③ 柏拉图：《柏拉图全集》第三卷，人民出版社 2003 年版，第 469 页。

④ Niccolo Machiavelli, *The Prince*, Connecticut: Grolier Enterprises Corp., 1981, p.51.

⑤ Niccolo Machiavelli, *The Prince*, Connecticut: Grolier Enterprises Corp., 1981, p.58.

况下也是应该的。但是，另一方面，马基雅维利又与韩非根本不同：韩非是永恒专制主义论者，认为专制在任何历史条件下都是应该的；反之，马基雅维利则是暂时专制主义论者，认为专制只是在一定历史条件下才是应该的。

暂时且开明专制主义，亦即暂时专制主义与开明专制主义之结合。因此，在这种专制主义看来，只有在一定历史条件和专制者的治理符合道德的双重前提下，专制才是应该的；亚里士多德堪称暂时且开明专制主义的代表人物。因为一方面，亚里士多德认为专制只是在一定历史条件下——一定社会和一定时代——才是应该的、正义的：

"有些社会自然地宜于专制式的统治，另一些宜于君王为治，又另一些则宜于城邦团体的宪政的统治。这些，对于每一类的社会，各从其宜，也各合乎正义。"①

另一方面，亚里士多德认为专制只有在专制者具有出众的才德因而其治理符合道德的前提下才是应该的、正义的："如果一个家族，或竟是单独一个人，才德远出于众人之上，这样，以绝对权力付给这个家族，使成王室；或付给单独一人，使他为王，这就是合乎正义的了。"②

于是，一方面，亚里士多德便与儒家——特别是孟子——相同，都是开明的仁慈的专制主义论者，都认为专制只有在专制者的治理符合道德的前提下才是应该的、正义的。但是，另一方面，亚里士多德又与儒家根本不同：儒家是永恒专制主义论者，认为专制在任何历史条件下都是应该的；反之，亚里士多德则是暂时专制主义论者，认为专制只是在一定历史条件下才是应该的。

综观专制主义概念可知，专制主义虽然五花八门、纷纭复杂，但一言以蔽之，专制主义无非是认为专制是应该的理论：或者认为专制

① 亚里士多德：《政治学》，商务印书馆1996年版，第172页。

② 亚里士多德：《政治学》，商务印书馆1996年版，第173页。

只是在一定历史条件下才是应该的（暂时专制主义）；或者认为专制在任何历史条件下都是应该的（永恒专制主义）；或者认为专制只有在专制者的治理符合道德的前提下才是应该的（开明专制主义）；或者认为专制即使在专制者的统治是邪恶不道德的情况下也是应该的（野蛮专制主义）。

因此，专制主义是否为真理，完全取决于专制是否应该？如果专制是应该的，专制主义就是真理；否则，如果专制是不应该的，专制主义就是谬误。如果专制只是在一定历史条件下才是应该的，暂时专制主义就是真理；否则，如果专制在任何历史条件下都是不应该的，暂时专制主义就是谬误。如果专制在任何历史条件下都是应该的，永恒专制主义就是真理；否则，如果专制只是在一定历史条件下才是应该的，或者在任何历史条件下都是不应该的，那么，永恒专制主义就是谬误。如果专制只有在专制者的治理符合道德的前提下才是应该的，开明专制主义就是真理；否则，如果专制在任何情况下都是不应该的，开明专制主义就是谬误。如果专制即使在专制者的统治是邪恶不道德的情况下也是应该的，邪恶专制主义就是真理；否则，如果专制只有在专制者的治理符合道德的前提下才是应该的，或者专制在任何情况下都是不应该的，那么，邪恶专制主义就是谬误。

因此，专制主义是否真理全在于：专制是否——在任何条件或一定条件下——应该？自从文艺复兴时期自由主义之兴起，经过二三百年的搏斗，终于在 17 世纪击溃专制主义而成为西方社会主流意识形态；四百年来，学术界似乎已经达成共识：专制是不应该的因而专制主义是谬误。然而，细究起来，正如魏特夫（Karl A. Wittfogel）所指出："大体说来，伯里在自由主义时期结束时所言甚是：几乎无人通过详尽的比较研究来确定专制主义之特征。"① 特别是，专制主义大师

① Karl A. Wittfogel, *Oriental Despotism: A Comparative Study of Total Power*, New Haven: Yale University Press, 1957, p.2.

们——西方如柏拉图、亚里士多德、阿奎那、霍布斯、但丁和马基雅维利，中国如孔子、墨子、孟子、荀子、老庄和韩非等等——所主张的专制主义的论点和论据，真正讲来，还没有被系统批驳；专制主义之谬误迄今并没有得到系统而严谨的确证。一句话，专制究竟是否应该？专制主义为什么是谬误？这仍然是根本没有得到证明的理论难题。

破解这一难题的关键无疑是：专制究竟是如何产生和存在的？它的产生和存在究竟是必然的还是偶然的？这就是专制之事实如何的问题：只有知道专制之事实如何，才可能确证专制之应该如何。这是不难理解的。试想，如果确如孔子和阿奎那所言，国家最高权力的掌握者只能是一个人，如同天上只有一个太阳、人体只有一颗心、蜜蜂只有一个王、宇宙只有一个上帝一样，乃是必然的、不可避免的、不可自由选择的本性，那么，专制便是天经地义的，或者毋宁说，专制本身是不可言善恶的，而只有可以自由选择的某种专制——开明专制和暴君专制以及王道专制和霸道专制——才是可以言善恶的。相反地，如果国家最高权力的掌握者是一个人还是若干人抑或多数人，是偶然的、任意的、可以自由选择的，那么，专制便因其违背平等和自由等国家制度好坏价值标准而是恶的、不应该的，因而专制主义岂不就是谬误？所以，确证专制之应该与否的关键，就是揭示专制之事实如何，亦即揭示专制之起源和本性：专制的产生和存在究竟是必然的还是偶然的？

## 二、专制的起源和本性：专制主义的根本问题

### 1. 专制的普遍根源：人性与社会结构之本性

**专制起源：原始社会**　吕思勉曾说："元始的制度，总是民主的。"[①] 确实，就人类社会的政治形态来说，民主先于专制：专制是派

① 王元化主编：《释中国》第三卷，上海文艺出版社 1999 年版，第 1479 页。

生的、后来的；民主则是元始的、最初的。摩尔根在其呕心沥血四十年写就的《原始社会》中指出，原始社会的政治，总体讲来，是民主的："他们的政府本质上是民主的……因为组织的单位——氏族——本质上是民主的，因而由氏族构成的胞族、由胞族构成的部落以及由部落同盟或部落的联合而成的氏族社会，必然是民主的。"[①] 这种民主政治，贯穿原始社会之始终，而呈现三种连续形态：

"政府观念的发展，始于氏族组织形成的野蛮时代；而一直到文明时代建立的政治社会制度，其间显示着三大渐进发展阶段。第一阶段是由各个氏族所选举的酋长议会组成的部落政府，可称之为一权政府，即议会政府。它一般盛行于开化状态低级期的诸部落间。第二阶段是酋长议会与军务总司令握有平等权力的政府；议会代表民政上的职责，总司令代表军事上的职责。这种形式的政府出现于开化状态低级期部落联盟形成以后，及至开化状态中级期才得以确立。此军务总司令或主要的军事指挥官之职，就是尔后的行政长官、国王、皇帝和总统之胚芽。第二阶段的政府可称之为二权政府，即酋长议会与总司令官的政府。第三阶段是由酋长议会、人民会议和军务总司令官三者所组成的人民或民族政府。这种形式的政府出现于开化状态高级期部落，如荷马时代的希腊和罗慕路斯时期的意大利诸部落。随着人口大量增加而结合为民族和构筑城墙、创造了土地禽兽畜群等财富，人民会议遂作为政府的一种机构。人民会议无疑是由于当时仍然存在酋长议会因民众的压力而不得不设立的，以便将最重要的公务交与人民会议听其接受或拒绝；这就是众议院之由来。人民会议并不开创什么举措；它的职责只是接受或拒绝：它的接受或拒绝就是最后决定。从它最初出现的时候起，它就成为政府的一种永久的权力。酋长议会不再有通过重要公务的权力了，而变成了一种考虑和提出各种法案的预审机构，

---

① Lewis H. Morgen, *Ancient Society*, Chicago: Charles H. Kerr & Company, 1907, p. 66.

这些法案只有通过人民会议才能发生效力。这种政府可称之为三权政府，即预审机关的酋长会议、人民会议和总司令官的政府。这种政府一直存在到政治社会制度建立的时代，这期间，例如在雅典人之间，酋长议会成为元老院、人民会议成为'ecclesiaa'或众议院。"[①]

那么，原始社会是否存在君主专制政体？摩尔根的回答是肯定的：君主专制政体在原始社会晚期偶尔出现过，然而无不是短命的。因为"君主政体与氏族制度是不相容的，它是文明时代晚期的产物。专制政体在野蛮时代高级期的希腊诸部落间曾出现过；但都是基于篡夺，被人们视为非法，因而实际上与氏族社会的观念是格格不入的"[②]。专制政体在原始社会的产生和存在是偶然的，因而与当时社会经济发展没有必然联系。那么，它当时产生和存在的根源究竟是什么？究其最为普遍而深刻的根源，显然可以归结为两个方面：一方面是人的本性，亦即人性；另一方面则是社会结构本性。

**专制起源：欲贵者，人之同心也** 从人性来看，每个人——原始社会的人也同样是人——无不追求个人利益，尤其是个人权力。因为人是社会动物，每个人的一切利益，归根结底，无不是社会和他人给予的；他的最根本最重要的利益，就是社会和他人必须且应该给予他的利益，亦即他的受到权力和法律保障的利益，亦即他的权利：权利就是权力所保障的利益。这样一来，权力本身岂不就是最大的利益？因此，人无不渴求权力，亦即求贵而避贱，以致连认为义利相反的道义论代表人物孔子和孟子也不得不承认：

"欲贵者，人之同心也。"[③]"富与贵，人之所欲也。"[④]

人们对于贵或权力的追求的努力程度，显然与其高低大小成正比：

---

① Lewis H. Morgen, *Ancient Society*, Chicago: Charles H. Kerr & Company, 1907, pp. 121-122.

② Lewis H. Morgen, *Ancient Society*, Chicago: Charles H. Kerr & Company, 1907, p. 126.

③ 《孟子·梁惠王章句上》。

④ 《论语·里仁》。

权力越大，人们便越是努力追求。所以，人们对于一个社会或国家的最高权力的追求，往往可以达到父子相残而置一切于不顾的疯狂地步。问题的关键还在于，权力的大小，正如马起华所言，与同一权力握有者的人数成反比：

“就同一权力行使的人数言，人数愈少，每人权力愈大；人数愈多，每人权力愈小。所以独任制首长的权力大于合议制首长的权力。”[①]

因此，如有可能，每个人必定拼命追求或渴求一个人独掌社会或国家的最高权力。这就是那些原始社会的军务总司令或酋长——他们是最有可能独掌氏族社会最高权力的人——敢冒当时民主的氏族社会之大不韪而篡夺和独掌最高权力的人性根源，这就是原始社会出现专制的人性根源，这就是专制产生和存在的人性根源。

**专制起源：政治首脑只能是一个人**　从社会结构的本性来看，任何一种社会或国家——原始社会亦不例外——的政治首脑或最高政治领导人，一般说来，必定都是一个：一个酋长、一个军务总司令、一个州长、一个国家主席。即使是民主国家的最高领导人——亦即总统——也只是一个。对于这个道理，考茨基曾有十分精辟的论述：

“每一社会结构，正如每一个动物机体一样，必须有一个首脑，以统一它的愿望和行动。在动物或人的社会里，这样的首脑只能以该类中的一个个体来充当。一个社会意志只是一个抽象，只有单个的动物或单个的人才能够有愿望。动物社会没有一个带头的动物已经不行，人群更不能没有一个首领。甚至最无拘束的九柱戏俱乐部也需要一个主席。有时居于一个社会组织之首的不是一个个人，而是一个团体，一个委员会，但要交涉，执行职能时，它也必须选出一个主席。”[②]

最高领导人是一个人，当然并不意味着，最高权力的掌握者是一

① 马起华：《政治理论》第二册，台湾商务印书馆1977年版，第163页。

② 考茨基：《唯物主义历史观》第四分册，上海人民出版社1964年版，第322页。

个人：二者根本不同。因为在一个民主国家，最高领导人或总统虽然是该国权力最大的一个人，但他并不掌握最高权力。对于最高权力来说，他与任何一个公民是完全一样的："一个顶一个，不能一个顶两个。"这就是说，总统与每个公民是完全同等地掌握国家最高权力；否则，就不是民主国家了。但是，最高领导人，就其人性来说，必定努力渴求独掌社会或国家的最高权力，因而也就使"最高领导人是一个人"，极易变成"最高权力的掌握者是一个人"，从而极易变成专制君主：这就是原始社会出现专制的社会结构之根源，这就是专制产生和存在的社会结构之根源。显然正是鉴于专制的这一根源，易洛魁氏族社会曾违背社会结构之本性而设立两名最高领导人：

"创立两名而不是一名主要的军务首长，并且授予同等权力，昭示精明而深思熟虑的防止一人专权的政策甚至及于军务。他们这样作并无经验可循，却与罗马人废止列克斯（rex）职务之后设立两名而不是一名执政官的政策毫无二致。"①

总而言之，一方面，任何社会的最高领导人，一般说来，同样都是一个人；另一方面，任何社会的最高领导人同样是人，因而无不具有渴求独掌最高权力的人性。于是，合而言之，"最高领导人是一个人"的社会结构之本性和"最高领导人势必拼命追求独掌最高权力"的人性，不但是中国、俄罗斯和印度等东方国家出现专制政体的根源，而且是欧美等西方国家出现专制政体的根源：二者是一切社会出现专制政体的普遍根源，是专制的普遍根源。

然而，"最高领导人是一个人"的社会结构之本性和"最高领导人势必拼命追求独掌最高权力"的人性，仅仅是一切社会出现专制政体的抽象的一般的普遍的根源，而并非某些社会专制产生和存在的具体的特殊的根源。这样一来，它们就无法解释：为什么中国等东方国

① Lewis H. Morgen, *Ancient Society*, Chicago: Charles H. Kerr & Company, 1907, p. 151.

家自五帝时代——原始社会向阶级社会过渡阶段——以降，五千年来，始终是专制政体；相反地，欧美等西方国家民主等非专制政体却是主流？这一现象无疑只有专制产生和存在的特殊的具体的根源才能解释。因为专制产生和存在的特殊的具体的根源，因社会不同、时代不同而不同；其中最重要最具现实意义的根源，就是自原始社会向阶级社会过渡以来就存在的所谓“亚细亚生产方式”：它是中国等东方国家五千年来始终实行专制政体的根本原因，是东方政体不同于西方政体的根本原因。

### 2. 专制的特殊根源：亚细亚生产方式

**生产资料及其经济权力官有制：亚细亚生产方式根本特征**　在马克思看来，亚细亚生产方式诞生于原始社会末期，亦即向阶级社会的转化和过渡阶段，说到底，亦即当时摩尔根尚不知晓而为今日人类学家所发现的“酋邦”社会。因为酋邦社会的根本特征，如所周知，是产生了专门的、正式的、独立的、常设的官僚管理机构和政治组织。哈维兰和恩伯等人称这种社会为“酋长社会”或“酋长领地”。[①] 这种正式的、常设的官僚管理机构无疑使酋长的权力和地位极大提高，甚至可能使他独掌最高权力而成为专制君主。

我们说马克思认为亚细亚生产方式诞生于酋邦社会的根据，主要是马克思《资本主义生产以前的各种形式》等论及“亚细亚的所有制形式”一再说，所谓亚细亚生产方式，一方面是一种农业和家庭手工业相结合的宗法制的封闭孤立分散的自然经济；另一方面，也是更重要的，则在于亚细亚的所有制形式——亚细亚生产方式的决定性要素——是以部落的或公社的“公有制”为其现象的土地“专制君主所有制”：“部落的”岂不意味着原始社会？“专制君主”岂不意味着阶

① 哈维兰：《当代人类学》，上海人民出版社 1987 年版，第 476 页。

级社会？合而言之，岂不意味着原始社会向阶级社会过渡阶段的酋邦社会？请看马克思原话：

“这种以同一基本关系［即土地公有制］为基础的形式，本身可能以十分不同的方式实现出来。例如，跟这种形式完全不矛盾的是，在大多数亚细亚的基本形式中，凌驾于所有这一切小的共同体之上的总合的统一体表现为更高的所有者或唯一的所有者，实际的公社却只不过表现为世袭的占有者。因为这种统一体是实际的所有者，并且是公共财产的真正前提，所以统一体本身能够表现为一种凌驾于这许多实际的单个共同体之上的特殊东西，而在这些单个的共同体中，每一个单个的人在事实上失去了财产，或者说，财产（即单个的人把劳动和再生产的自然条件看作属于他的条件，看作客观的条件，看作他在无机自然界发现的他的主体的躯体）对这单个的人来说是间接的财产，因为这种财产，是由作为这许多共同体之父的专制君主所体现的统一总体，通过这些单个的公社而赐予他的。因此，剩余产品（其实，这在立法上被规定为通过劳动而实际占有的成果）不言而喻地属于这个最高的统一体。”①

可见，所谓亚细亚生产方式，一方面，就其土地等生产资料所有制来看，是以部落的或公社的“公有制”为其现象的土地“专制君主所有制”，说到底，亦即王有制；另一方面，就其经济形态来看，是一种农业和家庭手工业相结合的孤立分散的自然经济；合而言之，可以称之为“王有制自然经济”。所以，马克思概括亚细亚的所有制时援引贝尔尼埃的话说：“国王是国中全部土地的唯一所有者。”②理查德·琼斯也曾这样写道：“我们了解中国，知道那里的君主，和在亚洲其他地方一样，是土地的唯一主人。”③

---

① 《马克思恩格斯全集》第46卷上，人民出版社1979年版，第472—473页。

② 《马克思恩格斯〈资本论〉通信集》，人民出版社1976年版，第79页。

③ 理查德·琼斯：《论财富的分配和赋税的来源》，商务印书馆2009年版，第96页。

然而，马克思亦曾指出，土地的真正所有者实际上是能够代表公社的个人，亦即公社首脑人物："土地所有者，可以是代表公社的个人，在亚洲在埃及地方就是如此。"① 这岂不意味着：亚细亚的所有制形式实际上是能够代表国家和政府的君主及其官吏阶级？说到底，岂不可以称之为"官有制"？其实，詹姆斯·密尔早就发现了"亚细亚的土地所有制形式是官有制"这一至关重要的真理：

"依据我们所调查的一切事实，我们只能得出这样的结论，即印度的土地所有权是属于统治者的。"②

那么，亚细亚生产方式是否仅仅存在于原始社会向阶级社会过渡阶段？马克思的回答是否定的："亚细亚形式必然保持得最顽固也最长久。这取决于亚细亚形式的前提，即单个人对公社来说不是独立的，生产的范围仅限于自给自足、农业和手工业结合在一起，等等。"③ 因此，马克思多次指出，印度从遥远的古代一直到成为英国殖民地，五千年来，亚细亚生产方式一直居于支配地位而没有改变：

"从遥远的古代一直到 19 世纪最初十年，无论印度过去在政治上变化多么大，它的社会状况却始终没有改变。"④

然而，马克思及其先辈所谓的"亚细亚社会"之典型，虽然是印度、俄国和中国，但是，真正讲来，正如梅洛蒂所言，实乃古代中国；他那影响深远的名著《马克思与第三世界》第十七章标题就是："中国——马克思主义意义上的亚细亚社会的最典型例子"。他说：

"许多世纪以来，中国最恰当地体现了马克思所阐述的那种'亚细亚'社会，即使他由于作为学者和革命者工作的原因而把历史上英帝国主义的对象印度作为他进行分析的主要来源。可以把中国称之为

① 马克思：《资本论》第 3 卷，人民出版社 1973 年版，第 828 页。

② 转引自朱坚劲：《东方社会往何处去》，上海社会科学院出版社 1996 年版，第 122 页。

③ 《马克思恩格斯全集》第 46 卷上，人民出版社 1979 年版，第 484 页。

④ 《马克思恩格斯选集》第 1 卷，人民出版社 2012 年版，第 850 页。

以亚细亚生产方式为基础的社会中最典型和最重要的例子，因为在一切以这种生产方式为基础的社会中，中国的社会获得了最充分的发展。此外，中国是在不和外部世界进行任何联系、甚至在不具有象印度和中东至少在古希腊时代所经历过的那种同西方进行重要定期联系的情况下达到这一点的。”①

古代中国之所以是马克思主义意义上的亚细亚社会的最典型例子，乃是因为，自五帝时代以来，特别是夏商周至清代，全国生产资料及其经济权力——土地和地权以及工商业和工商经济权力——始终是官有制，主要归官吏阶级所有。只不过，一方面，五帝时代，特别是夏商周，“普天之下，莫非王土；率土之滨，莫非王臣”，实行土地王有制和地权官有制，不但只有国王一个“官”拥有全国土地所有权，而且地权或土地经济权力——亦即支配土地和劳动者从而建立城市和收取地租的经济权力——完全归国王及其官吏阶级所有，地主完全是国王及其官吏而不存在庶民地主，因而可以称之为“土地和地权极端官有制”。春秋至清代，废除了全国土地王有制而代之以私有制，出现了庶民地主，但全国的地主却一直主要是官吏，全国土地及地权——支配土地和劳动者从而建立城市和收取地租的经济权力——一直主要归官吏地主所有，因而仍然一直是官有制，可以称之为“土地和地权普通官有制”：官吏地主和庶民地主都既有土地所有权，又有地权或土地经济权力所有权。

另一方面，五帝时代，特别是夏商周，实行工商食官制度，国王及其官吏阶级垄断全部工商业和全部工商经济权力，可以称之为“工商业及其经济权力极端官有制”。春秋至清代虽然废除夏商周“工商食官”的官吏阶级垄断全部工商业和全部工商经济权力的官有制；但是，国王及其官吏阶级却通过不受限制的极权主义政府管制，赋予官

① 翁贝托·梅洛蒂：《马克思与第三世界》，商务印书馆1981年版，第117页。

营工商业——官府工商业和官吏私营工商业——垄断等种种特权，抑制打击民营工商业，从而使效率低下的官营工商业始终居于主导地位。这样一来，国王及其官吏阶级不但垄断主要工商业，而且几乎垄断全部工商经济权力，甚至拥有任意掠夺民营工商业者私人财产的经济权力，以致民营工商业者对政府及其官吏毫无经济权力，因而普遍投靠政府及其官吏阶级。因此，春秋至清代依然是工商业和工商经济权力官有制，可以称之为“工商业及其经济权力普通官有制”。

**生产资料和经济权力民有制：欧美生产方式根本特征**　西方国家的土地等生产资料及其经济权力，则始终主要归庶民（阶级或阶层）所有，始终是生产资料及其经济权力民有制。首先，古希腊罗马最初的阶级社会——希腊古风时代和罗马共和时代早中期——属于生产资料及其经济权力民有制的封建社会；尔后则发展为奴隶制资本主义社会（亦即主要劳动者为奴隶的资本主义社会），绝大多数土地和工商等生产资料及其经济权力归庶民奴隶主资本家所有，是奴隶主资产阶级民有制。

其次，中世纪欧洲，一方面，主要属于农奴制封建社会，土地等生产资料及其经济权力归各级领主所有，是一种既垄断经济权力又垄断政治权力的贵族土地民有制；另一方面，城市则是自由民制商业资本主义社会，绝大多数资产者或资本家——作坊手工业资本家和商业资本家——都是庶民而不是官吏，因而是生产资料及其经济权力民有制：庶民资本家所有制。

最后，欧美现代资本主义时代，20世纪普选制民主实现之前，生产资料及其经济权力主要归庶民资本家所有，是资产阶级民有制；普选制民主实现以降，不但每个人完全平等执掌国家最高权力，消除了政治权力垄断，而且通过“福利国家制度”和“参与共决经济民主制”以及职工持股制等一系列制度建设，使每个人都可以或多或少拥有生产资料，都可以成为或大或小的资本所有者、资产者、资本家，从而趋于消除生产资料和经济权力垄断而实现资本和经济权力全民所有制。

因此，马克思论及不列颠在印度所造成的社会革命时指出，与亚洲式社会的根本特征是生产资料官有制相反，西方式社会的根本特征则是生产资料归人民所有，是生产资料民有制；要想使亚洲人民群众得到解放，必须在亚洲为西方式的社会奠定物质基础，从而使生产资料归人民所有，实现生产资料民有制：

"英国在印度要完成双重的使命：一个是破坏的使命，即消灭旧的亚洲式的社会；另一个是重建的使命，即在亚洲为西方式的社会奠定物质基础。……英国资产阶级将被迫在印度实行的一切，既不会使人民群众得到解放，也不会根本改善他们的社会状况，因为这两者不仅仅决定于生产力的发展，而且还决定于生产力是否归人民所有。但是，有一点他们是一定能够做到的，这就是为这两者创造物质前提。"①

**地理环境：东西方生产资料及其经济权力官有制与民有制之根本原因** 生产资料及其经济权力官有制与民有制：这就是中西经济制度的根本差异。造成这一差异的终极原因乃在于地理环境。中国拥有适于农耕的黄河、长江等大河流域之幅员辽阔疆域巨大的地理环境，是必须建立庞大的治水工程和人工灌溉设施的所谓"治水社会"，专制者及其政府是唯一能够承担如此大规模的治水工程和人工灌溉设施的兴建者，因而全国土地等生产资料及其经济权力的所有者，势必是能够代表国家及其政府的国王及其官吏阶级。

西方则没有适于农耕的大河流域之幅员辽阔的地理环境——"适宜农耕的大河流域全部集中在东方"②——不是"治水社会"，它不需要像治理东方大河流域那样只有政府才能承担的大规模的治水工程和人工灌溉设施，其治水工程和人工灌溉设施的兴建者，主要是农民和

① 《马克思恩格斯选集》第1卷，人民出版社2012年版，第857、861页。

② 吴泽：《东方社会经济形态史论》，华东师范大学出版社1991年版，第103页。

庶民们自己，而不是政府及其官吏，因而全国土地等生产资料的主要所有者是庶民而不是国王及其官吏：

首先，古希腊是没有大河、地少山多的“非治水社会”。其次，古罗马也不存在只有政府才能承担的大规模的治水工程和人工灌溉设施。再次，古日耳曼人的地理环境可以归结为森林为主和土地绰绰有余：它直接导致日耳曼人依靠乳类和家畜而不重视农耕，不致力于灌溉；最终导致日耳曼人即使有什么治水工程和人工灌溉设施，也必定规模很小、无关紧要，因而其兴建者必定是农耕者和庶民们自己，而不是政府及其官吏。最后，古代日耳曼人所开拓的英法德等西欧世界，更是几乎没有什么治水工程和人工灌溉设施：

“西欧农业在古代与东方农业第一大不同点，是没有人工灌溉。当然东方也并非到处都有人工灌溉，不过总是比西欧要多。从地形上看，西欧是一大平原，除阿尔卑斯山、亚平宁山等山脉较高外，其他大部属平原及丘陵地区。海拔很低，大约都在 150 米以下。而四周又被海洋环绕，气候温暖湿润。各地一年之内温差较小，年雨量大都在 750 毫米以上，宜于农作物生长。因此这里不像亚洲许多地方寒冷干燥的高原，不需要人工灌溉。欧洲人是中古时期从阿拉伯人那里才知道一些灌溉设施的，后来也只偶然用在菜圃、果园中，大面积农田都靠降雨维持。”①

美国亦然。福克纳说：“雨量对于人们的幸福也具有根本性的影响。例如人们最重要的粮食小麦，在每年的雨量少于十英吋或多于四十五英吋时，一般就不能种植出来。美国每年的雨量是二十六点六英吋，其变化是由犹他南部的五英吋到北加利福尼亚西部流域、华盛顿州、奥里根州和湾流海岸的六十英吋不等。湿润而有岛国性的太平洋沿岸气候，到了山区便变得比较干燥，到了广阔干燥的高原几乎就

① 马克垚：《西欧封建经济形态研究》，人民出版社 2001 年版，第 263—264 页。

没有湿气。然而靠近墨西哥湾和太平洋地区，雨量便逐渐增加，阿巴拉契亚山以东的每年平均雨量是三十到五十英吋。由于农业生产必须有二十英吋的雨量，也由于理想的土壤温度的雨量是三十到三十五英吋，因此，这个地区最有利于农业的生产。虽然美国的温度与雨量变化比欧洲要大一些，但是，就全国说来，它与欧洲的气候基本上是一致的。"①

更何况，正如罗荣渠所言："美国在本质上是一个由外来的移民组成的国家。"②这些漂洋过海的移民到一个新地方的土地分配原则，大体说来，无疑如古希腊城邦时代殖民地一样，普遍是最彻底的民有制，亦即平均分配："就其土地分配而言，无论是古风时代早期的大殖民运动，还是希腊人后来的殖民活动，普遍的做法是将土地平均分配给最初的殖民者。"③

美国则是更加自由的由外来的移民组成的国家，马克思称之为自由殖民地："自由殖民地的本质在于，大量土地仍然是人民的财产，因此每个移民都能够占有一部分土地作为个人的生产资料，而又不因此妨碍后来的移民这样做。"④罗荣渠则称之为"自由土地+自由移民"⑤，以致盛行抢先占地。特别是，在美国19世纪开发西部的移民大潮中，个人随意自行占地者曾多达三分之二，他们所开创的都是没有雇佣劳动者的自耕农家庭农场。⑥因此，美国殖民地时代，堪称人类历史上最彻底最极端最大化的土地等生产资料民有制的国家。

**生产资料及其经济权力官有制之结果：官吏阶级全权垄断的极权主义专制** 无论中西，虽然专制制度自原始社会酋邦时代以降就已经

---

① 福克纳：《美国经济史》上卷，商务印书馆1965年版，第13—14页。
② 罗荣渠：《美国历史通论》，商务印书馆2009年版，第13页。
③ 黄洋：《古代希腊土地制度研究》，复旦大学出版社1995年版，第68页。
④ 马克思：《资本论》第1卷，中国社会科学出版社1983年版，第832页。
⑤ 罗荣渠：《美国历史通论》，商务印书馆2009年版，第105页。
⑥ 罗荣渠：《美国历史通论》，商务印书馆2009年版，第116页。

存在，但是，中西专制制度性质根本不同。古代中国的专制，是基于生产资料及其经济权力官有制——王有制是一种极端的官有制——的专制，专制者及其官吏阶级不但垄断了全部政治权力，而且垄断了全国主要生产资料及其经济权力，进而势必垄断结社集会等社会权力与言论出版等文化权力，因而是一种"不服从者不得食"的专制，是一种专制者及其官吏阶级全权——政治权力与经济权力以及社会权力与文化权力——垄断的极权主义的专制；相反地，西方的专制，则是基于生产资料及其经济权力民有制的专制，专制者及其官吏阶级仅仅垄断政治权力而未能垄断经济权力，从而难以垄断结社集会等社会权力与言论出版等文化权力，因而是一种"不服从者亦得食"的专制，是一种非全权——政治权力与经济权力以及社会权力与文化权力——垄断的非极权主义专制。

这样一来，西方最具奴役性的制度——君主专制——与亚细亚生产方式的全权垄断的君主专制比起来，简直就是自由与平等的乐园了。当年北京大学教授杨昌济援引的"德国威廉皇帝与老磨坊的故事"颇能说明这个道理。德国威廉皇帝统一德国志得意满之际，看到自己的别墅前方有一座老磨坊有碍景观，意欲拆除。但是，大臣说磨坊是坊主私有财产，坊主不同意拆除。威廉皇帝命重金购买。但大臣回报，磨坊是坊主祖传遗产，多少钱都不卖。威廉大怒，下令强行拆除。磨坊主遂起诉最高法院，结果三个大法官一致判决威廉皇帝在原址为磨坊主建造一座新磨坊。

古代中国人倘若闻此，定会为磨坊主和大法官的自由与平等精神而惊愕不已。因为对于古代中国官民来说，不用说是磨坊，就是自己的心肝宝贝，岂不都巴不得送给皇帝享用？就是皇帝听信谗言，下令斩首，还得跪在地上叩头，谢主龙恩，感谢皇帝赐死。亚细亚生产方式全权垄断的奴役程度，于此可见一斑。晏子曰：橘生淮南则为橘，生于淮北则为枳。倘若极端鄙视中国国民奴性的孟德斯鸠——和那三个判决威廉败诉的大法官——不幸生于古代中国，也必定如此奴颜婢膝！

中国自五帝时代以降，专制者及其官吏阶级全权垄断、强大无比；庶民阶级全权丧失、软弱无力。因此，庶民阶级无能捍卫本阶级权益，五千年来，从来不追求本阶级的权益和保障本阶级权益的新国家制度，而只寻求明君和清官的新政府及其官吏阶级庇护：

“他们不能代表自己，一定要别人来代表他们。他们的代表一定要同时是他们的主宰，是高高站在他们上面的权威，是不受限制的政府权力。”①

这就是为什么，中国自五帝时代以降，特别是从春秋战国到鸦片战争，虽然皆因官逼民反而发生数千次农民起义，许多农民起义战争规模之大，为世界历史所仅见，以致每一次都使一切文明化为灰烬、社会经济荡然无存、人民至少死亡三分之一；但是，历代庶民或农民起义，实际上都不是庶民阶级（或农民阶级）与官吏阶级（或地主阶级）的阶级斗争，而不过是由农民起义领袖所代表的“新官吏阶层”与其所要推翻的朝廷“旧官吏阶层”的斗争，是官吏阶级内部的“新旧官吏阶层”斗争。官吏阶级的每个成员一心只想当更大的官，充其量，只想当一个清官和明君。庶民阶级无能自己捍卫自己的权益，因而从来不追求本阶级的权益和保障本阶级权益的新国家制度，而一心只顾自己：庶民阶级的精英们一心只想挤进官吏阶级，而广大成员则只祈盼明君和清官而已。

这就是为什么，五千年来，战争的结果毫无例外，统统都仅仅改朝换代，亦即仅仅更换国王及其官吏，原来的皇帝和大臣下台，另一些人则登上皇帝及其官僚的宝座；而并不改变国家制度，并不改变导致农民起义的官吏阶级全权垄断的极端残酷的剥削与压迫（权力垄断

① 《马克思恩格斯选集》第1卷，人民出版社1995年版，第678页。

是剥削和压迫的根源；剥削和压迫的程度与权力垄断的程度成正比），并不改变导致极端残酷的剥削和压迫的官吏阶级全权垄断的极权主义专制的国家制度，说到底，并不改变导致官吏阶级全权垄断的极权主义专制的生产资料及其经济权力官有制。

可见，生产资料及其经济权力官有制是官吏阶级全权垄断的极权主义专制的根本原因，说到底，是东方专制主义的根本原因。因此，恩格斯说："东方的专制制度的基础是基于公有制。"[①] 马克思论及东方专制主义——亦即亚洲神权政治——原因时，亦曾援引琼斯的话说，亚洲神权政治的原因和基础就在于，这种神权政治首领对"剩余生活资料的唯一支配权"等经济权力的垄断，进而指出："亚洲和埃及的国王或伊特鲁里亚的神权政治的首领的这种权力，在现代社会已经转到资本家手里。"[②]

**生产资料及其经济权力民有制的结果：民主或趋于民主、势必民主的社会**　西方生产资料及其经济权力民有制，则使其国家制度处于不断变化发展完善之中。因为，土地等生产资料及其经济权力民有制，意味着生产资料及其经济权力主要归庶民所有，因而庶民有足够权力和力量与君主及其官吏阶级斗争。在这种阶级斗争中，庶民阶级总是不断胜利，得寸进尺，官吏阶级则节节败退。结果是民主与资本主义之实现且不断完善：

首先，一方面，致使古希腊爱琴文明时代的君主专制，到了荷马时代，被有限君主制取代；而荷马时代和古风时代之交，有限君主制又逐渐被贵族寡头政体所取代；最终经过梭伦改革，奠定了雅典宪政民主制度。另一方面，则使荷马时代原始社会向阶级社会的过渡，前进为古风时代的自耕农制和佃农制封建社会，进而飞跃为古典时代奴

① 《马克思恩格斯全集》第 20 卷，人民出版社 1979 年版，第 681 页。

② 马克思：《资本论》第 1 卷，人民出版社 2004 年版，第 387 页。

隶制资本主义社会。

其次，古罗马王政时代以来，则与古希腊荷马时代以来一样，社会主要斗争一直是庶民、平民阶级与贵族、官吏阶级的阶级斗争。斗争的结果也总是庶民阶级不断获得胜利，从而一方面，使国家制度由王政时代君主制变革为贵族共和制，甚至实现了一系列民主制度，如平民大会的决定即为全民都必须遵守的法律等等；另一方面，则导致罗马共和国早中期的封建社会，进展为共和时代后期和帝国时代的奴隶制资本主义社会。

再次，罗马帝国后期，虽然倒退为封建社会，却在中世纪，一方面，创造了一种令人叹为观止的最奇特最美好的封建社会：西欧封建制乃是人类历史上统治阶级——亦即领主阶级或贵族阶级——权力最小且具有自由契约性质的国家制度，是一种权力垄断和集中程度最小的国家制度，是一种独立自主的权力最小的政治制度，是一种近乎无政府和无官吏却又有秩序的国家制度。另一方面，则创造了辉煌伟大的自由城市，创造了城市自由民制资本主义社会，遂使广大农村农奴制封建社会转型为自由民制封建社会。

又次，16世纪前后，西方演进为现代资本主义社会，虽然倒退为君主制政体和奴役制资本主义社会百余年，但是，一方面，随着资本主义的不断发展和资产阶级所拥有的生产资料及其经济权力日益壮大，遂进行资产阶级政治革命，废除君主专制而代之以资产阶级“独占的政治统治”[①]的代议制民主政体；另一方面，随着18世纪工业革命，则使奴役制资本主义社会发展进化为自由民制资本主义社会。

最后，20世纪初以来，随着工人阶级等人民大众争取政治和经济权力的斗争不断发展壮大，一方面，终于废除限选制民主而代之以普选制民主，每个人完全平等执掌国家最高权力，彻底消除了政治权力

① 《马克思恩格斯选集》第1卷，人民出版社2012年版，第402页。

垄断；另一方面，则通过股票高度分散化和资本大众化、职工持股制、参与共决经济民主制、福利国家制度等一系列制度建设，使每个人都可以或多或少拥有生产资料，都可以成为或大或小的资本所有者、资产者、资本家，从而趋于消除生产资料和经济权力垄断而实现资本和经济权力全民所有制。合而言之，西方20世纪初以来的资本主义国家——特别是瑞典和德国以及英国和法国——乃是人类历史上最彻底最极端最完全的生产资料及其经济权力民有制的资本主义国家。

### 3. 绝对偶然性：专制产生和存在的本性

综观专制根源可知，专制产生和存在的根本原因可以归结为三大方面：以生产资料及其经济权力官有制为根本特征的"亚细亚生产方式"（"生产资料及其经济权力官有制"，一方面，导致"官吏阶级全权垄断的极权主义专制"；另一方面，源于"中国和印度以及埃及和波斯拥有适于农耕的大河流域"和"俄国国土辽阔而中心是四面开阔的东欧大平原"之不同于西方的地理环境）和"最高领导人是一个人"的社会结构之本性以及"最高领导人势必拼命追求独掌最高权力"的人性。

**专制产生和存在的其他原因**　专制产生和存在的根本原因是否仅此三者？否！可以导致专制的重大因素，至少还有政治状况，亦即国内外的某种政治局势和政治需要，如革命、战争、分裂、无序、武力征服和激烈的阶级斗争等等需要统一、集权和独裁，因而导致独掌最高权力的伟大人物的出现。恩格斯说：

"恰巧拿破仑这个科西嘉人做了被本身的战争弄得筋疲力尽的法兰西共和国所需要的军事独裁者，这是个偶然现象。但是，假如没有拿破仑这个人，他的角色也会由另一个人来扮演。这一点可以由下面的事实来证明：每当需要有这样一个人的时候，他就会出现，如凯撒、奥古斯都、克伦威尔等等。”[①]

诚然，四者也远非专制产生和存在的全部原因。专制还源于庶民阶级缺乏社会联系，成员相互隔离、分散孤立，像马铃薯一样不能团结起来，因而即使亿万群众，也如同几个人一样毫无力量，不但无力反抗专制，而且势必寻求明君和清官的庇护。马克思在展示“波拿巴王朝是农民的王朝”之本质时便这样写道：

“小农人数众多，他们的生活条件相同，但是彼此间并没有发生多种多样的关系。他们的生产方式不是使他们互相交往，而是使他们互相隔离……这样，法国国民的广大群众，便是由一些同名数简单相加形成的，好像一袋马铃薯是由袋中的一个个马铃薯所集成的那样。……因此，他们不能以自己的名义来保护自己的阶级利益，无论是通过议会或通过国民大会。他们不能代表自己，一定要别人来代表他们。他们的代表一定要同时是他们的主宰，是高高站在他们上面的权威，是不受限制的政府权力，这种权力保护他们不受其他阶级侵犯，并从上面赐给他们雨水和阳光。”[②]

不但此也！专制还源于国民的奴性传统习惯、崇尚皇权和救星的主奴文化、臣民文化。对此，亚里士多德论及为什么会产生东方专制时说：“原因则在于这些不文明的民族较希腊人更具奴性，例如亚洲民族较欧洲的民族具奴性，而因此他们更容易忍受专横的政治统治。”[③]

专制产生和存在，还源于地理环境和人口状况以及独一无双的伟大领袖之出现等等。亚里士多德说：“古代各邦一般都通行王制，王制（君主政体）所以适于古代，由于那时贤哲稀少，而且各邦都地小人稀。另一理由是古代诸王都曾经对人民积有功德，同时少数具有才德

① 《马克思恩格斯选集》第4卷，人民出版社1995年版，第733页。

② 《马克思恩格斯选集》第1卷，人民出版社1995年版，第678页。

③ 亚里士多德：《政治学》，商务印书馆1996年版，第66页。

的人也未必对世人全无恩泽，但功德特大的一人首先受到了拥戴。”[①]

这些都是专制产生和存在的原因吗？是的。我们还可以补充说：思想家们的专制主义理论也是专制产生和存在的重要原因。不过，这些大都不是专制的根本原因，因而并非专制之真正根源。因为，正如马克思所言，社会意识是社会存在的反映。国民的奴性传统习惯、崇尚皇权和救星的主奴文化、臣民文化以及思想家们的专制主义理论，成为专制的原因之前，无疑先是专制之结果。试想，为什么西方即使最野蛮最极端的专制主义论者，如马基雅维利之流，却又主张自由主义；而中国几乎所有思想家——儒家、墨家、法家、道家和阴阳家等等——竟然无不是专制主义论者？原因固然不胜枚举，但最根本最重要最主要的原因，无疑在于当时中国与西方的生产方式截然不同：

当其时也，中国实行生产资料及其经济权力官有制的亚细亚生产方式；而西方则实行生产资料及其经济权力民有制的生产方式。生产资料及其经济权力官有制导致中国专制者及其官吏阶级全权——政治权力和经济权力以及结社集会等社会权力和言论出版等文化权力——垄断、强大无比；庶民阶级全权丧失、软弱无力。因此，庶民阶级不可能通过集会结社团结起来，无力捍卫本阶级权益，从来不追求本阶级的权益和保障本阶级权益的新国家制度，而只寻求明君和清官的新政府庇护。中国始终是官奴社会：全民皆官奴也！全民皆官奴，怎么能不具有奴性？这岂不就是国民的奴性传统习惯、崇尚皇权和救星的主奴文化、臣民文化的根本原因？岂不就是儒家、墨家、法家、道家和阴阳家等等皆不知民主为何物而无不是专制主义论者的根本原因？

反之，西方土地等生产资料及其经济权力民有制，意味着生产资料及其经济权力主要归庶民所有，因而庶民有足够权力和力量与仅仅垄断政治权力的专制者及其官吏阶级相抗衡和斗争。在这种阶级斗争

① 亚里士多德：《政治学》，商务印书馆 1996 年版，第 163 页。

中，庶民阶级总是不断胜利，得寸进尺，官吏阶级则节节败退：西方始终是一种民主社会或趋于民主、势必民主的社会。这岂不就是西方主流文化是公民文化和民主主义文化——而不是主奴文化和臣民文化——的根本原因？岂不就是最野蛮最极端的专制主义论者马基雅维利之流，却又主张自由主义的根本原因？

地理环境与人口状况两因素，如前所述，已经包含于亚细亚生产方式之中；而独一无双的伟大领袖，固然可以导致专制，但同样也可以导致民主。难道民主领袖梭伦、伯里克利、华盛顿、杰斐逊等等不都是独一无双的伟大领袖吗？这样一来，适于专制政体的国民的奴性、传统习俗、思想家们的专制主义理论、独一无双的伟大领袖等固然是专制产生和存在的原因，却唯有四者——亚细亚生产方式和“最高领导人是一个人”的社会结构之本性以及“最高领导人势必拼命追求独掌最高权力”的人性和国家需要统一、集权和独裁的政治趋势——才是专制产生和存在的根本原因，才堪称专制之真正根源。那么，从专制之真正根源和专制之诸多原因来看，专制的产生和存在究竟是必然的还是偶然的？或者说，在一定的历史发展阶段，专制的产生和存在是否具有必然性？说到底，专制是否具有历史必然性？

**专制不具有历史必然性** 不难看出，专制的普遍根源——亦即专制的人性根源和社会结构本性根源——与专制的产生和存在具有必然的、内在的联系。试想，假如恰恰相反，假如就人性来说，国家的最高领导人并不追求独掌国家最高权力；假如就社会结构的本性来说，国家最高领导人并不是一个人而是若干人。那么，这样的国家会出现一个人独掌国家最高权力的专制政体吗？显然绝对不会。所以，专制的普遍根源——亦即“最高领导人是一个人”的社会结构之本性以及“最高领导人势必拼命追求独掌最高权力”的人性——乃是专制产生和存在的最为根本的必要条件，因而与专制的产生和存在具有必然的、内在的联系。

但是，这一根源并不必然导致专制的产生和存在。因为一切社会无疑都同样具有专制产生和存在的这一普遍根源：最高领导人同样都是一个人并且因其同样是人而无不具有渴求独掌最高权力的人性。然而，谁都知道，一切社会却并不都是专制政体。所以，尽管专制的普遍根源——亦即专制的人性根源和社会结构本性根源——与专制的产生和存在具有必然的、内在的联系，但是，这些根源并不必然导致专制的产生和存在：它们只是专制产生和存在的必要条件而非充分条件。

诚然，在国家发生革命、战争、分裂、无序和激烈的阶级斗争等非常时期，需要集权和强有力的伟大领袖，因而极易导致专制，如恺撒、奥古斯都、克伦威尔、拿破仑、希特勒、斯大林、金日成等等就是如此。但是，这种非常政治局势只是极易导致专制，却非必然导致专制。否则，我们如何解释美国独立战争为什么没有导致华盛顿的专制？难道还有比美国独立战争时期的国内外政治局势更需要集权、更需要一个强有力的伟大的铁腕人物吗？显然，政治局势、政治因素与经济因素一样，对政体类型的决定作用可能极其巨大，甚至大势所趋，但也不是必然的，也不可能必然导致某一种政体。

唯独从专制的特殊根源——亦即亚细亚生产方式——来看，专制的产生和存在似乎具有历史必然性：专制是亚细亚生产方式的必然产物。事实似乎亦然：凡是实行亚细亚生产方式的国家无不是专制国家，并且实行亚细亚生产方式的最主要的国家——中国和印度——竟然五千年来始终是专制国家。于是，人们大都以为专制是经济发展的一定历史阶段的必然产物：专制的产生和存在具有历史必然性。考茨基便这样写道：

“东方国家之所以至今没有超出暴君制形式，这种形式之所以似乎就表现为国家的最后的、最高的形式，就在于国家所依存的经济条件，不容许有较高的生产方式从这些条件中发生。”①

然而，真正讲来，这种观点是不能成立的。专制的产生和存在并不具有历史必然性；亚细亚生产方式并不必然导致专制政体。因为，如上所述，一方面，亚细亚生产方式是一种以“公有制”和“国有制”为形式的“官有制”、“国家首脑及其官吏阶级所有制”。国家首脑及其官吏阶级全权——政治权力与经济权力以及社会权力与文化权力——垄断，强大无比；庶民阶级全权丧失，软弱无力：全民皆官奴也！另一方面，庶民阶级散居于全国各地，相互孤立隔离、没有联系，使其更加软弱无力，无能捍卫自己的权益，而只有寻求国家首脑及其官吏阶级的庇护。合而言之，民主几乎毫无可能，但未必一定是专制：它虽然几乎百分之百是官吏阶级全权垄断的极权主义专制，却也仍然有可能是官吏阶级全权垄断的寡头共和和有限君主制。

因此，马克思指出亚细亚生产方式并不必然导致专制，它是否导致专制，完全取决于亚细亚生产方式的统一体或共同体——部落或国家——的代表是一个人（一个家长）还是若干人（各个家长的联合）：“统一体或者是由部落中一个家庭的首领来代表，或是由各个家长彼此间发生联系。与此相应，这种共同体的形式就或是较为专制的，或是较为民主的。”② 因此，就连将东方专制的根源归结为亚细亚“治水社会”的魏特夫——“亚细亚社会”、“治水社会”、“治水农业社会”、“农业管理者社会”在他那里是同一概念——也不得不承认，亚细亚治水社会的经济结构并不必然导致专制，而只是专制所由以产生的一种机会：

“太古以来，原始人对缺水地区就已经有所了解；但那时他以采摘、狩猎和打鱼为生，毋需筹划治水。只是在学会利用植物生命的再

① 考茨基：《唯物主义历史观》第四分册，上海人民出版社1964年版，第336页。

② 《马克思恩格斯全集》第46卷上，人民出版社1979年版，第474页。

生产过程之后，他才开始意识到干燥地区从事农业的可能性：这些地区除了雨水还有其他水源供应。只是到了这个时候，他才开始通过小规模的灌溉农业（浇灌耕种）以及大规模的政府管理农业（治水农业）来巧妙利用在旧环境新发现的特性。只是到了这个时候，政府和社会的专制形态产生的机会才到来了：这是机会而非必然。”①

诚然，事实上，实行亚细亚生产方式的各个国家——特别是中国——的首脑或国家的真正代表人物，自五帝时代以来，始终都是一个人而不是若干人；因而这些国家始终都是一个人独掌国家最高权力的专制政体。那么，五千年来，中国等实行亚细亚生产方式的国家始终是专制的原因究竟是什么？

亚细亚生产方式的统一体或共同体——部落或国家——的代表既可能是一个人也可能是若干人，显然意味着：亚细亚生产方式的国家的代表是一个人还是若干人——从而是专制还是非民主——并非取决于亚细亚生产方式；而只能取决于其他东西，如专制的普遍根源（亦即“最高领导人是一个人”的社会结构之本性以及“最高领导人势必拼命追求独掌最高权力”的人性）和思想家们专制主义理论、意识形态以及独一无双的伟大领袖之出现等等。

但是，亚细亚生产方式因其必然造成官吏阶级及其代表人物拥有全权的中央集权，也就自然——而不是必然——使亚细亚生产方式的国家的代表更加可能是一个人而不是若干人，从而更加可能是专制而不是民主。这种可能，再加上专制的普遍根源（亦即“最高领导人是一个人”的社会结构之本性以及“最高领导人势必拼命追求独掌最高权力”的人性）和独一无双的伟大领袖之出现以及思想家们的专制主义理论等造成专制的诸多原因，遂使专制的产生和存在近乎必然：

① Karl A. Wittfogel, *Oriental Despotism: A Comparative Study of Total Power*, New Haven: Yale University Press, 1957, p.12.

这就是五千年来中国等实行亚细亚生产方式的各个国家始终是专制之原因。就拿中国来说：

如果没有这些造成专制的诸多原因与中国的亚细亚生产方式相结合，也即如果中国当时没有大禹那样的伟大人物，如果他没有治水成功等无与伦比的伟大功勋，如果他能够像古希腊梭伦和伯里克利那样，满怀自由民主思想因而足以压抑其渴求独掌最高权力的人之本性，从而不致废除禅让制而传王位给自己的儿子，正式开始了中国“家天下”的专制统治，如果中国不是所有思想家——儒家、墨家、法家、道家和阴阳家等等——都主张家天下专制主义，如果诸子百家也能够像古希腊思想家那样极其丰富地展示了专制与民主各种政体的广阔天地，那么，单单亚细亚生产方式固然极可能却也未必造成官吏阶级全权垄断的极权主义专制，因而也就不会形成专制主义的传统习俗，绝不足以使专制的产生和存在近乎必然。亚细亚生产方式加上富有专制智慧的伟大领袖；再加上所有思想家——特别是孔子和儒家——都是专制主义论者；再加上由此逐渐形成的专制主义的意识形态和传统习俗等等：这就是中国五千年来始终是——却非必然是——专制之主要原因。然而，究竟为何即使专制的全部根源和原因结合起来，也只能使专制的产生和存在近乎必然而绝非必然？

**政体的偶然任意性与经济形态的历史必然性**　原来，一个国家实行何种经济形态、经济制度，正如马克思所言，不是人们可以自由选择的，而是被该国的生产力和经济发展的历史阶段所必然决定的，具有不依人的意志为转移的历史必然性：“人们在自己生活的社会生产中发生一定的、必然的、不依他们的意志为转移的关系，即同他们的物质生产力的一定发展阶段相适合的生产关系。”①

伟哉斯言！经济形态却是被生产力的发展所决定的，因而具有不

① 《马克思恩格斯选集》第2卷，人民出版社1995年版，第32页。

依人的意志为转移的历史必然性。举例说，原始共产主义经济形态或经济制度，并不是人们可以自由选择的，而是被极端低下的生产力决定的。同样，资本主义经济形态或经济制度，也不是人们可以自由选择的，也是被生产力决定的。因为资本主义是一种商品经济在全社会居于支配地位的经济形态。因此，当原始社会向阶级社会过渡时，无论出现了多么伟大的领袖和群众，无论他们怎么为实现资本主义而努力奋斗，都不可能使商品经济在全社会居于支配地位而实现资本主义。

与此相反，一个国家究竟实行何种政体，究竟实行民主制还是君主制等非民主制国家制度，完全取决于执掌国家最高权力的人数，完全取决于掌握最高权力的人数究竟是一个人（君主制）还是少数人（寡头制）抑或是多数人（民主制），因而完全是偶然的、可以自由选择的，而不具有历史必然性，不是必然的、不可选择的、不可避免的。

确实，执掌国家最高权力的人数——究竟是一个人还是少数人抑或是多数人——怎么可能不是偶然的呢？怎么可能与经济以及生产力发展水平有必然联系？怎么可能被经济和生产力发展水平所必然决定？怎么会具有历史必然性？任何时代任何国家的最高权力，岂不都既可能独掌于一个人，也可能执掌于少数人，还可能执掌于多数人？显然，掌握最高权力的人数的多少的本性就是偶然性和普世性。因此，政体——政体就是以执掌最高权力的人数的多少为根据的政治分类——的根本的特征就是偶然性和普世性。任何一种政体，不论民主制还是专制等非民主制，都具有普世性，都超经济超历史超社会超阶级超时代而能够普遍实行于任何国家任何时代任何生产力和经济发展水平。

这就是为什么，世界历史告诉我们，任何一种政体，不论是民主制还是非民主制，都既可能实行于原始社会，也可能实行于奴隶社会，还可能实行于封建社会和资本主义社会。首先，考古学和人类学的研究表明，原始社会按其历史发展的一般顺序，呈现三种性质不同的社会形态：游群、部落和酋邦。游群是人类处于狩猎—采集阶段的四处游动的自主的血缘社会，大约出现于二三百万年前，终结于一万年前，历时约二三百万年：人类的游群时代也就是旧石器时代。部落——氏族为其基础和中心——是人类处于农耕和畜牧阶段因而趋向定居的社会，只有到新石器时代，亦即距今约八九千年，才广泛地散布于世界各地。酋邦是处于平等的部落社会向阶级社会过渡阶段的等级社会。

队群和部落虽然也有实行非民主制的可能性，但一般说来，都实行民主制。因此，哈维兰说："群队一般说来是相当民主的：任何群队成员都不会告诉别的人去干什么、怎么狩猎、跟谁结婚。"[①]恩伯说："具有部落政治组织的社会与队群社会相似，都是平等的社会。"[②]酋邦虽然是一种等级社会，特别是正式的官僚管理机构使酋长的权力极大提高，甚至可能使他独掌最高权力而成为专制君主，但也可能未必如此："处于酋长领地政治发展阶段的社会可能在政治上完全统一于酋长的统治之下，但也可能不完全是这样。"[③]

可见，在原始社会，民主制固然是主流；但是，不管怎样与人心背道而驰，还是出现过专制等非民主制："不论在地球上任何地方，不论在低级、中级或高级野蛮社会，都不可能从氏族制度自然生出一个王国来……君主政体与氏族制度是矛盾的，它发生于文明社会比较晚近的时期。处于高级野蛮社会的希腊部落曾出现过几次专制政体的事例，但那都是靠篡夺建立起来的，被人民视为非法，实际上与氏族社会的观念也是背道而驰的。"[④]

奴隶社会可能实行任何政体——民主共和制与寡头共和制以及君主专制和有限君主制——已经是事实。古巴比伦、亚述帝国和波斯帝国，古埃及托勒密王朝和古印度孔雀帝国，无疑都是典型的君主专制。

① 哈维兰：《当代人类学》，上海人民出版社1987年版，第468页。

② Carol R. Ember, Melvin Ember, *Cultural Anthropology*, Ninth Edition, New York: Prentice-Hall, Inc., 1999, p.224.

③ 恩伯：《文化的变异》，辽宁人民出版社1988年版，第406页。

④ Lewis H. Morgen, *Ancient Society*, Chicago: Charles H. Kerr & Company, 1907, pp.110-111.

相反地，古希腊和古罗马则实行共和制。斯巴达是寡头共和制。雅典初期也是寡头制，梭伦改革使雅典由寡头制转变为民主制，到伯利克里时代，雅典民主制臻于全盛。公元前509年至前27年的古罗马，国家最高权力实际上执掌于原本由贵族组成的元老院，堪称贵族共和制——贵族共和属于寡头共和范畴——的典范。从公元前27年到公元476年，罗马实行帝制，一人独掌国家最高权力，是典型的君主专制。奴隶社会还存在有限君主制，特别是贵族君主制，如公元前2369年至前2314年，阿卡德城的国王萨尔贡一世建立的统一的阿卡德国家，实行的就是贵族君主制，亦即以君主为主而与贵族元老院共同执掌最高权力的政体。

封建社会大都实行君主专制与有限君主制：贵族君主制与等级君主制。贵族君主制是以君主为主而与贵族元老院或地方割据势力共同执掌最高权力的有限君主制，如封建割据时期的法兰西、德意志和俄国中的一些大公国，国王虽然执掌最高权力，却不可独自行使，而必须得到某种形式的贵族会议的同意。等级君主制是以君主为主而与等级会议——亦即教会贵族、世俗贵族和市民组成的三级会议——共同执掌最高权力的有限君主制，如俄国伊凡三世和伊凡四世的大贵族杜马和缙绅会议的等级君主制；法国腓力四世“三级会议”的等级君主制；英国爱德华一世和爱德华三世的议会君主制等等。诚然，封建社会更为盛行的政体还是君主专制，如英国威廉一世、亨利一世和亨利二世以及都铎王朝和斯图亚特王朝的君主专制；俄国彼得一世和叶卡捷琳娜二世的君主专制；法国路易十三、路易十四、路易十五和路易十六的君主专制；德国威廉一世和威廉二世的君主专制。中国封建社会的君主专制最为漫长，自大禹开创家天下的专制政体，直至清朝，实行君主专制竟然四千余年。

封建社会虽然盛行君主制，但也曾存在过共和政体。中世纪的威尼斯共和国便属于封建社会的寡头共和制：最高权力掌握在少数公民

（贵族和富商）选举的大议会、元老院和共和国元首（总督或执政）手中。从 12 世纪开始，威尼斯设立大议会，拥有国家最高立法和监察权力。议员 480 人，皆从姓名列入“黄金簿”的少数贵族和富商中选出。国家最高行政权力则执掌于大议会所选出的 40 人委员会（元老院）。佛罗伦萨则堪称民主共和政体：国家最高权力执掌于庶民——亦即“肥民”和“瘦民”——的代表所组成的议会。所谓肥民，主要是企业主、银行家、大商人、律师和医生；所谓瘦民，主要是小行东和手工业者，如鞋匠、成衣匠、铁匠和泥瓦匠等等。肥民结成七个行会，叫作“大行会”，包括丝绸商行会、毛皮商行会、羊毛商行会、银行家行会、律师行会和医生行会等。瘦民则结成 14 个行会，叫作“小行会”。佛罗伦萨国家最高权力执掌于这些行会会员所选出的议会。最高管理机关叫作执政团或长老会议，由每个大行会选出一个代表和两个小行会代表组成。长老会议的主席叫作旗手，由行业议会推选，任期两个月，可以连选连任；其他八人叫作“首长”，协助旗手管理国家内政和外交等事务。

资本主义社会最主要最普遍最典型的政体无疑是民主制，以致今天世界上所有资本主义国家几乎统统实行民主制。但是，资本主义社会也曾存在过君主制：君主专制与君主立宪。法国资产阶级 1789 年大革命推翻封建社会君主专制，1791 年通过新宪法，确立君主立宪制。该宪法规定，法国实行按分权原则建立的君主立宪制：“政府是君主制，行政权委托给国王……但在法国，没有比法律的权力更高的权力；国王只能依据法律来治理国家。”1799 年拿破仑发动政变，独掌国家最高权力，1804 年加冕为皇帝，建立了资本主义君主专制政体。20 世纪意大利和德国出现的墨索里尼与希特勒独掌国家最高权力的法西斯独裁政体，则是资本主义君主专制的另一种类型。资本主义社会还存在一种民主制与君主制的混合政体：名义君主立宪制而实为民主共和制。这种政体的典型，如所周知，就是明治维新后的日本和 1714

年乔治一世以后的英国。

可见，一方面，所有政体——民主共和与寡头共和以及有限君主制与君主专制及其混合政体——几乎都曾经出现在生产力和经济发展的任何历史阶段，几乎都曾出现于以经济形态性质为划分根据的历代社会，几乎都曾出现于原始社会、奴隶社会、封建社会、资本主义社会。这意味着，任何政体，不论是专制还是民主，都不是被生产力和经济发展水平所必然决定的，都不具有历史必然性，都是超经济超历史超社会超阶级超时代的，都能够普遍实行于任何国家任何时代任何生产力和经济发展水平，都具有绝对的偶然性和普世性。

另一方面，绝大多数封建社会都实行君主制和绝大多数资本主义社会都实行民主制的事实，特别是，人类迄今在 99% 以上的时间——亦即原始社会二三百万年的队群和部落时代——都生活在民主制社会的事实，显然又意味着，政体类型与经济发展水平密切相关，一个社会实行何种政体在极大程度上是被生产力和经济发展的水平决定的：此乃放之四海而皆准、行之万世而不悖之绝对真理也！不但亚细亚生产方式几乎必然导致官吏阶级全权垄断的极权主义专制，而且西方封建制生产方式也几乎百分之百导致专制制度：

西方封建制生产方式，如所周知，就是所谓的庄园制度："封建主义即庄园制度。"[①] 封建制生产方式或庄园制度的核心，正如布洛赫所指出，就是领主与附庸的等级制度，就是人身依附的等级制度，就是保护和服从的等级制度，说到底，就是"一群卑微的人对少数豪强严格的经济从属"[②]。这种庄园制度，决定了封建社会人际关系，根本说来，是一种主从等级关系，是一种主子与从属的等级关系，是依附者与保护者的等级关系。[③]

① 布洛赫：《封建社会》，商务印书馆 2004 年版，第 699 页。
② 布洛赫：《封建社会》，商务印书馆 2004 年版，第 701 页。
③ 布洛赫：《封建社会》，商务印书馆 2004 年版，第 249 页。

在这样一种人们相互间普遍为依附者与保护者之主从等级关系的国家，民主——国民完全平等地共同执掌最高权力——显然是一种最不可思议的怪事。相反地，最高权力理所当然地应由那个最强大的人、最高领导人或国王执掌：君主制是天经地义的。因为，正如布洛赫所言，弱小与强大、依附与保护的主从等级关系是相对的。[①] 这样一来，最强大的人——最高领导人或国王——便是所有人的保护者；而所有人都是他的依附者或附庸。因此，最高领导人或所有人的保护者，理所当然应该执掌国家最高权力：君主制原本是封建社会——亦即人们相互间普遍为依附者与保护者的主从等级关系的社会——应有之义。问题的关键在于，人们相互间普遍为依附者与保护者的主从等级关系，如上所述，源于封建生产方式或庄园制度，源于“一群卑微的人对少数豪强严格的经济从属”。因此，说到底，君主制乃是封建生产方式的应有之义：封建生产方式或庄园制度是君主制的经济条件和牢固基础。这就是为什么，封建生产方式取代古典的古代生产方式之后，西方竟然普遍实行君主制长达一千余年的根本原因。

但是，生产力和经济发展水平对政体类型的决定作用，并不具有必然性，并不是必然的决定作用，并不必然决定政体类型，并不必然导致民主制或非民主制。否则，西方全部封建社会岂不统统都只能实行君主制？只要有一个封建社会实行共和制，只要一个威尼斯共和国，岂不就意味着：封建社会并不必然实行君主制？因此，只要有一个封建社会实行共和制，就意味着，封建社会的生产力和经济发展水平对君主制的决定作用不是必然的：封建社会的生产力和经济发展并不必然导致实行君主制。

**一个国家实行何种政体的最直接的决定性原因** 既然在经济发展的任何历史阶段都可能产生和存在任何政体，那么，任何一种政体的

① 布洛赫：《封建社会》，商务印书馆2004年版，第254页。

产生和存在显然便与经济发展的历史阶段绝对没有必然联系，因而绝对是超经济、超阶级、超历史、超时代的：这就是亚细亚生产方式固然是专制的最牢固的经济基础却并不必然导致专制的缘故。那么，一个社会实行何种政体，究竟取决于什么？亚细亚生产方式和“最高领导人是一个人”的社会结构之本性以及“最高领导人势必拼命追求独掌最高权力”的人性，是专制产生和存在的三大根源，显然意味着：一个社会究竟实行何种政体，最终取决于——而不是直接取决于——生产方式、社会结构本性和人性。这样一来，独一无双的伟大领袖之出现、有利于专制统治的国民的奴性、专制主义的意识形态、传统习俗和思想家们的专制主义理论等等是专制产生和存在的原因，是否意味着：一个社会究竟实行何种政体，直接取决于政治领袖们和国民的人格、传统习俗以及思想家们的理论？

答案是肯定的。因为不难看出，一个社会实行何种政体——亦即掌握最高权力的公民人数究竟是一个人还是若干人抑或是全体公民——直接取决于该社会争取最高权力的人们斗争的具体的、特殊的情况。这些具体的特殊的——因而也是偶然的——情况主要讲来可以归结为两大方面：一方面是领袖们的人格和个性，他们的才能、品德、贡献和影响力；另一方面是国民性——亦即国民的人格和个性——和政体的传统习俗以及思想家们的政体理论。

试想，如果诞生了一个才能、品德和贡献都是无与伦比的独一无二的伟大领袖，岂不就更可能导致他自己一个人独掌最高权力的专制政体？反之，如果领袖们的才智、贡献大体相当，岂不就更可能导致若干人共同掌握最高权力的共和政体？如果伟大领袖像大禹那样富有“家天下”的专制的智慧而缺乏自由民主精神，岂不就更可能导致他自己一个人独掌最高权力的专制政体？反之，如果伟大领袖像梭伦、伯里克利以及华盛顿、杰斐逊那样富有自由民主精神，岂不就更可能导致全体公民共同掌握最高权力的共和政体？如果一个国家具有专制的传统因而国民富有奴性，岂不更可能拥戴专制政体？反之，如果一个国家具有民主的传统因而国民富有自由精神，岂不就更可能导致民主政体？如果一个国家的思想家都像古代中国那样，统统是专制主义论者，岂不就更可能导致专制政体？反之，如果该国的思想家像古希腊那样富有自由精神，岂不就更可能导致民主政体？

因此，一个社会究竟实行何种政体——亦即掌握最高权力的公民人数究竟是一个人还是若干人抑或是全体公民——固然最终取决于生产方式、人性和社会结构本性，却直接取决于该社会争取最高权力的人们的斗争的具体的、特殊的、偶然的情况：一方面直接取决于领袖们的人格、才能、贡献和影响力；另一方面直接取决于国民的人格和传统习俗以及思想家们的理论。在这些具体的、特殊的、偶然的情况下，人们争夺最高权力的斗争便绝对地既可能使最高权力无限制地被一个人所掌握（君主专制）；也可能使最高权力受限制地被一个人所掌握（君主立宪）；还可能使最高权力被部分公民所掌握（寡头共和）；亦可能使最高权力被全体公民所掌握（民主共和）。于是，一个社会实行何种政体在任何条件下都绝对不是必然的、不可选择的、不可避免的；而绝对是偶然的、可以自由选择的。

我们不妨想一下最可能推翻这一结论的极端情况：即使是在专制最近乎必然的秦皇汉武唐宗宋祖诸朝代，至多也只能说，专制大势所趋因而顺之者昌逆之者亡。但是，我们绝不能说，在这些朝代专制是必然的。在这些朝代，专制也是偶然的、可变的、可以避免的；在这些朝代，人们仍然具有选择其他政体的可能性：可能选择民主共和。只不过，这种可能性在选择者们生前就实现的可能性极小而近乎零，势必要经过世世代代艰苦而漫长的斗争才会实现，因而只是抽象可能性而非具体可能性。但是，抽象可能性也是可能性而绝非必然性：专制绝对不具有历史必然性。

综上所述，只有经济形态、经济制度才被生产力发展的历史阶段所必然决定，才是必然的、历史的、阶级的、时代的，因而一个社会只可能在一定的历史发展阶段实行某种经济形态、经济制度：实行何种经济形态、经济制度是不能自由选择的。反之，政体则与经济发展的历史阶段没有必然联系，是偶然的、超经济超阶级超历史超时代的，因而在经济和历史发展的任何阶段都可以自由选择任何政体。这就是为什么，即使造成专制政体的所有根源和原因结合起来，也只能使专制的产生和存在近乎必然而绝非必然的缘故。这就是为什么，五千年来实行亚细亚生产方式的各个国家始终是——却非必然是——专制的缘故。因为专制政体无疑与其他政体一样，并不被经济发展的历史阶段所必然决定，因而不是必然的、不依人的意志而转移的、不可自由选择的；而是直接决定于争取最高权力的人们的斗争的具体的、特殊、偶然的情况，因而在任何条件下都是——亦即绝对是——偶然的、依人的意志而转移的、可以自由选择的。一言以蔽之，专制在任何条件下——即使在造成专制政体的所有根源和原因都存在的条件下——都是偶然的、可能的、可以自由选择的；专制是绝对偶然的，绝对不具有历史必然性：这就是专制产生和存在之本性。

## 三、专制价值：专制主义之谬误

专制产生和存在的根源、原因和本性之解析，针对的固然是专制之事实如何；但是，从此出发，便不难破解专制应该如何之难题：专制是否——在任何条件或一定条件下——应该？如果专制是应该的，专制主义——亦即认为专制是应该的理论——就是真理，就应该开拓专制产生和存在之根源以及原因，从而建立和加强专制统治；否则，如果专制是不应该的，专制主义就是谬误，就应该堵塞、断绝专制产生和存在之根源以及原因，从而防止或废除专制统治。那么，专制是否应该？或者说，专制究竟是好、善、优良、具有正价值，还是坏、恶、恶劣、具有负价值？

布莱斯有言："所有制度都不是十全十美的。"[①]诚哉斯言！不可能有十全十美的国家制度。有一利必有一弊，任何一种国家制度，不论是民主还是专制，都必定既有一些优良的、好的、善的和正确的方面，又有一些恶劣的、坏的、恶的和错误的方面，而不可能全部优良正确或全部恶劣错误。这就是为什么自柏拉图和亚里士多德以降，一直有思想家否定民主而赞成贤人政治或贵族政治的缘故。他们否定民主，因为民主有很多弊端和缺憾；他们赞成贵族政治，因为贵族政治有很多的优越和美好。这样来评估各种国家制度好坏价值的方法是不科学的：按照这种方法，我们既可以说任何制度都是好的、优良的，因为任何制度都有很多优越和美好；也可以说任何国家制度都是坏的、恶劣的，因为任何制度都有很多弊端和缺憾。

因此，评价一种国家制度之好坏价值，只能是就其处于基础与核心地位的——亦即具有决定意义的——价值来说的：如果处于基础与核心地位的价值是优良的，该国家制度就是优良的；如果处于基础与核心地位的价值是恶劣的，该国家制度就是恶劣的。国家制度好坏的三大价值标准——终极价值标准和根本价值标准以及最高价值标准——无疑构成了衡量国家制度好坏的基础与核心价值的标准：三者所衡量的就是国家制度的基础与核心价值。因此，无论如何，只有符合或违背三者的国家才是好国家或坏国家：三者所构成的价值标准体系是衡量国家制度好坏价值的科学标准：

符合这些标准的国家制度，无论有多少缺点、错误和恶，都是具有正价值的、应该的、好的、善的国家制度；违背这些标准的国家制度，无论有多少优点、正确和善，都是具有负价值的、不应该的、坏的和恶的国家制度。

---

① 詹姆斯·布莱斯：《现代民治政体》下册，吉林人民出版社 2001 年版，第 1027 页。

### 1. 专制极端违背国家制度好坏最高价值标准：自由与人道

每个公民都应该完全平等地共同执掌国家最高权力，从而完全平等地共同成为国家最高统治者，完全平等地共同使国家的政治按照自己意志进行，完全平等地共同拥有最高政治自由：这就是衡量国家制度好坏的政治自由标准。准此观之，无疑只有一种政体——亦即民主政体——符合政治自由原则。因为民主就是每个公民都完全平等地共同执掌国家最高权力的政体。相反地，专制则极端违背政治自由标准，因为专制是一个人不受限制地独掌国家最高权力的政体。

专制极端违背政治自由原则，势必如布坎南所指出，实行政府管制经济，从而极端违背经济自由标准。[①] 因为，专制等非民主制，意味着政治权力垄断，它将国人分为两大群体：垄断政治权力的群体和没有政治权力的群体。垄断政治权力的群体亦即所谓官吏阶级；没有政治权力的群体亦即所谓庶民阶级。因为所谓阶级，就是人们因权力垄断——经济权力或生产资料垄断与政治权力垄断——所导致的剥削和压迫关系而分成的不同群体。哪里有权力垄断，哪里分为无权群体与有权群体，哪里就必定存在压迫与剥削：垄断权力的群体必定压迫和剥削无权群体。对于这个道理，休谟曾有深刻揭示："人们天生野心很大，他们的权欲永远不能满足。如果一个阶层的人在追求自己的利益时能够掠夺其他一切阶层，他们肯定会这么干，并使自己尽可能地专断一切，不受制约。"[②] 官吏阶级压迫和剥削庶民阶级最主要最根本最重要的手段，无疑是政府管制经济：政府管制乃是专制等非民主制的必然的普遍的固有的特征。

如果说专制的固有特征是极端违背政治自由标准、专制最需要的是政府管制经济，那么，专制最害怕的就是言论出版自由而导致国民

---

① 毕焦：《从专制到民主：寻租社会由兴至衰的历史轨迹》，《腐败：权力与金钱的交易》，中国经济出版社 1993 年版，第 204 页。

② 刘军宁编：《民主二十讲》，中国青年出版社 2008 年版，第 41 页。

的觉悟和反抗：极端违背言论出版自由标准是专制本性。就拿主持编纂《四库全书》并一再表白“朕从不以语言文字罪人”的乾隆皇帝来说，仅他一个朝代，文字狱竟多达135起。每一起往往都有多人乃至数十人被处死；甚至上百人、上千人遭祸。[①] 鲁迅在分析这些惨案的来由时曾这样写道：“有的是卤莽，有的是发疯，有的是乡曲迂儒，真的不识讳忌，有的则是草野愚民，实在关心皇家。而运命大抵很悲惨，不是凌迟、灭族，就是立刻杀头，或者‘斩监候’。”[②]

不但此也！自由是最根本的人道，是“使人成为人”——亦即使每个人都实现自己的创造性潜能从而成为可能成为的最有价值的人——的根本条件。专制极端违背全部自由标准，剥夺国人的政治自由、经济自由和思想自由，使每个人的个性得不到发挥、创造性潜能得不到实现，从而——正如马克思所言——极端违背了人道标准：“专制制度的唯一原则就是轻视人类，使人不成其为人。”[③]

更何况，专制就其制度本性来说必定导致暴政。因为就制度本性来看，专制是一人独掌国家最高权力。一人依靠什么迫使所有人服从其统治呢？根本说来，只能依靠暴力。所以，专制的本性就是暴政，就是非人道，就是违背人道标准。想一想中国自五帝时代至民国五千年的专制统治吧！岂不是充满惨绝人寰的血腥的非人道的历史？

## 2. 专制极端违背国家制度好坏的根本价值标准：平等与正义

专制是一个人独掌国家最高权力，因而国家都只有一个主人、主公，亦即专制者，而其他所有人都是奴才、奴仆、牛羊、牲畜。所以，S. E. 芬纳说：“专制是一种统治者与被统治者的关系是主奴关系的统

① 胡奇光：《中国文祸史》，上海人民出版社1993年版，第175页。

② 鲁迅：《且介亭杂文·隔膜》。

③ 《马克思恩格斯全集》第1卷，人民出版社1956年版，第411页。

治形式。”[①] 这岂不极端地违背“每个人只顶一个，不准一个人顶几个”的政治平等原则？因此，卢梭一再说，专制意味着极端不平等：

“这里是不平等的顶点……在这里一切个人之所以是平等的，正是因为他们都等于零。臣民除了君主的意志以外没有别的法律；君主除了他自己的欲望以外，没有别的规则。”[②]

然而，或许令人困惑：一个人究竟是怎样将所有人都变成他的奴才、奴仆、牛羊、牲畜而服从其专制统治的呢？答案是：等级制！所谓等级制，首先意味着政治权力垄断，它将国人分为两大群体：垄断政治权力或政治职务的群体和没有政治权力或政治职务的群体。垄断政治权力或政治职务的群体，亦即所谓“官”、“官僚阶级”、“官吏阶级”，占国人的极少数，叫作统治阶级；没有政治权力或政治职务的群体，亦即所谓“民”、“庶民”、“人民”，占国人的绝大多数，叫作被统治阶级。等级制，说到底，意味着特权：“等级制度的遗传密码是什么呢？就是特权。”[③] 这可以从两方面看：

一方面，等级制意味着官民之间等级森严：官吏阶级或政治权力垄断群体享有他们在民主制中得不到的巨大的政治权利、经济权利和机会权利等等权利：“三代以下，未有不仕而能富者也！”[④] 想想看，就拿专制国家小小的七品芝麻官县长来说吧。他可是父母官、县太爷呀！他所享有的权利，从很多方面来说，恐怕都远远大于和多于一个民主国家的总统！至于专制国家的高官所享有的特权之大就更不必说了。因为等级制的另一方面，就意味着官吏之间等级森严：官越大，对于专制统治能否稳定的作用就越大，所享有的权利就越大。

这样一来，专制者一人虽然剥夺了所有人各种自由权利、平等权

① 米勒等编：《布莱克维尔政治学百科全书》，中国政法大学出版社 1992 年版，第 194 页。

② 卢梭：《论人类不平等的起源和基础》，商务印书馆 1962 年版，第 146 页。

③ 葛承雍：《中国古代等级社会》，陕西人民出版社 1992 年版，第 5 页。

④ 宋翔凤：《论语说义》。

利和人权，使所有人都沦为他的奴才；但是，每个官员毕竟有“得”有“失”，而“得”远远多于“失”。因为他不但必然获得在民主制中得不到的巨大的权益，而且他虽然不免是奴才，却同时也是主人；更何况他只是一个人、几个人或少数人的奴才，却是役使极其众多的奴才的主人。因为他的下级和所有的庶民都是他可以役使的奴才，亦即奴才的奴才，甚至是奴才的奴才的奴才的奴才。即使他是小小的七品县令芝麻官，他也仍然是全县所有人的主人、父母官嘛。

这就是专制者将所有人都变成奴才、奴仆、牛羊、牲畜而使其服从专制统治的秘密：专制国家的每个官员都享有他在民主制中不可能得到的巨大特权和权益。因此，专制国家的官吏阶级、统治阶级或政治权力垄断群体，必然要维护自己如此巨大的特权和权益，因而必然维护专制统治，必然反对民主，从而成为维护专制统治的主要力量。这就是为什么，等级制是专制统治的诀窍，是专制所固有的必然的普遍的不依人的意志而转移的根本特征。

不言而喻，等级制极端违背平等和正义标准：等级制不但剥夺了庶民阶级所应该享有的全部比较高级的权利或非人权权利，而且剥夺了庶民阶级应该享有的人权。因为等级制意味着官吏阶级特权，等级制赋予官吏阶级多少特权，就意味着庶民阶级被剥夺和丧失多少权利，就意味着庶民阶级被强加多少非正义的义务。这样一来，庶民阶级所应该享有的权利，便因等级制而遭受双重的剥夺和侵犯：一方面是被专制者所剥夺的各种自由权利、平等权利和人权等权利；另一方面是被整个官吏阶级的特权所剥夺的各种政治权利、经济权利、机会权利和社会权利等权利。结果庶民阶级所应该享有的权利几乎丧失殆尽，而获得的几乎完全是义务；相反地，官吏阶级所得到的几乎完全是权利：“几乎把一切权利赋予一个阶级，另一方面又几乎把一切义务推给另一个阶级。”①

① 《马克思恩格斯全集》第21卷，人民出版社1971年版，第202页。

### 3. 专制极端违背国家制度好坏终极价值标准：增进每个人利益总量

当我们运用国家制度价值终极总标准——增减每个人利益总量——来评估专制的价值的时候，就会感到每个人利益总量过于笼统，难以准确衡量专制的价值。怎么办？科学的方法，恐怕正如密尔所言，首先要对每个人利益总量进行分类；然后用所划分出来的更加具体的利益评估专制价值，就可以准确无误了。①

可是，应该将每个人利益总量分成哪些具体种类呢？密尔发现，可以分为国民品德与国家繁荣进步状况。② 诚哉斯言！因为国家制度好坏的价值终极总标准，是增减每个人利益总量；而增减每个人利益总量，归根结底，无疑取决于国民品德状况和国家繁荣进步而与其成正比：国民品德越加良好，国家越加繁荣进步，必定越加增进每个人利益总量，因而必定符合国家制度价值终极总标准；国民品德越加败坏，国家越加停滞不前，必定越加减少每个人利益总量，因而违背国家制度价值终极总标准。

然而，"增减每个人的利益总量"仅仅是国家制度价值终极总标准：它在国人利益不发生冲突情况下表现为"无害一人地增加利益总量"价值终极分标准；在国人利益发生冲突情况下则表现为"最大多数人的最大利益"价值终极分标准。显然，这两个价值终极分标准与笼统的国家制度价值终极总标准不同，本身已经足够具体，可以直接准确无误地衡量专制价值。这样一来，运用国家制度价值终极标准评估专制的科学方法便可以归结为三个层次：首先，直接根据国家制度好坏的价值终极标准，主要是价值终极分标准，特别是最大多数人的

---

① John Stuart Mill, *On Liberty · Representative Government · Utilitarianism*, Chicago: Encyclopaedia Britannica, Inc., 1952, p. 333.

② John Stuart Mill, *On Liberty · Representative Government · Utilitarianism*, Chicago: Encyclopaedia Britannica, Inc., 1952, pp. 336-337.

最大利益标准；其次，根据国民品德状况；最后，根据国家繁荣进步。

**直接根据国家制度终极价值标准**　专制极端违背国家制度好坏最高价值标准“自由与人道”和根本价值标准“平等与正义”，从而也就极端违背国家制度好坏终极价值总标准“增进每个人的利益总量”及其分标准“无害一人地增加利益总量”和“最大多数人的最大利益”：

专制保全一个人独掌国家最高权力的利益，而剥夺和损害所有人平等地共同掌握国家最高权力的利益，岂不极端违背“无害一人地增加利益总量”标准？岂不极端违背“最大多数人的最大利益”标准？岂不极端违背“增进每个人利益总量”标准？

专制保全一个人独掌国家最高权力的利益而违背政治自由、经济自由和思想自由原则，从而剥夺和侵犯所有人应该享有的各种自由权利，使所有人都生活于一个遭受全面的奴役、异化和不自由的社会，完全丧失个性因而不可能实现自己的创造性潜能，岂不极端违背“无害一人地增进利益总量”标准？岂不极端违背“最大多数人的最大利益”标准？岂不极端违背“增进每个人利益总量”标准？

专制保全一个人独掌国家最高权力的利益，而违背政治平等、经济平等和机会平等原则，从而剥夺和侵犯所有人应该享有的各种平等权利，使所有人生活于一个极端不平等、不公正的等级社会，岂不极端违背“无害一人地增进利益总量”标准？岂不极端违背“最大多数人的最大利益”标准？岂不极端违背“增进每个人利益总量”标准？

专制保全一个人独掌国家最高权力的利益，而违背人权原则、人道原则和公正原则，从而剥夺所有人应该享有的人权、人道和公正的权益，使所有人都生活于一个无人权、不公正和不人道的社会，岂不极端违背“无害一人地增进利益总量”标准？岂不极端违背“最大多数人的最大利益”标准？岂不极端违背“增进每个人利益总量”标准？

**根据国人品德状况**　专制必定导致绝大多数国人品德低下败坏。因为毋庸赘述，国家制度是大体，是决定性的、根本性的和全局性的；而道德教养是小体，是被决定的、非根本的和非全局性的。因此，邓小平说：

"制度好可以使坏人无法任意横行，制度不好可以使好人无法充分做好事，甚至会走向反面。即使像毛泽东同志这样伟大的人物，也受到一些不好的制度的严重影响，以至于对党对国家对他个人都造成了很大的不幸……不是说个人没有责任，而是说领导制度、组织制度问题更带有根本性、全局性、稳定性和长期性。"①

一个国家，只要国家制度好，只要实行宪政民主、没有政府管制的市场经济、思想自由、自由主义和平等主义道德规范体系，那么，该国绝大多数国人——亦即国人总体——品德必定良好高尚；只要国家制度不好，只要实行专制、政府管制经济、言论出版不自由和专制主义道德规范体系，那么，该国绝大多数国人——亦即国人总体——品德必定低下败坏。因此，一旦国家最高权力落入一人之手而沦为专制，那么，不论专制者是明君还是昏君，便必定——如卢梭所言——导致绝大多数国人道德沦丧：

"从这个时候起，无所谓品行和美德问题了。因为凡是属于专制政治统治的地方，谁也不能希望从忠贞中得到什么。专制政治是不容许有任何其他主人的，只要它一发令，便没有考虑道义和职责的余地。最盲目的服从乃是奴隶们所仅有的唯一美德。"②

**根据国家繁荣进步**　专制是国人总体品德败坏的直接且终极原因，意味着：专制必定极大地阻碍国家繁荣进步。因为国民品德状况无疑是决定国家能否繁荣进步的一个极其重要的全局性因素。如果国民品

---

①《邓小平文选》第 2 卷，人民出版社 1994 年版，第 333 页。

② 卢梭：《论人类不平等的起源和基础》，商务印书馆 1959 年版，第 145 页。

德良好，国民必定极少互相损害，必定积极谋求国家和他人利益，从而必定极大地增进全社会和每个人利益总量，极大地促进国家繁荣进步。相反地，如果国民品德败坏，国民必定经常互相损害而绝不会积极谋求国家和他人利益，从而必定极大地减少全社会和每个人利益总量，极大地阻碍国家繁荣进步。

因此，托克维尔在总结美国繁荣进步的原因时写道："英裔美国人的法制和民情是使他们强大起来的特殊原因和决定性因素。"① 华盛顿也认为国民品德良好是国家自由繁荣的四要素之一："一个国家要保持自由和繁荣所必需的第四条原则是：人民具有美德。"② 麦迪逊亦如是说："设想一个政府能够在没有美德的民众之中保障他们的自由和幸福，这简直就是一个空想。"③

不但此也！专制必定极大地阻碍国家繁荣进步，更重要的还在于，一方面，国家制度越违背平等与正义标准，每个人的贡献与所得便越背离，每个人为国家和他人劳动的积极性便越低，从而效率也就越低，国家的繁荣进步便越慢。因此，恒久说来，专制岂不必定因其极端违背平等与正义原则导致国家萧条落后、停滞不前？另一方面，自由是最根本的人道，是每个人实现自己创造性潜能和国家繁荣进步的根本条件。因此，恒久说来，专制岂不就必定因其剥夺所有人——除了专制者一人——的政治自由、经济自由和思想自由而成为每个人实现自己的创造性潜能和国家繁荣进步的极大障碍？各国的历史和现实，岂不充分证实了这一结论？

综上所述，专制极端违背国家制度好坏终极价值标准。一方面，专制不但是国民总体品德败坏的根本原因，而且是国家停滞不前的根本原因，因而极端减少每个人利益总量，极端违背国家制度好坏的价

① 托克维尔：《论美国的民主》上卷，商务印书馆 1996 年版，第 356 页。

② 玛丽·莫斯特：《独立宣言：渴望自由的心声》，中共党史出版社 2006 年版，第 216 页。

③ 彼得·里尔巴克：《自由钟与美国精神》，江西人民出版社 2010 年版，第 9 页。

值终极总标准“增进每个人利益总量”。另一方面，专制为了保全一个人独掌国家最高权力，而极端违背政治平等原则、经济平等原则和机会平等原则，剥夺所有人应该享有的各种平等权利，使所有人生活于一个极端不平等、不正义的等级社会；极端违背政治自由原则、经济自由原则和思想自由原则，剥夺所有人应该享有的各种自由权利，使所有人都生活于一个遭受全面的奴役、异化和不自由的社会，丧失个性而不能实现自己的创造性潜能；极端违背人权原则、人道原则和正义原则，剥夺所有人应该享有的人权、人道和正义的权益，使所有人都生活于一个无人权、非正义和不人道的社会——专制极端违背国家制度好坏根本价值标准“平等与正义”和最高价值标准“自由与人道”以及终极价值标准“最大多数人最大利益”。

## 4. 专制主义：绝对谬误

专制极端违背国家制度好坏全部价值标准——最高价值标准“人道与自由”和根本价值标准“正义与平等”以及终极价值标准“增进每个人利益总量”——因而是一种极端恶、极端坏、极端不应该、具有极端负价值的政体。诚然，问题的关键还在于，专制的产生和存在究竟是必然的还是偶然的？如果是必然的、不可避免的、不可自由选择的，如果与奴隶制一样，具有历史必然性，那么，专制虽然是极端的恶，却岂不与奴隶制一样，是一种必要恶？是一种进步的好东西？然而，如上所述，专制的根源和本性的研究表明：

专制在任何条件下——即使在造成专制的所有根源和原因都存在的条件下——都完全是偶然的、可能的、可以避免的、可以自由选择的；专制是绝对偶然的、绝对可以避免的、绝对不具有历史必然性的。这样一来，在任何社会和任何时代，在任何条件下，专制便都因其极端违背国家制度好坏全部价值标准而是极端恶、极端坏、极端负价值、极端不应该、极端不道德的政体：专制是绝对的极端恶、绝对的极端坏、绝对的极端负价值、绝对的极端不应该、绝对的极端不道德。

专制是绝对的极端恶，显然具有双重意蕴：专制者必定罪大恶极与专制主义必定绝对谬误。因为，一方面，既然专制是一种绝对的极端恶，那么，任何一个专制者，不论他的品德多么好，不论他的心肠多么仁慈，不论他的功劳多么大，他对于全社会和每个人岂不都犯下了极大罪恶？他的行为的净余额岂不都是极大的恶？他岂不都是一个名副其实的罪大恶极者？他怎么能不是罪大恶极呢？试想，他为了自己一个人独掌国家最高权力，而极端违背政治平等、经济平等和机会平等原则，从而剥夺所有人应该享有的各种平等权利，使所有人生活于一个极端不平等、不正义的等级社会；他为了自己一个人独掌国家最高权力，而极端违背政治自由、经济自由和思想自由原则，从而剥夺所有人应该享有的各种自由权利，使所有人都生活于一个遭受全面的奴役、异化和不自由的社会，完全丧失个性而不可能实现自己的创造性潜能；他为了自己一个人独掌国家最高权力，而极端违背人权原则、人道原则和公正原则，从而剥夺所有人应该享有的人权、人道和正义的权益，使所有人都生活于一个无人权、非正义和不人道的社会；他为了自己一个人独掌国家最高权力而极端违背自由与人道以及平等与公正等国家制度好坏全部价值标准，从而极端阻碍社会发展，造成社会停滞不前和导致绝大多数国人品德低下败坏。

试问，难道一个人还有什么功劳能够抵消如此无与伦比的滔天罪恶吗？尧、舜、禹、汤、文、武的伟大功劳能够抵消如此无与伦比的滔天罪恶吗？秦皇汉武唐宗宋祖成吉思汗的功劳能够抵消如此无与伦比的滔天罪恶吗？不论某个专制者的功劳多么大，比起如此滔天的罪恶，岂不都是微不足道吗？所以，任何一个专制者，不论他是明君还是昏君，他的行为的净余额都是极大的恶，他都是一个名副其实的罪大恶极者；只不过，昏君暴君的罪恶更加巨大罢了。但是，即使是夏桀商纣，即使所有的昏君之和，也远远不及那个最伟大的明君——大禹——的罪恶大。因为大禹乃是中国家天下专制制度——并且是官吏阶级全权垄断的家天下的极权主义专制制度——的开创者：这种专制制度自夏朝以来践踏了中国四千余年！即使所有的昏君之和，也远远不及那个最伟大的皇帝——秦始皇——的罪恶大。因为秦始皇是将所有人的自由剥夺得最干净的专制——官吏阶级全权垄断的家天下的中央集权的极权主义专制制度——的开创者：这种惨绝人寰的制度摧残蹂躏了中国两千多年！想想看，究竟还能有谁的罪恶比大禹和秦始皇的罪恶更大？

另一方面，既然专制是一种绝对的极端恶，既然专制在任何社会、任何时代和任何条件下都具有极端负价值，都是极端不道德、不应该、恶的，那么，专制主义——亦即认为专制是应该的理论——岂不就是一种绝对的极端谬误？专制主义在任何社会、任何时代和任何条件下都绝对地无条件地是一种极端谬误，一种极端坏东西。

因此，任何一种思想体系，如果专制主义并非其基础或核心，那么，它所包含的真与谬以及利与害之净余额便可能为正而是真理与善，它便可能是一种不虚“真理与善”美名的思想体系；反之，不论它多么伟大深刻，多么博大精深，多么源远流长，只要它的核心或主干是专制主义，那么，它的净余额必定绝对是极大的负价值，因而它便是一种绝对的极端错误和极端有害的思想体系。苏格拉底、柏拉图和亚里士多德虽然或多或少都是专制主义论者，但他们的专制主义充其量不过是几句话而已，在他们所构建的思想体系中微不足道，因而并不影响他们思想体系之价值。

反之，孔子和儒家的思想体系就不同了。因为孔子和儒家的专制主义理论——亦即所谓“三纲说”——在他们的思想体系中无疑居于核心地位。这一点，陈独秀讲得十分透辟：“儒家的独特主张是什么呢？除去三纲的礼教，他没有任何主张，孔子只不过是一个笃行好学的君子而已，人们凭什么奉他为万世师表呢？”①“所谓君道臣节，名教纲常，不过儒家之主要部分而亦非其全体。”②贺麟也这样写道：

“五伦的观念是几千年来支配了我们中国人的道德生活的最有力量的传统观念之一。它是我们礼教的核心，它是维系中华民族的群体的纲纪。……五伦观念之最基本意义为三纲说，五伦观念之最高最后的发展，也是三纲说。而且五伦观念在中国礼教中权威之大、影响之大、支配道德生活之普遍与深刻，亦以三纲说为最。三纲说实为五伦观念之核心，离开三纲而言五伦，则五伦说只是将人与人的关系，方便分为五种，比较注重人生、社会和差等之爱的学说，并无传统或正统礼教之权威性与束缚性。儒家本来是与诸子争鸣的一个学派，其进而被崇奉为独专的中国人的传统礼教，我揣想，应起源于三纲说正式成立的时候。……三纲说在历史上的地位既然如此重要，无怪乎在新文化运动时期，那些想推翻儒家、打倒旧礼教的新思想家，都是以三纲为攻击的主要对象。”③

这样一来，尽管孔子和儒家的思想体系博大精深、源远流长，甚至包藏诉说不尽的真理和善，如“爱有差等”之人类最伟大的定律等等；但是，它的基础和核心——专制主义——却是一种绝对的极端的谬误和负价值。因此，就孔子和儒家思想体系之真与谬以及恶与善的净余额来说，无疑是极大的谬误和极大的负价值；因而就其整体来说，便是一种绝对的极端错误和极端有害的思想体系。孔子和儒家思想体系之谬误、负价值与罪恶，正如吴虞所言，更因其统治和毒害中国两千多年而无比地增大和膨胀：“其流毒诚不减于洪水猛兽矣。”④所以，鲁迅在《狂人日记》中曾借狂人之口，极为深刻而中肯地将孔子

① 任建树等编：《陈独秀著作选》第三卷，上海人民出版社 1993 年版，第 388、385 页。
② 任建树等编：《陈独秀著作选》第三卷，上海人民出版社 1993 年版，第 487 页。
③ 王元化主编：《释中国》第二卷，上海文艺出版社 1999 年版，第 1205、1213 页。
④ 赵清、郑成编：《吴虞集》，四川人民出版社 1985 年版，第 64 页。

和儒家道德体系的本质归结为“吃人”：

“我翻开历史一查，这历史没有年代，歪歪斜斜的每页上都写着‘仁义道德’几个字。我横竖睡不着，仔细看了半夜，才从字缝里看出字来，满本都写着两个字是‘吃人’！”

诚然，孔子和儒家的专制主义并非最坏的专制主义：它们比韩非和法家的专制主义无疑要好得多。因为，细究起来，专制主义的类型不同，它们的谬误和有害的程度自然也有所不同。这可以从两方面看。一方面，法家和马基雅维利所代表的霸道的邪恶的专制主义，显然比儒家和阿奎那所代表的王道的开明的专制主义更谬误、更坏、负价值更大；另一方面，儒家、墨家、道家和法家所代表的永恒专制主义（亦即认为专制在任何历史条件下永远都是应该的理论），显然比马基雅维利、亚里士多德、但丁所代表的暂时专制主义（亦即认为专制只有在一定历史条件下才永远是应该的理论）更谬误、更坏、负价值更大。

于是，合而言之，法家和霍布斯所代表的永恒且邪恶专制主义（亦即认为专制不仅在任何历史条件下永远都是应该的，而且即使在专制者的统治是不道德的条件下也是应该的理论）最坏、负价值最大和最为谬误；儒家和阿奎那所代表的永恒且开明专制主义（亦即认为专制虽然在任何历史条件下永远都是应该的，却只有在君主的治理符合道德的前提下才是应该的理论）次之；马基雅维利所代表的暂时且邪恶专制主义（它认为邪恶的专制只是在一定历史条件下才是应该的，而在另一种历史条件下不但邪恶的专制是不应该的，而且任何专制都是不应该的，而唯有自由主义是应该的）又次之；亚里士多德、但丁和柏拉图所代表的暂时且开明专制主义（亦即认为只有在一定历史条件和专制者的治理符合道德的双重前提下专制才是应该的理论）的谬误最轻、负价值最小。

孔子和儒家的专制主义，比韩非和法家的专制主义要好得多，仅仅是就这两种理论本身来说的，而不是就它们的实际效果来说的。如果就二者的实际效果来说，孔子和儒家的专制主义比韩非和法家的专制主义真不知道要坏多少倍！因为统治中国两千多年的是孔子和儒家的专制主义，而不是韩非和法家的专制主义：给中国带来最大罪恶的是孔子和儒家的专制主义，而不是韩非和法家的专制主义。不过，话说回来，不同类型专制主义的错误程度虽然有所不同，却毕竟同样都是绝对谬误，毕竟同样在任何社会、任何时代和任何条件下都是谬误和坏东西；并且与非专制主义国家制度理论的谬误相比，同样都是一种极端的谬误和极大的坏东西。

孔子和儒家的专制主义对于孔子当时及其后两千多年和现代社会同样是一种极大的恶和极端的谬误：它们对于任何社会和任何时代都同样是一种极大的恶和极端的谬误。说到底，任何专制主义——孔子和儒家亦然——都是一种绝对的、永恒的谬误和罪恶，它们永远不会过时。因为，如上所述，专制与其他政体一样，并不被经济发展的历史阶段所必然决定，因而不是必然的、不依人的意志而转移的、不可自由选择的；而是直接决定于争取最高权力的人们的斗争的具体的、特殊的、偶然的情况，因而在任何条件下都是——亦即绝对是——偶然的、依人的意志而转移的、可以自由选择的：任何社会、任何时代都可能产生和存在专制制度以及为它辩护的专制主义理论。这就是为什么专制主义理论永远不会过时的缘故！这就是为什么想当皇帝的袁世凯会将孔学作为国家施政指导思想的缘故！这就是为什么李大钊会看到历代专制者对于孔子和儒家“莫不尊之祀之、奉为先师、崇为至圣”[①]的缘故！这就是为什么陈独秀感叹“每逢民主运动失败一次，反动潮流便高涨一次，同时孔子便被人抬高一次”[②]的缘故！

---

① 李大钊：《李大钊文集》上，人民出版社 1984 年版，第 264 页。

② 任建树等编：《陈独秀著作选》第三卷，上海人民出版社 1993 年版，第 388 页。

## 四、专制主义理论根据

专制主义是一种将“极端的不人道与不自由以及极端的非正义与不平等和极端损害绝大多数人利益”奉为国家制度价值标准的极为荒谬的理论。然而，更为荒谬的是，不但中国几乎所有思想家——儒家、墨家、法家、道家和阴阳家等等——无不是专制主义论者，而且像苏格拉底、柏拉图和亚里士多德这样西方最伟大的思想家竟然也都无不赞成专制主义！

诚然，自从文艺复兴时期自由主义之兴起，经过二三百年的搏斗，终于在17世纪击溃专制主义而成为西方社会主流意识形态；四百年来，学术界似乎已经达成共识：专制是不应该的因而专制主义是谬误。然而，细究起来，正如魏特夫（Karl A. Wittfogel）所指出：“大体说来，伯里在自由主义时期结束时所言甚是：几乎无人通过详尽的比较研究来确定专制主义之特征。”①

特别是，专制主义大师们——西方如柏拉图、亚里士多德、阿奎那、霍布斯、但丁和马基雅维利，中国如孔子、墨子、孟子、荀子、老庄和韩非等等——所主张的专制主义的论点和论据，真正讲来，还没有被系统批驳；专制主义之谬误迄今并没有得到系统而严谨的确证。一句话，专制究竟是否应该？专制主义为什么是谬误？这仍然是根本没有得到证明的理论难题。破解这一难题的终点显然是：专制主义究竟有什么理论根据？

中西专制主义共同的主要理论根据，可以归结为“君权神授说”、“优秀人物统治论”、“国家统一说”、“天无二日说”和“专制具有历史必然性”。《不列颠百科全书》“专制主义”词条这样总结道：“为

① Karl A. Wittfogel, *Oriental Despotism: A Comparative Study of Total Power*, New Haven: Yale University Press, 1957, p.2.

君主专制辩护的最简单的论据是国王的权力来自上帝，即‘君权神授说’……除君权神授说外，还提出了一些为专制君主政体辩护的更实际的论点。完全服从一个单一意志，据说是为维持国家的秩序和安全所必需的；否则，敌对或分散的政治权力会引起混乱。”“君权神授说”曾被洛克等思想家长篇大论予以驳斥；但今日看来，君权神授说实属无稽之谈，已无反驳价值。相反地，“优秀人物统治论”、“国家统一说”、“天无二日说”、“专制具有历史必然性”和“家天下专制主义：儒家的独特辩护”尚须细细透析、考量。

### 1. 优秀人物统治论

“优秀人物统治论”代表人物主要是古希腊哲学家赫拉克利特、德谟克利特、苏格拉底、柏拉图和亚里士多德。赫拉克利特反对民主制，因为在他看来，大多数人就是群氓，民主制就是“愚人”和“坏人”的统治；而国家显然应该由“优秀的人”进行统治：“一个人如果是最优秀的人，在我看来，就抵得上一万人。”[①] 德谟克利特亦如是说：“对于愚蠢的人来说，听命要比发号施令好。”[②]“按照事物的本性，优秀的人理当进行统治。”[③] 苏格拉底认为，民主制的主要缺陷在于人民大众不可能具备治理国家的能力和知识，从而提出“哲人统治论”：“进行统治的应是有知识的人。”[④]

从此出发，柏拉图最终得出了国家最高权力应该由一人独掌的专制主义结论。因为真正优秀的人总是极少数，最优秀的人、极其通晓统治技艺的人，必定是一两个人：“如果能在这个世界上找到纯粹形式的统治技艺，那么我们要是能找到一两个人拥有这种技艺就不错了，

---

① 涅尔谢相茨：《古希腊的政治学说》，商务印书馆 1991 年版，第 57 页。

② 涅尔谢相茨：《古希腊的政治学说》，商务印书馆 1991 年版，第 76 页。

③ 涅尔谢相茨：《古希腊的政治学说》，商务印书馆 1991 年版，第 75 页。

④ 涅尔谢相茨：《古希腊的政治学说》，商务印书馆 1991 年版，第 118 页。

或者说，顶多只有极少数人能够拥有这种技艺。”[①] 因此，“由一个人进行统治，并且这种统治能够保持在法律的规则中，也就是说依据被我们称作法律的成文法则来治理，那么，这种统治是所有六种统治中最优秀的”[②]。亚里士多德则集“优秀人物统治论”之大成，从而发现了似乎可以使专制主义立于不败之地的理论武器：

“政治职务和政治权利分配原则：应该根据每个人的才德或贡献分配政治职务和政治权利。”

按照这一原则，执掌国家最高权力的人应该是才德最优秀的人；才德最优秀的人显然不可能是人民大众，而只能是极少数人，甚至只能是一个人。因此，亚里士多德一再说：

“最优良的政体就该是由最优良的人们为之治理的政体。这一类型的政体的统治者或为一人，或为一宗族，或为若干人。”[③]

这就是古希腊思想家的“优秀人物统治论”。这种理论看似真理，实为片面谬论。因为，政治权利分为政治自由权利与政治职务权利。只有政治职务权利才应该按照才德贡献分配，因而最优秀的人应该担任最高政治职务。反之，政治自由权利则不论每个人的才德贡献如何，而应该完全平等享有，因而每个人不论贡献才德如何，都应该完全平等地共同执掌国家最高权力，从而完全平等地共同决定国家政治命运：民主制是应该的。“优秀人物统治论”的错误显然在于片面性：只看到政治职务权利分配原则，而没有看到政治自由权利分配原则，从而误以为国家最高权力与最高政治职务一样，应该执掌于最优秀的那一个人。

诚然，“优秀人物统治论”具有正反两面：“认为国家最高权力应该执掌于最优秀的人”只是其正面；而其反面则是“认为人民没有执掌最高权力的能力和知识”。如果确如“最优秀人物统治论”所言，人

---

① 柏拉图：《柏拉图全集》第三卷，人民出版社 2003 年版，第 144 页。

② 柏拉图：《柏拉图全集》第三卷，人民出版社 2003 年版，第 159 页。

③ 亚里士多德：《政治学》，商务印书馆 1996 年版，第 173 页。

民没有执掌最高权力——从而进行统治——的能力和知识，那么，即使执掌最高权力是人民的权利，人民自己也不应该执掌最高权力，而应该委托给人民的护卫者："最好的统治者应该是德才兼备的护卫者们。"[①]那么，人民究竟有没有执掌最高权力进行统治的能力和知识呢？

答案是肯定的。因为人民或庶民执掌最高权力进行统治，并不是担任政治职务的直接统治，并不是担任政治职务从而对被统治者所进行的直接统治，说到底，并不是官吏统治；而是不担任政治职务的间接统治，是被统治者反过来对统治者进行统治，从而使统治者按照被统治者自己的意志和利益进行统治。这种统治统治者的间接统治、庶民统治或非官吏统治，说到底，也就是所谓的参政权——主要包括选举、罢免、创制、复决四种权利——的行使。因此，庶民执掌最高权力进行的统治，主要讲来，也就是庶民通过选举和罢免等对统治者的管理、统治，从而使统治者按照庶民的利益和意志进行统治。

因此，庶民究竟有没有执掌最高权力进行统治的能力和知识的问题，也就是庶民有没有能力和知识，选举按照庶民的利益和意志进行统治的官吏？有没有能力和知识，罢免不按照庶民的利益和意志进行统治的官吏？说到底，也就是庶民有没有能力和知识选举增进自己利益的好官、罢免损害自己利益的坏官？显然，庶民完全具有选举增进自己利益的好官和罢免损害自己利益的坏官的能力和知识。试想，就是在极端禁止言论思想自由等愚民专制统治下的古代中国人民，都完全具有辨别好官与坏官的能力和知识；更何况民主统治下的当家做主的人民，怎么能不具有辨别自己的公仆——好官与坏官——的能力和知识？"优秀人物统治论"的谬误，主要讲来，就在于混淆"担任政治职务的直接统治"与"不担任政治职务的间接统治"，不懂得前者只有优秀人物能够胜任，而后者人人皆能胜任；以致由人民缺乏担

---

① Robert A. Dahl, *Democracy and its Critics*, New Haven and London: Yale University Press, 1989, p.271.

任政治职务进行直接统治的能力之正确前提，得出错误的结论：人民缺乏执掌最高权力进行间接统治的能力。

更何况，与专制等非民主制是一个人或极少数寡头执掌最高权力根本不同，民主制是全体庶民、人民执掌最高权力的统治，而不是一个庶民或几个、一些庶民执掌最高权力的统治。这样一来，一个或几个庶民的能力和知识固然远远不如优秀人物的能力和知识，因而不足以胜任执掌最高权力，进行民主统治；但是，三个臭皮匠，抵个诸葛亮，如果所有的庶民、人民的能力和知识集合起来，就可能超过任何优秀人物，至少必定胜任执掌最高权力，进行民主统治。这个道理，就连"优秀人物统治论"的代表人物亚里士多德，也曾有几番论述；他甚至还由此得出结论说，责难群众执掌最高权力的理由是不充分的：

"就多数而论，其中每一个别的人常常是无善足述；但当他们合而为一个集体时，却往往可能超过少数贤良的智能。多人出资举办的宴会可以胜过一人独办的宴会。相似地，如果许多人共同议事，人人贡献一份意见和一份思虑；集合于一个会场的群众就好象一个具有许多手足、许多耳目的异人一样，他还具有许多性格，许多聪明。"[①]

可见，人民、庶民不但完全具有执掌最高权力、从而选举增进自己利益的好官和罢免损害自己利益的坏官的能力和知识，而且完全可以具有执掌最高权力进行间接统治的任何能力和知识，甚至如密尔所言，可以具有亲自担任某种政治职务进行直接统治的能力和知识。[②]因为正如亚里士多德所指出："人类在本性上，也正是一个政治动物。"[③]

人是政治动物，显然意味着：每个人都是政治动物，每个人都具有政治能力，都具有执掌最高权力对统治者进行选举和罢免等间接统治

---

① 亚里士多德：《政治学》，商务印书馆 1996 年版，第 143 页。

② John Stuart Mill, *On Liberty · Representative Government · Utilitarianism*, Chicago: Encyclopaedia Britannica, Inc., 1952, p. 344.

③ 亚里士多德：《政治学》，商务印书馆 1965 年版，第 7 页。

的政治能力，都具有共同执掌最高权力进行统治的政治能力，都具有管理社会和国家等公务活动的政治能力：或者是实在的或者是潜在的。

### 2. 国家统一说

按照"国家统一说"，任何社会，不论大小，不论人数多少，它存在与发展的最根本的条件，乃是统一；而只有专制才能带来国家的统一和存在，而避免国家分裂和崩溃。阿奎那便这样写道："'无论何物，只要统一即可存在。'这就是为什么我们会看到，各种事物都极力避免分裂，而一物的分裂则源于其某种内在缺陷。因此，不论管理众人者是谁，他的首要目标就是统一或和平；而统一若是因其本身就是一个东西无疑最佳……自然的统一无疑比人为的一致更容易达成统一，所以众人由一个人统治比由若干人统治更佳。那么，结论就是：宇宙的统治形式堪称最佳，因为她的统治者是一个人。这就是为什么大哲学家亚里士多德说：'大自然痛恨混乱；民治没有好结果，因而最高的统治者只是一个人。'"①

中国的专制主义论者亦然。墨子便一再说，只有存在君主或天子，才能"从事乎一同天下之义"，社会和国家才能统一而存在发展；反之，如果没有君主或天子，如果没有君臣，必定天下大乱，社会和国家必定崩溃："无君臣、上下、长幼之节，父子、兄弟之礼，是以天下乱焉！明乎民之无正长以一同天下，而天下乱也。是故选择天下贤良、圣知、辩惠之人，立以为天子，使从事乎一同天下之义。"②

诚然，任何社会，不论大小，不论人数多少，它存在与发展的最根本的条件，无疑是统一，是"完整地结合为一个单位"。只有当社会如同一个人那样"构成一个整体"，亦即成为一个统一体、一个

---

① A. P. D'entreve, *Aquinas: Selected Political Writings*, New Jersey: Barnes & Noble Books, 1981, p. 54.

② 《墨子·尚同中》。

"公共的大我"、一个"公共人格"，它才能够存在发展；否则，四分五裂、各行其是，势必崩溃灭亡。社会和国家分裂、崩溃、不复存在无疑是最大的、无与伦比的恶。因为人是社会动物，如果社会和国家分裂、崩溃、不复存在，那么，每个人便不可能生存，人类便会灭亡。还能有什么比这更大的恶吗？当然没有。因此，如果确如阿奎那和墨子所言，只有专制——亦即一个人独掌国家最高权力——才能造成社会、国家的统一和存在，而避免社会、国家的分裂和崩溃，那么，专制虽因其极端违背国家制度价值标准而是一种极端的恶，却因其能够避免更大的恶——社会和国家的崩溃——而是一种必要的恶，因而归根结底也就是善的、应该的，而不是恶的、不应该的了。

但是，阿奎那、但丁和墨子的观点是不能成立的。因为毫无疑义，任何一种政体——君主专制和君主立宪以及寡头共和与民主共和——都能够保障社会的统一和存在而避免其分裂和崩溃。试问，难道只有专制——一个人独掌国家最高权力——才能统一，而民主——全体公民共同掌握国家最高权力——就不能统一吗？民主通过代议制和多数裁定原则所形成的"公众意志"不是统一是什么？难道民主的美国不是一个统一的国家吗？只不过，专制的统一是统一于一个人意志，因而是一种异化、奴役和不自由的统一；而民主的统一则是统一于"公众意志"，因而是一种非奴役、无异化和自由的统一罢了。

民主不但因其所形成的是"自由的统一"而能够保障社会存在，而且能够促进社会迅速发展：自由是实现每个人创造性潜能的根本条件。反之，专制则因其所形成的是"不自由的统一"而只能保障社会存在，却不能够促进社会发展；不但不能促进社会发展，而且极端阻碍社会发展。专制社会之所以仍然能够缓慢发展，并不是专制本身的结果，恰恰相反，乃是那些自由的斗士勇于反抗专制的结果。因此，专制虽能保障社会的统一和存在而避免其分裂和崩溃，却极端阻碍社会发展，极端违背国家制度价值标准；相反地，民主不但能够保障社会存在，而且能够促进社会迅速发展，完全符合国家制度价值标准。这样一来，任何一个国家，如果选择专制，虽能保障社会的统一和存在而避免其分裂和崩溃；但与选择民主比起来，净余额却是极大的负价值。因此，专制不是一种必要恶，而是一种纯粹恶。

### 3. 专制主义的理论根据：天无二日说

诚然，专制之为纯粹恶的前提是：专制不是必然的、不可自由选择的；而完全是偶然的、可以自由选择的。因为，如果专制是必然的、不可选择的、不依人的意志而转移的，那么，专制岂不就是天经地义的？细察古今中外专制主义论者著作可知，他们认为专制是应该的最主要的论据，原本就在于认为专制是必然的、不可自由选择的。在他们看来，社会或国家的最高权力的掌握者只是一个人——亦即君主专制——乃是社会或国家的结构之本性，正如天上只有一个太阳、家庭只有一个父亲、人体只有一颗心、蜜蜂只有一个王、宇宙只有一个上帝一样，是自然的、必然的、不依人的意志而转移的客观本性，因而也就是天经地义的，是合理的，是应该的、善的。这种理论，不妨称之为“天无二日说”。

孔子称君主为“天子”，将君主比附于天日：“孔子曰：‘天无二日，民无二王。’”[①] 这样一来，国家最高权力掌握于君主一人——亦即君主专制——岂不就与天上只有一个太阳一样，乃是天经地义的？所以郭象说：“君臣上下、手足外内，乃天理自然，岂真人之所为哉！”[②] 西方专制主义论者——如阿奎那——亦如是说：

“既然自然界总是以最佳方式劳作，那么，最接近大自然方法的，

① 《孟子·万章章句上》。
② 郭象：《庄子集释·齐物论》。

就是最佳的方法。而在自然界，总是由一个东西进行管理。身体各器官都由一个器官来指挥，那就是心；灵魂中也只有一个最卓越的能力，那就是理性。蜜蜂有一个王，而整个宇宙也只有一个上帝，即造物主和统治万物的君主。这完完全全依据于理性：所有众多皆源于统一。这样一来，既然艺术作品只不过是一种对大自然作品的模仿，既然最好的艺术作品就是忠实表现其自然范本的作品，那么，结论必然是：人类社会最佳的政府形式就是由一个人执掌的政体。"[①]

如果社会或国家的最高权力的掌握者只能是一个人，确如专制主义论者所言，如同天上只有一个太阳、人体只有一颗心、蜜蜂只有一个王、宇宙只有一个上帝一样，乃是社会或国家的结构之必然的、不可避免的、不可自由选择的本性，那么，专制不论如何违背国家制度价值标准，确实是天经地义的，或者毋宁说，专制本身是不可言善恶的，而只有可以自由选择的某种专制——开明专制和暴君专制以及王道专制和霸道专制——才是可以言善恶的。

然而，这种观点——国家最高权力的掌握者只能是一个人乃国家结构之必然本性——也是不能成立的。诚然，如前所述，从社会或国家结构的本性来看，任何一种社会或国家的政治首脑或最高政治领导人，一般说来，确实必定都是一个人：一个酋长、一个军务总司令、一个州长、一个国家主席。即使是民主国家的最高领导人"总统"或"首相"也只是一个。

可是，最高领导人是一个人，并不意味着，最高权力的掌握者是一个人：二者根本不同。因为在一个民主国家，最高领导人或总统虽然是该国权力最大的一个人，但他并不掌握最高权力。对于最高权力，他与任何一个公民是完全一样的："一个顶一个，不能一个顶两

① A. P. D'entreve, *Aquinas: Selected Political Writings*, New Jersey: Barnes & Noble Books, 1981, p. 7.

个。”这就是说，总统与每个公民是完全同等地掌握国家最高权力；否则，就不是民主国家了。但是，最高领导人，就其人性来说，必定努力渴求独掌社会或国家的最高权力，因而也就使“最高领导人是一个人”，极易变成“最高权力的掌握者是一个人”，从而极易变成专制君主。专制主义论者认为专制乃是国家结构的必然本性的错误，就在于将“最高领导人是一个人”等同于“最高权力的掌握者是一个人”，因而由“最高领导人之为一个人乃是国家结构之必然本性”正确命题，得出错误结论：最高权力的掌握者只能是一个人——亦即君主专制——乃是国家结构之必然本性。

### 4. 专制具有历史必然性

人们大都以为专制和专制主义理论只是对于现代社会——或可能实现民主的社会——来说，才是谬误和坏东西；而对于两千多年的专制社会或不可能实现民主的社会来说，则是真理和好东西：专制主义之所以是谬误和坏东西，只是因为它过时而不适合于今日。甚至陈独秀和李大钊——五四运动反对孔子专制主义的主将——也承认：孔子专制主义之所以是谬误和坏东西，只是因其“不适合于今日之时代精神”[①]；而对于孔子当时及其后的两千年专制时代来说，孔子的专制主义则是有价值的。陈独秀在历数孔子的价值时便这样写道：

“孔子的第二价值是建立君、父、夫三权一体的礼教。这一价值，在二千年后的今天固然一文不值，并且在历史上造成过无穷罪恶，然而，在孔子立教的当时，也有它相当的价值。”[②]

为什么？陈独秀答道：“孔子生当此时，已预见封建颓势将无可挽救，当时的社会又无由封建走向民主之可能，于是乃在封建的躯壳中

① 李大钊：《李大钊文集》上，人民出版社 1984 年版，第 264 页。

② 任建树等编：《陈独秀著作选》第三卷，上海人民出版社 1993 年版，第 379 页。

抽出它的精髓，即所谓尊卑长幼之节，以为君臣之义、父子之恩、夫妇之别普遍而简单的礼教……以维持那日就离析分崩的社会。”[①]

这种观点是不能成立的。当然，如果在孔子的时代及其后的两千多年的专制社会，专制是必然的，而不可能实现民主或其他非专制政体，那么，专制在这些年代确实就是天经地义的，就是应该的，因而孔子的专制主义理论就是真理和有价值的好东西了。

然而，如前所述，任何政体，不论是民主制还是专制等非民主制，事实上都曾出现于生产力发展的任何历史阶段，都曾出现于原始社会、奴隶社会、封建社会和资本主义社会。这意味着，任何政体都不是被生产力和经济发展水平所必然决定的，都不具有历史必然性。究其原因，可知任何一种政体的实行，都是当时社会的地理环境、生产力、经济、政治、文化、社团、法律、道德、意识形态、阶级结构、争夺最高权力者的斗争、领袖们的人格、才能和贡献以及国民的人格、传统习俗、国内外形势和思想家们的理论等等多种因素的具体的特殊的偶然的情况相互作用、共同决定的。

这些因素对于导致某种政体虽然有根本原因与非根本原因以及主因与次因之分——生产力和经济发展状况无疑是最根本最主要的原因——但无论哪一种因素都不足以必然导致某种政体，皆非必然产生某种政体的必要条件或充分条件；而都只是某种政体产生的偶然性原因，都只是产生某种政体的有利条件或不利条件。在这些偶然的特殊的有利或不利的多种因素作用下，人们争夺最高权力的斗争便既可能使最高权力无限制地被一个人所掌握（君主专制）；也可能使最高权力受限制地被一个人所掌握（有限君主制）；还可能使最高权力被少数公民所掌握（寡头共和）；亦可能使最高权力被全体公民所掌握（民主共和）。

① 任建树等编：《陈独秀著作选》第三卷，上海人民出版社 1993 年版，第 380 页。

这就是为什么，任何国家实行何种政体，不具有历史必然性，不是必然的、不可选择的、不可避免的；而是充满各种可能，是偶然任意、可以自由选择的。这就是为什么，以政体为划分根据的国家制度——民主制与专制等非民主制——是偶然任意而并不具有历史必然性的缘故。

准此观之，孔子的时代及其后的两千多年的专制社会，专制也是偶然的、可变的、可以避免的；人们仍然具有选择和实现民主等政体的可能性。只不过，这种可能性在选择者们生前就实现的可能性极小而近乎零，势必要经过世世代代艰苦而漫长的斗争才会实现，因而只是抽象可能性而非具体可能性。但是，抽象可能性也是可能性而绝非必然性：专制绝对不具有历史必然性。

既然如此，我们就绝不能像陈独秀那样，由专制制度和孔子的专制主义理论能够避免社会分崩离析而得出结论说：专制和孔子的专制主义具有正价值，是好东西。因为专制和专制主义虽能避免社会分崩离析、保障社会存在，却极端阻碍社会发展、极端违背自由和平等以及人道和正义诸国家制度价值标准；而民主和民主理论则不但能够保障社会存在而且能够促进社会迅速发展、完全符合自由和平等以及人道和正义诸国家制度价值标准。于是，就是在孔子当时及其后的两千多年的专制时代，专制和孔子的专制主义理论也比民主和民主理论极大地阻碍社会发展进步、极大地减少和损害了每个人利益总量，因而仍然是一种极大的恶和极端的谬误。

### 5. 家天下专制主义：儒家的独特辩护

儒家对专制的独特的辩护理论“家天下专制主义”，不但使专制合理化，而且使人类所能创造的最坏的国家制度“全权——政治权力与经济权力以及结社集会等社会权力和言论出版等文化权力——垄断的极权主义专制”合理化，令人相信这种极端邪恶的制度是毋庸置疑的好制度，以致中国自古以来，直至清朝，几乎所有思想家（儒家与墨家以及法家与道家）竟然无不是家天下的专制主义论者！

原来，中国的专制制度与西方的专制制度根本不同。从五帝时代到鸦片战争，五千年来，中西专制制度根本差异可以归结为：中国是“土地王有制和官有制”及其所导致的“不服从者不得食”的极权主义专制，是国王及其官吏阶级“不仅垄断政治权力而且垄断经济权力进而垄断社会权力与文化权力”的“全权垄断”极权主义专制；西方的专制制度则是“土地民有制”及其所导致的“不服从者亦得食”的非极权主义专制，是国王及其官吏阶级“仅仅垄断政治权力”的非极权主义专制。

究其原因，则在于中国是必须建立庞大的治水工程和人工灌溉设施的所谓“治水社会”，专制者及其政府是唯一能够承担如此大规模的治水工程和人工灌溉设施的兴建者，因而全国土地的所有者，势必是能够代表国家及其政府的国王及其官吏阶级。反之，西方则不是“治水社会”，它不需要像治理东方大河流域那样的只有政府才能承担的大规模的治水工程和人工灌溉设施，其治水工程和人工灌溉设施的兴建者，主要是农民和庶民们自己，而不是政府及其官吏，因而全国土地的主要所有者是庶民而不是国王及其官吏阶级。这一中西专制制度的根本差异，正如马克思亚细亚生产方式理论所发现，最终源于中国拥有——而西方国家没有——适于农耕的大河流域之幅员辽阔的地理环境。

中国专制制度的这一特点——专制者及其官吏阶级全权垄断——就使整个国家成为一种“准家庭”或“类家庭”。因为家庭学的研究表明，家庭具有三大特征。首先，家庭是男女因性结合及与其子女所形成的社会，是亲子社会。这是家庭的定义，是家庭根本的非统计性特征：凡是具备这一特征的社会都是名副其实的家庭。其次，家庭是以爱为基础的不计较利害得失的社会。这是家庭的统计性特征，是由家庭的亲子关系特征所派生的特征：具备这一特征的非亲子社会，如某些早期基督教小团体，也是以爱——而不是以利益——为基础的社会，这种社会是准家庭或类家庭。最后，家庭是家长全权——政治权力与经济权力以及社会权力与文化权力——垄断的极权主义专制社会。这也是家庭的统计性特征，亦是由家庭的亲子关系特征所派生的特征：具备这一特征的非亲子社会是准家庭或类家庭。

准此观之，中国国王及其官吏阶级便因其全权垄断而类似家长，毫无权力的庶民阶级类似家庭成员，整个国家则类似家庭而属于准家庭范畴。这种准家庭国家被儒家进一步拟制为家，而准家庭的家长（国王及其垄断各级郡县全权的官吏）和准家庭成员（庶民），则被拟制为"君父"、"父母官"和"子民"。这样一来，中国国人关系便是一种"君父"、"父母官"和"子民"的宗法关系。这样一来，国王及其官吏阶级全权垄断的极权主义专制便是合理的应该的；正如家长全权垄断的极权主义专制是合理的应该的一样：这就是儒家"以孝治天下"之真谛。

儒家这种"家天下的专制主义"，不但既不同于西方专制主义，也不同于东方其他国家的专制主义，堪称中国文化之最大特色；而且得到诸子百家的认同。墨家曰："无君臣、上下、长幼之节，父子、兄弟之礼，是以天下乱焉！"[①] 法家曰："臣事君、子事父、妻事夫，三者顺而天下治，三者逆而天下乱，此天下之常道也。"[②] 道家曰："君先而臣从，父先而子从，兄先而弟从，长先而少从，男先而女从，夫先而妇从。夫尊卑先后，天地之行也，故圣人取象焉。"[③]

这种家天下专制主义看似合理，实则大谬不然。诚然，家长垄断家庭的全部权力——政治权力与经济权力以及社会权力与文化权

① 《墨子·尚同中》。
② 《韩非子·忠孝》。
③ 《庄子·天道》。

力——意味着，家庭是一种极权主义专制社会，因而是一种极端不平等和极端不自由的社会，极端违背国家制度好坏价值标准——亦即国家制度最高价值标准“人道与自由”与根本价值标准“正义与平等”以及终极价值标准“增减每个人利益总量”——无疑是一种极端的恶。但是，家庭之为全权垄断的极权主义专制社会，乃是一种必要恶。

因为，一方面，家庭中的子女大都未成年，理智低弱，幼稚无知，完全需要和依赖家长的养育，不但没有执掌家庭权力的能力，而且没有自由健康成长能力。家长若不全权垄断，而像民主社会那样，与子女平等地共同执掌家庭权力，虽然平等自由，符合国家制度价值标准，岂不必定崩溃而不可能存在发展？所以，家庭虽因是一种全权垄断的极权主义专制社会而是一种恶，却因其能够避免更大的恶——家庭的崩溃与人类的灭亡——而是一种必要的恶，因而归根结底也就是善的、应该的，而不是恶的、不应该的了。

另一方面，家庭成员的联系完全以爱为基础，家长虽然全权垄断，对家庭成员的深情挚爱却使其能够像为自己谋利益那样为家庭成员谋利益。因此，家长与其子女等家庭成员如同一人：家长的决定就是子女等家庭成员自己的最理智最正确的决定。子女等家庭成员服从家长，实际上就是自己的情欲服从自己的理智，就是自己的低下愚蠢错误的认识服从自己高远明智正确的认识。因此，一般说来，子女等家庭成员似乎因家长的极权主义专制而牺牲了平等与自由，实际上，他们牺牲的仅仅是错误的不理智的愚蠢的欲望之自由，获得的则是理智的智慧的正确的欲望实现之自由，因而净余额是巨大的利益、善和正价值。所以，家长的全权垄断的极权主义专制，自身虽然是极端恶，结果却是巨大无比的善，净余额是巨大的善，因而属于必要恶范畴。

因此，领导者全权垄断的极权主义专制属于必要恶的前提条件有两个：一个是领导者与被领导者的联系完全以爱为基础而不计较利益得失；另一个是被领导者大都年幼无知，完全依赖领导者的养育。具备这样两个条件的社会，无疑只有家庭。因此，只有家庭的领导者全权垄断的极权主义专制才是必要恶，才是善的；而其他全权垄断的极权主义专制的社会都是纯粹恶。儒家的家天下专制主义，从“家长全权垄断的极权主义专制的家庭制度是善的”和“中国因国王及其官吏阶级全权垄断而属于准家庭范畴”两个正确前提出发，误将这种准家庭国家拟制为家庭，进而错误地得出结论说：国王全权垄断的极权主义专制的国家制度是善的。

# 本书所引证的主要书目

（按书名字首拼音顺序排列）

## 第一部分：中文文献


B

《巴贝夫文选》，商务印书馆 1962 年版。

保罗·库尔茨：《保卫世俗人道主义》，东方出版社 1996 年版。

施米特：《比较宗教史》，辅仁书局 1947 年版。

米勒等编：《布莱克维尔政治学百科全书》，中国政法大学出版社 1992 年版。

C

《曹操集译注》中，中华书局 1979 年版。

任建树等编：《陈独秀著作选》，上海人民出版社 1993 年版。

宋冰编：《程序、正义与现代化》，中国政法大学出版社 1998 年版。

周辅成编：《从文艺复兴到十九世纪资产阶级哲学家政治思想家有关人道主义人性论言论选辑》，商务印书馆 1973 年版。

海德格尔：《存在与时间》，生活·读书·新知三联书店 1987 年版。

D

康德：《道德形而上学原理》，上海人民出版社 1986 年版。

彼得·辛格：《动物解放》，光明日报出版社 1999 年版。

《邓小平文选》第 2 卷，人民出版社 1994 年版。

哈维兰：《当代人类学》，上海人民出版社 1987 年版。

F

哈特：《法律的概念》，中国大百科全书出版社 1996 年版。

博登海默:《法理学——法哲学及其方法》，华夏出版社 1987 年版。

伯恩·魏德士:《法理学》，法律出版社 2003 年版。

迈克尔·D. 贝勒斯:《法律的原则》，中国大百科全书出版社 1996 年版。

哈耶克:《法律、立法与自由》，中国大百科全书出版社 2000 年版。

雅维茨:《法的一般理论——哲学和社会问题》，辽宁人民出版社 1986 年版。

黑格尔:《法哲学原理》，商务印书馆 1962 年版。

凯尔森:《法与国家的一般理论》，中国大百科全书出版社 1996 年版。

康德:《法的形而上学原理》，商务印书馆 1991 年版。

邱汉平:《法学通论》，商务印书馆 1935 年版。

韩忠谟:《法学绪论》，中国政法大学出版社 2002 年版。

哈特:《法律的概念》，中国大百科全书出版社 1996 年版。

吴学义:《法学纲要》，中华书局 1935 年版。

李肇伟:《法理学》，台湾学生书局 1979 年版。

《费尔巴哈哲学著作选集》，生活·读书·新知三联书店 1962 年版。

庇古:《福利经济学的几个方面》,《美国经济评论》1951 年 6 月号。

凯尔森:《法律与国家》，台北正中书局 1976 年版。

王勇飞编:《法学基础理论参考资料》上，北京大学出版社 1984 年版。

马克思:《法兰西内战》,《马克思恩格斯选集》第 3 卷，人民出版社 1995 年版。

G

德萨米:《公有法典》，生活·读书·新知三联书店 1958 年版。

盛庆琜:《功利主义新论》，上海交通大学出版社 1996 年版。

鲍桑葵:《关于国家的哲学理论》，商务印书馆 1995 年版。

卢卡奇:《关于社会存在的本体论》上卷，重庆出版社 1993 年版。

罗马什金等编:《国家和法的理论》，法律出版社 1963 年版。

卡列娃等:《国家和法的理论》下册，中国人民大学出版社 1956 年版。

沈恒炎、燕宏远主编:《国外学者论人和人道主义》，社会科学文献出版社 1991 年版。

瓦尔特·欧肯:《国民经济学基础》，商务印书馆 1995 年版。

周鲸文:《国家论》，天津大公报馆 1935 年版。

拉斯基:《国家的理论与实际》，商务印书馆 1959 年版。

约翰·A. 霍尔等:《国家》，吉林人民出版社 2007 年版。

梅因:《古代法》，商务印书馆 1959 年版。

苗力田主编:《古希腊哲学》，中国人民大学出版社 1989 年版。

H

拉齐恩·萨丽:《哈耶克与古典自由主义》，贵州人民出版社 2003 年版。

胡明主编:《胡适精品集》第 14 卷，光明日报出版社 2000 年版。

J

卡尔·白舍客:《基督宗教伦理学》第二卷，上海三联书店 2022 年版。

萨缪尔森:《经济学》，商务印书馆 1990 年版。

道格拉斯·C. 诺斯:《经济史中的结构和变迁》，商务印书馆 1992 年版。

韦伯:《经济与社会》下卷，商务印书馆 1997 年版。

韦伯:《经济与社会》上卷，商务印书馆 1997 年版。

K

尼采:《快乐的科学》，中国和平出版社 1987 年版。

波普:《开放社会及其敌人》，山西高校联合出版社 1992 年版。

考夫曼:《卡多佐》，法律出版社 2001 年版。

L

《老子》。

《礼记》。

汤因比:《历史研究》，上海人民出版社 1986 年版。

康德:《历史理性批判文集》，商务印书馆 1996 年版。

李大钊:《李大钊文集》，人民出版社 1984 年版。

西季威克:《伦理学方法》，中国社会科学出版社 1993 年版。

叔本华:《伦理学的两个基本问题》，商务印书馆 1996 年版。

包尔生:《伦理学体系》，中国社会科学出版社 1986 年版。

摩尔:《伦理学原理》，商务印书馆 1983 年版。

R. T. 诺兰等:《伦理学与现实生活》，华夏出版社 1988 年版。

《论语》。

托克维尔:《论美国的民主》下卷，商务印书馆 1996 年版。

霍布斯:《论公民》，贵州人民出版社 2003 年版。

俞可平:《论国家治理现代化》，社会科学文献出版社 2014 年版。

卢梭:《论人类不平等的起源与基础》，商务印书馆 1962 年版。

科恩:《论民主》，商务印书馆 1988 年版。

弥尔顿:《论出版自由》，商务印书馆 1996 年版。

《吕氏春秋》。

黑格尔:《历史哲学》，九州出版社 2011 年版。

《列宁选集》第 4 卷，人民出版社 1972 年版。

《列宁选集》第 3 卷，人民出版社 1972 年版。

柏拉图:《理想国》，商务印书馆 1986 年版。

柏拉图:《理想国》，商务印书馆 1994 年版。

霍布斯:《利维坦》，商务印书馆 1986 年版。

M

《马克思恩格斯全集》第1卷，人民出版社1956年版。

《马克思恩格斯选集》第1卷，人民出版社2012年版。

《马克思恩格斯选集》第2卷，人民出版社1972年版。

《马克思恩格斯选集》第3卷，人民出版社1972年版。

《马克思恩格斯选集》第4卷，人民出版社1972年版。

《马克思恩格斯选集》第4卷，人民出版社1995年版。

《马克思恩格斯全集》第20卷，人民出版社1971年版。

《马克思恩格斯全集》第21卷，人民出版社1971年版。

《马克思恩格斯全集》第46卷下，人民出版社1979年版。

何包钢:《民主理论：困境与出路》，法律出版社2008年版。

王绍光:《民主四讲》，生活·读书·新知三联书店2008年版。

刘军宁编:《民主二十讲》，中国青年版出版社2008年版。

俞可平:《民主与陀螺》，北京大学出版社2006年版。

《孟子》。

O

欧文:《欧文选集》第一卷，商务印书馆1979年版。

鲁塞弗尔达特等:《欧洲劳资关系——传统与转变》，世界知识出版社2000年版。

P

《潘恩选集》，商务印书馆1963年版。

俞可平:《偏爱学问》，上海交通大学出版社2016年版。

阿瑟·奥肯:《平等与效率》，华夏出版社1987年版。

Q

罗德里克·马丁:《权力社会学》，河北人民出版社1992年版。

R

袁群:《瑞典社会民主党的历史、理论与实践》，云南人民出版社

2009 年版。

王晨:《日本契约法的现状与课题》,《外国法译评》1995 年第 2 期。

罗国杰主编:《人道主义思想论库》,华夏出版社 1993 年版。

大卫·戈伊科奇等编:《人道主义问题》,东方出版社 1997 年版。

戴维·埃伦费尔德:《人道主义的僭妄》,国际文化出版公司 1988 年版。

沙夫:《人的哲学》,生活·读书·新知三联书店 1961 年版。

吕大吉:《人道与神道》,上海人民出版社 1990 年版。

洛克:《人类理解论》,商务印书馆 1958 年版。

马斯洛等:《人的潜能与价值》,华夏出版社 1987 年版。

斯特伦:《人与神》,上海人民出版社 1991 年版。

马里旦:《人和国家》,商务印书馆 1964 年版。

德沃金:《认真对待权利》,中国大百科全书出版 1999 年版。

S

《三松堂全集》,河南人民出版社 1988 年版。

《圣西门选集》第 2 卷,商务印书馆 1982 年版。

罗洛夫:《社会交换论》,上海译文出版社 1997 年版。

克特·W. 巴克:《社会心理学》,南开大学出版社 1984 年版。

孙冶方:《社会主义经济的若干理论问题》,人民出版社 1984 年版。

哈里·雷岱尔:《社会主义思想史》,黎明书局 1934 年版。

米勒:《社会正义原则》,江苏人民出版社 2001 年版。

伯恩斯坦:《社会主义的前提和社会民主党的任务》,生活·读书·新知三联书店 1973 年版。

托玛斯·迈尔:《社会民主主义的转型》,北京大学出版社 2001 年版。

横山宁夫:《社会学概论》,上海译文出版社 1983 年版。

谢康:《社会学研究》,商务印书馆 1974 年版。

张德胜:《社会原理》，巨流图书公司 1986 年版。

伊恩·罗伯逊:《社会学》上册，商务印书馆 1990 年版。

孙本文:《社会学原理》上册，商务印书馆 1934 年版。

龙冠海:《社会学》，台北三民书局 1986 年版。

卢梭:《社会契约论》，商务印书馆 1991 年版。

迈克尔·莱斯诺夫等:《社会契约论》，江苏人民出版社 2005 年版。

J. B. 伯里:《思想自由史》，吉林人民出版社 1999 年版。

拉法格:《思想起源论》，生活·读书·新知三联书店 1963 年版。

拉斯基:《思想的阐释》，贵州人民出版社 2002 年版。

《史记》。

麦金太尔:《谁之正义？何种合理性？》，当代中国出版社 1996 年版。

迈克尔·曼:《社会权力的来源》第二卷上，上海世纪出版集团 2005 年版。

哈斯:《史前国家的演进》，求实出版社 1988 年版。

戴维·加尔森:《神话与现实》，工人出版社 1986 年版。

《十八至十九世纪俄国哲学》，商务印书馆 1988 年版。

周敏凯:《十九世纪英国功利主义思想比较研究》，华东师大出版社 1991 年版。

T

庞德:《通过法律的社会控制 法律的任务》，商务印书馆 1984 年版。

W

邦纳罗蒂:《为平等而密谋》上卷，商务印书馆 1997 年版。

弗洛伊德:《文明及其缺憾》，安徽文艺出版社 1987 年版。

夏勇:《为权利而斗争》，中国法制出版社 2000 年版。

考茨基:《唯物主义历史观》第五分册，上海人民出版社 1964 年版。

李荣善:《文化学引论》，西北大学出版社 1996 年版。

恩伯:《文化的变异》，辽宁人民出版社 1988 年版。

X

《系辞》。

《荀子·劝学》。

詹姆斯·布莱斯:《现代民治政体》下册，吉林人民出版社 2001 年版。

达尔:《现代政治分析》，上海译文出版社 1986 年版。

安德烈·孔特-斯蓬维尔:《小爱大德》，中央编译出版社 1997 年版。

莱翁·狄骥:《宪法论》，商务印书馆 1959 年版。

陈瑞华:《刑事审判原理论》，北京大学出版社 1997 年版。

《西方法律思想史资料选编》，北京大学出版社 1983 年版。

何包钢:《协商民主：理论、方法和实践》，中国社会科学出版社 2008 年版。

黄楠森、沈宗灵主编:《西方人权学说》，四川人民出版社 1994 年版。

阿伦·布洛克:《西方人文主义传统》，生活·读书·新知三联书店 1997 年版。

周辅成编:《西方伦理学名著选辑》下卷，商务印书馆 1987 年版。

周辅成编:《西方伦理学名著选辑》上卷，商务印书馆 1954 年版。

黄楠森等主编:《西方人权学说》上，四川人民出版社 1993 年版。

邓初民:《新政治学大纲》，中国社会科学出版社 1984 年版。

麦克尼尔:《新社会契约论》，中国政法大学出版社 1994 年版。

莫特玛·阿德勒、查尔斯·范多伦编:《西方思想宝库》，中国广播电视出版社 1991 年版。

休谟:《休谟政治论文选》，商务印书馆 1993 年版。

Y

《亚里士多德全集》第八卷，中国人民大学出版社 1997 年版。

《亚里士多德全集》第八卷，中国人民大学出版社 1992 年版。

《亚里士多德全集》第九卷，中国人民大学出版社 1994 年版。

卡贝:《伊加利亚旅行记》第二、三卷，商务印书馆 1978 年版。

萨特:《厌恶及其他》，上海译文出版社 1987 年版。

爱德华 · 泰勒:《原始文化》，上海文化出版社 1992 年版。

芮逸夫主编:《云五社会科学大辞典 · 人类学》，台湾商务印书馆 1976 年版。

杨桢:《英美契约法论》第三版，北京大学出版社 2003 年版。

胡寄窗:《1870 年以来的西方经济学说》，经济科学出版社 1988 年版。

Z

刘泽华:《中国的王权主义》，上海人民出版社 2000 年版。

彼彻姆:《哲学的伦理学》，中国社会科学出版社 1990 年版。

罗尔斯:《正义论》，中国社会科学出版社 1988 年版。

沃尔泽:《正义诸领域》，译林出版社 2002 年版。

莫里斯 · 迪韦尔热:《政治社会学》，华夏出版社 1987 年版。

边沁:《政府片论》，商务印书馆 1995 年版。

葛德文:《政治正义论》第一卷，商务印书馆 1991 年版。

马起华:《政治理论》第二册，台湾商务印书馆 1977 年版。

马起华:《政治理论》，台湾商务印书馆 1977 年版。

亚里士多德:《政治学》，商务印书馆 1996 年版。

亚里士多德:《政治学》，商务印书馆 1965 年版。

萨拜因:《政治学说史》下册，商务印书馆 1986 年版。

迈克尔 · 欧克肖特:《政治中的理性主义》，上海译文出版社 2003 年版。

康芒斯:《制度经济学》上册，商务印书馆 1997 年版。

麦考密克、魏因贝格尔:《制度法论》，中国政法大学出版社 1994 年版。

霍布豪斯:《自由主义》，商务印书馆 1996 年版。

哈耶克:《自由秩序原理》，生活·读书·新知三联书店 1997 年版。

詹姆斯·M. 布坎南:《自由、市场和国家》，北京经济学院出版社 1989 年版。

范伯格:《自由、权利和社会正义》，贵州人民出版社 1998 年版。

施特劳斯:《自然权利与历史》，生活·读书·新知三联书店 2003 年版。

阿克顿:《自由与权力》，商务印书馆 2001 年版。

弗里德曼:《自由选择》，商务印书馆 1982 年版。

李国祥等主编:《资治通鉴全译》第一卷，贵州人民出版社 1990 年版。

马克思:《资本论》第 1 卷，人民出版社 1975 年版。

约瑟夫·熊彼特:《资本主义、社会主义与民主》，商务印书馆 1999 年版。

弗里德曼:《资本主义与自由》，商务印书馆 1986 年版。

麦克斯·缪勒:《宗教的起源与发展》，上海人民出版社 1989 年版。

梅多、卡霍:《宗教心理学》，四川人民出版社 1990 年版。

莫里斯·迪韦尔热:《政治社会学》，华夏出版社 1987 年版。

《周易》。

《左传》。

拉蒙特:《作为哲学的人道主义》，商务印书馆 1963 年版。

康芒斯:《制度经济学》上册，商务印书馆 1997 年版。

刘军宁编:《民主二十讲》，中国青年出版社 2008 年版。

谢维扬:《中国早期国家》，浙江人民出版社 1995 年版。

R. N. Gilchrist：《政治学原理》，黎明书局 1932 年版。

斯宾诺莎：《政治论》，商务印书馆 1999 年版。

莱斯利·里普森：《政治学的重大问题》，华夏出版社 2001 年版。

杨幼炯：《政治科学总论·现代政府论》，中华书局（台北）1967 年版。

高纳：《政治学大纲》，世界书局 1935 年版。

康芒斯：《制度经济学》上册，商务印书馆 1997 年版。

## 第二部分：外文文献

A

John Rawls, *A Theory of Justice* (Revised Edition), Cambridge, Massachusetts: The Belknap Press of Harvard University Press, 2000.

A. P. D'entreve, *Aquinas: Selected Political Writings*, New Jersey: Barnes & Noble Books, 1981.

Lewis H. Morgen, *Ancient Society*, Chicago: Charles H. Kerr & Company, 1907.

Lewis H. Morgan, *Ancient Society*, Cambridge: The Belknap Press of Harvard University press, 1964.

David Hume, *A Treatise of Human Nature*, Oxford: The Clarendon Press, 1949.

Alasdair Macintyre, *After Virtue*, Beijing: China Social Sciences Publishing House, 1999.

Paul W. Taylor, *Respect For Nature: A Theory of Environmental Ethics* New Jersey: Princeton University Press, 1986.

Robert Nozick, *Anarchy, State And Utopia*, Beijing: China Social Sciences Publishing House, 1999.

Adam Smith, *An Inquiry into the Nature and Causes of the Wealth of Nations*, Volume 1, Fifth Edition, London: Methuen & Co., Ltd., 1930.

Adam Smith, *An Inquiry into the Nature and Causes of the Wealth of Nations*, Volume 2 , Oxford: Clarendon Press, 1979.

Jeremy Bentham, *An Introduction to the Principles of Morals and Legislation*, Oxford: The Clarendon Press, 1823.

William A. Haviland, *Anthropology*, Ninth Edition, New York: Harcourt College Publishers, 2000.

C

Immanuel Kant, *Critionque of Practical Reason*, Bingjing: China Social Sciences Publishing House Chengcheng Books, Ltd., 1993.

James E. White, *Contemporary Moral Problems*, Fourth Edition, St. Paul: West Publishing Company, 1994.

Carol R. Ember, Melvin Ember, *Cultural Anthropology*, Ninth Edition, New York: Prentice-Hall, Inc., 1999.

Arthur Linton Corbin, *Corbin on Contracts*, West Publishing, Co., 1952.

Rae, Douglas W. *Equalities*, Cambridge, Mass.: Harvard University Press, 1981.

D

Thomas Hobbes, *De cive or The citizen*, Connecticut: Greenwood Press, Publishers, 1982.

E

William K. Frankena, *Ethics,* New Jersey: Prentice-Hall, Inc., 1973.

Louis P. Pojman, *Ethical Theory: Classical and Contemporary Readings*, second edition, USA: Wadsworth Publishing Company, 1995.

Steven M. Cahn and Peter Markie, *Ethics: History, Theory and*

*Contemporary Issues*, New York: Oxford University Press, 1998.

Joseph R. Des Jardins, *Environmental Ethics: An Introduction to Environmental Philosophy*, Belmont, California: Wadsworth Publishing Company, 1993.

Louis P. Pojman, *Environmental Ethics: Readings in Theory and Application*, Third Edition, Wadsworth, Australia: A division of Thomson Learning, 2001.

*Encyclopedia of Applied Ethics*, Volume 1, San Diego: Academic Press, 1998.

Lawrence C. Becker, *Encyclopedia of Ethics*, Volume Ⅰ, II, New York: Garland Publishing, Inc., 1992.

C. Ewing, *Ethics*, New York: The Free Press, 1953.

Isaiah Berlin, *Four Essays on Liberty*, Oxford, New York: Oxford University Press, 1969.

G

Robert Maynard Hutchins, *Great Books of the Western World*, Volume 43, *Utilitarianism*, by John Stuart Mill, Encyclopaedia Britannica, Inc., 1980.

H

J. M. Milne, *Human Rights and Human Diversity*, London: The Macmillan Press, Ltd., 1986.

John Burton, *Conflict, Human Needs Theory*, The Macmillan Press, Ltd., 1990.

L

A. Hayek, *Law, Legislation and Liberty*, Volume 2, Beijing: China Social Sciences Publishing House Chengcheng Books, Ltd., 1999.

Thomas Hobbes, *Leviathan*, New York: Simon & Schuster, Inc., 1997.

M

John Passmore, *Man' Responsibility for Nature*, London Duckworth Press,1974.

Abraham H. Maslow, *Motivation and Personality*, second edition, New York: Harper & Row, Publishers, 1970.

Robert A. Dahl, Bruce Stinebrickner, *Modern Political Analysis* (6th edition), New Jersey: Upper Saddle River, 2003.

O

Karl A. Wittfogel, *Oriental Despotism: A Comparative Study of Total Power*, New Haven: Yale University Press, 1957.

P

Tom L. Beauchamp, *Philosophical Ethics*, New York: McGraw-Hill Book Company, 1982.

E. Moore, *Principia Ethica*, Revised Edition, New York: Cambridge University Press,1993.

S

Mortimer J. Adler, *Six Great Ideas*, New York: A Touchstone Book Published by Simon & Schuster, 1997.

Joel Feinberg, *Social Philosophy*, New Jersey: Prentice-Hall, Inc., 1973.

T

Henry Sidgwick, *The Methods of Ethics*, United Kingdom: Thoemmes Press, 1996.

Henry Sidgwick, *The Methods of Ethics*, London: Macmillan and Co., Limited, 1922.

Gianfranco Poggi, *The State: Its Nature, Development and Prospects*, Cambridge: Polity Press, Ltd., 2007.

T. Hobhouse, *The Elements of Social Justice*, Routledge/Thoemmes Press, 1993.

Friedrich A. Hayek, *The Constitution of Liberty*, The University of Chicago Press, 1978.

Edgar Bodenheimer, *Jurisprudence: The Philosophy and Method of The Law*, Cambridge, Massachusetts: Harvard University Press, 1967.

Niccolo Machiavelli, *The Prince*, Connecticut: Grolier Enterprises Corp., 1981.

Roderick Frazier Nash, *The Rights of Nature: A History of Environmental Ethics*, London: University of Wisconsin Press, 1989.

Friedrich A. Hayek, *The Road to Serfdom*, George Routledge & Sons, Ltd., 1944.

Adam Smith, *The Theory Of Moral Sentiments*, Beijing: China Social Sciences Publishing House Chengcheng Books, Ltd., 1999.

Giovanni Sartori, *The Theory Democracy Revisited*, Chartham, New Jersey: Chatham House Publisher, Inc., 1987.

John Locke, *Two Treatises on Civil Government*, London: George Routiedge and Sons, Ltd., 1884.

G. J. Warnock, *The Object of Morality*, London: Methuen & Co., Ltd., 1971.

U

John Stuart Mill, *Utilitarianism*, China Social Sciences Publishing House Chengcheng Books, Ltd., 1999.

Mill, *Utilitarianism, On Liberty and Representative Government*, London: J. M. Dent & Sons, Ltd., 1972.

# 索　引

# 后　记

这部《新正义论》写作于三亚学院。我的书稿大都是在野外写的：冬天除外。180余万字的《新伦理学》的写作地点，主要是颐和园可以望见玉泉山双峰塔的团城湖畔。142万字的《国家学》的写作地点，主要是圆明园可以远眺红山的福海湖畔。受聘到三亚学院，再也不必到野外写书了，甚至也不想游历名山大川了。因为我的书房就面对连绵起伏的南山山脉，坐在电脑前，只要一转脸，南山群峰就在眼前：不必"采菊东篱下"就能"悠然见南山"。写到疲倦时，走到阳台，但见群山逶迤，层峦叠嶂，远近高低各不同：远则山海虚无缥缈；近则树木清晰可见。时有白鹭群飞，孤鹰盘旋。书房就坐落在山坡上，虽间或有耕作者烧草木烟起，邻居闲话国事，"并不足妨我襟怀"；草木摇曳，飘香扑鼻，鸟语婉转，不绝于耳，"更觉得润人笔墨"。①

当此际，我常怀感恩之心。感谢三亚学院陆丹教授，14年前，这里荆棘丛生，草木繁茂，随处可见一丈多长、手臂粗细的"过山龙"毒蛇。先后曾有几位受聘者来此建校，皆知难而退。2004年，上海大学陆丹博士带领两个助手到来。但还没有多久，一个助手就被妻子唤回上海；另一个助手则像桑丘跟随唐吉诃德，一直跟随陆丹建校。陆丹几乎是着了魔一般昼夜劳作不息，越来越多的"桑丘"被他吸引，逐渐形成一个群星灿烂的团队，终于将这片毒蛇出没的蛮荒之地，变成3600亩中国最美校园，每年培养2万多学生，教师亦有千余人。

---

① 曹雪芹：《红楼梦》第一回："茅椽蓬牖，瓦灶绳床，其晨夕风露，阶柳庭花，亦未有妨我之襟怀笔墨者。"

三亚学院校园是如此之美，以致2018年寒假，中国学界泰斗俞可平先生隐居于此，著书立说。俞先生真最具影响力的政治哲学之巨匠也，2017年清华大学编审统计的中国学者2005年至2015年论文被引频次排行榜，俞先生在政治科学领域排名第一，四篇论文转引频次就高达四千余；而我的论文被引频次不到四百，在哲学领域就已经排名第七了。承蒙俞先生指教和受其思辨之精深不逊于黑格尔的杰作《重新思考平等、公平和正义》以及他在北大政府管理学院的"像追求阳光一样去追求正义"演讲之影响，我重新思考和修改正义、公正、公平和公道理论，并将本书"公正"一词皆改为"正义"，进而将书名定为《新正义论》。

感谢把我推荐给陆丹校长的周文彰教授。早在1986年，《中国社会科学》杂志编辑部就周文彰在该杂志发表的博士论文"主体认识图式论"，在张家界召开研讨会。本来会议是专门讨论他的哲学新见，可是，他在会上却高度评价我的伦理学思想。他任海南省宣传部部长和国家行政学院副院长期间，百忙中还撰写盛赞我的《国家学》和《新伦理学》论文。周文彰真乃当代杨敬之也："平生不解藏人善，到处逢人说项斯。"

感谢最美管理者三亚学院副校长车怡研究员，承蒙她关照，当年没几天我就受聘到梦寐以求的三亚学院；感谢中央民族大学柏年康城基金资助；感谢商务印书馆文津公司原总编辑丁波先生十余年来一直关心和扶植我的学术研究；感谢商务印书馆李强主任多年来的热忱帮助；感谢商务印书馆责编张双龙博士——我所遇到的最认真的编辑——对拙著的精心审阅修改，本书饱含他的辛劳。我还要感谢三亚学院国家治理研究院孙竹梅助理和学术服务中心陈科同志，长年累月不厌其烦地帮我海量购书借书、核对引文、校对译文、引证书目。孙竹梅曾在给我的一封短信中说："我感觉到我工作的荣耀，能为人类文明的进步尽绵薄之力，能在满桌子的书里工作，即便只是抄录，也觉得是幸运极了的事。”

王海明

2019年1月29日

于三亚学院高知园老骥轩